20세기 이야기

1930년대

20세기 이야기 _1930년대

산화하는 독립 전사들(國內) | 전체주의의 시대(國外)

1판 1쇄 발행일 2015년 7월 1일

지은이 김정형
발행인 한숙희
발행처 답다출판
출판등록 제2012-000343호(2012년 11월 1일)
주소 135-875 서울시 강남구 선릉로94길 7 현죽빌딩 7층
전화 02)733-9389 | **팩스** 02)6280-9387
전자우편 dabda12@naver.com

편집디자인 오숙이
용지 동남지류유통
인쇄 상지사 P&B

ISBN 978-89-98451-03-5 04900
ISBN 978-89-98451-10-3(세트)

20세기 이야기

1930년대

산화하는 독립 전사들(國內)
전체주의의 시대(國外)

답다

【일러두기】

1. 외래어 표기는 '외래어 표기법'에 따르되 일부 외래어는 관행을 따랐다. 예를 들어 '에르빈 로멜', '메릴린 먼로', '마틴 루서'가 외래어 표기법상으로는 맞지만 오랫동안 익숙하게 사용해온 '롬멜', '마릴린', '루터'로 표기했다.
2. 중국의 지명과 인명은 중국어 원음(마오쩌둥, 베이징) 대신 한국어 원음(모택동, 북경)으로 표기했다.
3. 사진은 조선일보, 동아일보, 연합뉴스에서 제공받았다. 사진 중에는 저작권자를 확인하려 했으나 확인하지 못한 일부 사진도 있다.

무한질주 20세기 발자취와 대한민국의 뚝심 추적史

20세기는 무한질주의 시대였습니다. 과학과 기술이 비약적으로 발전하고 전혀 새로운 상품이 쏟아졌습니다. 인류는 유사 이래 처음 물질적 풍요를 경험했습니다. 불치병은 치료되고 수명은 연장되었습니다. 농업생산력은 폭발적으로 증가하고 기아가 사라졌습니다. 항공기의 발달은 세계를 지구촌으로 묶어주고 인터넷과 휴대폰의 대량 보급은 인류를 이웃으로 만들었습니다.

문제는 인간의 무지와 탐욕, 야만과 광기였습니다. 20세기 전반기에 겪은 두 차례의 세계대전은 인류를 죽음의 구렁텅이로 몰아넣었습니다. 20세기 후반기에는 미소 냉전과 이로 인한 국지전, 민족과 종교의 이름으로 가해진 무차별적 학살, 독재자들의 만행, 악덕 자본가들의 탐욕, 환경오염으로 인한 자연파괴 등으로 인류는 혼돈의 시대를 살아야 했습니다. 이런 와중에도 생활이 나아지고 문화가 꽃을 피우고 민주주의가 확산되었습니다.

이 책은 이 모든 것을 수록한 20세기 전기록입니다. 중요하고 의미가 있는 과학, 산업, 정치, 경제, 전쟁, 문화, 예술, 스포츠, 학문, 언론 등을 망라했습니다. 요약하자면 '브레이크 없이 무한질주한 20세기 발자취와 대한민국의 뚝심 추적사'입니다.

20세기 초, 세계는 여전히 적자생존과 약육강식으로 대표되는 제국주의 시대였습니다. 약소국들은 강대국의 식민지로 전락했습니다. 우리 역시 일본 제국주의의 먹잇감이 되어 질곡에 빠졌습니다. 36년 간 고통과 희망 부재의 삶을 살아야 했던 우리 민족이 비로소 '대한민국'이라는 명패를 내걸고 존재를 인정받은 것은 1948년입니다. 하지만 곧 전 세계를 짓누른 미소 냉전의 틈바구니 속에서 또다시 민족의 비극 6·25를 경험해야 했습니다. 모든 것은 재가 되었고 우리는 참혹한 현실 앞에서 망연자실했습니다.

우리 국민은 참으로 위대했습니다. 경제적으로는 절대 가난에서 벗어나 물질적 성취를 이뤄내고 정치적으로는 민주주의를 완벽하게 정착시켰습니다. 식민지를 경험한 국가 중 '산업화'와 '민주화'를 모두 일궈낸 세계적 모범 국가로 발돋움했습니다. 이 과정에서 남북 대치와 개발 독재로 인한 인권 유린, 자본의 논리로 인한 노동자·농민의 희생이 잇따랐습니다.

우리 사회는 진보와 보수 간에 도그마, 합리화, 독선, 진영 논리 등에 매몰되어 있습니다. 압축 성장에 따른 정신적 황폐화와 상대적 박탈감, 속물 자본주의 근성도 집요하게 우리 주변을 배회하고 있습니다. 사회적 갈등과 극단적 이념대립은 심각한 수준에 이르렀습니다. 정치 성향에 따라 '상식'의 기준과 개념도 다르게 인식합니다. '사실' 조차 각각의 입맛대로 해석하거나 취사선택합니다.

그런데도 대한민국은 꿋꿋하게 버티고 있습니다. 이것은 더 나은 삶을 위한 민초들의 근면과 지도자들의 리더십이 빚어낸 결과물입니다. 무엇보다 대한민국이라는 공동체를 유지·발전시키려 한 건강한 시민의식이야말로 오늘의 대한민국을 있게 한 중심추였습니다.

이 책은 이렇게 살아온 우리의 20세기 100년 이야기입니다. 진보 보수 양쪽 모두를 긍정했습니다. 두 시각 모두 우리 사회를 지탱하는 소중한 두 축이라고 믿기 때문입니다. 그렇다고 공동체의 건강성을 해치는 일부 보수의 '부패'와 '탐욕', 일부 진보의 '경박'과 '독선'까지 수용하지는 않았습니다. 빛과 그림자는 늘 함께하는 것인데도 이런 사실을 외면한 채 어느 한쪽 면만을 지나치게 부각하려는 외눈박이에 대해서도 경계합니다.

이 책은 독창적이거나 학문적인 저술이 아닙니다. 그런 점에서 국내·외 학자, 작가, 기자들이야말로 이 책의 진정한 저자들입니다. 그들의 책, 작품, 논문, 기사를 일일이 소개하는 것이 마땅하나 책의 분량이 너무 늘어난다는 것을 핑계로 부득이 제외했습니다.

책이 나오기까지 심적·물적으로 도움을 주신 분들께 감사의 말을 전합니다. 10여년 전 '역사 속의 오늘'을 조선일보에 연재하도록 기회를 준 김태익 당시 조선일보 문화부장과 변용식 편집국장, '20세기 이야기'가 발간될 때마다 원고를 꼼꼼이 읽고 격려하는 이희용 연합뉴스 부국장, 책 출판의 물꼬를 터 준 김애숙 법무사 등이 그들입니다. 정독·종로도서관의 사서, 교보문고 직원들께도 감사의 뜻을 전합니다.

'20세기 이야기'(전 10권) 첫 권을 내며

2012년 12월 1일

김정형

차례

20세기 이야기 _1930년대

산화하는 독립 전사들(國內) | 전체주의의 시대(國外)

1932년

1930년

최승희 첫 무용발표회
  _ *조택원*
조선의 황금광 시대
  _ *최창학*
마하트마 간디의 '소금행진'
쿠르트 괴델 '불완전성 정리' 발표
제1회 월드컵 축구대회 개막
클라이드 톰보, 명왕성 발견
  _ *퍼시벌 로웰*
하일레 셀라시에 에티오피아 황제 즉위

최승희 첫 무용 발표회

첫 개인 무용 발표회의 성공 덕에 일본에서 유명 무용가로 입신했다.

1926년 3월 19일, 일본 근대 무용의 선구자 이시이 바쿠가 이끄는 무용단이 서울의 경성공회당에서 순회공연을 열었다. 3일 동안 열린 공연은 '신무용'을 조선에 처음 소개했다는 점에서 그 의미가 크다. 매일신보 기자 이서구는 "서양음악에 맞추기도 하고 어떤 때는 음악도 없이 타악기를 따라 반나체가 된 험상궂은 사나이가 이리 뛰고 저리 뛰었다"고 당시 상황을 기록했다.

공연 첫날 객석에는 15세 소녀 최승희(1911~1969)와 10살 위 오빠 최승일도 있었다. 공연이 끝나자 오빠는 최승희를 데리고 무대 뒤 분장실을 찾아가 이시이 바쿠에게 최승희를 무용단원으로 받아줄 것을 요청했다. 이시이는 생전 처음 보는 젊은이의 요청인데도 흔쾌히 받아들였다. 훗날 '동양의 진주', '반도의 무희'로 불리게 될 최승희의 무용 인생은 이렇게 시작되었다.

그 무렵 최승희의 상태는 불안정했다. 숙명여고보를 졸업하고 학교 측의 장학금으로 도쿄음악학교에 유학을 갈 수 있었으나 나이가 어려 입학이 보류되었다. 진로를 바꿔 모색한 경성사범학교 역시 나이가 어리다는 이유로 1년을 더 기다려야 했다. 이처럼 어정쩡한 시기에 일본에서 공부하고 돌아와 신극 운동을 펼치던 오빠 최승일이 동생을 이시이의 문하생으로 보낸 것이다.

최승일은 일본 니혼대 미학과를 졸업하고 1920년 도쿄에서 우리나라 최초의 근대극 연극단체인 '극예술협회' 창립에 참여했다. 1922년 귀국 후에

최승희

는 우리나라 최초의 프로문학 단체인 '염군사'에 가담하고 1925년 8월 '카프' 결성에 참여했다. 해방 후에는 가족을 데리고 월북했다. 이시이는 1911년 도쿄 제국극장 오페라 발레단 1기생으로 입단해 서양 발레리나에게 발레를 배운 일본 서양무용의 창시자였다. 1925년 도쿄 변두리에 이시이 무용연구소를 설립했으나 건물을 짓는 과정에서 빚을 많이 져 빚을 갚을 요량으로 조선 공연을 추진했다.

최승희는 1926년 3월 25일 이시이를 따라 경부열차를 타고 경성을 떠났다. 일본에서 무용단의 허드렛일을 도맡아 하면서도 각고의 노력 끝에 도일한 지 3개월도 안된 6월 22일 이시이 무용단의 도쿄 공연 때 생애 처음 무대에 오르는 기쁨을 맛보았다. 1927년 10월에는 두 번째 내한 공연을 하는 이시이 무용단을 따라 경성으로 돌아와 25~26일 공연에서 12곡 중 5곡에 참가하고 '세레나데'를 독무로 췄다. 언론은 '조선의 꽃'이라며 대서특필했다. 조택원은 공연에 매료되어 이듬해 이시이의 제자가 되겠다며 일본으로 건너갔다.

한국 현대무용의 태두이자 전통 무용을 일신한 개혁가

최승희는 이시이 문하에서 3년간 기본기를 배우고 각종 공연에서도 열심히 활동했다. 당시 최승희의 신체 조건은 남자들의 평균 키가 162~164cm일 때 165cm·49kg이나 되어 서양 춤을 추는 데 제격이었다. 피부도 희고 용모도 아름다웠다. 문제는 이시이가 빚을 갚기 위해 공연 횟수를 늘려 공연의 질이 떨어진다는 데 있었다. 최승희는 이게 불만이었다. 예술의 질을 떨어뜨리는 타협과 편법을 받아들일 수 없었다.

마침 이시이와 맺은 3년간의 계약 기간도 끝나갔다. 그러던 중 이시이가 눈을 다쳐 집에 눕게 되자 1929년 7월 이시이와 작별하고 조선으로 돌아왔다. 그러자 지인들이, 스승이 실명할 처지에 빠지고 연구소가 해산 위기에 놓였을 때 등을 돌렸다며 최승희를 비난했다.

최승희는 경성에 머물면서 오빠의 지인을 통해 러시아 유학을 추진했으나 성사되지 않자 1929년 11월 1일 남산 기슭에 최승희 무용연구소를 세우고 1930년 2월 1일과 4일 이틀 동안 경성공회당에서 제1회 창작 무용 발표회를 열었다. 1930년 10월의 2차 신작 발표회까지 대성황을 이뤘다. 최승희는 오빠의 소개로 만난 안막과 1931년 5월 10일 결혼했다. 안막은 제2고보(경복고)를 다니다 5학년 때 "조선 독립 만세"를 외쳤다는 이유로 퇴학 처분을 받자 일본으로 건너가 와세다대에서 러시아문학을 전공하던 대학생이었다.

안막이 1931년 8월 카프 사건으로 경찰에 체포되었다가 수개월 후 석방될 무렵 최승희는 슬럼프를 겪고 있었다. 신작이 호평을 받지 못하고 자신의 무용도 한계에 달했다는 자괴감 때문이었다. 결국 몸과 마음이 지치고 연구소 집세도 감당하지 못해 애를 태우고 있을 때 1932년 6월 이시이가 경성으로 왔다. 최승희는 이시이에게 과거 잘못을 반성하면서 다시 무용단 입단을 부탁해 허락을 받았다.

최승희는 1933년 3월 국내 활동을 접고 남편과 함께 일본으로 건너가 다시 이시이 무용단에 들어갔다. 대학생인 남편의 수입이 없어 생활은 쪼들렸지만 그래도 하루 15시간 넘게 연구소에서 무용 연습에 몰두했다. 그러던 어느 날 스승이 조선 춤을 배워보라고 권했다. 마침 조선 무용의 대가 한성준이 일본에 와 있었다.

최승희는 한성준에게서 40여 가지 춤을 배우고 서양무용의 동작 원리에 조선적인 정서를 넣어 자기 식의 춤을 완성했다. 그리고 1933년 5월

20일 도쿄에서 열린 여성 무용 경연대회에 참가해 자신이 꾸민 조선 춤 '에헤야 노아라'를 선보였다. 최승희는 쏟아지는 언론의 호평에 고무되어 민족 색이 짙은 '검무', '승무' 등 신작을 계속 창작했다.

"신이 아름다움을 창조할 때 최승희를 모델로 해서 만든 것이 아닐까?"

그래도 여전히 궁핍했으나 부부는 1934년 9월 20일 제1회 신작 무용 발표회를 준비했다. 그런데 그날 아침부터 거센 폭풍우가 몰아쳐 온종일 그치지 않았다. 부부는 낙심하며 공연장에 갔으나 눈앞에서 놀라운 일이 벌어졌다. 2,000여 명의 관객이 그 넓은 공연장에 빈틈없이 꽉 들어찬 것이다.

관객 중에는 언론사 대표, 주일 각국 대사, 각계 예술가들이 망라되었다. 35년 후 노벨 문학상을 수상하게 될 소설가 가와바타 야스나리도 그 중 한 명이었다. 최승희는 '에헤야 노아라'를 비롯해 그동안 갈고닦은 승무, 칼춤, 부채춤, 가면춤 등을 선보였다. 춤을 본 스승 이시이는 "신이 아름다움을 창조할 때 최승희를 모델로 해서 만든 것이 아닐까?"라며 극찬했다. 일본 내 첫 개인 무용 발표회의 성공 덕에 최승희는 일본에서 유명 무용가로 입신했다.

1935년에는 자전적 영화 '반도의 무희' 출연으로 거금의 출연료를 받아 생활고에서 벗어났다. 그 무렵 안막은 대학을 졸업해 개조사에 입사했으나 곧 그만두고 아내를 위해 공연 기획자의 길을 택했다. 오랫동안 키워온 자신의 꿈을 접는다는 게 결코 쉽지 않은 결정이었으나 오직 아내의 성공을 위해 모든 걸 내려놓고 최승희를 세계 최고의 무용가로 만들기 위한 계획에 착수했다.

안막은 먼저 최승희의 바람막이가 되어줄 '최승희 후원회'를 조직했다. 후원 인사들은 1935년 10월 22일 일본 히비야공회당에서 열린 제2회 신작 무용 발표회 유인물에 기재되었다. 송진우 동아일보 사장, 방응모 조선일보 사장, 여운형 조선중앙일보 사장 등을 비롯해 일본의 유명 작곡가, 평론가, 소설가 21명도 이름을 올렸다. 최승희는 1936년 4월 조선으로 돌아와 영화 '반도의 무희'가 조선에서 개봉되는 것을 지켜보았다. 영화는 혹평을 받았으나 흥행은 4년 동안 일본 전역에서 롱런할 정도로 성공했다. 최승희는 화장품, 안약, 비타민, 은단, 초콜릿, 축음기 등 온갖 광고로도 돈을 쓸어 담았다.

1936년 9월 22일 제3회 발표회까지 성공하자 미국으로 진출, 1938년 1~2월 샌프란시스코, LA, 뉴욕에서 세 차례 순회공연을 열었다. 미국 언론은 "깨질 듯 섬세한 동작과 정교하고 아름다운 의상과 함께 신비스러운 매력"(뉴욕 헤럴드트리뷴), "인종적인 경계를 넘어 신비함과 섬세함을 과시한 보기 드문 예술가"(뉴욕 선) 등 찬사를 쏟아냈다. 최승희는 1939년 1월 유럽으로 건너갈 때까지 뉴욕에 1년 동안 머물며 세계적인 무용가들의 공연을 보고 배웠다.

자의반 타의반으로 신사 참배하고 황군 위문 공연 펼쳐

최승희가 1939년 1월 31일 프랑스 파리에서 연 첫 공연에는 2,500여 명의 관객이 들어찼다. 가장 인기있는 작품은 '초립동'이었는데 곧 파리에 초립동 모자가 유행했다. 이후 벨기에, 스위스, 네덜란드, 독일, 이탈리아, 영국, 스페인 등 유럽 전역에서도 공연을 펼쳐 각광을 받았다. 1939년 4월 벨기에 브뤼셀에서 개최된 제2회 세계 무용 경연대회에서는 세계적인 무용가들과 나란히 심사위원으로 위촉되는 영예를 누렸다. 파리 2차 공연에는 화가 파블로 피카소와 앙리 마티스, 시인 장 콕토, 작가 로맹 롤랑 등도 관객으로 자리를 지켰다. 당시 피카소는 객석에서 연필로 스케치한 최승희의 공연 모습을 선물로 주었다.

최승희는 1939년 9월부터 다시 유럽을 순회하는 총 60회 공연을 계획했으나 2차대전이 발발하는 바람에 다시 미국으로 돌아가 1940년 미국 공연을 성황리에 끝내고 중남미 공연을 추진했다. 1940년 5월 브라질 리우데자네이루 공연을 시작으로 우루과이, 아르헨티나, 페루, 칠레, 멕시코 등 중남미 공연에서도 격찬을 받았다. 최승희가 이렇게 해외에서 공연한 것만 미국 10회, 프랑스 23회, 벨기에 9회, 네덜란드 11회, 독일 2회, 중남미 61회 등 총 150여 회에 달했다.

최승희는 일본을 떠난 지 3년 만인 1940년 12월 5일 일본으로 돌아왔다. 하지만 일본 정부가 자신을 감시하고 있다는 것을 알고 자의반 타의반으로 메이지신궁, 야스쿠니 신사 등을 참배하고 조선, 만주, 중국 등에서 수백 차례 황군 위문 공연을 펼쳤다. 국방헌금도 냈다. 1945년 8월 최승희 부부가 중국에 있을 때 일본이 패망했다. 안막은 북한으로 들어갔고 최승희는 국민당군에 체포되는 등 고초를 겪은 뒤 1946년 5월 인천으로 귀국했다.

서울에 무용연구소를 열고 활동을 준비하고 있던 7월 안막이 나타나 최승희를 데리고 월북했다. 김일성은 저택을 선물하는 등 최승희를 전폭적으로 지원했다. 그 덕에 1946년 9월 평양에 설립한 최승희 무용연구소에서 조선 춤을 체계화하고 무용극을 창작하는 데 매진했다. 최승희는 1946년 11월 북한 최고인민위원으로 뽑혔다. 1948년 4월 평양에서 남북 연석회의가 열렸을 때는 김일성과 김구 앞에서 경축 공연을 열어 갈채를 받았다. 1950년 3월에는 무용가동맹 중앙위원장으로 뽑히고 1955년 인민배우가 되었다.

하지만 국립음악학원 초대 학장, 문화선전성 부장 등 승승장구하던 안막이 1958년 숙청되자 위치가 불안해졌다. 결국 최승희 무용연구소는 최승희의 이름이 빠진 국립무용연구소로 바뀌었고 최승희 역시 1967년 숙청당해 1969년 8월 8일 눈을 감았다. 한평생 310편 이상의 작품을 창작하고 국내외에서 2,500여 차례를 공연한 한국 현대무용의 태두이자 전통 무용을 일신한 개혁가로서는 안타까운 죽음이었다.

조택원

조택원(1907~1976)은 1920~30년대에 서양의 모던 댄스와 우리의 전통 춤을 접목해 한국의 신무용을 정립한 '신무용의 선구자'이자 '근대 춤의 거장'이다. 45년 무용 인생의 거의 절반을 일본, 프랑스, 미국 등 해외에서 활동했으며 국내·외에서 공연한 횟수만 1,500여 회에 달하고 안무는 수백 편이나 된다.

조택원

조택원은 함경도 함흥의 명문가에서 3대독자로 태어났다. 대한제국 시절 군인으로 복무한 아버지가 독립운동을 하겠다며 중국으로 떠나 어린 시절은 함흥군수를 지낸 할아버지 밑에서 성장했다. 서양 춤을 처음 접한 것은 11살이던 1918년이었다. 러시아혁명을 피해 국경을 넘어온 백계 러시아인들이 밤마다 모여 춤을 추던 '코파크 댄스'가 그의 눈에 그렇게 멋져 보일 수 없었다.

휘문고보에 입학한 1920년 러시아에 유학 중인 조선 학생 무용단의 고국 방문 공연을 보고 예술단의 일원에게 코파크 댄스를 배우면서 가슴속에 무용에 대한 동질감이 싹텄다. 휘문고보에 재학 중이던 1924년 1월에는 서울 YMCA 강당 무대에 올려진 토월회의 무용가극 '사랑과 죽음'에서 직접 코파크 댄스를 추어 인기를 끌었다. 훤칠한 키에 운동신경도 뛰어나 휘문고보 재학 때는 정구 선수로 일본에 다녀오기도 했다. 정구 선수는 1925년 입학한 보성전문 법과생일 때도 계속 이어졌다.

그러던 중 1927년 10월 일본 근대 무용의 선구자 이시이 바쿠 무용단이 두 번째 내한 공연을 펼쳤다. 조택원은 공연에 매료되었다. 보성전문을 중퇴하고 상업은행의 행원 겸 정구 선수로 활동하다가 1928년 4월 일본으로 건너가 이시이의 문하생으로 들어갔다. 조택원은 도일 1년 만에 도교에 후원회가 결성될 정도로 무용에 재능이 있었다. 도일 4년 만인 1932년 3월 귀국해 중앙보육학교에서 신무용을 가르치고 1932년 9월 서울 충무로에 '조택원 무용연구소'를 개설했다.

조택원은 1934년 1월 27일 경성공회당에서 꾸민 제1회 무용 발표회에서 창작무용 '승무의 인상' 등 12개의 레퍼토리를 발표해 주목을 끌었다. 장차 조택원의 대표작이자 상징작이 될 '승무의 인상'은 1943년 시인 정지용에 의해 '가사호접'으로 개칭되었다. 1935년 2월 제2회 공연에서는 또 다른 창작무용 '만종'과 '포엠' 등 15개의 레퍼토리를 선보였다. 특히 '만종'은 조택원이 어려서 좋아한 밀레의 그림 '만종'을 무용 서사시로 창작한 것으로 생애를 통틀어 가장 많이 무대에 올려졌다. 1936년 7월에는 양주남 감독, 문예봉 주연의 영화 '미몽'에 그의 무용단과 함께 조연으로 출연했다. '미몽은' 현재 국내 영화 중 가장 오래된 필름으로 기록되어 있고 문화재청의 등록문화재로 등재되어 있다.

한국 신무용의 선구자이자 근대 춤의 거장

국내에서 신무용가로 자리를 굳힌 조택원은 좀 더 시야를 넓히기 위해 1937년 11월 프랑스로 건너가 서양무용을 익히고 1938년 11월 귀국했다. 1941년 일본무용협회 현대무용부 이사에 피선되고 1942년 4월 경성 부민관에서 내선일체를 주제로 한 창작무용 '부여 회상곡' 등을 발표했다. 만주와 중국에서도 황군 위문 공연에 나서 해방 후 친일 무용가라는 비난을 받았다.

해방 후인 1947년 10월 문화 교류차 자신의 무용단을 이끌고 미국으로 순회공연을 떠나 '조택원과 일행'이라는 무용단 이름으로 할리우드, 로스앤젤레스, 시카고, 뉴욕 등 미 전역을 순회하며 수백 회의 공연을 열었다. 1949년 미국 뉴욕 자연사박물관에서는 '신로심불로'를 초연해 화제를 모았다.

1949년 3월 사석에서 이승만 대통령의 독재를 비난했다는 사실이 국내에 알려져 1960년 4·19로 이 대통령이 물러날 때까지 11년간 국내에 들어오지 못하고 미국, 일본, 프랑스 등지에서 활동했다. 1953년에는 파리에서 유네스코 주최 공연을 펼쳤고 1957년에는 그의 안무·편곡으로 만들어진 '양귀비'가 프랑스 발레단에 의해 영국 에든버러 페스티벌에서 공연되었다.

조택원은 이승만이 물러난 1960년 5월 13년 만에 귀국, 한국무용협회 이사장으로 활동하며 한국무용의 발전에 이바지했다. 1964년 한국무용 발전에 끼친 공로로 제1회 한국무용상과 1974년 국내 제1호 금관문화훈장을 받았다. 한동안 '무용'은 일본인들이 만든 용어이니 '무상(舞想)'으로 고칠 것을 주장했으나 관철하지는 못했다.

풍운아답게 여성과의 스캔들도 잦고 여성 편력도 화려했다. 두 번의 결혼과 이혼, 한 번의 동거 후 1960년 한국으로 돌아와 그의 제자와 세 번째 결혼을 했다. 제자가 많지는 않았으나 국수호(가사호접), 조흥동(신로심불로), 정재만(학), 양성옥(고독) 등 한국 최고의 춤꾼들이 그의 춤 계보를 잇고 있다. '가사호접'(김준영 작곡) 악보는 한국무용 사상 최초의 무용음악 악보로 기록되어 있다.

조선의 황금광 시대

각국은 세계 어디서나 가치를 인정받는 금의 보유를 선호했다. 일본이라고 예외가 아니었다.

금본위제는 화폐와 금의 가치를 일치시키는 제도로 1816년 영국이 처음 채택했다. 뒤이어 독일과 프랑스 등 유럽 주요국이 1870년대에 받아들이고 미국이 1900년 채택했다. 금본위제에 따라 각국의 통화는 중앙은행이 보관하고 있는 금의 양을 기준으로 가치가 매겨졌다. 따라서 예산이나 무역에서 적자를 낸 국가는 자국이 보유하고 있는 금의 양 이상으로 화폐를 대규모 발행하는 것이 불가능했다.

금본위제가 위기를 맞은 것은 1차대전 때였다. 주요 참전국들이 전쟁 비용을 조달하기 위해 화폐를 무작정 늘려 발행했기 때문이다. 결국 세계 금융을 쥐락펴락하던 영국이 1914년 금본위제를 포기했고 다른 국가들이 뒤를 따랐다. 일본은 1917년 9월 금본위제를 포기했다. 이에 따라 금태환(金兌換)은 중지되었다. 금태환이란 금본위제도하에서 해당국 화폐 소유자가 해당국 정부(중앙은행)에 화폐를 제시하며 금과의 교환을 요구할 때 중앙은행이 금을 내주는 것을 말한다.

1차대전 후 세계 각국이 통화 증발에 따른 인플레이션을 겪게 되자 미국(1919)과 영국(1925) 등이 다시 금본위제로 복귀했다. 일본은 1923년 일어난 관동대지진으로 경황이 없어 복귀하지 못하다가 1930년 1월 13년 만에 금본위제로 돌아왔다. 이후 중앙은행인 일본은행은 물론 일본의 식민지인 조선은행과 대만은행에서도 금화와 화폐를 교환해주는 태환 업무가 재개되었다. 그러자 금값이 폭등할 조짐을 보였다. 금본위제로 복귀할 무렵 일본은 대공황으로 극도의 침체기를 겪고 있었다. 상품은 팔리지 않았고 물가는 떨어졌다. 그러나 금만은 예외였다. 다른 물가가 아무리 떨어져도 금만은 1돈 쭝에 5엔(조선에서는 5원)이라는 법적 가치를 보장받았기 때문이다.

일본이 금본위제로 복귀하면서 내건 명분은 엔화 가치의 회복을 통한 국내 경기의 선순환과 고질적인 무역수지 적자 해소였다. 문제는 상품 경쟁력이 증대되지 않아 해외시장이 좀처럼 열리지 않는다는 데 있었다. 오히려 금만 해외로 빠져나갔다. 결국 2년 만에 금 보유량이 바닥을 보이자 일본은 1931년 12월 금 수출 금지 조치를 내려야 했다. 이것은 다시 금본위제를 포기한다는 뜻이었다. 이미 영국도 자국의 무역 보호를 위해 1931년 9월 금본위제를 정지한 상태였다. 유럽 각국도 금본위제에서 차례로 이탈하고 미국은 1933년 발을 뺐다.

금본위제를 중단하자 금값이 하락할 것으로 예상되었다. 그러나 대공황기에 신뢰할 수 있는 유일한 국제통화는 금뿐이라는 데 각국의 생각이 일치했다. 국내통화로서 금의 기능이 정지되었다 하더라도 언젠가는 금본위제로 복귀할 것이고 가장 신뢰할 수 있는 국제통화는 여전히 금이라고 생각했기 때문이다. 각국은 세계 어디서나 가치를 인정받는 금의 보유를 선호했다. 일본도 마찬가지였다.

신문기자, 변호사, 소설가, 사회주의자도 금광으로 달려가

조선총독부는 금 생산 정책을 적극 장려했다. 은행은 채굴된 금을 모두 매입했다. 이에 따라 금의 법정 가치가 폭등했다. 1돈쭝에 5원이던 법정 가치는 1933년 10원, 1935년 13원, 1937년 18원을 돌파하고 1939년에는 30원으로 치솟아 8년 만에 6배나 폭등했다. 금의 생산량도 비약적으로 증가했다. 1933년 11.5t, 1934년 12.4t, 1935년 14.7t, 1936년 17.4t, 1937년 22.5t, 1938년 29.5t으로 늘어나더니 1939년에는 31.1t으로 최고조에 달했다. 덕분에 일본은 1939년 남아공, 미국, 소련, 호주와 함께 세계 5대 산금국 대열에 올라섰다.

이처럼 금 생산량이 늘어나도 금값이 계속 치솟자 한반도 전역에 금광 열풍이 휘몰아쳤다. 사람들은 무언가에 홀린 것처럼 직업과 나이에 관계없이 무작정 금을 찾아 나섰다. 가난한 이는 가난해서 부자는 더 부자가 되겠다며 금맥을 찾아 나섰다. 처음에는 일시적 유행으로 가볍게 취급하던 지식인들도 슬그머니 금 채굴 열풍에 올라탔다. 신문기자, 변호사, 의사, 소설가는 물론 사회주의자, 여성운동가도 앞다투어 금광으로 달려갔다.

소설가 중에는 카프 결성에 산파역을 맡았던 김기진도 있었다. 조선일보 사회부장으로 근무하던 그는 경영난에 빠진 조선일보가 1933년 1월 금광 재벌 방응모에게 넘어가자 "금전꾼 밑에서는 기자노릇 못하겠다"며 사표를 던졌다. 노다지를 발견해 신문사 하나 차리겠다는 야무진 꿈을 안고 1934년 4월 평남 안주의 금광으로 달려갔으나 노다지는커녕 금싸라기 한 톨도 나오지 않았다. 결국 잔뜩 손해만 본 채 넉 달 만에 손을 털고 서울로 돌아왔다.

채만식도 펜 대신 곡괭이를 들었던 소설가 중 한 명이었다. 채만식은 자신의 경험을 토대로 금광 2부작 '정거장 근처'(1937)와 '금의 정열'(1938)을 썼다. 김유정은 '금 따는 콩밭'(1935), '노다지'(1935), '금'(1938)으로 이어지는 이른바 '금광 3부작'을 써 골드러시의 실상을 후세에 알렸다.

전국 곳곳에서 금전꾼의 망치질과 삽질 소리 끊이지 않아

금광 열풍에 따라 전국 곳곳에서 금전꾼의 망치질과 삽질 소리가 끊이지 않았다. 돌산허리, 개천바닥, 논밭, 집터, 묘지 할 것 없이 모두 금전꾼의 삽질에 뚫리고 구멍이 났다. 그들이 이상적 모델로 삼은 것은 삼성금광과 교동금광이었다.

삼성금광은 노름판과 금전판을 전전하며 하루하루를 연명하던 최창학을 하루아침에 갑부로 만들어주었다. 교동금광은 평북 정주에서 동아일보 지국을 경영하며 꿈을 키우던 촌부 방응모에게 조선일보를 안겨주었다. 특히 최창학의 성공은 서민들의 금 찾기 열풍을 부채질했다. 내세울 만한 가문도 배운 것도 없던 최창학은 금광 전전 10년 만에 일확천금을 이뤄 인생 대역전의 꿈을 일군 황금광 시대의 아이콘이었다.

1933년 한 해 동안 금광으로 출원한 곳은 3,222개나 되었다. 1934년에는 5,972건, 1935년에는 5,813건으로 급증했다. 이 때문에 1930년대 중반쯤에는 금광으로 출원된 땅을 피해 새로운 금광을 찾는 일이 사실상 어려워졌다. 그러다 보니 금광 출원증이라는 광업권 증서가 새로운 투기 대상으로 부상했다. 당시 금광 출원이 급증한 것은 금을 캐기 위해 광업권을 확보하는 정상적인 의도보다는 광업권을 확보해 프리미엄을 받고 수십 수백 배의 가격으로 팔겠다는 투기적인 의도가 강했다.

금광 출원 건수는 1934년을 정점으로 점진적으로 줄어들었는데 이는 금광 열기가 식었기 때문이 아니라 금이 조금이라도 나올 만한 땅치고 금광으로 출원되지 않은 곳이 거의 남아 있지 않았기 때문이다. 결국 금을 캐기 위해 출원된 금광은 20~30%에 지나지 않았고 대부분의 출원증은 이 사람 손에서 저 사람 손으로 팔려 다녔다.

최창학

최창학(1890~1959)은 금광을 찾아 인생 대역전의 꿈을 이룬 황금왕이었다. "벼락부자 벼락부자 하지만 근래 조선 사람으로 최창학처럼 벼락부자가 된 사람은 없을 것"(별건곤 1932년 11월호)이라고 평할 정도로 그 시대 황금광의 대명사였다.

최창학은 평북 구성군의 빈촌에서 태어나 별다른 교육을 받지 못하고 자랐다. 유년기에 대해서는 거의 알려진 것이 없어 그에 대한 기록은 유년기를 건너뛰고 20살에 시작된다. 최창학은 20대 초반부터 금맥을 찾아 전국을 떠돌아다녔으나 실패의 연속이었다. 그러다가 29살이던 1919년 고향집 근처 구성군 관서면 조약동에서 운명을 건 한판 승부를 벌였다. 당시 조약동 광산은 사금 한 톨 나지 않는 폐광이었다. 그러나 최창학에게는 10년의 실패가 가져다준 안목이 있었다.

최창학

그래도 금은 좀처럼 최창학의 접근을 허락하지 않았다. 그렇게 5년을 보내다가 1923년 마침내 조약동에서 조선 최대의 금맥을 발견했다. 곧 삼성금광으로 명명된 그곳은 1년 만에 조선 굴지의 금광으로 성장했다. 4~5년 후에는 미국인 소유의 운산금광(평북 운산)과 프랑스인 소유의 대유동금광(평북 창성)과 함께 조선을 대표하는 3대 금광의 반열에 올랐다. 이 가운데 운산금광은 '동양의 엘도라도'라 불리며 수십 년 동안 엄청난 양의 노다지를 토해내고도 여전히 동양 최대의 산금량을 자랑했다.

최창학을 조선 굴지의 대자산가로 만들어준 것은 채굴한 금이 아니라 금광이었다. 금을 캐내 얻는 수익보다 금광을 팔아 얻는 수익이 더 컸기 때문이다. 최창학은 양질의 광구만 직접 경영하고 그 외의 광구는 덕대라고 불리는 분광업자에게 임대해 간접 경영했다. 기계, 집, 땅 할 것 없이 조약동의 모든 것은 최창학의 소유였다. 누구든 황금을 캐고 싶으면 착수금을 내고 허가를 받아야 했다.

최창학이 떼돈을 벌어 주체하지 못하고 있던 1924년 7월 24일 무장독립단이 삼성금광을 습격했다. 그 무렵은 정체가 불분명한 무장독립단이 압록강을 건너와 평안북도 일대에서 대대적인 공세를 펼치던 시기였다. 독립군은 부잣집을 습격해 군자금을 빼앗거나 독립군이 될 만한 청년들을 소집해 국경선 너머로 돌아갔다. 최창학은 자신을 표적으로 한 독립군의 습격을 피해 구사일생으로 살아남았다.

인생 대역전의 꿈을 이룬 황금왕

최창학은 1929년 8월 미쓰이 광업에 130만 원(현재 금액 1,300억 원)의 현금을 받고 삼성금광을 팔았다. 이미 그가 갖고 있는 수백만 원까지 더해져 백만장자 대열에 이름을 올렸다. 그렇다고 금광업에서 완전히 손을 떼지는 않았다. 삼성금광을 매도한 후에도 평북 구성은 물론 삭주, 의주

일대에 수십 개소의 금광을 소유한 조선 굴지의 금광왕으로 여전히 군림했다.

그렇다고 그가 조선 최대 재벌은 아니었다. 세도가 민영휘와 동아일보를 설립한 김성수에는 미치지 못했기 때문이다. 그래도 최창학의 이름이 부자의 아이콘으로 세인의 입에 오르내린 것은 가문도 없고 배운 것도 없고 교양도 없는 사내가 수년 만에 백만장자의 대명사로 떠올랐기 때문이다. 최창학은 그 후에도 평북 일대의 광구 수십 개소를 묶어 600만 원에 양도하는 빅딜을 성사시켰다.

최창학은 이후 서울로 이주해 충정로에 죽첨장을 짓고 호화로운 생활을 했다. 일본군에는 비행기를 헌납하고 거금을 기부했다. 이 때문에 1945년 해방이 되었을 때 살아남을 방법을 강구해야 했다. 재산의 3분의 2는 남북의 분단으로 이미 북한으로 넘어간 상태였다.

최창학이 자신의 운명을 의탁한 이는 김구와 그가 이끄는 한독당이었다. 김구가 해방 조국의 초대 대통령이 될지 모른다는 계산에 따른 결과였다. 김구에게는 자신의 대저택 죽첨정을 헌납하고 한독당에는 엄청난 정치자금을 기부해 만일에 대비했다. 김구는 죽첨정을 경교장으로 개명하고 정치 활동의 중심지로 삼았다. 그러나 1948년 이승만이 초대 대통령이 되고 1949년 김구가 경교장에서 암살당하자 최창학은 고립무원의 처지에 놓였다. 결국 일체의 특혜성 사업에서 배제되고 집요한 세무조사에 시달렸다. 1950년대에는 탈세 등의 혐의로 검찰청과 법정을 오갔다. 재산 대부분도 모래알같이 사라졌다. 결국 빈털터리가 되어 1959년 10월 12일 눈을 감았다.

마하트마 간디의 '소금 행진'

간디의 암살 소식에 유엔은 모든 가맹국의 국기를 3일간 반기로 게양했다.

'인도의 국부'로 추앙받는 간디(1869~1948)의 본명은 모한다스 카람찬드 간디다. 하지만 인도의 시성 타고르가 '위대한 영혼'이라는 뜻의 '마하트마'로 부른 뒤부터 '마하트마 간디'로 불렸다. 간디가 영국에서 변호사 자격증을 취득하고 고국 인도로 귀국한 것은 1891년이었다. 변호사 생활을 하다가 남아공의 한 인도 회사로부터 법률 자문을 맡아 달라는 요청을 받고 1893년 남아공의 나탈국으로 건너갔다.

그곳에서 목격한 인도인의 비참한 생활상은 간디를 점차 '사티아그라하' 운동으로 이끌었다. '사티아그라하'는 '진리(사티아)'를 '잡고 지킨다(아그라하)'는 의미로, 우리말로는 '진리 지키기', '비폭력 저항', '진실에의 헌신' 등으로 표현된다. 인도인들은 남아공에서 자기 땅을 가질 수 없었다. 남아공 내 트란스발 공화국에서는 밤 9시 이후 외출도 할 수 없었다. 항상 신분증을 소지해야 했고 지문 날인도 의무적으로 해야 했다. 백인이나 기독교인들과 함께 걸어 다녀서도 안 되었다.

간디는 1895년 '나탈인도국민회의'를 조직해 본격적으로 사티아그라하 운동을 전개했다. 수많은 인도인이 간디의 비폭력 불복종 투쟁에 동조하며 파업과 시위에 참여하고 투옥과 처벌을 감수했다. 이 때문에 당초 1년 정도만 체류할 예정이던 간디의 일정은 기약 없이 늘어났다. 그사이 몽둥이에 맞아 의식을 잃은 적도 있었고 감옥도 세 번이나 드나들었다. 죽는 날까지 10차례에 걸쳐 총 2,333일이나 감옥에서 보내게 되는 고난의 시작이었다. 1906년 간디가 중대 결심을 했다. 금욕과 동정주의를 맹세하는 '브라마차라 서약'을 한 것이다. 이미 13세에 결혼한 그였지만 평생 성적 욕망을 멀리하기로 결심하고 변호사로서의 성공과 모든 소유욕을 벗어 버리겠다는 맹세였다.

1915년 1월, 22년 만에 인도로 돌아와 수행자들의 공동체인 '아슈람'을 만들었다. 그곳은 간디의 사상을 실천하는 실험실이었고 폭력 없이 투쟁하는 법을 가르치는 훈련소였다. 간디는 농민해방운동을 벌이고 방직노동자 파업을 지원했다. 가뭄으로 기근이 발생했을 때는 세금 납부 거부운동을 펼쳤다. 1차대전 때는 영국을 도와야 한다며 인도인의 참전을 지지했다. 곤경에 빠진 영국을 도우면 전쟁 후 영국이 이떤 형태로든 인도를 도울 것이라는 생각에서였다. 인도 최대의 정치결사인 '인도국민회의파'도 독립의 희망을 품고 참전을 독려했다. 이렇게 해서 1차대전에 참전한 인도인은 150만 명이나 되었다.

마하트마 간디

하지만 인도인들의 희망은 종전 후인 1919년 3월 18일 이른바 '롤릿법'이 통과되면서 한순간에 물거품이 되고 말았다. '롤릿법'은 영국을 비판하거나 인도인의 권리를 주장하는 자는 체포·구금할 수 있고 의심스럽다고 판단되면 재판 없이 투옥할 수 있도록 한 악법 중의 악법이었다. 영국의 전쟁 승리를 위해 애써온 인도인들은 배신감에 치를 떨었다. 간디 역시 "우리는 빵을 구했으나 대신 돌을 받았다"라며 분노했다.

죽는 날까지 10차례에 걸쳐 총 2,333일 감옥에서 보내

간디는 영국의 횡포에 맞서기 위해 1919년 3월 '하르탈' 운동을 제창했다. 운동은 하루 동안 모든 행동을 중단하고 슬픔에 잠기는 방식으로 전개되었다. 가게와 공장은 문을 닫았고 사람들은 집 안에서 기도와 단식을 했다. 이런 와중에 1919년 4월 13일, 인도 북부 암리차르의 잘리안왈라 광장에서 롤럿법 철폐를 요구하는 1만여 명의 군중 시위가 일어났다. 광장이라고는 하지만 사방이 집들로 둘러싸여 있는 사실상 막다른 곳이었다. 그런데도 현지 주둔 여단장의 발포 명령과 함께 출구를 막아선 영국군이 일제히 방아쇠를 당겼다. 군중은 맥없이 쓰러졌고 광장은 피바다를 이뤘다. 379명이 죽고 1,137명이 부상한 대참사였다.

간디는 1920년 비폭력적인 자급자족운동 '스와데시'를 대대적으로 전개하면서 악마적인 영국 정부의 모든 것을 거부하자고 호소했다. 영국 상품 불매, 공립학교 불취학, 세금 납부 거부 등을 촉구했다. 최종 목표는 '스와라지', 즉 영국인을 내쫓고 인도인 스스로 인도를 통치하는 것이었다.

점차 놀라운 변화가 일어났다. 영국에서 수입된 옷감에 의존하지 않고 경제적으로 독립하자는 의미로 물레 돌리기와 손으로 옷감을 짜는 카디 운동이 전국 곳곳에서 펼쳐졌다. 교사들은 학교를 그만두고 공무원들은 자리에서 물러났다. 간디가 쓴 흰 빵모자와 카디옷(베틀로 손수 짠 옷감으로 만든 거친 옷)을 걸친 수천 명의 학생은 농촌과 도시 빈민가로 내려가 간디의 복음을 전파하는 전령사 역할을 했다. 오랫동안 갈등을 빚고 있는 힌두교도와 이슬람교도 역시 하나가 되었다.

간디는 1921년 인도국민회의 대표로 선출되자 국민회의를 명망가 중심에서 대중조직으로 탈바꿈시켜 독립운동의 중추로 삼았다. 이런 일련의 활동으로 1922년 3월 2년간 또다시 투옥되었다. 석방 후 간디는 물레를 돌리고 손으로 옷감을 짜는 카디 운동과 스와데시 운동을 본격적으로 펼쳤다. 전국적으로 수백만 대의 물레가 바쁘게 돌아갔다. 다시 대규모로 시작된 비폭력 불복종 운동은 1930년의 '소금 행진'에서 절정을 맞았다.

당시 영국은 인도에서의 소금 생산을 금지하고 전부 영국에서 수입한 소금에 50%의 높은 세금을 매겨 팔았다. 이 때문에 가난한 농민들은 소금조차 제대로 섭취할 수 없었다. 이 소금법을 무력화하기 위한 간디의 여정은 1930년 3월 12일 인도 서부 아마다바드 시에서 시작되었다. 386km

떨어진 서부 해안가 단디까지 걸어가는, 훗날 '소금 행진'으로 불릴 이 고난에 찬 간디의 행진은 지나는 마을 주민들로부터 열렬한 환영과 호응을 받았다.

"우리는 빵을 구했으나 대신 돌을 받았다"

3주 만에 단디에 도착한 1930년 4월 6일, 출발 당시 79명이던 일행은 어느덧 수만 명의 군중으로 불어나 있었다. 간디는 영국 경찰이 지켜보는 가운데 주전자에 바닷물을 담았다. 바닷물은 이튿날 소금이 되었다. 군중들도 항아리와 냄비에 염수를 담아 소금을 만들었다. 간디는 소금법을 어겼다는 이유로 체포되었지만 인도 전역에서는 소금세에 항의하는 소금의 제조와 판매가 성행했다. 경찰이 곤봉을 휘둘러도 군중들은 아무런 저항 없이 맞기만 할 뿐 물러서지 않았다. 머리가 터지면 그 자리에 쓰러져 영국의 폭력성을 전 세계에 고발했다. 투옥된 사람만 6만 명에 달했다. 간디는 그의 체포에 항의하는 편지가 영국 정부에 쏟아진 덕에 풀려날 수 있었고, 소금세는 1931년 백지화되었다.

1931년 간디는 영국 정부와 협상하기 위해 런던으로 갔으나 별 성과를 얻지 못하고 인도로 돌아왔다. 간디는 불복종운동을 준비하다가 다시 갇혔다. 1933년 풀려난 후에는 정치보다는 사회 발전을 위해 시간을 바쳤다. 그런 가운데 1939년 제2차 세계대전이 일어났다. 영국은 또다시 독립을 시켜주겠다며 인도인의 참전을 요청했다.

하지만 인도국민회의는 영국의 요청을 받아들이지 않았고 군중은 관청을 비롯해 영국을 상징하는 물건을 파괴했다. 우체국, 경찰서, 법원 등을 불태우고 철도와 전선을 끊었다. 이 때문에 네루를 비롯해 3만 명이 다시 감옥에 갇혔다. 국민회의를 떠나 비폭력 사상 전파에 전념하고 있던 간디 역시 영국 정부를 향해 불복종운동을 전개하다가 1942년 감옥에 갇혔으나 건강 악화로 1944년 석방되었다.

인도는 전쟁이 끝난 후인 1947년 8월 15일 독립했다. 하지만 '힌두교 인도'와 '회교 파키스탄'으로 두 동강 난 분리 독립이었다. 간디는 "인도를 생체 해부하는 것"이라고 강하게 반발하며 양측의 갈등이 특히 첨예한 지역에서 양측의 화합을 강조했다. 그러나 돌이키지는 못했다.

1948년 1월 30일 오후 5시쯤, 두 계파의 화해를 호소하는 5일간의 단식을 마치고 뉴델리 집 뒤뜰에서 기도하고 있을 때 3발의 총성이 들렸다. 피격 순간 간디는 "헤람!(신이시여!)"이라고 짧게 말한 뒤 곧 눈을 감았다. 범인은 "간디가 이슬람에 너무 우호적"이라며 간디에 불만을 품은 힌두교 민족주의자 나투람 고드세였다. 간디의 암살 소식에 유엔은 모든 가맹국의 국기를 3일간 반기로 게양했다.

쿠르트 괴델 '불완전성 정리' 발표

그의 죽음은 일반인이 이해하기 힘들 정도로 비논리적이었다.

19세기 말 수학은 안정적인 궤도를 달렸다. 수학자들을 괴롭혀온 온갖 역설이 사실상 모두 해결되었기 때문이다. 바야흐로 수학자들은 모순이 없고 엄밀한 수학을 재구성할 수 있으리라는 희망에 부풀었다. 그러던 중 수학의 기초를 공고히 해줄 것으로 기대했던 게오르크 칸토어의 집합론에서 예기치 않은 역설이 발견되었다. 수학의 위기였다.

'칸토어 역설'은 무한집합의 성격을 규명하다가 '전체와 부분의 크기가 같다'는 결론에 이르면서 불거졌다. 집합론은 수학의 모든 분야를 포괄하기 때문에 칸토어 역설은 수학을 뿌리부터 흔들었다. 결국 칸토어의 집합론은 수학과 수학철학 분야를 백가쟁명의 시대로 몰아넣었다.

수학의 위기를 극복하기 위해 내로라 하는 수학자들이 나섰다. 선봉장은 수학계의 거장 다비트 힐베르트였다. 그는 이른바 '힐베르트 프로그램'을 통해 무너져가는 수학을 굳건히 세우려는 야심 찬 계획을 발표했다. 수학에서 모순이 도출될 수 없다는 것을 확실하게 증명함으로써 수학의 위기를 정면으로 돌파하겠다는 의지의 표명이었다. 수학계 역시 그의 영향을 받아 수학을 완벽하게 형식화해 다른 어떤 외부의 의미나 직관에 기대지 않아도 되는 완전한 체계 구축을 추구했다.

쿠르트 괴델

힐베르트는 공리주의 방식으로 접근했다. 점·선·면 등 몇몇 정의와 증명할 필요가 없는 몇 개의 공리만 있으면 수학의 모든 것을 증명할 수 있다는 것이 공리주의다. 힐베르트와 그를 지지하는 수학자들은 수학의 체계를 세우는 데 필요한 최소한의 정의와 공리들을 선별, 수학의 무모순성에 접근했다. 그리고 1900년 8월 8일 파리에서 열린 제2회 국제수학자회의에서 힐베르트가 기념비적인 연설을 했다.

'수학적 문제들'이란 제목의 연설에서 그는 23세기 한 세기 동안 펼쳐질 수학적 활동 과정에서 해결해야 할 가장 중요하다고 생각되는 23개 문제를 제시했다. 첫 번째는 게오르크 칸토어의 연속체 가설이 참임을 증명하라는 것이고, 둘째는 산술에 대한 공리들의 무모순성을 증명하라는 것이다. 즉 수학에서 모순이 도출되지 않는다는 것을 어떻게 증명할 것인가 하는 문제였다.

힐베르트는 수학의 미래를 낙관했다. 당시의 많은 수학자 역시 '힐베르트 프로그램'이 곧 풀릴 것이라는 사실을 믿어 의심치 않았다. 그러던 차에 1902년 '러셀의 역설'이 발견되면서 수학계가 또다시 요동쳤다. 현대논리학의 창시자 고틀로프 프레게는 '러셀의 역설'을 두고 절망했지만 힐베르트는 여전히 수학의 모든 문제가 해결될 것이고 또 산수의 체계에서 모순이 도출될 수 없다는 것을 증명할 수 있다고 확신했다.

상대성원리, 불확정성정리와 함께 20세기 과학의 3개 기둥

이런 분위기에서 20~30년이 흘러갔다. 그러던 중 1930년 24살의 청년 수학자 쿠르트 괴델(1906~1978)이 수학에서 무모순성의 증명이 불가능하다는 것을 입증한 '불완전성 정리'를 발표하면서 수학계는 혼란에 빠졌다. "참이지만 참이라고 증명할 수 없는 수학적 명제들이 존재한다"는 그의 '불완전성 정리'는 훗날 아인슈타인의 상대성원리, 하이젠베르크의 불확정성정리와 더불어 20세기의 지적 체계를 구성하는 3개의 기둥으로 자리매김했다. 괴델은 1999년 미국의 타임지가 선정한 '20세기의 가장 위대한 인물 100명' 중 한 명으로 이름을 올렸다.

괴델은 오스트리아·헝가리 제국의 브르노(현 체코령)에서 태어났다. 별명이 '왜요? 선생님'이라고 불릴 만큼 천성적으로 호기심이 많고 영민했다. 하지만 8살 때 앓기 시작한 류머티즘은 그의 전 생애를 따라다니며 괴롭혔다. 그는 어려서부터 홀로 독파한 의학 지식을 더 신뢰하며 지나친 건강염려증을 갖고 살았다. 이는 말년에 음식 섭취를 거부하도록 해 그를 죽음에 이르게 한 원인이 되기도 했다.

괴델은 이론물리학을 공부하기 위해 1924년 빈대에 입학했다. 당시 빈에는 논리실증주의의 집단인 '빈학파'가 정기적인 모임을 열고 있었다. 논리실증주의는 오직 경험적 수단을 통해서만 참인지 거짓인지를 가려야 한다는 믿음을 갖고 신비적 모호성과 형이상학적 경향을 타파하려는 학문적 분야였다.

괴델이 당대 일류 학자들이 모여 과학·수학·논리학·철학을 논의하는 빈학파 모임에 1926년부터 참석한 것은 큰 행운이었다. 괴델은 경험적으로 입증되지 않는 것은 무의미하다고 한 논리실증주의의 빈학파와 어울렸지만 사실 그는 그들과 반대로 '저 너머'에 객관적 실체가 존재한다고 믿은 플라톤주의자였다. 플라톤주의는 플라톤의 이데아론에 바탕을 둔 것으로 수학의 대상을 인간의 활동과는 무관하게 존재하는 영구 불멸의 완전한 실재, 즉 이데아로 보는 수리철학이다.

논리실증주의자들에게 플라톤주의는 부정의 대상이었는데도 그들은 괴델이 플라톤주의자라는 사실을 알지 못했다. 괴델 자신도 논쟁에 휘말리는 게 싫어 내색하지 않았다. 다만 괴델은 모임에서 지적 자극을 받아 자신의 진로를 수학과 수리논리학으로 바꿔 1930년 2월 박사학위를 받았다. 그리고 1930년 10월 7일 수학자·철학자·논리학자의 모임인 쾨니히스베르크 학회에서 '불완정성 정리'를 극도로 간추린 몇 마디로 짧게 발표했다. 그날 발표에 존 폰 노이만 한 명만 중요성을 이해했을 뿐 다른 수학자들은 발표의 중요성을 간파하지 못했다.

'불완전성 정리'로 수학은 절대적 확실성과 타당성 토대 잃어

괴델의 불완전성 정리는 1931년 논문으로 완성되어 세계 수학계를 깜짝 놀라게 했다. 20쪽 남짓한 분량에 극히 압축적인 논리로 이루어진 불완전성 정리는 제1정리와 여기서 딸려 나오는 제2정리로 구성되어 있다. 제1정리를 요약하면 산술이 가능한 모순 없는 수학적 형식 체계가 있다고 할 때 그 체계 안에는 참이면서 동시에 증명이 불가능한 명제가 존재한다는 것이다. 제2정리는 그 형식 체계의 무모순성을 체계 내에서는 증명할 수 없다는 것이다. 이로써 괴델은 힐베르트의 둘째 문제가 해결될 수 없음을 증명했다.

참이지만 참이라고 증명할 수 없는 수학적 명제들이 존재한다는 그의 주장은 모든 수학적 정리는 증명이 가능하다는 완전성 정리가 지배하는 시절에 나와 '불완전성 정리'라고 이름 붙여졌다. 괴델의 불완전성 정리는 힐베르트나 그 이전 수학자들이 "우리가 알고자 하는 수학적 문제들은 결국 진리이거나 거짓으로 판명 또는 증명될 것"이라며 당연하다고 여겨온 믿음이 옳지 않다는 것을 의미했다.

괴델의 정리는 '논리적으로 모순 없는 형식 체계'를 만들어낼 수 있다는 힐베르트의 믿음과 기대에 치명타를 안겨주었다. 수학은 절대적 확실성과 타당성의 토대를 잃어버리고 진리 체계도 여지없이 무너졌다. 그렇다고 힐베르트의 형식주의가 완전히 사라지지는 않았다. 그가 처음 제시한 수학의 형식적 재구성에 관한 철학과 관점은 계속 유효하고 올바른 방향이라 여겨졌고, 현대수학은 그의 형식주의의 발전에 바탕을 두고 있다. 따라서 불완전성 정리는 칸토어 이후 제기되어 온 수학 기초론의 기본 논의를 무너뜨린 것이 아니라, 오히려 문제의 본질을 드러내고 한계 속에서도 계속 작업을 해야 함을 알려준 것이다.

괴델은 1933년 빈대에서 사강사로 근무하면서 1935년 집합론에서 오랫동안 의문시되어온 '선택공리의 무모순성 증명'을 얻어 다시 한 번 수학계를 놀라게 했다. 그러다가 1939년 2차대전이 발발하자 시베리아 횡단열차를 타고 러시아와 일본을 거쳐 1940년 5월 미국 프린스턴 고등연구소에 짐을 풀었다.

그곳에서 아인슈타인, 오펜하이머, 노이만 등과 같은 세계적인 과학자들과 함께 지내며 연구를 계속했으나 괴벽스러운 기질로 자기만의 세계에 갇혀 극심한 편집증에 시달렸다. 그와 짙은 우정을 나누던 아인슈타인이 1955년 죽은 뒤에는 더욱 철저한 자폐 상태에 빠졌다. 연구소 내 지위도 불안정해 마음고생을 하다가 1946년 종신 연구원, 1953년 정식 교수 직위를 얻으면서 경제적으로 안정되었다.

그의 죽음은 일반인이 이해하기 힘들 정도로 비논리적이었다. 누군가 자신을 독살하려 한다는 강박관념에 사로잡혀 음식을 끊고 굶어 죽었기 때문이다. 1978년 1월 14일 사망 때 키는 168cm였으나 몸무게는 29.5kg에 불과했다. 사망진단서에는 '인격 장애에 의한 영양실조와 기아에 의한 사망'으로 적혀 있었다.

제1회 월드컵 축구대회 개막

FIFA가 전성기를 맞은 것은 프랑스의 쥘 리메가 1921년 제3대 회장에 취임하고부터였다.

올림픽과 함께 지구상에 현존하는 최대 축제를 꼽으라면 단연 월드컵 축구대회다. 이 월드컵을 주관하는 국제축구연맹(FIFA)이 프랑스 파리에서 창립된 것은 1904년 5월 21일이다. 창립 회원국은 프랑스를 비롯해 벨기에, 스위스, 네덜란드, 덴마크, 스웨덴, 스페인 등 유럽의 7개국이었다.

FIFA는 창립 이틀 후 파리에서 첫 총회를 열고 FIFA 창립의 산파역인 로베르 게랭 프랑스축구협회 대표를 초대 회장으로 선출함으로써 역사적인 행보를 시작했다. 게랭 회장은 각국이 참가하는 국제축구대회를 창설하려고 했으나 유럽 각국의 축구 규칙이 통일되지 않고 교통수단 역시 미흡해 호응하는 나라가 없었다. 결국 대회는 유야무야되었고

제1회 월드컵 경기 장면

게랭은 자진 사퇴했다.

축구 종주국인 잉글랜드는 자국이 쥐고 있던 주도권을 FIFA에 빼앗길 것을 우려해 FIFA 창립에 동참하지 않다가 1905년 영 연방의 일원인 스코틀랜드, 웨일스, 아일랜드와 함께 가입했다. 독일, 오스트리아, 이탈리아, 헝가리도 같은 해 가입했다.

물러난 게랭 회장의 바통을 이어받아 1906년 2대 회장에 선출된 사람은 영국의 대니얼 울폴이었다. 그는 12년 동안 회장으로 재임하면서 축구 규칙의 통일과 재정비에 특히 많은 노력을 기울였다. 축구가 1908년 런던 올림픽의 정식 종목으로 채택되게 하고 올림픽 축구대회가 FIFA의 주관하에 치러지도록 합의를 끌어낸 것도 울폴이었다. 가입국을 늘리는 데도 동분서주한 결과 남아공(1910), 아르헨티나·칠레(1912), 미국(1913) 등 비유럽 국가들이 차례로 가입함으로써 FIFA는 명실상부하게 세계를 대표하는 유일 축구단체로 자리매김했다.

울폴도 전임자에 이어 지구촌 축구대회를 추진했으나 1차대전(1914~1918)에 가로막혀 보류되다가 1918년 10월 건강 악화로 숨을 거둬 뜻을 이루지 못했다. 전쟁이 끝난 후에도 국제축구대회가 개최되지 못한 것은 전쟁 당사국인 연합국(영국, 프랑스, 이탈리아 등)과 패전국(독일, 오스트리아 등) 간의 적대감 때문이었다. 특히 영국의 반발이 거셌다. 네덜란드의 칼 안톤 히르슈만이 회장 대리를 맡고 있던 FIFA가 영국인의 정서를 무시하고 국제대회를 준비하자 잉글랜드 등 영 연방의 4개 축구협회는 1920년 일제히 FIFA를 탈퇴하는 초강수를 뒀다.

이런 위기 속에서 '월드컵의 아버지'로 불리는 프랑스의 쥘 리메(1873~1956)가 1921년 제3대 FIFA 회장에 취임했다. 쥘 리메 역시 국제축구대회를 추진했으나 이번에는 유럽과 남미 대륙 간의 수준 차가 너무 크다는 게 문제였다. 당시 유럽 국가들은 남미 국가들의 축구 실력을 노골적으로 무시했다.

그러나 1924년 남미의 우루과이가 프랑스, 네덜란드 등 유럽의 강호들을 제치고 올림픽에서 당당히 금메달을 차지하면서 인식에 큰 변화가 생겼다. 1928년 올림픽에서도 우루과이와 아르헨티나가 남미 국가끼리 결승전을 벌이게 되자 유럽은 더 이상 남미를 무시할 수 없었다.

쥘 리메, 월드컵 성사 위해 백방으로 뛰어다녀

이런 상황에서 1928년 9월 스위스 취리히에서 FIFA 총회가 열렸다. 총회는 1930년에 월드컵을 개최하고 4년마다 대회를 치른다는 안을 찬성 25, 반대 5로 가결했다. 이에 따라 프랑스, 이탈리아, 네덜란드 등 유럽 국가들이 1930년 제1회 대회 개최를 신청했다. 그러나 총회가 손을 들어준 것은 우루과이였다. 1924년과 1928년의 올림픽에서 두 번 다 우승한 축구 강국인 데다 1930년이 독립 100주년이 되는 해라는 점을 감안한 결정이었다.

그러자 자존심이 상한 유럽 국가들은 거리가 너무 멀고 월드컵이 열리는 동안 자국의 프로 경기가 2개월 가까이 중단된다는 이유를 들어 대회 참가에 난색을 표명했다. 역사적인 첫 대회가 축구 후진국 남미에서 열리는 것도 불만의 큰 요소였다. 영국이 먼저 참가를 거부하고 FIFA를 탈퇴했다. 그러자 개최국 선정 과정에서 고배를 마신 네덜란드, 스페인, 이탈리아 등 다른 유럽 국가들도 영국과 뜻을 같이해 대회는 반쪽자리가 될 위기에 놓였다. 우루과이는 참가국들의 체재비와 여비까지 부담하겠다는 파격적인 제안을 내놓으며 유럽 국가들의 참가를 유인했으나 1929년 말 세계 대공황이 엄습하면서 성사 여부가 더욱 불투명해졌다.

이런 상황에서 쥘 리메가 월드컵의 성사를 위해 백방으로 뛰어다녔다. 그 결과 쥘 리메의 조국 프랑스가 참가를 결정하고 벨기에, 유고슬라비아, 루마니아가 참가 의사를 밝혔다. 나머지 유럽 국가들은 끝내 참가하지 않았다. 이처럼 유럽의 노골적인 불참은 감정 다툼으로 번져 이후 대회에 영향을 미쳤다. 유럽에서 열리는 1934년(이탈리아)과 1938년(프랑스) 대회에 우루과이가 연속 불참하고, 아르헨티나는 1934년 2진을 보내고 1938년 대회에 불참했다.

제1회 월드컵에 참가하기 위해 유럽의 4개국 대표들이 프랑스에서 여객선을 타고 유럽을 출발한 것은 1930년 6월 21일이었다. 여객선은 6월 29일 브라질에서 브라질 대표단을 태운 뒤 7월 3일 우루과이 몬테비데오에 도착했다. 유럽 4개국, 파라과이·페루·브라질·칠레·볼리비아 등 남미 7개국, 미국·멕시코의 북중미 2개국 등 모두 13개국이 출전한 가운데 치러진 경기는 4개조로 나뉘어 리그전을 벌이고 각 조의 승자가 결승 토너먼트에 진출, 패권을 다투는 방식으로 진행되었다.

개막전은 7월 13일 우루과이의 수도 몬테비데오에서 열렸다. 개막 경기는 당초 개최국 우루과이와 페루 간에 열릴 예정이었으나 개막 이튿날이 프랑스대혁명 기념일이고 프랑스 국적의 쥘 리메 회장을 예우한다는 차원에서 우루과이가 프랑스에 양보했다.

프랑스는 개막전에서 멕시코를 4-1로 물리쳤다. 월드컵 첫 골의 주인공은 프랑스의 뤼시앵 로랑이었다. 그는 전반 19분 축구 역사에 길이 남을 첫 득점을 기록했다. 4개조로 나뉘어 치러진 리그 결과 1조는 아르헨티나, 2조는 유고슬라비아, 3조는 우루과이, 4조는 미국이 조 수위를 차지해 준결승에 진출했다. 준결승에서는 아르헨티나가 미국을 6-1, 우루과이가 유고를 역시 6-1로 이기고 결승전에 진출했다.

우루과이, 제1회 월드컵 우승 트로피 가슴에 안아

7월 30일 몬테비데오 센테나리오 경기장에서 펼쳐진 결승전은 주최국인 우루과이와 이웃 아르헨티나의 숨막히는 한판 승부였다. 결승전 주심은 심판단의 보호를 위해 특별 경비를 요청했다. 경기는 군대가 경기장을 에워싸고 삼엄한 경계를 펼친 가운데 시작되었다. 양국은 어떤 공으로 경기를 할 것인가를 놓고도 신경전을 벌였다. 당시는 공인구가 없었기 때문에 나라마다 사용하는 공이 달라 익숙한 공을 쓰는 국가가 그만큼 유리했다.

결국 전반전은 아르헨티나 공을, 후반전은 우루과이 공을 사용하기로 했다. 공교롭게도 전반전에서는 아르헨티나가 2-1로 앞서고, 후반전은 우루과이가 3-0으로 이겨 최종적으로는 우루과이가 4-2로 승리를 거두었다. 우루과이는 제1회 월드컵 우승 트로피를 가슴에 안은 이날을 국경일로 선포해 우승을 자축했으나 아르헨티나는 불공정한 심판 때문에 졌다며 성난 팬들이 우루과이 영사관에 난입하는 등 폭력을 행사했다. 급기야 두 나라는 일시적으로 국교를 단절했다.

제1회 월드컵에서는 13팀이 총 18경기를 치러 모두 70골이 터졌다. 경기당 평균 3.89골이다. 참가팀 중 볼리비아와 벨기에는 한 골도 넣지 못했다. 우루과이의 기예르모 스타빌레는 월드컵 최초의 헤트트릭을 포함해 총 8골을 기록, 초대 득점왕에 올랐다. 1회 대회 우승국인 우루과이에는 프랑스 조각가 아벨 라플뢰르가 순금과 순은으로 제작한, 승리의 여신 니케가 팔을 뻗쳐 8각형 컵을 받들고 있는 1.8kg짜리 트로피가 주어졌다. 이 트로피는 FIFA컵으로 불리다가 1946년 '쥘 리메컵'으로 명칭이 바뀌었다.

쥘 리메컵은 적지 않은 수난을 겪었다. 2차대전 중에는 나치의 약탈을 피하기 위해 이탈리아 축구협회장의 구두상자에 담겨 침대 밑 신세를 져야 했고, 1966년 영국 월드컵 때는 웨스트민스터 사원에서 일반에 전시되던 중 3월 20일 감쪽같이 사라졌다가 1주일 만에 개에 의해 발견되기도 했다. 수난은 여기서 그치지 않았다. 규정에 따라 3회 우승한(1958, 1962, 1970) 브라질에 1970년 소유권이 영구히 넘어갔으나 브라질 축구협회에 보관되어 있던 쥘 리메컵이 1983년 사라진 것이다. 쥘 리메컵의 행방은 용광로에 녹아 완전히 소멸된 것으로 추정될 뿐 지금까지도 밝혀지지 않고 있다.

1971년 제작되어 1974년부터 쓰이고 있는 현재의 우승 트로피 'FIFA 월드컵'은 FIFA의 새 규정에 따라 우승국이 소유할 수 없고 소유권도 FIFA에 두도록 했다. 우승팀은 실물보다 약간 작은 금 도금의 모조품을 받는다. 쥘 리메는 33년간 FIFA 회장으로 재임하면서 회원국을 85개국으로 늘려놓고 1954년 물러났다.

▶ 역대 월드컵 개최국과 우승국

회차	연도	개최국	우승국	회차	연도	개최국	우승국
1	1930	우루과이	우루과이	11	1978	아르헨티나	아르헨티나
2	1934	이탈리아	이탈리아	12	1982	스페인	이탈리아
3	1938	프랑스	이탈리아	13	1986	멕시코	아르헨티나
4	1950	브라질	우루과이	14	1990	이탈리아	서독
5	1954	스위스	서독	15	1994	미국	브라질
6	1958	스웨덴	브라질	16	1998	프랑스	프랑스
7	1962	칠레	브라질	17	2002	한국/일본	브라질
8	1966	잉글랜드	잉글랜드	18	2006	독일	이탈리아
9	1970	멕시코	브라질	19	2010	남아공	스페인
10	1974	서독	서독	20	2014	브라질	독일

클라이드 톰보, 명왕성 발견

결정적인 문제는 명왕성 부근에서 발견된 '제나' 천체가 명왕성보다 더 크다는 것이었다.

18세기 후반까지 태양계에서 존재가 확인된 행성은 지구를 포함해 수성, 금성, 화성, 목성, 토성 등 6개뿐이었다. 그러다가 1781년

클라이드 톰보

영국의 천문학자 윌리엄 허셜이 천왕성을 발견했는데 물리학자들이 궤도를 계산해보니 뉴턴 물리학의 공식을 완벽하게 따르지는 않았다. 1840년 프랑스의 수학자 위르뱅 르베리에는 천왕성 외부에 또 다른 행성이 있어 천왕성의 궤도에 영향을 미친다고 추론하고 그 행성의 위치를 계산해 1846년 베를린 천문대의 요한 갈레에게 보냈다. 갈레는 편지를 받을 무렵 르베리에가 지목한 장소에서 새로운 행성인 해왕성을 찾아냈다. 이로써 태양계 행성은 8개로 늘어났다.

천문학자들은 이후에도 해왕성 바깥에 9번째 행성이 존재한다고 믿고 밤하늘을 관측했다. 미국의 천문학자 퍼시벌 로웰(1855~1916)도 그런 천문학자 중의 한 사람이었다. 그는 미지의 'X-행성'을 찾기 위해 자기 이름을 딴 로웰천문대까지 세웠으나 결국 찾지 못하고 1916년 눈을 감았다.

고교 졸업이 학력의 전부인 22세 청년 클라이드 톰보(1906~1997)가 로웰천문대에 고용된 것은 1928년이었다. 톰보는 어려서부터 별을 관찰하는 것을 좋아했다. 망원경을 직접 제작해 목성과 화성을 관찰했다. 어느 날 자신이 관찰한 밤하늘의 별을 그려서 로웰천문대에 보냈다. 자신이 이 정도로 별에 관심이 많고 아마추어 전문가라는 것을 인정받기 위해서였다. 천문대는 이런 그를 기특하게 여겨 조수로 채용, 천체 사진을 찍고 변화를 살피는 일을 맡겼다.

1930년 2월 18일 톰보는 여느 때처럼 천체망원경으로 찍은 사진들을 살펴보았다. 그중 한 사진을 보는 순간 자신도 모르게 탄성이 터져 나왔다. 로웰이 그토록 찾던 'X-행성'이 사진 속에서 희미하게 반짝거리고 있었던 것이다.

그토록 찾던 'X-행성'이 사진 속에서 희미하게 반짝거려

'X-행성'은 영국 소녀의 제안을 받아들인 국제천문연맹의 결정에 따라 5월 1일 로마 신화에 나오는 플루톤의 영어식 표현인 '플루토(Pluto)'로 명명되었다. '플루톤'은 로마 신화에 '저승의 신'으로 등장하는데, 한자로는 '명계(冥界)의 왕' 즉 '명왕'으로 번역된다.

이 이름에는 또 다른 의미심장한 이야기가 있다. 1940년 발견된 원소 94번에 이 행성의 이름이 붙었기 때문이다. 92번 원소는 천왕성(우라노스)의 이름을 따라 우라늄, 93번 원소는 해왕성(넵튠)의 이름을 따라 넵투늄이라는 이름이 붙었다. 94번에는 이 전통에 따라 플루토늄의 이름을 부여했다. 말 그대로 죽음의 원소, 핵무기의 원료가 되는 원소는 이렇게 탄생했다. 톰보는 2015년 현재 LA 다저스의 에이스 투수인 클레이턴 커쇼의 외종조부(외할아버지의 형)이기도 하다.

명왕성은 태양과 가장 가까울 때는 30AU(1AU는 지구에서 태양까지의 거리), 가장 멀 때는 50AU 거리에 있다. 심지어 해왕성보다 태양에 더 가까이 접근할 때도 있다. 톰보는 명왕성을 발견한 공로를 인정받아 캔자스대를 장학생으로 졸업하고 1939년 천문학 석사학위까지 취득했다. 이후에도 천문학자와 교수로 활동하며 혜성 1개, 성단 6개, 초은하단 1개, 소행성 750개 이상을 발견하는 등 천체 연구에 큰 족적을 남겼다.

그런데 언젠가부터 명왕성이 과연 행성이 맞느냐는 논란이 제기되었다. 질량은 지구의 0.24%밖에 되지 않고 지름은 달(3,400㎞)의 66%인 2,300여㎞밖에 되지 않으며, 표면이 암석으로 이뤄지거나 가스층으로 덮인 다른 행성과 달리 얼음으로 이뤄진 게 석연치 않았기 때문이다. 태양을 돌긴 하지만 공전 주기는 214년이나 되고 공전궤도는 다른 행성들로부터 17도가량 벗어나 있으며 궤적은 예측도 할 수 없을 만큼 불안정했다. 결국 발견 초기의 환호와 열광은 사라지고 행성이 아닐 수 있다는 반론에 점차 힘이 실렸다.

그러던 차에 1992년 해왕성 궤도의 바깥쪽에서 얼음 덩어리와 운석들이 거대한 띠를 이루고 모여있는 '카이퍼 벨트'가 관측되었다. 길쭉한 궤도와 들쑥날쑥한 궤도 평면을 감안하면 명왕성의 운동 패턴은 태양계의 다른 행성보다 '카이퍼 벨트'의 물체에 더 가까워보였다.

지구와 왜행성의 크기를 비교한 상상도. 오른쪽이 지구, 왼쪽 맨 위가 달, 그 아래 왼쪽이 에리스, 그 오른쪽이 세레스, 맨 아래가 명왕성과 그 위성인 카론이다.

결정적으로 문제가 된 것은 2004년 명왕성 부근에서 발견된 '2003UB313'(일명 제나) 천체가 명왕성보다 더 크다는 데 있었다. 이는 명왕성과 비슷한 크기의 천체들이 앞으로 발견될 때마다 행성 수를 늘려야 한다는 점에서 간단한 문제가 아니었다. 게다가 명왕성이 '카론' 위성을 갖고 있는 것처럼 '제나' 역시 '가브리엘' 위성을 거느리고 있었다. 카론은 1978년 워싱턴 미 해군천문대가, 제나는 2004년 미국 캘리포니아공대 마이클 브라운 교수 팀이 발견했다.

'소행성' 등급으로 강등되고 이름도 '134340'으로 바뀌어

이처럼 논란이 끊이지 않자 행성의 지위를 명확하게 정의하기 위한 국제천문연맹 총회가 2006년 8월 24일 체코 프라하에서 개막했다. 총회는 ▲태양 주위를 돌 것 ▲지름 800㎞ 이상, 질량 5×10^{20}kg 이상으로 구형에 가까운 형태를 유지할 것 ▲중력이 강해 자신의 공전 궤도에서 가장 지배적이고 강력한 존재일 것 등 행성의 3가지 정의를 발표했다. 명왕성은 248년을 주기로 태양 주위를 공전하고 지름이 2,300㎞, 질량이 1.29×10^{22}kg라는 점에서 두 가지 요건은 충족했지만 충분한 중력으로 주변 천체에 대해 지배적인 역할을 해야 한다는 세 번째 조건은 충족하지 못했다.

결국 총회 결정에 따라 명왕성은 '소행성' 등급으로 강등되었고 이름은 소행성 '134340'으로 바뀌었다. 총회는 또한 8개의 행성 이외에 구형이고 태양을 공전하나 자신의 궤도에서 지배적인 역할을 하지 못하는 천체를 '왜(矮)행성'으로 분류했다. 이에 따라 명왕성은 물론 제나까지 왜행성으로 분류되어 행성 자격을 잃었다.

1801년 화성과 목성 사이에서 발견되어 행성으로 등극했다가 50년 뒤 행성의 지위에서 쫓겨났던 소행성 '세레스'도 총회에서 왜행성으로 분류되었다. 제나는 총회 후인 2006년 9월 '분쟁과 불화'를 의미하는 그리스 여신 '에리스'라는 이름으로 바뀌었다. 그해 미국방언협회는 몰락을 뜻하는 신조어인 "그 친구 명왕성 됐어(He's plutoed)" 문장을 그 해의 문장으로 선정했다.

2008년의 국제천문연맹 총회에서는 '플루토이드'라는 새로운 등급이 지정되었다. 플루토이드는 '해왕성보다 먼 거리에서 태양 궤도를 선회하는 천체로서, 강체(剛體 · 외부의 힘을 가해도 크기나 형태가 변하지 않는 물체)의 힘을 이길 수 있는 질량을 갖고 있으며 구형에 가까운 형태를 유지할 수 있고 궤도 주변에 다른 이웃 천체들이 있는 천체'로 공식 정의되었다. 이에 따라 명왕성과 에리스는 플로토이드로 분류되었다.

2006년의 총회가 있기 전인 2006년 1월 19일 명왕성을 목표로 발사된 무인우주선 '뉴 호라이즌스'는 명왕성이 행성에서 퇴출되었다는 사실도 모른 채 2015년 7월 명왕성 궤도에 도착했다.

퍼시벌 로웰

1882년 5월 조선이 서양과 맺은 첫 외교 조약인 '조미수호통상조약'이 체결되자 고종이 조선 최초의 서양 사절단인 '보빙사'를 1883년 8월 미국으로 파견했다. 민비(명성황후)의 조카 민영익이 전권대신, 홍영식이 부대신, 개화파 핵심인 서광범이 종사관에 임명되었고 유길준, 고영철, 변수, 현흥택, 최경석 등 5명이 수행원으로 선발되었다. 당시 조선에는 영어를 할 수 있는 사람이 없어 영어를 할 줄 아는 중국인을 고용해 모두 9명이 경유지 일본으로 떠났다.

퍼시벌 로웰

일본에서는 보빙사를 돕도록 일본 정부가 비서 겸 안내인으로 고용한 28세의 미국인 청년이 합류했는데 그가 바로 로웰천문대를 세운 퍼시벌 로웰(1855~1916)이다. 로웰은 미국 보스턴의 명문가에서 태어나 1876년 하버드대를 졸업하고 동양의 신비에 끌려 일본으로 건너가 그곳에 머물고 있었다. 로웰은 우리말은 모르지만 일본어는 어느 정도 구사할 수 있어 영어에 능통한 일본인을 개인비서로 채용해 동행시켰다. 이로써 보빙사 일행은 모두 11명으로 늘어났다.

보빙사 일행이 미국 샌프란시스코에 도착한 것은 1883년 9월이었다. 로웰의 안내로 체스터 아서 미 대통령에게 신임장을 제정하고 워싱턴과 뉴욕 등지의 박람회, 병원, 소방서, 우체국 등 선진문명을 둘러보았다. 2개월여의 공식 일정을 끝내고 일행이 귀국선에 몸을 실었을 때 유길준은 현지에 남았다. 로웰은 유길준을 에드워드 모스 피바디 박물관장에게 소개해주고 조선 최초의 유학생으로 미국에 남는 데 큰 도움을 주었다.

'조선, 고요한 아침의 나라' 책, 미국에서 출간

로웰은 1883년 12월 20일 귀국한 보빙사 일행과 함께 조선 땅을 밟아 조선의 문명을 두루 체험했다. 보빙사의 성공적인 외교 활동에 대한 답례 표시로 조선 정부가 로웰을 3월 17일까지 3개월간 조선에 머물도록 허락한 덕분이었다.

로웰은 통역 접대를 맡은 윤치호와 함께 한양 근교의 명승고적을 두루 살폈다. 그리고 1884년 3월 조선을 떠나 세계를 유람하다 그해 말 고향 보스턴으로 돌아갔다. 고향에서 일본과 조선에 대한 여행기를 '애틀랜틱 먼슬리'란 잡지에 기고하고 4권의 책으로 출간했다. 그 첫 번째가 1886년 출간한 412쪽 분량의 '조선, 고요한 아침의 나라'라는 책이다. 나머지 3권의 책은 '극동의 정신' 등 일본에 관한 책이다.

로웰은 '조선, 고요한 아침의 나라'에 조선의 정치·경제·사회·지리 등 각종 풍속을 기록하면서 조선과 조선 사람에 대한 분석을 시도했다. 그는 매혹적이면서도 이상하게 보이는 조선 사회의 지배 원리로 비개성적 특질, 가부장제, 여성의 지위 부재를 꼽았다. 책에는 로웰이 촬영한 고종의 사진도 실려 있는데 사진은 왕실 사진 가운데 가장 오래된 것으로 기록되어 있다.

로웰은 천문학에도 관심이 많았다. 1894년 화성이 지구에 가장 근접했을 때 이탈리아 천문학자 조반니 스키아파렐리가 화성 표면에서 줄무늬를 발견했다. 이탈리아어로 줄을 '카날리(canali)'라고 하는데 이것이 운하란 뜻의 영어 '커낼(canal)'로 오역되어 각국에 보도되자 "화성 표면에 인공적으로 만든 운하가 있고, 그것을 만든 화성인이 살고 있다"고 여겨 전 세계가 흥분하기도 했다.

로웰도 이 영향을 받아 화성을 연구하리라 결심하고 1894년 애리조나주 플래그스태프(해발 2,210m)에 로웰천문대를 세워 당시로서는 가장 정밀한 24인치짜리 굴절망원경을 설치했다. 1895년에는 '화성'이란 제목의 책을 펴내 화성인의 존재를 선포했다. '화성'을 읽은 영국의 소설가이자 역사가인 H.G. 웰즈는 1898년 '우주전쟁'이란 SF 소설을 발표해 공전의 히트를 기록했다.

로웰은 천문대에서 자신이 '행성 X'라고 명명한 9번째 행성을 찾는 데 몰두했으나 끝내 발견하지 못했다. 훗날 알려진 일이지만 로웰이 살아 있을 때 찍은 사진 속에 명왕성이 있었다고 한다. 그것도 무려 세 번씩이나 기록되었지만 그것이 'X 행성'인 줄 확인하지 못하고 1916년 눈을 감은 것이다.

하일레 셀라시에 에티오피아 황제 즉위

1950년 6·25 전쟁 때는 1개 보병대대 1,271명 등 참전 연인원 3,518명을 파병했다.

에티오피아의 건국 신화는 기원전(BC) 950~930년 전으로 거슬러 올라간다. 에티오피아 토착 왕국의 시바 여왕이 히브리 왕국을 예방해 솔로몬왕과 눈이 맞아 메넬리크 1세를 낳았는데 메넬리크 1세가 에티오피아 땅에 악숨 왕국을 건국하고 그 자손들이 20세기에까지 살아남아 세계 최고(最古)의 왕조가 되었다는 것이다.

그러나 역사가들은 이 신화를 부정한다. 시바 왕국은 아라비아 반도의 남쪽 끝 지금의 예멘 부근에 있었고 지금의 에티오피아는 시바 왕국의 셈족이 홍해를 건너와 원주민을 정복해 이룬 나라라는 것이다. 이런 역사적 사실을 근거로 예멘은 시바 여왕을 자신의 시조로 여긴다. 물론 에티오피아인들도 시바 여왕을 시조로 모신다.

에티오피아와 주변 국가들

에티오피아인들은 아프

방한한 셀라시에 1세와 박정희 대통령(1968.5.18)

리카에서 유일하게 흑인이 아니다. 원래는 갈색 피부를 가진 셈족이었는데 아프리카의 태양에 오랜 세월 그을리다보니 사실상 흑인처럼 보일 뿐이다. 로마인들은 이들을 '태양에 탄 얼굴' 즉 '에티오피아'라고 불렀다. 에티오피아는 지금도 원시 기독교의 일파인 콥트교(에티오피아 정교)를 믿는 사람이 60%나 되고 아프리카에서 유일하게 고유 문자를 갖고 있다.

에티오피아 왕조는 오랜 역사에도 불구하고 망하지 않고 왕국을 유지했다. 1936년부터 5년간 이탈리아 파시스트 정권의 지배를 받긴 했지만 19~20세기 제국주의 시대에도 아프리카 53개국 중 유일하게 장기간에 걸친 유럽 열강의 지배를 받지 않았다. 3,000여 년의 최장수를 자랑하던 에티오피아 왕조가 수명을 다한 것은 1974년이었다. 마지막 황제 하일레 셀라시에(1892~1975)가 군부 쿠데타로 강제 폐위되어 역사 속으로 사라진 것이다.

셀라시에는 메넬리크 2세의 친족으로 태어나 주지사로 활동하던 중 1911년 메넬리크 2세의 증손녀와 결혼했다. 1913년 메넬리크 2세가 죽고 그의 손자 이야수 5세가 왕위에 올랐으나 평판이 좋지 않은 데다 이슬람 세력과 밀착해 기독교도가 다수인 에티오피아 국민의 신뢰를 잃었다. 그러자 셀라시에가 1916년 쿠데타를 일으켜 이야수 5세를 폐위하고 1917년 메넬리크 2세의 딸을 황제로 옹립해 자신이 섭정을 했다. 그러다가 1930년 여제가 죽자 그해 11월 2일 제 255대 황제에 올랐다. 1930년 11월 18일자 '타임'

지는 셀라시에의 얼굴을 표지에 실어 황제의 등장을 세계에 알렸다.

셀라시에를 위기에 빠뜨린 것은 1935년 이탈리아 파시스트 정권의 침공이었다. 셀라시에는 1936년 5월 영국으로 망명하고 이탈리아의 비토리오 에마누엘레 3세가 에티오피아 왕을 겸했다. 셀라시에는 국제연맹과 영국에 지원을 요청했다. 그 결과 수단에서 그가 조직한 에티오피아 망명군과 영국군이 1941년 1월 에티오피아로 진격하고 몇 개월 뒤 수도 아디스아바바를 되찾았다.

황제 폐위는 3,000년 왕조가 종지부를 찍은 것

황제로 복귀한 셀라시에는 이후 에티오피아의 근대화를 위해 도로와 학교를 건설하고, 노예제를 폐지했다. 의무교육도 확대하는 등 개혁을 추진했다. 1955년에는 헌법을 개정해 신성불가침 존재가 되었다. 국회가 법률안과 예산안을 통과시켜도 자신이 수정하고 부결할 수 있게 했다. 행정권은 물론 사법권도 장악하고 1963년 5월 아프리카단결기구(OAU) 결성도 주도했다. 개인적으로는 담배와 술을 멀리하고 후궁을 두지 않았으며 검약 생활을 했다.

황제에게 위기가 찾아온 것은 1970년대 들어서였다. 아프리카 대륙을 휩쓴 극심한 가뭄으로 아사자가 속출하고 유류파동에 따른 물가고에 고위층의 부정부패가 겹치면서 국민들이 그를 등지기 시작한 것이다. 노동자와 교사들이 봉급 인상을 요구하며 거리로 뛰쳐나가고 공공기관은 파업으로 불만을 표출했다. 학생들의 민주화 욕구도 분출했다. 1974년 2월에는 군인들이 봉급 인상과 사회 개혁 등을 요구하며 들고 일어나 셀라시에를 궁지로 몰고 갔다.

군인들은 1974년 6월 혁명위원회를 구성해 장막에 감추어진 황제의 실상을 하나씩 벗겨나갔다. 신격화되어 있던 셀라시에의 어두운 그림자가 언론과 군부에 의해 만천하에 공개되면서 철옹성 같던 황제의 지위는 순식간에 나락으로 떨어졌다. 결국 셀라시에는 1974년 9월 12일 군부에 의해 폐위되고 엄청난 재산은 국고로 귀속되었다. 그리고 1년이 채 안 된 1975년 8월 27일 숨을 거뒀다. 군부는 전립선 수술 중에 발생한 합병증이 원인이 되어 사망했다고 발표했지만 의학적, 법적으로는 확인되지 않아 일부 왕정 지지파들은 암살당했다고 주장했다.

혁명위원회에서 실권을 쥔 인물은 공산주의자 멩기스투 하일레 마리암 소령이었다. 그는 1974년 12월 20일 에티오피아에 사회주의 정부를 세운 뒤 토지, 은행, 기업, 공장 등을 국유화했다. 하지만 경제는 더욱 수렁으로 빠져들었다. 이 과정에서 10만 명에 가까운 시민이 살해되고 1984년과 1985년에는 극심한 가뭄과 기근으로 또다시 수십만 명이 목숨을 잃었다. 멩기스투는 결국 10여 개 부족의 무장봉기 반란이 일어나자 1991년 5월 외국으로 도망쳤다.

셀라시에는 우리나라와도 인연이 깊다. 1950년 6·25 전쟁 때는 1개 보병대대 1,271명 등 참전 연인원 3,518명을 파병했다. 이중 121명이 전사하고 536명이 부상했다. 에티오피아 부대는 포로가 되면 안된다는 것을 철칙으로 삼았다. 실제로 단 한 명도 포로로 잡히지 않았다. 남북한이 첨예하게 체제 경쟁을 벌일 때는 아프리카 국가원수로는 처음으로 1968년 5월 방한해 우리의 아프리카 외교에 큰 힘을 실어주었다.

1931년

만보산 사건과 화교 배척 폭동
염상섭 소설 '삼대' 조선일보 연재
강용흘 영문 소설 '초당' 출간
만주사변 발발
엠파이어 스테이트 빌딩 완공
라스베이거스 도박 합법화
_ *후버댐*
찰스 루치아노, 마피아 보스 모임 결성
_ *시칠리안 마피아*
펄 벅 소설 '대지' 출간

만보산 사건과 화교 배척 폭동

화교 배척 폭동은 쇠퇴기에 접어든 국내 화교들이 조선을 완전히 떠나도록 한 결정적인 계기가 되었다.

1931년 7월 1일 아침, 400여 명의 중국 농민과 200여 명의 조선 농민이 중국 길림성 장춘 교외의 만보산에서 충돌했다. 발단은 그해 4월 만보산으로 이주해온 조선 농민들이 중국인 지주에게서 임차한 미개간지에 물을 대기 위해 20리 떨어진 이통하에서 물을 끌어오는 수로 공사였다.

충돌이 있기 전에도 중국 농민들이 수차례 수로 공사를 문제 삼고 중국 장춘현 정부도 문제가 해결될 때까지 공사를 중단하도록 명령을 내렸는데도 조선 농민들은 공사를 부추긴 일본의 무력만을 믿고 공사를 강행했다. 충돌은 일본 경찰이 중국 농민들을 무력으로 물리치면서 일단락되었다. 다행히 인명 피해도 없었다. 그런데도 이 충돌이 국내에 거주하는 화교들에 대한 대규모 보복으로 발전한 것은 일제가 충돌 사실을 왜곡·발표하고 국내 언론이 호외까지 발행하며 민심을 자극한 게 주요 원인이었다.

조선일보 7월 2일자 석간(7월 3일자 조간) 2면에 실린 기사 제목은 이랬다. "중국 농민 대거 폭동 / 삼성보 동포 수난 갈수록 심해져 / 200여 명 또다시 피습 / 완성된 수로 공사 전부 파괴", "인수 공사 파괴로 금년 농사는 절망 / 파종시에 여차(如此) 폭거"(장춘 김이삼 특파원 급전). 조선일보에 비해 소극적으로 보도하긴 했지만 동아일보 역시 "중국 농민의 폭거 / 만보산 수로 파괴 / 조선 농민 포위코 공포 위협"이라는 제목의 기사(7.4)를 실었다. 그러나 두 신문의 기사 내용은 사실이 아니었다. 일본 영사관이 제공하는 정보를 장춘 특파원이 사실 확인 없이 서둘러 타전하고 서울의 본사가 원고를 그대로 믿고 활자화한 것이 오보의 원인이었다.

조선인 시위대가 휩쓸고 지나간 인천의 화교 상가 모습

국내 조선인들은 내막도 모른 채 기사를 사실로 믿고 화교들을 향해 분노를 폭발했다. 화교 습격은 7월 2일 늦은 밤 인천에서 시작되었다. 화교가 운영하는 상점의 유리창이 깨지고 이에 놀라 뛰쳐나온 화교들은 조선인들에게 집단 구타를 당했다. 7월 3일 아침, 총독부가 인천 전역에 비상계엄령을 내려 화교가 경영하는 상점의 영업을 중지시키고 시내에 흩어져 있는 화교들을 중국 영사관으로 대피시켰으나 폭동은 쉽게 사그라들지 않았다. 인천에서 시작된 화교 배척 폭동은 7월 3일 밤 서울로까지 번졌다. 4일까지 서울에서만 170건이 넘는 폭행과 기물 파손 사건이 발생하고 서울 주재 중국 총영사관으로 피신한 화교만 4,200여 명에 달했다.

일제가 왜곡·발표하고 국내 언론이 민심을 자극한 게 주요 원인

피해가 가장 큰 곳은 사망자와 부상자 대부분을 차지한 평양이었다. 7월 4일 밤부터 6일까지 계속된 평양 폭동은 "평양 시외에서 조선인 30명이 중국인에게 몰살되었다", "만주 장춘에서 60명의 동포가 학살되었다"는 등 근거 없는 유언비어까지 더해지면서 삽시간에 평양 거리를 아수라장으로 만들었다. 화교들의 상점과 가옥은 대부분 파괴되거나 불에 탔다. 약탈과 폭행도 곳곳에서 자행되었다.

일본 경찰은 평양 시내가 무정부 상태에 빠진 5일 밤에는 그림자도 보이지 않다가 폭동의 기세가 한풀 꺾인 이튿날에야 진압에 나섰다. 하지만 화교 거리는 이미 폐허로 변해 있었다. 총독부는 평양에서만 중국인 119

명이 사망하고 163명이 부상했으며 63명이 실종되었다고 발표했다. 전국 400여 곳에서 1주일 남짓 계속된 폭동으로 중국 국민당 정부 추산 142명의 화교가 죽고 546명이 다쳤으며 91명이 행방불명되었다. 국제연맹의 '리턴 보고서'는 사망 127명, 부상 392명으로 발표했다.

폭동은 뒤늦게 일본의 간계로 인해 일어났다는 사실을 알게 된 조선·중국의 지식인들과 언론이 사태수습에 나서면서 점차 수그러들었다. 동아일보는 '이천만 동포에게 고합니다-민족적 이해를 타산하여 허무한 선전에 속지 말라'(7.7)는 사설로 폭행을 중단하라고 호소했다. 조선의 각 단체들도 화교 피해자를 위문하고 성금을 전달했다. 서울의 화상총회는 길림성 정부에 만주 거주 조선인의 선처를 부탁하는 서한을 보내 사태 수습에 나섰다. 사태가 가라앉은 7월 18일 중국 국민당이 "만보산 사건은 일본의 계획적인 음모에 의한 것이고 조선인들의 국내 폭거도 일본의 사주에 의한 것"이라는 성명을 발표해 '만보산 사건'의 진짜 원인이 무엇인지를 분명히 했다.

화교 배척 폭동은 쇠퇴기에 접어든 국내 화교들이 조선을 완전히 떠나도록 한 결정적인 계기가 되었다. 1930년 말 6만 7,790명이던 화교 인구가 1931년 말 3만 6,780명으로 감소했다는 한 조사 통계에서 보듯 1년 사이에 3만여 명의 화교가 조선을 떠났다.

사건을 조사한 주일 중국공사는 "만보산 사건은 한·중 사이의 민족 감정을 자극해 두 민족을 분열시키고 만주사변을 일으키는 데 이용하고자 한 고도의 계략이었다"고 발표했다. 그 근거로 총독부가 사건을 조작·발표한 점, 폭동을 한동안 방치하고 수일 동안 진압하지 않은 점, 일본인이 조선인 옷을 입고 폭동을 지휘한 점, 화교에 대해 교통·통신 기관을 폐쇄한 점 등을 들었다. 물론 신문의 오보와 유언비어만 믿고 폭동을 일으켜 무고한 화교들을 폭행하고 죽게 한 조선인들의 폭력적 행위 역시 지탄받아 마땅한 사건이었다.

염상섭 소설 '삼대' 조선일보 연재

술에 취해 걸음걸이가 바르지 못하다고 친구들이 '횡보'라고 별명을 붙여주었을 정도로 애주가였다.

염상섭(1897~1963)은 서울에서 태어나 서울에서 생을 마칠 때까지 서울 중산층의 풍속, 의식, 토박이 서울말씨를 창작의 텃밭으로 삼았다. 그래서 그의 소설은 당대 서울 중류 계층의 삶을 생생히 포착한 생활 어휘들로 가득하다. "순수 국어의 보고", "근대적 생활 감각의 언어"로 불리는 이유다. 그가 쓴 장편 17편, 단편 160편, 평론 100편, 수필 30편 등이 우리 근대문학의 뼈대를 세웠다는 게 평론가들의 중평이다. 그래서 붙여진 수식어가 "남북을 통튼 한국 근대문학의 선구자", "근대 사실주의 문학의 화신"이다.

염상섭은 서울에서 태어나 1911년 보성중학에 입학했으나 1년이 멀다하고 학교를 옮겨 다녔다. 1912년 8월 보성중학을 중퇴하고 일본으로 건너가 1913년 4월 도쿄의 한 중학교에 편입했다. 이 학교도 1년 만에 그만두고 미션스쿨인 성학원으로 옮겨 침례교 세례를 받았다. 1918년 4월 입학한 게이오대도 그해 10월 자퇴했다.

1919년 3월 서울에서 3·1 운동이 일어나자 염상섭도 오사카의 한 공원에서 '재오사카 조선노동자 일동' 명의로 거사를 준비했으나 전날 밤 체포되어 3개월간 옥살이를 했다. 옥중에서 오사카 아사히신문 주필에게 '어째서 조선은 독립하지 않으면 안 되는가'라는 글을 보냈다. 석방 후에는 최초의 소설 '암야'를 탈고(1919.10)하고 홍난파가 발행하는 음악종합지 '삼광'지에 첫 평론을 발표(1919.12)했다.

요코하마 인쇄소에 근무하던 1920년 1월, 창간을 준비하고 있는 경성의 동아일보에서 전보를 보내왔다. 1920년 2월 1일자로 정경부 기자로 임명한다는 전보였다. 염상섭은 동아일보 창간 기자로 입사해 낮에는 기사를 쓰고 밤에는 문예동인지 '폐허' 창간을 서둘렀다. 그러다가 1920년 6월 동아일보를 그만두고 7월 25일 '폐허' 창간호를 발행했다. 이후 염상섭은 툭하면 신문사에 들어갔다가 나오기를 반복했다.

염상섭

동아일보 퇴사 후 차비조차 없어 대낮부터 집에서 빈둥거리고 있을 때 일본 육사 출신의 큰형이 평북 정주의 오산학교 교사를 제안했다. 형은 일본군으로 복무하다가 대위로 전역한 후 오산학교 교감으로 근무하고 있었다. 염상섭은 1920년 10월 오산학교로 부임, 일본어와 작문을 가르치면서 소설 '표본실의 청개구리'를 1921년 3월부터 쓰기 시작해 5월 탈고했다. 그 후 1921년 7월 오산학교를 사직하고 경성으로 올라와 1921년 8월부터 10월까지 '개벽'지에 '표본실의 청개구리'를 연재했다.

남북을 통튼 한국 근대문학의 선구자

장기를 빼앗기는 고통 속에서도 살아남은 손발 묶인 지식인들을 형상화한 '표본실의 청개구리'는 문단에 화제를 뿌렸다. 한국 근대소설의 새로운 장을 열었다는 호평이 쏟아졌다. '표본실…'은 당시 조선 문인들에게는 충격적인 새로운 양식의 소설이었다. 훗날 '삼천리' 1933년 9월호는 "감상과 인도주의에 젖어오던 당시 문단은 실로 섬뜩해 했다"고 평가했다.

'표본실…'을 읽고 놀란 사람 중에는 김동인도 있었다. 당시는 조선 문단이 이인직의 독무대와 이광수의 독무대를 지나서 김동인의 독무대 시기였는데 염상섭이 '진짜 근대소설'을 들고 나오자 김동인이 강적이 나타났다며 충격을 받은 것이다.

염상섭은 최남선이 발간한 주간지 '동명'의 창간(1922.9)을 준비하면서 '묘지'를 발표(1922.7)하고 최남선이 주도한 조선문인회 결성(1922.12)에 힘을 보탰다. 1924년 3월 '동명'의 후신으로 창간된 시대일보 사회부장이 되자 '묘지'를 '만세전'으로 제목을 바꿔 4월부터 시대일보에 연재했다. '만세전'에서 그는 주인공을 통해 일본의 무자비한 횡포, 조선의 변하지 않는 의식과 낡은 관념을 질타했다.

1924년 9월 시대일보를 그만두고 1925년 10월부터 첫 장편소설 '진주는 주엇으나'를 동아일보에 연재한 후 일본 문단에 진출하기 위해 1926년 1월 일본으로 건너갔다. 도쿄에서 몇 편의 소설을 동아일보에 연재한 후 1928년 8월 경성으로 돌아와 1929년 5월 자신보다 13살이 어린 20세 처녀와 결혼했다.

1929년 9월 조선일보 학예부장으로 입사해 장편소설 '광분'(1929.10~1930.8)을 조선일보에 연재하고 '신생'지에 단편 '출분한 아내에게 보내는 편지'를 발표했다. '광분'에서는 통속적인 애정을 묘사하면서 광주학생의거 등 시국 관련 이야기를 교묘하게 끌어들였다. '출분한 아내에게 보내는 편지'에서는 김동인의 아픈 상처를 건드렸다.

당시 김동인은 평양 보통강 관개사업을 벌였다가 막대한 유산을 잃고 힘든 나날을 보내고 있었다. 경제적으로는 궁핍해지고 1927년 아내까지 여섯 살 난 딸을 데리고 집을 나가는 등 가정 파탄까지 가중되면서 김동인의 삶은 뿌리째 흔들렸다. 게다가 우울증 등 신경증세의 악화로 수면제와 최면제를 과다 복용하면서 몸까지 망가졌다. 염상섭은 소설에서 김동인을 지칭하지는 않았으나 문단 사람들 누구나 김동인으로 짐작했다. 염상섭은 미안한 마음이 없지는 않았지만 작가로서 좋은 소재를 놓치기 싫었다. 게다가 늘 주눅 들었던 김동인에게 소심한 복수를 한다고 생각하니 기분도 상큼했다.

‘한국 근대소설의 새로운 장 열었다’ 호평 쏟아져

염상섭은 조선일보에 재직 중이던 1931년 1월 1일부터 9월 17일까지 1930년대 서울의 보수적인 중산층 집안인 조씨 일가의 몰락 과정을 생생하게 그린 ‘삼대(三代)’를 연재했다. 연재 중 소설에 전념하기 위해 조선일보를 6월에 사직했다.

‘삼대’는 1920~1930년대 식민지 시대를 배경으로 3대에 걸친 갈등을 통해 당시 식민지 현실을 적나라하게 보여주고 대한제국 말에서부터 식민지 시대에 이르기까지 한국의 사회상을 구체적으로 드러냈다. 소설은 유교 전통사회의 껍질을 깨고 근대사회로 이행해 가던 당대 중산층 생활의 이면과 젊은 지식인의 다양한 초상을 서울 토박이의 언어 감각으로 구체적이고도 정확하게 묘사했다는 평가를 받았다.

염상섭은 1932년 1월 김동인이 ‘동광’지에 발표한 단편소설 ‘발가락이 닮았다’를 보고 대로했다. 소설은 총각 시절 방탕하게 산 탓에 성병을 앓아 생식 능력이 의심되는 주인공 M이 결혼 후 아내가 불륜으로 낳은 자식을 자기 것으로 믿으려는 눈물겨운 희극을 다룬 것인데, 이 M이 염상섭 자신을 모델로 한 것이라고 믿은 것이다.

물론 그렇게 볼 만한 이유는 충분했다. M의 결혼 연령이 염상섭과 같은 32세이고, 구식 혼례와 아내 학대, 가난하고 술고래였던 점까지 흡사했다. 소설이 발표되기 얼마 전에 염상섭이 아기를 낳은 점 등도 유사했다. 이 때문에 과거 ‘출분한 아내에게 보내는 편지’를 쓴 염상섭에게 김동인이 복수한 것이라는 입소문이 문단에 돌아 다녔다.

염상섭은 1935년 5월 매일신보 부장으로 입사했다. 매일신보는 조선총독부 기관지였기 때문에 문인들이 기자로 활동하거나 작품 기고를 꺼리는 곳이었다. 염상섭도 매일신보 경력을 부끄러워했다. 결국 1936년 3월 매일신보를 그만두고 만주 장춘으로 건너가 만선일보 주필 겸 편집국장으로 근무했다. 이 때부터 해방 때까지는 창작 활동을 중단했다. 1939년 9월 만선일보를 사직하고 만주 안동에 위치한 대동항건설주식회사 홍보관 자리로 옮겨갔다.

1945년 8월 해방 때까지 그곳에 머물다가 10월 신의주에 도착, 8개월을 머무른 뒤 1946년 6월 38선을 내려와 서울에 정착했다. 1946년 10월부터 9개월간 경향신문 초대 편집국장을 지낸 후에는 전업작가로 돌아서 해방 직후 문단에 처음 나온 장편소설 '효풍'(1948.1~11)을 자유신문에 연재하고 '만세전'(1948.10)과 '삼대'(1948.11)를 책으로 출판했다. 6·25가 발발했을 때는 해군 정훈장교로 근무하다가 휴전협정 후인 1953년 8월 중령으로 예편했다.

술에 관한 일화 무궁무진

염상섭은 이처럼 소설가와 언론인으로서 출중한 재능을 발휘했으나 생활에서만은 죽는 날까지 무능했다. 맏형 염창섭과 선배 진학문이 없었다면 염상섭의 문학이 만개하지 못했을 수 있다는 주장도 이래서 나온 것이다. 염상섭이 일본으로 건너가 어렵지만 그런대로 생활할 수 있었던 것은 일본 육사를 졸업하고 장교로 부임한 큰형 염창섭의 도움이 컸다. 1920년 오산학교 교사로 부임한 것도 육군 대위로 전역한 염창섭이 오산학교 교감으로 근무할 때였다.

3년 선배 진학문은 염상섭이 신문기자의 길을 걷는 고비고비마다 앞길을 터준 은인이었다. 염상섭이 일본에서 옥살이를 하고 있을 때, 진학문은 일본의 오사카 아사히신문에서 기자로 활동했다. 진학문은 1920년 4월 동아일보가 창간될 때 초대 정경부장으로 부임하면서 염상섭을 창간 기자로 스카우트했다. 이후 동아일보를 나와 1922년 '동명'지 주간, 1924년 '시대일보'의 편집국장으로 부임할 때도 염상섭을 불러들였다. 염상섭이

1936년 만선일보 편집국장으로 가게 된 것도 당시 진학문이 만주국의 참사관으로 만선일보를 감독하는 위치에 있었기 때문인 것으로 추정된다.

염상섭은 술에 취해 걸음걸이가 바르지 못하다고 친구들이 '횡보'라고 별명을 붙여주었을 정도로 애주가였다. 남이 권유하면 일부러 딴짓을 해 '횡보'로 불렸다는 설도 있다. 염상섭은 주걸로 통했다. 주사와 기벽도 심했다. 만취 상태에서 다른 사람에게 시비 거는 것은 예사였다. 술에 취하면 안하무인격이었지만 진학문과 최남선에게만은 만취 상태에서도 고양이 앞의 쥐처럼 행동했다.

술에 관한 일화는 무궁무진하다. 친구들과 오후 3시에 남대문을 출발, 동대문 쪽으로 걸어가면서 새벽 2시까지 대포집을 모조리 더듬어가며 술을 마셨는데 현진건이 60곳, 나도향이 70곳에서 골아 떨어졌을 때 횡보만은 100곳을 들른 후에야 이 엽기적인 일을 그만두었다는 일화도 있다. 1963년 3월 14일 직장암으로 사망하기 직전에도 부인이 청주를 숟가락에 떠 입에 넣어 주었다고 한다. 만년에 솟기 시작한 이마 위의 혹은 그를 떠올리게 하는 명물이 되었다.

강용흘 영문 소설 '초당' 출간

뉴욕 맨해튼의 서점 주간 집계에서 한때 논픽션 판매 부문 1위에 오르는 경사를 맞았다.

강용흘(1903~1972)은 1931년 미국에서 영문 소설 '초당'을 출간함으로써 미국은 물론 세계적으로도 이름이 널리 알려진 한국 태생의 영문 소설가다. 그에 앞서 미국 국적의 서재필이 '한수의 여행'을 1921년 발간하고 유한양행의 창업자 유일한이 1928년 미국에서 '한국에서 내 어린 시절'을 발간하긴 했으나 둘 다 작가로 활동하지 않고 소설적 요소가

강용흘

약하다는 점에서 대체적으로는 강용흘의 '초당'을 한국인 최초의 영문 소설로 인정하고 있다.

강용흘은 함경남도 홍원에서 태어나 1918년 캐나다 장로회가 운영하는 고향 근처의 영생중학교를 졸업했다. 1919년 초 서울로 상경했을 때 만난 3·1 운동에 적극 참여해 수개월간 옥고를 치렀다. 그 후 캐나다 선교사를 따라 1919년 12월 미국 샌프란시스코에 도착하고 다시 대륙을 횡단, 선교사의 고향인 대서양 연안의 캐나다 노바스코샤 핼리팩스로 갔다. 그곳의 댈하우지대에서 1920년부터 2년 남짓 영문학을 공부하고 1922년 5월 미국으로 내려와 보스턴대에서 의학을 공부해 1925년 이학사 학위를 취득했다.

하지만 문학을 향한 열정을 버리지 못해 하버드대 교육대학원에서 다시 영문학을 공부하고 1927년 영문학 교육학 석사학위를 받았다. 그때까지 그는 한국인 동포들이 발행하는 잡지나 소식지에 한글로 된 글을 기고했다.

강용흘에게 1928년은 각별한 해였다. 그해 뉴욕아트센터에서 영어로 한 '동양 예술과 동양 사회' 제목의 강연이 뉴욕타임스에 소개(1928.11.18)되고, 브리태니커 백과사전(제14판) 편집에 참여했기 때문이다. 브리태니커 편집인을 도와 동양의 역사, 문학, 종교, 정치 등이 망라된 100항목의 기록을 집필한 것이 계기가 되어 1950년대 중반까지 '코먼웰스 백과사전', '내셔널 백과사전', '아메리카나 연감' 등 각종 백과사전이나 연감에 글을 기고했다.

그가 미국에 뿌리를 내리는 데 발판이 되어준 프랜시스 킬리와의 결혼도 1928년 이뤄졌다. 킬리의 부친은 석탄 광산으로 부를 축적하고 웨스트버지니아 테크를 설립한 미국의 상류층이었다. 킬리 역시 웨슬리대 영문학과를 졸업한 인텔리 여성이었다. 보수적인 웨스트버지니아주에서 강용흘이 명문 가문 출신의 여성과 결혼했다는 소식은 동포 사회에 큰 화제를 불러일으켰다. 하지만 장인이 곧 불어닥친 대공황기에 파산하는 바람에 경제적 도움은 받지 못했다.

유수 언론 앞다퉈 서평 싣고 10개국서 번역

강용흘은 1929년 뉴욕대 강사가 되어 비교문학을 강의하면서 틈틈이 동양의 시를 영어로 옮긴 '동양 시 번역'이라는 번역 시집을 타자본으로 제작하고 장편소설을 집필했다. 그러던 어느 날 소설의 일부를 같은 뉴욕대의 강사이자 곧 유명 작가가 될 토머스 울프에게 읽어봐 달라고 건넸다.

울프는 원고를 읽고 당대의 쟁쟁한 작가들의 작품을 출간하는 것으로 유명한 찰스 스크리브너스 선스 출판사 편집장에게 보여주었다. 출판사는 당시 관례대로 먼저 '아시아 매거진' 1930년 1월호에 '서양 모자'라는 제목의 축소판으로 연재를 시작한 뒤 1931년 2월 'The Grass Roof(초당)'란 제목의 장편소설로 발간했다.

'초당'은 주인공 한청파를 내세운 자전적 소설로 2부 24장으로 짜였다. 강용흘은 한국의 다양한 풍습을 소개하면서 고구려 유리왕이 지었다는 '황조가'와 윤선도의 '어부사시사' 등 한국의 고전 시가와 현대 시가를 90편 가까이 소개했다. 또한 아름다운 산과 강, 계절에 따른 오묘한 변화가 있는 곳에서 사랑, 증오, 웃음, 눈물로 살아가는 사람들을 회상하면서 이런 소박하고 평범한 삶이 일본의 침략과 수탈 속에서 어떻게 황폐해졌는지를 보여주었다.

'초당'이 출간되자 뉴욕타임스, 뉴욕 헤럴드 트리뷴, 뉴욕 이브닝 포스트 등 유수 언론이 앞다투어 서평을 실었다. 뉴욕 헤럴드 트리뷴은 "가장 가치 있는 인간 기록"이라고 높이 평가하고 뉴리퍼블릭은 "한국에 관해 잘못 알려진 역사를 바로잡는 데 크게 이바지했다"고 평했다.

그를 출판사에 소개한 토머스 울프는 뉴욕포스트에 "타고난 작가로 어디를 보나 자유롭고 박력이 넘친다"라며 극찬하고 영국 작가 리베카 웨스트는 "예이츠나 인도의 타고르 시인에 버금가는 작가"라고 칭찬을 아끼지 않았다. 이광수도 동아일보에 기고한 글(1931.12.10)에서 "건강한 인간상을 그린 강용흘을 두고 작가적 역량을 승인하지 아니할 수 없다"고 썼다. 이런 평가에 힘입어 '초당'은 찰스 스크리브너스 선스 출판사가 운영하는 뉴욕 맨해튼의 서점 주간 집계에서 한때 논픽션 판매 부문 1위에 오르기도 했다. 픽션 부문 1위는 펄 벅의 소설 '대지'가 차지했다.

안타까운 것은 '초당'이 '대지'와 같은 해에 출간(1931.3)되었다는 것이다. '대지'가 아니었다면 1932년 펄 벅이 받은 퓰리처상이 강용흘에게 돌아갔을 것이라는 추정이 나온 것도 이 때문이다. 강용흘은 펄 벅의 작품 때문에 자신의 작품이 잘 팔리지 않는다고 불평하면서 '대지'에 대해 "중국 문화를 제대로 알지도 못하고 쓴 작품"이라고 혹평했다.

비록 '대지'에 비해 명성은 떨어졌지만 '초당' 역시 뛰어난 작품이어서 '대지'를 영화로 만든 MGM 영화사에 의해 영화화가 검토되기도 했다. 세계적으로도 점차 관심을 끌어 독일, 프랑스, 이탈리아, 체코 등 10여 개국에서 번역 출판되었다. '초당'이 출간된 후 강용흘은 아시아 문화에 해박한 학자로 미국 사회에 널리 알려졌다.

안타까운 것은 '대지'와 같은 해에 출간되었다는 것

강용흘은 1934년 아시안으로는 처음으로 구겐하임 창작 기금을 받아 가족과 함께 유럽을 여행하며 후속작을 집필했다. 독일에서는 그와 비슷한 삶을 살고 있는 이미륵을 만나 자신의 '초당'과 같은 작품을 쓸 것을 권유했다. 강용흘과 이미륵은 비슷한 경험을 공유하고 외국에서 문학 활동을 한다는 점에서 서로 통했다. 이미륵은 1946년 자전적 소설 '압록강은 흐른다'를 발간, 강용흘이 미국에서 그랬던 것처럼 그 역시 독일에서 유명 인사가 되었다.

강용흘은 1935년 6월 미국으로 돌아와 유수 언론에 한국의 독립 문제, 일본의 제국주의 문제 등에 관해 기고했다. 1937년 9월에는 '초당'의 주인공 한청파가 미국으로 건너가 겪는 인종차별 문제 등을 다룬 소설 '동양인 서양에 가다'를 출판함으로써 작가로서의 입지를 확고히 다졌다. 같은 달 뉴욕대 계열의 호프스트라대 영문학과 조교수로 발령받아 동양 문학과 비교문학을 강의하고, 1939년부터 2년간 뉴욕에 소재한 메트로폴리탄 미술관의 극동 미술 분과 큐레이터로 일하면서 관심 분야를 넓혀 나갔다.

그런데도 미국 시민권이 주어지지 않자 강용흘에게 시민권을 주자는 운동이 펼쳐졌다. 연방 하원(1939.7)과 상원(1940.2)에 제출된 법안에는 문화계·학계·예술계·언론계 등에서 두각을 나타내는 인사 92명이 서명해 무게를 실어주었다. 언론도 사설과 기고문을 통해 지지 입장을 밝혔다. 동양인에 대한 차별이 극성을 부리던 당시 미 주류 사회가 보여준 이 같은 지지 운동에도 불구하고 법안은 결국 황색인종의 벽을 넘지 못했다.

1945년 8월 해방 후 한반도 남쪽에 진주한 미 점령군 사령관 존 하지가 이승만을 견제하기 위해 서재필과 강용흘을 국내로 초청했다. 강용흘은 1946년 8월, 27년 만에 한국 땅을 밟아 미 군정청 출판부장으로 활동했다. 하지만 그가 주로 한 임무는 미 제24군단 민간 정보부대의 정치 분석관 겸 자문관으로 정보를 수집하는 일이었다.

훗날 비밀 해제된 비밀보고서에는 이승만과 김구 구속, 한국민주당 해체, 이승만보다 서재필이 대통령으로 더 적격 등 충격적 내용으로 가득했다. 강용흘은 특히 이승만에 대해 비판적이었다. 1948년 5월 '유엔 월드'

지에서는 이승만을 이탈리아의 검은 셔츠 대원과 히틀러의 갈색 셔츠 대원에 빗대기도 했다. 또한 그는 아시아에서의 미국 외교 정책도 못마땅하게 생각했다.

세계적으로 이름이 널리 알려진 한국 태생의 영문 소설가

이 과정에서 그는 이승만과 크고 작은 갈등을 빚었다. 미 방첩부대로부터도 요주의 인물로 감시를 받았다. 결국 이승만에 대한 비판, 하지 중장과의 불화로 발전되어 대한민국 정부가 수립되기 전인 1948년 5월 미국으로 돌아갔다. 그에 앞서 1947년 김성칠 서울대 교수의 번역으로 '초당' 1부가 국내에 소개되었다. '초당' 완역본은 1975년 장문평의 번역으로 출판되었다.

강용흘은 미국으로 돌아갔지만 정식 교수가 아니어서 이곳저곳 대학의 강의로 생계를 꾸렸다. 여기에 1950년 초 미국에 불어닥친 매카시 선풍의 표적까지 되어 FBI의 미행과 추적과 감시를 받아 생활이 더욱 곤궁했다. FBI가 5년 동안 수십 명의 정보원을 풀어 '강용흘=공산주의자'의 단서를 찾으려 했으나 결국 아무런 혐의를 발견하지 못해 뒷조사는 종결되었다. 감시는 끝이 났지만 이 때문에 강용흘이 미국의 주류 사회로 진입하려던 모든 노력은 철저히 봉쇄되었다. 이승만 대통령 역시 '자유당 독재'를 비판하는 강용흘이 유학생을 상대로 강연을 하려고 하면 외교관을 시켜 방해했다.

그런 중에도 고려 말의 공민왕과 승려 신돈 그리고 애첩 반야가 등장하는 '궁정의 살인'이라는 희곡을 집필했다. 희곡은 이근삼의 번역으로 1974년 봄 '문학사상'지에 발표되고 극단 민예극장에 의해 1974년 3월 명동예술극장 무대에 올려졌다. 1970년 6월 한국에서 열린 제37차 국제펜클럽대회 초청을 받아 생애 마지막으로 한국을 방문했다. 부인과 함께 영역한 한용운의 ‘님의 침묵’이 1971년 3월 연세대에서 출간되었다는 소식을 미국에서 들었다. 1972년 12월 11일 미국 땅에서 눈을 감았다.

만주사변 발발

관동군은 선로가 폭파되자 장학량 군대의 소행이라며 만주사변을 도발했다.

중국 요령성 봉천(현 심양)역 부근의 유조구에서 일본 남만주 철도의 일부 선로가 폭파되는 사고가 발생한 것은 1931년 9월 18일 밤 10시 20분쯤이었다. 사고 직후 장춘발 급행열차가 별 무리 없이 현지를 통과해 봉천역에 도착한 것에서 알 수 있 듯 선로와 침목의 일부만 파괴되었을 뿐 철도 손상은 거의 없었다. 그런데도 일본의 관동군은 만주의 항일 군벌 장학량 군대의 소행이라며 ‘자위’를 내세워 군사행동을 개시했다.

관동군은 1909년 일본이 대한제국 소유였던 간도를 청나라에 넘겨주는 대신 남만철도 부설권을 획득한 뒤 그 철로를 지킨다는 명분으로 군대를 주둔시킨 게 시작이다. 그에 앞서 일본은 1905년 러일전쟁 승리 후 맺은 포츠머스 조약에서 러시아의 조차지인 요동반도 최남단의 여순과 대련 지역을 양도받아 그곳에 관동주를 만들고 관동도독부를 두었다. 관동은 만리장성의 동쪽 끝인 산해관 동쪽을 뜻하는 말로 일본이 관동주에 군사령부를 두면서 만주 주둔 일본군을 관동군으로 부르게 되었다.

관동군은 선로가 폭파되자 장학량 군대의 소행이라며 장학량의 군영인 선양의 북대영과 봉천을 공격함으로써 만주사변을 도발했다. 조선 주둔군도 본토의 명령 없이 독단으로 국경을 넘어 만주로 쳐들어갔다. 선로 폭파 사건은 훗날 밝혀지지만 관동군의 영관급 장교들이 본국 정부와 사전 협의 없이 일방적으로 꾸민 자작극이었다.

일본 정부는 긴급 회의를 열어 '사태 불확대 방침과 국지적 해결 방침'을 결정한 뒤 관동군에 정부 방침을 따르라고 지시했다. 그런데도 관동군은 이런 내각의 지시를 비웃으면서 하얼빈(합이빈)으로 전선을 확대했다. 9월 21일 조선 주둔군이 만주를 월경한 가운데 관동군은 속전속결로 봉천·장춘에 이어 5일 만에 길림성의 거의 전 지역을 점령했다. 결국 내각은 이미 시작된 군부의 폭주를 막지 못해 9월 22일 출병을 추인하고 군사비 지급을 승인했다. 정부가 군인들에게 끌려가는 나쁜 선례를 남긴 것이다.

관동군이 만주사변을 일으킨 이유는 크게 두 가지였다. 첫째는 평소 팽창 야욕에 젖어 있는 군부가 전쟁을 해서라도 대공황에서 벗어나려는 재계의 계산을 스스로 알아서 받든 결정이었고, 둘째는 만주 군벌 장학량의 적극적 항일 태도를 응징하려 한 관동군의 오만이었다.

일본 정부, 군인에게 끌려가는 나쁜 선례 남겨

만주사변이 일어나기 전, 장학량은 과거 일제에 협력한 아버지 장작림이 1928년 6월 관동군에 의해 폭살된 것을 알고는 친 장개석으로 돌아서 일본의 남만주철도를 포위하는 형태의 철도 노선을 추진하고 있었다. 관동군은 러일전쟁으로 얻은 여순·대련 등의 조차지와 남만주철도의 경영권을 특수 권익으로 중시하던 터라 장학량의 철도 건설을 저지하기 위한 모든 수단을 동원하라고 1930년 12월 예하 부대에 훈령

만주 지역을 행진하는 일본군

을 내렸다. 장학량의 행동을 소홀히 대처했다가 문제가 커질 것을 우려한 관동군의 의중이 담긴 훈령이었다. 따라서 남은 것은 무력 도발의 구실을 찾는 일뿐이었다. 만주사변은 이런 배경 하에서 일어났다.

만주사변이 발발하자 중국 공산군은 항일 선언을 발표하며 항일전에 나설 것을 전 중국인에게 촉구했다. 반면 공산당 세력을 괴멸시키는 데만 혈안이던 남경의 장개석 정부는 장학량에게 무저항주의를 취하도록 지시하고 9월 21일 침략 행위를 국제연맹에 제소한 것 말고는 별다른 군사 조치를 취하지 않았다. 일본 정부는 국제연맹과 미국이 정전을 권고하자 9월 24일 "만주에서의 군사행동은 자위 조치"라고 변명을 늘어놓으며 "일본군이 만주철도 부속지 내로 복귀하고 있다"고 성명을 발표했다.

관동군은 일본 정부의 이런 발표에 아랑곳하지 않고 계속 전선을 확대했다. 1931년 11월 동북 3성 전 지역을 장악하고 1932년 1월 북만주의 치치하얼과 발해 연안의 금주를 점령했다. 그러자 히로히토 천황은 1932년 1월 8일 관동군의 만주침략을 자위 전쟁이라면서 이를 옹호하는 칙어를 내렸다.

만주사변 당시 개회 중이던 국제연맹 이사회는 만주 문제를 회의 안건으로 상정하고 1931년 12월 영국의 빅터 리턴을 단장으로 하는 조사단을 구성했다. 미국도 만주사변을 자위전쟁으로 인정할 수 없다며 대일 공세로 돌아섰다. 이는 가쓰라 태프트 밀약을 맺은 지 25년 만에 생긴 두 나라 사이의 균열이었다.

사태가 불리하게 돌아가자 일본은 또다시 모략을 꾸몄다. 만주에 쏠려 있는 세계의 이목이 상해를 향하도록 상해사변을 조작한 것이다. 관동군은 상해가 만주와 달리 각국 열강들의 조계지가 있는 지역이므로 상해에서 사건이 발생하면 서구 열강의 이목이 집중될 것으로 예상했다. 그래서 1932년 1월 18일 밤 상해 거리를 걷고 있는 일련종 승려 2명과 신도 3

명을 반일 중국인들이 공격하도록 했다. 돈으로 매수한 이 자작극에 당시 상해에 살고 있던 2만 7,000여 명의 일본인과 중국인 사이에 충돌이 발생했다.

급기야 1월 28일 상해에서 두 나라 군대가 충돌하자 일본은 대규모 파병을 결정했다. 항공모함 2척과 구축함 4척을 포함한 대규모 해군 병력과 상해 파견군이 상해로 몰려갔다. 영국, 미국, 프랑스, 이탈리아 등이 정전을 강하게 요구했으나 이에 아랑곳하지 않고 1932년 2월 말 상해를 점령했다. 그리고 3월 1일 청조의 마지막 황제 부의를 집정으로 하는 만주국을 전격적으로 건국했다. 뒤이어 북만주의 요충지 하얼빈에까지 진격, 만주 전토를 거의 수중에 넣었다.

본국과 사전 협의 없이 관동군이 일방적으로 꾸민 자작극

리턴 조사단은 1932년 2월부터 7월까지 일본, 중국, 만주국을 조사했다. 1932년 2월 일본을 방문한 리턴 조사단은 일본 총리를 비롯한 요인들을 만나 일본의 입장을 들었다. 중국에서는 장개석(남경)과 장학량(북경)을 만나 의견을 청취했다. 그런데도 관동군은 모르쇠로 일관하며 일본의 괴뢰정부 만주국을 수립했다. 조사단은 1932년 10일 1일 정식 보고서를 국제연맹 이사회에 제출했다. 결론은 '만주국 정부는 현지 중국인에게는 일본 측의 앞잡이로 간주되고 있고 일본군의 행동을 자위로 인정할 수 없다'는 것이었다.

일본은 보고서 내용이 불리하다는 것을 눈치채고 보고서가 공표되기 직전인 1932년 9월 15일 만주국과 '일만(日滿)의정서'를 체결했다. 일본의 권익을 확인하고 일만 양국의 공동방위와 일본군의 무조건 주둔을 허용한다는 2개조의 조약이었다. 일본은 또한 1933년 1월 중국의 요충지 산해관을 점령하고 열하성도 공격해 들어가 국제연맹의 결정을 무시하는 태도를 보였다.

그러자 국제연맹은 만주에 대한 중국의 주권을 인정하고, 부당하게 만주를 점령하고 있는 일본군이 만철 부속지 내로 철병할 것을 요구하는 권고안을 1933년 2월 42 대 1표로 가결했다. 일본 측 대표는 항의의 표시로 총회장에서 퇴장하고 1933년 3월 27일 국제연맹에서 탈퇴했다.

1933년 5월에는 화북까지 침공, 북경과 천진에 육박했다. 그런데도 장개석은 공산군 토벌에만 전력을 기울일 뿐 일본군과는 적극적으로 싸우려 하지 않았다. 심지어 1933년 5월 일본군과 '당고 정전협정'을 체결, 일본군의 만주 점령을 사실상 승인하고 만리장성 이남에 광대한 비무장지대를 설치했다. 비무장지대에서는 일본군의 주둔과 이동이 인정되어 화북 침략의 발판이 되었다.

장개석이 일본의 침략 행위에는 눈감은 채 이처럼 '선안내 후양외'(先安內 後攘外 · 먼저 공산당의 반란을 제거해 국내를 안정시키고 뒤에 외적에 대처함)를 공언하며 공산군 토벌 작전에만 힘을 쏟아붓자 중국인들이 도처에서 분노를 표시했다. 장학량 역시 이런 장개석이 불만이었고 그래서 1936년의 서안사변을 일으켜 장개석을 곤경에 빠뜨렸다.

엠파이어 스테이트 빌딩 완공

시카고에서 시작된 마천루가 본격적으로 꽃을 피운 곳은 뉴욕의 맨해튼이었다.

1800년대 중반까지 미국 대도시의 고층 건물은 4~5층 정도에 불과했다. 건물을 높게 짓지 않은 것은 기술 부족이 주 이유였지만 인구밀도상 그럴 필요도 없었다. 그러나 산업혁명의 결과로 노동자들이 대거 도시로 몰려들어 도시 공간이 부족해지고 건축 관련 신기술이 개발되

엠파이어 스테이트 빌딩

면서 고층빌딩의 필요성이 새롭게 제기되었다.

고층빌딩을 지으려면 몇 가지 기술적 진보가 뒷받침되어야 한다. 그중 가장 중요한 것이 철골구조 공법과 엘리베이터였다. 미국의 건축가 윌리엄 제니가 1855년 철골구조 공법을 개발하고 엘리샤 오티스가 1857년 뉴욕의 5층 벽돌 건물에 세계 최초로 승객용 엘리베이터를 설치하면서 고층빌딩 건축은 시간 문제가 되었다.

하늘을 찌를 듯 높은 건물을 의미하는 '마천루'의 시대가 처음 개막한 곳은 미국의 시카고였다. 당시 시카고는 철도 산업의 핵심 도시이자 상공업 중심지로 번성 중이었기 때문에 인구가 급속하게 팽창했다. 이 때문에도 고층빌딩의 수요가 생겨났지만 1871년의 시카고 대화재도 고층건물의 시대를 앞당겼다.

시카고는 1833년 인구가 겨우 150명에 불과할 정도로 도시 규모가 작았으나 산업화의 여파로 1870년 무렵에는 30만 명으로 급증할 만큼 빠른 인구 증가세를 보였다. 그러던 어느 날 40년 동안 일궈온 모든 것을 하루아침에 물거품으로 만들어버린 대형 화재가 발생했다.

1871년 10월 8일 일요일 저녁 9시에 발생한 불은 이튿날 10시 30분까지 계속되어 도시를 잿더미로 만들었다. 10km에 달하는 시가지 전역을 초토화한 그날의 화재는 재앙이고 저주였다. 8만여 채의 건물이 불에 타고 10만여 명의 이재민이 발생한 것에 비하면 사망자 300명은 차라리 기적에 가까웠다. 일부에서는 고대 바빌론이나 로마의 재앙에 비유하며 '현대판 묵시록'을 언급했다.

당시 한 신문은 올리어리라는 여성이 젖을 짜주지 않아 신경질을 낸 암소 한 마리가 등불을 엎는 바람에 불이 났다고 보도했다. 또 다른 신문은 정부의 구호 물자가 끊겨 화가 난 올리어리 부인이 불을 냈다고 보도했지만 정확한 화재 원인은 밝혀지지 않았다. 분명한 것은 당시 시카고가 불에 타기 쉬운 나무로 보도를 깔아 화재를 키웠다는 사실이었다.

착공 후 준공까지 1년 45일(410일)밖에 걸리지 않아

시카고는 다시 일어섰다. 결과적으로 고대 로마가 불에 탄 뒤 새로운 도시로 탈바꿈한 것처럼 시카고도 그렇게 일어섰다. 1개월 만에 5,000여 채의 주택이 세워지는 등 도시 전체가 완전히 새롭게 탈바꿈했다. 시카고는 곧 새로운 건축 기술의 경연장이자 미국 건축의 살아 있는 박물관이 되었다.

또한 보존 가치가 있는 역사적 건물들을 화마가 모두 삼켜버리자 '전통 건물'보다는 '높은 건물'을 선호하는 쪽으로 분위기가 바뀌었다. 건축가와 건물주 사이에 "1cm라도 더 높게"라는 구호가 유행했다. 그 결과 1885년 고층빌딩의 효시라고 할 수 있는 10층(나중에 12층), 55m 높이의 '홈 인슈어런스 빌딩'이 시카고에 세워졌다. 이후 고층건물들이 우후죽순 생겨나면서 시카고는 마천루의 도시로 탈바꿈했다.

시카고에서 시작된 마천루가 본격적으로 꽃을 피운 곳은 뉴욕의 맨해튼이었다. 뉴욕 마천루의 선구자는 1913년 준공 때 "고딕양식과 근대적인 건축기술의 결합"이라고 대호평을 받은 57층, 241m 높이의 울워스 빌딩이다. 뒤를 이어 맨해튼의 상징 건물로 우뚝 솟은 것은 1928년 착공하고 1930년 완공된 77층의 크라이슬러 빌딩이었다. 순수 건물 높이는 282m였으나 조금이라도 더 높은 것을 지향하는 시대 분위기에 맞춰 첨탑과 안

테나를 올려 319m 높이로 변경했다. 그러나 크라이슬러 빌딩이 '세계 최고'의 지위를 누린 것은 1년에 불과했다. 뉴욕주의 별명인 '엠파이어 스테이트'라는 이름의 빌딩이 1931년 4월 준공되었기 때문이다.

놀라운 것은 102층 높이의 엠파이어 스테이트(ES) 빌딩을 짓는 데 1930년 3월 착공 후 불과 1년 45일(410일)밖에 걸리지 않았다는 점이다. 이는 대공황의 대량 실업을 타개하기 위해 매일 3,000여 명의 인력이 달라붙은 결과이긴 하지만 오늘날에도 이런 속도로 이런 높이의 빌딩을 세우는 사례는 찾기 어렵다. 1955년 미국 토목학회가 엠파이어 스테이트 빌딩을 미국 토목사의 7대 걸작으로 선정한 것만 보아도 결코 쉽지 않은 공사였음을 알 수 있다.

뉴욕의 공식 랜드마크

공사 중 인부 5명이 사망했지만 1주일에 4~5개 층이 올라가고 하루 3,000여 명이 동원된 공사치곤 상대적으로 사망자가 적은 편이다. 공사에는 36만 5,000t의 철강재, 벽돌 1,000만 개, 파이프 113km, 전선 760km의 자재가 소요되었다. 엠파이어 스테이트 빌딩도 당초 설계안은 86층, 320m였으나 1년 전 완공한 크라이슬러 빌딩(319m)과의 격차를 조금이라도 더 벌리기 위해 건물 옥상에 61m에 달하는 비행기 계류탑을 올려 102층, 381m 높이가 되었다.

빌딩 준공식은 1931년 4월 30일, 해가 질 무렵 허버트 후버 대통령이 워싱턴 백악관에서 전원 스위치를 누르는 것으로 시작되었다. 그 순간 뉴욕 맨해튼 5번가와 34번가 사이에 위치한 엠파이어 스테이트 빌딩 6,400개 창에 환한 불이 켜졌다. 수용 인원 1만 8,000명, 엘리베이터 65대, 화장실 2,500개, 계단 1,860개의 초고층 빌딩이 마침내 준공된 것이다.

그러나 엠파이어 스테이트 빌딩은 한동안 애물단지 취급을 받았다. 대공황기인 데다 대중교통 수단과 거리가 멀어 '엠프티(empty) 빌딩'이라고 불릴 정도로 공실률이 높았다. 초고층 건물이 들어서면 경제 위기를 겪는다는 속설인 '마천루의 저주'도 시발점이 엠파이어 스테이트 빌딩이다. 그럼에도 불구하고 엠파이어 스테이트 빌딩은 견고함을 자랑했다. 1945년 7월 28일 안개로 항로를 잃은 B-25 쌍발 폭격기가 79층을 들이받았는데도 14명의 사망자만 냈을 뿐 건물은 멀쩡해 이틀 만에 건물 기능을 되찾을 정도였다.

40여 년 동안 세계 최고 마천루의 영예를 이어가던 엠파이어 스테이트 빌딩의 세계 최고 기록을 경신한 것은 1971년 맨해튼에 세워진 110층, 417m 높이의 세계무역센터 빌딩(2001.9 붕괴)이다. 1973년에는 110층, 443m의 시카고 시어스 타워(윌리스 타워)가 다시 세계 최고 자리에 올라 엠파이어 스테이트는 세계 최고 자리에서 더욱 멀어졌으나 뉴욕시는 1981년 시의 공식 랜드마크로 지정해 애정을 표시했다.

라스베이거스 도박 합법화

초대형 테마 호텔이 우후죽순으로 생겨나면서 세계 최고의 위락지로 변모했다.

오늘날 '세계 카지노의 메카', '세계 컨벤션 산업의 중심지'로 각광을 받고 있는 라스베이거스가 기록에 처음 등장한 것은 1829년이다. 뉴멕시코의 샌타페이에서 캘리포니아의 로스앤젤레스로 가던 스페인계 무역상들이 무더운 모하비 사막 한가운데서 오아시스를 발견했다는 게 첫 기록이다. 당시만 해도 그곳은 멕시코령으로 자갈과 모래와 흙으로 된 황무지였다. 무역상들은 물이 나오는 그곳을 '초원'이라는 뜻의 스페인어 '라스베이거스'라고 불렀다.

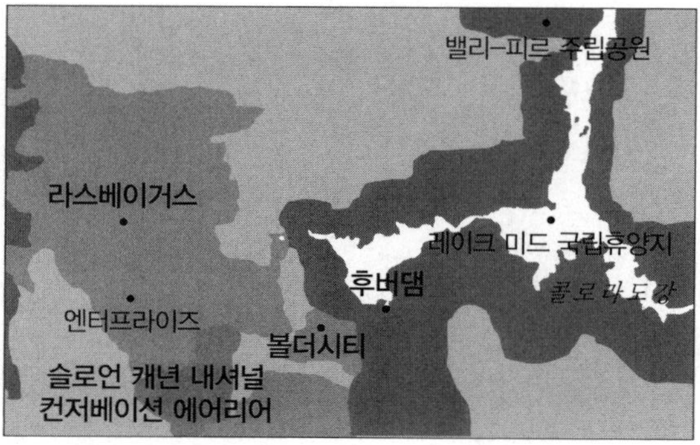

라스베이거스와 후버댐

라스베이거스가 공식적으로 미국 땅이 된 것은 미국이 멕시코와의 전쟁에서 승리한 1848년이었다. 1855년 수십 명의 유타주 백인 모르몬 교도들이 이곳으로 이주해 인디언들을 상대로 농사짓는 법을 가르치고 선교 활동을 펼쳤지만 인디언들이 호응하지 않아 포기하고 돌아갔다는 기록도 있다.

라스베이거스에 사람들이 몰려든 것은 20세기 초였다. 철도업자가 서부의 로스앤젤레스와 내륙의 솔트레이크시티를 연결하는 철도를 건설하면서 물을 공급하는 중간 기착지로 삼기 위해 이곳을 기차역으로 선정한 것이다. 철도 회사가 110에이커(약 13만 4,600평)의 땅을 경매로 매입한 것은 1905년 5월 15일이었다. 라스베이거스는 이날을 공식 생일로 기념하고 있다. 철도 완공 후 기차역을 중심으로 호텔과 술집과 도박 장소 등이 생겨나면서 라스베이거스는 서서히 도시 형태로 바뀌었고 1911년 3월 16일 시로 승격되었다.

라스베이거스가 대도시로 성장하게 된 결정적 계기는 1931년 3월 19일 네바다주 의회의 '도박 합법화' 승인이었다. 불법적인 도박이 만연하자 도시 성장과 세수 증대를 위해 네바다주가 미국 최초로 도박을 합법화한 것이다. 문제는 물이었다. 다행히 그 무렵 후버댐 공사가 시작되어 물 문제도 해결되었다. 댐 공사가 시작되자 후버댐에서 48km 떨어진 라스베이거스에는 건설 기술자들로 넘쳐났다.

당시 후버댐 공사장 인근에는 노동자들의 주거용 목적으로 만들어진 볼더시티라는 신도시가 있었으나 도박, 음주, 매춘을 금지해 노동자들은 주말이면 라스베이거스로 몰려가 도박과 음주를 즐기고 카지노와 나이트클럽에서 지친 삶을 위로받았다. 볼더시티는 지금도 네바다주에서 유일하게 도박을 금지하고 있다.

대도시로 성장한 결정적 계기는 '도박 합법화'

1936년 후버댐이 완공되어 값싼 전기를 공급할 수 있게 되자 도시의 밤은 더욱 길어지고 관광과 카지노를 즐기려는 관광객으로 넘쳐났다. 여름이면 40℃까지 오르는 황량한 라스베이거스에 20세기형 신개념의 오아시스가 생긴 것이다. 이런 점에서 라스베이거스의 오늘을 있게 한 1등 공신은 '도박의 합법화'와 더불어 물과 전력을 공급해준 '후버댐 준공'으로 보아야 한다.

라스베이거스 발전에 속도가 붙은 것은 기업가들과 마피아가 적극적으로 투자하면서였다. 1941년 4월 최초의 모텔 카지노인 '엘란초 베이거스'가 등장한 것을 시작으로 카지노 호텔이 우후죽순처럼 생겨났다. 결정적으로 불을 댕긴 사람은 마피아의 서부 지역 책임자 벤저민 시걸이었다. 영화 '벅시'의 실제 인물이기도 한 그는 엘란초 베이거스를 드나들며 카지노를 즐기다가 마이애미의 고급 호텔들을 능가하는 초호화판 호텔 '플라밍고'를 세우겠다는 야심에 찬 목표를 세웠다.

그의 꿈은 1946년 12월 우여곡절 끝에 '플라밍고 호텔 카지노'가 준공하면서 실현되었다. 덕분에 라스베이거스는 본격적인 '도박의 도시'로 이름을 날리게 되었다. 하지만 건축비가 당초 예산 150만 달러를 넘어서 600만 달러에 이르고 완공 직후에도 호텔의 영업 실적이 기대에 미치지 못했다. 게다가 벅시의 연인이 조직의 자금을 유용한 사실까지 밝혀져 결국 시걸은 1947년 6월 동료 마피아에게 살해되었다. 하지만 대형 카지노를 생각해낸 그의 아이디어는 이후 마피아가 본격적으로 라스베이거스 투자를 활성화하는 계기가 되었다.

라스베이거스와 호텔 업자들은 카지노만으로는 성장에 한계가 있다는 것을 깨닫고 '환락의 도시'라는 이미지를 벗기 위해 또 다른 변신을 시도했다. 컨벤션관광국(1955)과 컨벤션센터(1959)를 설립해 컨벤션 시티 만들기에 나선 것이다. 1969년 네바다주가 공기업이나 법인도 카지노 호텔을 인수·운영할 수 있도록 법안을 통과시키고 세계적 갑부인 하워드 휴스를 비롯해 대규모 기업 자본이 라스베이거스로 진출한 것도 라스베이거스의 발전에 귀중한 밑거름이 되었다. 이후 미국의 상위 20개 호텔 중 15개 이상이 라스베이거스에 자리잡을 정도로 라스베이거스는 미국 호텔업의 메카가 되었다.

1976년 뉴저지주 애틀랜틱시티를 비롯해 미국의 많은 주에서 카지노가 잇따라 합법화되어 네바다주가 더 이상 카지노 운영을 독점하지 못하게 되자 카지노 소유주들은 대형 테마파크를 유치하는 등 이미지 변신에 박차를 가했다. 이후 독특한 외관의 초대형 테마 호텔이 우후죽순처럼 생겨나면서 라스베이거스는 볼거리, 먹을거리, 놀거리가 풍부한 세계 최고의 위락지로 변모했다. 한동안 카지노 사업을 상대적으로 등한히 하는 바람에 2006년 마카오에 카지노 수입을 역전당한 때도 있으나 라스베이거스는 여전히 카지노 도시의 상징이다.

후버댐 후버댐은 콜로라도강의 범람으로 하류 농경 지대가 수시로 피해를 보면서 필요성이 제기되었다. 그러나 콜로라도강이 애리조나주, 캘리포니아주, 네바다주, 뉴멕시코주 등 7개주에 걸쳐 있어 합의가 쉽지 않았다. 그러다가 1922년 주 대표들과 연방정부 대표가 모여 위원회를 구성하고 1922년 11월 24일 주 대표들이 '콜로라도강 협약'에

서명하면서 댐 건설이 본격적으로 논의되었다.

당시 합의를 끌어낸 연방정부의 대표가 허버트 후버 상무장관이고 그가 나중에 대통령으로 재임할 때 공사가 시작되었다는 점에서 댐과 후버의 인연은 각별했다. 당초 계획은 콜로라도강의 볼더캐니언에 댐을 세우려 했으나 애리조나주와 네바다주 경계에 있는 블랙캐니언으로 계획이 바뀌었다. 그래도 '볼더 캐니언 프로젝트' 이름은 그대로 유지했다.

공사 중인 후버댐(1935.5)

댐 공사는 프로젝트를 법제화하기 위해 하원의 스윙 의원과 상원의 존슨 의원이 기초한 '스윙·존슨 법안'이 1928년 12월 상·하원을 통과하고 캘빈 쿨리지 대통령의 법안 공포로 확정되었다. 댐 명칭은 당시 대통령 후버의 이름에서 딴 '후버댐'을 1931년 2월 의회가 승인함으로써 확정되었다.

공사는 1931년 3월 댐과 발전소 건설을 관장하기 위한 기구가 발족된 후 빠르게 진행되었다. 1935년 2월 댐 건설로 생긴 미드호에 담수를 시작하고 5월 29일 마지막 콘크리트를 붓고서야 1936년 3월 모든 공사가 마무리되었다. 1936년 10월 26일에는 첫 발전에 성공, 428km 떨어진 로스앤젤레스로 처음 송전했다. 공사 중 114명의 노동자가 목숨을 잃었다.

완공 무렵 후버댐 이름이 '볼더댐'으로 바뀌는 해프닝이 있었다. 1933년 새 대통령이 된 루스벨트 정권의 국무장관이 댐 명칭을 볼더댐으로 되돌리겠다며 의회 승인을 요청한 것이다. 1929년의 대공황을 야기한 후버 대통령의 인기 하락에 편승한 발표였으나 의회는 승인하지 않았다. 그래도 정부가 계속 볼더댐으로 불러 한동안은 볼더댐으로 불렸다. 그러나 1945년 루스벨트 사후, 의회 결의와 트루먼 대통령의 서명으로 1947년 4월 후버댐으로 확정되었다.

후버댐은 세계에서 가장 큰 콘크리트 구조물 가운데 하나다. 높이 221m, 길이 379m, 하부의 폭이 203m나 되는 댐 건설에 총 6,600만t의 콘크리트가 들어갔다. 뉴욕에서 샌프란시스코까지 미국을 가로지르는 약 4.9m 폭의 도로를 깔 수 있는 엄청난 양이다. 오늘날 후버댐은 미국이 대공황을 벗어나도록 한 대형 토목공사의 하나로 평가되고 있다.

찰스 루치아노, 마피아 보스 모임 결성

커미션은 어느 한 패밀리가 패권 장악을 시도할 경우 벌어질 내전을 피하는 데 목적이 있었다.

20세기 초 미국 뉴욕의 암흑가 대부분은 유대계와 아일랜드계가 장악하고 있었다. 하지만 일부 지역에는 틈을 비집고 들어가 서서히 자리를 잡은 '코사 노스트라(우리의 것)'로 불리는 시칠리아 전통의 자생적인 마피아도 있었다. 그중에는 살인 혐의를 받고 추적을 피해 1903년 미국으로 건너온 주세페 마세리아도 있었다.

마세리아는 잔인하고 대담해 1920년대 초 뉴욕 암흑가 마세리아 패밀리의 보스가 되었다. 이후 마세리아 패밀리를 비롯해 5개 정도의 이탈리아계 마피아 그룹이 서로 견제하며 균형을 유지해 뉴욕은 사실상 이탈리아계가 장악했다. 당시 미국은 1920년 발효된 '금주법'으로 술의 제조와 판매가 금지되었기 때문에 이들 5개 마피아는 밀주, 밀매, 밀수로 부를 쌓았다.

1920년대 후반 마세리아가 전국의 마피아를 평정하려는 야망을 품으면서 뉴욕의 암흑가에는 전운이 감돌았다. 마세리아가 실행에 옮긴 것은 1930년이었다. 그의 선공으로 뉴욕에서 두 번째로 큰 패밀리와 디트로이트의 한 패밀리 보스가 살해되었다. 이런 식으로 뉴욕의 5대 패밀리 중 3개 패밀리가 마세리아의 수하로 들어가면서 뉴욕의 마피아는 1강 2약의 패밀리 구도로 재편되었다.

찰스 루치아노

뉴욕의 두 패밀리는 마세리아와의 전쟁에 대비했다. 그 중 '콜라 스키로 패밀리'는 수년 전 시칠리아에서 미국으로 이주한 살바토레 마란자노를 끌어들여 마세리아와의 전면전에 돌입했다. 누가 보아도 마세리아와 마란자노의 대결은 상대가 되지 않는 게임이었다. 그러나 마란자노 그룹은 의외로 잘 버티며 마세리아의 오른팔들을 잇따라 제거했다.

마란자노는 마세리아의 심복으로 활동하는 찰스 루치아노(1897~1962)를 비밀리에 포섭했다. 루치아노는 1931년 4월 어느 날 마세리아를 레스토랑으로 유인해 식사를 하다가 잠시 자리를 떴다. 그사이 영화 '벅시'(1992)의 실제 인물인 벤저민 시걸을 비롯해 4명이 다가와 식사 중이던 마세리아를 살해했다. 전쟁은 이렇게 끝이 났다. 피비린내 나는 이 싸움은 오늘날 '카스텔라마레세 전쟁'으로 불린다.

'보스 중의 보스'로 등극한 마란자노는 뉴욕의 암흑가를 지배할 다섯 시칠리아 패밀리를 정해 마피아 형제들이 지켜야 할 5가지 룰을 발표했다. 1등 공신 루치아노에게는 피살된 마세리아 조직을 맡겼다. 그러나 마란자노의 치세도 오래 가지는 못했다. 1931년 9월 루치아노가 고용한 유대인 갱에게 살해되었기 때문이다. 뉴욕의 세력 판도는 다시 루치아노를 정점으로 한 5개 패밀리로 재편되었다.

패밀리 간 내전을 피하는 게 커미션의 목적

루치아노는 이탈리아 시칠리아에서 태어나 1906년 미국으로 건너와 뉴욕에 정착했다. 1917년 투옥되었다가 풀려난 후 같은 이탈리아인인 프랭크 코스텔로, 유대인인 마이어 랜스키와 벤저민 시걸을 규합해 활동하다가 마세리아 조직에 가담했다. 그리고 1931년 마세리아와 마란자노 모두를 살해한 후 뉴욕의 암흑가를 평정했다. 루치아노가 당시 평정한 뉴욕의 5대 패밀리(감비노·제노비스·콜롬보·보난노·루케스)는 오늘날까지도 뉴욕을 중심으로 명맥을 유지하고 있으나 세력은 예전에 한참 못 미친다.

루치아노는 마란자노가 비시칠리아인을 홀대한 것과 달리 시칠리아안과 비시칠리아안 모두를 포용하는 융통성을 발휘해 조직을 안정시켰다. 그는 마란자노와 달리 보스들의 보스가 되는 것을 원치 않았다. 마피아들 간의 살육전도 피하려 했다. 그래서 패밀리 간의 합의에 의한 새로운 룰을 만들었는데 그 결과물이 1931년 미국 뉴저지주의 애틀랜틱시티에서 결성된, 뉴욕의 다섯 패밀리 최고 보스들의 모임인 '커미션'이었다.

커미션은 어느 한 패밀리가 패권 장악을 시도할 경우 벌어질 내전을 피하는 데 목적이 있었다. '마피아판 유엔 안보리'로 불렸던 커미션을 통해 각 패밀리는 세력 균형을 유지하고 이권 배분과 분쟁 조정을 처리했다. 초기에는 뉴욕의 다섯 패밀리를 대표하는 모임으로 결성했다가 점차 버팔로, 시카고, 디트로이트, 로스앤젤레스, 캔자스시티의 패밀리까지 가담시켜 전국적인 조직으로 확대했다.

1934년에는 유대계 갱, 아일랜드계 갱 등을 망라한 갱들의 모임을 뉴욕에서 열고 '전미 범죄 신디게이트'를 발족했다. 의장은 루치아노가 맡았다. 이때 마피아들끼리의 합의체를 끌어낸 공로를 인정받아 루치아노는 지금까지 "미국 마피아의 황제"로 불린다. 1998년 미 '타임'지에 의해 '20세기 기업가 20인' 중 한 사람으로 꼽히기도 했다.

마피아들은 1933년부터 당국의 집요한 추적을 받았다. 시카고의 알 카포네는 이미 1931년 6월 탈세 혐의로 체포되어 11년의 징역형을 선고받고 수감 중이었다. 루치아노 역시 1936년 4월에 체포되어 30~50년의 징역형을 선고받고 철창에 갇혔다. 하지만 그는 감옥에서 수하의 마이어 랜스키를 통해 조직에 영향력을 행사했다.

'미국 마피아의 황제'로 불려

2차대전은 루치아노에게 새로운 희망을 안겨주었다. 전쟁 당시 미 정부를 괴롭힌 것은 각 항만에서 일어나는 노동자들의 사보타주였다. 미군 사령부는 감옥의 루치아노에게 항만의 감시를 요청했고 루치아노는 각 마피아 보스에게 협조를 당부했다. 덕분에 1942년 뉴욕 부두 노동자 파업이 진압된 후 2차대전이 끝날 때까지 주요 연안과 항구에서는 단 한 건의 사보타주도 일어나지 않았다. 루치아노는 미 정부에 협조한 대가로 종전 후인 1946년 가석방되어 이탈리아로 추방되었다.

루치아노는 1946년 12월 쿠바의 아바나에서 열린 마피아 커미션에 참석했다. 쿠바 모임에서는 뉴욕 패밀리의 서부 대리인인 벤저민 시걸에 대한 문제도 논의되었다. 유대계 갱인 시걸은 일찍이 마세리아를 살해한 4인의 히트맨 중 한 사람으로 루치아노와도 가까웠으나 1946년 12월 마피아 자금으로 라스베이거스에 준공한 '플라밍고 호텔 카지노'에서 돈 문제가 불거져 결국 제거 대상으로 전락했다. 당초 호텔 건립비로 책정된 예산 150만 달러가 600만 달러로 늘어나고 시걸의 연인이 조직의 자금을 유용한 사실이 밝혀져 1947년 6월 20일 조직원에게 살해되었다.

루치아노는 쿠바 모임 후 그대로 쿠바에 머물면서 미 본토 조직에 영향력을 행사하려다가 미국의 압력을 받은 쿠바 정부에 의해 1947년 2월 강제 추방되어 1962년 이탈리아 나폴리에서 65세로 사망했다.

다른 마피아들의 실체는 1957년 뉴욕주 어팰러친에서 열린 두목들의 회합이 경찰의 정보망에 포착된 후 수면 위로 드러났다. 이는 연방수사국(FBI)의 마피아 소탕전이 시작되는 계기가 되었다. 1960년대 중반부터 수사 당국은 감시와 도청, 세무사찰, 수사관 잠입 등을 통해 조직원들을 속속 검거했다. FBI는 이들에게 수십 년 형량을 매기겠다는 협박과 증인보호법이란 회유책을 통해 마피아들 간의 '침묵의 서약'인 오메르타를 무너뜨렸다. 각 조직의 두목은 자신의 부하나 경쟁 조직 두목의 증언에 의해 하나둘 감옥으로 들어가 미국에서 시칠리안 마피아는 자멸의 길을 걸었다. 현재 조직은 뉴욕과 시카고 일대로 위축되었고, 중국 출신 삼합회나 러시아 마피아 등에 암흑가의 주도권이 넘어간 상태다.

시칠리안 마피아

'마피아'란 말은 1282년 부활절에 이탈리아 시칠리아 섬에서 일어난 봉기에서 연원을 찾는 게 일반적이다. 그해 시칠리아 팔레르모 농민들은 프랑스인 지배자에게 항거하는 반란을 일으켜 100여 년에 걸친 프랑스 지배에서 벗어났다. 이 봉기 때 사용된 구호가 "프랑스인의 죽음은 이탈리아의 절규다(Morte alla Francia Italia anela!)"였는데 이 구호의 머리글자가 'MAFIA(마피아)'라는 것이다. 반란 후 시칠리아인들이 자신들을 보호하기 위해 결성한 비밀 조직의 명칭도 MAFIA였다. 이와 달리 '아름다움'이나 '자랑'을 뜻하는 시칠리아 말이라는 설도 있다.

시칠리아 섬은 전략적 요충지였기 때문에 예로부터 그리스와 로마, 페니키아와 아랍 등으로부터 끊임없이 침략을 당했다. 이런 일이 반복되자 그들에게 민족의 자주성이나 독립 따위는 아무런 가치가 없었다. 오직 자기 자신과 가족의 안전만이 중요했다. 속마음도 좀처럼 드러내지 않았다. 스스로 판단하기 어려울 때는 같은 시칠리아인 가운데 능력 있고 존경받는 사람을 찾아갔다. 그때도 집안의 어른이나 현자들에게만 호소할 뿐 경찰이나 관리들에게는 절대로 말을 하지 않았다. 이것이 '침묵의 서약'인 '오메르타'다.

마피아의 성격이 변하고 목적이 바뀐 것은 19세기에 들어서였다. 당시 대부분이 농경지였던 시칠리아는 부재지주의 대농장을 관리하던 '가벨로티'란 마름들이 득세했다. 이들은 소작농을 착취해 부를 쌓고 폭력을 동원해 주민들을 장악했다. 또한 세력 확장과 보복 대비용으로 사병 조직을 키웠는데, 1865년경 시칠리아 경찰이 이들을 범죄 조직의 일원이라는 뜻으로 '마피아'라고 호칭하면서 이후 마피아는 조직범죄 집단을 지칭하는 용어로 정착했다. 마피아란 이름이 문서상 처음 등장한 것은 1865년 시칠리아 팔레르모의 불법 장물아비 공판 기록에서다.

복종과 집단 보호를 최고 가치로 여겨

마피아가 엄격한 위계질서하에 패밀리 보스에 대한 복종과 집단의 보호를 최고의 가치로 여기는 이데올로기로 무장하면서 오메르타도 5가지의 기본 원칙으로 발전했다. ▲죽음 앞에서도 조직의 비밀을 누설하지 않는다는 침묵의 서약 ▲조직과 보스에 대한 절대 복종의 규범 ▲우호적 마피마 분파에 대한 지원의 의무 ▲패밀리를 향한 공격에는 철저히 복수한다는 원칙 ▲당국과의 접촉을 불허한다는 원칙 등이다.

시칠리아인들이 대거 미국으로 이주한 것은 남북전쟁이 끝난 1870년대부터 1차대전이 발발하기 전인 1914년까지였다. 당시는 다수 유럽인이 미국으로 이주하던 대이민 시대였다. 시칠리아인들은 뉴욕, 뉴저지, 시카고, 클리블랜드, 디트로이트 등의 대도시에 정착해 산발적으로 시칠리아안 마피아를 결성했다.

시칠리아인들은 범죄 세계에서도 특유의 응집력과 생활력으로 그들보다 먼저 암흑가를 장악·지배하고 있는 아일랜드계·유대계 구역을 급속도로 잠식하며 세력을 키웠다. 이들의 급성장에는 1920년대 금주법 시행을 틈탄 밀주와 밀매가 결정적으로 작용했다. 오메르타를 내세운 잔혹한 보복으로 결속을 다져, 한때 정치·경제·연예계를 쥐락펴락하는 제3의 세력으로 성장했다. 암살, 마약, 밀수, 매춘 등에서 술집, 레스토랑, 카지노, 인력시장 등 합법적 기업형으로 뻗어나갔다.

시칠리아에 살고 있는 마피아는 20세기 초 새로운 시련에 직면했다. 무솔리니의 파시즘 정부가 이탈리아를 장악한 뒤 20년간 마피아를 일망타진하는 데 총력을 기울였기 때문이다. 마피아는 위기에 봉착했으나 파시스트로 위장·전향하면서 명맥을 유지하는 한편 탄압을 피해 북부 이탈리아로 거점을 옮겼다. 이 때문에 상당수 조직원은 시칠리아를 떠나 이탈리아 전역으로 퍼졌고 이는 마피아가 전국 조직으로 성장하는 빌미를 제공했다.

2차대전 무렵 마피아의 구세주는 미국이었다. 그들은 미군과 비밀조약을 맺어 시칠리아 진공을 도왔다. 이후 조직을 총동원해 미 군정의 손발 노릇을 했다. 그 결과 상당 부분의 지역 권력을 나눠 받았고 연합군의 잉여 물자를 착복해 전쟁 전보다 더 큰 부를 축적했다.

한때는 뉴욕 마약 시장의 80% 장악

마피아는 꾸준히 세력을 키웠다. 전후 집권 기독교민주당과 손을 잡아 노조와 공산당 탄압에 앞장섰고, 선거 때 표를 몰아주는 대신 특혜를 얻었다. 건설 붐을 타고 건축 허가를 독점했고 일부는 공직에 진출했다. 1960년대엔 이란·아프가니스탄에서 마약을 제조해 미국으로 밀수출해 뉴욕 마약 시장의 80%를 장악했다. 검사, 경찰, 기자 등을 본보기로 살해하는 등 1970년대까지 거칠 것이 없었다.

하지만 이들에 대한 국민적 반감이 커지자 이탈리아 의회가 1980년대 말

반마피아법을 제정했다. 이후 조반니 팔코네 치안판사의 기소로 1987년 두목급 19명이 종신형을 선고받는 등 338명에게 유죄 판결이 내려졌다. 특히 콜레오네 마피아의 보스인 토로 리나를 체포한 일은 최대 성과 중 하나였다. 콜레오네는 영화 '대부' 주인공들의 고향으로 설정되어 있는 마을이다.

마피아는 복수의 칼을 갈며 공권력을 상대로 반격에 나섰다. 1992년 팔코네 판사와 그의 후임 파올로 보셀리노 판사를 잇따라 살해하고 갤러리와 교회 등을 폭파했다. 오메르타의 원칙을 파기하고 조직을 배반한 옛 마피아 단원들은 살해했다. 그러자 정부는 군대를 시칠리아로 보내 마피아 소탕전을 벌였다. 2006년엔 두목 중의 두목으로 불리던 베르나르도 프로벤자노를 비롯해 두목급 24명을 체포하고 이후로도 마피아 소탕전은 현재진행형이다.

하지만 2010년에도 고속도로 건설을 방해하기 위해 바주카포까지 동원하는 등 이탈리아에서 마피아의 위세는 여전하다. 오늘날 이탈리아의 마피아는 엔드랑게타, 코사노스트라, 카모라 세 그룹이 주축을 이룬다. 이들이 마약 밀매, 고리대금업 등으로 2013년 벌어들인 돈은 약 161조 원에 달한다. 이탈리아 국내총생산(GDP)의 8%를 차지한다.

펄 벅 소설 '대지' 출간

'살아 있는 갈대'의 첫머리에서 "한국은 고상한 사람들이 사는 보석 같은 나라"라고 극찬했다.

펄 벅(1892~1973)은 한평생 '자신을 낳아준' 미국과 '자신을 길러준' 중국을 함께 사랑하고 가슴에 품은 '파란 눈의 동양인'이었다. 하지만 어느 쪽에도 완전히 동화되지 못한 채 생을 마감한 아웃사이더이기도 했다.

펄 벅 여사를 접견하는 윤보선 대통령 내외(1960.11.2)

펄 벅은 미국 웨스트버지니아주 힐즈버러에서 태어나 생후 3개월 만에 선교사 부모 품에 안겨 중국으로 건너갔다. 아버지는 1890년 중국으로 건너가 죽는 날까지 줄곧 중국에서 장로교 선교사 활동을 해온 기독교 근본주의자였다. 펄 벅은 중국인 유모 손에서 자라 영어보다 중국어를 먼저 배웠다. 학교에 다닐 때도 중국옷을 입고 학교에서는 중국인 이름 '보진주'로 불려 자신을 중국인으로 착각할 때도 있었다. 그녀는 훗날 이런 자신을 가리켜 '문화적 이중 초점'이라고 표현했다. 자신이 중국인이 아니라는 것을 확실히 깨달은 것은 다수 백인이 살해된 1900년 의화단사건 때였다. 펄 벅의 가족은 중국인 이웃의 도움을 받아 구사일생으로 살아났다.

펄 벅의 소녀 시절은 외로웠다. 어머니는 병약해 누워 있거나 바빴고 아버지는 선교 활동으로 집을 비우기 일쑤였다. 이런 그를 위로해준 것은 책 읽기였다. 펄 벅은 1910년 9월 미국으로 돌아가 버지니아주 랜돌프 메이컨여대에서 심리학을 전공한 후 1914년 11월 중국으로 돌아갔다. 1917년 5월 중국에서 활동하는 농업경제학자 존 로싱 벅과 결혼한 후에는 남경의 대학에서 영어를 가르쳤다. 1924년부터는 미국에서 발행되는 '애틀랜틱 먼슬리', '포럼', '네이션'지 등에 간간이 글을 투고했다.

그 무렵 펄 벅은 1920년에 태어난 딸이 중증의 정신지체아라는 충격적인 사실을 알게 되었다. 더 정확한 진단을 위해 1925년 미국으로 갔지만 결과는 절망적이었다. 펄 벅은 미국에 1년 동안 머물면서 1926년 코넬대

대학원에서 영문학 석사학위를 받았다. 부부는 딸 때문에 생긴 슬픔을 덜기 위해 아이 한 명을 입양해 1926년 가을 중국으로 돌아갔다.

중국·미국 어느 쪽에도 소속되지 못한 '파란 눈의 동양인'

1927년 3월 장개석이 북벌군을 이끌고 남경을 점령하는 혼란의 와중에서 수백 명의 중국인과 수 명의 외국인이 죽었다. 펄 벅의 가족은 이번에도 간신히 죽음의 위기에서 벗어났다. 펄 벅은 1929년 여름 미국으로 돌아가 딸을 정신지체아 교육원에 맡겼다. 이후 20년 동안 이런 딸의 존재를 숨기며 살았다. 펄 벅은 훗날 회고록에서 "때로는 딸이 죽었으면 하고 바랄 때도 있었고 그렇게 되기를 기도도 했다"고 고백했다.

미국에 체류하고 있을 때 처녀작 '동풍 서풍'이 뉴욕의 존 데이 출판사에서 출판된다는 연락을 받았다. 동서양 문명의 갈등을 그린 장편 '동풍 서풍'은 1930년 출판되어 호평을 받았다. 펄 벅은 1930년 1월 중국으로 돌아와 두 번째 작품을 쓰기 시작했다. 전업 작가가 되겠다고 결심한 것은 항상 쪼들리며 살아 경제적으로 독립하고 싶은 마음도 있었지만 무엇보다 지적장애아 딸을 위해 돈이 필요했기 때문이다.

펄 벅은 1930년 5월 두 번째 소설 '왕룽'을 탈고해 존 데이 출판사 대표 리처드 월시에게 보냈다. '왕룽'은 청조 말부터 시작해 한 집안 3대의 변천을 그린 대작이다. 빈농에서 대지주가 되는 주인공 왕룽을 중심으로 왕룽의 아내 오란과 아들 3명의 가족사를 장편소설에 담아냈다. '왕룽'은 제목이 '대지'로 바뀌어 1931년 3월 2일 존 데이 출판사에서 출판되었다. '대지'는 첫해에만 200만 부가 팔리고 21개월 동안 베스트셀러 리스트에서 내려오지 않았다. 30여 개국에서 번역되고 이듬해 퓰리처상을 선물했다. '대지'의 성공은 펄 벅에게 큰돈을 안겨주었고 펄 벅은 수입의 일부를 딸이 있는 교육원에 기부했다.

펄 벅은 1934년 완전히 중국을 떠나 미국에 정착했다. 그 시기를 전후한 시기에 '대지' 후속편을 펴냈다. 왕룽이 죽은 후 세 아들이 지주, 상인, 공산주의자로 각자의 삶을 개척하는 모습을 묘사한 '아들들'(1933)과 '분열된 집안'(1935)이 그것인데 두 소설은 '대지'와 묶여 1935년 3부작 '대지의 집'으로 출판되었다. 1935년 6월에는 오랫동안 별거해 온 남편과 이혼하고 자신의 책을 펴낸 출판사 대표 리처드 월시와 재혼했다. 1938년 12월 미국의 여성작가로서는 최초로 노벨 문학상을 받았다.

펄 벅은 미국 내 인종차별에 반기를 들고 이를 개선하기 위해 운동을 펼쳤다. 점점 고조되는 파시즘의 폭력과 전체주의에도 강력한 비판의 목소리를 냈다. 악명 높은 중국인 이민배제법 철폐 운동은 물론 1941년 12월 태평양전쟁 발발 후 일본계 미국인 억류 정책에 대해서도 강력한 항의 운동을 벌였다. 1942년 민족 간 편견을 극복하기 위해 설립한 '동서협회'는 이런 노력들의 반영이었다.

펄 벅이 적극적으로 인권 운동을 벌이자 보수층 백인들과 우파의 공격이 집중되었다. 애국심이 없다는 비난이 쇄도하고 빨갱이 동조자 명단에도 이름이 올랐다. "나는 피 한 방울까지 반공주의자"라며 반박했지만 FBI는 펄 벅을 공산당의 동조자로 낙인찍어 감시했다. FBI가 1937년부터 작성한 펄 벅 관련 서류는 거의 300쪽에 달했다.

한국에 관심 많아 모두 8차례 방한

펄 벅은 아시아 지역의 전쟁과 가난 속에서 부모를 잃은 어린이와, 미군들이 아시아에 남긴 혼혈아들을 돕기 위해 1949년 펜실베이니아주 자택 근처에 '웰컴하우스'를 설립했다. 웰컴하우스는 "500년 혹은 1,000년 후에는 모든 인류가 혼혈인이 되기 때문에 현재의 혼혈아들은 '새로운 인간'"이라는 평소 펄 벅의 철학이 반영된 결과물이었다. 펄 벅 자신도 미국에서 태어나 중국에서 성장한 자기 자신을 "정신적 혼혈아"라고 부르며 피부색이 각기 다른 아이 7명을 입양했다. 웰컴하우스를 통해 미국에 입양된 아이는 5,000여 명이나 되었다.

펄 벅은 미군이 아시아 여러 나라에 주둔할 때 생긴 미국계 사생아들을 지속적으로 돕기 위해 1964년 2월 필라델피아에 '펄벅 재단'(1999년 펄벅인터내셔널로 개명)도 세웠다. 펄벅 재단은 한국을 비롯해 필리핀, 베트남 등 11개국에서 운영되었다.

펄 벅은 특히 한국에 관심이 많아 모두 8차례 한국을 방문했다. 68세이던 1960년 11월 한국을 처음 방문했을 때는 경주에서 소달구지를 몰고 가는 한 농부가 지게에 무거운 볏단을 지고 가는 모습이 궁금해 농부에게 이유를 물었다. "우리 소는 종일 일했습니다. 집에 갈 때라도 좀 가볍게 해줘야 하지 않겠습니까?"라는 대답을 듣고 가축까지 배려하는 한국인의 심성에 매료되었다.

펄 벅은 한국을 소재로 '한국에서 온 두 처녀'(1950), '살아 있는 갈대'(1963), '새해'(1968) 등 3편의 소설을 썼다. 이 가운데 구한말부터 1945년 해방 때까지 안동김씨 일가의 수난사를 그린 '살아 있는 갈대'는 미 언론으로부터 "'대지' 이래 최고 걸작", "펄 벅이 한국에 보내는 애정의 선물"이라는 평을 들으며 뉴욕타임스 베스트셀러 부문에까지 올랐다. 펄 벅은 '살아있는 갈대'의 첫머리에서 "한국은 고상한 사람들이 사는 보석 같은 나라"라고 극찬했다. 펄 벅은 1965년 11월 펄벅재단 한국본부를 세계 처음 설립하고 1967년 6월 부천 심곡동에 '소사 희망원'을 열었다. 1만여 평의 대지는 1936년 그곳에서 유한양행을 창업한 유일한의 무상 기증으로 마련되었다.

펄 벅은 1949년 수립된 중국 공산당 정부의 폭정과 모택동의 숭배를 신랄하게 비판했다. 이 때문에 중국 공산당은 "펄 벅이 제국주의 앞잡이 선교사의 딸이고 작품도 공산주의와 상치된다"는 이유로 펄 벅의 작품 전부를 판금시키고 '인민의 적'으로 낙인찍어 중국 입국을 거부했다. 1972년 미국과 국교를 정상화한 후에도 펄 벅의 입국 비자만은 계속 거부했다. 결국 펄 벅은 1934년 이후 한 번도 중국 땅을 밟지 못한 채 1973년 3월 6일 미국에서 눈을 감았다.

1932년

이봉창 의사, 日 천황 암살 기도

_ *한인애국단*

윤봉길 의사, 상해 홍구공원 의거

양세봉 조선혁명군 총사령 취임

박흥식, 화신백화점 설립

_ *한국의 근대 백화점史*

김소희 첫 판소리 레코드 취입

_ *송만갑*

이애리수 '황성의 적' 음반 발매

만주국 건국과 부의 황제

올더스 헉슬리 '멋진 신세계' 출간

이봉창 의사, 日 천황 암살 기도

비록 천황을 죽이는 데는 실패했으나 정치적으로는 엄청난 성공을 거두었다.

1931년 1월 어느 날, 한 청년이 상해 임시정부를 찾아왔다. 일본말이 섞인 조선어를 하고 행색도 일본인과 흡사해 누가 보아도 의심스러운 구석이 많았다. 당시 임시정부 국무위원 중 한 사람인 김구는 그를 친히 만나 몇 마디를 나눈 뒤 사람을 시켜 청년의 뒤를 조사하도록 했다. 알아보니 청년은 상해 소재 일본인 철공소에서 일을 했다. 봉급을 타면 술에 취해 사치와 호사를 즐기는 전형적인 건달의 모습이었다.

그러나 김구는 청년을 단순한 건달로 보지 않았다. 어느 날 청년은 임정 식구들에게 1년 전 도쿄에서 있었던 경험담을 털어놓았다. "일왕이 능행을 한다며 행인들을 엎드리라고 하기에 엎드렸는데 폭탄이 있으면 쉽게 죽일 수 있겠다는 생각이 들었다"는 것이다.

김구는 이 말을 듣고 청년이 묵고 있는 여관을 찾아가 "서로 속마음을 모두 털어놓자"고 제안했다. 그러자 청년은 "제 나이 이제 서른한 살입니다. 앞으로 서른한 살을 더 산다고 해도 지금보다 더 나은 재미는 없을 겁니다. 인생의 목적이 쾌락이라면 지난 30년 동안에 인생의 쾌락을 대강 맛보았습니다. 이제부턴 영원한 쾌락을 위해 독립 사업에 몸을 바칠 목적으로 상해에 왔습니다"라고 답했다. 이후 계속된 만남을 통해 알게 된 청년의 실체는 이랬다.

이름은 이봉창(1900~1932)으로 서울에서 태어났다. 일본인이 경영하는 과자점의 종업원과 용산정거장의 운전견습원으로 일하다가 1925년 11월 무작정 일본으로 건너가 외판원, 가스회사 일용직, 부두 석탄 짐꾼, 요리

이봉창

점 점원으로 떠돌았다. 당시 이봉창은 조국의 독립을 꿈꾸는 애국 청년이 아니라 진짜 일본인이 되고 싶었던 평범한 식민지 백성의 모습이었다. 자발적으로 기노시타 쇼조라는 일본식 이름을 만들어 일본인 행세를 했고 근대의 향락 문화를 소비하는 그 시대 청년들의 보편적인 삶과 별반 다르지 않았다.

"영원한 쾌락을 위해 독립 사업에 몸을 바칠 목적으로 상해에 왔습니다"

그러나 청년은 영양실조로 각기병에 걸릴 정도의 바닥 생활을 전전하던 어느 날 자신의 꿈이 헛된 환상임을 깨달았다. 스스로 '신일본인'이라고 표현할 정도로 진짜 일본인이 되기 위해 성실하게 일하며 일본 사회에서 인정받고자 했지만 그의 이런 노력은 일본인의 편견과 차별로 번번이 무시되었다. 천황의 행렬을 구경 갔다가 조선인이라는 이유만으로 현장에서 붙잡혀 9일씩 구금당해도 호소할 데조차 없었다. 이봉창이 1930년 말 상해로 건너간 건 그런 좌절과 분노 때문이었다.

이봉창의 거사 준비에는 꼬박 1년이 걸렸다. 김구가 거사 자금과 2개의 수류탄을 준비하는 동안 이봉창은 일본인 철공소에서 일하며 여전히 건달 행세를 했다. 그런 가운데 1931년 11월 하와이애국단이 1,000달러를 보내와 거사 준비가 마무리되었다. 이봉창은 1931년 12월 13일 안중근의 동생 안공근의 집에서 한인애국단 가입 선서를 했다. 한인애국단은 1931년 11월 김구가 결성한 비밀결사 조직으로 암살과 파괴를 주요 수단으로 삼았다.

이봉창은 천황 폭살과 자살용으로 쓸 수류탄 2개와 300원의 자금을 갖고 12월 17일 상해를 떠나 12월 말 일본 도쿄에 도착했다. 히로히토 천황이 요요기 연병장에서 만주 괴뢰국의 부의 황제와 함께 신년 사열식에 참석한다는 사실을 알게 된 그는 상해의 김구에게 "상품은 1월 8일에 꼭 팔아버리겠다"는 전문을 보내 거사가 임박했음을 알려주었다. 김구는 백정선이라는 가명으로 200원을 추가로 송금했다. 이봉창은 그 긴장된 상황에서도 최소한의 거사를 위한 준비 외에는 대부분의 시간을 술 마시고, 카페 가고, 영화 보고, 마작 하고, 음악 듣고, 유곽을 드나드는 데 보냈다. 천황을 폭살하겠다는 결연한 의지를 빼면 영락없는 건달 모습이었다.

"너희들이 감히 내게 무례히 하느냐"고 호통 치며 재판 거부해

마침내 다가온 1932년 1월 8일, 이봉창은 오전 11시 45분 사열식을 마치고 황궁으로 들어가기 위해 사쿠라다몬 근처를 지나는 천황을 향해 폭탄을 던졌다. 폭탄은 천황이 탄 마차 뒤쪽에서 굉음을 내며 폭발했으나 기수와 근위병이 탄 말 2필만 거꾸러뜨렸을 뿐 천황을 명중시키지는 못했다.

이봉창은 아우성치는 군중 속에서 "대한독립만세"를 외친 뒤 순순히 체포되었다. 이봉창의 의거는 비록 천황을 죽이는 데는 실패했으나 정치적으로는 엄청난 성공을 거두었다. 지독한 자금난과 인재난 속에 꺼져가던 임시정부의 불꽃이 의거를 계기로 다시 타올랐고 일제가 농간을 부려 1931년 7월의 '만보산 사건'으로 야기된 한·중 국민간의 감정 대립도 깨끗이 씻겨나갔다.

의거는 상해사변의 직접적인 도화선이 되기도 했다. 중국 신문들이 의거를 대서특필하고 특히 중국 국민당 기관지인 '민국일보'가 "불행히도 명중하지 못했다(不幸不中)"고 크게 보도하자 이에 격분한 상해 주둔 일본군이 기사를 트집 잡아 민국일보사를 습격하고 중국 정부에 엄중 항의했다.

일본은 이 정도만으로는 침공의 구실이 약했다고 판단했는지 1932년 1

월 18일 중국인 자객을 시켜 일본인 일련종 승려 2명과 신도 3명을 습격하도록 사주한 뒤 이 중 승려 1명이 죽자 이를 빌미로 1월 28일 상해를 침공하는 제1차 상해사변을 일으켰다.

일제는 이봉창에게 돈을 송금한 “백정선이 김구 아니냐”며 끈질기게 추궁했으나 이봉창은 “백정선은 알아도 김구는 모른다”며 끝까지 버텼다. 이봉창의 이런 끈질긴 부인이 있어 3개월 뒤 윤봉길의 홍구공원 의거도 가능할 수 있었다. 이봉창은 7월 19일 재판에서 “나는 너희 임금을 상대로 하는 사람이다. 그런데 너희들이 감히 내게 무례히 하느냐”고 호통을 치며 재판을 거부했다. 이봉창은 방청인도 없이 그해 9월 30일 사형을 선고받고 10월 10일 이치가야 형무소에서 죽음을 맞았다.

한인애국단

1931년 대한민국 임시정부는 침체와 위기 속에서 독립운동 전반에 활력을 불어넣을 획기적인 방법을 찾는 데 골몰했다. 1931년 7월의 ‘만보산 사건’으로 한·중 양 국민의 갈등이 최고조에 달해 중국 내 독립운동가들의 설 자리도 좁아지고 있었다. 그나마 다행인 것은 1931년 9월의 만주사변으로 점화된 중국 민중의 항일 기세를 잘만 이용하면 임시정부에 유리한 국면을 조성할 수 있다는 점이었다.

만주사변 후 임시정부는 의열 투쟁을 전개할 특무대 조직을 만들어 임시정부 수입금의 절반을 그 활동에 지원하기로 결의했다. 구체적인 활동 계획과 실행의 전권은 임시정부 국무위원인 김구에게 일임하되 거사 직전에 국무회의에 보고하도록 했다. 김구는 ‘한인애국단’으로 칭한 임시정부 특무대를 1931년 11월 창설했다. 한인애국단은 철저한 비밀결사 조직이었기 때문에 단원들의 정확한 숫자와 이름은 지금까지 밝혀지지 않고 있다. 김구도 ‘백범일지’에 짤막하게 기록했다. 일제 정보기관은 한인애국단의 인원을 80여 명, 핵심단원을 10여 명으로 추정했다.

한인애국단은 1932년 들어 일제의 간담을 서늘케 하는 의거를 파상적으로 펼쳤다. 침략 본거지 도쿄에서는 천황을, 서울에서는 조선 총독을, 임시정부 소재지 상해에서는 상해사변의 주역인 일본군 사령부를 표적으로 삼았다. 만주 침공의 사령부 격인 관동청과 관동군사령관, 만철 총재도 표적이었다. 한인애국단의 활동 중 대표적인 것이 '4대 의거'다. 1932년 1월 이봉창의 '도쿄 의거'. 같은 해 4월 윤봉길의 '상해 의거', 유상근·최흥식의 '대련 의거', 이덕주·유진만의 '신천 의거'다.

철저한 비밀결사 조직

1932년 중국 정부가 일제의 만주 침략에 항의하고 일본을 국제연맹에 제소하자 국제연맹이 만주에 조사단을 파견키로 했다. 김구는 1932년 5월 26일 리턴 단장이 이끄는 국제연맹 조사단이 대련역에 도착할 때 이를 맞기 위해 역으로 나올 혼조 시게루 관동군 사령관, 우치다 고사이 남만주철도 총재, 야마오카 만노스케 관동청 장관 등 만주의 일본 수뇌부들에게 폭탄을 던질 계획을 세우고 유상근·최흥식 의사에게 임무를 맡겼다. 그러나 5월 중순 대련 우체국에서 상해로 보낸 비밀 전문이 일본군 정보망에 걸려 5월 24일 최흥식과 유상근이, 5월 25일 폭탄 운반책인 이성원·이성발이 체포되어 계획이 수포로 돌아갔다.

유상근은 관동청 재판소에서 무기징역을 선고받고 복역하다가 광복을 하루 앞둔 1945년 8월 14일 의문의 죽음을 맞았다. 최흥식은 징역 10년을 선고받고 수감되었으나 언제 사망했는지는 정확히 밝혀지지 않고 있다.

'신천 의거'는 이덕주·유진만의 조선 총독 폭살 계획이다. 이덕주는 1932년 초 김구의 지시로 유진만과 함께 조선 총독을 살해하기 위해 국내에 잠입했다가 그 해 4월 19일 일본 경찰에 체포되어 징역 7년형의 옥고를 치르다 1935년 12월 순국했다. 유지만은 징역 6년을 선고받았다.

윤봉길 의사, 상해 홍구공원 의거

폭탄은 그대로 연단에서 폭발, 천지를 진동하는 굉음을 내고 식장을 아수라장으로 만들었다.

윤봉길(1908~1932)은 11살 때인 1918년 보통학교에 입학했다가 1919년 3·1 운동이 일어나자 학교를 자퇴하고 농촌 활동을 활용한 민족 계몽운동에 매진했다. 20대 초반까지 고향인 충남 예산에서 야학당과 청년회 등을 조직하고 1927년 3권짜리 '농민 독본'을 저술했다.

그러나 식민지 상태에서 농민운동을 성공시키는 데 한계가 있다는 것을 깨닫고 '대장부는 뜻을 세워 한 번 집을 나서면 살아서 돌아오지 않는다'는 '장부출가생불환(丈夫出家生不還)'이라는 비장한 글을 남긴 채 1930년 3월 6일 고향을 떠나 만주 안동(현재의 단동)을 거쳐 4월 상순 중국 청도에 도착했다.

그곳에서 세탁부로 일하다가 1931년 5월 8일 자신의 최종 목적지인 상해로 거주지를 옮겨 1년 동안 공장 노동과 채소 장사를 하며 조국의 독립을 위해 자신이 무엇을 해야 하는지를 고민했다. 그러던 중 알게 된 한인애국단 단장 김구와 수시로 시국 문제를 논하면서 김구의 신뢰를 얻었다.

한인애국단은 침체에 빠진 독립운동의 활로를 모색하기 위해 1931년 11월 김구가 결성한 비밀결사 조직으로 암살과 파괴를 행동의 지표로 삼았다. 어느날 윤봉길이 김구에게 "민족을 위해 죽을 수 있는 기회를 달라"고 요청했다. 마침 김구도 세상을 깜짝 놀라게 할 모종의 계획을 짜고 있었다.

김구가 겨냥한 것은 1932년 4월 29일 상해 홍구공원에서 열릴 예정인, 히로히토 천황의 생일 잔치인 천장절을 기념하고 상해사변(1932.1.28)의 승전을 축하하기 위한 기념식 행사였다. 일제는 친절하게도 "식장에 참석하는 자는 물병과 도시락, 일장기 하나씩을 가지고 입장하라"고 신문을 통해 알려주었다. 김구는 1932년 4월 26일 임시정부 국무위원회에 홍구공원 의거 계획을 보고해 승인을 받았다.

윤봉길

윤봉길은 1932년 4월 26일 한인애국단에 가입하고 '중국을 침략하는 적의 장교를 도륙하기로 맹세한다'는 내용의 결행 선서문을 썼다. 4월 27일에는 안중근 의사의 동생이자 한인애국단 단원인 안공근 집에서 가슴에 선서문을 붙이고 왼손에 폭탄, 오른손에 권총을 들고 태극기를 배경으로 사진을 찍었다.

일본 헌병대의 혹독한 문초와 고문에도 끝내 배후 밝히지 않아

4월 28일에는 거사 장소인 홍구공원을 사전 답사하고 후일의 기록을 위해 간단한 약력과 유서를 남겼다. 도시락 폭탄과 멜빵이 달린 수통형 폭탄 사용 방법도 배웠다. 폭탄은 중국군 제19군 병기참 주임으로 복무하고 있는 김홍일이 중국인 기술자의 도움을 받아 제조했다. 김홍일은 이봉창 의사의 도쿄 의거 때도 폭탄을 제공했다. 윤봉길은 4월 29일 아침, 김구와 식사를 했다. 그리고 자신의 시계와 김구의 시계를 바꾸면서 "훗날 지하에서 다시 만나자"고 작별 인사를 한 뒤 홍구공원을 향해 집을 나섰다. 손에는 도시락 폭탄을 들고 어깨에는 물통 폭탄을 멨다.

홍구공원에는 상해 거주 일본인 1만 명과 일본군·각국 외교관·무관 1만 명 등 모두 2만 명이 운집해 있었다. 단상에는 상해군 사령관 시라카와 요시노리 대장과 제3함대 사령관 노무라 요시사부로 중장이 중앙에 자리 잡고 있었다. 그 좌우로 제9사단장 우에다 겐키치 중장, 주중 공사 시게미쓰 마모루, 거류민단장 가와바타 사다쓰구, 상해 총영사 무라이 구라마쓰, 거류민단 서기장 도모노 시게루 등 상해사변의 원흉들이 착석해 있었다.

기념식이 거의 끝나갈 무렵인 11시 50분, 군중 속에 섞여 있던 윤봉길이 도시락 폭탄은 땅에 놓고 4m가량 전진해 17m 정도 떨어진 중앙 단상으로 물통 폭탄을 힘껏 던졌다. 폭탄은 시라카와 대장과 우에다 중장의 바로 앞 단상 중앙에 떨어져 지축을 울리는 요란한 굉음과 함께 폭발했다.

식장은 아수라장이 되었다. 가와바타 단장은 즉사하고, 시라카와 대장은 전신에 24개 조각의 탄편을 맞아 병원으로 실려 갔다가 5월 24일 사망했다. 노무라 중장은 오른쪽 눈을 실명하고 우에다 중장과 주중 공사 시게미쓰는 오른쪽 다리가 잘려 나갔으며 무라이 총영사와 도모노 거류민단 서기장은 중상을 입었다.

윤봉길은 도시락 폭탄을 가지러 되돌아왔다가 일제 군경과 일본인 군중에게 붙잡혀 집단적으로 구타를 당했다. 그 순간을 목격한 한 기자는 "머리에서부터 소매까지 피가 흘러 내리고 소매에서도 피가 뚝뚝 떨어졌다. 그런데도 그는 계속 싱긋 웃고 있었다"고 보도했다. 윤봉길은 취조 과정에서 배후를 대라는 헌병대의 혹독한 문초와 고문에도 끝내 배후를 밝히지 않았다.

"중국의 100만 대군도 못한 일을 조선의 일개 청년이 해냈다"

윤봉길의 의거 후 김구는 일제의 추적을 피해 미국인 집으로 피신했다. 그러나 안창호 등 애꿎은 사람 10여 명이 체포되어 자신에 대한 원성이 높아지자 태극기 앞에서 폭탄을 들고 있는 윤봉길 의사의 사진과 장문의 영문 성명서를 중국의 각 신문에 보내 자신이 배후임을 밝혔다. 중국 언론은 5월 10일 이 사실을 일제히 보도했다.

전 세계는 5월 10일자 로이터통신 기사를 통해 사건의 전모를 알게 되었다. 윤봉길은 김구의 발표를 듣고 5월 11일 김구가 배후임을 시인했다. 이로써 이봉창 의거와 윤봉길 의거의 주모자는 김구이고, 집행자는 이봉창과 윤봉길이라는 사실이 만천하에 알려졌다.

윤봉길 의거는 침체되어 있던 독립운동에 활력을 불어넣어 주었다. 국내외 동포가 다시 임시정부에 관심을 갖게 하고 국제적으로 한국의 독립을 새롭게 인식하게 만들었다. 특히 만보산 사건으로 임시정부와 소원한 관계에 놓였던 중국의 장개석 정부가 임시정부를 재평가하는 계기가 되었다. 중국군 30만 명으로 1개월 동안 치열한 항전을 벌이고서도 상해를 일본군에 빼앗겨 치욕과 울분에 떨고 있던 중국인들은 한국 청년 윤봉길의 의거를 극구 칭송하고 한국인들에게 감사의 뜻을 전했다.

장개석은 "중국의 100만 대군이 해내지 못한 일을 조선의 일개 청년이 해냈다"고 격찬하며 김구를 특별히 보호할 것을 지시했다. 종래 무관심하던 대한민국 임시정부에 대한 전폭적인 지원도 약속했다. 그 덕에 한국 청년들은 낙양의 군관학교에서 교육을 받을 수 있게 되었다. 중국 민간단체들은 임시정부에 상당한 성금을 보내왔다. 김구는 자신에게 일본 역사상 최고 액수인 60만 원의 현상금이 붙자 일본의 감시망을 뚫고 절강성 가흥으로 탈출했다. 의거는 일본 본토에까지 불똥이 튀어 내각이 총사퇴하고 헌병 사령관 등이 중징계를 받았다.

윤봉길은 5월 25일 일본 상해파견군 군법재판에서 사형선고를 받고 11월 18일 일본으로 호송되었다. 그리고 1932년 12월 19일 아침 7시 27분, 일본 이시카와현 가나자와 교외의 한 공병작업장에서 총살형에 처해졌다. 시신은 공동묘지 한쪽에 매장되었다가 해방 후인 1946년 5월 국내로 봉환되어 이봉창·백정기 의사와 함께 효창공원 묘소에 안장되었다.

양세봉 조선혁명군 총사령 취임

한 지역에서 10년 이상 항일 투쟁을 벌인 경우는 우리 독립운동사에서 드물다.

북한의 평양 애국열사릉에는 양세봉(1896~1934) 조선혁명군 총사령의 묘가 있다. 비석에는 사진과 함께 '독립군 사령 1896년 7월 15일생 1934년 9월 20일 희생'이라는 비문이 새겨져 있다. 그런데 양세봉의 묘는 서울 국립현충원에도 있다. 비문 뒷면에는 '1896년 6월 5일 평북 철산에서 출생, 1934년 8월 12일 중국 태탑자구에서 총살 순국'으로 되어 있다. 출생과 순국 날짜가 다른 것은 음력과 양력의 차이다.

양세봉 열사처럼 남북한이 함께 독립유공자로 지정해 기리는 선열은 24명이다. 이 가운데 남한에 묘소가 있는 사람은 양세봉과 정인보뿐이다. 두 사람의 남쪽 묘소는 가묘다. 6·25 때 납북 후 북한에서 숨진 정인보는 국립현충원에 위패가 있고 충북 청원군의 선산에 가묘가 있다.

양세봉의 무덤은 당초 중국 남만주에 있었으나 1946년 남만주에서 북한으로 이주한 부인과 아들에 의해 1961년 평양으로 이장되었다가 1986년 애국열사릉에 묻혔다. 우리 정부는 1962년 양세봉에게 건국훈장 국민장(이후 상훈법 개정에 따라 독립장으로 바뀜)을 추서하고 가묘를 만들었다.

양세봉은 1922년부터 1934년 순국할 때까지 중국의 남만주 일대에서 200차례 이상 무장 항일 투쟁을 벌인 신화적인 인물이다. 한 지역에서 10년 이상 항일 투쟁을 벌인 경우도 우리 독립운동사에서는 흔치 않다. 무엇보다 일제가 사실상 만주를 통치한 1930년대에 만주에서 무장 항일 투쟁을 벌였다는 점을 높이 평가해야 한다는 게 학계의 평가다. 지금도 만주 요령성 신빈현(과거 봉천성 흥경현) 왕청문 지역에는 그의 항일 투쟁을 기리는 민요와 노래가 전해오고 있으며 1995년 왕청문 인민정부가 건립한 높이 5.4m의 흉상도 있다.

양세봉은 평북 철산에서 태어났다. 1917년 압록강을 건너 만주 지역에서 소작농으로 일하던 중 1919년 남만주 일대에까지 퍼진 3·1 운동에 참가한 것을 계기로 독립운동에 투신했다. 1922년 평북 의주와 삭주 경계의 천마산을 근거지로 한 무장 단체 천마산대에 입대, 일본 경찰서를 습격하고 금광 사무소를 급습하는 방식으로 군자금을 충당했다.

양세봉

천마산대는 최시홍 대장이 체포되고 일제의 토벌에 밀려 길림성 유하현으로 근거지를 옮겼다가 만주의 무장 독립군 단체 '광복군 총영'에 합류했다. 양세봉 역시 가족을 데리고 봉천성 흥경현(현재의 요령성 신빈현)으로 이주했다. 이후 양세봉은 1920년대 내내 만주의 항일 투쟁 단체 '통의부 의용군', '정의부 의용군', '조선혁명군' 등에서 소대장, 중대장, 부사령 등으로 활약하며 일본군의 오금을 저리게 해 일대 주민들로부터 '군신(軍神)'으로 불렸다.

200차례 이상 무장 항일 투쟁 벌인 신화적 인물

한편 1920년대 만주 지역에서 독립운동을 하던 참의부, 정의부, 신민부 등 3부가 1929년 4월 국민부로 통합했다. 국민부는 순수 민정 자치행정을 담당하고 독립을 위한 무장 활동은 1929년 12월 결성한 조선혁명당에 위임했다. 조선혁명당은 결성과 함께 1929년 12월 당군으로 조선혁명군을 창설, 이진탁을 총사령, 양세봉을 부사령으로 임명했다. 조선혁명군의 근거지는 봉천성 흥경현 왕청문에 두었다. 당시 공산주의 독립운동가들은 조선혁명당 책임자 현익철, 조선혁명군 참모장 김학규와 함께 민족주의 독립운동을 추구한 양세봉을 '3대 살인 반동 영수'라며 적대시했다.

조선혁명군은 1931년 9월 일제가 일으킨 만주사변에 이어 1932년 1월 일경의 기습으로 80여 명의 조선혁명당 간부들과 조선혁명군이 체포되는 이른바 '신빈 사건'을 겪으면서 큰 타격을 입었다. 하지만 조선혁명군은 1932년 2월 양세봉을 총사령으로 선임한 뒤 조직을 재정비했다.

조선혁명군은 단독으로 작전을 펼치기도 했지만 주로 중국 의용군과 연대해 항일 무장투쟁을 전개했다. 1932년 3월 한중 연합군을 결성했을 때 한국인은 총 2,000여 명 중 800여 명이나 되었다. 조선혁명군은 1932년 3월부터 한중 연합군의 일원으로 영릉가성 전투(1932.3), 신빈현 전투(1932.4), 청원현 전투(1932.9) 등 200여 차례의 대소 전투를 벌이며 일본군에 큰 피해를 안겨 주었다.

그중에서도 대표적인 전투가 1933년 3월 전개된 흥경성 전투다. 조선혁명군이 동문으로 돌입하고 중국 의용군인 요령민중자위군이 북문을 공격한 이 전투에서 한중 연합군은 승리를 거둬 일본군을 흥경성에서 쫓아냈다. 그해 7월까지 일진일퇴를 거듭한 흥경성 전투에서 일본군은 공군기까지 동원, 흥경성을 다시 빼앗았으나 200여 명의 목숨을 잃는 대가를 지불해야 했다.

조선혁명군은 단독으로도 국내 진공 작전을 활발하게 펼쳤다. 변낙규 유격대의 국내 진입(1932.9), 서원준 유격조의 국내 파견(1933.1), 조선은행 평양지점 습격 시도(1933.2), 압록강 철교 폭파 작전(1933.8), 유광호의 국내 공작위원회 설치 활동(1935.7), 평북 초산군 연담동 습격(1936.6), 평북 벽동경찰서 봉곡파출소 습격(1936.9) 등이 국내 진공 작전의 일환으로 전개되었다.

조선총독부 통계에 따르면 국내에 진입한 조선혁명군 숫자는 1932년 101명, 1933년 142명, 1934년 40명, 1935년 27명, 1936년 9명이었다. 당시 조선일보와 동아일보 기사에는 이보다 훨씬 더 많은 사건이 보도되었다.

조선혁명군이 이처럼 끈질기게 일본군을 괴롭히자 일제는 양세봉을 제거할 음모를 꾸몄다. 밀정 박창해를 통해 매수한 중국인 마적 두목이 연합하자며 양세봉을 골짜기로 유인해 1934년 9월 20일(음력 8월 12일) 사살한 것이다. 조선 동포들은 시신을 마을 뒷산에 묻었으나 이를 알고 달려온 일제 군경들이 시체를 내놓으라고 요구한 뒤 말을 듣지 않는 마을 촌장 등을 작두로 목을 베고 양세봉의 무덤에서 꺼낸 시신의 목을 잘라 담장에 걸어놓는 만행까지 저질렀다.

항일 투쟁을 기리는 민요와 노래, 지금도 만주에 전해져

일제는 1936년 들어 만주에서 항일 세력을 발본색원한다는 목표 아래 조선혁명군 등 항일 세력에 대한 토벌 작전을 대대적으로 전개했다. 조선혁명군의 근거지도 1937년 3월 일제의 급습을 받아 9명이 전사하고 수십 명이 포로가 되었다.

일제의 토벌 작전이 이처럼 맹렬해지자 살아남은 대원들은 결사항전과 투항 중 하나를 선택했다. 결사 항전 대원들도 한동안 버티다가 대부분은 1938년 봄 공산주의 독립군인 동북항일연군에 합류했다. 조선총독부는 조선혁명군에 대해 "20여 년이라는 오랜 기간 조선 독립을 꿈꾸며 용맹무쌍하게 활동한 치안의 암"이라고 평가했다.

양세봉의 아내와 아들은 양세봉이 공산주의자 독립군이 아니었는데도 해방 후 북한을 선택했다. 이유는 김일성이 1932년 중국 공산당에 입당하기 전, 조선혁명군 소속 대원으로 활동한 전력이 있어 양세봉을 잘 알고 있다는 개인적인 인연 때문이었다. 김일성도 그의 회고록에 20살이던 1932년 여름 남만주에서 양세봉과 항일 문제를 논의한 것으로 기록했다. 또한 양세봉은 김일성의 아버지 김형직과 의형제를 맺은 사이로도 알려졌다.

박흥식 화신백화점 설립

당시로서는 혁신적이고 대담한 마케팅 기법을 과감히 도입하는 탁월한 사업 수완을 펼쳐보였다.

박흥식(1903~1994)은 일제강점기를 거쳐 1950년대 말까지 '백화점의 왕'으로 불리며 한국 최고의 부자 소리를 들었다. 그러나 1960년대 후반부터 급격히 몰락해 오늘날에는 과거의 흔적이 모두 사라져버린 파란만장한 기업가로 인식되고 있다.

박흥식은 평남 용강의 2,000석꾼 부농 집안에서 태어나 15세 때이던 1918년 용강읍내에서 미곡상으로 첫 사업을 시작했다. 운이 좋게도 그해 쌀값 폭등으로 큰돈을 벌자 그 돈으로 1920년 급락한 땅을 대규모로 매입해 대지주가 되었다. 1920년 고향에 차린 인쇄소까지 큰 성공을 거둬 1926년 6월 서울로 진출했다. 종이도매업체 '선일지물'로 역시 큰돈을 벌어들인 박흥식이 다음 사업 목표로 잡은 것은 대형 상점이었다.

당시 청계천을 경계로 서울 '남촌'에는 일본인이 설립한 히라타, 조지야, 미나카이, 미쓰코시 등의 대형 상점이 각축을 벌이며 상권을 장악하고 있었고, '북촌'에는 조선인의 대형 상점 '동아부인상회'와 '화신상회'가 일본 상점과 경쟁하고 있었다.

1920년 설립된 동아부인상회는 1925년 최남의 손으로 넘어가 3층으로 증축된 뒤 성황을 이뤘고, 1918년 신태화가 종로 네거리에 설립한 화신상회는 양복부, 포목부, 신구잡화부까지 갖춘 서울에서 제일 큰 금은상회로 유명했다. 그러나 화신상회가 무리한 사업 확장으로 경영난에 빠지자 박흥식이 이를 인수해 1931년 9월 15일 주식회사 화신상회로 재탄생시켰다.

박흥식은 화신상회의 목조 2층 건물을 헐고 조선인 건축가 박길룡이 설계한 콘크리트 3층 건물을 지어 1932년 5월 10일 '화신백화점'이라는 새 이름으로 문을 열었다. 바로 옆에는 4개월 전인 1932년 1월 영업을 시작한 최남의 4층짜리 동아백화점이 자리잡고 있어 박흥식과 최남의 경쟁은 치열했다.

박흥식

두 청년 실업가는 모든 사운과 재력을 걸고 혈전을 벌였으나 1932년 7월 16일 박흥식이 동아백화점을 인수하는 것으로 승패가 갈렸다. 이로써 박흥식은 서울의 최대 상권을 거머쥔 유통업계의 큰 손으로 우뚝 섰다. 당시 박흥식이 보여준 경영 수완은 신기에 가까웠다. 경품부 바겐세일, 체인점 설치, 상품권 발행, 주택의 경품 제공 등 당시로서는 혁신적이고 대담한 마케팅 기법을 과감히 도입하는 탁월한 사업 수완을 펼쳐보였다.

박흥식은 백화점의 원활한 운영을 위해 화신백화점 건물은 서관, 동아백화점 건물은 동관으로 구분해 두 건물을 육교로 이었으나 1935년 1월 27일 저녁 7시 30분쯤 일어난 큰불로 서관 1~3층이 전소되고 동관 3층, 4층이 불에 타는 바람에 4년에 걸친 공든 탑이 무너지는 아픔을 겪었다. 인명 피해는 없었으나 재산 피해가 컸다.

숱한 좌절과 시련에도 굽힐 줄 모르는 타고난 장사꾼

그렇다고 풀이 죽을 박흥식이 아니었다. 그는 "불난 집이 더 비싸게 팔린다", "불같이 활활 다시 일어날 것"이라고 큰소리치고는 총독과 담판 끝에 종로경찰서 구관을 빌려 같은 해 8월 15일 임시로 백화점 영업을 재개했다. 제대로 대응하지 못한 소방대의 책임을 거론하며 총독을 압박한 결과였다.

대형 건물 두 동을 통째로 태워버린 초유의 화재가 안긴 충격은 컸다. 엉성한 소방 시스템이 도마에 올랐고 이후 소방 행정이 달라졌다. 대화재 뒤

화신백화점

첫 연말이 다가오자 경성 소방서는 시내의 모든 극장과 백화점마다 소방관 1명씩을 상주시키며 화재 경계를 하는 특단의 대책까지 실행했다. 화재 신고 전화 '119'도 그해에 탄생했다. 경성중앙전화국은 1935년 10월 1일 전화번호 안내번호 '114' 등 10개의 서비스 번호를 제정하면서 119 번호를 도입했다. 119는 1927년 일본의 도쿄와 교토 전화국에서 처음 도입한 번호였다.

박흥식은 1935년 9월 15일 동관을 5층으로 증개축하고, 1937년 11월 11일 서관 자리에 르네상스식 초일류 대형 건물을 지어 재개관함으로써 새로운 부흥기를 열었다. 지하 1층, 지상 6층으로 지어진 서관 건물은 일본인의 어느 백화점보다 규모가 크고 15인승 엘리베이터와 2대의 에스컬레이터까지 갖춰 당시 서울의 대표적인 명물로 각광받았다. 옥상 위 불꽃 모양의 첨탑과 2층, 3층에 걸쳐 있던 빨간색 네온의 꽃 모양 마크는 화신의 상징이 되었다.

박흥식은 교육에도 관심이 많았다. 1925년 고향에 중등교육 과정인 용강농업학교를 설립하고 이갑, 유동렬 등이 설립(1908)한 서북협성학교(협성실업학교)를 1939년 4월 인수해 1940년 7월 광신상업학교로 명칭을 바꿨다. 이 학교가 서울 회기동에 있다가 신림동으로 장소를 옮긴 광신정보산업고등학교다.

박흥식은 독립운동가 안창호도 물심양면으로 도왔다. 안창호가 구속되었을 때는 보석금을 대주었고 안창호가 1938년 사망했을 때는 조선일보 사주 방응모와 함께 기업인으로는 가장 많은 100원을 조위금으로 냈다. 다른 한편으로는 조선임전보국단 상무, 총동원연맹 이사, 기계화국방협회 조선본부 이사, 동양척식회사 감사 등 총독부 산하 각종 단체의 직책을 8개나 가진 전형적인 친일 인사이기도 했다. 1949년 1월 8일 반민특위 제1호로 검거된 것도 이런 친일 행적 때문이었다. 그러나 1949년 4월 21일 병보석으로 풀려나고 9월 26일 무죄판결을 받아 반민특위 검찰관과 사회·정당 단체들로부터 거센 반발을 샀다.

국내 자본에 의한 우리나라 최초의 백화점 설립자

6·25 전쟁으로 화신백화점은 잿더미가 되었다. 그러나 휴전 후인 1955년 11월 화신백화점 건너편 지금의 한국스탠다드차타드은행 본점 자리에 신신백화점을 개장하고 1년 뒤 화신백화점도 복구해 '백화점 왕'으로서의 건재를 과시했다. 그때까지도 박흥식은 우리나라 최고의 거부였다.

박흥식은 1961년 5·16 쿠데타로 또다시 시련을 겪었다. 부정축재자로 몰려 43일간 옥고를 치르고 5억 9,000만 환의 벌금을 물었다. 그러나 박흥식은 오뚝이처럼 다시 일어나 국가재건최고회의와 손잡고 거창한 사업을 추진했다. 그것이 영과 욕이 교차하는 순간이라는 것을 당시의 박흥식은 알지 못했다.

박정희 의장의 권유에 따라 흥한화섬(원진레이온 전신)을 설립하고 1966년 당시로선 동양 최대 규모인 비스코스(인견사) 공장을 착공한 것이 몰락의 전주곡이었다. 결국 외자 조달 부진과 예상보다 엄청나게 늘어난 공사비로 준공이 예정보다 늦어지고 때마침 불경기가 불어닥친 데다가 은행 대출마저 끊겨 공장은 가동도 못하고 1969년 산업은행으로 넘어갔다.

1970년대 들어서도 박흥식은 화신전자(1972), 화신소니(1973)를 설립하며 재기를 꿈꿨으나 이번에는 오일쇼크가 앞을 가로막았다. 결국 화신그

롭은 1980년 10월 도산하고, 화신백화점(1985)과 박흥식의 가회동 자택(1987)은 남에게 넘어갔다. 1987년 3월에 헐린 화신백화점 자리에는 1999년 33층짜리 초현대식 종로타워가 세워졌다. 이로써 화신의 50년 영욕의 역사도 흔적 없이 사라졌다. 박흥식도 1994년 5월 10일 이미 눈을 감아 세상에 없었다.

박흥식과 화신의 신화는 이렇게 끝이 났지만 오늘날 박흥식은 숱한 좌절과 시련에도 굽힐 줄 모르는 타고난 장사꾼으로 기억되고 있다. 친일 행적과 더불어 반민특위 1호 검거자라는 결코 지워질 수 없는 오명에도 불구하고 그는 국내 자본에 의한 우리나라 최초의 백화점 설립자로 근대적 의미의 서비스 산업에 경영학 개념을 도입했다는 평가를 받고 있다.

한국의 근대 백화점史

일제시대의 대표적인 백화점은 미쓰코시(三越), 미나카이(三中井), 조지야(丁字屋), 히라타(平田), 화신 등 5개다. 이 가운데 지금까지 건물 흔적이 남아 있는 곳은 두 군데다. 현재 신세계백화점이 사용하고 있는 미쓰코시 건물과 한동안 미도파백화점으로 사용되다가 지금은 롯데백화점 영플라자로 영업을 하고 있는 조지야 건물이다. 미나카이는 지금의 명동 밀리오레(2015년 르와지르 호텔로 리모델링) 자리에, 히라타는 지금의 대연각센터 빌딩 자리에 있었다. 화신백화점 건물은 1987년 허물려 지금은 그 자리에 33층짜리 종로타워가 서 있다.

5개 백화점의 출발 연도는 각각 다르다. 조지야는 1921년, 미나카이는 1922년, 히라타는 1926년 영업을 시작했다. 당시는 규모가 큰 잡화점 수준이었기 때문에 오늘날 우리가 생각하는 백화점과는 다르다. 그럼 점에서 일본 건축가 하야시가 설계하고 1930년 10월 24일 개관한 지하 1층 지상 4층 높이의 콘크리트 건물 안에 다종다양한 물품을 구비·판매한 미쓰코시 백화점이 근대식 백화점의 효시라고 할 수 있다.

미쓰코시는 1904년 설립된 일본 최초의 백화점이다. 세계 최초의 백화점은 1852년 파리에서 문 연 '봉 마르셰'다. 미국은 '메이시', 영국은 '휘틀리'가 각각 최초로 기록되어 있다. 미쓰코시는 1906년 명동의 사보이호텔 자리에 '미쓰코시 오복점'(옷감과 의류를 파는 상점)을 개점하면서 조선과 인연을 맺었다.

오복점은 미쓰코시가 서울에 설치한 출장소 형태였으나 1929년 미쓰코시 백화점 경성지점으로 승격되고 1930년 10월 현재의 신세계백화점 본점이 있는 자리에 신관을 개관해 우리나라 최초의 근대적 백화점의 모습을 갖춘 미쓰코시 백화점으로 재탄생했다.

단층 건물이 대부분일 때 부채꼴로 펼쳐진 입면에 화강암으로 현관을 장식한 초대형 르네상스식 건물은 개점 즉시 서울의 명물로 인기를 끌었다. 가장 크게 관심을 끈 것은 휘황찬란한 쇼윈도와 엘리베이터, 옥상정원이었다. 그중에서도 옥상정원은 서울 시가지가 한눈에 내려다보여 서울 최고의 연애 명소로 입소문이 났고 그래서 항상 사람들이 차고 넘쳤다.

근대적 백화점의 효시는 미쓰코시 백화점

사람들의 눈길을 끈 것은 높은 건물과 다양한 상품만이 아니었다. 물건을 사든 안 사든 모든 손님을 상냥한 미소와 낭랑한 목소리로 맞는 여점원들도 백화점의 경쟁력이었다.

시인 김기림은 '도시 풍경'이라는 글에서 "최저가로, 아니 때때로는 무료로 얼마든지 제공하는 여점원들의 복숭아빛의 애교… 이것들은 센서블한 도회인의 류동하는 마음에로 향하여 버려진 데파트멘트의 말초신경"이라고 썼다. 그는 또 "층층대를 올라가는 미끈한 여성의 비단양말에 싸인 다리와 높은 에나멜의 구두 뒤축을 하염없이 쳐다보고 서 있는, 수신

미쓰코시 백화점

(修身) 교과서를 잊어버린 중등교원도 있다"고 꼬집었다. '백화점녀', '데파트걸', '숍걸' 등으로 불렸던 여점원들은 단숨에 젊은 여성들이 선망하는 직업이 되었다.

개점 당시 미쓰코시 백화점은 대지 2,410㎡(730평), 연건평 7,600㎡(2,300평)에 종업원이 360명이었다. 일본 본토를 제외하면 한국과 만주 지역에서는 최대 규모였다. 주요 고객은 서울 속의 '작은 도쿄'로 불렸던 명치정(명동)과 본정(충무로)의 일본인들이었지만 차츰 북촌에 거주하는 조선인 부자들도 고객으로 끌어들였다. 미쓰코시 백화점은 광복 후 동화백화점으로 상호를 변경했다가 1962년 동방생명으로 소유권이 넘어갔다. 동방생명은 1963년 삼성그룹으로 넘어가 그해 11월 12일 '신세계'로 개명했다.

상냥한 미소와 낭랑한 목소리의 여점원들도 백화점의 경쟁력

북촌의 조선인을 주요 고객으로 한 종로의 동아백화점과 화신백화점은 1932년 문을 열었다. 1933년 경성 충무로에 6층 규모의 현대식 백화점으로 문을 연 미나카이는 최대 규모의 유통망을 자랑했다. 당시 미나카이는 1905년 대구에 첫 상점을 연 것을 시작으로 진주(1907), 경성(1911), 부산(1917), 평양(1919) 등 12개 점포, 만주와 중국에 6개 점포를 갖고 있던 백화점 왕국이었다. 전성기의 종업원을 모두 합치면 4,000여 명이나 되었다. 하지만 1945년 일본 패망과 함께 백화점 전 재산이 몰수되어 소리 소문 없이 사라졌다.

조지야 백화점이 근대적 건물을 갖춘 것은 1939년 9월이었다. 지하 1층, 지상 5층으로 건축된 조지야 백화점은 해방 직후인 1946년 '중앙백화점'으로 이름이 바뀌었다가 1954년 11월 미도파백화점으로 개칭되었다.

미도파는 1969년 대농으로 넘어간 후 10여 년간 최고의 전성기를 누렸으나 1980년대 들어 롯데와 현대 등 신흥 백화점들이 잇따라 등장하고 신세계도 유통 전문기업으로 공격적인 경영을 펼치면서 업계 1위 자리에서 물러났다. 1998년 모기업 대농까지 공중분해되어 1999년 법정관리에 들어갔다가 2002년 롯데백화점으로 넘어가 지금은 롯데 영플라자로 이용되고 있다.

롯데와 현대는 후발 주자이면서도 신세계백화점과 더불어 한국의 대표적인 3대 백화점으로 군림하고 있다. 롯데백화점은 1979년 12월 '롯데쇼핑센터'라는 이름으로 서울 소공동에서 개점하고 현대백화점은 1985년 12월 본점에 해당하는 압구정점을 개관했다.

김소희 첫 판소리 레코드 취입

타고난 목에 예인적 기질로 10대 후반에 이미 판소리계의 정상 문턱에까지 다다른 천재형이었다.

김소희(1917~1995)는 우리나라 여성 판소리계를 대표하는 명창이다. 10대 시절에 이미 대선배들과 어깨를 겨룰 만큼 판소리에 능하고 가야금, 살풀이춤, 서예 등도 두루 섭렵한 만능 예인이었다. 다른 명창들이 그러했듯 김소희 역시 갈고 닦는 노력형이었으나 그들과 다른 것은 재능을 타고났다는 것이다. 판소리 대선배들이 산사나 토굴에서 백일 공부를 했다거나 폭포 아래에서 득음을 했다거나 똥물을 마시고 목이 트였다거나 하는 전설적인 얘기가 풍문처럼 전해지던 그 시절에 김소희는 타

김소희

고난 목에 재능을 소화해 내는 예인적 기질로 10대 후반에 이미 판소리계의 정상 문턱에까지 다다른 천재형이었다.

전북 고창에서 태어난 김소희가 판소리를 천직으로 받아들인 것은 광주여자고등보통학교 1학년 때이던 1930년이었다. 김소희는 당시 길가의 가설무대에서 흘러나오는 이화중선의 소리에 반해 가설무대가 철거될 때까지 매일 천막 뒤에서 소리를 들으며 판소리에 빠졌다. 이런 김소희의 재능을 알게 된 형부가 13세의 김소희를 데리고 간 곳이 당대 최고의 명창 송만갑의 집이었다.

송만갑은 단박에 김소희의 재능을 알아보고 "너는 천생 이 길로 들어서야 할 사람"이라며 김소희를 특별 문하생으로 받아들였다. 송만갑은 한동안 김소희를 가르치다가 정정렬 명창에게 천거했다. 이렇게 두 스승한테서 소리를 배운 김소희는 광주의 한 극장에서 꾸민 데뷔 무대에서 "아기명창"이라는 찬사를 받았다. 14살이던 1931년에는 전북 남원의 명창대회에서 당당히 1등을 차지해 주목을 끌었다.

자신감이 생긴 김소희가 서울로 진출한 것은 1931년 12월이었다. 당시는 서울에 발을 붙이려면 한성준의 테스트를 통과하는 것이 지름길이었다. 송만갑이 호남 판소리계의 대부였다면 한성준은 서울 국악계의 대부격이었다. 한성준은 살풀이춤, 승무, 학춤 등 우리의 전통춤을 정리하고 집대성해 예술의 경지에까지 끌어올린 예인이면서도 국악 무대, 라디오 방송 출연, 레코드 취입 등에서 영향력이 큰 요즘말로 하면 '국악의 매니저' 같은 존재였다.

국악 전문가 조사에서 '20세기 최고 명창'으로 선정

김소희의 재능을 한눈에 알아본 한성준이 김소희를 데리고 간 곳은 서울 정동의 경성방송국이었다. 그 시절의 국악 프로그램은 모든 라디오 프로그램 중에서 가장 인기가 높았다. 10대 소녀 김소희는 방송 데뷔를 성공적으로 끝냈다. 이를 계기로 방송 출연이 계속되면서 일약 '아이돌 스타'로 부상했다. 1932년 가을에는 콜롬비아레코드사의 제안에 따라 대선배 명창들과 함께 일본으로 건너가 레코드를 취입했다. 당시 국내에는 레코드 취입 시설이 없어 모든 녹음은 일본에서 이뤄졌다. 레코드가 불티나게 팔려나가자 이번에는 오케레코드사에서 취입 요청이 들어왔다.

김소희의 증언에 따르면 일본에서 두 번째 레코드 취입을 할 때 '진도 아리랑'이라는 곡명이 탄생했다. 당시 김소희는 '춘향가'와 '심청가'를 모두 녹음한 뒤 제목도 모르는 남도 민요를 불렀다. 그러자 오케레코드사 관계자가 노래가 좋다며 취입하자고 했는데 김소희가 그 자리에서 제목을 붙여 녹음한 노래가 '진도 아리랑'이라는 것이다.

김소희는 국악인이라면 의당 갖춰야 할 악기와 춤을 배우는 데도 열심이었다. 명인들에게서 거문고와 가야금을 배우고 살풀이춤을 익혔으며 독학으로 양금을 섭렵했다. 서예 실력도 출중해 1967년부터 1969년까지 연이어 국전에서 입선했다.

해방 후 김소희는 '여성국악동호회' 결성(1948.5)에 힘을 보태고 이 '여성국악동호회'가 무대에 올린 국극 '햇님 달님'에서 달님공주 역을 맡아 '햇님 달님'이 대중적 인기를 끄는 데 핵심 역할을 했다. 국극은 국악을 연극이라는 무대 형식에 접목한 것으로 특히 여성 국극은 전국 어디서나 인기가 높았다. '햇님 달님'은 그전의 창극(국극)과는 차원이 다른 창극이었다. 주로 우리의 고전과 똑같은 이야기를 소재로 다뤘던 종래의 창극과 달리 처음부터 끝까지 창작을 바탕으로 구성했기 때문에 일반의 관심이

켰다. '햇님 달님'의 성공은 그 후 우리 무대에 여성 국극 전성기를 몰고 왔고 그 붐은 1950년대 말까지 계속되었다.

1954년 김소희는 자신의 집과 패물 등을 모두 팔아 서울 돈암동에 여성 국악동호회 산하 '민속예술학원'을 설립하고 초대 원장으로 취임했다. 민속예술학원은 1960년 5월 정식 교육기관인 '국악예술학교'로 개교해 오늘에 이르고 있다. 김소희는 1962년 프랑스 파리를 시작으로 1980년대까지 수 차례 해외 공연을 하며 우리 국악의 진수를 소개했다. 특히 1988년 서울올림픽 폐막식을 장식한 '떠나가는 배'의 선창으로 전 세계에 우리 판소리의 멋을 알렸다. 1999년 KBS 라디오가 국악 전문가 200명을 상대로 실시한 설문조사에서 '20세기 최고 명창'으로 선정되는 영예를 안았으나 그는 이미 1995년 4월 17일 눈을 감고 없었다.

송만갑

송만갑(1866~1939)은 타고난 목과 천부적 자질을 갖춘 소리판의 개척자이자 20세기 최고 명창 중의 한 사람이었다. 동편제의 시조 송흥록(백조부)에서 시작해 송광록(조부), 송우룡(부친)으로 이어지는 판소리 명문 집안의 영향을 받아 어려서부터 자연스럽게 소리에 묻혀 살다보니 판소리는 운명처럼 받아들여졌다.

송만갑은 전남 구례(순천이라는 설도 있다)에서 태어나 신동 소리를 들으며 판소리를 익혔다. 그러나 소리를 배우면 배울수록 판소리의 창조(唱調)와 법제(法制)를 강조하는 집안 분위기에 답답함을 느꼈다. 송만갑은 "청중과 교감할 수 있는 소리가 진정한 예술"이라며 가문의 소리 전통에서 과감히 벗어나기 위해 새로운 창조와 법제를 창안했다.

소리의 예맥을 법통처럼 여기는 당시의 집안 풍토에서 송만갑의 결단은 큰 파문을 일으켰다. 진노한 아버지가 "송씨 가문의 법통을 말살하려는 패려 자식"이라며 몰아세웠지만 송만갑은 "옛날 일만 고집하는 고집불

통의 늙은이"라며 뜻을 굽히지 않았다.

결국 집에서 쫓겨나 조선 팔도를 두루 돌아다니며 새로운 소리를 터득했다. 격조는 떨어질지 몰라도 서민층의 애환을 노래하고 보통 사람들의 희로애락을 소리에 담는 일에도 열성을 다했다. 일부 선배와 동료의 비난이 있었지만 대중의 관심과 호응 덕에 자신의 소신을 펼칠 수 있었다. 이처럼 송만갑은 청중의 취향이 무엇이고 시대가 요구하는 소리가 어떤 것인지를 빨리 파악하고 이를 예술로 승화하는 데 선견지명이 있었다.

송만갑

송만갑의 서울 무대 데뷔는 1902년 고종 즉위 40주년 칭경식 공연이 계기가 되었다. 당시 대한제국 정부의 궁내부는 칭경식을 성대하게 치르기 위해 송만갑·김창환 등 전국의 재인과 기생들 170여 명을 불러 모아 '협률사'라는 단체에 전속시키고 이들이 공연할 500석 규모의 상설극장인 '협률사'를 건립했다. 극장 건물은 지금의 신문로 새문안교회 근처인 야주현의 봉상시(제사를 주관하는 관청) 남쪽에 세워졌다. 그러나 콜레라가 만연하고 영친왕이 천연두에 걸리는 등 온갖 악재가 겹쳐 9월 17일로 예정된 40주년 경축식은 중단되었다.

소리판의 개척자이자 20세기 최고 명창 중 한 사람

결국 전국에서 상경한 명인·명창들은 김창환과 송만갑을 중심으로 협률사와 광무대 등에서 각종 공연 활동을 펼쳤다. 그러던 중 1906년 협률사 무대의 공연 레퍼토리가 지나치게 속되고 풍속을 어지럽힌다며 협률사를 혁파하라는 고종의 명에 따라 협률사 건물은 1907년 2월 관인구락부 전용 건물로 전용되었다. 그러자 김창환은 송만갑·유성준 등 50여 명을 규합해 새로운 협률사 단체를 창단하고 전국을 돌며 창극과 판소리로 민족혼을 일깨웠다.

당시 협률사의 인기는 대단했다. 전국 어디를 가나 이들의 소리를 들으려는 사람들로 인산인해를 이뤘다. 1908년 송만갑이 전북 남원군 일대에서 순회공연을 할 때 협률사 공연을 보고 인생 역정을 바꾼 아낙네가 훗날 판소리사에 수많은 일화를 남긴 이화중선이다.

1910년 일제의 강제 합병은 협률사 활동에도 종말을 가져다주었다. 협률사 공연이 조선인에게 민족혼을 고취하고 조선인의 동질성을 환기한다는 판단 아래 일제가 협률사의 해체를 명한 것이다. 송만갑은 고향으로 돌아가 은거했다. 당시 송만갑의 행적은 1913년의 음반 취입과 진주 공연 등의 기록만 공식적으로 확인되고 있다.

기록상 송만갑이 서울 공연계에서 주도적으로 활동하기 시작한 때는 1926년이다. 송만갑은 그해 11월 서울 조선극장에서 열린 대연주회에 김창환, 김창룡, 김녹주, 박녹주, 한성준 등과 함께 출연해 앙코르 공연까지 펼쳤다. 이후 송만갑은 관객이 가장 좋아하는 '시대의 명창'으로 이름을 날렸다.

송만갑의 업적 가운데 빼놓을 수 없는 것이 '조선성악연구회'를 창설하는데 주요 역할을 담당한 일이다. 1934년 5월 이동백, 김창룡, 정정렬, 한성준 등과 손을 잡고 전국의 국악인을 널리 규합해서 만든 조선성악연구회에서 송만갑은 교육부장을 맡아 수많은 제자를 배출했다. 김광순, 장판개, 김정문, 박초월, 김초향, 이화중선, 김소희 등 제자들의 면면을 보더라도 송만갑이 우리 국악계에 끼친 공로가 얼마나 큰지를 미뤄 짐작할 수 있을 정도다. 송만갑은 1939년 1월 1일 74세로 타계했다. 하지만 아들과 손자가 소리를 배우지 않아 소리의 명문 집안은 대를 잇지 못했다.

이애리수 '황성의 적' 음반 발매

당대 최고의 인기를 구가했으나 결혼 후 돌연 연예계를 떠나 팬들을 안타깝게 했다.

1927년 여름, 작곡가 전수린이 경기도 개성으로 떠나는 순회공연단을 따라나섰다. 전수린은 훗날 '알뜰한 당신', '나는 열일곱 살이에요' 등의 히트곡을 비롯한 1,000여 곡을 작곡해 인기 작곡가로 부상하지만 당시만 해도 아직 20살에 불과한 미완의 작곡가였다. 전수린이 고려의 옛 도읍지인 송도의 만월대를 둘러보는데 잡초가 무성하고 폐허가 된 궁궐의 잔해가 눈에 들어왔다. 그 순간 망국의 비애와 떠돌이 악극단원으로서의 서글픔이 교차했다.

그 후 전수린은 그때 느꼈던 허무한 감정을 떠올리며 멜로디를 오선지에 그려 넣었다. 그러자 전수린과 함께 만월대를 둘러본 왕평이 그 곡에 "황성 옛터에 밤이 되니/ 월색만 고요해…"로 시작하는 가사를 붙여 '황성의 적(跡)'이라는 제목을 달았다. 이렇게 완성된 노래는 나운규의 무성영화 '아리랑'에서 주인공 영희 역을 맡은 동방예술단 소속의 여배우 신일선에게 주어졌다. 신일선은 연극 막간 무대에 나가 '황성의 적'을 불렀다. 하지만 노래 임자는 따로 있었다. '황성의 적'으로 대중의 폭발적인 사랑을 끌어낸 이애리수(1910~2009)였다.

이애리수

그녀는 경기도 개성에서 태어나 9살 때 극단 신극좌에서 무대 인생을 시작했다. 이후 민중극단과 취성좌 등에서 활동하며 본명 대신 '앨리스'에서 따온 이애리수를 예명으로 사용했다. 이애리수가 극단 취성좌의 공연이 있던 서울 단성사 극장의 막간 무대에서 '황성의 적'을 부른 것은 1928년 가을이었다. 나라 잃은 설움을 담아 구슬프게 부르는 이애리수의 목소리가 극장에 울려 퍼지자 극장 안은 금세 숙연해졌고 관객은 흐느끼기 시작했다.

주로 배우로 활동하던 이애리수는 이 노래 한 곡으로 일약 스타 가수가 되었다. 막간에서 '황성의 적'을 부를 때면 공연장인 단성사는 연일 만원 사례 속에 함성과 박수로 들끓었다. 이애리수는 이후에도 취성좌의 각종 공연에 출연하는 한편 1930년 3월 기록상 공식 데뷔곡인 '정숙이와 월성이', '군밤타령' 등을 빅터레코드에서 취입했다. 1930년 12월에도 번안곡 '메리의 노래', 유행가 '부활' 등을 콜롬비아레코드에서 취입해 명성을 이어갔다. '황성의 적'은 1932년 3월 빅터레코드에서 음반으로 발매되어 당시로서는 경이적인 5만 장의 판매량을 기록했다.

'황성 옛터' 한 곡으로 일약 스타 가수 돼

언제부턴가 '황성 옛터'로 제목이 바뀐 '황성의 적'을 두고 일부 언론이 한국인 최초의 창작 가요라고 소개하고 있지만 이는 사실이 아니다. 한국인 최초의 창작 가요는 '황성 옛터' 음반보다 3년 앞선 1929년 콜롬비아레코드에서 발매된 김서정 작사·작곡의 '낙화유수'(일명 강남 달)이기 때문이다. 이정숙이 취입한 '낙화유수'는 1927년 제작된 동명의 무성영화 주제가로 처음 세상에 알려졌다.

따라서 '황성 옛터'는 국내 최초의 창작 대중가요라기보다 대중가요 전성시대를 만개시킨 최초의 히트곡으로 보아야 한다. 우리 귀에 익숙한 '희망가'나 '사의 찬미' 같은 노래들은 순수 창작 가요가 아니라 외국 번안곡이다.

'황성의 적'이 금지곡 처분을 받았다는 일부 언론 보도 역시 사실 확인이 필요하다. 즉 1935년 말까지 금지 처분을 받은 음반 목록에서 '황성의 적'을 찾아볼 수 없고 1938년에 '황성의 적' 음반이 재발매된 것으로 확인되고 있기 때문이다.

'황성 옛터'는 이후에도 수많은 가수에 의해 리메이크되었다. 남인수, 신카나리아, 김정구, 이미자, 조용필, 배호, 나훈아, 은방울자매, 윤복희, 박일남, 이은하, 한영애 등 한 시대를 풍미하는 가수들이 총망라되어 노래에 불멸의 생명력을 불어넣었다.

이애리수는 이렇게 당대 최고의 인기를 구가했으나 결혼 후 돌연 연예계를 떠나 팬들을 안타깝게 했다. 이애리수는 22세 때인 1932년 9월 연희전문생 배동필을 만나 서로 결혼을 약속했지만 배동필이 이미 결혼한 유부남인 데다 배동필 부친의 반대에 부닥쳐 결혼이 어렵게 되자 1933년 1월 9일 배동필과 함께 약을 먹고 동맥을 끊어 동반 자살을 기도했다가 겨우 목숨을 건진 적이 있다. 결국 배동필의 부친은 두 사람을 떼어놓을 수 없다는 것을 깨닫고 "결혼식은 하지 말고 연예인이라는 사실을 주변은 물론 자식들에게도 알리지 말라"는 조건을 내세워 결혼을 허락했다.

이렇게 살림을 시작한 이애리수는 1933년 초 발매된 '꽃각시 설움'을 마지막으로 음악 활동을 완전히 접었다. 그런데 2년쯤 뒤인 1935년 5월 19일 또다시 음독자살을 기도했다는 기사가 언론에 보도되면서 또 한 번 호사가들의 입에 오르내렸다. 수년 전 헤어진 배동필의 본처가 갑자기 집에 들이닥쳐 "죽어도 배씨 집안의 귀신이 되겠다"며 생떼를 쓰는 바람에 이미 2명의 딸까지 낳고도 또다시 약을 먹은 것이다.

이 보도 후 이애리수는 완전히 종적을 감췄다. 배동필의 부인 겸 2남 7녀의 어머니로 살던 그녀가 세상에 알려진 것은 70년도 더 지난 2008년 10월이었다. 그러나 그것도 잠시뿐 2009년 3월 99세로 눈을 감아 그동안의 행적도 함께 묻혔다.

만주국 건국과 부의 황제

1908년 2살 때 황제로 옹립되었다가 1912년 6살 때 황제 자리에서 쫓겨난 비운의 황제다.

1931년 9월 일본이 만주사변을 도발하자 국제연맹이 조사단을 구성했다. 1932년 2월부터 7월까지 일본과 중국에서 관련자들의 의견을 청취하는 등 적극적으로 조사했으나 만주에 주둔하고 있는 일본의 관동군은 아랑곳하지 않고 당초 계획대로 일본의 괴뢰정부인 '만주국'을 세우는 데 총력을 기울였다. 관동군이 만주국의 꼭두각시로 내세운 인물은 청조의 마지막 황제 부의(1906~1967)였다.

부의는 청조의 11대 광서제의 동생 순친왕 재풍의 아들로 태어나 2살 때이던 1908년 서태후에 의해 임종을 앞둔 광서제의 후계자로 지명됨으로써 황제(선통제)로 옹립되었다. 부의의 아버지와 광서제의 황후가 섭정을 하던 중 1912년 2월 당대의 군사 실력자 원세개가 임시대총통에 오르면서 부의는 황제 자리에서 쫓겨났다. 이로써 286년 간 이어져온 청조는 물론 2000년 이상 유지해온 중국의 황제 지배 체제도 무너졌다.

부의는 자금성에서 명목상의 황제로 지내다가 1917년 7월 왕정 복고를 꾀한 북양 군벌 장훈의 쿠데타 덕에 5년 만에 황제로 복위했다. 그러나 쿠데타는 '12일 천하'에 그쳤다. 부의가 일본과 구체적인 관계를 맺게 된 계기는 1923년 9월 일본의 관동대지진이었다. 부의가 의연금을 전달하고 일본 정부가 감사를 표시하면서 각별해졌다.

부의 황제

1924년 10월 만주 군벌 장작림의 봉천파와 오패부·풍옥상 등 직예파 두 군벌 사이에 일어난 이른바 '제2차 봉·직 전쟁'도 부의와 일제를 더욱 가깝게 했다. 봉직전쟁 승리로 북경을 차지한 풍옥상이 부의를 자금성에서 내쫓자 부의는 1924년 11월 북경의 일본공사관에 머물다가 1925년 2월 천진의 일본 조계지 내 장소로 옮겨 일본의 보호를 받으며 지냈다.

'오족협화', '왕도낙토' 등의 미사여구로 건국 이념 포장

일본이 만주사변 후 부의를 꼭두각시로 내세운 데는 그럴 수밖에 없는 이유가 있었다. 일본이 만주를 점령지로 삼게 되면 1922년 워싱턴 군축회의에서 체결된 9개국 조약에 위배되기 때문이다. 미국·영국·프랑스·일본·중국 등이 가입한 9개국 조약은 각국 해군의 감축에 관한 내용뿐 아니라 중국의 주권·독립·영토 보전에 관한 내용도 담겨 있었다. 이 조약 때문에 관동군은 만주를 직접 통치하기보다는 독립국가를 세워 중국의 행정적 지배로부터 완전히 분리하겠다는 차선책을 선택한 것이다.

더구나 부의가 청조 부흥의 환상에 젖어 있었기 때문에 호시탐탐 중국을 침략하려는 일본에는 이용 가치가 높은 최상의 상품이었다. 부의는 그를 끌어들이려는 일본의 초대를 받아 1932년 1월 8일 히로히토 천황과 함께 도쿄 교외의 요요기 연병장에서 거행된 관병식에도 참석했다. 그날 행사를 끝내고 돌아가는 히로히토의 마차를 향해 폭탄을 던진 이가 이봉창 열사다.

관동군은 만주국 수립을 일사천리로 진행했다. 1932년 2월 18일 장개석의 국민정부로부터 분리 독립을 선언하고 3월 1일 부의를 국가원수 격인 '집정'으로 내세워 만주국의 건국을 선언했다. 3월 9일에는 관동군 사령관과 만주철도 총재를 비롯해 만·한·몽·일·조선(滿·漢·蒙·日·朝鮮)의 5족 대표 200여 명이 참석한 집정 취임식을 신경(지금의 장춘)에서 열고 만주국 수립을 공식화했다. 관동군은 "종족 간의 구별을 없애고 국가 간의 싸움을 제거해 왕도낙토를 실현하자"며 건국 이념을 '오족협화', '왕도낙토' 등의 미사여구로 포장했다.

만주국은 중국의 요령성, 길림성, 흑룡강성, 내몽골 동부 지역, 열하성을 판도로 삼았고, 면적은 113만㎢(한반도의 6배)에 달했다. 1937년 한 통계에 따르면 당시 만주에 살고 있는 각 민족은 한족 81.6%(2,970만 명), 만주족 12.0%(435만 명), 몽고족 2.7%(98만 명), 조선인 2.6%(93만 명), 일본인 1.2%(42만 명), 유럽인 0.03%(1만 명) 등으로 분포되었다. 총인구는 3,639만 명이었다.

리턴 보고서는 1932년 10월 1일 국제연맹에 제출되었다. 일본의 만주사변 행위를 정당방위로 인정할 수 없고 만주국은 일본의 괴뢰정권이라는 게 요지였다. 일본은 조사 결과를 사전에 감지하고 1932년 9월 15일 '일만(日滿) 의정서'에 조인하는 것으로 만주국을 국가로 정식 승인했다. 외교적인 노력도 병행해 독일, 이탈리아, 교황청, 스페인, 헝가리, 폴란드 등으로부터 만주국 승인을 끌어냈다. 그러나 1933년 2월 25일 국제연맹이 리턴 보고서를 공식적으로 채택하자 이에 반발해 3월 27일 국제연맹에서 탈퇴했다.

관동군의 결정 사항 추인하는 허수아비

만주국은 1934년 3월 1일 제정(帝政)으로 바뀌고 부의는 집정에서 황제로 격상했다. 그렇다고 실질적으로 바뀐 것은 아무것도 없었다. 정치·군사적 실권은 여전히 관동군 손에 있었고 경제권은 그곳에 진출한 일본 기업들이 쥐고 있었기 때문이다.

당시 일본은 국제사회의 비난을 의식해 만주국이 마치 독립국가인 것처럼 위장하기 위해 황제, 국무원 총리, 각부 장관, 성장(省長), 현장(縣長) 등 중앙정부와 지방정부의 장, 만주국 군대나 경찰의 주요 보직에 다수 중국인을 앉혔다.

하지만 실질적으로는 만주국의 최고 통치권자인 관동군이 국정을 총괄하고 일본인으로 구성된 총무청이 중앙정부와 지방정부의 실권을 장악했다. 일본인은 만주국 권력의 핵심인 국무원·최고법원·최고검찰청 관리의 90%를 차지해 국정을 좌지우지했다. 만주국의 군인과 경찰도 그들이 지휘했다. 만주국 황제는 관동군과 총무청에서 결정한 사항을 추인하는 허수아비에 불과했다.

만주국 지도

만주국 수립 후 만주는 무서운 속도로 근대화되었다. 만주국은 인구 16만 명의 변두리 소읍에 불과했던 신경을 수도로 정하고 도시명은 신경특별시로 개칭했다. 일본 최고의 도시 건설 전문가들도 속속 만주로 건너와 프랑스 파리와 호주 캔버라의 도시계획을 모방하고 전원도시 운동의 주창자인 에버니저 하워드의 이론을 참고해 '대신경 도시계획'을 마련했다.

도로 시스템은 대형 로터리(회전교차로)를 중심으로 한 방사형으로 설계되었다. 도시 곳곳에는 대규모 녹지가 조성되어 녹색 도시로 이름난 미국 워싱턴의 녹지 면적을 능가했다. 도시 전체에는 상하수도 시스템을 완비하고 아시아 최초로 수세식 변기를 설치했다. 1940년대 초에는 중국 대륙 최초로 지하철 건설 계획을 세웠으나 1941년 12월 태평양전쟁의 발발로 착공하지는 못했다.

1932년 말 일본인 1만 8,000여 명, 조선인 4,000여 명, 중국인 14만 명을 포함해 16만 명이던 신경시 인구는 1939년 일본인 8만 9,000여 명, 조선인 1만 1,000여 명, 중국인 29만 3,000여 명 등 총 39만 여명으로 7년간 2배 이상 증가했다. 중화학과 군수공업단지 건설에 힘입어 1931년 2억 2,400만 엔이던 공업생산은 1943년 39억 3,600만 엔으로 뛰었다. 일본이 1930년대 세계를 휩쓴 대공황에서 빨리 벗어난 것도 만주 특수 덕분이었다.

만주국은 종전 후 남북한의 권력을 잉태한 공장

만주국은 1945년 일제의 패망과 함께 끝이 났지만 한일 양국에는 이후에도 많은 영향을 미쳤다. 1937년 '만주산업개발 5개년 계획'이 시행된 후 관료가 통제하는 경제는 종전 후 일본에 이식되어 관주도형 경제로 굳어졌다. 기시 노부스케로 대표되는 이른바 '만주 인맥'은 전후 일본 보수 정치의 한 축을 형성했다.

만주국은 종전 후 남북한의 권력을 잉태한 공장이기도 했다. 김일성, 김책, 최용건 등 북쪽 지도자들과 박정희, 정일권 등 남쪽 지도자들 모두 만주국의 질서에 저항 또는 순응하면서 성장했기 때문이다. 남한에서는 해방 후 만주군 출신의 만주 인맥이 한 축을 형성했다가 박정희가 대통령이 된 후에는 한국의 근대화 전개 과정에 깊숙이 관여했다. 만주국은 박정희의 국가주도형 개발 모델의 원형이었다.

만주는 '동양의 서부'로 불리며 당시 주변 여러 민족의 도피처 역할을 했다. 백계 러시아인들은 볼셰비키 혁명을 피해 만주로 숨어들었고 본국에서 차별을 받고 살아온 부락민 출신 일본인들은 만주에서 새로운 기회를 모색했다.

조선에는 만주 이민 열풍이 휘몰아쳤다. 총독부가 1936년 내놓은 '만주 집단이민 안(案)'이 열풍을 부추겼다. 1930년대 후반 경성역에는 개척민을 실은 북만주행 이민 열차가 거의 매일같이 지나갔다. 1932년 60만 명 정도이던 만주 거주 조선인 인구는 1942년 150만 명을 돌파했다. 10년 동안 2,400만 명 인구 중 100만 명이 빠져나갔으니 가히 '엑소더스'(대탈출)라 불릴 만했다. 조선에서 살 수 없어 떠난 방랑과 유랑의 길이었으나 척박하기는 만주도 마찬가지였다.

만주는 또한 조선의 망명객들에게는 독립운동의 전초기지였으며 조선의 엘리트에게는 재기의 무대였다. 최남선은 만주국의 친일지 '만몽일보'의 고문과 만주국의 엘리트 양성기관인 건국대 교수를 역임하고 염상섭은 친일 성향의 조선어신문 '만선일보' 편집국장으로 활동했다. 시인 백석 역시 1939년 만주국 국무원 경제부에서 근무했다.

만주국은 1945년 8월 소련의 참전으로 관동군이 괴멸되고 8월 17일 부의가 소련군에 체포된 후 저절로 소멸했다. 부의는 1946년 도쿄에서 열린 극동군사재판 때 증인으로 출석하고 1950년 중국으로 압송되어 전범관리소에 수감되었다. 1959년 모택동의 특별사면령으로 풀려난 뒤에는 식물원에서 정원사로 일하다가 1967년 10월 사망했다.

올더스 헉슬리 '멋진 신세계' 출간

'멋진 신세계'를 기점으로 파괴적 회의주의자에서 건설적 도덕론자로 변신한다.

올더스 헉슬리(1894~1963)는 백과사전적 박학다식을 발휘하며 30권의 책을 펴낸 소설가이자 문명비평가였다. 저서나 작품은 풍자가 번뜩이고 지식이 심오한 게 특징이다. 중반기까지는 과학기술의 발달과 인간의 오만으로 인한 인류의 파멸을 예고하는 예언자적 작품이 많았으나 후반기에는 동양정신과 신비주의 등에 천착했다.

헉슬리는 영국의 저명한 과학자 가문과 문학가 집안의 혈통을 갖고 태

올더스 헉슬리

어났다. 할아버지 토머스 헉슬리는 다윈의 진화론을 발전시킨 저명한 과학자였다. 형 줄리언 헉슬리는 생물학자로, 동생 제임스 헉슬리는 의사이자 정신병리학자로 유명했다. 이복동생 앤드루 헉슬리도 노벨상 생리·의학상을 수상(1963)한 세계적인 생리학자였다. 어머니는 옥스퍼드대 영문학과를 졸업한 시인으로 영국의 유명 시인이자 문예비평가인 매슈 아널드의 질녀였다. 종교와 사회문제를 대담한 소설로 묘사한 햄프리 워드 부인도 헉슬리의 외척이다.

헉슬리는 이러한 지적 환경 속에서 태어나 이튼스쿨을 졸업하고 옥스퍼드대 의대에 입학했다. 하지만 1911년 각막염 수술을 받은 후 눈이 극도로 나빠져 1916년 영문학으로 전공을 바꿨다. 14살 때 경험한 어머니의 죽음(1908)과 둘째 형 노엘 헉슬리의 자살(1914)에 이어 시력상실의 충격까지 더해지자 내면 세계로 침잠했다.

'불타는 수레바퀴'(1916) 등 몇 권의 시집을 냈으나 첫 장편소설 '크롬 옐로'(1921)가 호평을 받자 소설가로 일생을 보내기로 결심했다. '크롬 옐로'는 1차대전 후 지식층에 만연한 혼란과 퇴폐를 풍자적이고 파괴적인 필치로 묘사한 작품이다. 이후 1차대전 후 방황하는 지식인과 유한부인을 그린 '어릿광대의 춤'(1923), 1920년대 지식인들의 모습을 풍자적으로 묘사한 '연애대위법'(1928)을 출간함으로써 1920년대 영국의 대표 소설가로 자리매김했다. 그리고 마침내 1932년 '멋진 신세계'를 출간함으로써 20세기를 대표하는 세계적인 소설가 반열에 올랐다.

'멋진 신세계'는 과학의 무한 발전이 인간의 안락과 사회 안정을 보장하기는커녕 종국에는 인간의 가치와 존엄성을 상실하게 한다는 비극적 상황을 풍자한 반유토피아 소설이다. '멋진 신세계'의 의도는 과학과 진보에 대한 맹신과 인간의 욕심이 결국 유토피아가 아니라 유토피아의 반대 개념인 디스토피아를 낳을 수 있다는 경고였다. 고도로 발달한 기계문명을 1920~1930년대에 대두된 전체주의적 정치 체제와 연결했다는 점에서는 17년 후 등장할 조지 오웰의 '1984년'을 연상시켰다.

과학과 진보에 대한 맹신과 인간의 욕심에 대한 경고

'멋진 신세계' 제목은 셰익스피어의 '템페스트' 제5막 1장에 나오는 "오, 인간은 얼마나 아름다운가! 이런 사람들이 모여 사는 멋진 신세계여!"에서 땄다. 시대 배경은 '포드 기원' 632년의 영국 런던이다. '포드 기원'은 미국의 자동차회사 포드사가 컨베이어 벨트를 이용해 'T형 자동차'를 대량생산하기 시작한 서기 1913년을 원년으로 삼는다. 따라서 AD로 말하면 2540년이다.

그런데 헉슬리는 '멋진 신세계'를 기점으로 파괴적 회의주의자에서 건설적 도덕론자로 변신한다. '가자에서 눈이 멀어'(1936)를 후기 도덕가적 경향을 띤 첫 작품으로 꼽는다면 '멋진 신세계'는 헉슬리 인생의 전기와 후기의 가교적이고 과도기적 작품이다. 헉슬리는 1937년 거의 실명상태에서 미국으로 건너가 주로 캘리포니아주에 살면서 작품 활동을 했다.

1944년에는 가톨릭 신비주의와 불교·힌두교의 종교적 체험에 몰두하면서 부정과 비리에 대한 불교적 해석을 모색한 '시간은 멈추어야 한다'를 발표하고, 1949년에는 과학과 전쟁에 의해 황폐해진 인간세계를 동물세계에 빗대 풍자한 '원숭이와 본질'을 발표했다. 점차 궁극적인 실체란 무엇인가에 빠져들면서 1953년 환각제 메스칼린을 복용하고 이후 총 10년에 걸쳐 10번의 환각 세계를 경험했다.

이때의 환각 체험을 소설로 쓴 '지각의 문'(1954), '천국과 지옥'(1956) 등은 당대에 '사이키델릭 문화의 고전', '히피의 경전'으로 칭송받았다. '신비주의자', '약물 옹호자'라는 비판이 가해졌으나 일부 젊은이는 '지각의 문'을 하나의 교조로 받아들였다. 유명 록그룹 '도어스(Doors)'도 '지각의 문'에서 딴 이름이다. 1962년 헉슬리는 '멋진 신세계'와는 달리 과학에 지배되지 않는 자연 그대로의 유토피아 소설 '섬'을 남겼다.

그리고 1963년 11월 22일, LSD 복용으로 환각에 빠져 있는 상태에서 부인이 읽어주는 시를 들으며 마지막 길을 떠났다. 그의 부인이 쓴 '영원한 순간'에는 헉슬리의 마지막 순간이 기록되어 있다. 마지막 날 헉슬리는 2시간 간격으로 두 차례 LSD 주사를 놓았다. 그리고 오후 5시 20분 평화롭게 사망했다. 다만 5시간 전 피살된 존 F. 케네디 대통령의 죽음에 가려 널리 알려지지는 않았다.

1933년

한글맞춤법 통일안 발표
지청천과 대전자령 전투
_ 홍사익
여성 독립군 남자현 순국
방응모 조선일보 인수
윤석중 우리나라 최초 창작동시집 출간
유치진 원작 '토막' 초연
고유섭 개성박물관장 취임
백남운 '조선사회경제사' 출간
아돌프 히틀러 독일 총리 취임
_ 베를린 국회의사당 방화사건
파울 괴벨스 나치 선전부 장관 취임
프랭클린 루스벨트 대통령 취임과 뉴딜 정책
_ 엘리너 루스벨트
앙드레 말로 '인간의 조건' 출간
오청원과 신포석 바둑
_ 기타니 미노루
_ 혼인보 슈사이
에드윈 암스트롱 FM 방식 특허 취득과 자살

한글맞춤법 통일안 발표

사전 편찬을 앞두고 터진 조선어학회 사건으로 관련자들이 줄줄이 구속되고 사전 원고는 압수되었다.

주시경이 작고(1914)한 뒤에도 주시경의 후학들은 '조선언문회'를 중심으로 한글 연구와 보급을 계속했다. 주시경이 살아 있을 때만큼 활발하지는 않았으나 국내는 물론 해외에서도 각자의 역할에 충실했다.

국내에서는 1921년 12월 '조선어연구회'를 발족시켜 한글날인 '가갸날'을 제정(1926.11)하고 동인지 형식의 '한글'(1927.2)을 발행하는 등 왕성한 활동을 펼쳤다. 해외에서는 김두봉이 1919년 망명한 상해에서 자신의 문법서를 고쳐 쓰고, 최현배가 일본에서 교육학을 전공하면서 가로 풀어쓰기 등의 어문 표준화에 심혈을 기울였다. 이윤재는 중국의 문자 개혁 운동에 관한 정보를 중국에서 국내로 소개했다.

국내외 활동은 마침내 조선어사전 편찬으로 뜻이 모아져 1929년 10월 31일 '조선어사전편찬회'가 발족되었다. 이윤재, 최현배, 안재홍, 이광수, 이희승, 정인보, 조만식, 주요한 등 각계 인사 108명이 사전편찬회 발기인으로 이름을 올리고 독일에서 유학하고 돌아온 이극로가 회장 격인 간사장을 맡았다. 조선어사전편찬회와 조선어연구회는 참여 인사가 상당 부분 중복되긴 했지만 별개의 조직이었기 때문에 초기에는 각각의 역할을 분담했다. 어휘 수집 및 주해와 편집 등은 사전편찬회가 맡고 맞춤법 통일과 표준어 사정은 연구회가 담당했다.

표준어 원칙의 기본 뼈대는 '대체로 현재 중류사회에서 쓰는 서울말로 한다'로 결정되었다. 1912년 4월 조선총독부가 발표한 '보통학교용 언문철자법'에서 경성말(서울말)을 표준어의 기준으로 삼고 있었고, 당시 신문

조선어학회 회원들(1935)

들도 대체로 서울말을 사용했기 때문이다.

문제는 '중류사회'라는 규정이었다. 당시 중류 계층 이상에서 사용하는 말 대부분은 한문화한 반면 노동자·농민 계층의 말에는 고유어가 많이 남아 있는 현실에서 '중류사회'의 말을 표준어로 삼는다는 것은 한문 중심의 문화를 탈피하고 고유어 중심의 새로운 문화를 세우고자 했던 조선어학회의 당초 취지에 어긋나기 때문이다. 그래도 딱히 대안이 없어 '중류사회'를 표준어의 주요 기준으로 삼았다.

문제는 또 있었다. 표준어의 기준을 '중류사회의 서울말'로 정하다보니 다수 방언을 표준어에서 탈락시킨 것이다. 이 때문에 전국적으로 산재한 수많은 방언을 서울 지역 혹은 중류 계층의 말로 대체해버린 것은 결과적으로 표준화 과정의 폭력성을 드러낸 것이라는 지적이 훗날 제기되었다.

표준어 원칙의 기본 뼈대는 중류사회에서 쓰는 서울말

맞춤법을 통일하는 데 최대 난관은 철자법이었다. 그때까지는 발음 위주의 철자법이 대세였다. 구한말부터 쓰여온 성경 철자법도, 1912년 조선총독부가 공식 발표한 '보통학교용 언문 철자법'도 소리 나는대로 적는 표음주의를 채택하고 있었다. 당시 '보통학교용 언문 철자법'은 아래아(·)를 폐지하고 ㄱ, ㄴ, ㄹ, ㅁ, ㅂ, ㅅ, ㅇ, ㄺ, ㄻ, ㄼ 등 10개의 받침만 인정했다. 그래도 아래아(·)는 한동안 계속 사용되었다.

조선총독부는 1921년 철자법을 개정해 '보통학교용 언문 철자법 대요'

를 발표했으나 이 철자법 역시 표음주의 철자법에서 크게 벗어나지 않았다. 이는 주시경과 조선어연구회가 줄곧 주장해온 형태주의 철자법과는 거리가 멀었다.

표음주의 표기는 '일그니', '놉고'처럼 소리 나는 대로 쓰기 때문에 편리하다는 것을 장점으로 내세웠다. 반면 형태주의 표기는 '읽고(일꼬)' '읽는(잉는)' '읽어(일거)'의 '읽-'과 '읽으니'의 '읽-'이 동일한 형태이고 '사랑이'의 '이'가 '이를 닦다'의 '이'임을 분명히 해 의미 파악이 쉽다는 것을 장점으로 내세웠다.

이런 상황에서 조선어연구회는 조선총독부의 표음주의 철자법을 그대로 따를 수도, 그렇다고 총독부의 방침을 무시해가며 자신들의 형태주의 철자법을 고집할 수도 없었다. 결국 조선어연구회가 선택할 수 있는 길은 자신들이 연구해온 철자법을 조선총독부의 공식 철자법으로 인정하게 하는 것이었다. 조선어연구회 측이 형태주의 철자법을 관철하려면 이미 '연철(이어 쓰기)은 모두 소리 나는 대로 적는다'는 원칙을 공표하고 있는 조선총독부를 설득하는 것이 무엇보다 중요했다. 마침 조선총독부도 철자법을 개정할 생각을 하고 있었다.

총독부는 1928년 9월부터 1929년 1월까지 1차 조사위원회를 열어 개정 철자법 원안을 작성했다. 조선어연구회는 1929년 5월부터 7월까지 활동한 2차 조사위원회에 조직적으로 참여해 자신들의 뜻을 관철하려는 노력을 기울였다. 이러한 노력 덕에 1930년 2월 조선총독부 학무국이 개정·발표한 '개정 언문 철자법'에는 주시경 학파의 의견이 상당 부분 반영되었다.

'언문 철자법'은 첫째, 된소리는 'ㅺ, ㅼ, ㅽ, ㅾ' 등을 버리고, 'ㄲ, ㄸ, ㅃ, ㅆ, ㅉ'과 같은 각자병서(各自竝書)를 쓰도록 했다. 둘째, 종래의 받침 10개에 'ㄷ, ㅌ, ㅈ, ㅊ, ㅍ, ㄲ, ㄳ, ㄵ, ㄾ, ㄿ, ㅄ'의 11개를 합해 21개를

쓰도록 했다. 다만 'ㅋ, ㅎ, ㄶ, ㅀ' 등이 받침에서 제외된 것은 주시경 학파의 뜻과는 배치되는 결정이었다.

방언을 표준어에서 탈락시킨 것은 문제

이후 조선어연구회는 조선총독부의 철자법과 별개로 1930년 12월 13일 총회의 결의로 '한글맞춤법 통일안'을 제정하기로 하고 이희승 등 12명에게 원안 작성을 의뢰했다. 1931년 1월 조선어학회로 명칭을 바꾼 조선어연구회가 맞춤법의 원안을 완성한 것은 1932년 12월이었다. 이를 토대로 한 최종안은 1933년 1월 초까지 제1독회, 7월 말부터 8월 초까지 제2독회를 마친 후 완성되었다.

3년간 125차례나 회의를 거듭한 끝에 최종적으로 완성된 '한글마춤법 통일안'(발표 당시는 '맞춤법'이 아니라 '마춤법')이 세상에 공표된 것은 1933년 10월 29일이었다. 주권이 상실된 일제 치하에서 그것도 민간단체의 힘으로 민족 어문 표준화의 기틀을 세웠다는 우리 문화사의 찬연한 한 페이지를 장식한 쾌거였다. 한글맞춤법은 총론에서 1.표준말을 그 소리대로 적되, 어법에 맞도록 함을 원칙으로 삼는다. 2.표준말은 대체로 현재 중류사회에서 쓰는 서울말로 한다. 3.문장의 각 단어는 띄어 쓰되 토는 그 웃말(앞말)에 붙여 쓴다로 정의했다.

한글맞춤법을 통일하는 과정에서 옛 철자법을 지지하는 국내 지식인들의 반발도 만만치 않았다. 특히 박승빈을 중심으로 한 정음파의 반발은 집요하고 거셌다. 박승빈은 법률 문장의 국어화에 기여할 목적으로 대한제국 시절부터 우리말 연구에 전념해온 조선 법조계의 원로였다. 그는 민족 계몽과 학술 연구를 목적으로 1918년 1월 창립된 '계명구락부'의 창립 멤버로 활동했다.

문일평, 박승빈, 오세창, 윤치호, 이능화, 최남선 등의 주도로 출범한

계명구락부에는 변호사, 사업가, 의사 등 식민지의 상류층 인사들이 회원으로 가입해 활동했다. 이들 구성원은 대체로 일제의 조선 지배를 현실로 받아들이면서 경제적 불평등 등 민족 차별적 정책에 대해서만 불만을 품고 있던 부르주아 그룹이었다.

맞춤법 통일의 최대 난관은 철자법

계명구락부는 1921년 창간한 기관지 '계명'을 통해 민족 어문의 표준화 문제를 논의했다. 1921년 2월 5일에는 1,000명 가까운 청중이 모인 자리에서 박승빈을 연사로 내세워 강연회를 열었다. 박승빈은 사회 변천에 순응하려면 몇 가지의 언어 관습을 고쳐야 한다고 강연했다. 아동 상호 간에 경어(하오)를 쓰게 할 것, 한자의 훈독을 허락할 것, 언문 사용의 법칙을 정리할 것 등이 요지였다. 언문 사용의 법칙으로는, 새 말을 만들지 말고 고유어를 중시하고 경성어에 국한하지 말고 지방어를 받아들여야 한다는 것 등을 내세웠다.

1921년 12월 발족한 '조선어연구회'도 겉으로는 '조선어의 정확한 법리를 연구함을 목적으로 한다'고 표방했지만 사실 그 동기는 박승빈 학파에 맞서 주시경 학파를 결속한다는 의도도 있었다. 계명구락부는 1927년 광문회의 사전 원고를 입수해 최남선의 책임 아래 편찬 작업을 시작했다. 집필은 최남선이 역사·지리·제도·종교·철학 등에 관한 용어, 정인보가 한자 용어, 이윤재가 고어, 변영로가 외래어 등을 맡는 것으로 분담했다.

이들은 1년 동안 10만 개의 어휘를 모아 카드 작업을 했으나 2년도 지나지 않아 편찬 사업에서 중도하차하는 사람들이 생겨났다. 결국 변영로, 정인보, 최남선 등이 실무에서 물러나고 이윤재, 한징마저 1929년 출범한 조선어사전편찬회로 옮기면서 편찬 사업은 실질적으로 중단되었다.

이런 가운데 조선총독부가 주시경의 뜻이 상당 부분 반영된 '언문 철자법 개정안'을 1930년 2월 확정 발표하고 주시경 학파인 조선어연구회가 1930년 12월 '한글맞춤법 통일안' 원안을 작성하기 시작하자 박승빈은 1931년 12월 법조인, 교육자, 국어학자로 구성된 '조선어학연구회'를 결성해 옛 철자법을 따를 것을 주장하며 논쟁에 불을 붙였다. 이것이 계기가 되어 어문학계는 일찍이 유례가 없는 논쟁의 소용돌이 속에 휘말려들었다.

논쟁의 핵심은 형태주의 표기법을 선택할 것인가 아니면 소리 나는 대로 표기하는 표음주의 표기법을 선택할 것인가 아니면 양자를 절충할 것인가의 문제였다. 철자법 논쟁이 지식인뿐만 아니라 일반 대중의 관심을 끌 만큼 치열해지자 동아일보는 1932년 11월 조선어 철자법 토론회를 개최하고 이를 지상 중계했다. 대립과 갈등의 골은 깊었지만 결국 대세는 조선어학회 쪽이었다. 결정적인 계기는 당대 조선 문학계를 대표하는 78명의 작가가 1934년 7월 9일에 발표한 조선어학회 지지 선언이었다.

조선어학회 사건으로 사전 편찬 못해

한글맞춤법 제정에 이어 중요한 작업은 표준어를 조사하고 결정하는 사정 작업이었다. 표준어 사정에 따라 마련된 어휘집을 놓고 1차(1935.1), 2차(1935.8), 3차(1936.7) 독회를 거쳐 사전에 수록할 어휘가 최종 확정되었다. 조선어학회와 사전편찬회는 교육계, 종교계, 언론계 명사 130명이 참석한 가운데 1936년 10월 28일 서울 인사동 천향원에서 '사정한 조선어 표준말 모음'을 발표했다. 사정된 어휘 수는 표준어 6,231개를 포함해 총 9,547개에 불과했지만 맞춤법과 표준어에 준거한 최초의 어휘들이었기 때문에 다른 사전의 등대 역할을 하는 데는 손색이 없었다.

사전 편찬에 필요한 또 하나의 기초 작업은 외래어 표기법을 제정하는 일이었다. 외래어 표기법 제정은 1931년 1월 각계 권위자 45명으로 구성된 '외래어 표기법 및 부수 문제 협의회'의 결의에 따라 조선어학회에서 책임을 맡아 진행했다.

8년 동안의 연구와 심의를 거듭한 끝에 1938년 가을에 이르러 외래어 표기법, 일본어음 표기법, 한국어음 로마자 표기법, 한국어음 만국 음성 기호 표기법에 대한 원안이 만들어졌다. 이를 각계 인사 300여 명에게 보내 비평과 수정을 받은 뒤 1940년 6월 25일 '외래어 표기법 통일안'을 발표함으로써 조선어사전을 편찬할 수 있는 모든 준비를 마칠 수 있었다.

마지막 작업으로 사전만 편찬하면 되었으나 1938년 4월 일제의 제3차 조선교육령 개정으로 조선어를 교육 과정에서 선택과목으로 추방하고 1940년 2월 창씨개명을 강요하면서 시기가 불투명해졌다. 더구나 일제는 1941년 3월 '조선 사상범 예방구금령'을 발동하면서 조선어학회에도 탄압의 손길을 뻗쳤다. 결국 사전 편찬을 앞두고 1942년 10월에 터진 조선어학회 사건으로 관련자들이 줄줄이 구속되었고 사전 원고는 압수되었다. 발간이 중단된 사전은 해방 후인 1947년 제1권이 나오고 1957년이 되어서야 마지막 6권이 나왔다.

지청천과 대전자령 전투

우리 국회에서 3개 이름을 사용한 경우는 지청천이 유일하다.

1920년대 말 중국 만주의 정세가 급박해졌다. 1928년 6월 친일 만주 군벌 장작림이 일본 관동군의 음모로 폭살된 후 아들 장학량이 항일을 다짐하자 관동군이 만주를 직접 통치할 구실을 찾으면서 전쟁 발발의 위기가 고조되었기 때문이다.

갑작스러운 사태 전개에 만주를 거점으로 활동하던 우리 민족운동 진

지청천

영의 독립운동가들도 사태를 주시하며 대동단결을 위한 조직 결성에 박차를 가했다. 그 무렵 민족운동 진영의 결집을 촉발한 또 다른 요인은 민족운동 진영 내부로 침투한 공산주의 세력의 파괴 공작이었다.

공산주의 세력에 대응하기 위해 북만주 지역에서는 1929년 7월 김좌진 등 신민부 군정파가 재만 무정부주의자들과 연합, 한족총연합회를 결성했다. 하지만 김좌진이 1930년 1월 14일 공산주의 청년에게 피살되자 한족총연합회는 다른 민족진영 독립운동가들과 또 다시 세를 규합해 1930년 7월 한국독립당을 창당했다. 홍진을 중앙위원장으로 추대하고 지청천을 군사위원장으로 선임한 한국독립당은 1931년 9월 일제가 만주사변을 일으키자 그해 11월 만주 내 한인 청장년들에게 총동원령을 내리고 산하 군사 조직으로 '한국독립군'을 창설, 지청천을 총사령관으로 임명했다.

지청천(1888~1957)은 서울에서 태어나 배재학당을 거쳐 1908년 대한제국 육군무관학교에 입학했다. 육군무관학교는 1907년 8월 일제가 대한제국 군대를 강제해산할 때 폐교를 면하고 축소된 형태로 운영되다가 1909년 8월 문을 닫았다. 다만 대한제국과 일본의 양국 정부가 1~2학년 재학생 전원을 국비 유학생 자격으로 일본의 군사교육 기관에 위탁하기로 해 지청천 등 40여 명은 1909년 9월 일본으로 건너갔다.

이들은 일본에서 중앙유년학교 과정을 마치고 1912년 12월 육군사관학교 제26기생으로 입교했다. 지청천은 1914년 여름 육사를 졸업하고 그해 12월 육군 소위로 임관했다. 홍사익(일본군 중장), 신태영(국방부 장관), 이응준(대한민국 초대 육군 참모총장), 조철호(한국 보이스카우트 창설자) 등 동기 13명도 함께 임관했다.

지청천은 일본 장교 출신의 독립운동가

지청천은 일본 본토에서 중위로 활동하던 1919년 3·1 운동이 일어나자 독립군이 활동하는 만주로 가기 위해 꾀를 부렸다. 매일 술을 마시고 식사를 걸러 목에서 피가 나오는 급성폐렴에 걸린 것으로 가장해 1년간의 임시 귀국을 허락받아 1919년 5월 귀국한 것이다.

지청천은 국내에서 기회를 엿보다가 자신과 같은 목적으로 먼저 서울에 와 있는 일본 육사 3년 선배 김광서와 함께 1919년 6월 6일 서울을 떠나 중국 만주로 탈출했다. 지청천은 압록강을 건너면서 본명인 지대형을 이청천으로 바꾸었다. 이후 일제하 언론에서는 이청천으로 소개되었지만 본고에서는 해방 후 이청천이 자신의 이름을 지청천으로 공식 개칭했기 때문에 지청천으로 통일한다.

지청천은 길림성 유하현 고산자에 있는 신흥무관학교에서 교관으로 활동하다가 1919년 11월 서간도의 한족회가 결성한 서로군정서의 사령관으로 추대되었다. 1920년 가을 일제가 간도 독립군 토벌 작전을 전개할 때는 서로군정서 대원들을 이끌고 길림성 안도현 삼림 지역으로 이동했다. 그곳에서 김좌진의 북로군정서군, 홍범도의 대한독립군 등과 함께 청산리 전투에서 큰 전과를 거뒀다.

전투 후 세 부대를 주축으로 결성한 대한독립군단에서는 여단장 겸 부사령관을 맡았다. 대한독립군단은 1921년 1월 일본의 추격을 피해 흑룡강을 건너 러시아령 자유시로 들어갔으나 1921년 4월 수백 명의 항일 전사들이 죽임을 당하는 '자유시 참변'을 겪었다. 지청천도 체포되어 10여 일 동안 모진 고문을 받고 풀려나 남만주로 돌아왔다.

지청천은 1924년 11월 남만주 일대의 독립운동 단체들이 조직한 '정의부' 군사위원장 겸 산하 의용군 총사령관으로 선임되었다. 1928년 12월에는 정의부의 김동삼 계열, 신민부 군정파의 김좌진, 참의부의 김승학 등과 함께 '혁신의회(군민의회)'를 조직해 군사위원으로 활동하다가 1931년 11월 한국독립군의 총사령관으로 선임되었다. 하지만 한국독립군은 무기와 군량 부족으로 전투다운 전투를 하지 못했다. 이를 해결하기 위해 중국 측 항일군과 연합작전을 모색했다.

쌍성보 전투, 독립군 사기 높이고 재만 한인들의 항일 의식 고취해

한국독립군은 1932년 만주 내 중국인들이 조직한 길림자위군, 길림구국군, 중국구국군 등과 함께 한·중 연합전선을 구축, 만주 내 일본군과 만주국 군대를 상대로 전투를 벌였다. 그중 대표적인 전투 중 하나가 쌍성보 전투다.

쌍성보는 신경(장춘)~하얼빈 간 철도에 위치한 곳으로 길림성과 흑룡강성의 물산이 모이는 전략적 요충지였다. 만주국의 초비단 부대 3,000여 명과 소수의 일본군이 지키고 있어 수비가 견고했지만 한중 연합군은 1932년 9월 20일(음력 8월 15일) 세 방향에서 공격을 개시했다. 길림자위군은 동문과 남문, 길림자위군 산하의 고봉림 부대와 한국독립군은 서문을 공격했다. 한중 연합군은 밤 8시부터 2시간에 걸친 치열한 공방전 끝에 다수의 적을 살상하고 쌍성보를 점령했다. 수개월간 사용할 수 있는 무기와 식량 등 상당량의 군수물자도 노획했다.

대전자령 전투와 쌍성보 전투 지역

그러나 며칠 뒤 일본·만주 연합부대의 반격으로 쌍성보는 다시 적의 수중으로 들어갔다.

한중 연합군은 전열을 가다듬어 11월 17일 오후 6시 2차 공세를 펼쳐 일본군 1개 중대를 거의 궤멸시키고 만주군 일부를 포로로 잡았다. 하지만 이번에도 전투기까지 동원한 일본군의 대대적인 반격으로 11월 21일 쌍성보를 다시 일본군에 내주었다.

결국 쌍성보를 확보하진 못했지만 쌍성보 전투는 한국독립군 전체의 사기를 높이고 재만 한인들의 항일 의식을 크게 고취했다. 한국독립군은 1933년에도 경박호 전투(2월), 사도하자 전투(4월), 동경성 전투(6월) 등에서 일본군에 타격을 가했으나 점령지를 계속 방어하지 못해 삼림지대로 후퇴했다.

대전자령 전투는 청산리 전투와 함께 '2대 대첩'

한국독립군이 길림성 왕청현의 노송령을 넘어 1933년 6월 동서검자에 이르렀을 때 왕청현 대전자(나자구)에 주둔하고 있던 일본군 제19사단(조선주둔군)의 간도파견군이 조선으로 철수한다는 정보가 입수되었다. 한중 연합군은 신속하게 대전자령 서쪽 화개산을 우회해 일본군의 통과 예상 지점인 대전자령의 양편 산허리에 매복했다.

대전자령은 40리나 되는 길다란 협곡이 '을(乙)자' 모양으로 굽고 양쪽에는 높이가 수백m나 되는 험준한 절벽과 울창한 삼림지대를 이루고 있어 매복에 유리했다. 500여 명의 한국독립군과 2,000여 명의 길림구국군이 투입된 한중 연합작전에서 한국독립군은 전위부대로 나섰다. 일본군 역시 보병부대, 기관총대, 기병대 등으로 구성된 1,600여 명의 대부대였다.

6월 30일 일본군이 대전자령을 넘어 후미가 거의 산 중턱에 다다랐을 때 한중 연합군의 총구에서 불이 뿜어 나왔다. 4~5시간에 걸친 치열한 전투 끝에 일본군은 130여 명의 사상자를 내고 박격포, 소총 등 막대한 군수물자를 버린 채 도주했다. 이 노획물은 우리나라 독립 전투 사상 최대 전과였다. 일본군은 대전자령 계곡에서 겨우 빠져나왔으나 화피전자 동쪽에서 또다시 400여 명의 한중 연합군의 공격을 받아 큰 피해를 보고 7월 5일 가까스로 포위망에서 벗어났다. 한국 독립운동사가 '대전자령 전투'를 김좌진·홍범도의 '청산리 전투'와 더불어 일제하 '2대 대첩'으로 기록하고 있어 지청천은 2대 대첩에서 모두 활약한 유일한 독립운동가로 이름을 올렸다. 한중 연합군은 1933년 9월에도 군사적 요충지인 흑룡강성 동녕현성을 공격했으나 그때는 성공하지 못해 수십 명이 전사하고 지청천은 부상했다.

당시 한중 연합군 안에는 한국인·중국인 공산주의자도 다수 있었다. 이들은 부대 안에서 공산화 공작을 진행하면서 지청천더러 한국독립군을 해체하고 길림구국군에 합류하라고 요구했다. 지청천은 거절했다. 여기에 대전자령 전투 후 군수물자를 분배하는 과정에서 야기된 한·중 간의 갈등까지 더해지면서 감정의 골이 더욱 깊어졌다. 결국 중국인 부대는 1933년 10월 한국독립군 사령부를 기습적으로 포위해 지청천 총사령관 등 330여 명을 구금하고 전원 무장해제했다. 나머지 대원들은 현장에서 도망을 쳐 한국독립군에서 이탈했다.

다행히 10월 초 구금된 대원들이 풀려나고 무기도 되찾았지만 다수 부대원이 흩어진 데다 중국군에 대한 배신감이 깊어져 더 이상 공동보조를 취하지 않고 독자적으로 행동했다. 문제는 만주에서 공산주의 세력이 증대되어 재건이 쉽지 않았다는 점이다. 게다가 대전자령 전투에서 대패한 일본군까지 대대적으로 토벌을 시작하면서 독자 생존의 여지가 희박해졌다.

해방 조국에서도 청년 단체들을 통합하는 데 관심 쏟아

한국독립군이 이처럼 곤경에 처해 있을 때 대한민국 임시정부에서 활동하는 김구의 밀사가 지청천을 찾아왔다. 밀사는 임시정부가 중국 본토에 위치한 하남성 낙양에 군관학교를 세울 계획이니 한국독립군 대원들이 중국 본토로 이동해 달라는 김구의 요청을 전달했다. 한국독립군은 내부 논의 결과 중국 본토로 이동하자는 대원들과 산속으로 들어가 장기 항전을 벌이자는 대원들로 갈라졌다.

지청천은 한국독립당 위원장 홍진을 비롯해 40여 명의 동지와 함께 1933년 11월 중국 낙양으로 이동해 1934년 2월 개교한 중앙육군군관학교 낙양분교의 한인특별반 교관으로 부임했다. 이런 상황에서 조선혁명군을 이끌며 만주에서 활동하던 양세봉까지 1934년 9월 20일 일본군의 밀정에게 사살되면서 민족진영의 한중 연합전선은 사실상 막을 내렸다. 낙양의 한인훈련반 훈련생은 김구의 임시정부계, 의열단의 김원봉계, 한국독립군 출신들로 채워졌다.

지청천과 함께 중국 본토로 이동한 한국독립당 세력은 한국혁명당과 통합한 신한독립당을 1934년 3월 결성했다. 신한독립당(지청천)은 김원봉(의열단)의 주도로 1935년 7월 남경에서 결성한 '조선민족혁명당'에 한국독립당(조소앙), 조선혁명당(최동오), 대한독립당(김규식) 등과 함께 합류했다. 지청천은 김원봉, 김두봉, 김규식 등과 함께 중앙집행위원으로 추대되고 군사부 부장으로 선임되었다. 하지만 김원봉과 갈등을 빚자 1937년 3월 김원봉과 결별했다. 조소앙도 민족혁명당을 떠났다.

1937년 7월 중일전쟁이 발발하자 민족주의자 그룹은 김구의 한국국민당을 중심으로 '한국광복운동단체연합회'(광선)를 1937년 8월 결성하고 임시정부 재건에 착수했다. 임시정부는 1940년 8월 한국광복군 총사령부를 조직해 지청천을 총사령, 이범석을 참모장으로 임명했다.

지청천은 해방 후 개인 자격의 귀국을 거부하고 한국광복군을 공식적으로 귀국시킬 계획을 추진했다. 중국 각지에 산재해 있는 한인 청년들을 광복군으로 흡수해 광복군의 조직과 세력을 확대하는 데도 신경을 썼다.

그러나 재정 문제, 한인 무장 단체에 대한 국민당 정부의 불신, 미군의 개별 입국 방침 등의 반대로 단체 입국은 성사되지 못했다. 결국 지청천은 개인 자격으로 1947년 4월 22일 귀국했다.

지청천은 해방 조국에서도 청년 단체들을 통합하는 데 관심을 쏟았다. 그 결과물이 1947년 9월 결성한 대동청년단이다. 대한민국 창군을 위한 준비 작업으로 남한 내 주요 지역에 훈련소도 개설했으나 미 군정의 반대로 실현되지는 못했다.

지청천은 1948년 5월 제헌 의원을 뽑는 초대 총선에 출마, 전국 최다 득표로 당선되었다. 1948년 12월 이청천에서 지대형으로 복명한다고 발표하고도 국회에서는 지대형과 이청천을 병용했다. 그러다가 제2대 국회에서 지청천으로 다시 개명, 우리 국회에서 3개 이름을 사용한 유일한 인물로 기록되었다. 1957년 1월 세상을 떠났다.

홍사익

홍사익(1887~1946)은 경기도 안성에서 태어나 1907년 9월 육군무관학교에 입학했다. 육군무관학교가 폐교된 후 지청천 등과 함께 1909년 9월 일본으로 건너가 중앙유년학교에 입학했다. 그러던 중 1910년 8월 한일합방이 공표되자 진로를 모색하기 위한 육사 선후배 모임이 도쿄 아오야마 공동묘지에서 열렸다. 아직 육사에 입학하지 않은 홍사익과 지청천은 물론 육사 생도이던 김광서도 참석했다.

"당장 때려치우고 귀국하자"는 비분강개의 목소리와 "힘이 있어야 독립도 하는 것"이라는 반대 목소리가 갑론을박했으나 결국에는 "실력을 쌓고 은인자중하다가 기회를 보아 일을 도모하자"는 대망론으로 결론을 낸 뒤 '아오야마 맹세'를 하고 흩어졌다. 하지만 몇몇 학생은 망국의 수모를 못 참겠다며 보따리를 싸고 귀국했다. 일본에 남아 중앙유년학교를 졸업한 학생 중 홍사익과 지청천 등 13명은 육군사관학교 제26기, 22명은 제27

기로 입학했다. 김광서는 육군무관학교와 무관하게 사비로 입학한 23기였다. 홍사익은 1914년 5월 지청천과 함께 육사를 졸업하고 그해 12월 육군 소위로 임관해 엘리트 코스인 도쿄 제1사단 제1연대에 배속되었다.

홍사익

1920년 12월에는 고급장교 자리가 보장되는 일본육군대학에 입학(35기)하고 3년 후 졸업했다. 일제 강점기 육군대학에 입학한 조선인은 영친왕, 이건, 이우, 홍사익 4명뿐이었다. 평민 출신으로는 홍사익이 유일했다.

재판 중 증언 거부하고 시종일관 침묵 지켜

육군대학을 졸업한 홍사익의 앞날에는 거칠 것이 없었다. 조선인이라는 불리한 여건에도 불구하고 육군 소령(1929), 관동군사령부 산하 만주군 고문(1933), 육군보병학교 교관(1936) 등을 거치며 승승장구했다. 지휘관으로 부임할 때마다 "나는 조선인이다. 지금부터 천황 폐하의 명령에 따라 지휘권을 갖는다"고 연설, 일본군의 기를 꺾어놓았다.

1937년 12월에는 중국 전선의 중지나 파견군사령부에 배속되고 1941년 3월에는 육군 소장으로 진급해 중국 화북 일대에 주둔 중인 북지나군 여단장으로 부임했다. 당시 그의 부대 앞에서는 조선의용군 화북지대가 항일 투쟁을 전개하고 있었다. 그 무렵 지청천이 사람을 보내 광복군으로 오라는 뜻을 전했지만 홍사익은 응하지 않았다. 창씨개명은 하지 않고 홍사익의 일본식 발음인 '고 시요쿠'로 자신을 소개했다.

홍사익은 1944년 3월 필리핀에 주둔한 일본 남방군 총사령부의 병참총감에 임명되어 연합군 포로수용소장을 겸직하면서 미군 포로와 민간인 억류자를 감시했다. 이 과정에서 제네바협정이 금지한 비행장 건설에 포로를 동원하고 죽음의 행군으로 내몰았다. 육군 중장으로 진급한 1944년 10월 미군이 필리핀 마닐라에 상륙했다. 홍사익은 북부 루손 섬 산악 지대에서 항전을 펼치다가 1945년 8월 패전을 맞아 항복했다.

이후 B급 전범으로 기소되어 마닐라 국제군사법정에서 재판을 받았다. 재판 중 홍사익은 증언을 거부하고 시종일관 침묵을 지켰다. 죄량이나 죄질을 약화할 수 있는 그 어떤 발언과 진술도 하지 않았다. 결국 1946년 4월 18일 사형을 선고받고 9월 26일 교수형에 처해졌다. 교수대에 오르면서 입회 목사에게 구약 시편 51편을 읽어 달라고 요청한 게 이승에서의 마지막 말이었다. 시체는 소각되어 바다에 뿌려졌다.

여성 독립군 남자현 순국

남자 못지않은 배짱과 용기를 갖춰 만주 독립운동에서는 없어선 안 될 존재로 인정받았다.

1920~1930년대 만주 항일 무장투쟁의 대표적인 여성 독립군을 꼽으라면 단연 남자현(1872~1933)이다. 몸소 의열 활동에 나선 것은 물론 독립군의 병 간호, 독립 지도자들의 옥바라지, 군자금 조달, 여성 계몽을 위한 여성단체 조직 등 그의 손길이 닿지 않은 곳이 없었다. 가정을 지키다가 47세라는 늦은 나이에 독립운동에 뛰어들었는데도 남자 못지않은 배짱과 용기를 갖춰 그 무렵의 만주 독립운동에서는 없어선 안 될 존재로 인정받았다.

남자현은 경북 영양의 양반집에서 태어났다. 부친은 한학자이자 많은 제자를 교육시킨 훈장이었으며 민족교육에 역점을 둔 우국지사였다. 그의 제자 70여 명이 후일 의병운동에 참가했다는 사실만 보아도 그의 민족교육이 얼마나 철저했는지를 미뤄 짐작할 수 있다.

남자현은 이런 부친의 가르침을 받은 후 19세 되던 1891년 아버지의 제자와 백년가약을 맺었다. 그러나 남편이 명성황후 시해에 항의하는 을미의병에 가담했다가 1896년 7월 경북 진보의 홍구동전투에서 전사해 홀로되었다.

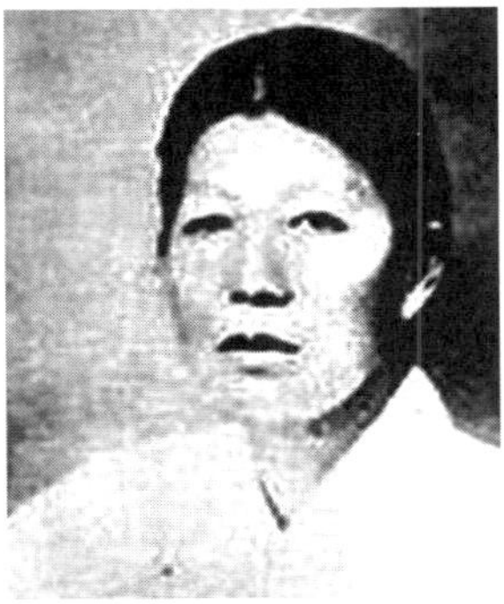
남자현

어떻게든 남편의 원수를 갚으려 했으나 3대 독자인 유복자 아들을 키우고 시어머니를 봉양해야 하는 현실을 외면할 수 없었다. 결국 남편의 죽음은 가슴에 묻고 육아와 시어머니 공양에 정성을 쏟아 경북 진보에서 효부 표창을 받기까지 했다. 1907년 대한제국 군대가 해산되어 남자현의 아버지가 궐기하자 남자현은 아버지를 돕기 위해 일본군의 동태를 파악하고 정보를 수집하거나 적의 후방을 교란시키는 등 남성도 하기 힘든 일을 맡아 의병전쟁에 앞장섰다.

만주 항일 무장투쟁의 대표적인 여성 독립군

47세 때 맞은 3·1 만세운동은 남자현 인생의 분기점이었다. 1919년 2월 말, 남자현은 서울의 한 여성동지에게서 만세 사실이 있을 것이라는 비밀 연락을 받고 서울로 올라와 3·1 운동에 적극적으로 참여했다. 열흘 정도 서울에서 활동하다가 3월 9일 아들 부부와 함께 압록강을 건너 중국 요령성 통화현으로 이주했다. 그에 앞서 기독교로 개종했다. 40대 후반이라는 적지 않은 나이에 사대부 집안의 며느리가 항일 무장투쟁을 위해 만주행을 자처한 것은 당시로서는 가히 혁명적인 일이었다.

남자현은 독립군의 뒷바라지를 하고 북만주 일대 농촌을 누비며 10여 개의 교회를 건립해 독립운동의 근거지로 활용했다. 여성 계몽에도 힘써 20여 곳의 여자교육회를 설립하고 여권 신장과 민족의식 고취에 나섰다.

조선에 잠입, 군자금을 모아오기도 했다. 1926년 4월 사이토 마코토 조선 총독을 암살할 목적으로 권총 1자루와 탄환 8발을 갖고서 서울에 잠입해 거사를 추진했으나 삼엄한 경계로 뜻을 이루지 못하고 발걸음을 되돌렸다.

1927년 2월 길림성에서 민족 장래에 대한 강연회를 열던 안창호 등 수십 명이 중국 헌병에 체포되어 일제에 넘어갈 위기에 놓였을 때는 구명운동을 벌이며 안창호가 석방될 때까지 옥바라지를 했다.

1931년 9월 만주사변을 일으킨 일제가 요령성·길림성에까지 침략의 손길을 뻗쳐 남자현을 후원하던 김동삼을 체포했다. 남자현은 친척으로 위장해 면회를 다니며 김동삼의 지시 내용을 동지들에게 전달하는 연락책 역할을 했다. 김동삼이 국내로 호송될 때는 구출을 위해 치밀한 계획을 세웠으나 불발로 끝났다. 이런 그에게 "독립군의 어머니"라는 칭호가 붙었다.

옥중에서 혹독한 고문 버티고 14일 동안 단식투쟁 벌여

만주사변에 대한 국제적 비난 여론이 커지자 1932년 국제연맹이 현장 조사단을 파견하기로 했다는 소식이 전해졌다. 우리 민족의 독립 의지를 전달할 수 있는 호기라고 생각한 남자현은 1932년 9월 하얼빈에 도착할 예정인 국제연맹 조사단장 리턴에게 일제의 만행을 직접 호소할 목적으로 9월 17일 왼쪽 약손가락 두 마디를 잘랐다. 그리고 '조선독립원(願)'이라고 혈서로 쓴 흰 손수건에 손가락을 싸서 리턴에게 전달하기 위해 안간힘을 썼다. 하지만 경계가 삼엄해 조사단에는 직접 보내지 못하고 인력거꾼에게 수고비를 주며 리턴 측에 전해 달라고 맡겼다. 그러나 중국인은 무명지를 전달하지 않았다.

1933년 3월 1일은 만주국 건국일이었다. 남자현은 '일제의 심장에 일격을 가한다'는 비장한 각오로 만주국 일본전권대사를 처단하려고 2월 27일거지로 변장해 권총 1정과 탄환, 폭탄 등을 몸에 숨기고 하얼빈에서 신경(현재의 장춘)으로 가기 위해 집을 나섰다. 하지만 미행하던 일제 형사에게 하얼빈 거리에서 붙잡혔다. 항상 죽은 남편의 피묻은 의병 옷을 갖고 다니며 남편의 원수를 갚겠다는 일편단심으로 14년간 동분서주했으나 끝내 결실을 보지 못하고 영어의 몸이 되었다.

남자현은 상상도 못할 초인적인 정신력으로 6개월 동안 하얼빈 감옥에서 일경의 혹독한 고문을 버티다가 옥중에서 죽기로 결심하고 8월 6일부터 14일 동안 단식투쟁을 벌였다. 결국 사경에 이르러 보석으로 풀려났으나 모진 고문과 옥중 생활로 몸은 망가질 대로 망가진 뒤였다. 병원에서 치료를 받고 하얼빈에 있는 여관에서 휴식을 취했으나 고문 후유증을 끝내 이기지 못하고 1933년 8월 22일 61세로 세상을 떠났다.

죽기 전 아들과 손자를 불러 249원 80전을 건네며 "200원은 나라가 독립이 되면 독립 축하금으로 바쳐라. 남은 돈 중에서 49원 80전의 절반은 손자 공부시키는 데 쓰거나 친정에 있는 증손자에게 주어라"고 당부한 뒤 눈을 감았다.

방응모 조선일보 인수

주요한과 조병옥은 조선일보의 정상화를 위해 불철주야 노력했다.

1930년대에 들어 조선일보의 경영 상태는 말이 아니었다. 사원들은 월급을 받지 못할 때가 많았다. 신석우 사장은 다급할 때마다 미곡상 임경래에게 손을 내밀었다. 이렇게 빌린 사채가 상환되지 않고 쌓이자 1930년 가을 임경래가 "빌린 돈을 전부 갚으라"며 "돈을 갚지 못하면 조선일보 판권을 저당 잡히라"고 요구했다.

방응모

결국 신석우는 빚을 갚으면 되돌려 받는다는 조건으로 발행인 변경 서류에 서명했다. 사원들은 신석우 사장이 임경래의 사채를 쓴 것을 알고 신석우를 성토하며 퇴진을 요구했다. 결국 신석우는 1931년 5월 물러났고 부사장 겸 주필 안재홍이 사장으로 취임했다.

경영 상태는 여전히 나아지지 않았다. 경영진의 교체에도 채무 변제가 계속 지연되자 임경래는 보관만 하겠다던 발행인 변경 서류를 총독부에 제출해 1932년 6월 1일 조선일보의 판권을 인수하고 자신을 발행인 겸 편집인으로 이름을 올렸다. 사원들은 조선일보를 도둑맞았다고 분노하며 "발행인 명의가 안재홍으로 환원될 때까지 신문을 낼 수 없다"며 신문 제작을 거부했다.

신석우 전 사장과 최선익 전 영업국장도 거들었다. 당시 조선일보의 견지동 사옥은 최선익 명의로 되어 있었고 인쇄 시설은 신석우 소유였다. 이들이 사옥과 인쇄 시설을 임경래에게 내주지 않자 임경래는 몇몇 기자를 꼬드겨 명동의 임시 사무소에서 독자적으로 신문을 발행했다. 그러나 수지 타산도 맞지 않고 비난 여론 속에 실속 없이 신문을 계속 낼 수 없어 1932년 7월 말까지 한 달 보름가량 신문을 내다 휴간에 들어갔다.

그 무렵 신간회 민중대회 사건으로 2년여 간 옥고를 치른 영업국장 조병옥이 1932년 2월 출옥했다. 조선일보가 고리대금업자의 손으로 넘어가느냐, 민족 진영의 신문으로 남을 것이냐의 갈림길에서 조병옥은 편집국장 주요한과 함께 임경래를 만나 1932년 8월 3만 원에 판권을 인수하기로 했다. 다만 당장에는 돈이 없어 먼저 2,500원을 내고 나머지는 추후 지불한다는 조건을 달아 운영권을 받아냈다. 임경래의 '발행인 겸 편집인' 명의는 돈을 완전히 지불할 때까지 그대로 두기로 했다.

방응모는 당시 서울에서는 잘 알려지지 않은 인물

신임 사장으로 추대된 조만식은 속간호가 발행된 1932년 11월 23일 사장으로 취임했다. 주요한과 조병옥은 조선일보의 정상화를 위해 불철주야 노력하는 한편 평북 정주 출신의 금광왕 방응모(1884~1950)를 수차례 찾아가 조선일보 인수를 요청했다. 조만식 사장 역시 자신이 오산학교 교장 시절부터 알고 지내던 방응모에게 신문사 인수를 권했다.

방응모는 당시 서울 사회에는 잘 알려지지 않은 인물이었다. 비록 정규 교육을 받지는 못했지만 18세 때 서당 훈장을 할 만큼 한학에도 소양이 있었다. 신문과의 관계라곤 1922년부터 5년간 동아일보 정주지국을 운영한 경력이 전부였다. 1920년대 초반부터 이승훈, 조만식 등과 '오산학교 부흥 운동'과 '민립대학 설립 운동'에 적극 참여하긴 했으나 서울의 중앙 무대와는 여전히 거리가 있었다. 다만 1924년 맨손으로 평북 삭주 교동의 폐광을 뚫기 시작해 3년 만에 금맥을 발견, 일확천금한 입지전적인 인물로만 알려졌다.

방응모의 광산은 1930년대 초반 종업원 1,000여 명을 거느린 국내 굴지의 광산으로 성장했다. 방응모는 이렇게 번 돈으로 고향 정주에 소학교와 병원을 세우고 장학회를 운영하는 등 공익사업을 펼쳤다. 그는 대학을 설립하겠다는 꿈을 갖고 있었다. 그런데 신문사를 인수하라는 요청이 들어와 당혹스러웠다. 당시 신문사는 워낙 수익이 없어 밑 빠진 독에 물을 붓는 자선사업 정도로 인식되고 있었다.

방응모는 고민 끝에 조선일보를 인수하기로 하고 금광을 팔았다. 신문사 인수 대금으로 총 50만 원을 납입하고 1933년 3월 22일 조선일보 경영권을 인수했다. 이틀날 조만식은 사장에 그대로 두고 자신은 부사장에 취임했다. 당시 방응모가 금광을 매각해 받은 135만 원은 조선에서 세 번째 부자에 해당되는 거금이었다. 5만 원이면 여의도의 1.5배만 한 땅을 살

수 있었다. 방응모는 매각 대금 중 35만 원은 금광 청산 대금으로, 50만 원은 조선일보 인수에 썼다. 나머지 50만 원은 육영 사업과 조림·간척 사업을 펼치는 데 썼다.

조선일보, 방응모 인수 후 성장의 질주 시작해

흥미로운 것은 조선프롤레타리아예술가동맹(카프) 결성에 주도적 역할을 하고 사회부장으로 재직하던 김기진이 금광왕 방응모가 조선일보를 인수하자 "금전꾼 밑에서 기자노릇 못하겠다"며 사표를 던지고 스스로 노다지를 캐내 신문사를 차리겠다며 평남 안주로 금광을 찾아나선 것이다. 김기진은 그러나 금맥은커녕 금싸라기 한 톨 나오지 않아 잔뜩 손해만 본 채 서울로 돌아왔다.

김기진은 이후에도 정어리 투기, 주식 투기 등 돈이 될 만한 사업이라면 물불을 가리지 않고 뛰어들었다. 생계를 위해 총독부 어용신문인 '매일신보' 사회부장으로 재직하던 1930년대 후반의 5년 동안은 오후에는 신문사 일을 하고 오전에는 명치정 주식중매점에 나가 주식을 사고파는 이른바 '투잡족'으로 살았다.

조선일보 인수 후 방응모는 국내 언론 사상 첫 혁신호 100만 부(12면)를 1933년 4월 26일자로 발행하며 조선일보의 부흥을 알렸다. 이광수와 서춘을 동아일보에서 스카우트해 부사장과 주필로 기용, 새 진용을 짰고 1933년 7월 19일 자신이 조선일보 제9대 사장으로 취임했다.

이후 조선일보는 신문사의 면모를 일신하고 성장의 질주를 시작했다. 이왕직으로부터 사들인 서울 태평로 1가 1,400평에 4층 신사옥 건물을 1936년 7월에 낙성한 것은 조선일보 태평로 시대의 신호탄이었다. 이 신사옥은 당시 화신백화점과 함께 서울의 대표적인 건물로 각광받았다.

방응모가 가장 중점을 둔 것은 당연히 신문이었지만 육영과 조림·간척 사업에도 상당한 힘을 기울였다. 경기도 화성군 팔탄면에 1935년부터 2년에 걸쳐 우리나라 최초로 바다를 메운 97만 평의 농장을 마련하고 함경남도 영흥군의 3,240만 평 땅에 1936년부터 10년 동안 해마다 100만 그루의 나무를 심어 국유림 조림 사업을 벌인 것은 민족의 먼 앞날을 내다본 선구적인 안목이었다.

인재 양성에도 남다른 열정 쏟아

방응모는 조만식, 홍명희, 한용운 등과도 관계가 긴밀했다. 한용운을 위해 지금의 성북동 언덕에 '심우장'이라는 기와집 한 채를 지어준 일은 유명한 일화다. "총독부를 마주하기 싫으니 남향으로 하지 말고 북향으로 지으라"는 한용운의 청에 따라 심우장은 북쪽을 향해 지어졌다. 한용운은 방응모의 배려에 감사하는 마음으로 1935년 4월부터 조선일보에 장편 '흑풍'을 연재했다. 1939년 2월부터도 '삼국지'를 번역·연재해 조선일보의 성가를 높이는 데 큰 도움을 주었다. 1940년 8월 조선일보가 강제 폐간될 때 '신문이 폐간되다/ 붓이 꺾이어 모든 일이 끝나니…'로 시작하는 시를 남긴 것도 한용운이었다.

홍명희에게는 한동안 연재되다가 중단한 장편 역사소설 '임꺽정'의 연재를 계속하도록 종용하며 원고료와 생활비를 듬뿍 지원해 한국 문학 사상 불후의 대하 역사소설을 낳게 했다. 방응모는 안창호, 김구 등과도 각별했다. 수양동우회 사건으로 투옥된 안창호가 병 보석으로 풀려나 병원에 입원했을 때 선뜻 500원을 내주었으며 해방 후에는 김구가 이끌던 한국독립당의 재정부장을 맡아 김구와 보조를 맞췄다.

방응모는 인재 양성에도 남다른 열정을 쏟았다. 시인 김기림과 백석, 국어학자 방종현, 경제사학자 고승제, 아동문학가 윤석중, 문학평론가 이원조, 좌파 철학자 박치우, 김일성대 교수를 지낸 홍명희 아들 홍기문, 전

문교장관 민관식, 전 재무장관 황종률 등이 방응모에게서 장학금을 받은 유력 인사들이다.

방응모는 6·25 전쟁 발발 직후인 1950년 7월 6일 납북되었다. 전쟁이 일어난 후 가족이 피란을 종용할 때마다 "내가 문화 사업을 했고 육영사업을 했는데 공산당이라고 나를 해칠 리가 있나?"라며 피란을 떠나지 않았다. 그러나 납북 당일 인민군 대여섯 명이 자택에 들이닥친 후 방응모의 행적은 확인되지 않고 있다.

방응모는 후사가 없어 금광을 뚫기 시작할 무렵인 1924년 8월 친형 방응곤의 둘째 아들 방재윤을 양자로 들였다. 방재윤은 함남 영흥의 조림사업을 총괄하다가 1940년 4월 식중독으로 사망했다. 방응모 납북 후 조선일보를 이끌어 온 방일영과 방우영은 방재윤의 두 아들이고, 방상훈 현 사장은 방일영의 장남이다.

윤석중 우리나라 최초 창작 동시집 출간

"동시의 역사가 사라졌다", "한국 동요의 아버지, 동심 속에 잠들다"라며 그의 죽음을 애도했다.

윤석중(1911~2003)은 우리나라 아동문학과 동의어다. 우리나라 최초의 동시집을 펴낸 '한국 아동문학의 아버지'였으며 1,000여 편의 동시·동요를 짓고 20여 권의 동요·동시·동화집을 펴낸 '한국 아동문학의 대명사'였다.

윤석중은 서울에서 태어나 2살 때 어머니가 세상을 떠나고 계모가 들어와 외가집에서 자랐다. 계모가 낳은 자식까지 합하면 형제·자매가 11명이나 되는데도 모두 어려서 죽고 윤석중만 홀로 남았다. 외할머니의 말라붙은 젖꼭지를 만지며 커서 그런지 그는 엄마의 자장가를 들으며 잠자는 아이들이 그렇게 부러울 수가 없었다. 윤석중은 교동공립보통학생 시절 '하루(봄)'라는 일본 노래를 처음 배웠다. 우리말로 '봄'이라는 단어가 있는데도 일본말로 봄을 노래해야 하는 사실이 이해가 되지 않았다.

윤석중

13살이던 1924년 윤석중은 '하루'라는 일본 동요에 맞서 우리말 동요 '봄'을 지어 '신소년'지에 투고·입선했다. 1925년 동아일보 신춘문예에 투고한 동화극 '올빼미 눈'이 가작으로 당선되고 같은 해 '어린이'지에 투고한 "책상 위에 오뚜기 우습구나야…"로 시작하는 동요 '오뚜기'가 입선하면서 '학생 문사'로 필명을 날렸다. 1926년 8월 국산품 애용운동을 펼치던 조선물산장려회가 전국적으로 실시한 물산장려가 공모에도 1등으로 당선, '어린이'지에 천재 소년으로 소개되었다.

윤석중은 자신감이 생기자 본격적으로 동요 창작을 시작하고 '꽃밭사', '기쁨사', '굴렁쇠' 등 동요 동인 활동을 펼쳤다. 윤석중이 동요를 지을 때 가장 중시한 기준은 '밝은 노래'였다. 당시는 일제 치하였던 탓에 동요 대부분이 한숨과 눈물투성이였다.

1932년 7월 윤석중은 자신의 첫 작품이자 우리나라 최초의 창작 동요집인 '윤석중 동요집'을 펴냈다. 윤극영, 박태준, 정순철, 현제명, 홍난파 등이 곡을 붙이고 이상범 등이 삽화를 그린 동요집에는 '엄마 앞에서 짝짜꿍', '오뚜기', '퐁당퐁당', '우산 셋이 나란히', '고추 먹고 맴맴', '낮에 나온 반달' 등 40편의 동요가 실렸다. 1933년 5월에는 우리나라 최초의 창작 동시집 '잃어버린 댕기'를 발간, 우리나라 아동문학의 뿌리를 착근시켰다.

한국 아동문학의 아버지이자 대명사

윤석중은 1933년 방정환이 발간하던 '어린이'지의 주간을 맡아 사회생활을 시작했다. 그러나 '어린이'지가 재정난에 시달리다 1934년 7월 폐간되자 조선중앙일보로 옮겨 '소년중앙'의 주간을 맡았다. 조선중앙일보마저 1936년 9월 '일장기 말소사건'으로 폐간되자 1936년 말 조선일보 출판국으로 옮겼다. 윤석중의 업무는 주간신문 '소년조선일보'와 월간잡지 '소년'을 창간·출판하는 일이었다. 소년조선일보는 1937년 1월 10일, '소년'은 1937년 4월 첫선을 보였다. 윤석중은 매주 소년조선일보를 만들고 매달 '소년'을 편집하는 일로 휴일에도 쉬지 않고 출근했다.

어느 겨울날 윤석중은 방응모 조선일보 사장으로부터 "학비를 대줄 테니 일본에서 공부를 하고 오라"는 믿기지 않는 격려를 받았다. 윤석중은 양정고보 중퇴 학력이 전부였다. 양정고보 졸업을 서 너 달 앞두었을 무렵인 1929년 11월 3일 광주학생운동이 일어나 졸업을 하지 못했기 때문이다. 당시 양정고보 학생들이 항의 시위를 벌이려 할 때 졸업을 앞둔 몇몇 동급생은 "졸업장을 못 받으면 어쩌냐"며 가담하지 않았다.

그러나 윤석중은 "그깟 졸업장이 대수냐"며 책상을 박차고 나와 다시는 학교로 돌아가지 않았다. 윤석중은 '자퇴생의 수기'라는 글을 써서 중외일보에 투고했다. 이 일로 학교는 발칵 뒤집히고 중외일보는 압수당하는 등 한바탕 소동이 벌어졌다. 윤석중은 1987년 자퇴 57년 만에 양정고에서 명예 졸업장을 받았다.

윤석중은 1939년 4월부터 일본 조치대 신문과에서 공부했다. 대학 졸업 후 1944년 징용 영장이 나오자 징용을 피해 조선으로 숨었다. 그때 부산~서울을 완행열차로 올라오면서 지은 동요가 '기찻길 옆 오막살이'다. 또한 국내 이곳저곳에 숨어 있다가 해방이 되었을 때 지은 동요가 "새 나라의 어린이는 일찍 일어납니다…"로 시작하는 '새 나라의 어린이'다.

1946년에는 1937년부터 9년간 중단된 '어린이날'을 5월 5일로 정하는 데 힘을 보태고 "날아라 새들아 푸른 벌판을…"으로 시작하는 '어린이날 노래'를 지었다. "빛나는 졸업장을 타신 언니께…"로 시작하는 '졸업식 노래'(정순철 곡) 역시 그의 노래다. '어린이날 노래'는 원래 안기영이 작곡했으나 그의 월북으로 노래를 부를 수 없게 되자 윤극영이 다시 작곡한 노래가 현재 불리고 있다.

1956년 1월 3일 새싹회를 창립하고 새싹회가 주관하는 '소파상'(1957), '장한 어머니상'(1961), '새싹 문화상'(1973)을 제정했다. 2003년 12월 9일 눈을 감았을 때 언론은 "동요 할아버지가 하늘 소풍을 떠났다", "동시의 역사가 사라졌다", "한국 동요의 아버지, 동심 속에 잠들다"라며 그의 죽음을 애도했다.

유치진 원작 '토막' 초연

50~60대 원숙기에 창작의 붓을 꺾은 것은 우리 연극계에 큰 손실이었다.

유치진(1905~1974)은 소설의 이광수와 비견되는 연극계의 다빈치적인 인물이다. 우리 근대 연극사에서 유치진만큼 희곡 창작, 연기, 연출, 교육, 극장 운영 등에서 폭넓게 활동한 연극인은 없다. 특히 그는 극작가가 부족하던 일제하 연극계에서 일찍부터 창작극을 쓰고 무대에 올려 근대적 희곡과 연극을 이 땅에 정착시킨 선구자였다.

유치진은 경남 통영에서 태어났다. 부산체신기술양성소를 거쳐 통영우편국 직원으로 근무하다가 1920년 5월 일본으로 건너가 이듬해 중학 2학년에 편입했다. 1923년 9월의 도쿄대지진은 인생에 중대한 전환점이 되었다. 동족이 피살되는 참상을 목격하고 그 자신도 죽을 고비를 넘기면서

유치진

민족애를 자각한 것이다. 도쿄대지진 때 그에게는 로맹 롤랑의 '민중예술론'이라는 책이 있었다. "민중극이란 민중의 고통, 불안, 희망, 투쟁을 한곳에 모은 것이고 무지한 민중을 계몽하는 수단으로서는 연극이 가장 빠르고 효과적"이라는 구절을 읽고 연극을 일생의 업으로 삼겠다고 다짐했다.

1924년 중학교를 졸업한 뒤 소극장을 드나들거나 행장극장을 따라다니며 2년 동안 연극을 배웠다. 행장극장이란 러시아혁명 당시 청년들이 시작한 연극 브나로드 운동의 일종이다. 1926년 릿교대 예과를 거쳐 1927년 영문과에 입학한 유치진이 대학 시절 심취한 것은 아일랜드 극작가의 반항적 리얼리즘이었다. 영국의 식민통치 하에서 드라마를 통해 민족의 아픔과 분노를 드러내는 그들에게 동병상련을 느낀 것이다.

유치진은 1931년 대학을 졸업하고 귀국, 그해 7월 8일 발족한 '극예술연구회'(극연)에 참여했다. 유치진을 비롯해 홍해성, 서항석, 윤백남, 김진섭, 이헌구, 정인섭, 함대훈 등 12명이 동인으로 참여한 극예술연구회는 1932년 5월 창립 작품으로 홍해성이 연출한 고골리의 '검찰관'을 공연해 성공을 거두었다.

극연은 1933년 2월 9~10일 이틀간 유치진 원작 '토막'을 무대에 올려 다시 한 번 성가를 높였다. '토막'은 '문예월간' 1931년 12월호와 1932년 1월호에 연재된 유치진의 처녀작이자 대표작으로, 식민지 농촌에서 뿌리가 뽑힌 유랑민인 토막민(움집에서 사는 사람)들의 가난하고 비참한 삶을 다룬 작품이다. '토막'에 이어 유치진이 쓴 '버드나무 선 동리 풍경'(1933.11)과 '소'(1935.1)도 극연 무대에 올려졌는데 흔히 '농촌극 3부작'으로 불리는 이 작품들은 일제의 토지 수탈과 착취에 따른 이농 문제 등 당시 조선의 비극적 상황을 정공법으로 묘사한 초창기 리얼리즘극의 최고봉으로 평가받고 있다.

근대적 희곡과 연극을 이 땅에 정착시킨 선구자

작품에 변화가 생긴 것은 1935년이었다. 피압박 민족의 대변자라는 사명감을 품고 어두운 현실을 격렬하게 폭로하던 그가 예봉을 슬그머니 꺾고 '리얼리즘에 입각한 로맨티시즘'이라는 자기 합리화의 명분을 내걸고 사랑과 역사 속으로 도피한 것이다. 물론 그 시기 작가 대부분이 유치진과 비슷한 궤적을 밟긴 했지만 그래도 치열한 현실 인식과 뛰어난 재능을 갖춘 유치진이었기에 특히 안타깝게 받아들여졌다. 극연은 1938년 4월 전문 극단인 '극연좌'로 개편되었다가 1939년 5월 강제 해산되었다.

유치진은 1940년 12월 관제 연극단체 조선연극협회의 이사로 이름을 올리고 1941년 3월 총독부의 주도로 설립된 '현대극장'의 대표가 되어 친일 연극에 앞장섰다. 현대극장은 1941년 6월 유치진 작 '흑룡강'을 창립 공연작으로 무대에 올렸다. '흑룡강'은 일본의 만주 침략을 긍정적으로 묘사한 이를테면 친일 연극이었다. 유치진은 '흑룡강' 말고도 '북진대'(1942.4), '대추나무'(1942.10) 등의 친일 연극을 현대극장 무대에 올려 훗날 자전에서 술회했듯 "이루 형용할 길 없는 치욕의 나날"을 보냈다.

해방 후 유치진은 수개월 동안 은거했으나 좌우익으로 첨예하게 대립하고 있는 상황에서 우익 연극계가 그를 가만히 놔두지 않았다. 유치진은 우익 민족진영의 막후 리더로 활동하면서 이해랑·김동원 등과 함께 좌익 극단들에 대항할 수 있는 '극예술협회'를 발족시키고 한동안 중단한 작품 활동을 재개해 애국심을 고취하는 시대극을 발표했다. 다만 '농촌 3부작'이 보여준 암울한 리얼리즘으로는 회귀하지 않고 일제 말에 보여준 계몽

사극을 답습했다.

좌우 갈등이 어느 정도 매듭지어진 1949년 10월 국립극장 초대 극장장에 임명되자 시공관을 수리해 1950년 4월 29일 국립극장을 개관하고 4월 30일 자신의 '원술랑'을 개관 첫 작품으로 무대에 올려 큰 성공을 거뒀다. 6·25 전쟁 발발 후에는 창작 활동에 전념했다. 그 시기에 쓴 작품들은 반공을 기저로 한 동족상잔의 비극과 사랑을 통한 구원의 추구를 주제로 삼았다.

평소 현대적인 극장을 갖는 게 꿈이던 그는 1950년대 후반부터 '드라마센터'의 개관과 운영에 몰두했다. 1958년 8월 한국연극연구소를 설립해 초대 이사장에 취임하고 1962년 4월 국내 최초의 현대적 극장인 드라마센터 극장을 개관했으나 행정과 교육에 몰입할수록 극작가 유치진의 존재는 미미해졌다. 그런 점에서 50~60대 원숙기에 창작의 붓을 꺾은 것은 우리 연극계에 큰 손실이었다. 대신 그는 1962년 9월 설립한 한국연극아카데미와 1964년 3월 문을 연 서울연극학교(현재의 서울예술대)를 통해 한국 대중문화에 깊은 발자취를 남겼다.

고유섭 개성박물관장 취임

순수 조선인의 관점에서 우리 미술의 고유성과 예술성을 밝히는 데 진력했다.

오늘날 한국의 미학과 미술사학을 구성하는 여러 줄기의 물길은 1930년대에 미술사를 처음 개척한 고유섭(1905~1944)을 수원지로 하고 있다. 고유섭이 39년의 짧은 생을 살면서 남긴 150여 편의 논문과 글은 그의 관심사가 조선미술의 통사뿐만 아니라 회화, 탑파(塔婆), 고려청자, 건축, 금석학 등 미술사 전반에 뻗어 있음을 확인시켜주고 있다. 그런 점에서 그는 척박한 한국 미술사학계의 앞날을 밝혀준 횃불과도 같은 존재였다.

고유섭

고유섭이 막 기지개를 켜던 시기, 조선에는 독일의 안드레 에카르트와 일본의 세키노 다다시가 각각 쓴 '한국미술사'(1929)와 '조선미술사'(1932)가 있었다. 그러나 이 책들은 외국인이 쓴 것이어서 조선 미술의 요체를 제대로 드러내지 못했다. 고유섭은 그들과 달리 순수 조선인의 관점에서 우리 미술의 고유성과 예술성을 밝히는 데 진력했다.

고유섭은 인천에서 태어나 1925년 3월 서울의 보성고보를 졸업하고 경성제국대 예과에 입학했다. 훗날 국어학자가 될 이희승이 예과 동기다. 청소년기의 고유섭은 서모와의 갈등이 빚은 가정적 번민으로 늘 고통스러워했다. 1930년 1월 1일자 일기에 "괴로운 나의 가정의 해결은 아편과 주일배(酒一盃)에 있다"고 쓸 정도였다.

그가 탈출구로 삼은 것은 문학 활동이었다. 유진오, 최재서, 이효석 등 경성제대 학생들과 동인지 '문우'를 발간하고 대학 내 문학동호회 '낙사문학회'에도 적극적으로 참여해 여러 편의 시와 수필을 발표했다. 고유섭은 예과 2년 과정을 마치고 법문학부 철학과에 소속되어 미학과 미술사를 전공했다. 1930년 4월 법문학부 미학 및 미술사연구실의 조수가 되고 1931년 7월 조선미술사에 관한 첫 논문 '금동미륵반가상의 고찰'을 발표했다.

척박한 한국 미술사학계의 앞날을 밝혀준 횃불

조수 시절, 고유섭의 가장 큰 관심사는 전국의 탑을 조사·정리하는 것이었다. 고유섭은 연구실 소속 사진기사와 함께 전국을 돌아다니며 곳곳에 흩어져 있는 다종다양한 탑들을 사진에 담았다. 그것을 정리한 결과물이 1932년 1월 '신흥'지에 발표된 '조선탑파개설'이다. 이 글은 탑의 어원, 우리나라의 조탑 기원, 탑의 재료 등을 밝혀낸 수작이라는 평을 들었다. 1934년 3월 24일에는 전국에서 촬영한 수백 점의 탑 사진 중 63점을 선별해 '조선의 탑 사진 전시관'이라는 이름으로 경성제대 강의실에서 전시회를 열었다.

조수로 활동하던 고유섭에게 기회가 찾아온 것은 1933년 4월이었다. 오랫동안 공석인 채로 있던 개성부립박물관의 관장으로 임명된 것이다. 탑파 연구는 개성박물관장으로 부임한 후에도 계속되었다. 이때의 성과는 '진단학보'에 3회 연재(1936, 1939, 1940)된 '조선 탑파 연구'로 나타났다. 이 글들은 우리나라 문화유산 중 으뜸이라고 할 수 있는 불탑의 기원, 계통, 양식, 변천 등에 관해 일목요연하게 체계를 세움으로써 한국의 탑 연구에 이정표를 세웠다는 평을 들었다.

고유섭은 탑파 연구 말고도 개성 지역을 답사하며 우리 고대 미술의 진상을 규명하고 토대를 구축하는 데 열과 성을 다했다. 개성의 유적 유물을 조사한 결과는 주간지 '고려시보'에 1935년부터 6년 넘게 연재되었다.

고유섭은 또한 1933년 전후한 시기부터 규장각을 드나들며 고문헌 속에서 서화 자료를 찾는 작업에 열중했다. 1936년 이화여전과 연희전문에 미술사 강의를 나가게 되었을 때는 돌아가는 길에 경성제대의 규장각 고서를 빌려가 회화에 관한 문헌 발췌 작업을 계속했다. 이러한 각고의 노력 끝에 정리한 서화론은 그의 사후에 제자들이 '조선화론집성'(1965)이란 이름으로 발간했다.

'개성 3총사', 고유섭의 영향 받고 미술사 연구에 큰 족적 남겨

당시 개성박물관에는 그를 따르는 일군의 젊은이들이 있었다. 훗날 동국대 총장이 될 황수영, 이화여대 교수로 봉직할 진홍섭, 국립중앙박물관장으로 활동할 최순우가 그들이었는데 이 세 사람은 개성에서 태어나 고유섭의 영향을 받고 미술사 연구에 큰 족적을 남겨 흔히 '개성 3총사'라 불린다.

최순우는 개성 송도고보를 나와 미래 진로를 고민하던 때 우연히 찾아간 개성박물관에서 고유섭이 열심히 유물들을 설명하는 것을 지켜보다가 박물관의 말단 직원이 되었다. 황수영은 경복고보를 나와 도쿄제국대에서 경제학을 전공했으나 방학 때마다 개성 집으로 돌아오면 으레 개성박물관을 찾아가 고유섭에게서 조선의 미에 대한 가르침을 받다 결국 전공을 바꿔 평생을 고유섭의 제자로 살았다. 진홍섭은 개성공립상업학교를 졸업하고 메이지대 정경학부에 다니다가 방학이 되면 고유섭을 따라 개성 인근의 유적을 답사한 것이 인연이 되어 고유섭의 뒤를 이어 국립박물관 개성분관장을 맡게 되었고 평생을 한국 고고미술사 연구에 헌신했다.

1944년 6월 26일 간경화로 타계한 고유섭의 글들은 제자들에 의해 단행본으로 출간되었다. 황수영은 스승이 남긴 유품 중 한국미술사와 관련된 원고 등을 6·25 전쟁의 와중에도, 또 서울 수복 후 전셋집을 전전하는 가운데서도 신줏단지 모시듯 고이 보관했다가 전집을 발간할 때 내놓아 고유섭을 오늘의 우리 앞에 다시 살아 있게 했다.

황수영은 고유섭이 6년 넘게 '고려시보'에 발표한 개성의 역사 유적 이야기들을 모아 '송도고적'(1946)으로, '진단학보'에 실린 탑파에 대한 논문 '조선 탑파의 연구'를 '한국 탑파의 연구'(1948)로 편집·출판했다. 진홍섭은 고유섭이 생전에 일본에서 일본어로 출판한 유일한 저서 '조선의 청자'(1939)를 '고려청자'(1954)로 번역·출판해 스승의 학문 세계를 후학들에게 소개했다.

제자들은 또한 1947년 고유섭이 발견한 신라 문무대왕의 수중릉인 경북 경주시 감포 근처 대왕암에 기념비(1974)를 세우고 인천시립박물관 앞 자유공원에 30주기 추모비를 건립(1974)했다. 1980년에는 고유섭의 가족과 함께 미술사학계의 유일한 학술상인 '우현 학술상'을 제정, 고유섭의 정신을 면면히 이어가고 있다.

백남운 '조선사회경제사' 출간

당시의 경제사 수준에 비추어볼 때 놀라운 학문적 문제 제기였다.

백남운(1894~1979)은 우리나라 마르크스주의 경제사 연구의 독보적인 개척자다. 그가 저술한 '조선사회경제사'는 일제하 우리 경제와 역사에 관심이 있는 모든 지식인의 필독서였다. 해방 공간에서는 여운형 등과 함께 중도좌파 노선을 견지하다 월북하고, 북에서는 월북한 다른 지식인들과 달리 숙청을 당하지 않고 승승장구하며 가장 성공한 월북 정치인으로 꼽힌다.

백남운은 전북 고창에서 태어나 1915년 수원농림학교를 졸업했다. 강화보통학교 교원으로 3년간 재직하다 일본으로 건너가 1918년 도쿄고등상업학교에 입학했다. 도쿄고등상업학교는 1920년 도쿄상과대로 승격하고 1949년 히토쓰바시대로 개칭해 오늘에 이르고 있다. 당시 일본은 마르크스주의와 공산주의에 대한 논의가 한창일 때였다. 그중에서도 도쿄상대에는 사회주의 기운이 넘쳐났다. 백남운도 학내 영향을 받아 마르크시즘으로 기울었다.

백남운은 1925년 도쿄상대를 졸업하고 귀국해 연희전문 교수로 부임했다. 그는 마르크스의 유물사관과 계급투쟁론 입장에서 조선 역사를 강의했다. 부기 회계학 강의 때조차 변증법, 사적유물론, 조선경제사를 가르치고, 사회주의에 경도된 학생들이 만든 학생 서클 '경제연구회'를 지도하는 등 마르크스 경제학자로서의 보폭을 넓혀갔다.

백남운

백남운은 우리 민족의 역사가 원시 씨족공동사회에서 출발해 삼국시대의 노예경제사회를 거쳐 통일신라와 고려의 아시아적 봉건사회에 이르렀고 이후 상품생산제사회가 진행되었다고 분석했다. 이것을 전 5권으로 정리한다는 원대한 계획을 세우고 집필에 착수했다. 1933년 9월 일본 개조사에서 일본어로 출판된 '조선사회경제사'는 그 첫 권이었다. 1권에서는 원시 씨족공동체, 삼한·부여·고구려·동옥저 등 원시 부족국가, 고구려·백제·신라 등 노예국가 시대를 다뤘다.

백남운은 책에서 당시 학계에 지배적인 왕조 중심의 역사 서술 태도의 편협성을 비판하면서 그전까지의 조선사는 왕조의 흥망성쇠를 다룬 연대기, 군신의 언행록, 전제정부의 일기장에 지나지 않는다고 깎아내렸다. 일제 관학자의 식민사관과 민족주의자의 민족주의사관도 특수사관이라고 배척했다.

조선총독부 부설 조선사편수회가 제기한 한국사에서의 봉건제 결여론과 여기에서 비롯된 정체성 이론 및 타율성 이론은 일제 침략을 합리화하는 이데올로기로, 인류 사회 발전의 역사적 법칙의 공통점을 거부한다는 점에서 반동적이라고 규정했다. 이처럼 우리 사회의 정체성 이론이나 특수성 이론을 비판하고 그 대안으로 조선경제사에 사적 유물론 원리를 적용한 것은 당시의 경제사 수준에 비추어볼 때 놀라운 학문적 문제 제기였다.

우리나라 마르크스주의 역사학의 개척자

백남운은 4년 후인 1937년 11월 일본어로 된 '조선봉건사회경제사'를 일본의 개조사에서 출간했다. '조선사회경제사' 2권 격인 이 책에서는 고려시대와 봉건적 신분제와 농노제를 집중적으로 다뤘다. 역사학자 강만길은 '조선봉건사회경제사'의 의미를 이렇게 정리했다. "일본제국주의 식민사학이 우리 역사에 씌워놓은 정체후진성론을 극복하여 중세사회의 존재를 확인하고, 나아가 조선왕조 후기 즉 18세기경 우리 사회에는 임진왜란 후의 전후 복구 과정을 통해 스스로 자본주의 사회로 갈 수 있는 역사적 싹, 즉 자본주의 맹아가 생겨나고 있었다는 사실을 논증하려는 역사학 연구자들에게 선구적 업적이었으며 필독서가 될 수밖에 없었다."(경향신문 2014.2.24)

전문가들은 백남운의 저서가 마르크시즘을 기계적으로 적용했다고 비판하면서도 우리의 학문적 수준이 극히 초보적인 단계에서 한국사 연구를 사적 유물론의 계급투쟁론과 사회구성체론에 입각한 정치경제사 입장에서 처음으로 집대성하고 한국사 인식의 새로운 지평을 연 것은 대단한 공적이라고 인정한다.

백남운은 1938년 12월 '학내 적화운동'에 참여한 혐의로 투옥되었다가 1940년 7월 풀려났다. 그 후의 행적에 대해서는 은둔의 생활을 보냈다는 설이 있는가 하면 사상범의 교화 단체인 대화숙에서 친일 강연을 하거나 일제의 지원이 없으면 사실상 불가능한 금융기관의 상무를 지냈다는 기록도 있다.

해방 후 백남운은 조선학술원을 창설하고 경성대를 재건하는 등 학문적으로 분주하게 보내면서도 진보주의적이거나 사회주의적인 학자들을 기둥 삼아 '새 국가 건설 사업'을 이론적으로 뒷받침하는 일에 전념했다. 1946년에는 그해 2월 15일 결성된 좌익의 남조선민주주의민족전선(민전)

공동의장에 선출되어 본격적으로 좌파 색채를 드러내고 1946년 2월 김두봉이 모택동의 신민주주의를 염두에 두고 북한에서 발족한 조선신민당의 남쪽 지부 격인 남조선신민당의 창당 위원장에 취임했다.

1946년 4월에는 중도좌파에 입각한 '연합성 신민주주의론'을 제기했다. 양심적이고 혁명적인 유산계급 일부와 무산계급 전부 사이의 동맹을 강조한 연합성 신민주주의론은 중간파 지식인들의 호응을 받았으나 유산계급의 참여를 인정하지 않는 조선공산당으로부터는 비판을 받았다.

월북 정치인 중 가장 성공한 사례

1946년 8월 북한에서 김일성의 북조선공산당과 김두봉의 조선신민당이 합당해 북조선노동당을 발족한 것에 호응해 남한에서도 여운형의 조선인민당, 박헌영의 조선공산당, 백남운의 남조선신민당이 1946년 11월 남조선노동당(남로당)으로 재편되었다. 하지만 백남운과 여운형은 남로당에 합류하지 않고 사회노동당을 창당했다. 그러자 북한이 사회노동당의 창당을 비판하며 해체를 지시하고 남로당은 "분열주의자", "우익 기회주의자"라고 매도했다.

백남운은 결국 현실의 장벽 앞에서 회의를 느끼고 사회노동당을 해체한 뒤 1946년 12월 정계 은퇴를 선언했다. 그러다가 6개월 만인 1947년 4월 정계 복귀를 선언하고 1947년 5월 중도좌파 정당인 근로인민당을 창당해 여운형은 위원장, 자신은 부위원장으로 이름을 올렸다. 그러던 중 7월 19일 여운형이 피살되고 좌익 검거가 본격화되었다. 백남운도 1947년 8월 치안유지법 위반으로 체포되었다가 풀려났다.

백남운이 설 수 있는 땅은 점점 좁아지고 그가 주창해온 좌우 연합론도 힘을 잃었다. 이런 상황에서 1948년 5월 10일로 예정된 남한의 총선은 그에게 최후의 북행을 강요했다. 그전에도 백남운은 수차례 월북했다가 남하하곤 했다. 그때마다 남한의 과학자, 예술인, 교수 등의 월북을 지원했다. 백남운은 북한에 거주하면서 1948년 4월 개회된 평양의 남북연석회의에서 핵심 역할을 했다. 김일성과 박헌영에 이어 '남조선 정세 보고' 연설을 하고 3일째 회의에서는 사회를 맡아 회의를 주재했다. 남북협상이 끝난 뒤에는 아예 평양에 눌러앉아 북한을 정치 터전으로 삼았다.

1948년 9월 9일 출범한 북한의 첫 내각에서 교육상으로 발탁되어 8년 동안 재직하고 1952년에는 과학원 원장을 겸했다. 1967년에는 73세의 고령에도 불구하고 우리의 국회의장 격인 최고인민회의 의장으로 뽑혀 5년 동안 재임했으며 조국통일민주주의전선 의장으로 활동했다. 학술 활동도 병행해 '조선민족해방투쟁사', '조선력사교재'를 집필하고 '김일성 동지의 영웅적 위업'이라는 미완의 원고를 남겼다. 1979년 85세로 눈을 감은 뒤에도 애국열사릉에 묻혀 최고 예우를 받았다. 월북 인사 중 정치인 거의 모두가 비참한 최후를 맞은 것과 비교하면 매우 예외적인 사례였다.

아돌프 히틀러 독일 총리 취임

어느 날 국민들이 불현듯 이게 아닌데 싶었지만 이미 화살은 시위를 떠나 있었다.

1933년 1월 30일, 독일의 파울 폰 힌덴부르크 대통령이 아돌프 히틀러(1889~1945)를 총리로 임명한 것은 곧 인류에게 닥쳐올 대재앙의 서곡을 의미했다. 2개월 후 나치의 선전장관이 될 괴벨스는 그날 일기에 이렇게 썼다. "꿈같다. 새로운 독일이 탄생했다. 혁명이 시작된 것이다." 형식상으로는 히틀러 총리 위에 힌덴부르크 대통령이 있긴 했지만 그는 이미 86세의 무력한 존재일 뿐이었다.

히틀러는 오스트리아의 소도시 브라우나우에서 세관 공무원의 아들로 태어나 10대 때 부모를 모두 여의어 홀로 세상을 개척했다. 실업학교를 졸업한 뒤 이곳저곳을 떠돌다 오스트리아 빈의 미술학교에 응시했으나 연거푸 떨어져 막노동을 하거나 자신의 그림을 팔아 생활비를 벌었다. 이렇게 20대 중반까지 실의와 원망과 고독의 날들을 보냈다.

아돌프 히틀러

독일의 뮌헨에서 1차대전을 만난 히틀러는 "오스트리아 국적이지만 바이에른 연대에 입대하고 싶다"는 청원서를 보내 참전을 허락받고 그해 10월 서부전선에 배치되어 연락병으로 활동했다. 히틀러는 군대 문화가 만족스러웠다. 가문, 학력, 재산을 따지지 않고 용기와 공훈만이 힘을 발휘하는 군대 경험을 통해 히틀러의 마음속에 똬리를 틀고 있던 고독감과 열등감은 사라지고 전우애가 자리를 잡았다. 히틀러는 전쟁에서 두 차례 부상을 겪고 1급·2급 철십자훈장을 받았다.

전쟁이 끝난 후 뮌헨의 국방군에 소속된 히틀러에게 '독일노동자당'이라는 정치단체를 정탐하라는 지시가 떨어졌다. 독일노동자당은 노동자 몇 명이 모여 만든 그야말로 별 볼 일 없는 단체였다. 그러나 독일노동자당을 정탐하다가 매력을 느낀 히틀러가 1919년 9월 입당하면서 독일노동자당은 머지않아 20세기 최고로 악명을 떨칠 정당으로 변모하게 된다. 당명은 1920년 4월 '국가사회주의독일노동자당(나치당)'으로 바뀌었고 히틀러는 1921년 나치당 당수에 선출되었다.

총리 임명은 인류에게 닥쳐올 대재앙의 서곡

히틀러가 당수로 먼저 한 일은 당의 행동 부대 격인 돌격대를 조직하는 것이었다. 전직 군인, 의용군, 청년 노동자, 학생 등으로 구성된 돌격대의 무기와 자금은 바이에른 국방군이 지원했다. 당시 독일군은 베르사유조약에 따라 병력이 10만 명 이하로 제한되었기 때문에 나치 돌격대와 같은 우익 무장단체를 별도로 운영했다. 이를테면 '비밀 국방군'이었던 것이다.

히틀러는 탁월한 대중연설가답게 무력감에 빠져 있는 국민의 마음을 교묘히 파고들어 자신의 추종자로 만들었다. 유대인을 제거해야 한다는 연설은 1차대전 패전 후 희생양을 찾고 있던 독일 국민의 마음을 사로잡았다. 당시 독일 경제는 연합국 측의 무자비한 배상금 부과로 사실상 파탄 상태였다.

1922년 겨울에는 프랑스가 배상금 지불을 강요하기 위해 석탄과 철강 생산 지대인 루르 지방으로 진군해 들어오기도 했다. 물가는 급상승했고 마르크화는 불쏘시개로 쓰일 정도로 폭락했다. 이처럼 엄청난 고통을 겪고 있을 때 히틀러가 "옛 게르만의 영광을 되찾자"며 그들 앞에 나타난 것이다.

히틀러가 존재감을 과시하기 위해 노린 것은 1923년 11월 8일 구스타프 폰 카르 바이에른주 총독이 수천 명의 시민을 상대로 연설하고 있는 뮌헨 시내의 맥주홀이었다. 연설이 한창이던 밤 9시 15분쯤, 히틀러가 맥주홀 안으로 쳐들어가 천장을 향해 권총을 발사한 뒤 큰소리로 "국가혁명이 일어났다"며 아수라장으로 만들었다. 밖에는 300여 명의 돌격대원이 에워싸고 있었다.

히틀러는 "바이에른 주정부 및 베를린 정부는 해산되었고 곧 독일 임시정부가 조직될 것이다. 임시정부 총통은 나 아돌프 히틀러이고 국민군 사령관에는 루덴도르프가 취임할 것"이라고 연설한 뒤 맥주홀 안에 있던 카르 총독과 바이에른 지역 군사령관, 바이에른주 경찰서장에게 "함께 혁명을 하자"고 위협했다.

세 사람은 일개 하사 출신의 제안에 동참할 생각이 없었지만 히틀러와 함께 거사한 1차대전의 영웅 루덴도르프가 세 사람을 설득하면서 쿠데타는 거의 성공한 것처럼 보였다. 그런데 잠시 후 밖에서 주정부군과 나치 돌격대가 무력 충돌했다는 소식이 전해졌다. 히틀러가 그곳으로 달려나간 틈을 이용해 세 사람은 현장에서 빠져나왔고 쿠데타는 진압되었다.

그에게 유대인은 기생 동물이거나 열등 동물

히틀러는 11월 9일 아침 300여 명의 나치당원과 함께 시내를 행진하는 것으로 다시 한 번 세를 과시했으나 경찰의 발포로 16명의 나치당원과 3명의 경찰이 숨졌다. 히틀러는 현장에서 도망쳤으나 이틀 후 체포되어 반역죄로 기소되었다. 1924년 2월 26일부터 24일 동안 재판이 열린 법정은 히틀러에 대한 응징의 장소가 아니라 히틀러가 자신의 존재를 독일 전역에 알리는 선전 장소로 활용되었다. 그의 법정 웅변은 독일 모든 신문의 첫 페이지를 장식했다.

히틀러는 1924년 4월 1일 5년형을 선고받았으나 12월 20일까지 9개월 동안만 란츠베르크 교도소에 수감되었다. 감옥에서 그는 궤변을 가다듬었다. 그에게 독일 민족인 아리안족은 가장 뛰어난 인종이었고 유대인은 기생동물이거나 열등 동물이었다. 히틀러는 함께 수감된 루돌프 헤스와 운전사에게 자신의 이런 생각을 받아 적도록 했다. 그리고 석방된 후인 1925년 7월 18일 감옥에서 정리한 기록들을 자서전으로 출간했다.

당초 제목은 '허위, 우열, 비겁에 대한 4년의 투쟁'이었으나 강렬한 인상을 주자는 출판사의 권유로 '나의 투쟁'으로 바꿔 출간했다. '나의 투쟁'은 1926년 제2권, 1929년 합본호가 나왔으나 많이 팔리지는 않았다. 하지만 1933년 히틀러가 총리로 취임한 뒤부터는 불티나게 팔렸다. 1933년에만 100만 부가 팔리고 1940년에는 600만 부나 팔려나갔다.

히틀러는 실패로 끝난 맥주홀 쿠데타를 거울삼아 합법적인 수단에 의한 새로운 집권 투쟁을 준비했다. 1924년 5월 총선에서 6.5%의 득표로

32석의 의석을 획득해 기세등등했으나 1928년 5월 총선에서는 득표율 2.6%에 의석수 12석으로 떨어져 실망감을 금치 못했다. 이런 히틀러에게 결정적인 도움을 준 것은 1929년 말 전 세계를 강타한 대공황과 경제난이었다. 히틀러의 나치당은 1930년 9월 총선에서 18.3%의 득표율로 107석을 얻어 일약 제2당으로 부상했다.

'전권 위임법' 통과시켜 독재 발판 마련

나치는 점차 군부의 지지와 기업의 후원을 얻어 세를 불려 나갔다. 돌격대(SA)와 친위대(SS)는 완전무장을 갖춘 사병 조직으로 발전했고 경찰 조직에도 나치 동조 세력이 침투했다. 히틀러는 여세를 몰아 1932년의 대통령 선거에 출마해 결선투표까지 올라갔으나 36.8%의 득표율로 아쉽게 주저앉았다.

하지만 몇 개월 후 치러진 1932년 7월의 총선에선 37.4%의 득표율로 230석을 획득해 마침내 사회민주당을 누르고 제1당으로 부상했다. 1932년 11월의 총선에서는 여전히 제1당을 유지하긴 했지만 230석에서 196석으로 줄어들었다. 반면 공산당과 사회민주당의 의석을 합하면 나치당을 웃돌았다. 이처럼 공산당의 힘이 커지자 히틀러와 재계가 손을 잡았다. 힌덴부르크는 공산당을 견제하기 위해 1933년 1월 히틀러를 총리로 임명했다.

히틀러는 1933년 2월 1일 국회를 해산하고 3월 5일 총선을 실시하겠다고 일방적으로 발표했다. 제1당에 만족하지 않고 과반수 의석을 확보하려는 게 목적이었다. 나치가 장악한 국영 라디오는 하루 종일 나치의 선전·선동으로 시끄러웠다. 길거리는 공산당 등 반대파를 향한 나치스 돌격대의 집요한 공격으로 어수선했다.

선거를 1주일 앞둔 1933년 2월 27일 밤에는 베를린 국회의사당에서 대형 화재가 일어났다. 현장에서 체포된 24세의 네덜란드 공산주의자 마리누스 판데르누베는 순순히 자신의 단독 방화라고 자백했다. 그는 독일 공산당과는 아무런 관계가 없었다. 그런데도 경찰은 화재를 독일 공산당과 연관지어 하루 만에 4,000여 명의 공산당원을 체포했다. 공산당이 아닌 사람들까지 포함해 체포된 사람은 한 달 만에 1만 명에 달했다. 히틀러는 방화를 구실로 이튿날 대통령을 겁박해 '국민과 국가 방위를 위한 대통령 긴급명령'을 내도록 해 총선 당일까지 언론·출판·집회의 자유 등 국민의 모든 기본권을 정지시켰다.

3월 5일 총선은 자유로운 선거 활동이 불가능한 채 치러졌는데도 나치당은 44%만 득표해 과반수에 미치지 못했다. 하지만 히틀러 정부는 우파인 국가인민당과 연립하고 중도파를 포섭해 3분의 2 의석을 확보한 뒤 3월 9일 공산당 의원 81명의 당선을 무효화하며 이들을 체포하거나 추방했다. 3월 23일에는 정부가 의회의 동의 없이도 어떤 법률이든 만들 수 있는 '전권 위임법'을 의원 3분의 2 찬성으로 통과시켜 독재의 발판을 마련했다.

2차대전 일으켜 인류 파멸로 내몰아

국회와 헌법을 부정한 '전권 위임법'으로 독일의 운명은 모두 히틀러의 수중에 떨어졌다. 6월에는 사회민주당이 '정부에 대한 반역'을 이유로 해산되었고 7월에는 나치를 제외한 모든 정당 활동이 금지되었다. 연방정부는 폐지되었고 비판적인 인사들은 추방되거나 체포되었다. 비독일적인 책들은 불에 태워지고 유대인을 절멸하기 위한 단종법이 공포되었다. 8월까지 수감된 정치범만 4만 5,000여 명에 달했다.

이렇게 국민의 기본권을 제한하며 1당 독재 체제를 구축해 가는 히틀러의 진짜 모습을 아는지 모르는지 국민들은 1934년 8월 힌덴부르크 대통령이 죽었을 때 히틀러가 대통령직과 총리직을 동시에 수행하도록 하는 총통직을 90%의 지지로 선물했다. 불행인지 다행인지 경제도 호전되었다. 600만 명이던 실업자는 2년 만에 200만 명으로, 4년 후인 1937년엔 100만 명 이하로 그리고 6년 후인 1939년에는 불과 몇만 명으로 격감했다. 같은 기간 생산은 2배로 늘어났다. 고속도로(아우토반) 건설, 국민차(비틀) 보급, 경제 회복, 직업학교 위주의 교육개혁 등으로 독일 경제는 날개를 달았다.

의지할 곳 없던 독일 국민의 무력감과 절망감은 신뢰감과 자신감으로 바뀌었고 히틀러는 독일 국민의 영웅이 되었다. 환호와 열광으로 지내던 어느 날 국민들이 불현듯 이게 아닌데 싶었지만 이미 화살은 시위를 떠나 있었다. 징병제(1935)가 실시되고 중립지대이던 라인란트(1936)가 짓밟혔으며 오스트리아·체코 등은 아무런 저항도 받지 않고 합병되어 히틀러는 성큼성큼 야욕을 향해 질주했다. 그리고 1939년 9월 마침내 폴란드까지 침공함으로써 인류를 파멸로 내몰았다. 인류는 문명의 얄팍한 껍질이 벗겨지자 인간의 내면에 도사린 야만의 본성이 얼마나 무섭고 질긴 것인가를 뒤늦게 깨달았으나 이미 대재앙이 지나간 뒤였다.

베를린 국회의사당 방화사건

베를린 국회의사당에서 화재가 발생한 시간은 1933년 2월 27일 밤 9시 14분이었다. 10대 이상의 소방차가 출동해 자정이 지나서야 진화할 만큼 큰 화재였다. 화재 현장으로 달려간 히틀러는 방화 혐의자가 아직 밝혀지지 않았는데도 "화재는 공산주의 혁명의 신호"라고 공언했다. 히틀러의 심복 헤르만 괴링은 "공산주의자들의 폭동이 시작되었다. 그들을 몰아내야 할 때가 왔다. 단 1분도 지체해서는 안 된다"라고 맞장구를 쳤다.

곧 화재 현장 부근에서 24세의 네덜란드 청년 마리누스 판데르루베가 체포되었다. 그는 단독 범행을 주장하며 2월 초 독일에 입국, 복지사업국과 베를린시청 등 세 군데에 방화를 시도했다가 실패한 적이 있다는 사실

불타고 있는 베를린 국회의사당

을 털어놓았다. 공산주의자가 잡혔다는 괴링의 발표와 달리 판데르루베는 1931년 공산당에서 추방되어 엄밀히 말하면 공산주의자는 아니었다. 그래도 소문은 사실인 양 삽시간에 퍼져나갔다. 히틀러는 방화를 "신이 주신 가호"라며 "페스트를 옮기는 이 공산주의자 쥐새끼들을 쇠주먹으로 때려죽이겠다"고 기세를 올렸다.

이튿날 경찰은 히틀러의 반대자들로 알려진 4,000여 명을 체포하기 시작했다. 그날 오후에는 86세의 힌덴부르크 대통령이 히틀러의 겁박으로 '국민과 국가 방위를 위한 대통령 긴급명령'을 선포했다. 긴급명령에 따라 독일 내 공산당 의원 전원이 체포되거나 추방되었다. 사회주의자, 민주주의자 등 반나치 정파들도 무차별적으로 탄압을 받았다. 3월 5일 총선 당일까지 언론·출판·집회의 자유 등 국민의 기본권은 모두 정지되었다. 가택수사가 펼쳐지고 혐의가 의심스러운 사람은 체포·구금되었다.

방화 사건은 흔히 알려진 대로 탄압의 구실을 마련하기 위한 나치의 소행은 아닌 것으로 최근 전문가들의 의견이 모아지고 있다. 하지만 결과적으로 이 방화는 히틀러에게 반대 세력을 탄압할 수 있는 더없이 좋은 구실을 제공했다. 방화범에 대한 재판은 254명의 증인이 불려나와 9월 21일부터 12월 23일까지 3개월 동안 계속되었다. 음식점에서 판데르루베와 함께 있는 걸 보았다는 한 종업원의 증언만으로 3명의 불가리아 공산당원과 독일 공산당 의원도 함께 재판을 받았으나 이들은 1933년 12월 증거 불충분에 따라 무죄로 풀려났다.

판데르루베는 1934년 1월 10일 처형되었다. 그러나 이 처형은 불법이었다. 방화범에게 사형을 선고할 수 있는 법이 방화 사건 이후에 제정되었기 때문이다. 당초 사법부는 '법률 없이 형벌 없다'는 죄형법정주의를 의식했으나 히틀러가 사형을 내리라고 위협하자 방화 관련 비상령에 '1933년 1월 31일부터 2월 28일 사이에 일어난 사건을 소급해 사형을 선고할 수 있다'는 조항을 삽입했다. 1967년 판데르루베 동생의 요청으로 상고심 재판이 열렸으나 유죄를 완전히 뒤집지는 못했다. 법원은 판데르루베의 죄 중에서 반역죄는 면죄하고 방화죄는 사형에서 8년 징역형으로 감형했다.

파울 괴벨스 나치 선전부 장관 취임

재능에 비해 무시당한다는 생각이 들자 자본주의와 민주주의를 혐오하게 되었다.

파울 요제프 괴벨스(1897~1945)는 천부적인 달변과 본능적인 선전 감각을 타고난 '언어의 마술사'이자 '여론 조작의 대가'였다. 무엇보다 1차대전 후 실의에 빠진 독일 민족의 구원자로 히틀러를 신격화함으로써 독일인들의 이성을 마비시키고 전 세계를 죽음의 구렁텅이로 몰고 간 죽음의 전령사였다.

괴벨스는 독일 라인주의 소도시 라이트의 가난한 집안에서 태어났다. 4살 때 대퇴부에 앓은 골수염으로 오른쪽 다리가 심하게 굽고 성장이 지체되어 어려서부터 심한 열등감 속에서 살았다. 고교 시절 발발한 1차대전 때도 다른 친구들은 다 군에 자원입대했으나 그만은 굽은 다리 때문에 현역 불가 판정을 받아 또다시 마음에 상처를 받았다.

친구들이 전선에 나가 있을 때 그는 본대에 입학, 역사와 문학을 전공했다. 계속된 가난 속에서 때로는 굶기도 했지만 장학금, 과외수입, 대출금으로 학업을 마쳤다. 본대, 뷔르츠부르크대, 프라이부르크대, 뮌헨대를 거쳐 1920년에는 하이델베르크대로 옮겨 1921년 11월 독일문헌학으로 박사학위를 취득했다. 박사학위는 괴벨스의 자존심을 크게 만족시켜 주었고 이후 괴벨스는 사인을 할 때 반드시 '괴벨스 박사'라고 적었다.

파울 괴벨스

당시는 1차대전 패전의 후유증으로 독일 전역에 실업자가 넘쳐날 때였다. 그 역시 직업을 구하지 못해 다락방에 틀어박혀 시, 자전적 소설, 희곡 등을 썼다. 그러면서 자신의 재능을 인정하지 않는 세상을 증오했다. 어렵게 드레스덴 은행에 취업했다가 9개월 만에 해고되고 몇몇 신문사에서는 퇴짜를 맞는 등 뭐하나 제대로 되는 일이 없었다.

재능에 비해 과소평가되고 무시당하고 있다는 생각이 들자 점차 자본주의와 민주주의를 혐오하게 되었고 광적인 반유대주의로 기울었다. 그 전까지 그는 반유대주의자는 아니었다. 대학 시절 존경한 교수도 유대인이었고 한때의 약혼녀도 어머니가 유대인이었다.

"단 하나의 문장만 주면 누구든지 감옥에 보낼 수 있다"

당시 대부분의 독일인이 그랬듯 그 역시 패전으로 인해 뜨겁게 달궈진 민족주의적인 분위기에 휩싸이고 사회주의와 공산주의에 경도되었다. 그러던 중 1923년 11월 히틀러의 뮌헨 폭동 소식을 듣고 히틀러를 추앙하기 시작했다. 히틀러가 감옥에 있는 동안에는 소규모의 우익정당인 독일민족자유당이 발행하는 '민족적 자유'지 편집원으로 들어가 1924년 10월부터 수개월 동안 편집장으로 활동했다.

그가 국가사회주의독일노동자당 즉 나치당과 관련을 맺은 것은 1924년 말이었고, 감옥에서 풀려난 히틀러를 처음 만난 것은 1925년이었다. 괴벨스는 당시의 마음을 일기장에 이렇게 썼다. "아돌프 히틀러… 나는 그를 사랑한다.… 나는 이 사람을 위해 헌신할 수 있다." 히틀러는 이런 괴벨스를 호감을 갖고 지켜보았다. 이후에도 계속된 히틀러의 관심은 나치당에서 괴벨스를 지탱해준 거의 유일한 버팀목이었다.

히틀러는 1926년 11월 사회민주당과 공산당이 사실상 지배하고 있는 베를린의 나치당 지구당 위원장으로 괴벨스를 임명했다. 1928년의 베를린 선거에서 나치당은 2.6%의 지지밖에 얻지 못했다. 하지만 이 지지 덕분에 괴벨스는 의사당 안으로 진출하고 면책특권을 이용해 공개적으로 민주주의를 공격하거나 노골적으로 공화국을 반대하는 연설을 했다.

히틀러는 괴벨스의 충성심과 복종심과 선전·선동 능력을 인정해 1928년 나치당의 선전 책임자로 임명했다. 괴벨스는 히틀러를 우상으로 만들기 위해 미디어를 이용한 선전·선동과 조작된 여론으로 대중의 마음을 흔들었다. 1933년 1월 마침내 권력을 장악한 히틀러는 내각 안에 국민계몽선전부를 새로 만들어 3월 14일 괴벨스를 장관 겸 제3제국 문화원 원장으로 임명했다. 괴벨스는 취임 일성으로 "선전부는 국민 정신의 함양에 관한 전권을 갖는다"고 공언하면서 "나에게 단 하나의 문장만 주면 누구든지 감옥에 보낼 수 있다"고 호언했다.

전 세계를 죽음의 구렁텅이로 몰고 간 죽음의 전령사

괴벨스는 선전부를 통해 좌파 언론은 폐간하고 3개이던 통신사는 국가 소유의 통신사로 통합하는 등의 방식으로 언론을 장악했다. 연극, 영화, 문학, 음악, 미술계까지 손을 뻗쳤으며 이른바 '독일 정신에 위배되는' 수만 권의 책들은 불에 태워 없앴다.

특히 괴벨스가 동물적인 후각을 발동한 것은 시대의 총아 라디오였다. 1934~1935년 라디오 보급을 위해 국가보조금을 지급한 덕에 독일 국민들은 세계에서 가장 싼 가격으로 라디오를 살 수 있었다. 독일인들은 라디오를 가리켜 '괴벨스의 입'이라고 불렀다.

영화도 괴벨스의 주요 관심 분야였다. 뉘른베르크 나치 전당대회를 소재로 한 '의지의 승리'(1934)와 베를린 올림픽 기념 영화 '올림피아'(1938) 제작을 적극 지원해 대중이 부지불식 간에 전체주의의 늪에 빠져들도록 했다.

2차대전이 발발했을 때는 선전 책임자의 역할이 필요치 않아 영향력이 약화되었으나 독일군이 스탈린그라드와 아프리카에서 패배하고 전세가 역전되면서 다시 '선전의 대가'로 부활했다. 전쟁 말기에는 자신이 직접 돌아다니며 신문과 라디오를 통한 선전 활동을 강화했고 나치 간부들이 지하 벙커와 요새로 숨어든 뒤에도 그만은 대중 앞에 끊임없이 나서는 용기를 보였다. 하지만 전쟁은 이미 종말로 치닫고 있었다.

1945년 4월 30일 히틀러가 애인 브라운과 함께 자살하기 전 괴벨스를 제국의 총리로 임명해 마지막으로 그의 충성심에 보답했으나 괴벨스는 5월 1일 아내와 6명의 자녀를 권총으로 죽이고 자신도 뒤따라 자살함으로써 히틀러의 영원한 심복으로 역사에 이름을 남겼다.

프랭클린 루스벨트 대통령 취임과 뉴딜 정책

휠체어에 앉아 환한 웃음과 강인한 추진력으로 미증유의 난국을 타개할 대통령에 당선되었다.

1933년 3월 4일, 미국의 제32대 대통령 취임식이 워싱턴 국회의사당 앞에서 거행되었다. 주인공은 4개월 전인 1932년 11월 8일 현직 대통령 허버트 후버와 맞서 큰 표 차로 승리한 프랭클린 루스벨트

프랭클린 루스벨트

(1882~1945)였다. 루스벨트는 57.4%의 지지율을 얻어 48개 주 가운데 42개 주에서 승리하고, 선거인단 수에서 472 대 59로 후버를 압도했다.

루스벨트는 뉴욕의 부유한 집안에서 태어났다. 28살이던 1910년 뉴욕주 상원의원에 당선되고 해군 차관보(1913~1919)와 부통령 후보(1920)를 거치는 등 초기의 정치 역정은 순탄했다. 미래를 꿈꾸던 인생 가도에 절체절명의 위기가 찾아온 것은 39살 때이던 1921년 8월이었다. 해안가에서 가족 휴가를 보내던 중 감기에 걸린 것이 척수성 소아마비로 발전해 두 다리를 쓸 수 없게 된 것이다. 그러나 그는 기적적인 투병 끝에 3년 만에 일어났다. 그리고 휠체어에 앉아 환한 웃음과 강인한 추진력으로 미증유의 난국을 타개할 대통령에 당선되었다.

그에게 주어진 시대적 소명은 대공황 탈출이었다. 당시 미국은 3년 5개월 전에 시작된 역사상 최악의 대공황을 겪고 있었다. 루스벨트는 취임식 광장을 가득 메운 군중을 향해 "우리가 두려워해야 할 것은 두려움 그 자체뿐"이라며 자신감 회복이 급선무임을 강조했다. 그리고 곧 대공황 탈출을 위한 '100일 작전'에 돌입했다. 작전은 '뉴딜'로 불렸다. 1932년 7월 2일 민주당 대통령 후보 지명 수락 연설에서 "미국인을 위한 새로운 정책(New Deal)을 맹세한다"라고 언급한 것에 착안한 명칭이었다.

루스벨트는 3월 6일부터 4일 동안 모든 은행에 휴무령을 내리는 것으로 뉴딜에 시동을 걸었다. 뒤이어 은행과 외환에 대한 광범위한 규제 권한을 대통령에게 부여하는 긴급은행구호법을 3월 9일 연방의회에 제출해 만장일치로 통과시켰다. 3월 12일 저녁에는 그 유명한 '노변 정담' 첫 번째 편을 라디오로 방송했다. 라디오 연설에서 그는 "공황을 극복할 수 있게 뉴딜 정책에 힘을 실어 달라"고 부탁하면서 "돈을 침대 밑에 넣어두는 것보다 은행에 넣어두는 편이 안전하다"고 호소했다. 이튿날 사람들은 은행으로 몰려들었고 미국 경제의 심장이 다시 뛰기 시작했다. 재임 12년 동안 '노변 정담'은 39차례 방송되었다.

이후 6월 16일까지 100일 동안 연방의회의 전폭적인 협조를 받아 민간자원보호단법(3.21), 연방긴급구호법(5.12), 테네시 개발공사 설립법(5.18), 글래스-스티걸법(6.16), 국가산업부흥법(6.16) 등 뉴딜 정책의 뼈대가 되는 15개의 혁명적인 법안이 일사천리로 의회를 통과했다.

그에게 주어진 시대적 소명은 대공황 탈출

루스벨트는 3R, 즉 구제(Relief), 회복(Recovery), 개혁(Reform)을 핵심 과제로 내세워 뉴딜 정책을 추진했다. 3월 12일 의회를 통과한 민간자원보호단(CCC)은 실업자 구제를 위한 뉴딜 가운데 루스벨트가 가장 선호한 프로젝트였다. 곧 도시의 청년 실업자들과 제대 군인들이 군대식으로 운영되는 민간자원보호단에 편입되어 삼림 보호에 투입되었다. 그들은 홍수 통제, 화재 예방 등 지역공동체의 전반적인 안전을 개선하는 데도 투입되었다. 이 사업이 존속한 10년(1933-1942년) 동안 약 300만 명이 이곳을 거쳐 갔고 이들이 심은 나무는 30억 그루 이상으로 추정되고 있다.

연방긴급구호법에 따라 설치된 공공사업추진청은 도로, 공공건물, 공원, 학교 등 3만여 건의 공공사업을 벌여 일자리를 제공함으로써 소비자의 구매력을 증진하고 산업 활동을 촉진했다. 예술 진흥 사업도 벌여 수천 명의 음악인, 작가, 예술가들에게 일자리를 제공했다. 화가들은 우체국, 학교, 연방건물 벽에 벽화를 그렸고, 배우, 가수, 음악가들은 공연으로 용기를 북돋웠다.

뉴딜의 근간을 이루는 '테네시강 유역 개발공사(TVA)' 설립은 미 역사상 가장 큰 실험이라고 불릴 만큼 파급효과가 컸다. 테네시강은 주기적으로 범람하는 데다가 주변 농장의 97%가 전기가 들어가지 않고 말라리아와 결핵이 만연한 지역이었다. TVA 설립 후 테네시강 7개주 166만㎢의 불모지에 16개 댐이 건설되어 홍수를 막을 수 있게 되고 전력 요금은 3분의 1로 내려갔다.

글래스-스티걸법은 공식 명칭이 '1933년 은행법'으로 카터 글래스와 헨리 스티걸 두 의원이 공동으로 발의했다. 상업은행의 무분별한 투기 행위와 방만한 경영이 대공황의 원인 중 하나라는 판단 아래 은행 개혁과 투기 규제를 목적으로 제정되었다. 핵심 내용은 단기 금융업을 전문으로 하는 상업은행은 여·수신 업무만 하고 장기 금융업을 전문으로 하는 투자은행은 증권 업무만 하도록 업무를 분리해 상업은행이 고객의 예금으로 주식 투자를 할 수 없도록 했다.

"우리가 두려워해야 할 것은 두려움 그 자체뿐"

은행의 신설과 점포 확장까지 철저히 막은 이 금융 개혁은 사실상 무소불위의 권력으로 군림하고 있는 JP모건을 겨냥한 것이었다. 당시 JP모건은 대공황 중인데도 규모가 엄청났다. 10개가 넘는 은행을 비롯해 US스틸, GE, AT'T 등 440개가 넘는 기업을 휘하에 두었다. 자산 총액으로만 따져도 당시 미국 상장기업 220개사의 40%에 가까운 엄청난 규모였다.

그러자 국민의 고통에 아랑곳하지 않고 홀로 번창하는 JP모건을 향해 국민들의 분노가 빗발쳤다. 사주인 잭 모건은 수차례 괴한의 기습을 받고 JP모건 사옥에는 사제 폭탄이 투척되었다. 잭 모건은 1933년 5월 청문회에서 주가조작 혐의로 조사받는 수모까지 당했다. 이런 상황에서 JP모건의 탐욕을 더 이상 방치할 수 없다고 판단한 정치권이 나서 1933년 6월 제정한 법이 글래스-스티걸법이다.

법에 따라 JP모건은 1935년 증권 등 투자 업무를 맡고 있는 부서를 JP모건에서 떼내 '모건 스탠리'라는 이름의 투자은행으로 강제 분리하고 JP모건은 여수신 업무 등 상업은행 업무만 전담하게 되었다. 얼핏 JP모건의 위기인 것처럼 보였으나 모건 스탠리는 한 블록 떨어져 있는 JP모건과 한 형제처럼 지내면서 이후에도 수십 년 동안 수많은 고객을 공유했다. 1935년 설립 첫해에도 모건 스탠리의 시장점유율은 25%였다. 결국 모건 스탠리는 어떤 투자은행도 따라올 수 없는 영업 실적을 자랑했다. 글래스-스티걸법은 국내외 경제 환경의 변화에 따라 1999년 11월 폐지되었다.

국가산업부흥법(6.16)에 따라 설립된 산업부흥청에는 산업을 규제하고 기업에 독과점을 허용할 수 있는 권한이 부여되었다. 기업에 독과점을 허용한 것은 지나친 경쟁으로 기업이 도산하고 실업이 만연했다고 판단했기 때문이다. 또한 국가산업부흥법은 물가 하락을 방지하기 위해 정부가 제시한 공정경쟁 규약 내에서 기업들이 자율적으로 포괄적인 가격 및 생산 협정을 맺는 것을 허용했다. 이 정책에 참여하는 기업의 상품에는 산업부흥청의 상징인 '푸른 독수리' 마크를 붙여주고 이 마크가 없는 상품은 불매하도록 했다. 국가산업부흥법에는 최저임금 설정, 노동시간 제한, 아동노동 금지, 노동조합의 단체교섭권 보장 등도 포함되었다. 정부가 기업에 과점 구조를 합법화해 주는 대가로 저임금 노동자들의 임금 인상을 통한 경제 회생을 시도한 것이다.

프랭클린 정부는 농업 문제를 해결하기 위해 1933년 5월 농업조정법도 제정하고 법을 구현할 농업조정국(AAA)을 설립했다. 당시 미 정부는 과잉 생산에서 오는 농산물 가격의 하락이 농업 위기의 원인이라고 진단했다. 따라서 농민이 생산량을 자발적으로 감축하고 정부가 감축분을 보상해주면 농산물의 가격이 오를 것으로 기대했다.

정부는 연방보조금을 지급해 옥수수, 면화, 쌀, 담배, 밀 등의 경작 규모를 축소시키고 600만 마리의 돼지를 도살했다. 그러나 이 정책은 수많은 사람이 기아에 허덕이고 있을 때 정부가 농산물 생산량을 줄였다는 비판을 받기도 했다.

과거의 관행에서 벗어나 노동조합 수호자로 변신

이처럼 뉴딜의 많은 법안이 제정되어 경제 위기 극복에 적용되었지만 1935년에 이르러 뉴딜 정책이 한계에 달한 것처럼 보였다. 경기는 상당히 회복되었으나 국민총생산은 아직 1929년의 수준에 이르지 못했고 실업자도 여전했다. 무엇보다 심각한 문제는 1935년 시작된 대법원의 반발이었다. 보수 세력이 우세한 대법원은 뉴딜의 법들이 헌법에 위배된다는 이유로 하나하나 무효화했다. 먼저 헌법에 위배된다는 판결을 받은 것은 국가산업부흥법이었다. 법이 행정부에 지나치게 많은 권한을 부여함으로써 3권분립의 원칙을 부정했다는 게 판결 이유였다.

사법부의 반대에 부닥치자, 루스벨트와 뉴딜주의자들은 뉴딜의 국가통제와 국가 계획의 구상을 포기하고 노동자를 보호하는 방향으로 선회했다. '제2차 뉴딜'이 시작된 것이다. 프랭클린 정부가 노동자들의 단체교섭권을 강화하기 위해 제정한 것은 국민노동관계법(1935)이었다. 법안의 주된 입안자가 상원의원 로버트 와그너였기 때문에 통상 '와그너법'으로 불린다.

법은 부당 노동행위를 금지하고 노동자가 노동조합을 통해 사용자와 협상할 권리를 보장했으며 사용자가 노동조합 활동을 방해할 수 없게 했다. 이로써 정부는 고용주의 후견인 역할을 하던 과거의 관행에서 벗어나 노동조합의 수호자로 변화했다. 국민노동관계법이 '노동대헌장'이라고 간주되는 이유다.

국민노동관계법과 더불어 사회복지의 초석이 된 법으로는 '사회보장법'

(1935)과 '공정노동기준법'(1938)이 있다. 사회보장법에 따라 노인수당, 실업보상, 노동장애자보험, 미망인 수당 등 복지 제도가 확립되었다. '개인의 복지는 개인 스스로가 책임져야 한다'는 자유주의 풍토가 뿌리 깊던 당시 상황에서 사회보장법 제정은 획기적인 조치였다. 이 법의 제정 취지가 가난은 개인의 무능과 게으름 탓이 아니라 사회구조적인 문제라는 사실을 인정하는 것이었기 때문이다. 다만 건강보험은 '의료의 사회주의화'라는 이유로 미국의사협회가 강력하게 제기한 반대 벽을 넘지 못해 포함되지 못했다.

공정노동기준법은 노동자와 노동환경에 초점을 맞췄다. 이 법의 제정으로 주당 노동시간이 44시간(2년 후에는 40시간으로 변경), 초과근무시간의 임금은 정규 임금의 1.5배로 결정되었다. 최저임금도 책정되었다. 16세 미만 아동의 노동과 집으로 일감을 가져가서 하는 노동도 금지되었다.

그래도 대법원의 위헌 판결은 멈추지 않았다. 1936년 말까지 대법원은 뉴딜 정책과 관련된 9개의 재판에서 7개에 대해 위헌 판결을 내렸다. 그러자 루스벨트는 1936년 11월 재선된 후 대법원을 무력화할 계획을 세웠다. 그는 뉴딜 정책을 지지하는 진보주의자들이 대법원에 들어갈 수 있도록 1937년 사법부 개편안을 의회에 제출했다. 대법관의 정원을 9명에서 15명으로 늘리고 법관 정년을 70세로 낮추는 안이었다. 사법부는 크게 반발했다. 사법부를 행정부에 예속시켜 3권분립의 원칙을 깨뜨릴 위험이 있다는 이유를 들었다.

2차대전까지 승리로 이끌며 미국 역사상 초유의 4선 기록

그러던 중 뜻하지 않게 루스벨트 행정부에 유리한 상황이 벌어졌다. 2명의 보수적인 판사가 태도를 바꾸어 뉴딜 입법을 지지하고 1명의 보수적인 판사는 자진해서 은퇴한 데다 또 1명의 보수적인 판사가 사망한 것이다. 이로써 대법원도 뉴딜 정책을 지지하는 진보적인 대법관이 다수를 차지했다. 1936년 다소 회복되는 듯하던 경기는 1937년 중반부터 다시 불경기로 돌아섰고 1938년에는 최악의 상태로 떨어져 실업자가 전체 노동력의 5분의 1인 1,000만 명에 달했다.

루스벨트에게 비난이 쏟아졌으나 그는 천운을 타고난 듯 뜻하지 않은 곳에서 해결책을 선물받았다. 1939년의 2차대전은 미국에 전쟁 특수의 단비를 내렸다. 미국의 전쟁 개입으로 군수산업이 급성장하면서 1,000만 명의 실업자가 방위산업 분야에 투입되었다. 미국은 대공황에서 벗어나고 세계 최대 경제대국으로 우뚝 섰다. 루스벨트는 2차대전까지 승리로 이끌며 미국 역사상 초유의 4선을 기록했으나 재임 중이던 1945년 4월 12일 뇌출혈로 사망했다.

뉴딜 정책은 전반적으로 성공한 정책으로 평가받고 있다. 하지만 반대 의견도 있다. 최저임금제와 최대노동시간제 도입 등은 오히려 고용 확대와는 거리가 멀어 실업자 해소가 절체절명의 과제였던 당시에는 적합하지 않은 정책이었다는 지적도 그중의 하나다. 거센 반기업적 분위기 속에서 연방 정부의 게임 룰이 끊임없이 바뀌다보니 투자자들은 자신들의 돈을 위험에 빠뜨리기를 주저했다. 일관성도 없었고 언제나 능률적이지도 않았다.

그러나 전반적으로는 뉴딜 정책 덕분에 경기가 회복세로 돌아서고 국민의 신뢰와 자신감을 회복하는 데 도움이 되었다는 평가를 받고 있다. 불황에 시달린 다른 나라들이 절망 속에서 전체주의 체제로 돌아섰을 때 미국을 자유로운 국가로 지켜주고 또 경쟁적인 사회 세력들 간에 공평한 균형을 확립함으로써 현대사회 형성에 도움을 준 것으로도 평가받고 있다.

엘리너 루스벨트

엘리너 루스벨트

빌 클린턴 전 미국 대통령의 부인 힐러리 클린턴은 그녀를 가리켜 "나의 이상적인 모델"이라고 하고 제럴드 포드 전 미 대통령의 부인 베티 포드는 "귀감으로 삼았다"고 했다. 미 시사주간지 '타임'은 1998년 넬슨 만델라, 마하트마 간디, 미하일 고르바초프 등과 함께 그를 '20세기의 위대한 지도자 20명'으로 선정하고 미국 시에나대는 1982년부터 2014년까지 5차례 역사학자를 대상으로 설문 조사를 벌여 '역사상 최고의 퍼스트레이디'로 꼽았다.

그의 이름은 강인하고 독립적이며 자유로운 미국 여성들의 화신 엘리너 루스벨트(1884~1962)였다. 엘리너는 미 여성들에게 자의식을 부여하고 흑인의 인권을 신장시키고 외교에 큰 업적을 쌓은 미국 최초의 '현실참여형 퍼스트레이디'였다.

뉴욕의 명문 집안에서 태어난 그녀는 어려서 수줍음을 잘 타고 뻐드렁니 얼굴 때문에 어머니에게서 자주 경멸 섞인 놀림을 받으며 어린 시절을 보냈다. 더욱이 8살 때 어머니를 여읜 데 이어 10살 때 알코올 중독자이던 아버지마저 세상을 떠나 우울한 성장기를 보냈다.

그러던 중 15살 때인 1899년 여성주의자가 운영하는 영국의 여자기숙학교에 입학, 단호하게 말하고 독립적으로 사는 여성의 생활 방식을 터득했다. 교장은 수줍음이 많은 이 소녀에게 비범한 자질이 있음을 간파한 최초의 인물이었다. 엘리너는 훗날 "그때가 내 인생에서 가장 행복한 시기였다"고 회고했다.

1902년 뉴욕으로 돌아왔을 때 18살의 엘리너는 완전히 다른 사람이었다. 외형적으로는 키가 크고 세련된 모습이었으며 성격적으로는 자신감이 넘치고 활동적이었다. 이런 그에게 눈길을 준 뭇 남성 중에는 먼 친척인 프랭클린 루스벨트도 있었다. 두 사람은 루스벨트 어머니의 완강한 반대를 무릅쓰고 1905년 3월 17일 결혼했다. 엘리너의 삼촌이자 현직 대통령인 시어도어 루스벨트가 주례를 섰다. 프랭클린 역시 시어도어 대통령의 먼 친척 동생(12촌)이었다.

루스벨트는 맘마보이였기 때문에 결혼 후에도 어머니의 곁을 떠나지 못했다. 집안의 경제권을 움켜쥔 어머니는 루스벨트 부부의 주거 문제는 물론 자녀들의 양육방식까지 결정했다. 부부가 어머니의 간섭에서 벗어나 것은 루스벨트가 뉴욕주 상원의원, 해군성 차관보로 임명되고나서였다. 엘리너는 시어머니와 불화하면서도 다섯 아이를 낳아 키우고 내조에 충실했다. 루스벨트 부부는 성격적으로 많은 차이가 있었다. 루스벨트가 우회적이고 느긋한 반면 엘리너는 직설적이고 완고했다.

'미 역사상 최고의 퍼스트레이디'로 꼽혀

이처럼 성격적으로는 달라도 부부 사이에 결정적인 문제는 없었다. 하지만 1918년 루스벨트가 자신의 비서 루시 머서와 외도를 하고 있다는 사실을 엘리너가 알게 되면서 부부 사이에 균열과 불화가 생겼다. 남편에 대한 사랑은 싸늘하게 식고 고통은 심해졌다. 그러나 다섯 자녀들과 프랭클린의 정치적 성공을 위해 이혼은 하지 않기로 했다. 대신 완벽한 아내나 며느리가 되는 것은 포기하고 정신적 독립을 결심했다.

이때부터 두 사람은 껍데기만 부부였다. 의례적인 자리 외에는 별거했고 공식 행사가 아니면 식사도 따로 했다. 사랑과 결혼이라는 비현실적인 악몽에서 깨어나는 순간 엘리너에게 세상이 다르게 보였다. 이후 엘리너는 홀로서기에 힘쓰고 해방의 날갯짓을 위해 비상을 준비했다.

그러던 어느 날 남편이 소아마비에 걸려 휠체어 신세가 되는 운명적인 사건이 일어났다. 루스벨트에게는 좌절과 낙담의 순간이었지만 엘리너에게는 삶의 전환점이자 기회였다. 엘리너는 몇 주일간 밤낮으로 남편을 간호했다. 그렇다고 남편의 외도 사실을 잊은 건 아니었다. 남편과의 정치적 동반자를 꿈꾸던 엘리너는 정치를 포기하려는 남편에게 용기를 북돋워주며 정계 복귀를 독려했다. 그것은 두 사람의 정치적 목표를 향한 협력관계였다.

루스벨트는 1924년 민주당 전당대회에서 정계 복귀 선언을 하고 1928년 뉴욕 주지사에 당선되어 재기에 성공했다. 그 무렵 루스벨트의 옆에는 미시 르핸드라는 새로운 여비서가 자리를 지켰다. 여비서는 루스벨트가 소아마비를 치료하던 초반을 제외하고 1941년까지 20년 이상 비서 역할을 했다. 르핸드는 엘리너가 없을 때는 비서, 친구, 백악관의 안주인 역할을 했다.

엘리너 역시 르핸드가 루스벨트와 어떤 관계인지를 대충 알고 있었다. 다만 르핸드가 조심스러운 태도를 보이고 엘리너가 르핸드를 비서로 취급해 심각한 불화는 없었다. 루스벨트가 르핸드와 어디까지 갔는지에 대해서는 역사가들과 가족들의 의견이 서로 다르다.

1933년 루스벨트가 대통령에 취임하자 엘리너는 백악관 생활 첫해에만 6,500km를 돌아다니며 남편을 보좌했다. 뉴딜 정책의 진척 상황을 남편에게 보고하고 다리가 불편한 남편을 대신해 의회에 나가 정부의 입장을 적극 대변했다. 때로는 정부와 배상 문제로 갈등 관계에 놓여 있던 미국 참전 용사들을 직접 찾아가 함께 식사하고 노래를 부르며 설득했다. 전 정권이 참전 용사 시위를 무력 진압한 것과 대비되는 활동이었다. 당시 "(전임자인) 후버 대통령은 군대를 보냈고, 루스벨트 대통령은 아내를 보냈다"라는 말이 유행했다.

루스벨트의 죽음은 엘리너 인생의 또 다른 시작

국민의 가정 속으로 파고들기 위해 루스벨트가 '노변정담'을 이용한 것처럼 엘리너도 '나의 나날' 칼럼을 1936년부터 몇몇 신문에 연재했다. 칼럼에서 엘리너는 때로는 남편의 정책을 지지하고 때로는 반대 의사를 표명하며 정치적으로 긴장 관계를 유지했다.

엘리너는 아동노동을 없애고 최저임금제와 노동자 보호권 도입을 주장하는 여성 단체에서도 활동했다. "공적인 활동에 나선 여성들은 모두 피부를 코뿔소의 가죽처럼 튼튼하게 단련할 필요가 있다"고 설파했으며 백인 여성 보수 단체의 반대로 음악회가 무산된 흑인 오페라 가수 메리언 앤더슨이 1939년 4월 9일 워싱턴 링컨기념관 앞 야외에서 음악회를 열도록 도와주었다. 에드거 후버 FBI 국장은 엘리너의 이런 활동이 공산주의와 연관이 있다고 믿고 내밀한 조사를 벌였다. 그렇게 축적된 엘리너에 대한 FBI 파일이 449쪽이나 되었다.

엘리너는 AP통신 여기자 로레나 히콕과 특히 가까웠다. 자신의 어려웠던 어린 시절과 실망스러운 결혼생활에 관해 이야기를 주고받았고 남편에 대한 불평과 불만도 모두 털어놓았다. 히콕의 조언을 받아들여 여성 기자만 출입할 수 있는 기자회견을 매주 한 차례씩 연 것은 신문사마다 적어도 한 명의 여기자를 뽑도록 한 조치였다.

엘리너와 히콕이 주고받은 편지 내용을 본 지인들은 두 사람이 우정 이상의 깊은 관계를 맺고 있다고 생각했다. 엘리너의 주변에는 남자도 있었다. 운전사 겸 경호원은 물론 엘리너의 전기를 쓴 사람도 엘리너가 사춘기적 열정으로 좋아했던 남자들이었다.

1945년 4월 루스벨트의 죽음은 엘리너 인생의 또 다른 시작이었다. 남편의 그늘에서 완전히 벗어나 유엔 미국 대표로 활약하고 유엔 인권위 의장으로 소련을 설득해 1948년 12월 마하트마 간디와 함께 세계인권선언을 발의했다. 이후에도 '세계의 퍼스트레이디'는 쉬지 않고 세계를 돌아다녔고, 어디서나 환영받는 비공식 외교관으로 활동했다.

1962년 11월 7일 숨을 거두었을 때 그의 침대 곁에는 버지니아 무어의 시 '프시케'가 적힌 종이가 놓여 있었다. '믿었던 영혼은 기만당하고 / 잠시 아무 생각도 않는다 / 모든 생각들이 역겹다…'로 시작하는 시 위에는 '1918'이라는 숫자가 적혀 있었다. 1918년은 엘리너가 남편의 외도를 알았던 해였다.

앙드레 말로 '인간의 조건' 출간

전쟁과 혁명을 소재로 한 것은 첨예하게 전개되는 인간의 실존을 그리고 싶었기 때문이다.

앙드레 말로(1901~1976)의 삶은 파란만장한 20세기 격동기를 관통한 한 편의 대하드라마다. 소설가이자 모험가로, 레지스탕스이자 정치가로 매 순간을 변신과 파격으로 산 그의 삶은 소설만큼이나 극적이다. 1920년대는 반식민주의 투사로 활동하고 1930년대는 스페인 내전에 참전, 파시즘에 대항하고 공산주의에 동조했다.

1940년대 중반에는 레지스탕스 대장, 후반에는 드골의 집권을 위해 물불을 가리지 않는 정치인으로 활약했으며 1950년대 말부터 10년 동안은 드골 정권의 공보장관이나 문화장관으로 활동하며 프랑스 문화를 세계 최고 수준으로 끌어올렸다. 이렇게 시대적 격변에 몸을 던지면서도 불후의 명작들을 연이어 쏟아낸 타고난 문사이기도 했다.

말로는 프랑스 파리에서 태어나 고교 재학 중이던 1918년 7월 학교를 그만두고 박물관 등을 드나들며 극동 지방 예술품에 대한 안목을 키웠다. 한편으로는 헌책방들을 뒤져 희귀본 서적을 사고파는 것으로 생계를 꾸

앙드레 말로

리면서 문단이나 미술계 인사들과 교류했다. 1921년 10월 돈이 많은 유대인 여성과 결혼한 덕에 한동안은 유럽 곳곳을 여행하고 미술관을 관람하는 것으로 소일했다. 그러다가 1923년 아내 소유의 재산 대부분을 투자한 멕시코 증권거래소의 파산으로 하루아침에 빈털터리가 되었다.

그러던 어느날 캄보디아 밀림 오지의 폐허 사원에 있는 석상이나 조각품들의 예술적 가치가 엄청나다는 글을 보게 되었다. 말로는 조각품들을 가져다 팔면 다시 일어설 수 있다는 기대감에 모험심까지 발동해 인도차이나 반도의 캄보디아행을 결심했다.

소설만큼이나 극적이고 열정적인 삶의 주인공

말로 부부는 1923년 10월 프랑스를 떠나 베트남의 사이공을 거쳐 12월 캄보디아에 도착했다. 부부는 사원에서 1t가량의 석상 몇 개를 절단해 프놈펜으로 운반했다. 하지만 곧 적발되어 절도죄로 체포되었다. 말로는 1924년 7월 징역 3년형을 선고받았고 아내는 면소 판결을 받았다.

말로가 항소한 가운데 아내가 귀국해 말로의 지인들에게 도움을 요청하자 앙드레 지드, 프랑수아 모리아크, 루이 아라공, 앙드레 브르통 등 22명의 작가가 '말로의 지성과 문학적 재능을 위해 선처를 바란다'는 내용의 성명서에 서명했다. 항소심에서 집행유예 1년이 선고된 덕에 말로는 1924년 10월 귀국할 수 있었다.

부부는 1925년 1월 다시 인도차이나 반도의 베트남 사이공으로 떠났다. 당시 인도차이나에서는 소수의 프랑스인이 무소불위의 권력을 행사했다. 말로는 이런 부조리한 상황을 목격하고 1925년 6월 일간지 '인도차이나'

를 창간해 프랑스 식민 정부의 학정을 신랄하게 고발했다. 한편으로는 중국의 국민당과 연결된 '젊은 베트남'이라는 민족주의 운동가들과 어울리고 중국 국민당 코친차이나(베트남 남부 지역 명칭) 지부 회의에도 참가해 중국인들과 교류했다.

'인도차이나'는 점차 베트남인들의 적극적 참여, 코친차이나 지부의 후원에 힘입어 자리를 잡았다. 하지만 프랑스 식민 정부가 인쇄를 금지해 8월에 휴간했다가 11월 제호를 '사슬에 묶인 인도차이나'로 바꿔 격일간으로 발간했다. 말로는 더욱 맹렬하게 식민 정부의 폭정을 고발했으나 돈이 다 떨어지고 살해 위협까지 받자 1925년 12월 말 프랑스로 돌아갔다. '사슬에 묶인 인도차이나'는 1926년 2월까지 발행되다가 중단되었다.

말로는 베트남의 체험을 바탕으로 한 소설을 본격적으로 집필했다. 1926년 7월 '서양의 유혹'을 출간하고 뒤이어 중국 광동의 국민당 정부가 영국에 대해 벌인 총파업을 박진감 있게 묘사한 '정복자'를 1928년 출간해 단번에 유명 작가가 되었다. "광동 전 지역에 파업이 선포되었다"는 문장으로 시작되는 '정복자' 덕에 말로는 작가로서의 명성을 얻었을 뿐만 아니라 영국의 제국주의에 맞서 홍콩과 광동의 총파업을 주도한 혁명가라는 신화적 인물로 부상했다.

격변에 몸을 던지면서도 불후의 명작 쏟아내

사실 말로의 중국 체험은 1925년 8월 홍콩과 마카오의 서양인 거주 지역에 며칠 머무른 게 전부이고 중국에 대해 아는 것이 거의 없었다. 그러나 이 사실을 알 리 없는 독자들은 중국 혁명을 탁월하게 묘사한 '정복자'에 열광했다. 말로 자신도 사실과 허구를 혼동하는 평론가들의 오류를 시정하려는 노력을 하지 않았다. 오히려 자신이 중국 국민당의 핵심 간부였다는 가짜 이력서를 언론에 흘려 신화의 날조에 일조했다. '정복자'는 이렇게 사실과 허구의 경계를 무너뜨림으로써 걸작의 반열에 오르고 말로는 27살의 나이에 '문학적 대가' 혹은 '정치적 거물'이 되었다.

말로는 1930년 크메르 사원의 부조를 발굴하는 내용의 '왕도'를 발표하고 1933년 가을 장개석의 상해 반공 쿠데타(1927)를 배경으로 격변의 소용돌이를 그린 '인간의 조건'을 출간했다. '인간의 조건'은 말로의 대표작이자 시대를 뛰어넘는 고전으로 평가받았고 프랑스뿐만 아니라 서양 전체에 중국을 알리는 데 중요한 역할을 했다.

이처럼 말로의 초기 작품들은 서구 작가들이 아직 관심을 기울이지 않고 있던 인도차이나 식민지와 혁명기 중국의 상황을 주요 소재로 삼아 발간할 때마다 큰 주목을 끌었다. '정복자'는 그해 베스트셀러로 선정되고 '왕도'는 앵테랄리에상 수상작으로 뽑혔으며 '인간의 조건'은 프랑스에서 가장 권위를 인정받는 콩쿠르상의 영예를 안았다.

독소 불가침조약을 계기로 공산주의와 결별

모험으로 가득한 말로의 일생 중 가장 화려했던 순간은 1936년 7월 발발한 스페인 내전 때였다. 말로는 스페인 공화군의 치명적인 약점이 비행기 부족에 있다는 것을 간파하고 외국에서 구입한 무기와 비행기로 국제 비행부대 '에스파냐'를 창설했다. 이것이 계기가 되어 비행기를 조종하지도 못하면서 국제의용군 편대장으로 불렸다. 그가 제공한 비행기들은 폭격 시 창밖으로 손을 뻗어 폭탄을 집어던져야 할 정도로 형편없었으나 소련의 원조가 있기 전까지는 프랑코군의 진격을 저지하는 유효적절한 수단으로 각광받았다. 말로는 자신의 편대가 파시스트군에 의해 파괴될 때까지 7개월 동안 불굴의 용기와 지칠 줄 모르는 의지로 대원들을 독려하며 싸우다 3차례 부상했다.

스페인 내전 때 틈틈이 쓴, 스페인 내전의 연대기라고 할 수 있는 '희망'

은 1937년 12월 단행본으로 출간되었다. '희망'이 전 세계적으로 큰 반향을 불러일으키자 1938년 7월 스페인 바르셀로나에서 '희망'의 영화 촬영에 착수했다. 하지만 촬영 도중이던 1939년 1월 프랑코군이 바르셀로나를 포위해 영화 제작은 중단되었다. 이후 파리의 스튜디오에서 영화를 완성했으나 프랑스 정부의 검열과 2차대전으로 개봉이 중단되었다가 전쟁이 끝난 1945년 6월 개봉되었다.

당대 프랑스의 지식인 상당수가 소련의 스탈린에 열광했던 것처럼 말로 역시 1934년 6월 모스크바에서 열린 소련작가대회에 참석하는 등 공산당과 가까이 지냈으나 1939년 독소 불가침조약을 계기로 공산주의와 결별했다.

1939년 9월 2차대전이 발발했을 때는 과거 스페인내전 때의 대령 계급을 달고 참전하려 했다가 거부당하자 1940년 4월 전차부대에 일반병으로 참전했다. 1940년 6월 포로가 되었으나 그해 11월 탈출했다. 프랑스가 함락된 후에는 레지스탕스 동참을 거부하고 숨어 지내며 집필에 몰두했다.

그러다가 전쟁이 막바지에 돌입한 1944년 4월 베르제(양치기) 대령이라는 가명을 쓰며 레지스탕스로 활약했다. 당시 그는 포탄과 총탄이 쏟아져도 혼자 언덕에 올라 적진을 살피는 모습이 자주 목격될 정도로 죽음을 두려워하지 않았다. 1944년 7월 총상을 입고 또다시 포로가 되었으나 이번에는 독일군의 황급한 철수 덕에 자유의 몸이 되었다.

1944년 9월 알자스-로렌 여단을 조직해서 지휘관이 되고 1945년 프랑스 제1군단의 작전에 참가해 알자스 지방의 스트라스부르 탈환에 일조했다. 알자스 전선에서는 프랑스 망명정부를 이끌던 샤를 드골 장군을 처음 만났는데, 드골이 "드디어 참 인간을 만났다"고 외쳤다는 유명한 일화가 전해지고 있다. 이때의 만남 후 말로는 드골의 추종자가 되어 드골이 죽는 그날까지 돈독한 관계를 유지했다.

프랑스를 세계적인 문화 중심지로 자리 잡게 한 인물

1945년 1월 말로는 100만 명이나 가입한 '민족해방운동'의 대표들이 운집한 장소에 나타났다. 당시 프랑스에서는 레지스탕스의 양대 축이던 공산당과 드골파 사이의 갈등이 점점 악화하고 있었다. 공산주의자들은 '민족해방운동'이 그들의 통제하에 있는 인민전선과 합병되도록 추진했다. 말로는 공산당원도 마르크스주의자도 아니었지만 스페인 내전에서의 친소적인 태도 때문에 프랑스 공산당 편으로 간주되고 있었다. 그러나 말로는 '민족해방운동'이 공산당이 주도하고 있던 민족전선과 합치는 것을 가로막는 연설을 했다. 표결 결과 부결되면서 마르크스주의자들과 결별하게 된다. 그의 연설은 해방 직후 프랑스 공산당에 대한 가장 결정적인 타격으로 평가되고 있다.

종전 후 말로는 철저한 드골주의자가 되어 1945년 11월 임시정부 대통령으로 선출된 드골 내각의 공보장관으로 입각했다가 2개월 뒤인 1946년 1월 드골이 물러날 때 함께 장관직에서 물러났다. 장관으로 재직하며 공산당에 대한 프랑스 지식인들의 열광적인 지지를 신랄하게 비판했는데 이는 해방 직후 프랑스에서는 대단히 충격적인 사건이었다. 전후 대부분의 지식인이 공산당에 입당하거나 동조하는 상황에서 말로 같은 경우는 사실상 이단자나 다름없었다.

말로는 1958년 5월 알제리 사태로 드골이 재집권했을 때 공보장관에 재기용되었다. 1959년에는 프랑스 정부가 세계 최초로 신설한 문화부 장관에 임명되어 1969년 드골이 물러날 때까지 11년 동안 프랑스의 문화 인프라를 재건하는 데 큰 족적을 남겼다.

이처럼 그가 문학을 버리고 정치에 시간을 빼앗긴 것을 아쉬워하거나 비판하는 사람이 많았다. '공산주의로부터 드골의 골리즘으로의 전향'이라고 비난하는 사람들도 있었다. 카뮈는 "말로가 드골에 붙어먹은 이후로 반항에 종지부를 찍었다”고 했고, 좌파는 그를 배신자라며 비난했다. 그러나 누가 뭐라 하든 오늘날의 프랑스인들은 프랑스와 파리를 세계적인 문화 중심지로 확고하게 자리 잡게 한 20세기 인물로 앙드레 말로를 꼽는 데 주저하지 않는다.

오청원과 신포석 바둑

일본 바둑계에 화려한 금자탑을 쌓으며 덤(공제) 제도 도입의 필요성을 일깨웠다.

2000여 년의 바둑 역사에서 오늘날과 같은 현대식 바둑 이론을 정립한 대표적인 인물을 꼽으라면 오청원(1914~2014)을 빼놓을 수 없다. 그는 ‘신포석’으로 표현되는 바둑의 새로운 철학과 ‘치수 고치기 10번기’라는 처절한 승부를 통해 끊임없이 자신의 존재를 확인시켜온 ‘20세기 바둑계의 거성’이다.

오청원은 중국 복건성 복주에서 태어나 13살이던 1927년에 ‘바둑 신동’으로 불리며 북경의 1인자가 되었다. 소문을 들은 일본의 프로 기사 세고에 겐사쿠(1889~1972) 7단이 그를 초청하자 1928년 10월 18일 일본 땅을 밟았다. 오청원은 단위 테스트에서 첫 상대인 시노하라 4단을 불계승으로 이겼다. 일본 최후의 명인 슈사이를 상대로 한 2점 접바둑에서도 당당히 4집 승을 거둬 3단을 인정받았다.

오청원

1929년 여름, 오청원은 ‘영원한 라이벌’이 될 기타니 미노루(1909~1975) 4단과 특별대국을 벌였다. 이 대국에서 오청원은 철저히 기타니의 착수를 그대로 따라 두는 흉내 바둑을 뒀다. 제1착을 천원에 두고는 장장 63수까지 흉내 바둑을 두었으나 결국 3집 패했다. 이후 1932년까지 무려 9할의 승률을 기록하면서도 좀처럼 기타니의 벽을 넘지 못했다. 1932년의 승단전에서 선상선(先相先)으로 기타니 5단을 이기고서야 겨우 5단으로 승단하고 기타니와 균형을 맞췄다.

그러자 시사신보가 1933년 둘 간의 10번기 승부를 기획했다. 3월에 시작한 대국은 여름 무렵 5국까지 이어졌다. 그런데 5국 도중 두 사람은 덥다며 함께 온천으로 피서를 떠났다. 두 사람 모두 술을 즐기지 않았기 때문에 1개월 동안 같은 숙소에서 세력을 중시하는 '신포석'에 대해 의견을 주고받았다.

휴가를 마치고 돌아와 남은 5국과 6국을 마쳤을 때 둘의 전적은 3승 3패였으나 기타니가 곧 6단으로 승단했기 때문에 나머지 7~10국은 취소되었다. 그해 가을의 승단전에서 오청원은 7승1무로 1등, 기타니는 6승1패1무로 2등을 차지해 '신포석'의 우월함을 천하에 알렸다.

신포석, 충격적 패러다임으로 바둑계에 혁명 몰고 와

1933년 음력 12월 마지막날 오청원과 기타니 그리고 일본기원 편집부장 야스나가 하지메가 기타니 집에서 신포석을 논의하며 밤을 세웠다. 그 만남 후 야스나가가 집필하고 3명을 공저자로 한 '바둑 혁명·신포석법—화점 삼삼 천원의 운용'이 1934년 출판되었다. 책은 10만 부나 팔렸고 신포석은 전체의 균형, 돌의 효율, 중앙의 가치를 강조하는 충격적 패러다임으로 바둑계에 혁명을 몰고 왔다. 신포석은 확실히 다른 기사가 두어도 상당히 높은 승률을 올리는 효과가 있었다.

오청원은 이후 신포석에서 중요시하는 화점, 삼삼, 천원을 삼각편대로 형성하는 독특한 포진을 선보였다. 특히 천원은 바둑판의 한가운데에 위치한 중심점으로 당시 바둑가에선 착수를 금기시할 정도의 신성불가침에 해당하는 곳인데도 오청원은 과감히 그 족쇄를 풀어헤쳤다.

신포석은 바둑판 네 귀의 땅보다도 중앙으로 뻗는 세력을 중요하게 평가한다. 옛 바둑이 귀의 실리를 중요시해 소목에 두고 다음 수로 귀를 굳히는 고정관념에 잡혀 있는 것과 달리 신포석은 화점이나 삼삼의 한 수로 귀를 결정짓고 발 빠르게 변으로 중앙으로 비상하는 것이 특징이다.

한국 바둑계의 대부 조남철 9단은 신포석의 의미를 이렇게 평했다. "신포석 등장 후 세력이 중요한 새 요소로 부각되었다. 400년 일본 바둑사에서 거의 무시되어 왔던 세력이 실리와 비슷하게 5대5 비중으로 평가받기 시작한 것이다. 이건 바둑의 혁명이었다."

한편 오청원과 기타니가 신포석을 논하고 있을 때 요미우리신문이 5단 이상 참가하는 일본 바둑선수권전에서 우승자를 가려 혼인보 슈사이 명인과 대결하게 하는 기획을 세웠다. 이른바 슈사이 명인의 환갑 기념 대국이었다. 오청원은 준결승에서 라이벌인 기타니 미노루를, 결승에서 세고에의 동문이자 선배인 하시모토 우타로를 물리치고 도전권을 획득했다.

'불패 명인'과 '신포석 창시자'의 대결

59세 슈사이와 19세 오청원의 일전이 막을 연 것은 1933년 10월 16일이었다. 제한 시간은 각각 24시간. 바둑 팬들은 '불패의 명인'과 '신포석의 창시자'가 맞붙었다는 사실에 큰 관심을 보였다. 그 무렵 멀리 중국에서는 만주를 둘러싸고 오청원의 중국과 슈사이의 일본이 한창 전쟁 중이었기 때문에 바둑판과 전쟁이 오버랩되어 두 사람의 대결에 흥미를 더해 주었다.

오청원의 정선으로 시작된 대국에서 오청원은 첫수를 우상귀 삼삼에 두고 다음 수로 좌하귀 화점, 그리고 천원에 세 번째로 착점해 마치 바둑판을 대각선 방향으로 길게 연결하는 듯한 신포석을 선보였다. 슈사이는 기

오청원(右)과 슈사이 대국(1933)

존의 포석법대로 얌전하게 두 귀의 소목을 차지했다.

대국은 1934년 1월 29일까지 3개월간 진행되었다. 그 사이 슈사이가 둘 차례에서 13차례나 중지되었다. 막부 시대부터 명인은 바둑을 중지할 수 있는 특권이 있었기 때문에 가능한 일이었다. 즉 백 차례의 슈사이가 바둑을 두다가 대국을 중지하겠다고 하면 두 대국자는 각자 집으로 돌아갔다가 다시 적당한 날을 받아서 대국을 계속하는 식이었다. 백 차례에서 중단한 슈사이로서는 좋은 수가 생각날 때까지 며칠이라도 연구할 수 있었기 때문에 당연히 슈사이는 유리하고 오청원은 불리했다. 그래도 이것은 명인에 대한 예우로 당시의 관행이었다.

대국은 한동안 팽팽한 접전이 계속되다가 160수에 이르러 슈사이의 묘수가 등장해 결국 오청원은 두 집을 졌다. 슈사이의 투혼은 극찬을 받았고 불패의 명인으로 추앙받았다. 오청원은 묘수에 대해 아무 말도 하지 않았다.

그러나 오청원의 스승 세고에는 14년이 지나 1948년의 한 좌담회에서 슈사이의 백 160 묘수는 슈사이가 중단을 선언한 후 슈사이의 제자가 생각해낸 수라는 주장을 제기했다. 그러자 혼인보가의 전 문하생이 들고 일어나 "세고에가 망언을 했다"고 규탄했다. 결국 당시 일본기원 이사장이던 세고에는 자리에서 물러났다. 오청원은 1942년 가을 8단으로 승단하고 1950년 2월 후지사와 구라노스케 일본 최초의 9단에 이어 두 번째로 9단으로 승단했다.

'치수고치기 10번기'는 무예자의 진검승부와 같은 것

오청원의 승부사적 기질을 논할 때 빼놓을 수 없는 것이 '치수 고치기 10번기 시리즈'다. 지금처럼 상금을 건 타이틀전이 드물고 단위(段位)가 엄격하게 존중되던 시절, 오청원처럼 젊은 기사가 그것도 타국 땅에서 자신의 기량을 맘껏 펼쳐내기란 결코 쉽지 않았다. 그런 속에서 승부 바둑의 극단으로 평가받는 '치수 고치기 10번기'로 절정기 십수 년을 보냈으니 승부사도 이런 승부사가 없었다. '치수 고치기 10번기'는 무예자의 진검승부와 같은 것이다. 치수 고치기에서 패하게 되면 대등하던 관계에 격차가 생기고 명예에도 큰 상처가 나게 되므로 두 대국자는 그야말로 처절하게 맞붙는다.

1939년 봄 7단으로 승단한 오청원의 '치수 고치기 10번기' 첫 상대는 '영원한 라이벌' 기타니 미노루 7단이었다. 제1국은 1939년 9월 28일 시작되었다. '불패의 명인' 혼인보 슈사이가 은퇴한 후 두 사람은 바둑계의 쌍벽으로 지목되고 있던 터라 투혼을 불살랐다. 1939년은 중일전쟁이 확대일로를 걷고 있고 일본에서는 국수주의가 사회를 뒤덮기 시작한 때였다. 이런 분위기 때문인지 대국 기간 중에 오청원은 협박을 받고 집에는 돌까지 날아들었다.

오청원은 이 모든 것을 극복하고 승리했다. 6국까지 5승 1패로 오청원이 앞서자 치수가 선상선으로 고쳐졌다. 당시 일본에서는 4승의 격차가 나면 치수를 고치는 것이 관행이었다. 선상선 이후의 나머지 4국은 오청원이 1승 3패로 밀렸으나 전체적으로는 6승 4패의 승리였다.

1941년 6월 성사된 두 번째 10번기 상대는 가리가네 준이치 8단이었다. 그는 고령이긴 했어도 당시 유일한 8단이라 결코 무시할 수 없는 존재였다. 오청원은 1942년 5월의 5국까지 4승 1패로 앞서나가 한 판만 더 이기면 치수를 고칠 수 있었으나 주최 측이 가리가네의 건강을 염려해 6국 이후를 중지하면서 치수는 고쳐지지 않았다.

“바둑판이야말로 오청원의 진정한 조국”

1942년 12월에 시작된 세 번째 상대는 후지사와 구라노스케 6단이었다. 후지사와는 당시 일본기원에서 가장 촉망받는 준재급이었다. 실제로 그는 1949년 6월 일본기원 최초로 9단이 되었다. 오청원은 이 대국도 6승 4패로 이겼다. 이후 하시모토 우타로, 사카다 에이오, 이와모토 가오루 등 일본 최고 실력자들을 연이어 격파한 뒤 1950년 2월, 일본 두 번째로 9단으로 승단했다.

하시모토 우타로, 후지사와 구라노스케와는 한 번 더 10번기를 펼쳤으나 이때도 오청원이 각각 5승 3패 2무, 7승 2패 1무로 승리했다. 약이 오를 대로 오른 후지사와 9단의 요청으로 시작된 세 번째 치수 고치기에서도 오청원은 5승 1패의 승리를 거뒀다.

오청원은 사카다 에이오와 두 번째 10번기(1953~1954)에서도 6승 2패로 승리하고, 당시 일본의 유일한 타이틀인 혼인보 9연패 행진을 달리고 있는 다카가와 가쿠와의 10번기(1955~1956)에서도 6승 2패로 이겨 천하무적임을 입증해 보였다. 치수 고치기 10번기는 더 이상 상대가 없어 1956년 중단되었는데 오청원은 도합 10회의 10번기를 모두 이겨 일본 바둑계에 화려한 금자탑을 쌓으며 덤(공제) 제도 도입의 필요성을 일깨웠다.

오청원은 1936년 4월 활동 편의를 위해 일본에 귀화했으나 1949년 가을 대만 국적의 중국인으로 국적을 회복했다. 그러다가 1979년 다시 자녀의 장래 문제로 일본 국적을 취득하자 이런 그의 삶을 놓고 주변에서 “바둑판이야말로 오청원의 진정한 조국”이라는 말이 나왔다.

1984년 현역에서 은퇴한 후에도 ‘21세기 포석법’을 발표하는 등 정력적으로 활동했다. 세계 여류 최강자 예내위(루이나이웨이)를 지도한 것도 80세가 넘어서였다. 2005년 91세 때 북경까지 날아가 제5회 응창기배 결승 4국 심판을 맡는가 하면, 100세가 된 2014년 2월 38기 기성전 도전기를 현장에서 검토하는 열정을 보이기도 했다. 2014년 6월 100회 생일잔치상을 받은 뒤 11월 30일 일본에서 노환으로 사망했다.

기타니 미노루 기타니 미노루(1909~1975)는 일본 고베에서 태어나 초등학교 3학년 때 바둑에 입문하고 스즈키 7단에게서 본격적으로 바둑을 배웠다. 1924년 2월, 15세에 프로에 입단하고 3년 만인 1927년 봄에 4단이 될 정도로 고속 승단을 했다. 1927년의 신진 대항 승발전에서 10연승을 거둬 '괴동'이라는 별명을 얻고 1930년 5단, 1934년 6단, 1936년 7단으로 승승장구했다. 1933년 오청원과 함께 신포석을 완성했으나 1939년 오청원과의 '치수 고치기 10번기'에서 패한 후 점점 쇠퇴해 결국 제1인자의 자리에 오르지 못했다.

비록 최고 기사의 꿈을 이루진 못했지만 그가 필생의 업으로 삼은 것은 제자 양성이었다. 그 유명한 기타니 도장을 세워 일본 바둑의 황금기를 이루는 데 결정적인 공을 세운 것이다. 기타니의 내제자 양성은 신포석을 두기 시작한 1933년부터 그가 죽는 1975년까지 계속 이어졌다. 그는 기재가 있는 젊은 친구가 눈에 띄면 무조건 집으로 데리고 와 제자로 키웠다. 이렇게 키운 제자가 많을 때는 30명도 넘었다. 그는 내제자들을 자식처럼 대했다.

기타니 미노루

이런 생활 속에서 일본 바둑계를 짊어질 유망한 기사가 속속 배출되었다. 오다케 히데오, 이시다 요시오, 가토 마사오, 고바야시 고이치, 다케미야 마사키 9단 등 일본 바둑의 정상을 휩쓴 수많은 고수는 물론 우리나라의 조남철, 김인, 조치훈, 하찬석 등도 모두 기타니 도장에서 수업했다.

제자 중 고바야시 고이치 9단은 기타니의 딸이자 여류 혼인보이던 레이코와 결혼해 사위가 되었고, 두 사람 사이에서 태어난 딸 고바야시 이즈미도 프로기사가 되어 3대 프로기사 가문을 이어나가고 있다. 게다가 이즈미는 일본에서 활약을 펼치는 대만 출신의 장허(장쉬)와 결혼, 일본 최고 명문 바둑 가문을 이루고 있다.

기타니는 1954년부터 뇌출혈로 고생을 하면서도 기사회 회장(1962~1964), 일본기원 이사(1965~1969)로 바둑계에 공헌했다. 1968년 12월 프로10걸전의 예선을 끝으로 더 이상 공식 대국에 나서지 않다가 1975년 12월 서거했다. 현재까지 기타니의 손(孫)제자까지 포함하면 프로기사는 50명 이상, 단위 합계는 500단이 넘는다. 그를 '일본 현대 바둑계의 아버지'라고 부르는 이유다.

안타까운 것은 그의 죽음과 함께 도장이 문을 닫으면서 일본 바둑도 서서히 쇠락의 길을 걸었다는 점이다. 기타니와 오청원은 평생 동안 우호적인 라이벌 관계를 유지했지만 두 사람의 스승과 제자 역시 라이벌 관계를 형성하는 묘한 인연을 맺었다. 기타니의 스승이던 스즈키와 오청원의 스승이던 세고에도 라이벌이었고, 기타니의 제자인 조치훈과 오청원의 제자인 임해봉도 좋은 라이벌이었기 때문에 3대째 라이벌 관계를 유지했다.

혼인보 슈사이

슈사이(1874~1940)는 현대 바둑의 지평을 연 거목으로 세습 제도 최후의 혼인보이자 명인이었다. 혼인보가(本因坊家)는 막부 시대에 설립된 혼인보, 야스이, 이노우에, 하야시 등 바둑 4가문 중 가장 우뚝했던 가문이다. 슈사이는 당시 일본에 망명 중이던 김옥균이 19대 혼인보 슈에이에게 그를 소개해 준 덕에 혼인보가에 들어갔다.

슈사이는 34세이던 1908년 혼인보에 오르고 40세인 1914년 명인이 되었다. 혼인보와 명인 지위는 본인이 사망하거나 은퇴하지 않는 한 아무리 강

혼인보 슈사이

한 자가 나와도 그 지위에 오를 수 없다. 1인 종신제 하에서 명인의 권위는 거의 절대적이었다. 그러나 아무리 명인이라 해도 연령이 높아지면 기력이 떨어진다. 따라서 명인의 권위를 유지하려면 뒤쫓아 오는 기사들과 대국을 피해야 한다. 실제로 역대 명인 다수는 대국을 피하며 그 지위를 지켜왔다.

혼인보 슈사이 역시 명인에 취임한 이래 극단적으로 대국을 제한했다. 대국을 할 때는 아무 때나 대국을 중단하고 판세를 유리하게 진행하는 방식을 십분 활용해 '불패 명인'의 지위를 지키는 데 부심했다. 명인이 바둑을 중지하는 것은 막부 이래 명인에 대한 예우였고 관행이었다. 1933년 10월에 시작된 환갑 기념 대국에서 슈사이가 오청원을 이길 수 있었던 것도 슈사이가 대국 중 13차례나 중단을 선언하고 그 기간 다음 수를 충분히 준비할 수 있었기 때문이다.

슈사이는 1936년 21대를 이어온 혼인보가의 세습 제도를 폐지하고 혼인보 명칭을 마이니치신문에 양도했다. 마이니치신문은 1939년 6월부터 '혼인보'라는 이름의 선수권전을 열어 1941년 7월 제1기 우승자를 가렸다. 이것이 혼인보전의 시초이고 일본 프로 기전의 시초다. 최후의 혼인보 슈사이 명인의 생애 마지막 승부 바둑은 은퇴기였다. 마이니치신문이 기획한 '불패의 명인, 슈사인 은퇴기'의 도전자로 결정된 인물은 30세의 젊은 강자 기타니 미노루 7단이었다.

현대 바둑의 지평 넓힌 거목

중일전쟁이 한창이던 1938년 6월 시작된 대국의 관전기는 훗날 소설 '설국'으로 노벨문학상 수상자가 된 가와바타 야스나리가 맡았다. 제한 시간은 각 40시간으로 시간제 바둑 역사상 가장 길었다. 대국은 무려 6개월 동안 14번으로 나뉘어 진행되었다. 명인도 혼신의 힘을 다했지만 기타니의 집념도 대단했다. 가와바타는 “귀신이 마주 앉아 바둑을 두는 것처럼 처절하다”고 썼다.

65세 명인은 쓰러져 병원에 실려가면서도 생명의 마지막 불꽃을 아낌없이 대국에 쏟아부었으나 결국 5집 차로 지고 말았다. 65세 노인이 새롭게 떠오르는 젊은 최강자를 정선의 치수로 상대하는 것 자체가 애초부터 무리였는지 모른다. 슈사이는 대국이 끝난 후 마치 심지가 다 터버린 초처럼 이듬해 죽음을 맞았다. “이 바둑이 명인의 생명을 빼앗았다”고 쓴 가와바타는 훗날 이 한판을 ‘명인’이란 소설로 펴냈다.

이 대국이 일본 바둑사에서 중요한 의미를 지니는 것은 그때까지 슈사이가 둔 대국과는 결정적으로 다른 그 무엇 때문이다. ‘봉수(封手)의 적용’이 그것인데, 슈사이가 대국을 중단할 경우 기보 용지에 다음 착점을 써넣어 봉투에 밀봉하고 그것을 입회인에게 맡기는 방법이다. 따라서 “오늘은 여기까지!” 하고 중단한 뒤 대국을 속개할 때까지 다음 착점을 충분히 검토할 수 있었던 이점이 크게 제한될 수밖에 없었다. 슈사이가 기타니에게 결국 5집 패한 원인은 기본적으로 35세의 나이 차가 결정적이었지만 이 ‘봉수의 적용’도 크게 영향을 미쳤다. 결국 이 대국 이후 ‘대국은 공평해야 한다’는 개념이 비로소 바둑계에 도입되었다는 점에서 의미가 큰 대국이었다.

에드윈 암스트롱 FM 방식 특허 취득과 자살

잡음이 거의 없는 고감도의 새로운 변조 방식으로 창안된 것이 ‘주파수 변조(FM)’ 방식이다.

과학사가들은 1906년 12월 24일 밤, 캐나다의 레지널드 페선던이 미국 매사추세츠주 자신의 연구실에서 제너럴 일렉트릭사의 1kW

발전기를 이용해 불특정 다수에게 크리스마스 이야기를 들려주고 바이올린을 연주한 것을 세계 최초의 라디오 방송으로 인정하고 있다. 다만 초창기의 라디오 방송은 '들린다'는 사실에만 만족했을 뿐 잡음을 문제 삼을 정도로 기술적인 여유는 없었다. 그래서 한동안 잡음 문제는 해결되지 않았다.

에드윈 암스트롱

그러던 중 '진폭 변조(AM)' 방식에는 전파가 서로 간섭을 일으켜 혼신이 되거나 잡음이 생기고, 때에 따라서는 세기까지 달라지는 등 불안정한 문제점이 있다는 사실이 밝혀졌다. 이 문제점을 극복하기 위해 잡음이 거의 없는 고감도의 새로운 변조 방식으로 창안된 것이 '주파수 변조(FM)' 방식이다. FM 방식을 가능케 한 새로운 기술을 창안한 사람은 미국의 에드윈 암스트롱(1890~1954)이다. 그는 1912년 9월 FM 방식에 적합한 '피드백 회로'를 발명하고 1913년 10월 특허를 취득했다. 오늘날 전기회로 기술에 폭넓게 응용되는 '피드백 회로'란 출력부의 신호를 입력부로 되돌려서 증폭하는 장치다.

FM 방식을 가능케 한 새 기술을 개발한 사람은 암스트롱 말고 또 있었다. 1906년 '오디온'이라는 이름의 '3극 진공관'을 개발한 리 디포리스트(1873~1961)로, 그는 '오디온'을 '울트라 오디온'으로 성능을 발전시켜 1914년 3월 특허를 신청했다. 미국 특허청은 한동안 이 발명이 암스트롱의 발명품과 흡사하다고 판단해 특허를 내주지 않고 있다가 디포리스트의 집요한 개선 결과를 보고 특허를 내주었다. 이에 고무된 디포리스트가 암스트롱의 '피드백 회로'는 자신이 개발한 것이라며 1915년 공개적으로 주장해 결국 법적 문제로 비화했다.

'피드백 회로'를 둘러싼 두 사람 간의 법정 싸움은 1920년 암스트롱이 자신의 특허권을 웨스팅하우스사에 팔고 디포리스트가 자기 특허를 AT&T에 팔면서 절정에 달했다. 이후 20년 동안 계속된 법정 싸움은 1934년 5월 연방 대법원이 "암스트롱의 독창성은 인정되지만 디포리스트도 그와 비슷한 착상을 했다는 점을 인정한다"며 디포리스트의 손을 들어주는 것으로 마무리 되었다. 오늘날 대부분의 과학사가들은 당시 대법원이 기술적 문제를 이해하지 못해 잘못 판결했다는 데 의견을 같이하고 있다.

소송과는 별개로 당시 컬럼비아대 교수로 활동하던 암스트롱은 '진폭 변조(AM)' 방식으로는 전송되는 소리에서 잡음을 제거하는 것이 불가능하다는 결론을 내린 뒤 '주파수 변조(FM)' 방식이 전파 방해를 줄여줄 것이라며 1933년 12월 26일 FM 방식으로 특허를 취득했다. 뒤이어 당시 미국 굴지의 무선장비 제조업체인 RCA사에 FM 방식을 채택하도록 제안했다.

RCA는 FM이 기존의 AM에 비해 확실히 우수하다는 걸 인정은 하면서도 시큰둥한 반응을 보였다. 새로운 방식이 설사 우수하더라도 이미 AM 방식에 많은 투자를 해놓은 상태에서 투자 비용을 회수해야 했기 때문에 FM 방식을 바로 채택할 수 없었던 것이다. 더구나 RCA는 당시 신발명품 TV 개발에 사운을 걸고 있어 TV가 등장하면 라디오는 쓸모가 없어질 것으로 판단했다.

탐욕스러운 대기업에 홀로 맞선 고독한 발명가의 상징

RCA의 미온적인 반응에 실망한 암스트롱은 군소 방송사를 중심으로 독자적인 FM 방송망을 만들었다. 그리고 1935년 6월 FM 방식을 처음으로 공개 시연하고 뉴저지주 알파인시에 'W2XMN 알파인'이라는 FM 방송국을 세워 1939년 7월 18일 맑고 깨끗한 FM 신호로 첫 방송을 내보냈다. 직직대는 잡음에 신호가 희미해 신경을 곤두세우고 귀를 기울여야 하는 AM 방식과는 차원이 달랐다.

그러자 이전에 들어본 적 없는 명징한 소리를 전달하는 방법에 혹한 다수 기업이 참여 의사를 밝혀왔다. 제너럴 일렉트릭사 등은 FM 시스템에 기꺼이 비용을 지불했다. 청취자도 서서히 늘어 AM 라디오 시장을 잠식했다. 뒤늦게 FM 방식의 이점을 알아차린 RCA가 1940년 기술 사용 대가로 암스트롱에게 100만 달러를 제안했으나 암스트롱은 과거 자신을 푸대접한 데 대한 불만으로 제안을 거절했다.

그러자 RCA는 암스트롱의 FM 방송 체계를 무력화하는 쪽으로 방침을 정했다. FM의 표준 주파수대를 암스트롱이 이미 구축한 주파수대와는 다른 것으로 채택하도록 연방통신위원회에 압력을 행사한 것이다. RCA의 입김을 강하게 받고 있던 미국 연방통신위원회는 그때까지 FM 방송에서 사용하던 42~49MHz 주파수대를 현재 우리의 FM 방송이 사용하고 있는 88~108MHz 주파수대로 옮기고, 그 주파수대에 RCA가 선점한 방송 주파수를 허용함으로써 노골적으로 RCA 편을 들어주었다. 이에 따라 암스트롱이 힘겹게 구축한 수많은 방송 시설과 수신 장치는 무용지물이 되었다.

더구나 RCA사가 FM을 자신들이 먼저 개발했다며 TV 방송에 FM 방송기술을 사용하자 암스트롱은 분을 참지 못해 1948년 RCA를 상대로 FM 특허 침해 소송을 제기했다. 분쟁이 5년 넘게 진행되었지만 해결의 기미가 보이지 않자 육체적·재정적으로 막다른 상황에 놓이게 된 암스트롱은 1954년 1월 31일 뉴욕 자신의 아파트 10층에서 투신자살함으로써 소송으로 점철된 고단한 생을 접었다.

다행히 부인이 남편 대신 소송을 이어갔고 마침내 특허를 침해한 RCA를 비롯해 모든 기업으로부터 승소 판결을 얻어냈다. 암스트롱은 오늘날 탐욕스러운 대기업에 홀로 맞선 고독한 발명가의 상징으로 평가받고 있다.

1934년

이상 '오감도' 조선중앙일보 연재
김동리 조선일보 신춘문예 입선
강경애 소설 '인간문제' 동아일보 연재
이병도 '진단학회' 결성 주도
중국 공산당의 대장정과 준의회의
히틀러, '긴 칼의 밤'으로 에른스트 룀 제거
_ 하인리히 힘러
마고 폰테인 발레 데뷔와 루돌프 누레예프
풍우란 '중국철학사' 완간

이상 '오감도' 조선중앙일보 연재

"미친 수작", "정신병자의 잡문" 등의 혹평과 비난이 빗발쳤다.

이상(1910~1937)은 전위적 실험 정신과 해체적인 서사를 앞세워 분열된 내면세계를 탐구한, 우리 문학사의 대표적 이단아다. 알쏭달쏭한 숫자와 기호, 해독할 수 없는 구문들로 이뤄진 난해한 시로 지금까지도 이상에 대한 이미지는 '난해'와 '괴팍'으로 인상지어져 있다.

이런 이상을 평가하는 문단의 온도 차는 뚜렷하다. "잉크로 글을 쓰지 않고 스스로 제 혈관을 짜서 시대의 혈서를 썼다", "이상은 사람이 아니라 사건"이라는 평가에서부터 "모국어의 훼손에 기여한 시인", "자기 기만의 속임수"라는 부정적인 악평에 이르기까지 실로 다양하다. 이상의 누이동생은 이상이 괴팍하고 방탕한 천재로 알려진 것에 대해 "한 번도 집에서 담배를 피운 적이 없고 술을 마시는 모습도 본 적이 없다"며 "세상 사람들이 알고 있는 것처럼 퇴폐적이고 문란한 생활을 하지 않았다"고 강변한다.

이상의 본명은 김해경이다. 서울에서 가난한 집안의 장남으로 태어나 젖을 떼자마자 자식이 없는 백부의 양자로 들어갔다. 그의 예술적 재능 가운데 먼저 드러난 것은 문학이 아닌 그림이었다. 미술에 대한 소질은 동광학교를 거쳐 1924년 편입한 보성고보에서 만개했다. 그곳에는 '한국 최초의 서양화가' 고희동이 미술 교사로 재직하고 있었다. 이상은 교내 미술전람회에서 유화 '풍경'으로 우수상을 받았다.

1926년 보성고보를 졸업하고 경성고등공업학교 건축과에 입학해 건축과 교지 '난파선'을 만들며 문학으로까지 관심 영역을 넓혀 미술과 문학을 넘나들었다. 예술적 재능은 경성고등공업학교를 졸업하고 조선총독부 건

이상

축과 기사로 들어간 1929년부터 다양한 형태로 발휘되었다. 1929년 12월 '이상'이라는 필명으로 조선건축회지인 '조선과 건축' 표지 도안 현상모집에서 1등과 3등으로 당선되었고, 1931년 조선미술전람회에 서양화 '자화상'으로 입선했다. 1934년 8월 1일부터 9월 19일까지는 조선중앙일보에 연재된 박태원의 중편소설 '소설가 구보 씨의 일일' 삽화를 그렸다.

그의 문학이 처음 활자화된 것은 조선총독부에서 발행하던 '조선'지 1930년 2월부터 12월까지 9회에 걸쳐 연재된 장편소설 '12월 12일'이었다. 그 후 '조선과 건축' 1931년 7월호에 일어로 쓴 시 '이상한 가역반응' 등이 활자화되면서 시와 소설을 넘나드는 작가가 되었다.

막 재능을 꽃피우던 그 무렵 이상을 괴롭힌 것은 무질서한 독서와 밤샘으로 인한 폐결핵이었다. 1931년 폐결핵 진단을 받은 후 병세가 더욱 악화하자 1933년 3월 총독부 기사직을 그만두고 황해도 배천온천으로 요양을 떠났다. 그곳 술집에서 만난 기생이 '금홍'이다. 이상은 1933년 청진동에 '제비'라는 다방을 차리고 금홍을 마담으로 앉혔다. 다방 뒷골방에는 금홍과 살림을 차렸다. 1936년 9월 '조광'지에 발표한 소설 '날개'는 이때의 모습을 그린 것이다.

우리 문학사의 대표적 이단아

이상은 1934년 여름, 조선중앙일보의 학예문예부장 이태준의 요청을 받고 연작시 '오감도'를 7월 24일부터 조선중앙일보에 연재했다. 이태준은 이상이 일으킬 파문을 예견하고 호주머니에 사표를 넣고 다녔다. 아니나 다를까? 독자들로부터 "미친 수작", "정신병자의 잡문" 등의 혹평과 비난이 빗발쳐 '오감도'는 8월 8일 15회로 중단되었다. 대신 이상은 명성을 얻었다.

그 무렵 금홍은 외간 남자들과 바람을 피웠고 제비 다방은 경영난에 시달리다 결국 1935년 9월 두 해 만에 문을 닫았다. 제비 다방 파산 후에도 이상은 인사동에 카페 '쓰루(鶴)', 광교 근처에 다방 '69', 명동에 보리라는 일본말의 '무기(麥)' 다방 등을 잇달아 개업했으나 모두 실패했다. 그런 와중에 만난 인물이 변동림이다.

그녀는 경성여고보를 거쳐 1936년 5월 이화여전 영문과를 졸업하고 단편소설과 수필을 발표한 바 있는 신여성으로, 이상이 알고 지내던 당대의 지식인 변동욱의 동생이자 이상의 절친한 친구인 화가 구본웅의 서모와는 이복 자매 지간이었다.

이상과 변동림은 1936년 6월 결혼식을 올리고 허름한 셋집에서 신혼살림을 차렸다. 그러나 두 사람의 결혼 생활은 1936년 10월 이상이 새로운 예술의 돌파구를 찾아 일본으로 건너가면서 수개월 만에 파국을 맞았다. 이상은 도쿄에서 고독과 병고와 싸우며 '종생기', '실화' 등의 소설과 '권태', '실낙원' 등의 수필을 썼다. 1937년 2월 일본 경찰의 불심검문을 받고 '불령선인'이라는 이유로 1개월여 동안 수감되어 있다가 폐결핵의 악화로 경찰서에서 풀려났다.

유학생 지인들이 그를 도쿄제국대 부속병원으로 입원시켰다는 소식을 전해 들은 변동림은 일본으로 건너갔다. 이상은 1937년 4월 17일 새벽 4시, 변동림이 지켜보는 가운데 26년 7개월의 짧은 생애를 마쳤다. 그때까지 쓴 시와 소설과 수필은 모두 80여 편이었다. 변동림은 이상과 사별한 후 1944년 화가 김환기와 재혼하고 김향안으로 개명했다. 김환기와 함께 프랑스로 유학을 떠났다가 1964년 이후 미국 뉴욕에 정착해 뉴요커로서의 삶을 살았다.

'이상(李箱)'이란 필명의 유래에 대해서는 여러 가지 설이 있다. 총독부 건축기사로 공사장에 나갔다가 인부들이 김해경을 이씨로 알고 일본식 '리(李)상'으로 불렀다는 설이 가장 유력하지만 아침에 깨끗이 면도한 수염이 오후가 되면 새카맣게 자라 수염을 보면서 이상이 "이상하다"고 말한 데서 연유한다는 설도 있다.

이상의 친구로 곱추 화가인 구본웅에게서 평소 너무나 바라던 사생상(寫生箱·스케치 박스)을 선물로 받았을 때 이상이 감사의 표시로 '사생상'의 '상(箱)'자와 성씨 중에서 가장 흔한 성씨인 '이씨' 성을 따온 데서 '이상'이라는 필명이 생겼다는 주장도 있다. 그러나 정작 이상 자신의 증언은 없어 그 어느 것도 확실하지 않다. 이상은 시대를 너무 앞질러 갔기에 이해받지 못했다. 세상을 뜬 뒤에야 당대의 냉대와 몰이해의 사슬에서 벗어날 수 있었다.

김동리 조선일보 신춘문예 입선

세 번의 결혼은 그의 작품만큼이나 세간의 화제가 되었다.

"그의 문학은 이승과 저승 한가운데에 놓인 꽃이거나 등불"(문학평론가 김윤식), "순수한 한국인으로서 모든 세계적 혼혈 속에서 한국의 소설 양식을 표본화한 작가"(시인 고은), "서양 연장을 빌려 가장 한국적인 정서를 표출한 시인"(소설가 최일남). 이 극찬의 주인공은 서정주와 함께 한국문학의 수준을 끌어올리고 "우리 문학의 대부"(소설가 이호철)로 불리던 김동리(1913~1995)였다.

김동리는 경북 경주에서 태어나 독실한 기독교 신자 어머니의 영향을 받아 기독교 계통의 학교만 다녔다. 소학교는 물론 2학년까지 마친 대구

계성중학, 4학년 때 중퇴한 서울의 경신학교도 기독교계 학교였다. 김동리는 1929년 경신고를 중퇴한 후 귀향한 고향에서 매일신보 등에 시와 수필을 발표하며 문학 수업을 쌓다가 중앙 문단에 등단했다.

김동리

1934년 1월 조선일보 신춘문예에 시 '백로'가 입선(가작)되어 등단하고 1935년 조선중앙일보 신춘문예에 단편소설 '화랑의 후예'가 당선되어 소설가 타이틀도 거머쥐었다. 동아일보 신춘문예(1936)에서도 단편소설 '산화'가 당선되어 '신춘문예 3관왕'이란 영예를 안았다. 이름은 응모 때마다 달리했다. 조선일보에는 김귀남(호적), 조선중앙일보에는 김시종(아명), 동아일보에는 김동리(형이 붙여준 아호)를 사용했다.

1936년 11월 서정주, 김달진, 오장환, 김광균 등과 함께 시 전문지 '시인부락' 동인에 참여하고 시인으로 왕성한 창작욕을 발휘해 중앙 문단의 주목을 받았다. 하지만 '무녀도'(1936), '바위'(1936), '황토기'(1939) 등 동리 문학의 요체를 이루는 소설들도 잇따라 발표함으로써 시인보다는 소설가로 명성을 얻었다.

김동리는 인간과 죽음과 삶의 문제를 종교적·철학적으로 추적한 작품에서부터 현실적 경향의 작품에 이르기까지 초지일관 인간 중심의 '인간주의' 문학을 추구했다. 이런 작품을 통해 정확한 문장, 완벽한 구성, 뚜렷한 메시지로 한국 현대소설의 금자탑을 이뤘다는 평가를 들었다. 초기작에서는 토속적 색채, 샤머니즘, 운명론을 토대로 한 인간의 삶을 그렸으나 해방과 6·25 전쟁을 겪으면서 초월적 관심은 일시적으로 인간과 현실의 문제로 기울었다. '귀환장정'(1951), '흥남 철수'(1955), '밀다원시대'(1955), '실존무'(1955) 등이 그런 작품들이다.

초지일관 인간 중심의 문학 추구

김동리는 무속, 불교, 기독교 등 한국인의 심성을 지배하는 3대 종교를 정면에서 다룬 첫 작가였다. '화랑의 후예'(1935), '무녀도'(1936) 등이 향토색 짙은 샤머니즘의 세계를 다뤘다면, 작가 생활 35년 만에 비로소 작품을 갖게 되었다고 자평한 '사반의 십자가'(1957)는 기독교적 인간 구원의 문제를 다뤘으며, '원앙생가'(1955), '등신불'(1961) 등은 불교적인 색채를 띠었다. 특히 샤머니즘과 기독교와의 대립에서 생긴 정신적 갈등을 다룬 '무녀도'는 이후 중편 '을화'로 개작(1978)되어 1982년 노벨문학상 심사위원회에서 10위권 내 후보에 오르기도 했다.

이처럼 종교에 대한 집요한 관심은 물질과 사회보다 정신과 문화를 중시한 그의 태도에서 기인한 것으로 그가 내세운 순수문학론, 제3 휴머니즘론과 직결되어 있다.

김동리는 1942년 그가 가르쳤던 경남 사천군의 광명학원이 일제에 의해 폐쇄되고, 학자로 사상가로 지사로 경상도 일대에서는 유명했던 만형 김범부가 구속되자 절필을 선언해 일제 암흑기를 초야에 묻혀 지냈다.

그러나 사회 전체의 혼란과 대립이 문학에 고스란히 반영된 해방 공간 때는 문학 안팎에서 두드러진 활약상을 보였다. 1946년 4월 좌익 계열의 '문학가동맹'에 맞서 서정주, 박두진, 조지훈, 박목월 등과 함께 순수문학을 옹호하는 '조선청년문학가협회'를 결성해 초대 회장으로 활동하고 1949년 12월 이념적 색깔이 비슷한 '문필가협회'와 통합·결성한 '한국문학가협회'의 소설분과위원장을 맡았다. 6·25 때는 전국문화예술인총연합회 구국대 부대장으로 활약했다.

이후에도 한국문인협회 이사장(1968), 소설가협회장(1979), 예술원 회장(1981)을 역임하는 등 굵직한 문인 단체에는 늘 그의 이름이 올라갔다. 이런 그에게 "순수문학의 텃밭을 일궈낸 문단의 거목이자 한국 현대문학사의 산증인", "한국문학의 대들보"라는 수식어가 자연스럽게 따라붙었다.

김동리는 한국 문단의 큰 나무였고 명실상부한 우리 문단의 대부였다. 30대 중반부터 문학지의 심사위원으로 활동하는가 하면 1968년과 1973년 김동리가 각각 창간한 '월간문학', '한국문학' 등을 통해 발굴한 문인들이 훗날 한국 문단의 핵심으로 떠오른 박경리, 강신재, 이범선, 한말숙, 문순태, 손장순, 정을병, 이문구 등이다. 서라벌예대(현 중앙대)의 제자군은 더 화려하다. '난장이가 쏘아 올린 작은 공'의 조세희, '관촌수필'의 이문구, '죽음의 한 연구'의 박상륭, '저녁의 게임'의 오정희 등도 그의 제자들이고 김원일, 유현종 등도 '김동리 사단'의 일원이다.

"서양 연장을 빌려 가장 한국적인 정서를 표출한 시인"

김동리는 자신의 소신과 철학에 어긋난 주장과 문학에는 상대가 누구든 논쟁을 마다하지 않았다. '순수에의 지향'이라는 글에서 시인들의 현실도피적 성향을 비난한 유진오와 벌인 순수·참여 논쟁(1939), 좌파 문인들의 계급주의 민족문학론에 대항해 인간주의 민족문학론을 제창하면서 벌인 문학 논쟁(1947), 평론가 김동석과 문학의 기능을 놓고 벌인 논쟁(1948), '우상의 파괴'라는 비평적 명제를 제기한 신진 비평가 이어령과의 문학 논쟁(1957), 창비 계열 문학인을 비판한 사사 논쟁(1978) 등 참여문학과의 대결에서 정면으로 부딪치면 부딪쳤지 결코 피하지는 않았다. 분단 시대 남한 문학의 대부 역할을 한 이런 경력 때문에 1980년대 들어 진보적 문학 진영으로부터 보수 우익과 친정부 문인의 대명사로 치부되었다.

김동리는 세 번의 결혼으로도 화제를 뿌렸다. 그때마다 결혼은 그의 작품만큼이나 세간의 화제가 되었다. 첫 번째 부인은 1939년 결혼한 진주여고 출신의 초등학교 교사였다. 하지만 이들의 결혼 생활은 김동리가 소설가 손소희를 1947년 만나면서 오래가지 못했다.

손소희와의 관계를 깊게 만든 건 6·25 전쟁이었다. 서울이 북한군에 함락되었을 때 피란을 가지 못한 김동리를 손소희가 자신의 집 안방 천장 위에 석 달 동안이나 숨겨준 것이다. 이후 1·4 후퇴 때 가족과 함께 부산으로 피란 간 김동리는 손소희와 딴살림을 차리고, 이 사실이 부산 중앙일보에 보도되면서 두 사람의 연애는 기정사실화되었다. 1953년 서울로 돌아와 손소희와 정식으로 살면서 1966년 첫 번째 부인과 이혼했다.

손소희는 김동리의 두 번째 부인이 되지만, 김동리는 온전히 손소희의 남자로만 있지 않았다. 이내 서른 살 연하의 작가 지망생 서영은과 사랑에 빠졌기 때문이다. 서영은은 박경리의 주선으로 등단 추천을 받기 위해 1967년 서울 신당동 김동리의 자택을 방문했는데, 처음 본 순간부터 두 사람은 사랑에 빠졌다. 이후 두 사람의 관계를 알게 된 손소희가 이들의 관계를 인정하고 "김동리 선생을 잘 부탁한다고 했다"는 것이 문단의 뒷이야기로 전해 온다.

1987년 1월 손소희가 세상을 떠나자, 김동리는 그해 봄 서영은과 결혼식을 올렸다. 김동리가 74세, 서영은이 44세였다. 두 사람은 8년간 공식 부부로 살았지만 온전하게는 3년뿐이다. 김동리가 1990년 7월 뇌졸중으로 쓰러져 의식과 무의식의 세계를 넘나들며 5년여 동안 식물인간 상태로 살다가 1995년 6월 17일 타계했기 때문이다.

서정주는 1996년 김동리의 작고 1주기를 맞아 산소의 비문을 이렇게 썼다. "무슨 일에서건 지고는 못 견디는 한국 문인 중의 가장 큰 욕심꾸러기, 어여쁜 것 앞에서는 매양 몸살을 앓던 탐미파 중의 탐미파, 신라 망한 뒤의 폐도(廢都)에 떠오른 기묘하게도 아름다운 무지개여."

강경애 소설 '인간문제' 동아일보 연재

웬만한 남성 작가들보다도 앞선 주제 의식과 높은 문학적 완성도를 보였다.

일제 하에서 대다수 여류 작가들은 소녀 취향의 글이나 신변잡기, 염문과 사교 생활에 대한 글로 '작가'라는 타이틀을 얻었다. 그런 점에서 여성의 한계에 갇히기는커녕 웬만한 남성 작가들보다도 앞선 주제 의식과 높은 문학적 완성도를 보인 강경애(1906~1944)의 등장은 낯설고 파격적이었다. 불우한 가정환경과 극한의 궁핍을 겪으며 중앙 문단과 동떨어진 간도에서 글을 썼다는 점에서도 최소한의 경제적 여유를 갖고 글을 썼던 다른 여류 작가들과는 달랐다.

강경애는 황해도 송화 태생이다. 아버지가 일찍 죽어 다섯 살 무렵 재혼한 어머니를 따라 황해도 장연에서 어린 시절을 보냈다. 7살 무렵, 집안에 굴러다니던 '춘향전'으로 한글을 깨치고 고전소설을 독파하자 동네 노인들이 다투어 데려다 과자를 사 먹이고 소설을 읽게 했다. 이런 그녀를 동네에서는 '도토리 소설쟁이'라고 불렀다.

1921년 의붓 형부의 도움으로 평양 숭의여학교에 입학하고 평양의 진보적 학생들로 조직된 친목회 '독서조'에 참여했다. 1923년 10월 학교의 엄격한 규칙과 강요된 종교 교육에 항의하는 동맹휴학에 참가했다가 퇴학을 당했으나 1924년 봄 황해도 출신의 일본 와세다대 유학생 양주동을 만나면서 활력을 찾았다.

강경애

장연에서 계몽 강연을 하던 양주동의 문학 강연을 듣고 박식함에 반해 강경애가 찾아가자 양주동 역시 그녀의 당돌한 행동에 끌려 둘의 관계는 애인 사이로 발전했다. 양주동은 자신의 수필에서 강경애와의 만남을 이렇게 기록했다. "똑똑하고, 야무지고, 앙큼한 품이 몹시 귀엽다. 그 참새같이 작은 몸, 빛나는 눈, 훤칠한 이마, 낭랑한 목소리－나는 일견 그녀가 재원 이상의 문학적 천분의 소질이 충분히 있음을 간파했다."

강경애는 곧 양주동을 따라 서울로 가서 동덕여학교 3학년에 편입했다. 하지만 1924년 9월 양주동과의 관계가 깨지면서 학교를 중퇴하고 장연으로 귀향해 야학 교사를 하고 신간회의 자매단체인 근우회 장연지회에서 활동했다. 그러다가 만주 용정으로 가 교육기관의 강사로 일하다 1928년경 다시 장연으로 돌아왔다. 이때의 생활 체험을 바탕으로 단편소설 '그 여자'를 집필했다. 이후 틈나는 대로 짤막한 시나 독후감 등을 신문사에 투고하며 문학에 대한 꿈을 키웠다.

1931년 초 수원농림학교 출신의 장연군청 서기 장하일과 결혼했으나 장하일의 전처가 나타나 둘은 장연을 떠나 인천에서 품팔이를 하면서 지내다 1931년 6월 간도 용정으로 이주했다. 인천에서의 노동 경험은 훗날 그녀의 대표작 '인간 문제'를 쓸 때 귀중한 자산이 되었다. 용정에서 장하일은 중학교 교사로 활동하면서 조선일보 간도지국을 경영했다. 당시 신문사 지국은 신문 보급뿐만 아니라 지역 주재 기자 역할까지 하는 지역의 사랑방 같은 곳이었다. 강경애는 꾸준히 작품을 발표했다. 간도 시절 두 사람은 평범한 부부라기보다 문학과 사상에서 동지적 동반자였다. 강경애의 작품 대부분은 이 간도 시절에 생산되어 신문과 잡지에 연재되었다.

간도 시절에 쓰인 대표작들로는, 식민지 시대 최고의 리얼리즘 소설이자 최고의 노동 소설로 꼽히는 '인간 문제'(1934·동아일보), 장애인들을 주인공으로 해서 빈곤의 극한 경지를 그려낸 '지하촌'(1936·조선일보), 중국인 지주와 일본 경찰에게 학대받는 조선 민중의 비참한 처지를 보여주면서도 총을 들고 일어선 항일 무장 부대의 모습을 그린 '소금'(1934·신가정), 제4차 간도 공산당 사건으로 사형을 당한 항일혁명 운동가의 가족의 고난과 과거 운동가의 전향을 그린 '어둠'(1937·여성) 등을 꼽을 수 있다.

1931년 1월 독자투고 형식으로 조선일보에 4회 연재된 단편소설 '파금'이 강경애의 데뷔작이라는 주장도 있으나 1931년 8월부터 12월까지 '혜성'지에 연재된 장편소설 '어머니와 딸'이 편집자의 추천을 받았다는 점에서 흔히 등단작이라고 할 때는 '어머니와 딸'을 꼽는다.

식민지 사회의 전반적인 모습을 정확하게 묘사했다는 평가 들어

1934년 8월 1일부터 12월 22일까지 동아일보에 120회 연재된 장편소설 '인간 문제'는 강경애의 대표작이자 문제작이다. '인간 문제'는 식민지 시대의 친일 지주와 농민, 자본가와 노동자의 뚜렷한 갈등 구조 속에서 착취당하는 농민의 마음, 인천 부두 노동자의 세계, 식민지 대자본이 들어와 설립한 대규모 방적공장의 내부 모습과 운영 방식, 당시 노동운동에 투신한 대학생에 이르기까지 1930년대 식민지 사회의 전반적인 모습을 정확하게 묘사했다는 평가를 듣고 있다.

'인간 문제'에 등장하는 대동방적은 구사대의 똥물 세례를 받고 100명이 넘는 노조원이 해고를 당하면서도 민주 노조를 지키고자 했던 1970년대 민주 노조 투쟁의 대명사로 명성을 날린 '동일방직'의 전신이라는 점에서 상징적이다.

1937년 중일전쟁 후 강경애는 쓰고 싶은 것을 마음대로 쓰지 못해 심신이 병들었다. 1938년 5월 미완성 작품으로 '삼천리'에 실린 '검둥이'를 마지막으로 더 이상 소설을 쓰지 못했다. 결국 1940년 고향으로 돌아와 병고에 시달리다 해방을 불과 1년 앞둔 1944년 4월 26일 38세 나이로 눈을 감았다. 그때까지 2편의 장편과 17편의 중·단편, 그리고 많은 평론과 수필과 시 등을 발표했다. 다만 생전에는 1권의 작품집도 출간하지 못했다.

'인간 문제' 역시 연재가 끝났을 때 프로문학 쪽의 비평가들이 카프 검거 사건으로 경황이 없는 데다 일제의 검열까지 겹쳐 단행본으로 출간되지 못했다. 다행히 북한에서는 강경애의 유고를 지니고 있던 남편 장하일이 자신이 부주필로 있던 노동신문사에서 1949년 단행본으로 펴냄으로써 햇빛을 볼 수 있었다.

강경애는 2005년 1월 문화관광부가 주관하는 '3월의 문화인물'로 선정되었다. 그러자 강경애가 김좌진 장군을 암살한 공범이라는 주장이 제기되었다. "김좌진 장군 옆에서 당시 상황을 보고 듣고 장례 대변인을 맡기도 했던 이강훈 전 광복회장이 생전에 증언한 내용"이라며 "강경애는 김 장군 암살을 교사한 김봉환과 내연의 관계로, 일본 경찰에 공산주의 운동을 한 혐의로 체포된 뒤 변절해 김좌진 장군 암살을 공모했다"는 것이다. 이에 대해 문화부관광는 "암살 공모의 명백한 증거가 없는 상황에서 일방적 주장만으로 선정 결과를 번복할 수 없다"는 입장을 밝혔다.

이병도 '진단학회' 결성 주도

"존재하지도 않은 사실을 과장되게 기록하는 것은 잘못"이라는 분명한 태도를 굽히지 않았다.

이병도(1896~1989)는 우리나라 최초로 과학적인 방법론과 철저한 고증을 중시한 사학자다. 우리 역사의 과학적, 실증적, 종합적 규명과 체계화를 위해 지리학, 고고학, 사회학, 인류학, 민속학, 언어학 등 모든 연관 학문을 역사 연구에 적용한 우리나라 근대 사학계의 태두다.

그는 경기도 용인에서 태어나 한학을 공부하다가 11세 때인 1907년 부모를 따라 서울로 올라왔다. 중동학교를 거쳐 1915년 보성전문학교 법과를 졸업했으나 역사에 대한 관심이 깊어 그해 도쿄로 유학을 떠났다. 와

세다대 문학부에 입학할 때만 해도 서양사를 전공할 계획이었으나 당시 '일본의 국보'로 불리던 요시다 도고가 24세 때 썼다는 '일한고사단'을 읽고 한국사를 공부하기로 마음을 바꿨다.

이병도

1919년 가을 와세다대를 졸업하고 귀국 후에는 중앙학교 교원으로 역사와 지리, 영어를 가르쳤으며 1920년 7월 창간호를 낸 '폐허'의 동인으로 참여했다. 그러던 중 1925년 '조선사편수회'가 설립되자 "학문을 연구하려면 조선사편수회에서 일하는 것이 좋겠다"는 도쿄대 한 교수의 권유를 받았다. 이병도는 무엇보다 당시 일본인들만 접근할 수 있는 규장각 사료 등을 섭렵하고 싶어 1925년 8월 조선사편수회 촉탁으로 들어가 4년간 활동했다.

그는 조선사편수회에서 교토제국대 교수를 거쳐 경성제대 교수로 부임한 이마니시 류와 함께 우리나라 고대사 연구를 맡아 연구했다. 하지만 막상 고대사 연구에 손을 대니 너무 많은 문제가 앞을 가로막았다. 특히 한사군과 삼한 문제는 거의 미해결의 황무지 상태였다. 당시 조선사편수회는 단군에 대한 고기록이 너무 단편적이거나 설화적인 요소가 많고, 후세에 기록되었다는 이유를 들어 단군조선을 우리 역사에서 지우려는 시도를 하고 있었다. 사료가 확실치 않다는 이유로 한국사의 고대사를 왜곡하려 한 것이다.

이병도는 일본의 어용 사학자들과 달리 문헌이 믿기 어려우면 그것이 왜 믿기 어려운지 그 본원을 찾아 문헌을 복원함으로써 우리 역사의 근간을 바로잡으려고 했다. 그 결과 고조선 시대의 단군조선과 기자조선 모두 순수한 우리 겨레의 핏줄이 건국하고 우리 민족을 다스린 왕조임을 밝혀냈다. 1928년 12월 조선사편수회에 가담한 최남선도 일본인 어용 사학자들의 고조선 말살 기도를 집요하게 따졌다.

하지만 조선사편수회는 이에 아랑곳하지 않고 단군조선과 기자조선을 삭제하는 등 통일신라 이전의 우리 역사를 지워버린 채 1932년 3월 조선사 전 6편(35책) 중 1편(삼국 이전)과 2편(통일신라)을 발간했다.

모든 연관 학문을 역사 연구에 적용한 근대 사학계의 태두

이병도는 1929년 조선사편수회 생활을 끝내고 중앙불교전문학교 강사(1933~1946)와 이화여전 강사(1941~1943) 등을 역임하며 연구 활동을 계속했다. 1930년 5월에는 경성제대 교수와 조선사편수회원 등이 중심이 되어 결성한 친일 학술단체 청구학회의 '청구학총' 편집위원으로 활동했다. 이 청구학총에 게재된 이병도의 한사군 관련 논문들은 종래의 학설을 뒤집어 학계에 센세이션을 불러일으켰다.

1934년 5월 7일 소공동의 한 다방으로 한국의 언어, 문학, 역사, 민속, 미술을 연구하는 20여 명의 학자가 모여들었다. 그들은 이병도의 제안에 따라 자신들의 모임을 '진단학회'라고 정하고 24명의 발기인 중 이병도를 비롯해 이윤재, 이희승, 손진태, 조윤제 등 6명을 상임위원으로 선출했다. '진단'의 '진(震)'은 중국의 동쪽, '단(檀)'은 우리 민족의 시조라고 전해지는 단군을 뜻한다.

이병도는 1934년 11월 28일 창간된 우리나라 최초의 종합학술지 '진단학보'의 편찬에도 깊숙이 관여했다. 진단학보는 국문으로 된 최초의 본격적인 학술지로 일제에 대한 학문적·문화적 저항의 뜻을 함축했다. 계간으로 발행된 진단학보 첫 호는 이윤재의 주도로 만들어졌으나 적자 폭이 커 첫 호만 내고 손을 떼자 이후 이병도가 도맡아 했다. 이병도는 집에 사무실을 차리고 김성수·김연수 형제, 윤치호, 최규동 등으로부터 받은 찬조금과 자신의 사재를 털어 2호부터 본인이 냈다.

원고 작성, 정리, 편집, 조판, 교열까지 혼자 동분서주하며 만든 진단학보는 일본과 중국은 물론 미국, 오스트리아, 프랑스, 영국 등에도 배포되고 프랑스에서 발간되는 '아시아 학보'에도 소개되었다. 하지만 결국 이병도도 힘에 부쳐 1941년 6월 14호를 끝으로 자진 폐간했다. 일제 말기 이병도는 끝까지 창씨개명을 거부해 요시찰 인물로 지목되었다.

"학문은 냉엄·정확·과학적이어야 한다"

이병도는 해방 후 진단학회를 부활시키고 국어·국사 교육을 담당할 6개월 과정의 '임시 중등교원 양성소'를 개설해 교원을 배출하는 한편 우리말로 된 최초의 역사책 '국사 교본'을 편찬·보급함으로써 일제에 의해 단절된 국사 교육의 맥을 이었다.

이병도의 학문은 광복 후 만개했다. '조선사 대관'(1948)은 대표적인 저서로 훗날 '국사 대관'(1954)으로 증보되어 학계에 지대한 영향을 미쳤다. 6·25 전쟁 환도 후에는 미 록펠러재단의 후원을 받아 진단학회와 함께 한국사 발간에 착수, 1959년 6월 1일 '한국사' 전 7권을 간행했다.

말년에도 학문에 정진, '한국 고대사 연구'(1976), '고려시대 연구'(1980)를 발간했으며 필생의 작업으로 시작했던 '한국 유학사'(1988)를 출간했다. 이런 공로를 인정해 미국 역사학회가 중국의 호적 박사에 이어 동양인으로는 두 번째 명예회원으로 선정했으며 미 프린스턴대가 명예 문학박사 학위를 수여했다.

1970년~1980년대 들어 이병도의 실증사학은 식민사관이라는 이름 아래 젊은 학자들로부터 거센 비판을 받았다. 국사학계를 비롯해 사회 전반에서 일기 시작한 민족주의 사관이 조선사편수회 위원으로 활동하고 철저한 실증론에 입각한 이병도의 학문적 방법론에 이의를 제기하고 나선 것이다. 민족주의 사학을 연구하는 젊은 사학자들은 이병도의 학문적 태도에 대해 "민족혼이 빠진 사학"이라며 거칠게 비판했다.

그러나 이병도는 "학문은 냉엄·정확·과학적이어야 한다"며 "우리 문화를 사랑하고 역사에 따뜻한 정을 가지는 것은 좋으나 그것을 침소봉대해 존재하지도 않은 사실을 과장되게 기록하는 것은 잘못"이라는 분명한 태도를 굽히지 않았다.

중국 공산당의 대장정과 준의회의

대장정은 밖으로는 일방적인 후퇴로 비쳐졌지만 결코 단순한 후퇴가 아니었다.

1930년 12월, 지난 몇 년 사이 부쩍 성장한 중국 공산당의 홍군을 소탕하기 위해 장개석이 10만 명의 병력을 동원해 강서 소비에트 등 홍군의 본거지를 상대로 제1차 초공전(剿共戰)을 펼쳤으나 실패했다. 장개석은 1931년 5~6월에도 20만~30만 명의 병력을 동원, 두 차례나 초공전을 펼쳤으나 역시 패배했다.

홍군은 '적이 진공하면 우리는 퇴각하고(敵進我退), 적이 주둔하면 우리는 교란하고(敵駐我擾), 적이 피로하면 우리는 공격하고(敵疲我打), 적이 퇴각하면 우리는 추격한다(敵退我追)'는 이른바 모택동의 '16자 전법'을 적절히 활용해 병력과 무기 면에서 압도적인 열세를 극복했다. 농민은 물론 일부 국민당군까지 공산군에 합류하면서 공산군의 사기는 하늘을 찔렀다.

1931년 9월 만주사변이 발발해 장개석이 4차 초공전을 미루고 남경으로 돌아간 사이 모택동은 그동안 세력을 키워온 정강산에서 내려와 1931년 11월 7일 국민당이 장악하지 못하고 있는 강서성 서금에서 중화 소비에트 공화국 수립을 선포했다. 중국 공산당 역사상 최초로 수립된 공산당 정부였다.

모택동이 정부 수반인 중앙위원회 주석으로 임명되었으나 상해에 있던 공산당 중앙이 서금으로 옮겨온 뒤에는 공산당 서기인 주은래가 사실상 모든 것을 관장했다. 이후 모스크바에서 유학하고 돌아온 25살의 청년 박고

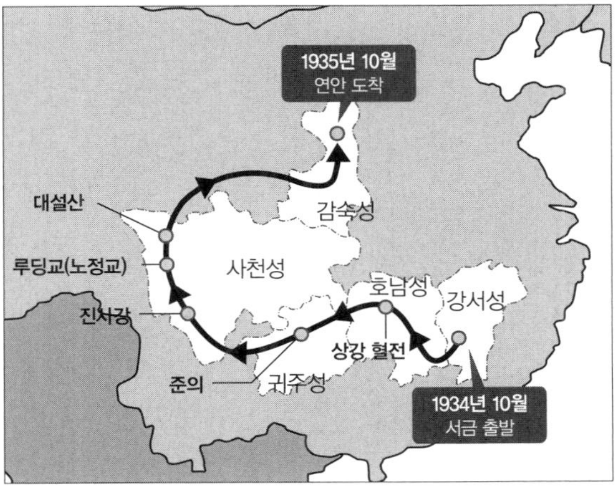

대장정 이동 경로

가 소련의 전폭적인 지지를 받으며 서금에 도착해 당의 한 축이 되었다. 코민테른이 파견한 독일인 군사고문 오토 브라운(이덕)도 서금에 짐을 풀었다. 이로써 중국 공산당을 움직이는 주은래, 박고, 이덕(오토 브라운)의 3두 체제가 서금을 무대로 펼쳐졌다. 모택동은 권력에서 소외되었다.

만주사변이 소강상태로 접어든 1933년 4월 장개석이 제4차 초공전을 펼쳤으나 또다시 치욕스러운 패배를 맛보았다. 장개석은 공산 소비에트를 뿌리 뽑기 위해 시도한 2년간에 걸친 4차례의 포위 섬멸 작전이 모두 실패로 돌아갔는데도 1934년 또다시 70만 명의 대군을 동원해 물샐틈없는 포위망을 펼치며 5번째 총공격에 나섰다. 이번에는 지난 네 차례에 있었던 똑같은 잘못을 되풀이하지 않기 위해 수백 기의 비행기와 기관총 등 신무기를 동원했다. 이에 맞서는 공산당의 홍군은 18만 명의 병력에 무기래야 소총 10만 정이 전부였다.

24개 강 건너고 18개 산 넘어

장개석은 독일 군사고문의 권고에 따라 도로와 토치카를 건설하면서

느리게 전진하는 새로운 전술을 구사했다. 홍군의 유격전을 봉쇄하기 위해 마을은 불태우고 주민은 쫓아내는 초토화 작전이었다. 공산당의 홍군은 할 수 없이 전통적인 유격전을 버리고 진지전으로 승부했으나 수적으로 월등한 장개석군에 밀려 거의 궤멸 직전에 이르렀다.

포위망이 점점 좁혀오고 생필품과 의약품까지 동이 나자 박고, 이덕, 주은래 3인방으로 구성된 공산당 지도부는 사태가 절망적임을 깨닫고 탈출을 결정했다. 당시 박고와 이덕은 홍군의 전략적 대이동을 서금 소비에트 지구에서 다른 곳으로 이사하는 정도로 안이하게 생각했다.

서금이 곧 함락될 것 같던 1934년 10월 16일, 8만 5,000여 명의 전투원과 1만 5,000여 명의 후방 요원 등 총 10만 명이 부녀자와 병자 등 2만 8,000여 명을 서금에 남겨둔 채 대탈주극을 시작했다. 전 세계를 깜짝 놀라게 한 '대장정(大長征)'이었다. 유격대 6,000여 명이 후방에서 장개석 군대와 혈투를 벌이는 동안 주력부대는 10월 16일 저녁 부교를 이용해 포위망이 허술한 남서쪽의 위두강을 건너기 시작했다. 모택동은 그 무렵 말라리아를 몇 달째 앓고 있어 환자 상태로 장정에 가담했다.

홍군은 1개월 동안 3겹으로 가로막고 있는 장개석 군대의 봉쇄선을 뚫고 광서성과 호남성을 거쳐 귀주성으로 들어갔다.

대장정을 시작한 지 2개월 반쯤 지난 1935년 1월, 공산당은 귀주성 북쪽 준의에서 2주일 동안 휴식을 취하며 중앙정치국 확대회의를 열었다. 이른바 '준의회의'였다. 1월 15일부터 17일까지 3일간 열린 회의에는 중앙정치국 위원인 박고, 주은래, 모택동, 주덕, 진운, 장문천 등과 중앙정치국 후보위원인 왕가상, 유소기, 등발 등이 참석했다. 홍군에서는 유백승(총참모장), 임표(군단장), 팽덕회(군단장), 양상곤(정치위원) 등이 참석했고 등소평과 이덕(오토 브라운) 등은 참관인 자격으로 자리를 지켰다.

준의회의는 중국 혁명사의 분수령

확대회의에서 먼저 입을 연 것은 이덕·주은래와 함께 3인방의 한 사람인 박고였다. 그는 국민당군의 5차 포위 토벌 작전에 대한 홍군의 반격이 실패한 원인과 대책을 보고하면서 당의 영도는 정확했으나 적의 역량이 워낙 홍군보다 강해 어쩔 수 없이 군사상 실패했다고 긴 변명을 늘어놓았다.

하지만 박고에 뒤이어 발언에 나선 주은래는 "5차 포위 토벌 작전에 대한 우리의 반격은 당중앙의 지도력과 전략 전술의 착오에서 일어난 것"이라며 자신을 포함한 당 중앙에 책임이 있음을 시인하는 자아비판을 했다. 장문천은 세 번째 발언자로 나서 박고의 발언을 조목조목 반박하고 이덕의 무능을 질타했다.

모택동은 5차 포위 공격에 대한 공산당의 전술이 잘못되었다며 박고와 이덕의 지도 노선을 격렬하게 비판했다. 당 지도부가 유격전이 아닌 진지전을 전술로 택하는 바람에 피해가 컸고 탈출 과정도 '전략적 후퇴'가 아닌 '맹목적인 도주'였다고 목소리를 높였다. 홍군의 간부와 병사들에게 상황을 제대로 설명하지도 않았으며 싸움에 지친 홍군에게 휴식 시간도 주지 않았고 무거운 장비를 지고 행군하게 함으로써 행진 속도를 더디게 하고 병사들을 힘들게 했다고 주장했다. 전체적으로 방어 시의 보수주의, 진격 시의 모험주의, 이동 시의 도피주의가 엄청난 희생을 초래했다는 점을 강조했다. 마지막으로 "중국에는 중국에 맞는 전략과 전술이 있는 법"이라는 말로 발언을 끝냈다.

모택동의 발언은 참석자들의 박수를 받았으나 누구도 최고 권력 문제에 대해서는 입을 열지 못했다. 참석자들은 마음속으로는 모택동 이외에 다른 대안이 없다고 생각했지만 이 민감한 문제를 누구도 꺼내지 못한 것이다.

그때 왕가상이 일어서더니 박고와 이덕의 군사 지휘와 군사이론상의 문제를 비판했다. 발언은 길지는 않았지만 결연했다. 그는 ▲모택동의 발언에 전적으로 동의한다 ▲홍군은 모택동처럼 실전 경험이 풍부한 사람이 지휘해야 한다 ▲이덕과 박고의 군사 지휘권을 취소하고 3인단을 해체해야 한다고 주장했다. 왕가상의 발언이 있은 뒤 주은래, 주덕, 팽덕회, 유소기 등이 잇따라 발언에 나서 모택동을 지지했다. 결국 박고와 이덕은 군사 지휘권을 박탈당하고 모택동이 정치국 상임위원으로 선출되었다.

모택동, 중국 공산당의 유력한 지도자로 부상

준의회의는 중국 공산당 역사상 처음으로 코민테른의 관여 없이 독립적이고 자주적으로 자신들의 명운을 결정했다는 점에서 역사적인 사건으로 평가받고 있다. 또한 모스크바에서 마르크스 이론을 배우고 돌아온 왕명의 좌경 교조주의로 인해 풍전등화의 위기에 몰린 공산당을 구한 역사적 전환점으로도 평가받고 있다.

준의회의 후 도시 봉기를 주장해온 당 지도부가 제거되고 항일 북상으로 표현되는 장정의 방향과 목표가 분명해졌다는 점에서, 토착 세력이 코민테른과 모스크바파에 승리했다는 점에서, 그리고 준의회의를 계기로 모택동이 실질적으로 당과 홍군의 영도자 반열에 올랐다는 점에서 준의회의는 중국 혁명사의 중대한 분수령이었다.

홍군은 장개석군의 집요한 추격을 따돌리는 한편 지역 군벌 및 적대적인 부족들과 평균 하루에 한 번씩 크고 작은 전투를 벌이며 한 걸음 한 걸음 이동했다. 그 과정에서 24개의 강을 건너고 해발 4,000m 이상의 만년설산 5개를 포함해 18개의 산을 넘었다. 추위와 더위, 질병과도 싸웠다.

1년 동안 밤낮으로 1만 2,500km를 행군한 대장정이 마침내 대단원의 막을 내린 것은 북서쪽 섬서성 연안에 도착한 1935년 10월 18일이었다.

출발 때의 병력 10만 명 중 현지에 도착한 사람은 불과 8,000여 명에 불과했다. 하지만 행군 도중에 모집한 1만 5,000여 명의 병력과 장개석 군대를 피해 후퇴해온 다른 공산군 부대들이 뒤이어 도착함으로써 홍군은 약 3만 명으로 불어났다.

대장정은 밖으로는 일방적인 후퇴로 비쳐졌지만 결코 단순한 후퇴가 아니었다. 이동 중 중국 전체 27개 성의 절반에 가까운 12개 성과 62개 도시를 점령해 그곳 주민들에게 공산주의 이념을 전파했기 때문이다. 전투가 벌어진 날에도 전투 후 매일 정치 집회를 열고 연극을 공연해 항일 투쟁의 중요성을 강조하고 대장정의 당위성을 주입했다. 대장정 기간에 만난 사람은 무려 2억 명이나 되었다. 중국 대륙은 그렇게 붉게 물들어갔다.

대장정은 '불패의 홍군'이라는 신화를 만들었고 모택동은 장정을 통해 중국 공산당의 유력한 지도자로 부상했다. 강서성 소비에트 시기와 대장정의 경험을 통해 모택동의 농민공산혁명론은 정당성을 인정받은 반면 소련식의 프롤레타리아 봉기론은 신망을 잃었다. 그때부터 중국 공산주의는 농촌 중심으로 전개되었고 기본 원리와 정강도 중국 특유의 모택동 저술과 이론들을 따랐다.

히틀러, '긴 칼의 밤'으로 에른스트 룀 제거

당시 인기 있는 독일 노래 가사 중 한 소절인 '긴 칼의 밤'이 시작된 것이다.

하늘 아래 두 개의 태양은 있을 수 없다. 그것은 나치의 독일에서도 마찬가지였다. 아돌프 히틀러(1889~1945)와 에른스트 룀(1887~1934)은 초기 나치당의 두 주역이었다. 두 사람은 사회에 적응하지 못하는 등 비슷한 점도 많았지만 출신 등에서는 달랐다. 히틀러는 평범한 집안에

에른스트 룀

서 태어나 힘들게 성장한 반면 룀은 뮌헨의 귀족 집안에서 태어나 부유하게 성장했다.

룀은 1906년 19살의 나이로 독일군에 입대하고 1차대전 때는 장교로 전쟁에 뛰어들었다. 전쟁 초기인 1914년 9월 포탄 파편을 맞아 얼굴이 동물 코 모양의 끔찍한 모습으로 바뀌고 이후에도 두 번 더 부상을 겪었는데도 전쟁이 끝날 때까지 군을 떠나지 않았다. 1918년 11월 1차대전 후 왕조가 붕괴되고 공화국이 들어서자 귀족 가문 출신의 룀은 충격을 받았다. 룀은 군복을 벗고 제대 군인과 우익 장교들이 조직한 의용병 단체 '자유군단'에 가입했다.

룀이 상등병 출신의 히틀러를 처음 만난 것은 1919년 가을이었다. 두 사람은 서로에게 끌렸다. 둘 다 서로의 전쟁 상처를 이해했고 유대인, 마르크스주의자, 베르사유 조약으로 세워진 공화국을 증오했다. 룀은 히틀러와 함께 독일노동자당에 가입했다. 독일노동자당이 '국가사회주의독일노동자당(나치당)'으로 바뀔 때도 당에 남았다. 히틀러는 나치당의 정치기구를 맡고 룀은 군사 부문을 맡았다.

1921년 룀은 자유군단 대원을 기반으로 나치당의 준군사조직인 '돌격대(SA)'를 조직했다. 룀은 1923년 11월 히틀러의 맥주홀 폭동 때 돌격대를 동원했다가 히틀러와 함께 체포되어 감옥에 수감되었다. 감옥에서 더욱 친밀해진 두 사람은 1924년 12월 함께 석방되었다.

나치당과 돌격대 모두 공식적으로 활동이 금지되자 히틀러는 선거를 통한 권력 장악으로 방침을 바꿨다. 히틀러는 1920년대 말까지 나치당 내에서 자신의 권력을 공고히 하는 데 주력했다. 그 사이 히틀러의 열정적인 지지자 괴벨스는 준군사조직인 돌격대를 순수한 젊은이들의 모임으로 바꿨다. 룀은 자신의 분신과도 같은 돌격대의 가장 중요한 역할이 사라지고 나치당이 국가사회주의 노선에서 벗어나는 것을 참을 수 없었다. 룀은 모든 직위를 포기하고 남미의 볼리비아군 고문이 되어 독일을 떠났다.

히틀러와 룀은 초기 나치당의 두 주역

룀이 남미에서 지낸 5년 동안 나치당은 독일제국회의에서 의석을 얻고 1930년 9월 총선에서 18.3%의 득표로 107석을 얻어 일약 제2당으로 부상했다. 이런 과정에서 히틀러를 보좌하고 지원한 것은 '돌격대(SA)'가 아니라 하인리히 힘러가 주도권을 잡고 있는 '친위대(SS)'였다. 룀이 독일에 없는 동안 돌격대는 통제가 안 되었다. 1930년 8월 히틀러는 룀에게 편지를 보내 독일로 돌아와 돌격대를 다시 맡아줄 것을 요청했다.

룀은 1931년 1월 돌아와 돌격대를 재조직했다. 이후 돌격대는 1년 만에 8만 명에서 22만 명으로 확대되고 불순한 대원들은 제거되었다. 룀은 한 걸음 더 나아가 "돌격대는 정당의 특정 분파에 의해 통솔되지 않는 독립된 조직이어야 한다"며 돌격대를 독일 제3제국의 정규군으로 만들려고 했다. 히틀러가 허용하지 않자 결국 둘 사이에 균열이 생겼다. 히틀러는 돌격대가 절대 충성을 하는 사람이 자신이 아니라 룀이라는 사실을 잘 알고 있었다.

더 심각한 문제는 룀과 힘러의 대립이었다. 룀에게는 돌격대가 있었고 힘러에게는 친위대가 있었다. 돌격대원들은 노동자 계층들로 구성된 반면 친위대 대원 대부분은 자칭 엘리트임을 자부했다. 1933년 1월 히틀러가 총리가 된 후에도 돌격대 조직은 계속 커져 1934년 초쯤에는 약 300만 명으로 성장했다. 문제는 히틀러가 총리가 되었는데도 룀이 히틀러에게 복종하려는 태도를 취하지 않았다는 점이었다.

히틀러는 독일군을 통솔하던 프로이센 군사 엘리트들을 자기편으로 끌어들였다. 그러자 룀은 히틀러가 혁명 원칙을 배신하고 진정한 군인을 이해하지 못하는 부르주아 패거리에 가담했다고 불만을 터뜨렸다. 그러면서 "히틀러는 나를 밟을 수 없다. 모든 주요 직위는 내 측근들 손안에 있다. 히틀러는 나에게 300만 명의 병사가 있다는 사실을 잊어서는 안 된다"라고 동료에게 말하기도 했다. 실제로 룀은 원하기만 하면 독일군과 친위대 모두를 격퇴할 수 있는 군사력을 갖고 있었다.

"하늘 아래 두 개의 태양 있을 수 없다"

권력을 강화하려는 히틀러에게 룀과 돌격대는 방해물이었다. 하지만 히틀러는 룀이 절친한 동지라는 사실을 의식해 룀을 제거하는 데 주저했다. 그러자 히틀러의 두 충복 힘러와 괴링이 룀을 제거하는 음모를 꾸몄다. 힘러가 보기에 돌격대의 기를 꺾지 못한다면 자신이 조직한 친위대의 미래도 불안했다. 당시 룀은 흥청망청 먹고 마시는 생활에 빠져 있었다. 사생활에서도 문제가 있었다. 동성애 성향을 범죄시하던 시절에 젊은 남자를 좋아하는 자신의 동성애적 취향도 숨기지 않았다.

힘러와 괴링은 룀이 돌격대를 게이 사교 클럽으로 이용하고 있다고 히틀러에게 보고했으나 히틀러는 귀를 기울이지 않았다. 하지만 힘러와 괴링이 "프랑스가 히틀러 정부 전복 대가로 룀에게 1,200만 프랑을 주기로 했다", "룀과 돌격대가 독일 장악을 위해 쿠데타를 계획하고 있다"는 등 날조된 이야기를 계속 보고하자 히틀러도 동요하기 시작했다. 결국 히틀러는 룀을 제거하기로 결심했다.

히틀러가 무장 친위대를 이끌고 룀과 그의 부관, 다른 돌격대 지도자들이 머물고 있는 호텔로 쳐들어가 룀을 반역자로 체포한 것은 1934년 6월 30일 아침이었다. 이날 밤부터 룀과 돌격대의 종말이 시작되었다. 당시 인기 있는 독일 노래 가사 중 한 소절인 '긴 칼의 밤'이 시작된 것이다.

히틀러는 처음엔 오랜 전우인 룀을 죽일 생각이 없었으나 룀을 죽여야 한다는 힘러의 주장에 설득되었다. 7월 1일 친위대가 룀에게 권총을 주며 자살하도록 했다. 하지만 10분이 지나도 자살하지 않자 친위대가 직접 방아쇠를 당겼다. 한때는 나치당의 2인자이던 그레고어 슈트라서, 바이마르 공화국의 마지막 총리이던 쿠르트 폰 슐라이허, 과거 뮌헨 맥주홀 폭동을 진압했던 바이에른주 총독 등도 체포되어 총살되었다. '긴 칼의 밤'으로 90~200명 정도가 죽은 것으로 추정되었다.

하인리히 힘러

하인리히 힘러(1900~1945)는 '긴 칼의 밤'으로 에른스트 룀을 제거하는 데 결정적인 공을 세우기도 했지만 유대인 대학살에도 히틀러 다음으로 책임이 큰 인물이다. 그는 뮌헨 근교의 중산층 가정에서 태어나 1922년 8월 뮌헨공대 농과대를 졸업하고 비료회사 영업 사원으로 근무하다가 1923년 8월 나치당에 입당했다. 곧 룀이 이끄는 나치 '돌격대(SA)'에 가입하고 1923년 11월 히틀러와 룀이 주도한 뮌헨의 맥주홀 폭동에 가담했다.

힘러는 맥주홀 폭동 후 히틀러와 룀이 징역형을 선고받은 반면 자신은 그냥 풀려난 것을 회한할 정도로 맹목적인 히틀러 추종자였다. 1925년에는 돌격대의 하급 부대인 '친위대(SS)'에 소속되어 고속 승진을 거듭했다. 히틀러는 자신의 개인 경호 조직으로 출발한 친위대 대장에 1929년 1월 힘러를 임명했다. 당시 친위대는 200명 정도에 불과한 소규모 조직으로 돌격대에 소속된 일개 부대에 지나지 않았다.

하인리히 힘러

힘러는 뮌헨의 경찰서장으로도 임명되자 1933년 6월 뮌헨 교외의 다하우에 강제수용소를 설립, 거대한 수용소 체제의 기틀을 마련했다. 친위대 규모는 계속 커져 1933년 1월 히틀러가 권력을 장악할 무렵 5만 명 이상으로 늘어났다. 힘러의 생애에서 가장 중요한 전환점은 1934년이었다. 그해 1월 프로이센을 제외한 모든 지역의 정치경찰을 지휘하게 되고 같은 해 6월 돌격대 대장 룀을 제거하는 데 성공해 히틀러에게 전폭적인 신임을 얻게 된 것이다. 1934년 11월에는 제국 전체의 비밀경찰(게슈타포)의 지휘권까지 장악해 무소불위의 권력자가 되었다.

힘러는 친위대의 위상을 히틀러에게 직접 예속된 나치당 내의 독립 조직으로 발전시켰다. 1936년에는 전체 경찰의 총수가 되어 친위대와 경찰 조직을 모두 장악한 작은 총통이 되었다. 힘러는 나치 체제의 2인자와 3인자인 괴링과 괴벨스의 통제권에서도 실질적으로 벗어남으로써 그가 받들어야 할 대상은 히틀러 한 명뿐이었다. 친위대 조직의 규모는 계속 비대해졌다.

친위대와 경찰 조직 모두 장악한 작은 총통

힘러에게 친위대는 순수한 아리아족 국가를 건설하려는 자신의 낭만적 꿈을 실현하는 데 필요한 핵심 수단이었다. 힘러는 적자생존의 역사법칙에 따라 푸른 눈과 금발을 가진 우수한 아리안이 전 세계를 지배하는 날을 고대했던 낭만주의자의 꿈에 사로잡혀 있었다. 이런 사회를 그는 친위대 안에서 먼저 실현하고자 했다.

친위대 총사령관 겸 경찰 총수인 힘러를 유대인 학살의 총연출자로 만들어 준 자리는 '독일 민족의 강화를 위한 제국 대표부 위원'이었다. 힘러는 나치 독일이 폴란드를 침공한 직후인 1939년 10월 이 직위를 차지함으로써 폴란드인과 유대인을 다른 지역으로 추방할 수 있는 전권을 확보했다. 1941년 6월 소련 침공 이후 점령 지역에서 학살을 주도한 집단은 살인특무부대였다. 빨치산과 유대인을 소탕할 목적으로 창설된 이 부대 역시 힘러가 직접 통제했다. 힘러는 친위대 총사령관 겸 경찰 총수 자리에 만족하지 않고 1943년 내무부 장관, 1944년 예비군 총사령관과 군수산업 총수까지 차지했다.

하지만 전쟁이 패전으로 기울자 히틀러에 대한 배신을 기도했다. 힘러는 1944년 6월 연합군의 노르망디 상륙작전이 성공해 전황이 불리해지자 히틀러 몰래 영국과 비밀 평화 협상을 꾀했다. 처칠의 묵살로 성사되지는 않았으나 이는 명백한 배신이었다.

전쟁이 사실상 끝날 무렵인 1945년 4월 20일에는 히틀러가 있는 베를린에서 도망쳐 서부 독일군의 항복을 아이젠하워에게 제의했다. 4월 28일 로이터통신을 통해 이 사실을 알게 된 히틀러는 광분하다가 4월 30일 자살로 생을 마감했다. 힘러는 1945년 5월 12일 사병 옷을 입고 친위대원들과 함께 도망치다가 영국군에게 체포되자 5월 23일 청산가리 앰풀을 깨물고 자살했다.

마고 폰테인 발레 데뷔와 루돌프 누레예프

폰테인의 우아한 고전 스타일과 누레예프의 활력에 찬 연기의 결합은 대성공을 거두었다.

세계 발레계의 20세기 전반기는 러시아의 독무대였다. 유럽의 발레계가 러시아를 따라간다는 것은 사실상 무망해 보였다. 바로 그런 시대에 영국의 한 발레리나가 1934년 데뷔했다. 출발은 초라했으나 훗날 '20세기 최고 발레리나'라는 찬사를 듣게 될 데임 마고 폰테인(1919~1991)이었다.

마고 폰테인(왼쪽)과 루돌프 누레예프

발레리나로서의 명성이 폰테인만큼 오래 지속된 예는 일찍이 없었다. 발레는 몸을 매개로 하는 예술이기 때문에 오래 할 수 없는데도 폰테인은 45년간 스타 댄서로 활약했다. 그것은 타고난 재능, 최고가 되기 위한 끈질긴 노력, 음악적 감수성, 지적인 용모, 이상적인 몸매, 타고난 균형 감각 등이 뒷받침되었기에 가능했다.

폰테인은 영국에서 태어나 4살 때 발레를 시작했다. 10살을 전후로 한 시기에 아버지를 따라 이주한 중국 상해에서 러시아 볼쇼이 발레단의 한 무용수를 만나 발레의 기본기를 익혔다. 15살 때인 1934년 영국으로 돌아와 빅웰스 무용단에 입단했다. 빅웰스 무용단은 영국 발레의 대모인 니넷 디 발루아가 1931년 주도해 설립한 무용단으로 1940년 새들러 스웰스 발레단으로 개칭했다가 1957년 로열 발레단이 되어 오늘에 이르고 있다.

폰테인은 빅웰스 무용단에 입단한 그해 무용단의 크리스마스 공연 때 차이콥스키의 '호두까기 인형' 무대에서 눈송이 역할로 데뷔했다. 이후 20살도 안 된 나이에 '백조의 호수'의 오데트나 지젤, '잠자는 숲속의 미녀'의 오로라 같은 굵직한 배역을 맡아 무용단의 핵심 발레리나로 성장했다.

폰테인은 날씬하고 유연한 몸매, 검고 작은 머리, 섬세하고 우아한 팔다리를 갖춰 무용수로는 이상적인 조건을 두루 갖췄다. 섬세한 표현력과 월등한 테크닉으로 공연 때마다 각광을 받았다. 30살이던 1949년 미국 뉴욕 무대에 올려진 '잠자는 숲속의 미녀' 공연 후에는 프리마 발레리나 중의 프리마 발레리나로 칭송을 받았다.

이런 활약을 인정받아 1954년 왕립무용 아카데미 원장이 되고 2년 후 '데임'(기사에 상당하는 작위를 받은 여성의 존칭) 칭호를 받는 등 각종 영예가 쏟아졌다. 그가 속한 로열 발레단은 소련의 볼쇼이 발레단, 미국의 뉴욕시티 발레단과 함께 세계 3대 발레단의 반열에 올랐다.

폰테인만큼 발레리나 명성 오래 지속된 예 없어

폰테인은 36살 때인 1955년 2월 파나마 정치가 로베르토 아리아스와 결혼했다. 당시 아리아스는 한 여자의 남편이자 세 아이의 아버지였고 폰테인은 미혼이었다. 이후 폰테인은 공연을 하면서도 남편의 정치 활동을 도왔다. 1959년 남편이 관여한 파나마 쿠데타에도 가담했다가 쿠데타 실패로 잠시 감옥에 갇히기도 했다.

어느덧 40대가 된 폰테인은 더 이상 발전이 없고 제자리걸음을 하는 자신의 모습에 한계를 느껴 은퇴를 고민했다. 바로 그때 23살의 루돌프 누레예프(1938~1993)가 앞에 나타나 발레 인생에 자극제가 되고 활동 기간을 대폭 늘려주었다. 누레예프는 소련의 키로프 발레단 소속 발레리노로 파리 공연을 마친 후 영국 공연을 위해 1961년 6월 17일 공항 출국장을 빠져나가던 중 서방세계로 망명했다.

동서 냉전이 한창이던 시대에 소련의 발레리노가 자유를 찾아 목숨을 건 이 극적인 순간은 자신의 인생뿐 아니라 세계 발레사의 물줄기를 돌려놓은 전환점이 되었다. 실력 있는 남성 무용수의 기근에 시달리던 서방의 발레계는 러시아의 전통을 계승한 천재 무용수의 등장에 흥분을 감추지 못했다.

누레예프는 어머니가 시베리아 횡단 열차를 타고 남편의 근무처인 블라디보스토크로 향하는 도중에 열차에서 태어났다. 아버지는 타타르계

이슬람교도였다. 누레예프는 5살 때 본 발레 공연에 매료되어 무용수를 꿈꿨다. 전설적인 무용단 '발레 뤼스' 출신의 한 무용수는 그의 재능을 발견하고 무료로 발레를 가르쳐주어 누레예프가 발레리노로 꿈을 키울 수 있게 도와주었다.

가난한 가정환경과 군인 아버지의 반대가 그의 꿈을 잠시 가로막았지만 17살 때인 1955년 레닌그라드(현 상트페테르부르크)의 발레학교에 입학, 본격적으로 발레 수업을 받았다. 1957년 자신이 그토록 소망해온 키로프 발레단(현 마린스키 발레단)에 입단하고 1958년부터 솔리스트로 활약을 펼쳤다.

누레예프는 타고난 재능과 개인적 노력이 더해져 일약 소련 발레계 최고 스타로 각광을 받았다. 타타르계의 특이한 외모, 큰 키는 아니지만 늘씬한 체격, 뛰어난 점프 실력은 제2의 니진스키라는 명성을 얻기에 손색이 없었다. 당시 소련은 전 세계적으로 인기를 끌고 있는 해외 순회공연을 통해 러시아 문화의 우수성을 자랑하고 막대한 수입을 거둬들였다. 하지만 사회주의 리얼리즘이라는 이름 아래 그 틀에 맞지 않는 예술은 말살하거나 과감하게 재단했다. 누레예프는 이런 소련 정부의 이중성에 환멸을 느꼈다.

누레예프의 망명은 세계 발레사의 물줄기를 돌려놓은 전환점

그러던 중 1961년 키로프 발레단이 파리로 공연을 떠났다. 누레예프는 파리에서 자유를 만끽하며 자유분방하게 행동했다. 그러자 키로프 발레단이 파리 공연을 마치고 런던으로 가려고 할 때 KGB가 누레예프의 사상이 의심스럽다는 이유로 그에게만 모스크바로 돌아갈 것을 지시했다. 누레예프는 다시는 서방세계에 발을 들여놓을 수 없다는 사실을 직감하고 출국 직전 망명을 신청했다. 그의 망명은 훗날 나탈리아 마카로바

(1970), 미하일 바리시니코프(1974), 알렉산더 고두노프(1979) 등 후배 무용수들이 서방세계로 탈출하는 물꼬 역할을 했다.

누레예프는 서방세계에서 많은 사람의 도움을 받았다. 그중에서도 폰테인의 도움이 컸다. 폰테인은 누레예프에게 로열 발레단에서 활동할 수 있는 길을 터주고 정신적으로 위로가 되어주었다. 두 사람은 누레예프의 망명 이듬해인 1962년 2월 21일 런던에서 '지젤' 공연을 함께 펼쳐 관객을 열광시켰다. 평론가들은 "발레 예술의 극치를 보여준 공연", "20세기 무용계의 최대 거봉인 바츨라프 니진스키의 화신"이라고 극찬했다.

각종 찬사는 두 사람 모두에게 제2의 무용 인생을 열어주었다. 더 많은 덕을 본 사람은 폰테인이었다. 누레예프가 없었다면 제2의 붐을 일으키지 못하고 훨씬 일찍 무대에서 물러났을 것이라는 게 중평이기 때문이다. 당시 폰테인은 일반적으로 무용가들이 무대에서 물러날 나이인 43살이었다. 누레예프를 통해 새로운 영감을 얻은 그는 새로운 기량을 선보여 제2의 전성기를 40대에도 누렸다.

폰테인의 우아한 고전 스타일과 누레예프의 활력에 찬 연기는 공연 때마다 대성공을 거두었다. 1964년 빈에서 공연한 '백조의 호수'는 관객으로부터 89회의 커튼콜을 받아 발레 공연 사상 최고 횟수로 기록되었다.

누레예프는 뛰어난 용모와 우아하고 정교한 테크닉 묘사로 무용의 황제로 불리며 "니진스키가 20세기 전반기를 대표하는 발레리노라면 20세기 후반기를 대표하는 발레리노는 누레예프"라는 찬사를 들었다. 또한 그가 서방에 전파한 러시아 발레의 위대한 유산은 서구 발레의 자양분이 되고 20세기 후반 발레 양상을 변모시켰다는 칭송을 얻었다. 1983년에는 파리오페라 발레단의 예술감독으로 취임, 고전과 현대 발레는 물론 파격적인 프로그램들도 6년간 선보였다.

이렇게 두 사람이 활발히 활동하고 있던 1964년 7월 폰테인의 남편 아리아스가 총격을 받아 치명상을 입는 사고가 벌어졌다. 아리아스가 다시 움직이기까지 18개월이 걸렸다. 폰테인은 치료비를 대기 위해 계속 공연을 하며 1989년 남편이 세상을 떠날 때까지 휠체어에 앉은 남편 곁을 떠나지 않았다.

폰테인은 60세인 1979년 공식 은퇴하고 1986년 마지막 무대에 섰다. 1991년 2월 21일 '발레계의 살아 있는 전설'이라는 유례없는 찬사를 뒤로 한 채 파나마에서 세상과 작별했다. 누레예프는 에이즈에 걸려 1992년 10월 파리 오페라 극장에서의 고별 공연을 끝으로 일절 외부에 모습을 드러내지 않다가 1993년 1월 6일 쓸쓸한 최후를 맞았다.

풍우란 '중국 철학사' 완간

"삼사에서 고금의 철학을 해석하고, 육서로 신리학의 체계를 세웠다"

풍우란(1895~1990)은 중국 근·현대 철학계의 거목이다. '중국 철학사' 하면 풍우란이 떠오를 만큼 중국을 대표하는 세계적인 철학자다. 오늘날 '중국 철학사'는 세계가 인정하는 '중국 철학의 표준'으로 인식되고 있다. 풍우란은 '중국 철학사'를 통해 5,000년 중국 철학의 흐름을 집대성한 '중국의 마지막 선비'로 불린다.

풍우란은 중국 하남성 당하현에서 지방 관리의 아들로 태어나 1915년 북경대 철학과에 입학했다. 대학 시절 그가 관심을 보인 것은 철학사를 중심으로 한 동서 문화의 문제였다. 그는 이 문제를 풀기 위해 1919년 미국으로 국비 유학을 떠나 컬럼비아대에서 실용주의 철학자이자 교육자인 존 듀이를 사사했다. 유학을 통해 원래부터 깊이가 있는 한학에, 서양철학에 대한 풍부한 지식까지 갖추게 되었다.

1923년 미국에서 박사학위를 취득하고 돌아와 중산대와 연경대 등을 거쳐 1929년 청화대 철학과 교수로 부임했다. 그 무렵 중국은 장개석의 북벌, 항일 전쟁, 국공 내전 등 계속된 전쟁으로 춘추전국시대에 비견될 만큼 혼란스러웠지만 그는 신리학이라는 자신의 철학 체계를 구성하는 6권에 달하는 '정원육서'를 속속 발표하면서 학문적으로 절정의 시기를 보냈다.

그가 춘추전국시대까지의 고대 철학을 정리한 '중국 철학사' 제1편을 출간한 것은 1931년이었다. 1934년에는 '중국 철학사' 제1편의 제목을 '자학(子學) 시대'로 바꾸고, 명·청의 철학까지를 정리한 제2편을 '경학(經學) 시대'로 구분해 '중국 철학서' 상·하권을 완간했다. '중국 철학사'가 발간되자 중국의 지식층은 흥분에 휩싸였다. 당시 중국은 모든 면이 서양에 낙후된 믿기 힘든 현실에 직면하고, 생존을 위해 서양을 배우려고 분투 중이었다. 책은 과학기술은 서양에 뒤졌지만 철학 사상은 중국에도 뭔가 있을 거라는 막연한 기대감을 충족해주었다.

풍우란은 춘추전국시대의 사회적 대변동, 즉 귀족 계층에 한정된 원시 학문이 귀족층의 몰락과 함께 지식인층으로 확산된 다양한 학문 활동을 중국 철학의 출발점으로 삼아 이른바 제자백가의 사상사·철학사적 발전을 '자학 시대'라는 틀 속에서 다뤘다. 그 후 유가 사상이 독존적 국가 이데올로기로 확립된 때부터 서양 문명의 충격으로 무너져버린 최근세까지 즉 유교 경전의 주석을 중심으로 전개된 사상사적 시기를 '경학 시대'로 규정했다.

따라서 '자학 시대'란 특정한 준거 틀 없이 공자, 맹자, 노자 등이 서로의 사상을 겨루던 고대철학 시기를 뜻하며, '경학 시대'란 유가의 책들이 경전이 되어 모든 철학 체계가 그것을 벗어나지 못한 중세철학 시기를 말한다.

'중국 철학사'는 세계가 인정하는 중국 철학의 표준

당시 중국 철학사 연구의 대표 저작은 풍우란의 스승 호적의 '중국 철학사 대강' 상권(1919)이 꼽히고 있었다. 이 책은 센세이션을 불러일으켰으나 십수 년 후 발간된 풍우란의 '중국 철학사'와 비교되면서 평가절하되었다. 풍우란의 철학사가 내용과 체제 모두에서 호적의 철학사를 능가했기 때문이다. 호적의 철학사가 고대편(상권)에서 끝난 것과 달리 풍우란의 철학사는 최근세까지 아우른다는 점에서도 호적의 철학사를 뛰어넘었다. 호적은 '백화문학사'(1928)도 상권만 내고 후속편을 내지 않아 '상권 선생'이라는 놀림을 받았다.

풍우란의 '중국 철학사'는 당시 청화대에 유학 중이고 나중에 미국에서 교수로 활동한 더크 보드에 의해 1937년 상권이, 1952년 하권이 영역·출간되었다. 더크 보드는 상·하권 발간의 중간 지점인 1948년 축약본인 '중국 철학 소사'를 발간했는데, 이 축약 영어본이 세계적으로 널리 보급되면서 풍우란은 중국을 대표하는 철학자로 명성을 얻었고, '중국 철학사'는 중국을 대표하는 철학서로 서양에 알려졌다.

당시 장개석은 취약한 통치 기반을 강화하기 위해 공자의 유학을 떠받드는 '신생활 운동'을 벌였다. 풍우란은 장개석의 통치 기반 확립에 큰 역할을 한 인연으로 국민당에 가입하고 1935년 국민당 제5차 전국대표대회에서 전국대표로 선출되었다. 그러나 1949년 국공 내전에 패한 장개석이 "함께 대만으로 가자"고 요청할 때는 대륙을 선택해 장개석과 결별했다.

대신 내전의 승자 모택동에게는 "마르크스주의를 공부해 5년 안에 마르크스주의적 입장에서 중국 철학사를 다시 쓰겠다"는 내용의 편지를 썼다. 결국 풍우란의 치열한 학문 정신은 중국의 공산화와 함께 참담하게 무너졌다. 공산 정권이 사상 개조 운동을 대대적으로 전개하면서 '반동 학문의 권위자' 풍우란은 최우선 표적이 되었다. 이후 그는 살아남기 위해 글을 썼고, 덕분에 1952년부터 북경대 철학과 교수로 봉직했다. 이후 풍우란은 자신이 그동안 정립한 공자와 유교에 관한 관념론 철학을 버리고 유물론 철학으로 전향했다.

1962년에는 마르크스주의 유물사관의 입장에서 쓴 '중국 철학사 신론' 두 권을 출판했다. 이 같은 표변으로 인해 가장 논쟁적인 인물이 되고, 일부 학자로부터 '고름 철학'이라고 비판을 받았다. 겉은 반질반질하지만 속에 고름이 잔뜩 들어 있다는 것이다. 이에 대해 풍우란의 딸은 "아버지는 당시 구상하고 있는 '중국 철학사 신편'을 쓸 시간이 필요했다"며 풍우란을 변호했다. 중국 철학사를 국내에 처음 번역·소개한 국내의 한 교수 역시 "풍우란은 대만이나 미국으로 갈 수도 있었지만 '철학은 자기 고장을 떠나면 안 된다'는 신념으로 대륙에 남았다"고 설명했다.

풍우란

5,000년 중국 철학의 흐름을 집대성한 '중국의 마지막 선비'

풍우란 역시 문화대혁명의 암흑기를 피해갈 수는 없었다. 이른바 '존공숭유(尊孔崇儒) 분자'로 몰려 수차례 자아비판을 하는 등의 고초를 겪었다. 교수직도 박탈당했다. 교수들에 대한 사상 검증 광풍 속에서 "반동 학문의 권위자"라는 죄목이 씌워져 자신의 책들이 제자들에 의해 불태워지는 광경을 목격하기도 했다. 결국 풍우란은 임표와 공자를 겨냥한 '비림비공(批林批孔)' 운동이 한창일 때 공자를 비판하는 대열에 가담했다.

그러면서도 그는 묵묵히 학문에 정진했다. 서양의 물질문명을 동경하지도 않았고, 중국의 전통만을 고집하지도 않았다. 오로지 동양과 서양, 근대와 전근대의 사이에서 철학적 토대를 놓으려 했다. 인생 말년인 85세

(1980)에 그가 착수한 것은 마르크스주의적 입장에서 쓴 '중국 철학사 신편'이었다. 1960년대 초반부터 시작한 일이었지만 문화대혁명 기간에 중단되는 등 우여곡절을 겪다가 개혁·개방 이후에 비로소 다시 본격적인 작업을 시작한 것이다.

절대 권력자 모택동이 사망하고 새 시대 해금의 분위기가 역력했으나 풍우란은 여전히 주눅 든 상태에서 마르크스·레닌주의에 입각한 중국 철학사를 써내려갔다. 다행히 점차 용기가 생겨 후반부로 갈수록 유심·유물의 구도를 무너뜨렸다. 하지만 시력과 청력을 거의 잃어 병상과 휠체어에서 그가 구술하면 제자나 딸이 받아썼다. 모택동에 대해서는 "역사상 그 누구도 가져보지 못한 막대한 권력을 일신에 틀어쥐고, 그 누구도 저지른 적 없는 최대의 과오를 저질렀다"고 평가했다.

이렇게 10년간에 걸친 작업 끝에 1990년 7월 150만자에 달하는 '중국 철학사 신편' 7권을 모두 완성했다. 하지만 몇 개월 후 눈을 감아 마지막 제7권은 출간을 보지 못했다. 묘비명에는 "삼사에서 고금의 철학을 해석하고, 육서로 신리학의 체계를 세웠다"(三史釋古今, 六書紀貞元)는 열 글자가 새겨져 있다. 삼사(三史)는 '중국 철학사', '중국 철학 소사', '중국 철학사 신편'을 말한다.

1935년

심훈 '상록수' 동아일보 연재

_ *최용신*

정지용 첫 시집 발간

임화, 카프 해산계 제출

이난영 '목포의 눈물' 발표

이인성 조선미술전람회 최고상 수상

배구자와 동양극장 개관

이태규 교토제국대 교수 부임

나치의 '뉘른베르크법' 공포와 단종법

베이브 루스 714 홈런

_ *루 게릭*

마거릿 미드 '세 부족사회에서의 성과 기질' 출간

_ *루스 베네딕트와 '국화와 칼'*

베니 굿맨과 스윙 재즈 시대 개막

조지 갤럽 '미국 여론조사연구소' 설립

폴크스바겐 '비틀' 시작차 출시

_ *아우토반*

심훈 '상록수' 동아일보 연재

그가 가장 적극적으로 활동한 분야는 영화와 신문이었다.

심훈(1901~1936)은 조국의 해방을 그리며 그날이 올 때의 기쁨을 '그날이 오면'(1930.3)이라는 시에서 이렇게 표현했다. '그날이 오면 그날이 오며는/ 삼각산이 일어나 더덩실 춤이라도 추고/ 한강물이 뒤집혀 용솟음칠 그날이/ 이 목숨이 끊기기 전에 와주기만 할 양이면….' 심훈은 비록 '그날'을 보지 못하고 일찍 눈을 감았지만 시와 소설로, 신문기사와 영화로 민족의 독립을 간절히 소망하다가 생을 마쳤다.

심훈은 경기도 흑석동의 비교적 유복한 집안에서 태어나 1915년 경성제일고보(경기고)에 입학했다. 학창 시절 일본인 교사에게 항의하다 유급을 당하고 1919년 3·1 운동 때는 만세 독립운동에 참가했다가 4개월간 옥고를 치러 학교에서 제적당하는 등 일찍부터 반일 활동에 적극적이었다. 1920년 중국으로 건너가 북경과 상해, 만주 등지에서 견문을 넓히고 1923년 귀국해서는 급진적 문예조직인 '염군사'와 '카프'에 가입했다.

당시 그가 가장 적극적으로 활동한 분야는 영화와 신문이었다. 동아일보(1924~1925) 기자로 활동하고 영화 '장한몽'(1926)에서는 여주인공 심순애의 상대역인 이수일 역을 맡았으며, 우리나라 최초의 영화소설 '탈춤'(1926)을 동아일보에 연재했다.

1927년 일본에서 6개월간 영화 공부를 하고 돌아와 자신이 원작·각색·감독을 맡은 '먼동이 틀 때'를 그해 10월 단성사에서 개봉했다. 시사만화가이자 영화감독인 안석주는 "우리가 모든 조선 영화를 (불)살러 버린다면 이 영화를 남겨 놓는 데 과히 부끄럽지 않다"(조선일보 1929.1.27)고 극찬했다. 영화평론가 서광제는 "조선에서 그 이상 갈 작품은 없을 것"이라고 평했다.

영화는 3,000원의 제작비를 들여 5만 명의 관객을 모았다. 1926년 개봉한 나운규의 '아리랑'이 1,200원의 제작비로 15만 명의 관객을 모은 것과 비교하면 흥행 면에서는 사실상 실패한 것이어서 영화를 제작한 계림영화사는 이후 더 이상 영화를 만들지 못하고 파산했다.

작가·기자·영화감독으로 활동하며 독립을 간절히 소망하다가 요절

심훈은 영화에서 성공하지 못하자 1928년 조선일보에 입사했다. 자신의 첫 장편소설 '동방의 애인'(1930.10~12)과 '불사조'(1931.8~12)를 조선일보에 연재했으나 검열에 걸려 중단되었다. 조선일보 시절 심훈은 사실상 영화 담당 기자였다. 1929년 1월 '조선 영화 총관'이라는 제목으로 조선에 영화가 수입된 1897년부터 1928년까지의 영화사를 정리하고 영화 기사를 쏟아냈다. 1931년 조선일보를 그만두고 경성방송국의 아나운서로 근무할 때는 '천황 폐하 운운' 구절을 고의로 빼고 기사를 읽어 방송국도 그만두어야 했다.

경제적으로 곤란해지자 1932년 선친의 고향인 충남 당진군 송악면 부곡리로 내려가 소설 '영원의 미소'를 쓰기 시작해 1933년 7월부터 1934년 1월까지 조선중앙일보에 연재했다. 1934년 3월부터 1935년 2월까지는 '불사조'의 개작이라고 할 수 있는 '직녀성'도 조선중앙일보에 연재했다. 그때 받은 원고료로 손수 지은 초가집이 '밭을 가는 농부들의 심정으로 글을 쓰겠다'는 뜻을 담은 '필경사'다.

그는 필경사에서 경성농업학교를 중퇴하고 고향으로 돌아와 농사 개량과 문맹 퇴치 운동을 하고 있던 조카 심재영과, 이웃 경기도 화성군에서 농촌 운동을 하다 1935년 1월 과로로 숨진 최용신이라는 여학생을 모델로 '상록수'를 집필했다. 55일 만인 1935년 6월 26일 탈고한 '상록수'는 8월 13일 동아일보의 소설 현상 공모 당선작으로 뽑혀 9월 10일부터 1936년 2월 15일까지 연재되었다.

심훈

심훈은 소설에서, '공동경작회'를 만들어 농사 개량과 문맹 퇴치 운동을 벌이던 조카 심재영은 박동혁으로, 최용신은 채영신으로 바꾸어 주인공으로 삼았다. '공동경작회'는 '농우회'로 바꾸고 지명도 이름만 바꾼 뒤 작가의 창조적 상상력을 결합했다.

소설의 모티브는 조선일보의 문자보급운동

'상록수'는 충남 아산만 근처 한곡리에서 농촌 봉사에 앞장섰던 박동혁과 경기도 화성 청석골에서 헌신적인 봉사 활동에 몸을 바친 채영신 사이에 얽힌 사랑의 애환을 줄거리로 한 장편소설이다. 소설의 모티브는 조선일보의 문자보급운동이었다. 심훈이 이 운동을 배경으로 소설을 쓴 것은 그 자신이 조선일보 기자(1928~1931)로 문자보급운동의 전 과정을 직접 지켜보았기 때문이다.

박동혁과 채영신 두 사람은 1930년대 초 ㅇㅇ신문사에서 개최한 농촌 계몽운동 위로회에서 처음 만났다. 이후 동혁은 한곡리 마을에서 농우회를 중심으로 마을회관 건립과 마을 개량 사업을 추진하고, 영신은 청석골의 한 교회를 빌려 가난한 농촌 아이들에게 한글을 가르치고 마을 부녀들의 도움을 받아 마을회관을 짓는다. 마을회관 준공식 도중 영신이 맹장염으로 쓰러지자 동혁은 청석골에 머물며 영신을 간호한다.

동혁이 없는 사이, 한곡리에서는 지주의 아들 강기천이 농우회원을 매수하여 명칭을 진흥회로 바꾸고 회장이 된다. 격분한 동혁의 동생이 회관에 불을 지르고 도망하자 동혁이 동생 대신 수감된다. 영신은 동혁을 면회한 뒤 일본으로 유학을 떠났다가 병을 얻어 청석골로 되돌아와 농촌 활동에 매진하다가 건강 악화로 마지막 숨을 거둔다. 동혁은 출감 후 청석골로 찾아갔으나 이미 영신은 죽고 없었다. "끝까지 싸워달라"는 그의 유언을 가슴에 새기며 고향 마을로 돌아왔을 때 그를 가장 먼저 반긴 것은 농우회관 낙성식 때 심은 상록수였다.

심훈은 "1년에 감기 한 번 안 걸리고 체증 한 번 안 나는 매우 건강한 몸"이라고 1934년 3월 '신동아'지에서 스스로 자부했지만 1936년 '상록수'를 단행본으로 출판하기 위해 서울로 올라왔다가 갑자기 장티푸스에 걸려 9월 16일 35세로 요절했다.

최용신

1931년 10월 11일 최용신(1909~1935)이 경기도 화성군 샘골(현 안산시 본오동)을 찾아갔을 때 마을 사람들의 첫 반응은 냉소와 호기심이었다. 그도 그럴 것이 심하게 얽은 마마 자국이 얼굴에 있는 데다 이제 막 22세밖에 안 된 젊은 여성이었기 때문이다. 함경도 원산 출신이라 사투리도 투박했다.

최용신은 고향의 루씨여자보통학교를 최우등으로 졸업할 때만 해도 결혼은 하지 않고 농촌과 평생을 함께할 생각이었다. 그러나 17세 때 같은 교회 청년 김학준의 청혼에 마음이 흔들려 약혼은 하되 결혼은 농촌 운동에 필요한 준비를 모두 갖추게 될 10년 후에 하기로 언약했다.

약혼 후 김학준이 일본으로 유학을 떠난 사이 최용신은 1929년 서울의 감리교협성신학교에 입학해 농촌 계몽운동을 준비했다. 먼저 황해도 수안군 용현리를 1차 대상지로 삼았으나 이때의 농촌 운동은 보기 좋게 실패로 끝났다. 다행히 1930년 경북 포항의 옥마동에서는 성공을 거뒀다.

농촌 운동에 자신감이 생긴 그는 신학교 3학년 때 경기도 화성의 샘골에서 교사를 필요로 한다는 소식을 듣고 YWCA의 후원을 받아 샘골로 달려갔다. 최용신은 마을 주민들의 무관심 속에서 샘골(천곡) 교회를 빌려 밤낮으로 한글, 역사, 재봉, 성경 등의 공부를 가르쳐 점차 마을 주민들로부터 호응을 얻었다. 또한 일제의 탄압 아래 풀이 죽어 있던 학생들에게 "너희들도 훌륭한 사람이 될 수 있다"며 격려해 주었다. 특히 그녀가 잔잔하게 풀어 놓던 미래와 희망에 관한 이야기는 어린 소년들에게는 동경의 대상이었다.

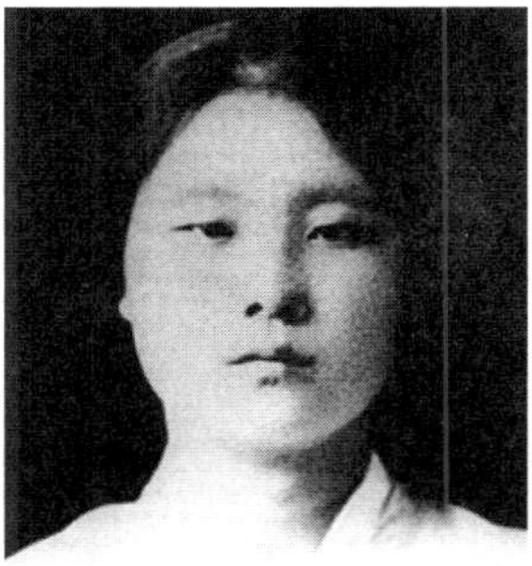

최용신

1933년 1월 마을 주민들과 함께 지은 샘골강습소가 완공되고 학생들 규모가 130명으로 불어나자 일본 관리들이 "강습소의 설비가 불충분하다는 이유를 들어 학생 수가 80명을 넘어서는 안 된다"며 압력을 가했다. 당시 조선일보가 전개하던 '귀향 남녀 학생 문자보급운동'이나 동아일보가 전개하던 '브나로드(민중 속으로) 운동'의 연장선인 것으로 알고 제동을 건 것이다.

"죽더라도 샘골에서 죽겠다"

최용신은 50명을 그만두게 하는 대신 야학을 열어 이들을 가르쳤다. 이렇게 2년 5개월이 지났을 때 약혼자 김학준도 만날 겸 중도에 포기한 공부도 계속할 겸 1934년 봄 일본의 고베여자신학교 사회사업과로 유학을 떠났다. 그러나 고국에서의 과로와 영양실조로 인해 3개월 만에 각기병에 걸려 결국 김학준과 "이듬해 봄이 오면 결혼식을 올리자"는 약속만 하고 도일 6개월 만인 1934년 9월 귀국했다. 그것이 김학준과의 마지막 만남이었다.

최용신의 귀국 소식을 들은 샘골 주민들이 "누워 있어도 좋으니 우리 마을로 돌아오라"고 부탁하자 최용신은 "죽더라도 샘골에서 죽겠다"며 샘골로 돌아왔다. 건강이 회복되는 것 같아 다시 강행군을 계속한 것이 화근이었다. 결국 창자가 창자 속으로 뒤집혀 들어가는 장중첩증으로 쓰러졌다.

최용신은 장을 끊어내고 잇는 수술을 두 차례 받았으나 엄습하는 죽음을 피할 수 없었다. 결국 "나는 갈지라도 사랑하는 천곡(샘골)강습소는 영원히 경영하여 주시오… 유골을 천곡강습소 부근에 묻어주오"라고 유언한 뒤 1935년 1월 23일 눈을 감았다.

이 소식을 듣고 일본에서 달려온 김학준은 최용신의 묘 앞에서 오열한 후 일본으로 가지 않고 고향에 머물렀다. 그러던 중 만난 한 여성과 결혼한 후 다시 일본으로 유학을 떠났다. 공부를 마치고 고국으로 돌아와 함흥영생여고의 교사로 재직 중 조선어학회 사건(1942)에 연루되어 옥고를 치렀다. 1·4후퇴 때 남하한 뒤에는 성균관대를 거쳐 조선대에서 학생들을 가르치면서 최용신이 설립한 천곡학원 이사장을 맡았다.

1975년 3월 "최용신 옆에 묻어 달라"는 유언을 남기고 눈을 감자 김학준의 부인은 "그분의 육신은 나와 함께 살았지만 정신은 최용신 선생에게 더 가까이 가 있었기에 최용신 곁에 모시는 것이 옳을 듯하다"며 남편을 샘골(지금의 상록수공원)의 최용신 옆에 묻어주었다.

정지용 첫 시집 발간

죽음에 대한 상반된 소문들로 40여 년 동안 '남과 북' 모두의 역사 속에서 지워진 존재가 되었다.

정지용(1902~1950)은 한국의 시문학사에서 향토적이고 토속적인 언어를 자유롭게 구사한 대표적인 시인이다. 섬세하고 감각적인 시어를 구사하고 적확한 묘사력과 언어 조탁으로 정평이 났다.

정지용

정지용에 대한 찬사는 현란하다. "모더니즘과 전통시의 정서를 아우르며, 한국시가 현대성을 획득하는 전환점"(오탁번), "시적 기법의 혁신으로 모국어를 현대화시킨 최초의 모더니스트요, 탁월한 이미지스트"(유종호), "지용은 세 고개를 넘었지만 나는 한 고개 겨우 넘었다"(서정주), "조선 신시사상에 새로운 시기를 그은 선구자. 한국의 현대시는 지용에서 비롯되었다."(김기림) 한 조사에 따르면 정지용이 쓴 132편의 시에 사용된 어휘가 8,975개나 되어 그가 캐낸 시어들이 얼마나 다양하고 푸짐한가를 보여주고 있다.

정지용은 충북 옥천에서 태어나 고향에서 보통학교를 졸업하고 4년 동안 한학을 독학한 뒤 1918년 서울 휘문고보에 입학했다. 문학적 재능은 휘문고보 시절부터 발휘되었다. 1학년 때 '요람' 동인을 결성해 10여 호를 내고 2학년 때인 1919년 12월에는 '서광'지 창간호에 자신의 유일한 소설 '삼인(三人)'을 발표해 일찍이 문재를 드러냈다.

1923년 졸업 후에는 휘문고보 교지 '휘문' 창간호를 만들었다. 재학 시절 성적은 뛰어났지만 집안 형편이 어려워 장학금을 받으며 학교를 다녀야 했던 그는 졸업 후에도 휘문고보의 지원을 받아 1923년 일본의 도시샤대에서 영문학을 전공했다.

유학 시절에는 일본과 조선을 오가며 1926년 6월 '학조' 창간호에 다다이즘 경향의 시와 시조, 동요 등을 발표하는 것으로 시작 활동을 병행했다. 지금도 많은 사람이 애송하는 시 '향수'는 1927년 3월호 '조선지광'에 발표되었다. 시 말미에 1923년 3월로 적혀 있는 것으로 미루어 발표는

1927년에 했지만 시를 쓴 것은 1923년임을 알 수 있다. 정지용이 일본으로 유학을 떠나기 전 고향을 다니러 가며 쓴 '향수'는 고향 마을에 대한 그리움을 특유의 토속적인 시어를 활용해 적절하게 시각적 이미지로 형상화내고 있다는 평가를 받고 있다.

그가 '언어의 마술사'라는 호칭을 얻게 된 것도 '넓은 벌 동쪽 끄트로 / 녯니야기 지줄대는 실개천이 회돌아 나가고 / 얼룩백이 황소가 / 해설피 금빗 게으른 울음을 우는 곳, /-그곳이 참하 꿈엔들 니칠니야…'로 시작되는 '향수'를 발표하고부터였다.

"우리도 마츰내 시인을 가졌노라"

1929년 대학을 졸업하고 같은 해 9월 모교인 휘문고보 교사로 부임한 정지용은 1930년 박용철, 김영랑, 이하운 등과 함께 한국 시사의 한 정점을 이루는 '시문학' 동인으로 참여해 문단의 중심권에 자리 잡았다.

1932년 7월 '동방평론' 4호에 발표한 '고향'은 채동선이 곡을 만들어 널리 애송되었으나 6·25 전쟁 후 정지용이 월북했다는 소문으로 인해 우리 곁에서 사라졌다. 대신 이은상의 '그리워'나 박화목의 '망향'이란 가사로 널리 애창되었다. 1933년에는 4대째 가톨릭 신자답게 그 해 6월에 창간된 '가톨릭청년'의 편집 고문 역을 맡아 신앙시를 발표했다.

정지용의 첫 시집은 1935년 11월 시문학사에서 발행된, 89편의 시가 수록된 '정지용 시집'이다. 시집 출간 후 한 평론가는 "온 세계 문단을 향하야 '우리도 마츰내 시인을 가졌노라'고 부르지즐 수 잇슬 만한 시인을 갖게 되고…"라며 흥분을 감추지 못했다. 당대를 주름잡던 김기림 또한 "사람들은 이 수려한 장식 속에 쌓인 아름다운 시집에 의해서 시 아닌 것과 참말 시의 경계를 다시 한 번 뚜렷하게 분별할 것"이라고 찬사했다.

1939년 2월 창간된 대표적인 문예지 '문장'의 시 추천위원 자격으로,

1939년 2~3개월 간격을 두고 그가 '문장'지에 추천한 청록파(조지훈, 박목월, 박두진)는 그가 우리 문학사에 끼친 또 하나의 공적이다. 당시 문장지는 정지용 말고도 이태준에게는 소설, 이병기에게는 시조 추천위원을 맡겨 신인 작가들을 등단시켰다. 국어학자 이희승의 아호를 '일석'으로 지어준 것도, 무명의 문둥이 시인 한태영의 이름을 한하운으로 지어주고 그의 시집을 내준 것도 정지용이었다.

정지용은 1941년 두 번째 시집 '백록담'을 문장사에서 출판하는 등 활발한 시작 활동을 펼쳤으나 일제 말기에 조선어로 시를 쓴다는 것만으로도 신변의 위협을 당할 때여서 1941년 4월 '문장' 폐간 후 사실상 절필에 들어갔다.

40여 년 동안 남과 북 모두의 역사 속에서 지워진 존재

해방 후에는 이화여대 교수(1945.10~1948.2)와 경향신문 주간(1946~1947)으로 활동하는 한편 1946년 6월 세번째 시집 '지용 시선'을 출간했다. 그즈음 정지용은 좌익 문학 단체인 '조선문학가동맹'에 참여했다. 1950년 6·25 전쟁 때는 피란을 가지 있고 있다가 1950년 7월 경 죽음을 맞았다.

그의 죽음에 대한 기록이나 증언이 정확하지 않다보니 온갖 추측과 소문만 무성했다. 6·25 발발 후인 1950년 7월, 자진 월북 중 동두천 인근에서 미군의 폭격을 받고 숨졌다는 설이 있는가 하면, 6·25 발발 후 북한의 정치보위부로 끌려가 서대문형무소에 수감되었다가 평양교도소 혹은 북으로 끌려가던 중 미군의 폭격으로 숨졌다는 증언도 있다.

이처럼 죽음에 대한 상반된 소문들로 인해 정지용은 이후 40여 년 동안 '남과 북' 모두의 역사 속에서 지워진 존재가 되었다. 북에서는 1992년 신채호, 한용운, 김억, 김소월 등과 함께 복권된 것으로 미루어 그동안 평가를 받지 못했음을 알 수 있다. 남쪽에서는 정지용이 '월북 시인'이라는 이유로 교과서에 실려 있던 시가 삭제되고 그의 이름과 시가 각종 문헌에 오르는 것이 오랫동안 금지되다가 1988년 3월 31일 해금됨으로써 뒤늦게나마 그가 있어야 할 문학사적 제자리를 찾게 되었다.

오늘날 정지용이 '향수'의 시인으로 기억되는 데는 1989년 발표된 노래 '향수'의 공이 크다. 정지용이 해금된 1988년 어느 날 우연히 서점에 들른 가수 이동원이 정지용의 '향수'를 읽고 서울대 음대 박인수 교수를 찾아가 같이 노래할 것을 협의한 뒤 작곡가 김희갑에게 작곡을 의뢰했다. 그래서 나온 노래가 '향수'이고 1989년 10월 3일의 정지용 흉상 제막식 기념 공연에서 처음 공개되어 전 국민의 애창가요로 불리게 되었다.

임화, 카프 해산계 제출

북한에서 임화의 가치가 인정을 받은 것은 6·25가 터졌을 때 단 한 번뿐이었다.

임화(1908~1953)는 한국 현대문학 사상 '최대의 문제적 인물'이다. 다다이즘 시인으로 출발해 마르크스주의 문학 운동 단체인 '카프'의 서기장에까지 올라갔으나 일제 말기에는 친일 문학에 발을 담그고 해방 후에는 자진 월북했다가 결국 비극적 죽음으로 결말을 맞는 그의 삶은 차라리 희극적이다.

임화는 서울에서 태어나 1922년 보성고보에 입학했다. 보성고보 시절 이웃 학교의 여학생들로부터 '연애 박사'라는 소리를 들을 만큼 외모가 출중했으나 5학년 때 집안의 몰락으로 학교를 그만두어야 했다. 이후 전위 예술인 다다이즘에 심취했다가 17살 때인 1925년 일본으로 건너가 사회주의 예술 이론가들과 어울리고 사회과학 책을 두루 읽으면서 마르크스

문학에 관심을 갖게 되었다.

임화

임화가 '조선 프롤레타리아 예술동맹' 즉 '카프'에 가입해 본격적으로 계급혁명적인 시를 쓰기 시작한 것은 1926~1927년이었다. 1927년 1월부터는 계급문학을 기초로 한 문학평론을 조선일보 지면에 매일 싣고 1928년 사회주의·사실주의 문예이론에 바탕한 첫 시 '젊은 순라의 편지'를 '조선지광'에 선보임으로써 다다이즘에서 확실히 벗어나는 모습을 보였다.

미술과 영화에까지 관심의 영역을 넓혀 임화 이름으로 된 미술평론과 영화평론이 그 무렵 조선일보에 간간이 게재되었다. 영화 '유랑'(1928.4)과 '혼가'(1929.1)의 주연까지 맡아 한동안은 '조선의 발렌티노'라는 별명이 따라다녔다. 1920년대 할리우드를 휘어잡은 배우 루돌프 발렌티노에 빗댄 별명이었다.

그래도 그의 주 전공은 문학이어서 카프의 주요 이론가로 활동하고 선배 이론가들의 논리를 격파하며 조직의 리더로 부상했다. 1929년에는 '조선지광'에 '네거리의 순이', '우리 오빠와 화로' 같은 단편서사시를 선보여 조선 시문학계에 샛별로 떠올랐다. 1930년 말 임화는 이귀례와 살림을 차렸다. "혼인식이라는 형식적 허례를 갖출 필요가 없다"며 결혼식을 거부한 이귀례는 1934년 2차 카프 검거 사건 때 임화가 일제에 무릎을 꿇는 것을 본 뒤 임화에게 작별을 고한 '프롤레타리아의 전사'였다.

한국 현대문학사상 '최대의 문제적 인물'

임화는 1932년 24살의 나이에 카프의 서기장이 되었다. 그러나 일제 경찰의 카프 탄압을 이겨내지 못하고 1935년 5월 20일 스스로 카프 해산계를 일제 경찰에 제출함으로써 카프 해산의 1차 책임자가 되는 오명을 뒤집어썼다.

카프 해산 후 임화는 문학 내적으로 회귀해 세태소설론, 본격소설론 등의 평론을 발표하고 조선 신문학사 연구에 매진했다. 1940년을 전후한 시점에 집중적으로 이루어진 그의 연구는 조선 신문학의 모든 형식이 서구에서 수입되어 이식된 것이라는 '이식 문학론'을 낳았다. 1943년에는 친일 문학단체 '조선문인보국회'에 가입, 친일의 굴레에 자신을 옭아맸다.

1945년 광복과 더불어 다시 활동을 시작해 좌익 문학단체인 조선문학건설본부와 그 후신인 조선문학가동맹 결성에 주도적으로 참여했다. 문학 활동에도 적극적이어서 1947년 항쟁시만을 모은 시집 '찬가'를 펴내고 1938년 펴낸 자신의 처녀 시집 '현해탄'을 '회상시집'이라는 이름으로 다시 출판했다.

임화가 박헌영을 따라 월북한 것은 1947년 10월이었다. 두 번째 아내이자 소설가인 지하련은 이듬해 월북했다. 임화가 간 곳은 정치도시 평양이 아니라 황해도 해주였다. 그는 그곳에서 편집·교정을 보거나 대남 선전·선동용 문건을 만들어 남으로 내려보냈다. 북한에서 임화의 가치가 인정을 받은 것은 6·25가 터졌을 때 단 한 번뿐이었다. 임화가 가사를 쓰고 김순남이 곡을 붙인 '인민항쟁가'가 빨치산과 인민군의 유행가로 불린 것이다.

6·25 발발 후 임화는 인민군 장성 계급장을 달고 서울로 내려와 '조선문화총동맹' 부위원장 자리를 맡았다. 문화공작대의 일원으로 낙동강 전선까지 갔다가 9월 인민군 퇴각 때 다시 북한으로 올라간 그때의 전선 체험은 '너 어느 곳에 있느냐', '바람이여 전하라', '흰 눈을 붉게 물들인 나의 피 위에'와 같은 힘 있고 격조 있는 서정시로 남았다.

그러나 카프 시절부터 정치 노선과 문학 이념의 차이로 갈등하던 한설야, 이기영, 송영 등이 김일성의 총애를 업고 임화의 문학을 가혹하게 비판하면서 암울한 그림자가 드리워졌다. '너 어느 곳에 있느냐'도 장병들의 전의를 상실하게 하고 염전 사상을 고취하는 작품이라며 비판을 받았다. 표면적으로는 "가슴이 종이처럼 얇아 항상 마음 아프던…" 따위의 시구가 패배주의 감정과 투항주의 사상을 설교한다는 게 이유였지만 기실 진짜 속사정은 김일성이 남침 실패의 책임을 전가할 박헌영계에 임화가 속해 있다는 현실이었다.

카프 해산의 1차 책임자 오명 뒤집어 써

1952년 말 박헌영·이승엽 등과 함께 체포되었을 때 임화는 안경을 깬 파편으로 손의 동맥을 끊고 자살을 기도했으나 목숨은 끊어지지 않았다. 결국 1953년 8월 6일 사형선고를 받고 총살형에 처해졌다.

북에서 임화의 죽음을 두고 통곡한 유일한 사람은 두 번째 아내 지하련뿐이었다. 6·25 때 만주로 피란했다가 뒤늦게 임화가 잡혀갔다는 소문을 듣고 평양으로 달려왔으나 임화는 이미 형장의 이슬로 사라진 뒤였다. 거의 실성 상태가 된 지하련은 반미치광이 모습으로 이곳저곳을 수소문하며 돌아다니다가 교화소로 끌려가 1960년 죽은 것으로 알려지고 있다.

카프는 어떤 과정을 거쳐 결성되고 해산되었을까. 1920년대 초반, 마르크스주의는 우리에게 '낯선 신(神)'이었다. 그러나 당시에 그것은 유행이었고 시대정신이었다. 마르크스주의에 동조하는 신경향과 문학서클 '염군사'와 '파스큘라'가 등장한 것도 그 무렵이었다.

송영, 이적효, 이호, 김홍파, 김두수, 최승일, 심훈, 김영팔 등의 참여로 1922년 9월 결성된 염군사는 마르크스주의 이론에는 강했지만 사회적 명성이나 문학적 역량에서는 떨어졌다. 반면 1923년 박영희, 김기진, 안석주, 김형원, 이익상, 김복진, 연학년 등이 그들 이름의 머리글자를 따서 결성한 파스큘라는 염군사에 비해 높은 문학적 교양을 갖추고 기성 문단에서 활발하게 활동했으나 마르크스주의 이론에는 염군사에 미치지 못했다.

시대 조류에 맞춰 두 문학서클이 통합한 것은 1925년 8월 23일이었다. 통합 조직은 러시아의 '라프(RAPF)', 일본의 '나프(NAPF)'를 모방한 '카프(KAPF)' 즉 '조선 프롤레타리아 예술동맹'으로 불렸다. 카프라는 명칭은 에스페란토어의 머리글자에서 따온 것으로 1927년 제1차 방향 전환 후 일반화되었다. 통합의 목적은 종래 자연발생적으로 대두·발전하고 있던 신경향파 문학예술을 하나로 통합한 후 무산대중의 계급문학을 수립·실천하는 데 두었다.

카프가 1926년 12월 24일 서울에서 임시총회를 열었을 때의 기록에 따르면 동맹원은 김복진, 김기진, 이량, 박영희, 최승일, 안석주, 이기영, 김영팔, 조명희, 홍기문, 이상화, 최학송 등 22명이었으며 '우리는 단결로써 여명기에 있는 무산계급 문화의 수립을 기한다'를 강령으로 내세웠다.

"얻은 것은 이데올로기요 잃은 것은 예술"

그러던 중 1926년 말부터 카프 내에서 운동 노선을 놓고 지도부의 김기진과 박영희 사이에 논쟁이 벌어졌다. 김기진은 프로 문예운동도 예술운동이니만큼 내용에 무산계급의 정치의식을 담되 예술적 형식을 존중하자고 주장한 반면 박영희는 카프는 단순한 프롤레타리아의 예술가 단체가 아니라 프롤레타리아 예술 운동가의 단체임을 강조하며 사회사상과 마르크스주의 이데올로기의 내용에 의거한 예술을 주창했다.

양측의 논쟁에 대해 카프는 1927년 9월 임시총회를 통해 박영희 등의 제안을 채택하기로 결정, 사상 내용을 중시하는 노선을 확립했다. 강령도 개정해 '우리는 무산계급 운동에 있어서 마르크스의 역사적 필연을 정확히 인식한다'고 규정했다.

'제1차 방향 전환'이 있은 후 1930년 4월 또다시 '제2차 방향 전환'을 결정함으로써 카프는 더욱 프롤레타리아 예술로 기울었다. 1931년에는 임화, 김남천, 안막, 권환 등에 의해 볼셰비키화가 추진되었다. 그러자 일제는 '제1차 카프 검거 사건'으로 카프의 활동을 무력화하려는 시도를 했다. 이때 70여 명이 검거되었으나 대부분 불기소 처분을 받아 석방되고 김남천만이 기소되는 것으로 일단락되었다.

일제는 1934년 '신건설 사건'이라는 제2차 카프 검거 사건을 일으켜 또다시 카프의 목을 조였다. '신건설 사건'이란 카프의 산하 극단인 '신건설'이 1934년 계급투쟁 문학운동을 고취하기 위해 독일 소설가 레마르크의 장편소설을 각색한 '서부전선 이상 없다'의 전국 순회공연을 추진하는 과정에서 일제 경찰이 전주 공연을 홍보하는 전단 문구의 불온성을 빌미로 삼아 극단 관계자와 카프 조직원 80여 명을 검거한 사건이다.

이 사건으로 이기영, 송영, 한설야, 박영희, 권환, 백철, 임화 등 36명이 기소되면서 일제의 의도대로 카프는 쇠퇴기로 접어들었다. 1935년 5월 20일 마침내 카프 서기장이던 임화를 비롯해 김기진, 김남천 등 주요 인물이 일제 경찰에 카프 해산계를 제출함으로써 카프 조직과 계급문학 운동은 종말을 고하게 되었다.

카프 맹원들 해산 후 친일 행위에 빠져

이후 카프 맹원들은 사상 전향을 강요당하고 식민지 말기에는 친일 행위에 빠져들었다. 그중에서도 카프 초기부터 카프 문학의 씨를 뿌리고 운동을 이끌었던 김기진의 친일 행위는 절정이었다. 김기진은 2차 검거 사건으로 잠시 구속되었다가 석방된 후 총독부 기관지 매일신보의 사회부장으로 재직했다. 1938년 5월까지 일체의 문필 활동을 중단한 그는 1938년 7월 일제가 조선의 좌익 전향자들을 규합해 만든 친일 단체 '시국대응전선

사상보국연맹'의 결성준비위원으로 참가, 친일 활동을 본격화했다.

이후 각종 글을 통해 친일 활동을 적극 전개하는 한편 1943년 4월 결성된 친일 단체 '조선문인보국회'에 참여하고 1944년 6월의 조선문인보국회 정기총회에서 상무이사 겸 평론수필부 회장으로 선임되어 일제 말기 가장 강력한 친일 문예조직이던 이 단체의 중추적 인사가 되었다.

카프의 이론적 맹장이던 박영희는 카프가 해산되기 전인 1934년 1월 동아일보에 게재한 '최근 문예이론의 신전개와 그 경향'에서 "얻은 것은 이데올로기요 잃은 것은 예술"이라는 표현을 통해 이미 프로문학 전반에 대한 부정을 감행했다.

2차 카프 검거 사건으로 1년 동안 복역하고 1935년 12월 출옥한 박영희는 이후 각종 친일 모임에 주도적으로 참여하고 친일 문학단체의 간부로서 현실 정치적인 활약을 함으로써 굴곡 많은 문학적 삶을 보여주었다. 1941년 8월 조선문인협회를 확대 개편한 체제에서 간사장으로 선출되면서 친일 단체의 주도적 인물로 부상했다. 일제 말기 친일 조직으로 가장 방대하고 해악이 심한 국민총력조선연맹의 산하 조직인 문화부에 문화위원으로 선임되었고 조선문인보국회에도 홍보부 주필 겸 평론부 회장 직을 맡았다. 누구보다도 빨리 창씨개명을 하고 이를 필명으로 사용함으로써 이광수와 여러모로 유사한 점을 보여주었다.

이난영 '목포의 눈물' 발표

음반 발매 전 총독부의 가사 검열에 걸려 자칫 세상에 나오지 못할 뻔했다.

옥례는 목포 앞바다가 내려다보이는 유달산 자락에서 태어났다. 어머니는 아버지의 술주정과 찌든 가난이 싫어 옥례가 11살 때 집을 뛰쳐나가 제주도의 일본인 집에서 식모살이를 했다. 옥례는 초등학교 4학년을 중퇴하고 면화 공장에 다니다가 제주도로 건너가 어머니를 만났다.

이난영

어머니가 일하는 일본인 집 주인은 아이를 돌보며 흥얼거리는 옥례의 노래를 듣고 악극단에 옥례를 소개했다. 옥례는 그렇게 '막간 가수'가 되어 무대에 섰다. 옥례가 이난영(1916~1965)이라는 예명을 갖게 된 것은 16살이던 1932년 '태양극장'의 특별단원으로 채용된 후였다.

이난영은 1933년 가극단을 따라 일본 공연에 나섰다가 흥행 실패로 악극단이 현지에서 해산되는 바람에 오갈 데 없는 신세가 되었다. 그때 일본에서 만난 OK레코드 사장 이철이 이난영의 노래 솜씨를 알아보고 함께 귀국해 이난영을 후원했다. 이난영은 1933년 9월 '향수'로 데뷔하고 '고적'(1933.10)과 '불사조'(1933.11)를 취입했다. 그것은 어두운 인생에 찾아든 한줄기 햇살이었다.

1934년 OK레코드가 전국 6대 도시를 대상으로 '애향가'를 공모했다. 3,000여 편의 응모 가사 중 19살의 목포 문학청년 문일석의 노랫말 '목포의 눈물'이 당선작으로 뽑혔다. 문일석은 이후 작품 활동 없이 26세에 요절한 것으로 알려졌다. 목포의 낭만과 꿈(1절), 민족적 원한(2절), 이 충무공 추모의 정(3절)을 담은 '목포의 눈물' 노랫말에 곡을 붙인 사람은 '타향살이' 작곡가 손목인이었다. 이난영이 '목포의 눈물'을 취입한 것은 1935년 10월이었다.

그런데 '목포의 눈물'은 음반 발매 전 총독부의 가사 검열에 걸려 자칫 세상에 나오지 못할 뻔했다. 일본인 검열자가 '삼백년 원한 품은 노적봉 밑에…'라는 가사가 "임진왜란 때의 원한을 뜻하는 것 아니냐"며 "은밀히 반일 감정을 유포하려는 의도를 내포하고 있다"고 소란을 피운 것이다.

손목인은 '원한'은 '원앙'의 잘못된 발음이고 가사는 원앙새를 내세워 이별을 원망하는 연인들을 표현한 것이라며 둘러대 난처한 순간을 피했다. 결국 '삼백년 원한 품은…' 가사는 '삼백연 원안풍(三柏淵 願顔風)은…'이라는, 뜻도 모르는 내용으로 바뀌고서야 겨우 빛을 보게 되었다.

'목포의 눈물'은 이난영의 비음 섞인 애절한 엘레지 가락에 실려 삽시간에 한 많은 식민지 백성의 가슴을 적시며 전국 방방곡곡에 메아리쳤다. 당시로서는 기록적인 3만 장이나 팔려 이난영은 일약 스타덤에 올랐다. 길거리 레코드 가게의 축음기들은 밤낮 없이 '목포의 눈물'을 쏟아냈고 가게마다 음반을 사려는 사람들로 북적거렸다. '목포의 눈물' 이후 이난영은 국민적인 인기를 한 몸에 받으며 국내 공연 무대를 휩쓸었다. 중국과 일본으로도 순회공연을 다녔다.

국민적인 인기를 한 몸에 받으며 국내 공연 무대 휩쓸어

이난영은 최고의 전성기를 누리던 1937년 11월 21살의 나이에 작곡가 김해송(1911~?)과 결혼했다. 평남 개천 태생의 김해송은 일본 조치대 철학과 출신의 인텔리로 '오빠는 풍각쟁이', '청춘삘딩', '개고기 주사' 등 10여 곡을 작곡한 유명 작곡가였다. 1930년대는 민중의 삶과 사회상을 코믹한 가사와 선율로 만든 '만요(漫謠)'가 유행했는데 김해송은 그 분야 선두 주자였다. 또한 민요, 재즈, 블루스까지 못 다루는 장르가 없어 "크로스오버의 원조이며 시대를 대표한 모던 보이"라는 평가도 받았다. 심지어 "1930년대의 모차르트이자 서태지"라고 극찬하는 이들도 있다.

당시로서는 드문 이 연예계 커플 사이에는 9명이 태어나 7명이 살아남았다. 이난영은 1937년 12월 목포 노래의 속편 격인 '해조곡'(이부풍 작사,

손목인 작곡)을 또다시 히트시켜 '엘레지의 여왕', '가요의 여왕'으로 불렸다. 1942년에는 목포 노래의 완결판이자 또 한 번 대대적으로 목포 열풍을 일으킨 '목포는 항구다'(조명암 작사, 이봉룡 작곡)를 히트시켜 부동의 국민가수 대접을 받았다.

작곡가 이봉룡은 이난영의 친오빠였다. 해방 후인 1946년 이난영은 김해송과 함께 뮤지컬 전문 쇼단 'KPK 악단'을 창단했다. 김해송은 '카르멘', '로미오와 줄리엣' 등 고전극부터 현대극까지 다양한 뮤지컬 쇼를 무대에 올리고 이난영은 무대에서 노래를 불렀다.

이난영의 인생에 먹구름이 드리운 것은 1950년 6·25 전쟁 때 김해송이 납북되면서였다. 서울 필동의 방 13칸짜리 저택까지 불에 타 없어져 삶이 곤궁해졌다. 이난영은 가족의 생계를 위해 전쟁이 한창이던 1951년 영자, 숙자, 애자 등 열 살 전후의 세 딸로 구성된 보컬그룹 '김시스터즈'를 국내 최초로 결성, 미 8군 무대에 세웠다. 국내에서 한창 인기를 끌던 김시스터즈는 1959년 꿈의 무대인 미국 라스베이거스로 진출했다. 국내 가수 최초의 해외 진출이었다.

하지만 전쟁 중 남편을 잃고 전쟁 후 세 딸을 미국으로 떠나보낸 이난영은 외롭고 힘든 나날을 보내야 했다. 그때 그를 위로해주고 경제적인 도움까지 준 사람이 당대 최고의 인기 가수 남인수였다. 두 사람은 사랑에 빠져 연인이 되었으나 남인수마저 1962년 폐결핵으로 세상을 떠나 이난영은 다시 혼자가 되었다.

그 후 김시스터즈의 초청으로 1년 정도 미국에서 체류하다 돌아와 1965년 4월 11일 홀로 자택에서 숨을 거뒀다. 1968년부터 이난영을 추모하는 난영가요제가 목포에서 열리고 있고 1969년 10월 전국 최초의 노래비가 유달산 중턱에 세워졌다.

이인성 조선미술전람회 최고상 수상

"선전 최대의 감격", "근대 화단의 귀재", "한국의 고갱" 등의 찬사가 쏟아졌다.

20세기 전반기 한국의 서양화를 거론할 때 이인성(1912~1950)을 비껴갈 수는 없다. 그는 10대 때 성취한 조선미술전람회(선전)의 입선과 특선으로는 성이 차지 않았다. 20대 초반에 일본 화단에서도 이름을 날리고 23살에 선전 최고상인 '창덕궁상'을 거머쥠으로써 단박에 조선 화단의 대표 주자로 부상했다. 이런 그에게 "선전 최대의 감격", "근대 화단의 귀재", "한국의 고갱" 등의 찬사가 쏟아졌다.

이인성은 대구에서 태어났다. 1928년 3월, 16살의 늦은 나이에 초등학교를 졸업했지만 가난한 집안 탓에 중학교에는 진학하지 못했다. 대신 디자인 인쇄를 다루는 대구미술사에서 생계를 꾸리며 그림을 배웠다. 대구미술사는 도쿄에서 미술학교를 졸업하고 돌아와 대구에서 수채화가로 활동하던 서동진이 운영하던 곳이었다.

이인성은 16살이던 1928년 10월 개벽사가 주최한 세계아동예술전람회에 출품한 수채화 '촌락의 풍경'이 특선을 차지해 화가로서의 가능성을 인정받았다. 1929년 8월에는 선전에 수채화 '그늘'을 출품해 스승 서동진과 나란히 입선하는 것으로 등단했다. 1930년 5월 '겨울 어느 날'로 선전에서 또다시 입선하고 1931년 5월 '세모가경'이 처음 특선에 뽑혀 이인성은 서서히 대구 화단의 자부심으로 떠올랐다.

이인성은 대구여고보 교장이자 고미술 수집가이던 일본인의 도움을 받아 1931년 일본으로 유학을 떠났다. 낮에는 크레용 회사에서 일하고 밤에는 미술학교에서 그림을 배웠다. 이인성은 일본에서 서구 미술의 후기인상주의 기법을 익혀 조선의 향토적 서정주의로 승화·토착화시키며 나름의 주체적 화풍으로 소화했다. 그는 일본에서도 빠짐없이 각종 전람회에 출품해 그때마다 특선이나 입선을 차지했다.

이인성

1932년 선전에서는 '카이유'가 특선을 하고 일본의 제국미술원전람회(제전)에서는 '여름 어느 날'이 입선을 했다. 1933년에도 선전에서 특선을 하고 일본의 제전에서는 입선했다. 1934년 5월의 선전에서는 '가을 어느 날'이 특선하고 1935년 전일본수채화회전에서는 '아리랑 고개'가 최고상을 차지했다. 이렇듯 이인성은 일본에서도 "조선의 천재 소년"으로 불리며 각종 상을 휩쓸고 아사히신문과 요미우리신문이 그의 근황을 전할 정도로 관심과 주목을 끌었다.

이 가운데 1934년의 선전 특선작인 '가을 어느 날'은 훗날 '향토색 미술' 논쟁을 불러 일으켰다. 당시 이인성은 "조선의 정체성을 찾겠다"며 붉은 대지 위에 핀 시든 해바라기를 배경으로 햇볕에 그을린 상반신을 드러낸 여인과 소녀를 그렸다.

강렬한 색채로 조선의 풍광과 조선 사람의 생활상을 그린 '가을 어느 날'에 대한 미술계의 의견은 크게 엇갈렸다. 전통 회화의 연면한 흐름을 부정한다는 비판이 있는가 하면 반대로 향토색 시도를 조선 회화의 전통과 연결해 긍정적으로 보는 시각도 있었다. 화가의 향토색이 순수한 민족주의의 발로인지 아니면 식민지 조선을 반라의 여성으로 표상되는 미개한 땅으로 규정하려 한 총독부의 입맛에 맞춘 건지는 아직도 논란거리다.

1930년대 조선의 자부심이자 식민지 화단의 별

1935년 귀국한 이인성은 그해 5월의 선전에서 '경주의 산곡에서'로 최고상인 창덕궁상을 받아 촉망받는 신예에서 우리 화단의 정점으로 급부상했다. '경주의 산곡에서'는 1998년 2월 '월간미술'지가 미술평론가 13명에게 의뢰해 선정한 '한국 근대 유화 베스트 10'에 김관호의 '해질 녘'과 함께 공동 1위로 선정될 만큼 우리 미술사의 대표작으로 평가받고 있다.

이인성은 일본 유학 시절에 만난 대구 남산병원 원장의 딸과 1935년 6월 결혼했다. 결혼 덕에 넓은 아틀리에를 병원 3층에 마련하고 11월 1일 이비시야 백화점 2층에서 첫 개인전을 열 수 있었다. 1936년에는 대구 최초로 양화연구소를 개설하고 제15회 선전에서 총독부상을 차지했다. 이렇게 선전 제10회(1931)부터 15회(1936)까지 6회 연속 특선의 실력을 인정받자 1937년 제16회 선전 때는 새로 신설된 추천작가 제도에 의해 동양화가 김은호와 함께 25세 나이로 추천작가가 되었다.

그 무렵 이인성은 손기정, 최승희와 더불어 1930년대 조선의 자부심이었고 식민지 화단의 별이자 아이콘이었다. 신문들은 '조선의 보물'이니 '화단의 중진'이니 하면서 이인성을 부추기는 데 지면을 아끼지 않았다.

이인성은 1937년 순수 예술다방을 표방한 '아르스'를 대구에 열었다. 예술인들이 차를 마시고 토론도 할 수 있는 살롱 같은 곳을 만들겠다는 생각에 100호짜리 2폭으로 된 대작 '한정'을 걸어놓았다. 그런데 1937년 10월 28일 김부돌이라는 사람이 그림을 칼로 찢고 이인성이 그 칼을 빼앗아 김부돌의 얼굴을 찌르는 사건이 벌어졌다. 이인성이 이미 추천작가가 되어 선전에서 수상할 자격이 없는데도 김부돌은 이인성이 선전에서 수상 소식을 전해주지 않자 화업을 게을리하는 것으로 오인하고 그림에 더욱 정진하라는 뜻에서 일을 저질렀다고 자백했다. 사건은 김부돌의 진심을 알게 된 이인성이 악수를 청하는 것으로 마무리되었다.

'가을 어느 날', 향토색 미술 논쟁 불러 일으켜

이인성은 이처럼 화가로서는 절정기를 보냈지만 개인사에는 불행이 겹쳤다. 1939년부터 1940년 어린 아들과 딸이 죽더니 1942년에는 부인까지 결핵으로 눈을 감았다. 충격에 빠진 이인성은 술로 시름을 달랬고 이로 인해 주벽이 점점 심해졌다. 1944년 재혼했으나 이번에는 부인이 이듬해 딸을 낳은 뒤 가출, 또다시 파경을 맞았다.

1945년 해방 후 서울로 올라와 이화여중 미술 교사로 부임하고 1947년 6월 세 번째 결혼을 한 뒤에는 안정을 찾았다. 1948년 6월 동화백화점(현 신세계백화점)에서 개인전을 열고 1949년 제1회 대한민국 미술전의 서양화부 심사위원으로 활약했다.

문제는 술이었다. 1950년 11월 3일 밤, 서울 굴레방다리 근처의 주점에서 술을 마시고 북아현동 집으로 가던 길에 경찰과 시비를 벌인 후 집으로 돌아왔다가 집까지 찾아온 경찰이 쏜 총에 맞고 쓰러져 이튿날 아침 38살의 젊은 나이로 숨을 거뒀다.

이인성의 이름은 이후 한동안 사람들의 기억 속에서 잊혔다. 이유는 몇 가지로 요약된다. 이인성이 추구한 '조선 향토색'이 일제가 조장한 지방색의 일환이고, 일제시대 조선 화가들이 만든 서화협회전(협전) 등에는 작품을 내지 않은 채 관전인 조선미전에만 참여했기 때문이라는 게 첫째 이유다. 이인성의 까다로운 성격에다가 가정사로 인한 주벽과 주사로 인해 주위에 적이 많았다는 것도 주요 이유였다. 겨우 38살의 나이에 요절하고 작품이 소장가들의 품속에서 나올 기회가 없었기 때문이라는 설명도 있다.

이런 지적들이 편견이든 사실이든 지금까지 회자되는 것은 이런 부정적인 것들을 불식할 시간적 여유 없이 또 이인성을 변호해 줄 후배나 제자를 만들지 않고 너무 일찍 세상을 떠났다는 데 있었다. 그럼에도 불구하고 이인성은 "한국적 이상주의를 토착화하는 데 기여했다"는 평가를 받고 있다. 그의 화풍은 '이인성류'로 발전해 근현대 한국 미술의 한 흐름으로 자리 잡고 있다.

배구자와 동양극장 개관

연극계와 달리 무용계는 배구자가 우리 신무용에 끼친 공로를 인정하지 않는 분위기다.

최승희와 조택원은 한국의 초기 신무용을 창작하고 세계에 알린 한국 현대무용의 개척자다. 두 사람만큼은 아니지만 대표적인 신무용가로 꼽히는 또 한 명의 인물이 있다. 최승희·조택원과 더불어 한국 신무용의 3인방으로 불리는 배구자(1905~2003)다. 조택원이 '무용의 철학화', 최승희가 '무용의 미학화'를 추구했다면 배구자는 '무용의 대중화'를 지향하며 가무극과 연극 발전에 혼신을 다한 종합예술인이다.

배구자는 서울에서 태어나 11살이던 1916년 일본의 덴카쓰 예술단이 공연차 내한했을 때 자신의 고모이자 이토 히로부미의 양녀 겸 애첩으로 알려진 배정자의 주선으로 덴가쓰 예술단에 입단, 일본으로 건너갔다. 덴카쓰 예술단은 마술, 곡예, 연극 등 다양한 레퍼토리를 무기로 일본은 물론 미국과 영국 등 서양에서도 큰 인기를 끈 일본의 대표적 종합예술 단체다.

배구자는 일본에서 경험을 쌓은 뒤 공연차 내한하는 덴카쓰 예술단을 따라 2년 만에 귀국, 1918년 5월 23일 공연에서 그동안 쌓아온 개인기를 유감없이 발휘했다. 공연은 성황을 이루고 배구자는 일약 스타덤에 올랐다. 1924년에는 덴카쓰의 미국 공연에도 동행, 순회공연을 펼치는 한편 서양무용과 발레, 탭댄스 등을 배웠다. 초기 뮤지컬 형태의 보더빌과 연극도 관람, 무대예술 경험과 식견을 쌓았다.

배구자

하지만 덴카쓰 예술단 생활에 대한 염증, 단

원들과의 갈등 때문에 1926년 6월 4일 평양 공연을 마치고 덴카쓰에서 이탈했다. 이런 배구자를 도와준 사람은 평양 철도여관 종업원 홍순언이었다. 배구자는 2년 동안 은둔하면서 재기를 도모했다. 그러다가 미국으로 유학을 떠나기로 하고 1928년 4월 21일 고별 음악무용회를 공연했다. 이 고별 공연은 최승희보다 앞서 이뤄진 한국 최초의 개인 무용 발표회였다는 점에서 의미가 크다.

그러나 배구자는 유학을 떠나지 못하게 되자 국내에 정착하기로 하고 1929년 6월 배구자무용연구소를 개설했다. 홍순언과도 1929년 결혼했다. 1929년 9월 19일 경성에서 제1회 공연을 펼친 것을 비롯해 전국을 돌며 순회공연을 했다. 당시 배구자의 공연을 본 조선일보 기자 심훈은 1929년 9월 24일자 공연 평에서 "향토의 색조가 농후하고 외국 사람의 것을 맹목적으로 흉내 내지 않았다"라며 독창적 태도에 박수를 보냈다. 1930년 봄 일본 순회공연에서도 갈채를 받았다.

최승희는 '무용의 미학화', 배구자는 '무용의 대중화' 추구

배구자는 1930년 연구소 명칭을 '배구자 예술연구소'로 바꾸고, 무용에 조선 민요와 연극적 요소를 결합한 가무극을 1931년 1월 13일부터 4일간 단성사에서 공연했다. 배구자가 무용에서 노래, 춤, 연기의 종합예술 쪽으로 선회한 것은 최승희를 의식한 결과였다. 당시 흥행에서는 배구자 무용단의 공연이 더 좋은 성적을 냈지만 더 높은 평가를 받은 것은 예술성과 정통성을 담보한 최승희의 무용 공연이었다. 학벌도 보통학교조차 나오지 못한 배구자와 달리 최승희는 숙명여고보를 졸업한 인텔리 출신 무용가라는 프리미엄도 있었다.

무엇보다 무용가로 필요한 신체 조건에서 차이가 현격했다. 최승희·배구자와 함께 그 시대를 살았던 극작가 최독견은 1964년 '낭만시대'라는 실명 소설에서 "후릿한 키에 미끈한 다리, 마치 인어의 그림을 연상케 하는 최승희의 그것에 비해 배구자의 앙바틈한 키의 짧은 다리는 노랑 저고리 다홍치마에 긴 머리를 땋아 늘인 한국 처녀의 물 긷는 맵시춤쯤이 고작이었다"고 회고했다.

배구자는 가무극에서 성공을 거두자 새로운 장르인 악극이나 연극을 공연하는 전용 극장을 건립하기로 남편 홍순언과 의기투합했다. 그 결과물이 1935년 11월 3일 서울 서대문구 충정로에 건립된 동양극장이다. 2층 건물에 648석으로 꾸며진 동양극장은 회전무대와 방음장치를 갖추고 회전무대 밑으로 스팀이 들어오는 당시로선 최신식 공연장이었다. 배구자는 개관 당일 기념 공연을 맡았다. 1부에서는 만극(漫劇) '멍텅구리 2세'(최독견 극본)가 무대에 올려지고, 2부는 음악과 배구자가 안무한 무용으로 구성되었다.

당시 동양극장의 사장은 배구자·홍순언 부부였으나 실질적인 경영은 최독견이 사실상 전담했다. 최독견은 극작가이자 지배인으로 활동하면서 동양극장의 살림 일체를 책임졌다. 최독견은 연극이 기업적으로 성공해야 배우들도 생활의 안정을 보장받을 수 있다고 생각했다. 그래서 동양극장 전속 배우는 물론 극작가, 연출가, 극장 관계자들 모두에게 월급제를 실시했다. 월급을 보장하려면 극장의 흥행이 담보되어야 하고 그러려면 무대에 오르는 작품이 많아야 했다. 이를 위해 박진, 최독견, 임선규, 이서구 등이 극본을 쓰고 이것을 박진, 안종화, 홍해성 등이 연출해 무대에 올렸다.

동양극장은 전속 극단제를 채택했다. 먼저 설립한 전속 극단 1호는 1935년 12월 발족한 '청춘좌'였다. 청춘좌는 5~6일에 한 번씩 레퍼토리를 바꿔가며 연중무휴 공연을 계속했다. 뒤이어 '동극좌'와 '희극좌'를 2호, 3호 전속 극단으로 발족했다가 1936년 9월 '호화선'이라는 전속 극단으로 통합했다. 두 극단의 연중무휴 공연은 1930년대를 한국 연극 사상 최대의 연극 전성시대로 만들고 두 극단의 지방 공연은 우리나라 전역에 연극을 대중화해 동양극장을 한국 상업연극의 메카로 만들었다.

무용계, 배구자가 신무용에 끼친 공로 인정하지 않아

동양극장 최고의 히트작은 '사랑에 속고 돈에 울고'(박진 연출, 임선규 극본)였다. 오빠의 학비를 벌기 위해 기생이 되어야 했던 홍도가 대학생인 오빠 친구와 결혼하지만 시댁 식구의 박해로 쫓겨났다가 결국 살인미수까지 저지르게 된다는 신파극이다.

여성 수난극의 전형이자 '한국형 최루극'의 원조로 불리는 '사랑에 속고…'는 청춘좌 극단에 의해 1936년 7월 23~31일 무대에 올려졌다. 하지만 대중은 '사랑에 속고…' 제목 대신 여주인공의 이름을 딴 '홍도야 우지 마라 오빠가 있다'로 기억했다. 연출가 박진은 훗날 "공연을 보러온 기생, 바람둥이, 시골 사람들 때문에 극장 유리가 모조리 깨졌다. 서대문 마루턱이 막혀 전차가 못 다닐 정도였다"고 술회했다.

이렇듯 승승장구하던 동양극장이었으나 1937년 1월 극장 설립자인 홍순언이 34세로 요절, 개관 1년 2개월 만에 최대 위기를 맞았다. 이후 배구자가 최독견에게 극장에 대한 권리를 양도해 최독견이 1938년 5월부터 극장을 단독 운영했으나 점차 인기 배우들이 하나둘 동양극장을 떠나면서 과거의 명성을 이어가지는 못했다. 결정적으로는 1950년 초 국립극장의 설립으로 퇴조하기 시작해 1958년 영화관으로 전용되었다. 1976년 현대건설로 매각된 뒤에는 교육장으로 사용되다가 1990년 2월 27일 철거되었다. 그 자리에 들어선 건물이 지금의 문화일보다.

배구자는 동양극장 운영권을 최독견에게 넘기고 광산 재벌과 재혼했으나 해방 뒤 남편이 친일파로 몰려 일본으로 떠났다. 그곳에서 일본계 미국인과 다시 결혼해 무용과 인연을 끊고 살다가 말년에 미국으로 이주해 2003년 사망했다.

배구자는 이처럼 최승희보다 먼저 한국 무용의 새 시대를 열고 연극 전용극장인 동양극장을 건립하는 등 무용계와 연극계에 뚜렷한 발자취를 남겼다. 그러나 연극계와 달리 무용계는 배구자가 우리 신무용에 끼친 공로를 인정하지 않는 분위기다. 첫째 이유는 배구자의 춤이 곡마단의 유희를 위한 춤일 뿐 무용이 아니라고 생각하기 때문이다. "배구자를 무용가로 대우하는 일은 오직 고소(苦笑)꺼리"라고 혹평하는 평론가도 있다.

둘째는 배구자 자신과 동생이 남긴 출생에 관한 언급 때문이다. 배구자는 노년에 "나는 메이지 천황의 10번째 딸로 알고 있다. 다이쇼 천황은 이복 오빠"라고 말하고, 여동생은 "언니가 이토 히로부미와 고모 배정자 사이에 태어났다"라고 회고한 적이 있다.

물론 학계는 배구자 자매의 주장을 인정하지 않고 이토 히로부미의 양녀였던 배정자의 조카라는 쪽을 유력한 진실로 받아들이고 있다. 배구자가 무용을 시작하는 데 결정적 역할을 한 배정자가 유명한 친일파였다는 것, 다수 제자를 둔 최승희와 달리 배구자가 해방 이전에 은퇴해 제자를 두지 않은 것도 배구자가 한국무용사에서 주목받지 못하는 이유 중 하나다.

이태규 교토제국대 교수 부임

한국인 최초로 노벨상 추천위원이 되고 한국인 최초 노벨상 후보로 거론된 세계적인 과학자였다.

이태규(1902~1992)는 90 평생 중 한국에서 40년, 일본에서 23년, 미국에서 27년을 살며 과학 연구에 매진했다. 미 유타대 교수로 활동하던 1965년 한국인 최초로 노벨상 추천위원이 되고 1969년 한국인 최초

노벨상 후보로 거론된 세계적인 과학자였다.

이태규

이태규는 충남 예산에서 태어나 1919년 경성고보를 수석 졸업했다. 총독부 관비 유학생으로 뽑혀 1920년 3월 일본으로 건너가 히로시마고등사범학교(1924)와 교토제국대 화학과(1927)를 졸업했다. 훗날 북한에서 '비날론' 개발로 유명해질 이승기는 교토제국대 8년 후배다. 당시 교토제국대는 자유로운 학풍으로 도쿄제국대를 능가하고 물리·화학 분야에서는 세계적인 수준을 자랑했다. 노벨상 수상자 분포가 이 사실을 뒷받침한다.

2014년 현재 일본인 노벨상 수상자는 모두 19명이다. 이 중 졸업생과 재직 교수를 기준으로 하면 도쿄대와 교토대는 각각 7명의 수상자를 배출했다. 도쿄대에서는 문학상(2명)과 평화상(1명) 수상자가 나온 반면 교토대 수상자는 모두 기초과학 부문에서 수상자를 배출했다. 1949년 교토대 출신 유카와 히데키(물리학상)가 일본 최초의 노벨상 수상자로 선정된 이후 교토대에서는 화학상·생리의학상 등의 수상자를 배출했다.

교토대가 노벨상의 산실이 된 원동력으로 자유로운 학풍과 독창성이 꼽힌다. 도쿄대가 '모든 과목을 고루 잘하는 모범생'이라면 교토대는 '특정 과목에서 특출난 학생'으로 비유되기도 한다. 교토대 출신으로 2001년 노벨 화학상을 받은 노요리 료지는 프랑스 월간 '르몽드 디플로마티크' 인터뷰에서 "'세계 제일'이 아니라 '세계 유일'을 추구하는 것이 교토대의 경쟁력"이라고 말했다.

이태규는 재학 중 유학생 모임에서 만난 교토의 도시샤대 영문과 학생 정지용을 대부로 가톨릭 영세를 받았다. 이태규의 결혼을 중매해준 것도 정지용이었다. 1931년 9월 17일 이태규는 교토제국대에서 '환원 니켈 존재 하의 일산화탄소의 분해'라는 제목의 논문으로 이학박사 학위를 취득했다. 그의 박사학위 소식에 국내는 물론 일본 언론에서도 "조선인 최초의 이학박사가 나왔다"며 큰 관심을 보였다.

그러나 정확히 말하면 이태규는 일본에서 이학박사 학위를 받은 첫 한국인이었지 한국인 최초의 이학박사는 아니다. 과학 분야에서 한국인 최초 박사는 1926년 미국 미시간대에서 천문학 박사학위를 받은 이원철이다. 과학분야 2호 박사이자 한국인 최초의 물리학박사는 1928년 미국 인디애나대에서 박사학위를 취득한 조응천이다. 교토제국대 후배 이승기는 1939년 1월 공학박사 학위를 받고 그해 10월 '합성 1호'로 명명된 비날론을 개발해 일본인들로부터 열렬한 환영을 받았다.

한국 과학계의 상징적 인물

이태규는 1935년 4월 30일 교토제국대 조교수로 임명되어 "조선 학계의 자랑"으로 또다시 언론의 스포트라이를 받았다. 1939년 1월 미국으로 건너가 프린스턴대에서 객원 과학자로 활동했다. 당시 프린스턴대는 세계적인 과학자들의 집합소였다. 1949년 일본 최초의 노벨 물리학상 수상자인 유카와 히데키도 그곳에 있었다. 이태규는 첨단 연구에 한참 재미를 붙였으나 미일 관계의 악화로 1941년 태평양전쟁이 발발하기 5개월 전 교토제국대로 돌아와 1943년 교토제국대 정교수로 임명되었다.

해방이 되자 1945년 12월 이승기와 함께 귀국해 경성제국대 교수로 부임했다. 이태규는 경성제국대 이공학부장을 거쳐 서울대 초대 문리대학장을 맡고 이승기는 서울대 화학공학과장을 맡았다. 1946년 7월 조선화학계를 발족해 초대 회장에 추대되었다. 그러나 해방공간은 이태규에게 큰 시련을 안겨주었다. 1946년 국대안(국립서울대학교 설립안) 파동으로 서울대가 좌우익 투쟁의 장으로 바뀌고 좌익 학생들이 이태규를 "자본주의의 주구", "악질 친일파" 등 온갖 폭언을 퍼부어 더 이상 연구를 할 수 없었기 때문이다. 결국 이태규는 진저리나는 학장 자리를 차버리고 1948년 9월 미국 유타대로 떠나 1950년 6월 정식 교수가 되었다.

미국에서 그는 한국에서 못한 연구를 벌충이라도 하듯 연구에 몰입했다. 1955년 헨리 아이링 교수와 함께 분자점성학의 기초가 된 '리-아이링 이론'을 제안해 세계 화학계를 놀라게 했다. 이 이론은 물질의 비뉴턴성 흐름에 관한 것으로, 그동안 뉴턴의 역학이 적용되지 않은 일부 분자 세계를 방정식으로 수식화했다는 데 큰 의미가 있었다.

이태규의 명성이 자자해지자 그의 가르침을 받기 위해 우리나라 과학기술계의 젊은 인재들이 유타대로 모여들었다. 이용태, 한상준, 김각중, 권숙일 등 30여 명의 제자들은 귀국 후 우리나라 과학계를 이끄는 중추 리더가 되었다. 1973년 9월 박정희 대통령의 해외 석학 유치 계획에 호응, 25년 만에 돌아와 한국과학기술원 석학교수로 후학들을 가르치다가 1992년 90세 나이로 눈을 감았다. 과학계 인사로는 최초로 국립대전현충원에 묻혔으며 2003년 이원철, 우장춘, 최형섭, 이호왕 등과 함께 '과학기술인 명예의 전당'에 최초로 헌정되었다.

나치의 '뉘른베르크법' 공포와 단종법

단종법으로 유대인 말살의 근거를 마련한 뒤 유대인을 학살할 수 있는 뉘른베르크법을 제정·공포했다.

20세기 초부터 중엽까지 미국과 유럽 등지에서 활개를 친 '단종법'의 근거 이론은 '우생학'이다. 단종법은 생물학적 부적격자로 분류된 사람들을 상대로 정부가 강제하는 불임수술의 법적 명칭이다. 우생학의 개척자는 사람의 신체적·정신적 특성들을 과학적으로 측정해 생물

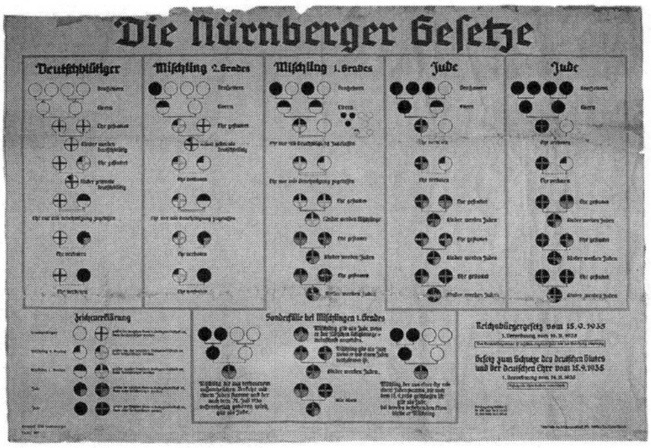

뉘른베르크법을 설명하기 위해 나치가 만든 도표

통계학이라는 분야를 창시한 영국의 프랜시스 골턴이다. 우생학이라는 용어를 1883년 처음 만들어 전파한 것도 골턴이다.

그는 사촌형 찰스 다윈의 영향을 받아 1865년 '유전적 재능과 특질'이라는 논문을 발표했다. 선별적인 교배 기술로 동식물의 품종을 개량하듯 인종도 최고 우성을 만들 수 있다는 논문이었다. 따라서 인간 사회에서 생물학적 우성인자를 가진 사람의 수를 늘리고 열성인자를 가진 사람의 수를 줄이는 식으로 인위적인 노력을 하면 궁극적으로 인류가 발전할 것이라는 게 그의 지론이었다.

19세기 말 골턴과 그 지지자들이 초점을 맞춘 우생학은 상대적으로 우수하게 태어난 사람들의 출산율을 증가시키는 '포지티브 우생학'이었다. 그러나 20세기 들어 정신이상자, 저능아, 범죄자 등 생물학적 부적격자들의 자손 번식을 억제하는 '네거티브 우생학'이 우세해졌다. 후자에 힘을 실어준 것은 미국과 유럽의 정치인들이었다. 그들은 과학의 이름으로 하층민을 생물학적 열등 분자로 몰아 사회악의 모든 책임을 전가하고 공권력을 임의로 행사할 수 있는 논거로 '네거티브 우생학'을 악용했다.

미국과 유럽 국가들은 악성 유전성 질환을 예방하고 생물학적으로 인간을 진화시킨다는 명분 아래 경쟁하듯 '단종법'을 제정했다. 단종법은 유전 성향을 가진 정신질환자, 간질환자, 알코올중독자 등이 자신 때문에 불행한 후손이 나오지 않게 스스로 불임수술을 신청하도록 한다는 취지로 제정되었다. 그러나 실제로는 당사자 본인이 아니더라도 법원이나 형무소의 감독관이 신청하면 불임수술을 할 수 있도록 비인간적·반윤리적으로 운영되었다.

유전적으로 열등한 아동의 출산을 막는다는 구실을 들어 단종법을 가장 먼저 제정·시행한 나라는 미국이다. 미국은 1896년 저능아와 정신박약자의 결혼을 금지한 '결혼규제법'을 제정했을 정도로 우생학 연구와 단종법 시행에 적극적이었다. 미국에서 최초로 단종법을 제정·시행한 주는 1907년 미국의 인디애나주다.

1909년 워싱턴주와 캘리포니아주 등이 잇따라 단종법을 도입한 가운데 가장 논란이 된 것은 1924년 제정된 버지니아주의 단종법이다. 그런데도 1927년 연방대법원이 "버지니아의 단종법이 다수의 안전과 복지를 추구한다는 헌법 정신에 어긋나지 않는다"고 판결함으로써 단종법은 전국적으로 합법화되었다. 이후 단종법은 미국의 33개주에서 제정되어 1970년대까지 6만 5,000여 명이 강제 불임수술을 받은 것으로 조사되었다.

뉘른베르크법, '홀로코스트'로 가는 징검다리

미국에 이어 스위스·캐나다(1928), 덴마크(1929), 독일(1933), 스웨덴과 핀란드(1935), 중미 국가들(1941), 일본(1948) 등에도 단종법이 도입되었다. 다만 영국은 근대 우생학의 발원지이고 적극적인 우생학 지지자가 적지 않았는데도 강력한 민주주의 전통에 밀려 단종법을 제정하지 못했다.

불임수술은 전체적으로 여성이 많았으나 적지 않은 남성도 대상이 되었다. 불임시술을 받아야 할 대상은 법정에서 판결했고 근거는 나라마다 약간씩 차이가 났다. 사회적 무능력자를 대상으로 불임수술을 강요하던 단종법이 인종 말살 정책의 근거로 악용된 것은 히틀러 치하의 독일이 처음이자 마지막이었다.

독일의 나치당이 단종법을 공포한 것은 1933년 7월 14일이었다. 정신질환, 간질, 알코올중독 등 유전질환 당사자의 신청을 받아 우생재판소에서 단종수술 결정을 내린다는 게 법의 취지였으나 독일 역시 본인이 아니더라도 병원이나 형무소 감독관의 신청이 가능하도록 해 실제로는 타의에 의한 단종이 다수를 차지했다. 독일 단종법의 특징은 사회적 무능력자는 물론 유대인, 집시, 동성애자 등까지 무능력자로 간주해 불임수술을 강요했다는 점이다. 독일에서 이뤄진 불임시술자의 수는 수 십만 명으로 추정되고 있다.

단종법으로 유대인 말살의 근거를 마련한 히틀러는 2년 뒤 유대인을 추방하고 급기야 학살로까지 몰고 갈 수 있는 새로운 악법을 제정·공포했다. 1935년 9월 15일 공포한, 이른바 '뉘른베르크법'으로 통칭되는 '독일제국 시민법'과 '독일 혈통 및 명예보존법'이 그것이다. 법 제정의 목적은 유대인의 혈통이 섞인 국민을 독일인과 차별하는 것이었지만 실상은 '홀로코스트(대학살)'로 가기 위한 징검다리로 악용되었다.

인종 말살 정책의 근거로 악용된 것은 히틀러 치하의 독일

독일제국 시민법에 따라 유대인은 선거권과 공직취임권 등 모든 시민권을 박탈당했다. 독일 혈통 및 명예보호법은 히틀러가 '나의 투쟁'에서도 밝혔듯 '고등인종인 아리아 민족의 피가 하등인간의 피와 섞여서는 안된다'는 인종차별적 맹신에서 비롯되었다. 법에 따라 유대인·독일인 간의 결혼과 성관계가 금지된 가운데 나치는 법을 명확히 적용하기 위해 1935년 11월 14일 보충법령으로 '유대인의 범위'를 정했다. 친가와 외가 조부모 4명 중 3명 이상이 유대인이면 유대인, 2명이 유대인이면 1급 혼혈, 1명이 유대인이면 2급 혼혈로 분류해 훗날 적용할 학살의 기준을 마련했다.

1급과 2급 혼혈아로 분류된 유대인에게는 독일인의 지위를 어느 정도 인정해주는 '해방' 절차가 있긴 했으나 이를 통해 해방된 유대인은 극소수에 불과했다. 1급 혼혈에 해당되어도 ▲유대교 공동체에 속한 사람 ▲배우자가 유대인인 사람 ▲한 유대인에 의해 맺어진 혼인 관계에서 출생한 자녀 ▲혼외 관계에서 출생한 자녀 등은 다시 유대인으로 간주되어 완전한 정치적 권리를 소유하는 제국 시민이 될 수 없었다.

유대인들은 처음에는 뉘른베르크법 제정에 큰 충격을 받았으나 곧 체념하고 2등 시민 자리라도 유지할 수 있는 현실에 만족했다. 그러나 전쟁 준비가 가시화할수록 유대인들에 대한 나치의 탄압 조치는 더욱 가혹해졌다. 유대인에 대한 박해의 첫 단계가 정치적 권리를 박탈하는 것이었다면 다음 단계의 목표는 그들의 경제적 기반을 와해시키는 것이었다.

1938년 3월 나치는 모든 유대인 공동체의 권리를 박탈하고 11월에는 유대인 변호사들의 활동을 금지했다. 이와 병행해 경제 외적인 탄압 조치들도 잇달아 시행했다. 1938년 8월부터 모든 유대인들은 '이스라엘'(남자)과 '사라'(여자)라는 이름을 써야 했으며 10월에는 모든 유대인 여권에 유대인인임을 표시하는 'J'자가 인쇄되었다.

베이브 루스 714 홈런

12번 홈런왕에 오르고 0.342의 통산 타율에 2,873개의 안타, 2,217점의 타점을 기록했다.

베이브 루스(1895~1948)는 미 프로야구계의 전설이다. 은퇴 당시 갖고 있던 메이저리그 기록만 56개에 달했다. 이 기록들은 루스가 왜 20세기 최고의 야구선수로 추앙받아야 하는지를 단적으로 보여주고 있다. 루스는 17시즌 동안 12번 홈런왕에 오르고 0.342의 통산 타율에 2,873개의 안타, 2,217점의 타점을 기록했다. 714개의 홈런은 1974년 행크 에런에 의

베이브 루스

해 깨질 때까지 39년 동안 누구도 넘보지 못한 철옹성이었다.

투수 기록도 대단해 통산 94승 46패에 평균자책점 2.28을 기록했다.

루스는 미국에서 독일계 이민자의 아들로 태어났다. 어려운 집안 사정으로 7살 때 소년원 격인 세인트 메리 공업학교에 보내졌다. 그곳에서 배운 야구는 인생의 전환점이 되었다. 루스는 19살 때이던 1914년 2월 미 프로야구 마이너리그에 속해 있던 볼티모어 오리올스에 입단했다. 당시 볼티모어 선수들이 그를 '베이브'라고 부르면서 조지 허먼 루스라는 본명 대신 베이브 루스로 불렸다.

루스는 곧 실력을 인정받아 1914년 7월 당시 최강의 전력을 자랑하는 보스턴 레드삭스로 트레이드되었다. 공수를 가리지 않는 전천후 선수답게 좌완투수 겸 타자로 활약했다. 1914년 7월 11일 클리블랜드 넵스(인디어슨 전신)와 치른 투수 데뷔전에서 승리투수가 된 것을 시작으로 데뷔 첫해 성적을 2승 1패로 마쳤다. 1915년에는 선발 로테이션을 꿰차며 18승 8패, 평균자책점 2.44를 기록했다. 타율도 0.315이나 되었다.

3년차이던 1916년에는 다승(23승 12패)과 평균자책점(1.75) 부문에서 리그 1위에 올라 투수로서의 입지를 굳혔다. 만 21세 이전에 아메리칸리그 평균자책점 1위에 오른 건 루스가 처음이자 마지막이었다. 그해 월드시리즈 2차전에서는 혼자 14이닝을 던지며 승리투수가 되었다. 지금까지 월드시리즈는 물론이고 포스트시즌 게임을 통틀어 14이닝 완투승을 거둔 투수는 루스뿐이다. 레드삭스는 월드시리즈 2연패에 성공했다.

1917년에는 326과 3분의 1이닝을 소화하며 24승 13패를 기록했으나 1918년에는 투수로 20게임밖에 출장하지 않아 13승 7패, 평균자책점 2.22

로 시즌을 마쳤다. 대신 월드시리즈에서 2승을 거둬 통산 월드시리즈 성적은 3승 무패, 평균자책점 0.87을 기록했다. 루스가 역대 월드시리즈에서 기록한 29와 3분의 2이닝 연속 무실점 기록은 43년이 지나서야 깨졌다.

이처럼 투수로 발군의 실력을 자랑했는데도 1919년 투수 비중을 줄이고 타자 비중을 높였다. 결과는 대성공이었다. 투수로는 9승에 그쳤으나 타자로는 홈런, 타점, 득점, 출루율, 장타율 등에서 모두 1위를 차지했다.

보스턴 레드삭스, 베이비 루스 방출 후 '밤비노 저주'에 시달려

타자로 주가가 최고조에 오르자 1919년 12월 26일 당시로서는 파격적인 12만 5,000달러에 뉴욕 양키스로 트레이드되었다. 루스의 이동은 양 팀에 극명한 변화를 불러왔다. 1920년 양키스의 관중은 전년도 60만 명에서 120만 명으로 갑절이나 늘어난 반면 보스턴 레드삭스는 40만 명에서 20만 명으로 급감했다.

더욱이 레드삭스는 이후 86년간 월드시리즈에서 우승하지 못하는 이른바 '밤비노(이탈리아어로 베이비)의 저주'에 시달려야 했다. 1903년부터 1918년까지 월드시리즈에서 무려 5회나 우승했던 레드삭스가 루스를 내보낸 후 2004년 이전까지 단 한 번도 우승하지 못했기 때문이다.

루스는 이적 첫해인 1920년 전업 타자로만 출전해 54홈런을 쳤다. 미국에서 야구가 생긴 이래 30홈런을 날린 타자가 단 한 명도 없는 상황에서 54홈런은 믿기지 않는 대기록이었다. 타율과 타점도 각각 0.374, 137점이나 되었다. 루스의 전설이 시작된 것이다. 루스 생애 최고의 해는 1921년이었다. 59개의 홈런으로 자신의 기록을 갈아치우고 타율과 타점도 각각 0.378, 171점을 기록했다.

루스가 시즌 36호이자 개인 통산 139개의 홈런을 친 것은 1921년 7월 18일이었다. 당시는 통산 기록을 집계하지 않던 시절이었기 때문에 이 홈런이 의미하는 바를 아는 사람은 없었다. 훗날 밝혀지지만 그 홈런은 그 때까지 메이저리그 역대 최다 홈런이던 로저 코너의 통산 138개의 기록을 경신한 한 방이었다.

양키스는 루스의 활약에 힙입어 1921년 아메리칸리그에서 첫 우승의 기쁨을 누렸다. 2년 뒤에는 월드시리즈 첫 우승을 거뒀다. 사람들은 루스에 열광했다. 그 덕에 뉴욕 자이언츠의 홈구장에서 셋방살이를 하던 양키스는 1923년 대형 양키 스타디움을 개장할 수 있었다. '루스가 세운 집'이라는 별명은 이래서 나온 것이다.

"수요일 경기에서 너를 위해 홈런을 때리겠다"

1927년 루스는 같은 팀 소속의 루 게릭과 치열한 경쟁 끝에 60홈런 고지에 올랐다. 1920년대에 루스가 날린 홈런은 모두 467개로 1920년대 아메리칸리그에서 나온 홈런의 10%에 해당되었다. 60홈런 기록은 1961년 로저 매리스에 의해 깨졌다. 훗날 사실이 아닌 것으로 밝혀졌지만 1932년 손가락으로 외야의 센터 뒤를 가리킨 뒤 그곳으로 홈런을 날렸다는 '예고 홈런'의 전설도 루스였기에 회자될 수 있었던 가십거리였다.

하지만 '예고 홈런'이 전혀 없었던 것은 아니다. 베이브 루스는 1926년 세인트루이스 카디널스와의 월드시리즈 4차전을 앞두고 그해 여름 말을 타다 떨어져 입원 중인 11세 양키스 팬 조니 실베스터의 얘기를 전해 들었다. 그는 곧바로 쾌유를 기원하는 편지와 함께 자신과 동료 5명의 사인이 적힌 홈런 볼을 실베스터에게 보냈다.

루스는 그 야구공에 "수요일 경기에서 너를 위해 홈런을 때리겠다"는 글을 적었고, 수요일이던 10월 7일 치러진 월드시리즈 4차전에서 자신의 프로 첫 한 경기 3개의 홈런을 터뜨리며 팀의 10대 5 승리를 이끌었다. 월드시리즈에서 한 타자가 한 경기에 3개의 홈런을 터뜨린 것은 베이브 루스가 최초였다. 실베스터의 병세가 호전되자 미국 언론은 "홈런 볼이 소년의 병을 고쳤다"며 대서특필했다. 루스는 6차전 후에도 실베스터에게 친필 편지를 보내 다시 한 번 홈런을 때리겠다고 약속했고, 최종 7차전에서 네 번째 대포를 쏘아 올렸다.

천하의 루스라고 해도 나이는 어쩔 수 없어 40살이던 1935년 보스턴 브레이브스로 방출되었다. 1935년 5월 25일 714번째 홈런을 터뜨리고 5일 뒤인 5월 30일 경기를 마지막으로 은퇴했다. 보스턴 레드삭스와 뉴욕 양키스는 루스가 은퇴할 때까지 펼친 맹활약 덕에 7번(1915, 1916, 1918, 1923, 1927, 1928, 1932)이나 월드시리즈 챔피언이 되었다.

미국 프로야구계가 1936년 명예의 전당 첫 5명의 멤버로 루스를 선정하고 1948년 6월 뉴욕 양키스가 등번호 3번을 영구결번으로 지정해 루스의 공로를 인정해주었지만 루스는 그 무렵 인후암을 앓고 있었다. 결국 1948년 8월 16일 53세로 세상을 떠났다. 양키 스타디움에서 열린 장례식에는 15만 명의 팬들이 몰려들어 루스와의 작별을 아쉬워했다.

루 게릭

1925년 6월 2일, 낯선 이름의 한 야구 선수가 타석에 들어섰다. 2년 전 뉴욕 양키스에 입단했으나 주전을 꿰차지 못하고 주로 대타를 전전하다가 1루수가 두통으로 결장한 틈을 타 또다시 대타로 나선 루 게릭(본명 헨리 루이 게릭)이었다. 그러나 그날의 타석이 이후 14년간 이어질 대기록의 신고식이고, '20세기 최고의 타자'가 탄생하는 날이라는 것을 아는 사람은 아무도 없었다. 이 대기록은 1995년 칼 립켄 주니어에 의해 깨질 때까지 56년 동안 난공불락이었다.

루 게릭의 등장과 함께 뉴욕 양키스는 홈런왕 베이브 루스와 루 게릭을 3번, 4번으로 내세워 양키스의 신화를 쌓아갔다. 1927년은 그 정점이었다. 베이브 루스가 60개 홈런을 치고 루 게릭이 0.373의 타율에 47홈런,

루 게릭

175타점을 올린 덕에 양키스가 110승 44패라는 놀라운 기록을 세웠기 때문이다. 1999년, 스포츠 전문체널 ESPN은 '1927년의 뉴욕 양키스'팀을 미국의 모든 스포츠 중 '20세기 최고의 팀'으로 꼽았다.

루스와 게릭은 쌍두마차를 이루며 팀의 최전성기를 견인했으나 성격은 정반대였다. 오만하고 자신감에 찬 성격으로 항상 매스컴을 끌고 다니며 개인 플레이에 치중한 루스와 달리 게릭은 신사적인 풍모와 성격으로 요란하지 않은 플레이를 펼쳤다. 항상 가정을 중시하고 부인과 자식에게 사랑을 베풀었으며 자신보다 처지가 어려운 사람을 위해 연봉 중 일부를 사회재단에 기부했다.

'철마'로 불리며 통산 타율 0.340에 23개의 만루홈런을 포함해 493개의 홈런을 치며 승승장구하던 게릭에게 1938년 어느 날 갑자기 몸에 이상이 찾아왔다. 근육이 위축되는 증상이었다. 이 때문에 1938년은 1925년 이후 처음으로 타율이 2할대(0.295)로 떨어졌고, 홈런도 29개밖에 치지 못했다. 1939년 시즌을 맞아서도 4월 30일까지 2,130게임의 연속출장 기록을 힘들게 이어갔으나 8경기 타율이 0.143으로 곤두박질쳤다. 결국 게릭은 5월 2일 자진해서 경기를 포기했다.

루 게릭은 6월 13일 비밀리에 검사를 받았다. 36번째 생일인 6월 19일에 발표된 진단 결과에 따르면, 훗날 '루 게릭병'으로 명명된 근위축성측삭경화증(ALS)이 원인이었다. 운동신경 세포가 파괴되어 발병 후 2~5년 만에 죽음에 이르는 치명적인 병이었다. 은퇴식이 열린 1939년 7월 4일, 양키 스타디움의 6만여 관중 앞에 루 게릭이 불편한 몸을 이끌고 나타났다. 16년간의 선수 생활에 도움을 준 주변 사람들에게 고마움을 표시한 뒤 "나는 세상에서 가장 행복한 남자"라고 고별사를 하자 관중석은 울음바다가 되었다. 양키스 구단은 메이저리그 사상 처음으로 그의 배번인 4번을 영구결번으로 지정했다.

매사에 성실했던 이 남자는 곧 뉴욕시 가석방위원회에서 새 인생을 시작해 매일같이 수감자들을 만나 대화하고 결과를 꼬박꼬박 시에 보고했다. 그러나 전신이 마비되는 등 병세가 더욱 악화하자 외부와 접촉을 끊고 병마와 외로운 투쟁을 전개하다 결국 1941년 6월 2일 38세를 일기로 눈을 감아 전 미국을 슬픔 속으로 몰아넣었다. 1999년 미국에서 '20세기 올스타' 투표를 실시했을 때 20세기 메이저리그 최고 스타로 꼽힌 것은 베이브 루스가 아니라 루 게릭이었다.

마거릿 미드 '세 부족사회의 성과 기질' 출간

미드 덕분에 미국 사회는 편협한 문명 우월주의에서 벗어나 타 문화에 관심을 갖게 되었다.

마거릿 미드(1901~1978)는 20대 중반부터 남자들도 감당하기 어려운 힘들고 위험한 남태평양의 열대 정글 오지를 찾아다니며 인간의 본성과 문화의 다양성을 탐구해 '인류학의 어머니'로 불린다. 미드는 미국 필라델피아의 인텔리 집안에서 태어났다. 할머니는 학교 교장을 지내고 아버지는 경제학과 교수였다. 어머니는 4명의 아이를 키우는 고단함 속에서도 대학원에서 사회학을 전공한 맹렬 여성이었다. 미드는 1919년 인디애나주 드포대에 입학했다가 이듬해 컬럼비아대의 협력 대학인 뉴욕의 버나드여대로 옮겨 심리학을 전공했다.

운명이 요동친 것은 '미국 인류학의 창시자이자 아버지'로 추앙받는 프란츠 보아스 컬럼비아대 교수의 인류학 강의를 처음 접하고, 컬럼비아대

마거릿 미드

인류학과 대학원을 졸업한 뒤 버나드여대 조교로 활동하고 있던 루스 베니딕트를 처음 만난 1922년이었다. 훗날 명저 '국화와 칼'로 유명해질 베니딕트는 미드에게 스승이고 동료이고 동성애 상대였다. 두 사람은 동성애 연인이면서도 각기 결혼 생활을 유지했다. 훗날 미드는 자서전에 이렇게 썼다. "우리는 서로의 작품을 읽고 또 읽었다. 보내오는 시에 화답하는 시를 썼고 희망과 걱정을 함께 나눴다."

미드가 오지 사람들을 연구하겠다는 뜻을 품은 것은 1924년 컬럼비아대에서 심리학 석사학위를 받은 뒤였다. 그때까지 오지 연구는 미개척 분야였다. 첫 현장 연구지는 1925년 8월 떠난 남태평양의 사모아 제도였다. 그곳에서 9개월을 보내고 귀국을 위해 배에 올라탔을 때 키가 크고 잘생긴 뉴질랜드 출신의 심리학자 레오 포천을 알게 되었다. 둘은 배에서 대화를 나누며 서로에게 이끌렸다. 미드는 뉴욕으로 돌아와 1926년 미국 자연사박물관의 민속학 보조 큐레이터로 취직하고 1928년 사모아의 현장 연구 결과를 정리한 '사모아에서 어른이 되다'를 출간했다.

미드의 다음 현장 연구지는 뉴기니 섬 북쪽에 있는 마누스 제도였다. 출발 전 첫 남편과 이혼하고 1928년 가을 마누스 제도로 향했다. 중간에 뉴질랜드에서 포천과 결혼한 후 함께 마누스 섬의 페리 마을로 들어갔다. 미드가 그곳을 비롯해 인근 섬을 돌아다니며 어린이들의 정신세계를 연구하는 동안 포춘은 마누스 섬 사람들의 종교적인 삶을 연구했다.

1929년 가을 뉴욕으로 돌아왔을 때 '사모아에서 어른이 되다'가 베스트셀러가 된 덕에 유명 인사가 되어 있었다. 1929년 컬럼비아대에서 박사학위를 받고 마누스 섬 사람들의 혈연관계를 다룬 논문을 쓰고 마누스의 어린이들을 다룬 '뉴기니에서 성장하다'(1930)를 집필하는 등 바쁜 나날을 보냈다. 1930년 여름에는 인디언 보호구역에서 여름을 보낸 후 '변화하는 인디언 부족의 문화'를 썼다.

1960~1970년대 미국 사회를 휩쓴 여성해방운동의 이론적 바탕

1931년 미드와 포천은 다시 뉴기니로 떠났다. 연구 목적은 남성과 여성의 성적인 차이였다. 여성과 남성의 차이가 생물학적 차이에 의한 선천적인 것인지 아니면 문화적 차이와 양육법에 의한 후천적인 문제인지가 궁금했던 그들은 뉴기니 섬에 살고 있는 아라페시, 문두구모어, 챔블리 등 세 부족을 관찰했다. 미드에 따르면, 아라페시족은 남녀 모두 여성적 성격을 지녔고 이와 대조적으로 강가의 식인종인 문두구모어족 남녀들은 강하고 독립적인 남성적 성향을 보였다. 챔블리족 남녀의 성 역할은 서구적 관점에서 완전히 뒤바뀌었다. 여성들은 활달하고 지배적이고 통솔적인 반면 남성들은 책임감이 약하고 의존적이었다.

1933년 봄 뉴욕으로 돌아온 미드는 다시 집필에 들어가 1935년 1월 세 부족의 문화를 비교 분석한 '세 부족사회의 성과 기질'이란 연구 조사 보고서를 냈다. 책에서 미드는 "남성적 또는 여성적이라고 하는 많은 개별적인 특성들은 사회의 문화적 기대에 의해 규정된 것"이며 "생물학적인 특성의 차이와는 거의 관련이 없다"고 주장했다. 미드의 이런 주장은 1960~1970년대 미국 사회를 휩쓸고 지나간 여성해방운동의 이론적 바탕이 되었다. 미드는 1935년 포천과 또다시 이혼하고 뉴기니에서 함께 연구했던 영국의 문화인류학자 그레고리 베이트슨과 1936년 세 번째 결혼을 했다.

둘은 함께 인도네시아 발리에서 현장 연구를 하고 돌아와 1942년 '발리인의 기질'을 공동 명의로 출간했다. 베이트슨이 발리에서 찍은 2만 5,000

장의 사진 중 750여 장의 사진이 수록된 책에 대해 일부 인류학자들은 미드의 저작 중 최고의 작품이라고 찬사했다. 미드 부부는 발리 사진으로 여러 편의 단편 흑백영화도 만들었다. 그 중 '세 문화에서의 아이 목욕 시키기'는 인류학 분야의 고전으로 꼽힌다.

미드는 젊어서부터 대중 강연을 즐겼다. 일생 동안 모두 24번의 현지 조사를 통해 최소한 여덟 부족의 다른 문화를 연구한 경험을 바탕으로 성과 결혼에 대해 연설하곤 했다. 인간의 수명이 연장될수록 일부일처제가 평생 지속될 가능성은 낮아질 것이며 결혼에 지나친 기대를 하지 말 것과 예비 결혼을 권고했다. 미드는 1950년 또다시 이혼했다.

미드는 자신의 연구 성과를 44권의 저서와 1,000여 건의 논문으로 남겼다. 이들 저작과 계속적인 강연을 통해 인류학을 대중에게 널리 알리는 데 혁혁한 공을 세웠다. 그 덕에 미국 사회는 편협한 문명 우월주의에서 벗어나 세계를 바라보고 타 문화에 관심을 갖게 되었다. 1978년 11월 췌장암으로 생을 마감했을 때 그녀가 6번이나 현지 조사를 했던 마누스 섬의 페리 마을 사람들은 5일간 장례식을 치르고 24시간 동안 집 밖으로 나가지 않는 방식으로 애도를 표했다.

루스 베니딕트와 '국화와 칼'

루스 베니딕트(1887~1948)는 마거릿 미드와 더불어 20세기 미국을 대표하는 여성 인류학자다. 그는 뉴욕에서 태어나 두 살 때 아버지를 잃고, 힘겹게 두 딸을 키우는 어머니의 신경질을 온몸으로 받으며 성장했다. 어릴 때 앓은 열병으로 한쪽 청력까지 잃어 극심한 우울증에 시달렸다.

그런 악조건 속에서도 1909년 배서 칼리지 영문학과를 졸업하고 교사로 근무했다. 1914년 생화학자와 결혼했으나 자기 정체성 확립이라는 문제를 두고 남편과 갈등을 빚었다. 그런 갈등을 해결해줄 아이를 기다렸으나 아이를 낳을 수 없다는 사실을 알고 한동안 절망에 빠졌다가 1919년 일반인을 위한 인류학 강의를 듣고서 절망에서 빠져나왔다.

루스 베네딕트

인류학을 통해 삶의 전망을 얻을 수 있다는 확신이 서자 1921년 34살의 늦은 나이에 컬럼비아대 인류학과 대학원에 진학했다. 프란츠 보아스 교수의 지도를 받아 대학원을 마친 뒤에는 컬럼비아대의 협력대학인 버나드여대에서 조교로 근무했다. 1922년 마거릿 미드를 처음 만났을 때 미드는 그 대학의 4학년 학생이었다. 이후 둘의 관계는 동료 학자이자 동성애 파트너로 발전했다. 베니딕트는 40대 초반 무렵 자신의 동성애 성향을 인정하고 젊은 화학도와 파트너 관계를 맺었다. 그래도 남편과는 이혼하지 않았다.

베니딕트는 1923년 아메리카 인디언 종족들의 민화와 종교에 관한 연구로 컬럼비아대에서 박사학위를 받고 모교에서 인류학과 교수로 봉직했다. 1934년에는 문화의 상대성이 개인의 성격에 미치는 영향을 설명한 '문화의 유형'을 발표해 큰 성공을 거두었고, 1940년에는 '종족'을 출간해 미국 인류학계의 대표 학자가 되었다. '문화의 유형'은 아메리카 인디언들과 함께 생활하면서 그들의 생활이 근대 서구 문명과 어떤 관련이 있는지 그리고 관습과 전통이 인간 행동에 어떤 영향이 있는지를 분석한 책으로, 오늘날 문화인류학의 고전으로 평가받고 있다.

일본인들의 이중적·모순적 가치관과 행동에 대한 고찰

베니딕트는 2차대전이 한창이던 1942년부터 전쟁공보처 해외 정보 책임자로 근무했다. 미 국무부가 그에게 연구 과제를 의뢰한 것은 1944년 6

월이었다. 당시 미 정부는 일본과 전쟁을 치르면서 이해할 수 없는 것이 한둘이 아니었다. 그때까지 싸웠던 적들과는 완전히 다른 태도와 행동을 일본군이 보였기 때문이다. 그들이 왜 그렇게 행동하며, 그들을 움직이는 근본적인 힘이 무엇인지 궁금했던 미 정부는 구체적으로 일본군을 연구하기로 했다. 그 연구를 베니딕트에게 주문한 것이다.

베니딕트는 당황했다. 문화인류학자에게 현지 조사는 연구의 기본인데, 전시 상황에서 교전국인 일본을 방문할 수 없었기 때문이다. 그가 할 수 있는 일이라곤 미국 내 일본인들을 면담하고 책, 논문, 영화, 신문 등의 방대한 자료를 뒤지는 일이었다. 그래도 그는 7세기부터 제2차 세계대전에 이르기까지 봉건사회의 위계질서와 메이지유신 과정, 가족제도와 조상숭배, 육아 방식 및 사회화 과정, 불교와 신도 등에 이르기까지 일본을 총체적으로 분석했다. 그렇게 나온 결과물이 1946년 출간된 '국화와 칼'이다.

"일본인은 미국이 지금까지 전력을 기울여 싸운 적 가운데 가장 낯선 적이었다"로 시작하는 '국화와 칼'은, 제목에서 알 수 있듯 '국화(평화)'를 사랑하면서도 동시에 '칼(전쟁)'을 숭상하는 일본인들의 이중적·모순적 가치관과 행동에 대한 고찰이었다.

시종일관 냉철한 자세를 견지하며 그가 분석한 일본인은 공격적이면서 수동적이고, 호전적이면서 심미적이고, 무례하면서 공손하고, 충성스러우면서 간악하고, 용감하면서 비겁하고, 경직되어 있으면서 적응력이 뛰어나고, 남의 시선에 온통 신경을 쓰면서도 타인의 눈이 미치지 않으면 쉽게 범죄의 유혹에 빠져드는 이중적인 모습이었다.

더욱 충격적이었던 것은 전쟁에서의 죽음은 정신적 승리라고 외치며 최후까지 절대로 항복을 하지 않을 것 같던 그들이 막상 천황의 패전 선언이 있은 후에는 일사불란하고 유순한 태도로 적이었던 미국에게 복종과 협력을 아끼지 않는 태도였다. "이 책 덕에 천황제의 존속이 결정되었다"는 말이 나올 만큼 '국화와 칼'은 미군의 일본 통치에 지대한 영향력을 미쳤다.

베니 굿맨과 스윙 재즈 시대 개막

스윙은 일부 백인 뮤지션들이 백인 입맛을 가미해 대중화하려고 한 노력의 결실이었다.

베니 굿맨(1909~1986)은 술집이나 나이트클럽에서 주로 소비되고 있던 흑인음악 재즈를 백인 젊은층 미국인의 주류 음악으로 끌어올린 1등 공신이다. 그는 미국 시카고의 러시아계 유대인 가정에서 태어나 가난한 아버지의 강권으로 10살 때부터 클라리넷을 배우고 12살에 미시간 호수의 유람선 밴드에서 연주자 생활을 시작했다. 그때 알게 된 루이 암스트롱의 재즈는 그를 신세계로 안내했다.

16살이던 1925년 고교를 자퇴하고 시카고의 일류 밴드인 '벤 폴락 밴드'의 단원이 되었다. 저속한 가락의 음악에서부터 모차르트의 음악에 이르기까지 클라리넷을 자유자재로 연주한 그의 음악적 재능은 이렇게 10대 때 만개했다. 1928년 벤 폴락 밴드의 순회공연차 뉴욕에 갔다가 1929년 대공황이 미 전역을 엄습하자 밴드에서 탈퇴한 후 뉴욕에 눌러앉았다.

악기 소리만 훌륭하면 되고 또 그 소리가 마음에 들면 반인반수라도 함께 연주할 수 있다는 소신의 연주자답게 굿맨은 뉴욕에서 비브라폰의 라이어널 햄프턴, 피아노의 테디 윌슨 같은 뛰어난 흑인 연주자들을 기용해 10여 명으로 구성된 '빅 밴드'를 1934년 결성했다. 이는 백인 뮤지션이 흑인과 함께 연주를 하는 것이 암묵적으로 금기시되던 시절의 관례를 깬 과

베니 굿맨

감한 결정이었다. 어떻게 보면 자신이 의식하지 못하는 사이에 인종차별의 벽을 허무는 선구자 역할을 한 셈이다.

1934년 6월 첫 넘버원 곡 '문 글로'를 발표하고 뒤이어 발표한 '테이크 마이 워드'와 '버글 콜 랙'이 톱10에 올라 다가올 굿맨의 시대를 예고했다. 굿맨이 유명해진 것은 1934년 11월 NBC 라디오의 '렛츠 댄스'에 토요일 고정 출연자로 발탁되면서였다. 열광한 10대들이 라디오 다이얼을 고정한 덕에 굿맨의 명성은 미 전역에 널리 퍼졌다.

대공황기의 고단함이 한 풀 꺾일 무렵이던 1935년 8월 21일 로스앤젤레스의 팔로마 무도장에서 펼친 빅 밴드의 열광적인 공연은 이후 10년 동안 이어질 '스윙 시대' 개막의 신호탄이었다. 재즈 음악사가들은 그날 밤을 스윙 시대의 개막일로 보고 있다.

스윙은 1920년대 재즈에 매력을 느낀 일부 백인 뮤지션들이 백인의 입맛을 가미해 대중화하려고 한 노력의 결실이었다. '스윙 재즈'가 등장하기 전, 재즈는 술집이나 도박장에서만 들을 수 있는 흑인들의 전유물이었다. 백인들은 재즈를 천하게 여겼다. 하지만 몸이 흔들리는 듯한 리듬감과 강한 율동감을 특징으로 하는 스윙에 백인 젊은이들이 열광하면서 스윙 재즈는 대중음악사의 한 페이지를 장식하게 되었다.

스윙 재즈가 한 시대를 풍미할 수 있었던 이유로, 뛰어난 실력과 까탈스러운 리더십으로 10명이 넘는 단원을 통솔해 완벽한 팀워크를 끌어낸 굿맨의 역할을 빼놓을 수 없다. 굿맨의 밴드는 다른 유수의 빅 밴드와 비교해도 단연 발군이었다. 굿맨은 자기만의 음악적 규율을 정착시키기 위해 자신이 원하는 틀에서 조금이라도 벗어나는 단원이 있으면 매섭게 쏘아보곤 했다. 그래서 붙은 별명이 광선이 쏟아져 나온다고 해서 'the ray'다. 반면 재즈는 태생이 자유로운 즉흥연주 중심의 음악인데 굿맨이 자기 식대로 틀에 가뒀다며 빅 밴드를 폄훼하는 목소리도 있다.

"스윙은 분석을 용납하지 않는다"

스윙 재즈가 본격적으로 등장한 시기는 1920년대 말이었다. 그러나 곧 터진 1929년의 대공황으로 경쾌하고 신나는 스윙은 한동안 인기를 끌지 못했다. 그러다가 스윙이 백인들의 입맛을 사로잡기 시작한 것은 대공황의 실업과 생활고에서 벗어나기 시작한 1930년대 중반부터였다. 희망이 움트는 시대 분위기에 맞게 경쾌하고 신나는 스윙이 유행하면서 스윙은 이후 10년의 전성기를 구가했다. 어디를 가건 스윙 재즈 선율이 넘쳐흘렀고 젊은 남녀들은 음악에 맞춰 쌍쌍이 댄스를 즐겼다. 그 춤이 한때 우리나라의 댄스홀을 뒤흔든 '지루박' 즉 '지터버그'다.

굿맨은 1936년 15곡의 톱10 히트곡을 발표하고 스윙 음악을 틀어주는 라디오 프로그램 '캐러밴'의 진행자로 맹활약하며 1930년대를 스윙 재즈의 황금시대로 만들었다. 1937년 영화 '더 빅 브로드캐스트'를 시작으로 여러 편의 영화에도 출연, 높은 대중적 인기를 누렸다.

1938년 1월 16일 카네기홀 콘서트는 굿맨 음악의 정점이었다. 그동안 일관되게 클래식 음악의 거점으로만 운영되어온 케네디홀이 마침내 완고함을 벗어던지고 재즈에 처음 문을 열어준 것은 재즈계로서는 일대 '사건'이었다. 격조 높은 카네기홀에서 저속의 대명사로 불리던 흑인음악 재즈가 연주된다는 것은 대중음악사에 기록된 또 하나의 전환점이었으며 재즈가 3류 음악에서 고급 음악으로 격상하는 출발점이었다.

재즈가 미국 주류 음악계에 공식 데뷔한 그날, 베니 굿맨 밴드가 마지막으로 연주한 곡이 '싱 싱 싱'이다. 한 평론가는 이 공연을 가리켜 "굿맨과 그의 단원 15명이 치밀하고 대담하게 미국산 밀수품을 유럽의 고급문화 속으로 들여왔다"고 평했다. 굿맨은 '스윙의 왕'이라는 칭호를 얻었다.

굿맨은 클래식 음악 연주에도 뛰어난 기량을 보였다. 1938년 세계 최고 수준의 실내악단이던 부다페스트 현악 4중주단과 모차르트를 협연·취입하고 헝가리 현대음악의 창시자 벨러 버르토크와도 공동 작업을 했다. 세계 정상급의 시카고 교향악단도 그를 객원 협연자로 초빙하는 등 정통 클라리넷 연주자로서도 인정을 받았다.

굿맨은 이렇게 전성기를 구가하다가 1944년 빅 밴드를 해체하고 소규모 연주 활동에 집중했다. 이후 이렇다 할 창작력을 보여주지는 못했으나 그가 남긴 스윙 히트곡들은 지금까지도 미국 대중의 애청곡 리스트로 남아 있다. 굿맨은 "스윙은 분석을 용납하지 않는다"고 정의했다. 이 간단한 설명은 굿맨이 왜 '스윙의 황제'로 불리고 있는가를 명쾌하게 설명해주고 있다.

조지 갤럽 '미국 여론조사연구소' 설립

나라마다 각각의 독립성은 유지하되 '갤럽'이라는 공통의 이름으로 연대하는 것을 도모했다.

여론조사 역사상 전국 단위의 여론조사가 처음 시도된 것은 1916년 미국 대통령선거 때다. 당시 '리터러리 다이제스트'지는 수백만 명의 유권자들에게 엽서를 보내 조사하는 방식으로 우드로 윌슨의 대통령 당선을 정확히 예측했다. '리터러리 다이제스트'는 이후에도 같은 방법으로 4차례나 미국의 대선 결과를 정확히 맞혀 성가를 높였다.

그러나 '리터러리 다이제스트'는 1936년 나락에 떨어졌다. 재선에 도전하는 프랭클린 루스벨트(민주당)와 도전자 앨프리드 랜던(공화당)이 격돌한 대통령 선거 후였다. '리터러리 다이제스트'는 늘 그래왔듯 전화번호부와 자동차 소유자 명부를 뒤져 무작위로 선정한 1,000만 명에게 조사지를 우송했다. 이 중 237만 명이 우편과 전화로 응답했다. 결과는 랜던 56%, 루스벨트 44%로 집계되었다.

조지 갤럽

그 무렵 조지 갤럽(1901~1984)도 여론조사를 실시했다. 그는 성, 수입, 정치적 견해, 지역색 등을 범주화해 이를 기초로 인터뷰 질문지를 만든 뒤 수백 명의 조사원을 훈련시켜 전국 각지로 파견했다. 조사원들은 훈련받은 대로 전국 곳곳에서 5,000여 명의 유권자를 직접 만나 응답지를 작성했다.

갤럽은 응답지를 모두 취합한 후 '뉴욕 헤럴드 트리뷴'에 칼럼을 기고했다. '리터러리 다이제스트'가 선거 예측 결과를 내놓기 몇 달 전이었다. 갤럽은 칼럼에서 "리터러리 다이제스트는 56 대 44로 랜던이 이긴다고 발표하겠지만 그것은 틀릴 것이고 내 예측이 맞을 것"이라며 "이유는 리터러리 다이제스트가 자동차와 전화를 가진 부자들을 대상으로 조사했기 때문"이라고 주장했다.

갤럽의 예측대로 선거 결과는 37.5% 대 62.5%로 루스벨트의 낙승이었다. 오차범위 6.8%는 갤럽 역사상 가장 컸지만 어쨌든 1936년의 대통령 선거를 계기로 갤럽은 전국적 스타가 되었다. '리터러리 다이제스트'는 이 충격으로 2년을 버티지 못하고 1938년 끝내 폐간되었다.

하지만 갤럽 역시 1948년 대통령선거에서 망신을 당했다. 토머스 듀이 뉴욕 주지사가 해리 트루먼 대통령에게 이길 것으로 전망한 갤럽의 예측과 달리 트루먼이 승리했던 것이다. 트루먼의 인기가 선거 막판에 급상승할 것을 알아채지 못한 채 선거 한 달 전 두 후보 간의 격차가 10% 포인트 이상이나 차이가 나자 더 이상 조사가 무의미하다고 판단해 중단한 것이 패인이었다. 그러나 이후의 대통령선거 결과는 거의 정확히 예측해 미국의 3대 여론조사 기관으로 부상했다.

1936년 대통령선거를 계기로 전국적 스타 부상

갤럽은 미국 아이오아주의 시골 마을에서 태어났다. 아이오아주립대 재학 중 학비를 벌기 위해 여름방학 동안 세인트루이스의 한 광고회사에서 신문의 독자 선호도 조사 일을 한 것이 여론조사와의 첫 인연이었다. 갤럽은 무더운 여름날 가정집을 일일이 방문하면서 똑같은 질문과 대답을 반복하는 조사 방식에 회의를 느껴 좀 더 과학적이고 효율적인 조사 방법의 필요성을 깨달았다. 그것은 1928년 아이오와주립대 심리학 박사 학위 논문 '독자의 선호도 측정에 관한 새로운 수단'에 반영되었다. 그는 논문에서 과학적으로 잘 선별된 응답자들이 있는 한, 더 이상 모든 사람들에게 똑같은 질문을 할 필요가 없다고 결론지었다.

이후 10년간 컬럼비아대 등에서 매스컴 및 광고학 강의를 하다가 1932년 아이오와 주지사에 입후보한 장모 올라 배브콕 밀러를 돕기 위해 선거 조사에 뛰어들었다. 그때까지 여론조사는 무작위로 조사지를 배포·수집하는 방식으로 진행되고 있었다. 갤럽은 이런 비과학적인 방식을 버리고 표본추출, 정확한 질문지와 면접, 오차의 측정 등 과학적 기법을 도입해 장모가 최초의 민주당·여성 주지사가 되는 데 도움을 주었다.

갤럽은 1935년 10월 뉴저지주 프린스턴에서 '미국 여론조사연구소(AIPO)'를 창설해 소장이 되었다. 오늘날의 '갤럽여론조사연구소'를 창립한 것이다. 갤럽은 얼마든지 다른 나라에 지사를 만들 수 있었으나 그렇게 하지 않았다. 대신 나라마다 각각의 독립성은 유지하되 '갤럽'이라는 공통의 이름으로 연대하는 것을 도모했다. 그래서 만들어진 것이 1947년 5월 11개국 회원사를 중심으로 창립한 '갤럽 인터내셔널'이다. 갤럽 인터내셔널은 한 나라에 한 회사만을 회원사로 인정했다. 미국의 갤럽도 그 중의 한 멤버일 뿐이다. 다만 조지 갤럽은 초대 때부터 세상을 떠날 때까지 회장직을 맡았다.

'한국 갤럽'은 1974년 6월 'KSP'라는 마케팅조사연구소를 설립한 박무익이 1979년 5월 '갤럽 인터내셔널'에 가입한 후 'KSP'를 개칭한 이름이다. '갤럽 인터내셔널'에는 2014년 현재 63개 회원사가 가입해 있고 이 회원사들이 세계 100여 개국의 조사를 담당하고 있다.

폴크스바겐 '비틀' 시작차 출시

5인용 공간, 만족스러운 디자인을 갖춘 국민차는 이후 현대 소형차 구조의 표본이 되었다.

히틀러는 1933년 1월 집권하자 대공황의 여파로 심각해진 독일의 실업 문제를 타개할 묘책에 골몰했다. 그 결과가 국민차 개발과 아우토반(독일제국 자동차 도로) 건설이었다. 1933년 9월 프랑크푸르트~다름슈타트 간 아우토반 공사를 먼저 착공하고 그 다음 단계로 아우토반 위를 달릴 국민차 개발을 추진했다.

나치 정부가 국민차 개발을 의뢰한 사람은 벤츠와 포르셰를 설계한 당대 최고의 자동차 설계가 페르디난트 포르셰였다. 기본 컨셉은 누구나 부담 없는 가격으로 살 수 있는 튼튼하고 안전한 차였다. 구체적으로는 성인 2명과 어린아이 2~3명이 충분히 탈 수 있을 것, 시속 100㎞의 속도로 달릴 수 있을 것, 연비가 뛰어날 것, 가격이 1,000마르크 이내일 것 등이었다.

히틀러가 폴크스바겐 모델을 살펴보고 있다.

1934년 6월 나치 정부 대신 독일자동차공업협회(RDA)가 포르셰와 국민차 개발 계약을 체결하고 1935년 10월 독일어로 국민차란 뜻의 폴크스바겐 시작차(試作車)가 히틀러에게 전달되었다. 폴크스바겐 시작차는 1936년 10월부터 2개월 동안 5만km 주행 테스트를 거쳐 성능을 보완했다.

나치가 각종 노동조합을 통합해 설립한 독일노동전선이 주체가 되어 폴크스바겐사를 설립한 것은 1937년 5월이었고, 최종 시작차가 히틀러에게 전달된 것은 1938년 4월이었다. 철제 차체에 5인용 공간, 만족스러운 디자인을 갖춘 국민차는 이후 현대 소형차 구조의 표본이 되었다.

히틀러는 1938년 5월 26일 국민차 공장 기공식에서 국민차 이름을 '카데프(KdF-wagen)' 즉 '기쁨의 힘 자동차'로 명명했다. 자동차를 만든 포르셰는 국민차라는 뜻의 독일어로 '폴크스바겐'으로 불렀다. 그러나 1938년 7월 뉴욕타임스가 '비틀(딱정벌레)'이라는 별명을 붙여주면서 이후 비틀로 더 유명해졌다.

히틀러는 아직 차를 생산하기 전인데도 1주일에 5마르크씩 총 900마르크를 저축하면 앞으로 생산될 폴크스바겐 1대를 소유할 수 있다고 선전했다. 이 선전을 믿고 33여만 명의 예금계좌가 1938년 8월부터 1939년 9월까지 개설되었다. 하지만 이 돈은 고스란히 제2차 대전의 전쟁 비용으로 들어가 버렸다.

나치 정부는 1939년 4월 준공을 목표로 공장 건설에 박차를 가했다. 그러나 공장은 히틀러의 2차대전 야욕에 밀려 완공을 보지 못한 채 중단되었다. 결국 폴크스바겐은 공장에서 단 1대도 생산되지 못하고 1939년 9월 발발한 2차대전에 휘말렸다. 공장은 미완성 상태였지만 2차대전 중 군용 지프차 '퀴벨바겐' 5만여 대와 수륙 양용 군용차 '쉬빔바겐' 1만 4,000여 대를 생산했다. 폴크스바겐은 고작 630대만 생산되었다. 공장은 1944년 연합군의 폭격으로 공장 건물의 3분의 2가 파괴되었고, 73명의 사망자를 포함해 230여 명의 사상자를 냈다.

비틀의 총 생산 대수 2,152만 9,464대

1945년 종전 후 폴크스바겐 공장은 영국군이 관리했다. 영국은 1945년 5월, 폴크스바겐 공장이 있는 마을 이름을 '볼프스부르크'로 바꾸고 파괴된 공장과 기계를 수리해 영국의 군용 지프차를 수리하고 엔진을 만드는 공장으로 활용했다. 히틀러의 지시로 폴크스바겐을 설계한 포르셰는 전범으로 2년 동안 감옥살이를 했다.

폴크스바겐은 수작업으로 생산되다가 1946년부터 본격 생산을 시작해 1947년 네덜란드에 처음 수출되었다. 1948년 영국으로부터 공장을 넘겨받은 뒤에는 덴마크, 룩셈부르크, 스웨덴, 벨기에, 스위스 등으로도 수출되어 패전 후 독일 경제 부흥의 견인차 역할을 했다. 특히 미국은 비틀의 주력 시장이 되었다.

이후 비틀은 5만 번째(1949.5), 10만 번째(1950.3)를 생산하고, 1955년 100만 번째, 1965년 1,000만 번째를 돌파했다. 1972년 2월 12일에는 1,500만 7,034번째 비틀을 생산해 포드자동차 '모델T'의 총생산 기록을 경신했다. 1978년 1월 19일에는 유럽 생산을 종료하고 멕시코의 푸에블라 공장만 가동했으며 1981년 그곳에서 2,000만 번째 비틀을 생산했다. 그러나 이 공장도 2003년 7월 10일 2,152만 9,464번째 비틀을 생산하고 완전히 문을 닫았다.

그러면 세계에서 가장 많이 팔린 차는 무엇일까? 영국의 일간지 '데일리메일'이 2012년 2월 발표한 '세계에서 가장 많이 팔린 차 톱 10'에 따르면 도요타의 '코롤라' 세단이 전 세계 최다 판매 차량의 영예를 차지한 것으로 집계되었다. 코롤라는 1966년 출시된 이래 3,750만 대가 팔렸다. 연비 절감형 차량인 코롤라는 10세대 모델까지 출시된 상태다.

두 번째 차는 포드의 'F시리즈'가 차지했다. 1948년 출시된 이후 3,500만 대가 판매된 포드의 대표적인 픽업트럭이다. 폴크스바겐의 '골프'는 2,750만 대가 팔려 3위에 오르고 4위는 '비틀', 5위는 2,000만 대가 팔린 포드의 '에스코트'가 차지했다. 후륜구동의 소형 패밀리카 에스코트는 4도어 세단, 3.5 도어 해치백, 2 도어 쿠페와 컨버터블, 밴 등 다양한 모델이 나와 있다. 에스코트는 전 세계 포드 자회사들이 생산한 부품을 조립해 만든 포드의 첫 번째 월드카이기도 하다.

6, 7위는 혼다가 차지했다. 1,850만 대가 팔린 시빅이 6위, 1,750만 대가 판매된 어코드가 7위를 기록했다. 8위는 포드의 '모델 T'로 1,650만 대가 팔렸다. '모델 T'는 자동차 역사상 최단기간에 가장 많이 팔린 차로도 이름이 올라 있다. 9위는 1,550만 대를 판매한 폴크스바겐의 파사트, 10위는 대형 세단인 쉐보레의 임팔라도가 1,400만 대 팔린 것으로 집계되었다. 임팔라도는 대형차급에서 가장 많이 팔린 차량이다.

아우토반 아우토반의 정식 명칭은 '라이히스 아우토반(독일제국 자동차 도로)'이다. 아우토반 건설은 베를린을 핵으로 국경까지 퍼진 방사선과 그것들을 다시 환상선으로 연결하는 야심찬 계획으로 출발했다. 히틀러는 1933년 2월 아우토반 건설 계획을 발표하고 6월 아우토반 건설을 담당할 공사를 설립한 뒤 9월 23일 프랑크푸르트~다름슈타트

간 제1기 공사를 시작했다. 향후 17년 동안 1만 7,000km의 도로를 부설하는 것이 히틀러의 목표였지만 1939년 9월에 발발한 2차대전으로 생전에 3,819km의 아우토반만 볼 수 있었다. 그래도 이토록 짧은 시간에 이만큼의 도로를 부설할 수 있었던 것은 과거 독일이 고속도로를 건설한 경험 덕분이었다.

아우토반 착공식(프랑크푸르트~다름슈타트)에서 히틀러가 삽으로 흙을 뜨고 있다(1933.9.23).

독일은 1909년 자동차 전용도로 건설 계획을 세워 1913년 착공했으나 1914년 1차대전 발발로 중단되었다가 1919년 공사를 재개해 1921년 세계 최초의 현대식 고속도로 '아부스'(19.3km)를 준공했다. 또한 1926년 함부르크에서 프랑크프루트를 거쳐 스위스 바젤에 이르는 자동차 도로 건설을 위한 민간단체 '하프라바 협회'가 설립되고 이 협회가 아우토반 건설을 추진해온 것도 아우토반 건설에 큰 도움이 되었다. '하프라바'는 세 도시의 머리글자를 따서 만든 명칭이다.

히틀러가 아우토반에 매달린 이유는 1차대전 때 마른 전투의 패인이 수송력 부족 때문이고 650만 명의 실업자를 구제하는 것도 그에 못지않게 중요하다고 판단했기 때문이다. 공황 타개를 위한 '독일판 뉴딜 정책'이었던 셈이다. 첫 결실을 본 것은 1935년 5월 19일 준공된 프랑크푸르트~다름슈타트 간 30.6km 구간이었다. 히틀러는 그날 준공을 기념하는 퍼레이드를 벌였다. 4m의 중앙 분리 구간을 포함해 폭 24m, 왕복 4차로의 아우토반은 이후 전 세계 고속도로의 모델로 자리 잡았다.

아우토반은 우리나라 경부고속도로와도 인연이 깊다. 1964년 12월 박정희 대통령이 서독 방문길에 올라 본~쾰른 간 20km 구간을 160km 속도로 달려본 뒤 경부고속도로의 모델로 삼았기 때문이다. 이때 박 대통령은 두 번이나 차에서 내려 아우토반을 유심히 살피며 우리나라 고속도로를 머리에 그렸다. 현재 아우토반의 총길이는 1만 2,000여km에 달한다.

1936년

손기정 베를린 올림픽 마라톤 우승

_ *남승룡*

동아일보 일장기 말소 사건

백석 첫 시집 '사슴' 발간

신채호 옥사

신용욱 조선항공공업사 설립

스페인 내전 발발

프란시스코 프랑코 국가 총통 취임

장학량, 서안사변, 제2차 국공합작

존 메이너드 케인스 '일반이론' 출판

베를린 올림픽 개막

_ *제시 오언스*

스탈린의 대숙청 광기

이시이 시로 731부대 설립

일본 2·26 쿠데타 불발

에드워드 8세, 사랑 위해 왕위 포기

헨리 루스 '라이프'지 창간과 마거릿 버크화이트

손기정 베를린 올림픽 마라톤 우승

역대 올림픽 사상 최고 기록인 2시간 29분 19초 2를 가리키고 있었다.

손기정(1912~2002)의 베를린 올림픽 마라톤 우승으로 한반도는 한 달 내내 '기쁨의 눈물바다'가 되었다. 실패와 좌절, 그리고 그것을 딛고 일어선 불굴의 정신력은 조선 민족에게 삶의 희망과 용기를 불어넣어 주었다. 평안북도 신의주에서 태어난 손기정은 10대 시절 중국 단동에 위치한 회사에 출퇴근하기 위해 신의주~압록강 철교~중국 단동에 이르는 20여 리 길을 아침저녁으로 달릴만큼 타고난 강골이었다.

달리기를 잘한다는 소문이 서울에 알려지자 1932년 육상부가 있는 양정고보가 그를 스카우트했다. 당시 양정고보의 대표적인 육상 선수는 동갑내기 1년 선배인 남승룡이었다. 손기정의 주종목은 5,000m와 1만m였으나 1932년 LA 올림픽에서 김은배가 6위에 오른 것에 자극을 받아 마라톤으로 종목을 바꿨다.

1933년 10월 17일 제8회 조선신궁대회 마라톤에 출전, 2시간 29분 34초로 세계신기록을 세워 일약 마라톤계의 기대주로 부상했다. 1935년 4월 27일 전 조선 마라톤대회에서도 2시간 25분 14초의 비공인 세계최고기록을 세워 일본 육상계를 발칵 뒤집어 놓았다. 1935년 11월 3일 베를린 올림픽 파견 2차 선발 겸 제8회 메이지신궁대회 마라톤에서는 2시간 26분 42초의 공인 세계 최고기록을 또다시 수립, 자타가 공인하는 조선·일본의 최고 마라토너로 각광을 받았다.

손기정이 베를린 올림픽에 출전하려면 1936년 5월 21일 도쿄에서 열릴 예정인 최종 선발전을 통과해야 했다. 출전 선수는 한국의 손기정, 남승룡, 유장춘을 포함해 모두 21명이었다. 일본 육상계는 이 가운데 2명의 일본 선수와 1명의 한국 선수를 올림픽에 파견한다는 내부 방침을 세웠다. 일본 육상계는 세계최고기록 보유자 손기정이 조선 선수 가운데 가장 좋은 기록을 낼 것으로 예상하고 최종 선발전을 준비했다. 그러나 최종 선발전에서 남승룡이 1위, 손기정이 2위를 하고 일본 선수가 3위를 해 계획이 시작부터 차질을 빚었다.

난처해진 일본 육상계는 잔꾀를 썼다. 손기정, 남승룡, 스즈키 후사시게, 시오아쿠 다마오 4명을 베를린에 보내 현지에서 마지막 평가전을 치른 뒤 3명을 가리겠다는 것이다. 남승룡의 선발 전 우승 기록(2시간 36분 5초)이 기대 이하이기 때문에 올림픽의 입상 가능성을 극대화화기 위해 현지 적응력이 뛰어난 선수에게 기회를 준다는 게 잔꾀의 명분이었다.

손기정과 남승룡의 승전보에 전국은 흥분과 눈물의 도가니

선수단은 6월 1일 도쿄를 출발해 서울과 중국 하얼빈을 거쳐 소련 치타에서 시베리아 횡단 열차를 타고 18일간의 긴 여정 끝에 베를린에 도착했다. 손기정과 남승룡의 주머니엔 150원이 들어 있었다. 서울에 이틀 머물 때 모교 양정고보 대강당에서 열린 환송회에서 모아준 격려금이었다. 베를린에 도착한 뒤에는 무용가 최승희가 도쿄에서 '한국 선수들 사기를 돋우기 위한 기금 모금 무용발표회'를 열어 20원을 보내왔다.

최종 평가전(30km)은 7월 22일 베를린 현지에서 치러졌다. 마라톤 경기 19일 전에 풀코스를 뛰면 정신적·육체적으로 극도의 부담을 주는데도 일본 선수를 대표로 넣기 위해 이런 '만행'을 저지른 것이다. 하지만 손기정이 1위, 일본인 스즈키가 2위, 남승룡이 3위를 차지해 일본의 잔꾀는 물거품이 되고 말았다. 더구나 스즈키는 지름길로 달린 것이 알려져 최종적으로는 손기정, 남승룡, 시오아쿠 3명이 대표로 나가게 되었다. 일본 육상계로서는 분통이 터질 일이었지만 이미 엎지른 물이었다.

결승선을 통과하는 손기정

1936년 8월 9일 오후 3시 2분(한국시간 밤 11시 2분), 10만여 명이 운집한 베를린 올림픽 스타디움에 출발을 알리는 총성이 울렸다. 가슴에 일장기를 단 손기정과 남승룡도 27개국 56명의 건각 대열에 섞여 베를린 올림픽 주경기장을 빠져나왔다. 날씨는 섭씨 21~22.3도, 습도 20%로 맑고 건조했다.

경기 초반, 당초 계획대로 하위 그룹에 처져 달리던 손기정은 서서히 속력을 내 6km 지점부터는 1932년 LA 올림픽 우승자 카를로스 자발라(아르헨티나), 미누엘 디아스(포르투갈), 어니스트 하퍼(영국)에 이어 4위로 나섰다. 남승룡은 후반에 강했기 때문에 초반에 무리하지 않고 후반에 역전할 생각으로 뒤에 처져 달렸다.

손기정은 21km 반환점을 앞둔 지점에서 디아스를 따돌리고 27km 지점에서 하퍼를 제쳤다. 29km 지점에서 손기정에게 선두를 빼앗긴 자발라는 손기정을 따라잡으려고 오버페이스하다가 결국 32km 지점에서 경기를 포기, 손기정만의 외로운 질주가 전개되었다. 함께 출전한 일본의 기대주 시오아쿠 역시 경기를 포기한 상태였다.

손기정은 비스마르크 언덕을 숨가쁘게 달려 마침내 10만 관중의 기립 박수와 함성 속에 주경기장에 들어섰다. 남은 힘을 다해 트랙을 한 바퀴 돈 뒤 결승 테이프를 끊었다. 시간은 역대 올림픽 사상 최고기록인 2시간 29분 19초 2를 가리키고 있었다. 100m를 평균 21.23초의 속도로 달려야 하는 기록이었고 올림픽에서 '마의 30분벽'이 깨지는 순간이었다.

"일장기가 올라갈 때 피가 거꾸로 솟는 것 같았다"

반환점을 돌 때 33위였던 남승룡도 무서운 속도로 앞서가는 선수들을 차례차례 제쳤다. 30km 지점에서는 16위, 34km 지점에서는 6위로 올라서더니 빌헬름 언덕을 넘어설 즈음에는 3위로 치고 올라갔다. 그러나 너무 늦게 스퍼트를 낸 탓에 2위 하퍼(2시간 31분 23초)와의 격차를 좁히지 못해 하퍼보다 19초 뒤진 2시간 31분 42초로 골인했다. 조금만 더 일찍 스퍼트를 냈더라면 은메달을 딸 수 있었다는 점에서 아쉬운 레이스 운영이었다.

곧 시상식이 열렸다. 일장기가 게양되고 기미가요가 울려 퍼지는 시상대에서 2위 하퍼가 가슴을 펴고 국기를 응시하는 것과 달리 손기정과 남승룡은 가슴에 일장기를 단 채 처연한 표정으로 고개를 숙였다. 손기정은 월계수관 속에 눈을 감추고 가슴에 달린 일장기는 월계수로 가렸다. 손기정은 훗날 자서전에서 "일장기가 올라갈 때 피가 거꾸로 솟는 것 같았다"고 회상했다.

손기정은 금메달리스트들이 사인하는 방명록에 '손긔졍'이라는 한글 이름을 뚜렷이 적어 일본인 '기테이 손'이 되는 것을 거부했다. 당시 손기정의 역주 모습은 레니 리펜슈탈이 촬영해 유명해진 올림픽 기록영화 '민족의 제전'에 고스란히 담겼다. 손기정은 경기 후 '뉴욕타임스'와의 인터뷰에서 "레이스 초반 자발라를 따라잡으려는 나에게 하퍼가 '슬로, 슬로'라고 말하며 페이스를 조절하도록 도와주었다. 그가 진정한 승자다"라며 하퍼에게 영광을 돌렸다.

손기정은 경기 이튿날 만난 독일 총통 히틀러의 인상을 이렇게 그렸다. "얼굴은 깊이 눌러쓴 모자 챙에 가려 있고 우뚝 솟은 큰 코와 콧수염만이 얼굴 전체인 것처럼 보였다." 히틀러는 체격에 비해 큰 손으로 손기정의 손을 휘감아 쥐고 웃으며 "위대한 청년. 조국에 돌아가 체육 발전에 힘쓰라"고 했다.

손기정과 남승룡의 승전보에 전국은 흥분과 눈물의 도가니로 변했다. 축가를 담은 기념 음반이 제작되고 당대 제일의 연극 공연장인 서대문의 동양극장에서는 '마라손 왕 손기정 군 만세'라는 연극이 공연되었다. 소설 '상록수'의 저자 심훈은 손기정의 우승을 기리는 시 "오오 조선의 남아여!"를 지었다. 손기정은 해방 후 지도자로도 성공했다. 1947년 보스턴 마라톤 대회 감독으로 참가해 서윤복을 우승시키고, 1950년 보스턴대회 때는 함기용, 송길윤, 최윤칠이 1~3위를 휩쓰는 데 힘을 보탰다.

남승룡 남승룡(1912~2001)은 손기정과 함께 베를린 올림픽의 승자였다. 그런데도 해방 후 잊힌 존재가 되었다. 대한민국 정부 수립 후 손기정이 풍국산업진흥 사장(1956), 대한육상경기연맹 회장(1963~1965) 등 경제계와 체육계에서 승승장구한 것과 달리 주로 지방에 머물며 사람들과의 교류 없이 조용하게 지낸 것이 국민의 관심으로부터 멀어진 이유였다.

전남 순천에서 태어난 남승룡은 어릴 때부터 '달리기 신동'으로 불렸다. 보통학교 6학년 때 조선신궁대회 1만m에서 4위, 마라톤에서 2위를 차지하며 두각을 나타냈다. 1931년 서울의 협성실업학교에 입학했다가 같은 해 육상명문 양정고보 1학년으로 편입하면서 양정고보의 대표 주자로 활약했다. 그러나 이듬해 손기정의 양정고보 입학으로 둘은 평생의 라이벌이 되었다. 남승룡은 손기정보다 고교 1년 선배였지만 호적상으로는 동갑이었다. 1933년 10월 손기정이 제8회 조선신궁대회 마라톤에서 세계신기록으로 우승할 때 남승룡은 2위였다. 이처럼 두 라이벌이 있어 당시 육상 장거리는 양정고보의 독무대였다.

그러던 중 남승룡이 1934년 후견인의 도움으로 일본 중학교로 전학을 가면서 두 라이벌은 각각 조선과 일본을 주무대로 삼았다. 일본 메이지대전문부에 입학한 남승룡은 도쿄~하코네 간 대학역전경주대회에서 메이지대가 우승하는 데 결정적인 역할을 해, 메이지대 출신의 독지가로부터 졸업 때까지 학비 일체를 지원받았다.

남승룡은 손기정이 감독으로 활동한 1947년 보스턴 마라톤대회에 코치 겸 선수로 출전, 서윤복의 페이스메이커로 달려 서윤복이 우승하는 데 도움을 주고 자신은 12위로 골인했다. 이후 남승룡은 1947년부터 1963년까지 대한육상경기연맹 이사, 1955년부터 1962년까지 전남대 객원교수로 활동하며 후진을 양성하다가 1968년 체육계 일선을 떠나 일체의 공적 활동을 중단했다. 1981년부터는 아예 모습을 나타내지 않다가 2001년 조용히 눈을 감았다.

동아일보 일장기 말소 사건

'다시는 동아일보에 입사하지 않겠다'는 서약서를 쓰고 풀려났다.

손기정이 베를린 올림픽 마라톤에서 우승했다는 소식이 조선에 전해진 것은 1936년 8월 10일 새벽이었다. 당시는 경성방송국이 있긴 했어도 라디오가 있는 집이 별로 없어 시민들은 8월 9일 늦은 밤 동아일보와 조선일보 앞에서 경기 결과를 기다렸다.

마침내 우승 소식이 알려지는 순간, 동아·조선일보 앞 광화문 4거리에는 천지가 진동하듯 군중의 함성과 환호성이 울려 퍼졌다. "손기정 만세!" 소리가 광화문 4거리 새벽녘의 고요를 깨우고 있을 즈음 동아·조선일보의 편집국은 호외를 만드느라 분주했다.

전 국민의 흥분이 가실 때쯤이던 8월 25일자 동아일보 2면에 월계관을 쓰고 시상대에 오른 손기정의 사진이 실렸다. 전에도 그랬듯 손기정의 유니폼에 있어야 할 일장기는 지워져 있었다. 누군가 흰색 물감으로 교묘하게 지운 것이 아니라 사진 제판 과정에서 검게 지운 흔적까지 의도적으로 남겨놓은 대담한 일장기 말소였다.

일장기가 지워진 손기정의 사진기사 (1936.8.25)

사실 당시 신문에서 일장기가 삭제된 사진을 보는 것은 흔한 일이었다. 동아일보의 이길용 기자가 훗날 자필 수기에서 회고했듯 “일제강점기 때 신문의 일장기 말소는 항다반(차를 마시는 일처럼 흔한 일)으로 부지기수”였다. 이런 일은 사실상 관행이었기 때문에 1932년 LA 올림픽에서 김은배가 마라톤 6위를 차지할 때 동아일보가 일장기가 보이지 않는 사진을 실었어도 문제가 되지 않았다.

손기정이 베를린 올림픽에서 우승했을 때도 마찬가지였다. 여운형이 발행하는 조선중앙일보와 동아일보의 8월 13일자 신문에서도 일장기는 지워진 채 인쇄되었다. 다만 조선중앙일보의 인쇄기는 상태가 좋지 않아 인쇄가 잘못된 것인지 일부러 지운 것인지 구분이 모호해 총독부의 검열을 무사히 넘길 수 있었다. 조선일보 역시 뒤늦게 입수한 손기정의 골인 장면 사진을 8월 25일자 신문에 실을 때 잘 보이지 않도록 게재했다.

그런데도 무슨 이유인지 일제는 일장기 말소 사진이 실린 동아일보의 8월 25일자 2판에 대해서만 발송과 배달을 중지시키는 등 법석을 떨었다. 그러나 이미 대부분의 신문이 발송을 마친 뒤였다. 경찰은 분풀이라도 하듯 동아일보 사회부장 현진건, 사진과장 신낙균 등 간부들을 잡아들였다. 이른바 동아일보 일장기 말소 사건의 시작이었다. 사건의 전말은 경기도 경찰부장이 8월 27일 경성지방법원 검사 앞으로 보낸 비밀정보 보고문서에 잘 나타나 있다.

창간 이래 네 번째 무기정간

문서에 따르면 이길용 체육부 기자는 8월 24일에 제작할 '동아일보사가 25~27일 3일간 독자들을 위해 경성부민관에서 올림픽 활동사진을 상영할 계획' 안내 기사에 손기정의 사진을 싣기 위해 8월 23일 오후 5시경 조사부원 이상범 화백에게 "흉부의 일장기를 흐릿하게 해 달라"며 사진을 건넸다. 이길용이 이상범에게 건넨 손기정 사진은 8월 23일(발행일자는 9월 1일) 오사카 아사히신문이 발행한 화보잡지 '아사히 그라프'에 실린 시상식 사진이었다. 당시는 조석간 체제였는데 석간의 경우 중요한 뉴스가 아닌 기사는 하루 전에 제작했다. 25일자 석간도 24일에 제작했다.

이상범은 원화에 착색한 뒤 사진부 과장 신낙균의 책상 위에 갖다 놓았다. 그런데 사회부 기자 장용서가 24일 오후 2시반쯤 신낙균 사진과장과 사진부원 서영호에게 "이상범이 (일장기 부분을)지우기는 했으나 아직도 흔적이 남아있다"며 일장기 삭제를 재차 요청했다. 사진부는 동판에 현출된 사진 중 일장기 부분에 청산가리 농액을 사용해 말소한 뒤 인쇄부로 넘겼다.

이 사진이 8월 25일자 석간 2면에 실리면서 동아일보에는 일대 회오리가 몰아쳤다. 사실 석간 1판에는 일장기가 삭제되지 않은 채 인쇄되었다. 1판에 실린 일장기 사진이 2판에서 바뀐 이유는 명확히 밝혀지지 않고 있다. 다만 2가지 이유가 추정되고 있다. 일제 검열자의 눈을 속이기 위한 작전일 가능성과 삭제 작업에 시간이 걸려 1판 마감 시간에 넣지 못하고 2판에만 넣었을 가능성 두 가지다.

일제는 사건 관련자 8명을 체포해 40일 동안 문초했다. 이 가운데 이길용, 현진건(사회부장), 최승만(잡지부장), 신낙균, 서영호 등 5명은 '다시는 동아일보에 입사하지 않겠다'는 서약서를 쓰고 풀려났다. 결국 이들 5명을 포함해 송진우 사장, 김준연 주필, 설의식 편집국장, 양원모 영업국장 등 13명이 동아일보를 떠나야 했고 동아일보는 8월 29일부로 창간 이래 네 번째 무기정간 처분을 받았다. 정간 기간은 장장 279일간이나 이어졌다.

동아일보의 자매지 '신가정'(여성동아 전신)은 일장기를 싣지 않으려고 손기정의 다리 사진만을 신문에 싣고 "이것이 베를린 마라톤 우승자, 위대한 우리 아들 손기정의 다리"라는 설명을 달았다가 동아일보의 다른 자매지 '신동아'와 함께 폐간되는 고초를 겪었다. 조선중앙일보는 동아일보와 같은날 무기정간 처분을 받았다가 이후 경영난으로 복간을 못해 폐간되었다.

백석 첫 시집 '사슴' 발간

월북 작가가 아니라 재북 작가였는데도 분단 시대에 금지되고 매몰되었다.

백석(1912~1995)은 1945년 남북이 분단된 후부터 1987년 해금될 때까지 남쪽에서는 잊힌 시인이었다. 그런데도 "우리 문학의 북극성"(김윤식), "소월 이후 평북이 낳은 천재 시인"(백철), "평생 백석 수준의 시를 한 편도 써보지 못했다"(구상)라는 찬사가 끊이지 않았다.

백석은 평북 정주에서 태어나 1929년 오산고보를 졸업했다. 1930년 1월 단편소설 '그 모와 아들'이 조선일보 신춘문예에 당선되고, 이것이 인연이 되어 1930년 4월 조선일보 사주 방응모의 장학금을 받아 일본 아오야마학원 영어사범학과에 입학했다. 백석은 수석을 놓치지 않는 출중한 실력에 영어, 불어, 독일어, 러시아어 등 외국어에도 탁월한 재능이 있었다.

1934년 졸업 후에는 조선일보 '여성'지의 편집을 맡고 외국의 문학작품을 조선일보에 번역·소개했다. 1935년 8월 30일자 조선일보에 시 '정주성'

백석

을 발표함으로써 본격적으로 문단에 등장한 후에는 '모던 보이'라는 애칭과 함께 문단 최고의 미남이자 멋쟁이 소리를 들으며 광화문을 휘젓고 다녔다. 김기림은 백석에 대해 "그가 지나가는 광화문은 잠시 식민지의 우울한 네거리에서 예술과 지적 교양이 넘쳐나는 낭만의 거리, 파리의 몽파르나스로 변하는 듯하다"(조선일보 1936.1.29)라고 썼다.

백석은 1936년 1월 '여우난골족', '노루', '가즈랑 집', '절간의 소 이야기' 등 모두 33편의 시가 수록된 첫 시집 '사슴'을 100부 한정판 자비로 간행했다. 훗날 신경림은 '사슴'을 읽고 "10권의 장편소설을 읽은 것보다 감동이 더 컸다"고 술회했다. 지금도 다수 시인은 '사슴'을 한국 현대시 100년사에 가장 큰 영향을 끼친 시집으로 꼽는다. 윤동주도 시집을 구하지 못해 도서관에서 필사했다는 '사슴' 초판본은 2014년 11월 국내 문학서적 경매 사상 최고가인 7,000만 원에 팔려 화제가 되기도 했다.

"평생 백석 수준의 시를 한 편도 써보지 못했다"

백석의 시는 아름다운 북방 언어의 보고였다. 그는 식민지 사람들의 자의식을 표현하는 방편으로 모국어와 관서 지방의 방언에 집착했다. 일부러 맞춤법을 어긴 듯한 표현도 예사로 나온다. 이에 대해 한 시인은 "전반적으로 침식받고 있는 한국어에 대한 일제의 강제 혼혈 작용에 대해서 민족적 순수를 지키려는 의식적 반발의 표시"라고 의미를 부여했다.

백석의 시 가운데는 고향의 서정이 흠씬 묻어나오는 시가 적지 않다. 백석은 자신의 고향 마을과 그가 여행한 지역에 파묻힌 오랜 풍속을 맛깔스럽고도 구수하며 투박한 고향의 언어로 그려냈다. '사슴' 역시 고향 마을에 전승되는 민속 등을 소재로 주민의 소박한 생활과 철학의 단면을 그 지방의 토착어로 제시했다는 평을 듣고 있다.

백석은 1936년 4월 조선일보를 그만두고 함남 함흥의 영생고보 영어 교사로 부임했다. 그리고 그 해 늦가을 영생고보 교사들과 기방의 회식 자리에서 진향이라는 한 기생을 만났다. 일본까지 유학한 인텔리 여성 김영한이었다.

그녀는 열여섯 나이에 집안이 망해 기생이 되었으나 기방 생활을 하면서도 '삼천리문학' 등에 수필을 발표하는 신여성의 면모를 보였다. 그러던 중 1935년 만난 한글학자 신윤국의 도움을 받아 일본으로 유학을 떠났다. 도쿄에서 공부하던 중 신윤국이 조선어학회 사건으로 투옥되었다는 소식을 듣고 곧바로 함흥으로 달려갔으나 바로 면회가 되지 않자 함흥에 눌러앉아 기방 생활을 시작했다. 그 무렵에 백석과의 만남이 이뤄진 것이다. 이후 백석은 퇴근하면 으레 진향의 하숙집으로 가 밤을 지새곤 했고, 이백의 시 '자야오가'에서 딴 '자야'를 아호로 지어주었다.

자야를 만나기 전, 백석의 가슴 속에는 또 다른 연인이 있었다. 1935년 6월 만난 이화여고보생으로, 백석은 당시 19세의 그녀를 '란'이라 부르며 연정을 품었다. 백석은 당시의 감정을 1935년 12월 '조광'지와 1936년 1월 23일자, 3월 6일자 조선일보에 '통영'이라는 같은 제목의 시로 드러냈다. 1936년 12월에는 결혼을 담판 짓기 위해 란의 고향인 경남 통영까지 찾아갔다가 란 집안의 반대로 성사되지 않자 자야에 몰입했다. 그러던 중 1937년 4월 란이 조선일보 동료 기자인 신현중과 결혼한다는 소식에 큰 충격을 받았다.

월북 작가 아닌데도 분단 시대에 금지·매몰돼

백석은 1937년 부모가 강권한 여성과 고향에서 혼례식을 치렀으나 서울로 거처를 옮긴 자야 곁으로 돌아가 첫 결혼은 흐지부지되었다. 백석은 1938년 12월 학교를 사직하고 1939년 1월 조선일보 출판부에 재입사한 뒤 서울 청진동에 자야와 살림을 차렸다. 혼례만 치르지 않았을 뿐 부부와 똑같은 생활이었다. 1939년 5월 또다시 고향 부모의 성화를 이기지 못하고 고향에서 두 번째 혼례식을 치렀다가 이번에도 서울의 자야 곁으로 돌아갔다.

그러던 중 1939년 겨울 조선일보에 사표를 내고 "넓은 벌판에 가서 시한 100편을 얻어 가지고 오겠다"며 만주로 떠났다. 자야는 만주 동행을 거절하고 서울에 남았다. 백석은 만주국 국무원 경제부에 근무하는 등 생업에 종사하면서 틈틈이 시를 쓰거나 토머스 하디의 대표 소설 '테스'를 번역(1940.9)했다. 백석은 1941년 2월 평양에서 세 번째 결혼을 한 것에서 알 수 있듯 그에게 여성은 다다익선이었다.

해방을 평양에서 맞은 백석은 조만식의 통역비서로 일하면서 틈틈이 러시아 작가 숄로호프의 '고요한 돈강', '푸시킨 시집' 등의 번역서를 냈다. 1948년 10월 서울의 '학풍'지에 "백석 최고의 절창"으로 꼽히는 '남신의주 유동 박시봉방'이라는 시를 발표했는데 이 시를 마지막으로 남쪽에서는 더 이상 그의 시를 볼 수 없었다. 월북 작가가 아니라 재북 작가였는데도 그는 분단 시대에 금지되고 매몰되었다. 그의 시를 우리가 만날 수 있게 된 것은 1987년 해금 후였다.

백석과 헤어진 자야는 이후 서울 성북동의 유명 요정 대원각의 여주인이 되었다. 1989년 백석과의 관계를 고백한 회고록을 발간하고 1997년 백석문학상을 제정했다. 1999년 눈을 감기 전 1,000억 원대의 대원각 부지와 건물을 아무 조건 없이 법정 스님에게 시주했는데 이것이 지금의 길상사다.

신채호 옥사

아나키즘에 입각한 민중 직접 혁명론과 그 방법론으로 '테러적 직접 행동론'을 정립해 나갔다.

신채호(1880~1936)는 민족주의와 아나키즘(무정부주의)을 사상적 기반으로 삼은 독립운동가이자 역사학자였다. 한편으로는 애국 계몽운동에 앞장선 언론인이었고 역사 전기소설을 쓴 문학가였다. 그는 "나라가 있으면 반드시 역사가 있고 역사가 있으면 나라는 반드시 일어서게 된다"는 믿음의 소유자였다. 특히 단군과 부여를 정통으로 하는 역사 발전의 단계를 설정함으로써 우리 민족이 광활한 만주 벌판까지 호령하던 위대한 민족이었음을 깨우쳐주었다.

신채호는 충남 대덕에서 태어났다. 어려서부터 신동 소리를 들었으나 집안이 어려워 신지식을 습득하는 데 어려움을 겪었다. 이런 신채호를 위해 1897년 신기선 전 학부대신이 자신의 서재에 있는 모든 책을 읽도록 배려하고 1898년 성균관에 들어갈 수 있도록 추천했다. 신기선은 이처럼 신채호의 은인이었으나 훗날 친일 매국노가 되자 신채호는 신기선이 송병준, 조중응과 함께 '일본의 3대 충노'라며 대한매일신보를 통해 가차 없이 비판했다.

그 무렵 서울에서 독립협회의 자주·민권·자강운동이 본격적으로 전개되었다. 신채호 역시 독립협회와 만민공동회 간부로 활동하다가 1898년 12월 독립협회와 만민공동회가 강제 해산되고 주동자들이 체포되는 과정에서 체포되었다. 1905년에는 황성신문 논설기자로 입사해 언론을 통한 구국운동에 앞장서다가 장지연의 사설 '시일야방성대곡'으로 황성신문이 무기정간을 당한 뒤에는 대한매일신보로 옮겨 애국적 계몽 논설로 동포의 울분과 비통을 대변했다.

국권이 기울어가고 있을 때 신채호가 갈망한 것은 나라의 운명을 바꿔

신채호

놓을 영웅의 등장이었다. 1907년 10월 중국 근대화의 기수 양계초가 쓴 '이태리 건국 삼걸전'을 번역한 것도 이런 이유에서였다. 대한매일신보에 1908년 '을지문덕전'과 '이순신전', 1909년 최영 장군을 소개한 '동국거걸 최도통전'을 연재한 것도 그 연장선이었다. 1907년 창립된 비밀결사 신민회에 창립위원으로 참가해 신민회 취지서를 기초하고 1909년 신민회의 합법단체인 청년학우회가 발기될 때도 취지서를 기초하는 등 애국 계몽운동에 앞장섰다.

민족주의와 아나키즘을 사상적 기반으로 삼아

신채호는 실천적 지식인이었다. 1910년 신민회 간부들이 국외 독립운동 기지를 구축, 장차 일제와 독립전쟁을 전개하기로 결정하자 안창호, 이갑 등과 함께 중국 땅을 목적지로 그해 4월 서울을 떠났다. 중국으로 향하던 중 평북 정주 오산학교에 들러 20여 일 동안 머물렀다. 그때 신채호를 처음 만난 12살 아래의 이광수는 훗날 "오직 비범한 것은 그의 눈이었다… 말속에는 추상같은 남성적 기개가 들어 있었다"는 글을 남겼다.

신채호는 중국 청도를 거쳐 1911년 러시아 연해주 블라디보스토크로 가서 윤세복, 이동휘 등과 광복회를 조직하고 그해 12월 이상설, 이종호 등이 설립한 권업회의 기관지 '권업신문'의 주필로 필봉을 휘둘렀다. 1914년부터는 틈틈이 고조선, 고구려, 발해의 옛 땅인 남만주 일대의 사적과 고조선 창업의 혼이 깃든 백두산 현지를 답사했다. 이때 구상을 마친 역사서가 1930년대에 펼쳐질 '조선상고사'다.

민족주의를 중시하던 신채호가 아나키즘을 받아들이게 된 것은 제1차

세계대전(1914~1918)과 러시아혁명(1917)을 거치면서였다. 세계대전의 참상은 그가 중시해온 약육강식·적자생존의 사회진화론을 반성하게 했다. 신채호는 3·1 운동에서 다시 한 번 민중의 폭발적 힘을 실감하고 아나키즘에 기반을 둔 민중 직접 혁명론을 민족해방운동의 방법으로 받아들였다.

3·1 운동 후에는 일제의 문화정치에 타협하는 민족운동에 비판적인 태도를 취했다. 처음 3·1 운동 소식을 들었을 때 신채호 역시 감격했으나 최남선의 독립선언서를 읽고 나서는 "불과 몇 년짜리 운동을 선언했군! 평화운동이 다 뭐하자는 거요?"라며 크게 실망하는 모습을 보였다.

1919년 4월 상해 임시정부 수립에도 참여했으나 임정 내 이승만의 외교론과 안창호의 준비론 모두 독립을 쟁취하기에는 유약하다고 판단해 임정과 결별하고 아나키즘에 입각한 민중 직접 혁명론과 그 방법론으로 '테러적 직접 행동론'을 정립해 나갔다.

그의 이런 생각은 1923년 1월 무정부주의 독립운동단체 '의열단'을 이끌고 있는 김원봉의 요청을 받고 기초한 6,400자의 '조선혁명선언'에 고스란히 담겨 있다. '폭력은 우리 혁명의 유일한 무기다. 우리는 민중 속에 가서 민중과 손잡고 끊임없는 폭력 암살 파괴 폭동으로써 강도 일본의 통치를 타도하고…' 등의 내용을 담은, 한국독립운동사에 찬연히 빛나는 불후의 명문 '조선혁명선언'은 민족주의자에서 아나키스트로 변모해가는 신채호의 사상적 전환을 상징적으로 보여주고 있다.

'조선상고사'는 고대사의 체계화를 시도한 역작

사실상 아나키스트로 변신한 신채호는 권력투쟁에 급급한 임시정부 밖에서 무정부주의적 독립운동을 추구했다. 1928년 4월 120여 명의 중국, 일본, 대만, 베트남, 인도, 조선의 6개국 무정부주의자들이 북경에서 '무정부주의자 동방연맹'을 결성할 때도 조선 대표로 참석했다.

회의에서는 외국에서 폭탄 제조 전문가를 초청해 폭탄공장을 만들고 소요 자금은 북경 우편관리국에 근무하는 대만인 아나키스트 임병문이 발행하는 위조화폐로 충당하기로 했다. 임병문은 외국위체 200장을 인쇄해 일본, 대만, 조선, 만주 등 32개소의 우편국에 발송했다. 신채호는 위조화폐를 찾기 위해 대만의 기륭으로 갔다가 1928년 5월 8일 체포되어 2년간의 재판 끝에 1930년 5월, 10년형을 선고받았다.

그는 여순 감옥에 갇혀 고통을 당하면서도 우리나라 상고시대의 역사를 정리한 글을 조선일보에 1931년 6월부터 10월까지 103회에 걸쳐 연재했다. 한국 근대 역사학의 중요한 저작인 '조선상고사'였다. 신채호는 당초 조선사 전체를 서술할 예정으로 틈틈이 원고를 썼으나 원고를 채 완성하기도 전에 체포되는 바람에 원고는 상고사 부분에서 끝이 났다.

'조선상고사'는 민족주의 사관에 입각해 우리 고대사의 새로운 체계화를 시도한 것으로 연재 당시부터 많은 화제를 불러일으켰다. '조선상고문화사'는 '조선상고사' 연재가 끝난 바로 이튿날인 10월 15일부터 12월 3일까지 연재되었고 다시 이듬해인 1932년 5월 27일부터 31일까지 연재되어 모두 41회 실렸다.

신채호는 이 두 편의 연재 글로 일제에 통쾌한 일격을 가하긴 했으나 오랜 수감 생활로 건강이 말이 아니었다. 결국 1936년 2월 21일 여순 감옥에서 고달픈 이승의 삶을 마감했다. 평소 "내 죽거든 시체가 왜놈의 발길에 차이지 않도록 화장해 재를 바다에 띄워 달라"고 했으나 지인들이 이를 따르지 않아 한 줌의 재로 변한 신채호의 유골은 조국을 등진 지 26년 만에 어린 시절에 살았던 충북 청원군 고두미(현재 충북 청주시 상당구 낭성면 귀래길)의 집터에 묻혔다.

신채호는 생전에 무국적자였다. 조선 통치를 위해 일제가 1912년 공표한 '조선민사령'이 원인이었다. 조선민사령에 따라 그간의 족보가 모두 무시되었고 조선인은 호주와 가족사항을 새로 신고해야 했다. 신채호를 비롯한 독립운동가들은 "일제가 만든 호적에 이름을 올릴 수 없다"며 신고를 거부했다. 광복 이후 대한민국은 국적부를 따로 두지 않고, 호적에 등재된 사람에게 모두 대한민국의 국적을 부여했다. 이 때문에 호적 없는 독립운동가들이 무국적이 된 것이다.

신용욱 조선항공공업사 설립

시련을 겪기도 했지만 항공 사업에 대한 집념은 좀처럼 꺾이지 않았다.

신용욱(1901~1962)은 황무지나 다름없던 우리나라 항공수송 산업의 개척자였다. 그는 전북 고창에서 만석꾼의 아들로 태어나 휘문고보를 졸업한 후 일본으로 비행 유학을 떠났다. 1922년 오쿠리 비행학교에서 1등 비행사 면허를 따고 동아항공전문학교를 졸업해 이론과 실무를 겸비한 비행사가 되었다.

귀국 후, 사재를 들여 여의도에 조선비행학교 교사를 신축하고 미국에서 신형 비행기 1대를 들여와 1930년 5월 조선비행학교를 개교했다. 일본에서도 4인승 쌍엽기를 들여와 1930년 9월부터 서울 상공을 일주하거나 서울~인천 간을 왕복하는 유람 비행 사업을 시작했다. 그래도 만족하지 못해 1933년 미국에서 헬리콥터 조종까지 배우고 돌아와 명실상부한 조선 최고의 비행사로 각광받았다.

1934년에는 그해 1월 1일 조선일보가 언론사 최초로 구입한 전용 비행기의 촉탁 조종사가 되어 1년 반 동안 전국의 상공을 누비며 취재를 지원했다. 1934년 7월 악천후 속에서 충청, 전라, 경상 삼남 지역을 물바다로 만든 수재 현장을 취재하는 비행기를 몰고 가 신문에 생생한 사진이 실리

조선일보의 취재전용 비행기 앞에 선 조선일보 간부들. 왼쪽부터 김형원 편집국장, 이상호 사회부장, 신용욱 기장, 방응모 사장

도록 했으며 8월 11일부터는 14회에 걸쳐 당시의 비행 상황을 기록한 '삼남 재지(災地) 조사 비행기'를 연재했다. 1936년 중반 그가 조선일보를 떠난 후 조선일보는 후임 조종사를 구하지 못해 1940년 8월 조선일보가 폐간될 때까지 전용기를 하늘로 날리지 못했다.

신용욱은 1936년 9월 조선항공공업사를 설립함으로써 비행사에서 비행 사업가로 변신하고 1936년 10월 13일 서울~이리 간 정기항로를 개척했다. 신용욱에 앞서 국내 첫 정기항공 노선을 개척한 것은 일본항공주식회사였다. 1929년 4월부터 도쿄~중국 대련 간 정기 항로를 개설하면서 후쿠오카~대구~서울~평양~신의주를 중간 기착지로 삼은 것이 정기항로의 시작이었다.

우리나라 항공수송 산업의 개척자

신용욱이 개척한 서울~이리 노선에는 '조선동포호'로 명명된 4인승 쌍엽기가 주 1회 운항되었다. 전북 이리를 첫 목표지로 삼은 것은 이미 조선의 주요 도시에 항로를 개설해온 일본항공이 아직 호남 지방에만은 정기항로를 두지 않았기 때문이다. 서울~이리 간 정기항로는 한국인에 의한 첫 민간 항로 개설이라는 점에서 그 의미가 크다.

신용욱은 '에어 택시' 사업도 함께 시작했는데 울산, 대구, 평양, 신의주, 청진 등 비행장이 있는 곳에서 신청이 오면 언제든 비행기를 몰고 가

승객을 싣고 왔다. 신용욱은 노선을 확대할 때 비행기가 부족하면 일본군으로부터 불하받았다. 1940년까지 신용욱이 불하받은 군용기는 10기나 되었다. 1939년에는 당시 최고 여객기로 인정받고 있는 'DC-3'기를 미국에서 도입했다.

신용욱은 DC-3기를 중국 해남도에 부정기적으로 취항했다. 중일전쟁이 한창일 때여서 중국 남방으로 가는 군인과 상인이 많았기 때문에 수입은 좋았다. 1941년 12월 태평양전쟁 발발 후에는 일본군 수송을 맡아 일본군의 침략 전쟁을 도왔다. 신용욱의 주머니를 두둑하게 해 준 것은 항공수송 사업 말고 또 있었다. 우리나라 처음으로 시작한 글라이더 제작·판매 사업이었다. 일본에서 초급기 글라이더 1대를 들여와 규격을 동일하게 제작·판매했는데 이게 빅 히트를 쳤다.

해방 후인 1948년 신용욱은 민간항공사인 '대한국민항공사(KNA)'를 설립하고 1948년 10월 30일 대한민국 최초의 정기항로인 서울~부산 노선에 민간 여객기를 취항했다. 첫 취항기는 2차대전 때 미군이 정찰·관측용으로 쓰던 경비행기 '스틴슨'이었는데 이 비행기를 5인승으로 개조해 하늘로 띄운 것이다. 오늘날 우리나라 '항공의 날'은 이 10월 30일을 기념하고 있다.

신용욱은 그러나 일제하에서의 친일 행위가 문제가 되어 1949년 2월 반민족행위특별조사위에 체포되었다. 1개월 뒤 불기소처분을 받긴 했으나 친일 행위는 부인할 수 없는 사실이었다. 이후 신용욱은 1950년 2대, 1954년 3대 총선에서 당선되어 국회의원으로 활동했다.

부정축재자로 투옥되었다가 한강에 투신자살

1950년 6·25 때 보유한 비행기를 모두 징발당해 빈털터리가 되는 시련을 겪기도 했지만 항공 사업 꿈은 포기하지 않았다. 전쟁 중인데도 1950

년 12월 더글러스 항공사의 'DC-3'기 2대를 임차해, 부산에서 광주, 군산, 후쿠오카 등지로 취항했다. 전쟁이 끝난 후인 1953년 10월에는 72인승 'DC-4'기를 도입, 서울~부산 간을 정기 운항한 것은 물론 서울~홍콩 간도 임시 취항했다. 1954년 8월 29일에는 이 'DC-4'기로 우리나라 항공사상 최초로 서울~타이베이~홍콩을 연결하는 주 1회 국제항로를 열었다.

신용욱은 당시 유력 정치인들의 아호를 따 비행기에 이름을 붙이는 등 정치색 짙은 수완에도 능했다. 우남호(이승만), 창랑호(장택상), 만송호(이기붕) 등이 바로 그것인데 이 중 '우남호'는 영광을 누린 반면 '창랑호'는 비극으로 끝을 맺었다. 1955년 10월 평화신문사에서 하와이 동포 1세들을 모국에 초청하는 행사를 할 때 신용욱은 그 수송을 맡아 '우남호'를 취항시켰다. '우남호'는 도쿄를 거쳐 호놀룰루로 날아가 46명의 동포를 태우고 여의도 비행장에 무사히 도착, 우리나라 민간항공 사상 최초로 태평양 횡단비행 기록을 세웠다.

'창랑호'는 1958년 2월 16일 국내 승객 28명과 승무원 3명을 태우고 부산을 떠나 서울로 향하던 중 경기도 평택 상공에서 북으로 피랍되는 바람에 민간항공 사상 첫 피랍 여행기라는 불명예를 안았다. 승객 대부분은 한 달 후 돌아왔으나 기체는 북에 압류되어 신용욱에게 재산상 큰 손해를 안겨주었다. 이런 악재 속에서도 신용욱은 1959년 7월 서울~미국 시애틀 간 부정기 운항을 개시하는 등 항공 사업을 확대했다. 그러나 그럴수록 회사의 적자는 쌓여가고 운명의 여신은 그를 멀리하기 시작했다.

1961년 5·16 후 부정축재자로 몰려 투옥되었다가 풀려난 후 8월 25일 한강에 투신자살함으로써 파란만장한 일생을 마쳤다. 사실상 파산 지경에 이른 회사는 1962년 11월 공식적으로 날개를 접고 5·16 군사정부가 새로 설립한 '대한항공공사'에 합병되었다.

스페인 내전 발발

'뜨거운 가슴'만으로는 정규군으로 구성된 프랑코군의 적수가 되지 못했다.

흔히 '2차대전의 리허설'로 불리는 스페인 내전의 시작은 1930년대 초로 거슬러 올라간다. 1931년 4월 총선에서 공화파 정당, 사회당, 무정부주의자들이 승리하자 국왕 알폰소 13세는 망명길에 오르고 스페인에는 제2공화국이 선포되었다. 좌파 집권 세력은 교회의 영향력을 제한하고 군대 규모를 축소하고 대토지 소유를 제한했다. 그러나 좌우 양파를 만족시키기는커녕 오히려 사회를 더욱 불안하게 만들어 1933년 총선에서는 대패했다.

정권을 장악한 우파 정부는 지난 2년간의 조치를 원점으로 되돌려 놓으려 했다. 그러자 좌파들은 1934년 10월 '아스투리아스 봉기' 등을 일으키며 격렬히 반대했다. 아스투리아스 광부 4,000여 명이 사회당의 지원 속에 노동자 코뮌을 세우고 다이너마이트와 총으로 무장해 저항했으나 우파 정부의 유혈 진압으로 봉기는 실패로 돌아가고 지도자 대부분은 투옥되었다.

좌파 진영은 절치부심 끝에 민주주의자, 자유주의자, 공산당, 사회당, 무정부주의자 등으로 구성된 '인민전선'을 결성, 1936년 2월 총선을 승리로 이끌었다. 인민전선 정부 역시 지난 2년간의 우파 정책을 폐기하고 좌파 정책을 다시 단행했다. 정치범을 석방하고 해고 노동자를 복직시키고 토지개혁을 추진했다. 아스투리아스 봉기를 진압한 군부 실력자 프란시스코 프랑코는 카나리아 제도의 경비사령관으로 좌천시키고 극우정당인 팔랑헤당은 불법화했으며 일부 대지주와 대자본가는 살해했다. 우파 지도자 칼보 소텔로도 1936년 봄 살해되었다.

인민전선이 이처럼 우파의 근간을 뿌리째 뽑으려하자 왕당파, 가톨릭,

대지주, 대자본가, 군부 등이 인민전선 정부에 정면으로 맞서며 저항했다. 결국 두 개의 세력이 첨예하게 대립하는 양상을 띠었다. 어차피 한 번은 무력 충돌로 담판을 지어야 하는 상황에서 먼저 기선을 제압한 쪽은 가톨릭과 대자본의 전폭적 지원을 받는 군부 세력이었다. 군부의 구심점은 에밀리오 몰라 장군과 프란시스코 프랑코였다.

군부 쿠데타의 첫 봉화를 올린 것은 1936년 7월 17일 새벽 아프리카 모로코에 주둔 중인 스페인 군인들이었다. 그들은 쿠데타에 성공한 후 스페인 본토 군부에 '이상 없음'을 타전했다. 이를 신호탄으로 7월 18일 새벽 프랑코가 카나리아 제도에서 쿠데타를 선포하고 비슷한 시간 본토의 각 지방에서도 쿠데타가 일어남으로써 3년에 걸친 스페인 내전이 마침내 발화했다. 프랑코는 7월 19일 모로코로 날아가 현지에서 반란군을 지휘했다.

많은 민간인이 희생된 것이 가장 큰 비극

당초 군부는 기습 작전을 벌여 단시일 내에 스페인 본토 전체를 장악할 계획이었다. 그러나 프랑코군의 본토 상륙이 늦어지고 주요 도시의 노동자와 시민들이 의용군을 조직해 결사적으로 저항하는 바람에 계획에 차질이 빚어졌다. 반란을 일으킨 군부는 정규군이고 의용군은 민병이었는데도 반란군은 마드리드, 바르셀로나, 발렌시아, 말라가 등의 대도시를 장악하지 못했다. 대신 국토의 절반가량만 수중에 넣었다.

프랑코는 쿠데타 발발 1주일 뒤 독일·이탈리아가 지원한 비행기를 타고 모로코에서 스페인 본토로 날아가 8월 6일부터 전면적인 공세를 취하며 북진했다. 그때까지도 쿠데타군의 실력자는 몰라 장군이었다. 그런데도 프랑코가 반란군 지도부의 세력 싸움에서 승리할 수 있었던 것은 독일과 이탈리아가 그를 지원했기 때문이다. 프랑코는 1936년 10월 1일 군부 내

쿠데타를 시도해 국가 대원수에 오르고 반란군의 총지휘자가 되었다. 1937년 4월에는 '스페인 전통파 팔랑헤당'을 창당했다.

스페인의 주요 도시

내전이 장기화하고 도시와 마을을 점령한 세력이 바뀔 때마다 부역자 색출 작업과 학살이 뒤따랐다. 반란군의 점령 지역에는 야만과 몽매가 판을 쳤다. 민병대는 물론 인민전선에 투표한 사람까지 학살당했다. 역으로 인민전선이 지배하는 지역에서는 지주와 기업가의 재산이 몰수되고 교회, 수도원 등의 건물이 불에 탔다. 지주, 기업가, 종교인들은 살해되었다. 이처럼 많은 민간인이 비전투 과정에서 희생된 것이 스페인 내전의 가장 큰 비극이었다.

인민전선 정부군은 초기 전투에서 기습을 당해 잠시 밀리긴 했으나 공업 요지와 인구 밀집 지역, 수도를 장악하고 금 보유고도 상당했기 때문에 쿠데타군과의 싸움을 유리하게 끌고 갔다. 더구나 쿠데타군은 각 지방에 뿔뿔이 흩어져 있는 데다 군수물자가 부족했다. 파시즘을 추종하는 세력과 왕정복고를 꾀하는 세력 간에 알력도 있었다. 그런데도 최종 승리는 군부 파쇼에 돌아갔다.

인민전선 정부군이 패한 이유는 복합적이었다. 자금이 충분한데도 같은 민주주의 국가인 영국과 프랑스 등으로부터 무기를 구입할 수 없었던 게 첫 번째 이유였다. 영국과 프랑스는 스페인에 대한 무기 수출이 자칫 히틀러를 자극해 세계대전으로 발전하지 않을까 우려하며 불간섭주의를 고집했다.

반면 독일의 히틀러와 이탈리아의 무솔리니는 프랑코의 모로코 부대를 본토로 수송해주는 등 내전 초기부터 프랑코를 지원했다. 무솔리니는 최정예 '검은 셔츠단' 대원 3만 명을 파견했고 독일은 전투기 등 각종 신병기를 스페인에서 시험했다. 미국은 중립적인 태도를 취하면서도 석유와 화물자동차를 쿠데타군에 팔아 잇속을 챙기는 이중성을 보였다.

국제의용군의 가슴 속은 뚜렷한 대의명분과 연대의식으로 충만

늦긴 했지만 인민전선 정부군을 지원하기 위해 세계 각지에서 노동자·지식인들이 몰려들었다. 그들이 국제의용군을 편성해 스페인의 마드리드에 처음 모습을 드러낸 것은 1936년 11월 초였다. 자신의 조국이 불간섭이나 중립을 표방하며 공식적인 참전을 거부하자 개인적 또는 집단적으로 공화파 정부를 지키겠다며 국제의용군으로 편성된 국제여단에 기꺼이 몸을 던진 것이다.

대부분은 비장한 각오였으나 호기심에 끌려, 심지어 나른한 오후의 권태를 떨쳐버리기 위해 전장을 택한 사람들도 있었다. 한 국제여단원은 "잿빛 바다와 구름 낀 하늘의 1936년 비 오는 가을에 생긴 모험심과 권태감 때문에 스페인에 갔다"는 낭만적인 감상을 남겼다.

정확한 숫자는 파악되지 않지만 대략 프랑스 1만여 명, 독일 5,000여 명, 이탈리아 3,000여 명, 미국 3,000여 명 등 전 세계 45개국에서 달려온 자유주의자, 반파시스트주의자, 공산주의자, 무정부주의자 4만여 명이 국제여단에 합류한 것으로 알려졌다. 또 다른 2만여 명은 후방에서 의료와 보급활동을 도왔다.

그들의 가슴과 머릿속은 싸워야 할, 그러다 죽을 수도 있다는 뚜렷한 대의명분과 연대의식으로 충만했다. 그들에게 스페인 내전은 전 세계 민주 세력과 파시즘 세력 간의 양보할 수 없는 전쟁이었고 그래서 앞장서 싸우기를 주저하지 않았다. 전세가 급박할 때는 훈련도 받지 않고 전선에 투입되는 일도 많았다.

그러나 '뜨거운 가슴' 만으로는 정규군으로 편성된 프랑코군의 적수가 되지 못했다. 전투에 투입된 지 3개월 만에 영국의 국제여단원 600명 중 400명이 전사한 때도 있었다. 훈련과 무기 부족이 1차 원인이었지만 혹독한 자연과 의용군끼리의 언어 장벽도 그들의 목숨을 앗아갔다. 게다가 내전이 장기화하면서 인민전선 내부에 알력이 생기고 "내전이 전쟁이냐 혁명이냐"는 소모적인 논쟁을 일삼아 전열이 약화했다.

무엇보다 소련이 '민주주의 옹호자'로 행세하면서 인민전선 정부군과 국제의용군을 장악한 것이야말로 내전의 역설이었고 비극이었다. 인민전선 정부에 대한 소련의 군사원조가 증대하고 이에 따라 공산당의 입김이 거세지자 무정부 생디칼리스트들과 '마르크스 통일노동자당(POUM)'은 독자적인 길을 걸었다. 급기야 1937년 5월 공화군 진영 간에 1,000여 명이 목숨을 잃은 바르셀로나 시가전이 벌어졌다. 결국 공화군은 1937년 6월 바스크 지방을 잃고 1938년 초 마드리드와 발렌시아를 잇는 회랑 및 카탈루냐 두 지역을 제외한 모든 지역을 빼앗겼다.

세계적인 지식인·작가 내전 현장으로 달려가

소련은 내전의 승패가 사실상 갈라질 즈음인 1938년 중반 무렵, 돌연 스페인 내전에 등을 돌리더니 패전의 책임을 묻기 시작했다. 처음에는 무정부주의자, 반스탈린주의자, 트로츠키주의자들을 제거했고 뒤이어 이상주의자들을 처단했다. 마지막으로 모든 비밀을 알고 있는 '처리자들'을 처리했다. 이로써 '지식인의 희망과 긍지와 치욕의 상징'이던 스페인 내전은 사실상 종전 단계로 접어들었다.

1939년 1월 인민전선 정부 최후의 수도인 바르셀로나가 함락되고 3월

28일에는 2년 반 동안 버티던 마지막 보루 마드리드마저 항복했다. 이로써 내전은 2년 8개월 만에 종지부를 찍었다. 2공화국도 7년 9개월 만에 무너졌다.

스페인 내전은 세계의 많은 지성인·작가가 내전 현장으로 달려가 총을 들었다는 점에서도 역사적 의미가 각별하다. 앙드레 말로, 어니스트 헤밍웨이, 조지 오웰, 시몬 베유를 비롯해 영국의 계관시인 W. H. 오든, 스티븐 스펜더가 달려갔고 아서 쾨슬러와 더스 패서스가 현장을 찾아갔다. 조지 오웰은 내전 중 목에 총상을 입었고 앙드레 말로는 형편없는 구식이긴 하지만 자신이 마련한 30여 대 비행기의 의용군 편대장으로 활약하는 열성을 보였다.

전장의 경험은 글과 그림으로 남겨졌다. 앙드레 말로는 전투를 벌이는 중에 틈틈이 '희망'이라는 소설을 썼고, 헤밍웨이는 '누구를 위하여 종은 울리나'를 남겼다. 조지 오웰은 생사의 갈림길을 빠져나와 영국에서 '카탈로니아 찬가'를 썼다.

스페인 내전은 소련 공산당과 스탈린의 실상이 낱낱이 까발려져 결국 많은 지식인이 소련에 등을 돌리는 계기가 되기도 했다. 무정부주의자였던 조지 오웰은 '카탈로니아 찬가'를 통해 무정부주의자 민병대원들의 공동체 모습을 감동적으로 그리면서도 무정부주의자를 무참하게 살해·고문하는 공산주의자들의 야만적 행위를 폭로·고발했다. 시몬 베유는 공산주의자들이 내전에서 혁명과 전쟁이라는 이름 아래 자신들이 증오하는 프랑코파와 똑같은 비인도적 살인, 자기 진영의 소수파 탄압, 신문을 통한 기만적 선전을 자행하고 있음을 목격하고 소련을 맹렬히 비난했다.

소련에 대한 지식인들의 실망은 1939년 8월 독소 불가침조약에서 절정에 달했다. 반파시스트라는 이유 하나만으로 '절대 선'으로 믿어온 스탈린이 '악마'이자 '절대 악'인 히틀러와 독소 불가침조약을 체결한 것은 그들을 충격에 빠뜨렸다. 결국 스페인 내전을 통해 공산주의로 전향한 많은 지식인은 공산주의를 다시 등지기 시작했다.

소련의 인민전선 장악은 내전의 역설

도대체 왜 그토록 많은 지식인이 스페인 내전에 열광한 것일까? 그것은 1930년대라는 시대적 배경 때문이었다. 1930년대는 마르크스주의가 서구의 지적 풍토를 지배한 10년이었다. 세계대공황이라는 세기적 위기의식 속에서 새로운 가치를 찾아 방황하던 서구 지식인들에게는 무산자 혁명을 성공시키고 최초의 공산주의 국가를 건설한 소련이야말로 그들이 동경해 마지않는 유토피아였다. 또한 공산주의를 비방·비판하면 역으로 나치즘과 파시즘을 지지·동조하는 것으로 비치는 상황 논리에 밀려 공산주의에 말없이 동조하거나 타의에 의해 끌려간 지식인들도 있었다.

훗날 오웰은 당시 작가들이 공산주의에 경도된 원인에 대해 "민주주의를 위협하는 파시즘과의 대결, 말기 증상을 보인 자유방임의 자본주의를 대체할 체제의 모색이라는 2가지 흡인력에 끌린 것 말고도 당시 중산층 지식인이 할 만한 일이라는 게 과학 연구, 예술, 좌익 운동을 제외하고는 없었고 극에 달한 서구 문명의 퇴폐로 인한 환멸이 사회를 지배하고 있었기 때문"이라고 분석했다.

스페인 내전은 전장에서만 30만 명의 사망자를 냈다. 테러와 보복으로 희생된 10만 명, 전쟁으로 인한 질병과 영양실조로 사망한 60여만 명을 더하면 희생자 수는 무려 100만 명에 달했다. 해외 추방을 당하거나 망명을 떠난 사람들도 30만 명이나 되었다. 프랑스와 영국은 내전이 끝나기도 전인 1939년 2월 프랑코 정부를 승인했다. 미국은 4월 1일 승인했다. 당시 인민전선 측에 가담했던 한 역사가는 인민전선이 패배한 원인으로 공화국 정부에 만연한 '태만의 정신', '미래를 향한 비전의 결여', '충분하지 못한 조직화'를 꼽았다.

내전 후 국제여단원들은 각자의 조국으로 돌아갔으나 조국에서도 따뜻한 환영을 받지 못했다. 독일이나 이탈리아 출신 단원들은 나치와 파시스트 국가인 조국으로 돌아가지 못했고 미국의 국제여단원들은 에드거 후버 FBI 국장으로부터 "공산주의자들의 봉"이라며 냉대를 받았다. 소련에서는 냉혹한 숙청이 기다렸다.

프란시스코 프랑코 국가 총통 취임

스페인 내전에서 승리했을 때는 "조국이 걸어온 경박한 역사에 종지부를 찍어야 한다"고 역설했다.

프란시스코 프랑코(1892~1975)는 164cm의 단구에 목소리가 작고 처량하게 들려 군인의 이미지와는 거리가 멀다. 게다가 가정적이고 독실한 가톨릭 신자였다. 그러나 용맹하고 강한 카리스마를 풍겨 1921년 29세에 장군으로 진급하고 1935년 최연소(43세) 참모총장으로 취임하는 등 승승장구했다.

스페인의 좌파 입장에서는 이런 프랑코가 부담이 되었다. 인민전선은 1936년 2월 총선에서 승리하자 후환을 없애기 위해 프랑코를 스페인령 카나리아 제도로 좌천시켰다. 그러나 이 정도의 조치만으로는 프랑코의 강한 정치욕을 막지 못했다. 우려한 대로 프랑코는 쿠데타를 일으켜 스페인 내전을 촉발시켰다. 10월 1일에는 보수파 세력이 결성한 국가방위평의회의 추대를 받아 임기와 권력이 무제한으로 보장된 국가 총통 겸 군 총사령관으로 취임했다.

프랑코는 이 정도의 권력에 만족하지 않고 1938년 자신이 모든 법령을 제정·공포할 수 있는 막강한 권한까지 스스로 부여했다. 자신은 언제나

프란시스코 프랑코

옳고 현명하기 때문에 모든 사람은 그의 명령에 무조건 복종해야 한다는 것이 당시 프랑코의 생각이었다. 하느님과 역사 앞에서만 책임이 있다며 늘 자신만만해 했다. 1939년 3월 말 스페인 내전에서 승리했을 때는 "조국이 걸어온 경박한 역사에 종지부를 찍어야 한다"고 역설했다. 경박한 역사란 민주주의를 의미했다. 프랑코는 평소 "민주주의는 결코 번영을 가져다 주지 않는다"며 민주주의를 끔찍하게 혐오했다. 과거 위대한 스페인이 멸망한 것도 평등선거나 의회민주주의 때문이라고 믿었다.

스페인 내전 승리 후 프랑코가 먼저 손을 댄 것은 반대파 제거였다. "우리는 투표 행위 따위의 위선적인 방법으로 정권을 얻지 않았다. 총칼과 가장 훌륭한 동지들의 피로 정권을 얻었다"며 인민전선 측 27만 명을 투옥했다. 이 중 얼마가 처형되었는지는 지지파와 반대파 간에 의견이 엇갈려 1만 명에서 20만 명까지 큰 차이를 보이고 있다.

각종 정치단체나 노동조합 등도 탄압하거나 파괴했다. 반정부 언론사는 폐쇄했다. 프랑코의 일생을 관통한 것은 반공과 반민주주의였다. 강력한 가톨릭교회와 극우 정당 팔랑헤당의 지지를 바탕으로 무정부주의자, 공산주의자, 사회주의자는 말할 것도 없고 민주주의자, 반프랑코주의자로 지목되는 사람까지 모두 투옥했다.

반대파의 뿌리를 제거한 뒤 프랑코가 착수한 일은 경제 살리기였다. 내전으로 인한 경제적 타격은 엄청났다. 내전이 종식된 1939년의 경제력은 1914년 수준으로 되돌아갔다. 1940년대 스페인 경제는 생산한 것이 없어 소비할 것도 없는 배고픔의 시대였다. 프랑코는 피폐해진 경제를 재건하고 국민을 먹여 살리는 데 총력을 다했다.

"지구상에서 가장 행복했던 독재자"

외교적으로는 2차대전 때 중립 정책을 고수해 전화(戰禍)를 비껴가는 지혜를 보였다. 스페인 내전 당시 그를 지지한 히틀러와 무솔리니의 압력을 받아 1939년 3월 27일 어쩔 수 없이 독일·이탈리아·일본의 3국 방공협정에 가입하긴 했으나 교묘한 줄타기 외교로 직접적인 참전은 피했다.

히틀러의 참전 요구에 마지못해 의용군을 러시아 전선에 파병했지만 전세가 기울자 바로 철수시켰다. 영국 등 연합국에는 철광석을 수출해 환심을 사는 등 양다리 실리 외교를 펼쳤다. 이 때문에 스페인은 2차대전에 휘말리지 않을 수 있었고 프랑코 자신도 히틀러나 무솔리니처럼 비명에 가는 일을 피할 수 있었다.

2차대전 후 전후 복구사업인 '마셜 플랜'의 부흥 원조에서 제외되고 유엔 가입도 허용되지 않아 한동안 국제사회에서 고립되긴 했으나 냉전이 시작될 때 미국과의 관계 개선에 나선 덕에 서방과의 관계도 회복되었다. 1953년 미군의 스페인 주둔을 허용하고 1955년 유엔에 가입해 유럽의 일원이 되었다. 1960년대 스페인 경제는 도약을 거듭해 '기적'이란 표현이 신문에 등장하기 시작했다. 프랑코의 파시즘이 '버터와 소형승용차 파시즘'이라 불린 이유도 여기에 있었다.

프랑코가 추구한 것은 실용주의 노선이었다. 겉으로는 강경했지만 속은 유연했다. 반공으로 일관한 프랑코가 1972년 소련과 통상협정을 맺고 1973년 중국과 국교를 수립한 것도 실용주의 노선의 연장선이었다. 프랑코의 파시즘 정권이 연명할 수 있었던 것은 바로 이 실용주의와 현실주의에 바탕을 두었기 때문이다.

다른 독재자와는 달리 축재나 호화 생활에 탐닉하지 않았고 최대한 공평무사로 일관했다. 1968년 자신의 후계자로 후안 카를로스 왕자를 후계자로 지명해 완벽한 사후 대책을 마련하고 천수를 누리다 1975년 세상을 떠난 그를 가리켜 사람들은 "지구상에서 가장 행복했던 독재자"라고 불렀다.

국가 총통의 완고한 자세는 최후 순간까지도 변함이 없었다. 스페인 국민에게 보낸 고별사는 이랬다. "스페인과 가톨릭 문명의 적들이 끊임없이 틈을 노리고 있습니다. 여러분도 항상 깨어 있어 조국과 국민 전체의 큰 이익 앞에서는 자기의 개인 생활을 우선하지 말고 사회정의와 문화의 달성을 첫째 목표로 삼아주시기 바랍니다."

시신은 과다라마 산맥에 위치한 '쓰러진 자들의 계곡'에 묻혔다. 그곳은 1941년부터 1959년까지 20년 동안 300m 깊이의 바위 속에 260m의 구멍을 뚫고 만든 거대한 성당으로 우군이든 적군이든 스페인 내전 때 전사한 사람들을 안치하기 위해 만들어진 곳이다. 포용력이 있어 보이는 이러한 단면도 독재자 프랑코가 지닌 부정적 이미지를 어느 정도 상쇄해주고 있다는 평가다.

장학량, 서안사변, 제2차 국공합작

장학량은 "처벌을 감수하겠다"며 장개석의 비행기에 동승하는 의연함을 보였다.

1936년 12월 12일 새벽, 중국의 운명이 거세게 굽이쳤다. 이른바 '서안사변'이 중국의 고도 서안의 화청지에서 일어나 세계사의 물줄기를 한순간에 바꿔놓은 것이다. 서안사변은 섬서성 연안을 거점으로 삼고 있는 모택동의 홍군을 뿌리 째 뽑기 위해 장개석이 연안과 멀지 않은 서안을 찾으면서 시작되었다. 당시 모택동은 1년간의 대장정 끝에 거

서안사변 후 장학량(왼쪽)과 장개석 (1936.12.12)

의 궤멸된 상태로 1935년 10월 연안에 도착해 한숨을 돌리고 있었고, 서안에는 장개석 휘하의 장학량이 동북군을 지휘하며 모택동의 홍군을 상대로 전선을 형성하고 있었다.

장학량(1898~2001)은 8년 전까지 만주 지역을 호령한 동북군 봉천파 군벌 장작림의 아들로 태어났다. 지금의 동북 3성에 해당하는 동북 지방의 사관학교 강무학당에서 군사 교육을 받고 아버지를 따라 동북과 화북 지역을 전전하며 무공을 올려 대대장과 여단장을 거쳐 1927년 대장으로 승격했다.

장학량의 아버지 장작림은 1916년 원세개 사후 10년 동안 계속된 북방 군벌들과의 쟁패전에서 일본 관동군의 지원을 받아 승리한 뒤 1926년 동북 지방과 북경 지역을 장악한 실권자였다. 1927년에는 북경을 수도로 하는 북양정부의 총통 자리에까지 올랐다. 그러나 1928년 4월 장개석의 국민혁명군이 '북벌'을 단행해 북경에까지 치고 올라오자 북벌군과의 결전을 포기하고 만주 봉천으로 퇴각을 준비했다. 그러자 일본 관동군의 정치 장교들은 장작림이 쓸모 없어졌다고 판단해 그를 제거할 음모를 꾸몄다.

장작림의 퇴각 열차는 1928년 6월 3일 밤 북경을 떠나 봉천(심양)을 향해 달렸다. 6월 4일 새벽, 봉천 부근 황고둔의 교량을 건너고 있을 때 교각에 설치된 화약이 터지면서 열차는 대파되고 장작림은 병원으로 실려가 죽음을 맞았다. 의혹의 눈길은 관동군으로 쏠렸다.

열차에 장작림의 일본인 군사고문이 타고 있었지만 천진에서 하차했다는 사실이 알려져 의혹이 증폭되었다. 폭파에 사용된 전선이 일본군 초소까지 연결되어 있고 화약도 조선 주둔군에서 불법 반출한 것으로 드러나 최종적으로 관동군 장교들이 폭살한 것으로 밝혀졌다. 그런데도 일본 군부가 한 일이라곤 범행을 저지른 관동군 장교를 일본 본토로 전근시켰다가 예비역으로 편입시킨 게 전부였다.

이런 사실을 알게 된 장학량은 아버지의 뒤를 이어 봉천 군벌의 영수 자리에 오른 뒤 급속히 국민당의 장개석에게 접근했다. 1928년 12월 29일에는 장작림이 내걸었던 북양정부의 오색기를 장개석 국민당의 청천백일기로 일제히 바꿔 다는 '역치(易幟)'를 단행해 국민당으로의 복속을 분명히 했다. 동시에 동북 변방군 총사령관에 취임, 국민당 산하로 들어갔다.

세계사 물줄기를 한순간에 바꿔놓은 사건

장학량은 동북 지방을 근대국가로 변화시키기 위해 동북대 등 대학을 설립하고 군을 근대화했으나 1931년 9월 일본 관동군의 만주사변을 당해내지 못했다. 그런데도 장개석이 홍군과 싸우는 데만 관심을 보이며 장학량의 만주 동북군에 후퇴 명령을 내려 만주는 고스란히 일본으로 넘어갔다. 근거지를 잃은 장학량은 아편 중독 치료를 위해 유럽을 돌아다닌 후 1934년 귀국했다. 그리고 고향 만주를 되찾는 데 목숨을 바치겠다고 결심했다.

공산당이 1935년 10월 대장정을 마친 후 연안을 근거지로 삼고 있을 때 장학량은 장개석에 의해 서북 지역 토공 부사령에 임명되어 연안과 멀지 않은 서안에서 홍군 토벌의 임무를 맡았다. 당시 장개석은 일본군이 기세등등하게 중국 땅을 잠식해 들어와도 중국의 허약함을 이유로 양보하고 굴복하면서 오로지 반공 투쟁에만 집착했다. '선안내 후양외'(先安內 後攘外 · 먼저 공산당의 반란을 제거해 국내를 안정시키고 뒤에 외적에 대처함)가 당시 장개석의 모토였다.

공산당이 1935년 8월 1일 '항일 8·1 선언'을 발표하고 1936년 5월 국민당 정부에 '정전강화 일치항일'을 주장하는 전문을 보내도 장개석은 "일본은 피부병이고 공산당은 심장병"이라며 1936년 10월 20개 사단을 동원한 제6차 초공전을 펼쳤다.

당시 중국 전역에서는 항일 전쟁 선포를 요구하는 시위가 빗발쳤다. 장학량은 아버지를 폭살한 일본군을 피하기만 하는 장개석이 못마땅했다. 1935년 11월 말, 홍군이 장학량에게 함께 항일 투쟁을 벌일 것을 호소하자 장학량은 1936년 4월 극비리에 연안에서 주은래를 만나 정전에 합의했다. 1936년 10월 제6차 초공전 때 장개석이 홍군의 근거지를 공격하라고 명령했을 때도 홍군을 공격하지 않았다.

그러자 장개석은 장학량이 지휘하는 동북군 내 공산주의자와 민족주의자를 일망타진하고 장학량의 권한을 박탈할 작정으로 경호원 20명만 대동한 채 12월 4일 서안을 찾아갔다. 그리고 12월 10일 장학량을 현직해서 해임하고 동북군과 함께 복건성으로 이동할 것을 결정했다.

위기에 놓인 장학량은 12월 12일 새벽, 휘하 부대로 하여금 장개석의 숙소를 급습하도록 했다. 장개석은 담을 뛰어넘어 황급히 달아났으나 곧 뒷산에서 붙잡혔다. 그날 밤 장학량은 전국에 전통을 보내 장개석의 감금 사실을 알리고 내전 중단과 항일 투쟁에 나설 것을 호소하는 8개항의 요구 조건을 발표했다.

공산당에서는 주은래와 섭검영이, 국민당에서는 장개석의 부인 송미령이 서안으로 날아가 장개석과 협상을 벌인 끝에 12월 24일 8개항 준수를 약속하는 극적인 타협이 이뤄졌다. 장개석은 문서를 요구하는 주은래에게 "말한 이상 지킬 것이며 행한 이상 결과가 있을 것"이라고 대답만 할 뿐 문서를 남기지는 않았다. 그래도 공산당은 장개석의 말을 믿었다.

장학량은 "처벌을 감수하겠다"며 남경으로 돌아가는 장개석의 비행기에 동승하는 의연함을 보였다. 장학량은 그해 12월 31일 남경의 군법회의에서 10년 징역형과 5년의 공민권 박탈에 처해졌다가 이튿날 장개석의 사면으로 풀려났으나 곧바로 연금되었다.

서안사변 후 제2차 국공합작 성립

1937년 2월 10일 공산당은 남경 정부에 역사적인 문서를 타전했다. 국민당이 내전 중지, 언론·출판·집회·결사의 자유 보장과 정치범 석방, 항일 전쟁 개시, 손문의 삼민주의 복귀 등 4가지 조건을 수락하면 홍군의 이름을 '국민혁명군'으로 바꿔 장개석의 지휘를 받도록 하고 소비에트 정부도 '중화민국 특별구 정부'로 이름을 바꿔 인민의 힘을 항일 전쟁에 모으도록 하겠다는 문서였다.

장개석이 1937년 3월 국민당 대회를 열어 내란 중지, 외적에 대항, 언론·집회·결사의 자유와 정치범 석방 등을 발표하는 것으로 화답함으로써 제2차 국공합작을 위한 발걸음은 눈에 띄게 빨라졌다. 항일 민족통일전선은 1937년 7월 중일전쟁이 발발하자 더욱 구체화되었다. 장개석은 7월부터 8월에 걸쳐 300여 명의 정치범을 석방하고 소련과 4개 조항의 중소 불가침조약을 체결하는 등 일치 항일의 입장을 분명히했다. 공산당은 8월 말 항일 구국 10대 강령을 발표하고 9월 23일 '정성단결 일치항일'을 선언, 장개석의 결단에 호응했다.

국공 양측은 교섭 끝에 섬서성 근거지의 홍군 부대를 국민혁명군 '제8로군'으로 개편하고 1938년 1월 양자강 하류 지역에 남아 있던 공산당 분견대를 '신사군'으로 재편함으로써 제2차 국공합작을 현실화했다. 장학량은 중일전쟁 중에도 계속 연금되어 있다가 1949년 장개석이 대만으로 도주할 때 끌려가 계속 연금 상태에 놓였다.

장학량은 1959년 장개석과 23년 만에 재회하면서 눈물의 참회서를 썼다. 20만자나 되는 참회서에서 그는 자신이 일으킨 서안사건을 "용서할 수 없는 실수였다"고 후회했다. 연금 상태는 1975년 장개석이 죽고 그 아들 장경국이 총통이 되었을 때도 계속되었다. 1989년 후반에서야 자유의 몸이 되어 1991년 미국 하와이로 건너가 2001년 사망했다.

존 메이너드 케인스 '일반이론' 출판

'일반이론'의 시작은 "왜 대량 실업이 발생할까?"라는 물음에서 시작된다.

1929년 10월 뉴욕에서 시작된 주가 대폭락은 전 세계 자본주의 국가들을 엄청난 경기 침체와 대량 실업의 소용돌이로 몰아넣었다. 이를 계기로 그동안 자유주의자들이 신줏단지처럼 모시던 '보이지 않는 손'은 작동 불가 판정을 받았다. 애덤 스미스의 '국부론'으로 대표되는, 고전학파 경제학의 기본인 '자유방임주의', '보이지 않는 손', '세(Say)의 법칙'으로는 세계적인 대공황과 대량 실업 사태를 설명할 수 없다는 결론에 이르렀다.

세계의 내로라 하는 경제학자, 관료, 정치가들이 각종 처방을 쏟아냈지만 어느 누구도 대공황의 원인 분석과 뾰족한 회생 방안을 내놓지 못했다. 영국의 중견 경제학자 존 메이너드 케인스(1883~1946)도 생산을 늘리고 실업을 줄일 수 있는 방안을 모색했다. 그 결과물이 1936년 2월 출간된 '고용, 이자, 화폐의 일반이론(이하 일반이론)'이다.

그동안 고전학파 경제학은 개인이 자유롭게 이익을 추구하는 행위야말로 사회적 부를 창출하는 근원이고, 그 같은 사적 이익 추구에 의해 시장에서 결정되는 가격은 비록 보이지는 않지만 공정하면서도 효율적인 부의 배분을 가져온다고 주장했다.

프랑스 경제학자 장바티스트 세는 "공급은 자신의 수요를 창출한다"는 이른바 '세의 법칙'을 정식화했다. 즉 시장이 작동하는 그대로 내버려두면 시장은 장기적으로는 공급에 부응하는 수요를 얻게 되며 따라서 균형을 이루게 된다는 것이다. 따라서 과잉생산으로 인해 생겨난 경기 침체의 문제 역시 그냥 내버려두면 언젠가는 시장이 스스로 그에 대한 해법, 곧 과잉생산된 생산물에 대한 수요를 찾게 될 것이기 때문에 정부가 이 문제를 해결하기 위해 개입할 필요가 없다는 것이다.

존 메이너드 케인스

이처럼 '시장은 완전히 자유롭게 내버려두면 저절로 최고·최선의 상태를 이룬다'는 것이 고전 경제학의 요체였다. 실제로 대공황 이전까지는 고전학파의 주장을 의심할 만한 경제적 위기는 거의 없었다. 그러나 대공황과 그에 따른 대량 실업은 고전학파의 존립을 위협했다. 보이지 않는 손(=시장)에 자유롭게 맡겨놓았는데도 엄청난 불황(=대공황)과 실업이라는 과잉생산이 발생했기 때문이다. '공급이 수요를 창출하는 시대'에서 '수요가 공급을 창출하는 시대'로 바뀌었는데도 대공황이 일어나기 전까지는 그 사실을 알지 못했던 것이다.

'보이지 않는 손' 시대 끝나고 '보이는 손' 시대 도래

'일반이론'의 시작은 "왜 대량 실업이 발생할까?"라는 물음에서 시작된다. "기업이 노동자를 고용하지 않아서"라는 답이 나왔고 그렇다면 "왜 고용하지 않는가"로 질문이 이어졌다. "상품이나 서비스가 팔리지 않기 때문"이라는 해답에 "왜?"라는 질문이 계속 더해지면서 케인스의 해법은 모양새를 갖춰나갔다. 케인스는 기업이 상품이나 서비스를 생산하면 무조건 팔리는 것이 아니라 상품·서비스에 대한 개인(소비)과 기업(투자)의 수요 정도에 따라 기업이 생산을 늘리거나 줄인다고 결론짓고 이 수요를 '유효수요'라고 칭했다.

유효수요 이론은 소비와 투자로 이루어지는 유효수요의 크기에 따라 경제활동의 수준이 정해진다는 견해다. 케인스의 처방은 정부의 과감한 개입으로 유효수요를 인위적으로 늘리는 것이다. 주류 고전 경제학자들의 지론인 자유방임주의로는 완전고용의 실현이 불가능하기 때문에 정부의 개입이나 재정 정책으로 유효수요를 창출해야 한다는 게 그의 주장이다.

유효수요 부족으로 대공황과 실업이 발생한다고 결론을 내린 이상 처방 또한 거침이 없었다. 유효수요가 부족한 시장을 그대로 내버려둘 게 아니라 정부가 개입해야 한다는 게 케인스의 결론이었다. 결국 자유방임주의와 '보이지 않는 손'의 시대가 끝나고 정부의 개입이라는 '보이는 손'의 시대가 온 것이다. 케인스가 책 제목에 '일반이론'이란 말을 붙인 까닭은 거시경제시장의 원리가 일반적인 이론이고, 고전 경제학파가 말하는 자율적인 시장에 의한 조화는 특수한 이론이라는 것을 강조하기 위해서였다. 그만큼 케인스는 자신감이 넘쳤다.

루스벨트 대통령의 뉴딜이 케인스의 일반이론을 계승했다고 보는 사람이 많다. 하지만 뉴딜은 일반이론의 영향을 거의 받지 않았다. 오히려 시간적으로 보면 일반이론이 루스벨트의 영향을 받았다는 것이 정확하다. 뉴딜은 1933년부터 가동되었고 일반이론은 1936년에 출간되었기 때문이다. 또 '일반이론' 책이 나오고 3년 뒤 2차대전이 일어나 전시체제로 들어갔기 때문에 케인스 생존 시 일반이론은 세계경제에 큰 영향을 미치지 못했다. 엄밀히 말하면 미국의 대공황 탈출도 2차대전 참전으로 군수산업이 비약적으로 발전한 결과였다.

케인스의 일반이론에 앞서 케인스의 해법과 비슷한 처방으로 효과를 본 또 한 명의 인물이 독일의 히틀러다. 1933년 권력을 장악한 히틀러는 실업과 인플레이션에 지친 독일 국민에게 "공익은 사익에 우선한다"고 선언한 뒤 실제로 수년 안에 실업과 인플레이션을 일소했다. 히틀러는 군수품을 생산하는 공장을 지었고 고속도로를 건설했으며 비행장을 닦았다.

이 모든 정부 지출은 국민의 소득이 되었고 소득의 향상은 소비의 증가와 민간투자의 증가로 이어졌다.

경기 침체 때마다 미국 대통령이 애용하는 '만병통치약'

케인스 이론은 전쟁이 끝난 뒤부터 1970년대 후반까지 30여 년간 자본주의 세계의 지배적인 경제사상으로 군림했다. 경기 침체 때마다 미국 대통령이 애용하는 '만병통치약'이 되었다. 불경기가 오면 정부는 연방 지출을 늘리거나 세금을 인하해 경제가 회생할 때까지 일시적으로 재정 적자를 냈다. 반대로 상품의 수요가 공급을 초과할 만큼 급증해 물가가 오르기 시작하면 정부는 지출을 줄이거나 세금을 올려 수요를 안정시켜 나갔다.

케인스의 처방은 다른 주요 국가에서도 채택되어 성공을 거뒀다. 덕분에 세계경제는 장기 호황을 누렸다. 대공황 이후 케인스 이론에 도전하는 사람은 없었다. 덕분에 '일반이론'은 애덤 스미스의 '국부론', 카를 마르크스의 '자본론'과 더불어 3대 경제학 바이블로 꼽혔다.

그러나 케인스 이론은 1970년대 후반 재정 규모의 확대, 공채에 대한 지나친 의존, 인플레이션 등 부작용이 부각되면서 공격을 받았다. 정부의 지나친 또는 계속적인 개입의 결과로 1970년대 들어 인플레 속의 경기 침체라는 스태그플레이션이 나타나고 재정 적자가 만연한 게 원인이었다. 이때 나타난 학파가 밀턴 프리드먼의 통화주의다. 통화주의는 인플레이션의 원인이 과도한 통화 공급에 있다면서 정부와 중앙은행의 역할을 줄여야 한다는 주장이다.

일반이론은 통화주의와 신자유주의에 밀려나 천덕꾸러기가 되기에 이르렀다. 하지만 영원히 그런 신세로 머물러 있지는 않았다. 30여 년이 지난 2008년 미국발 세계 금융위기가 몰려와 케인스가 갑자기 복권되었기 때문이다. 시장 친화력을 강조하는 관료는 물론 시장주의·신자유주의의 첨병이던 월가의 투자은행들조차 케인스를 읊어댔다.

케인스는 카를 마르크스가 죽고 한 달 후인 1883년 6월 영국에서 태어났다. 마르크스와 케인스는 둘 다 보통 사람 여럿을 합친 만큼의 재능을 가지고 태어났지만 재능은 전혀 다른 환경 속에서 싹텄고 다른 세계에서 성장했으며 그래서 결국 완전히 다른 열매를 맺었다.

케인스는 '출생'이라는 제비뽑기에서 재능과 풍요라는 두 가지 축복을 한꺼번에 움켜쥔 행운아였다. 어릴 적부터 경제학자이던 부친에게 학문적 분위기를 익혔고 명문 이튼고와 케임브리지대 킹스 칼리지에서 수학과 경제학을 공부했다. 대학에서는 버트런드 러셀, 알프레드 화이트헤드, 자일스 스트레이치와 같은 당대의 쟁쟁한 지성들과 교분을 쌓아 세상을 보는 안목을 넓혔다. 그의 명석함에 러셀은 "케인스와 논쟁을 할 때면 내 자신이 바보같이 느껴지지 않는 때가 한 번도 없었다"고 술회했다.

고전 경제학의 기본 원리인 자유방임 원리가 효력을 다했다고 주장

케인스가 세계적인 명성을 얻게 된 계기는 1차대전 후 펴낸 '평화의 경제적 귀결'(1919)이라는 책을 통해서였다. 1차대전 종전 후 유럽의 평화질서를 재구축하기 위한 파리 평화회의에 영국 협상단의 일원으로 참가한 케인스는 극렬한 복수심에 사로잡혀 독일 자산을 몰수하고 거액의 배상금을 요구하는 데 혈안이 된 연합국 대표들에게 환멸을 느꼈다.

그것은 진정한 평화를 가져올 수 있는 방법이 아닐뿐더러, 독일을 비롯한 패전국의 경제를 붕괴시키고 더 나아가 패전국 국민들의 복수심을 자극해 또다시 극단주의적인 길을 선택하도록 만들 수 있었다. 승전국들의 요구가 터무니없는 것이고 비인도적인 것이라는 점을 날카롭게 파헤친 덕분에 책은 6개월 만에 10만 부 이상 팔리면서 세계적인 명성을 안겨주었다.

'화폐개혁론'(1923)에서는 "장기적으로 우리는 모두 죽는다"는 유명한

말을 제시하면서 장기적으로 시장이 균형을 달성할 때를 기다리는 것은 잘못이며, 정부가 파운드화의 가치를 적극적으로 재조정해야 한다고 역설했다. '자유방임주의의 종언'(1926)에서는 고전 경제학의 기본 원리인 자유방임 원리가 이제 효력을 다했다고 주장했다. 그렇다고 자본주의를 버리고 사회주의를 수용하지는 않았다. 케인스는 마르크스주의에 대해서는 거의 관심을 기울이지 않았다.

케인스는 킹스 칼리지의 교수로도 활동했으나 상아탑에 안주하는 보통의 교수와는 달랐다. 경제학이 돈을 벌 수 있는 학문임을 증명한 경제학자였으며 한동안 아침 일과는 침대에 누운 채 금융 정보를 검토하고 전화로 지시를 내리는 일로 시작했다. 전후의 호경기 때 국제 주식시장에 투자해 200만 달러라는 거금을 벌었으며 킹스 칼리지의 회계 사무를 맡아 3만 파운드의 자산을 10배로 늘려주었다. 다행히 천박한 벼락부자는 아니어서 벌어들인 돈으로 그림과 고서적 수입, 케임브리지의 극장 건립, 자선단체 지원 등에 썼다.

2차대전이 한창이던 1943년부터는 전후의 국제금융 질서를 수립하기 위한 작업에 참여했다. 국제통화기금(IMF)과 국제부흥개발은행(IBRD)을 설립하기 위한 강대국들 사이의 회의에서 단순한 영국 대표가 아니라 전체 과정을 지휘하는 자본주의 세계의 정신적 지도자로 활약했다.

베를린 올림픽 개막

독일인들의 얼굴에는 올림픽이 자국에서 열린다는 자부심 이상의 벅찬 감동이 넘쳐흘렀다.

베를린 올림픽은 1931년 4월 스페인 바르셀로나에서 열린 IOC 총회에서 유치가 결정되었다. 독일 정부는 "1차대전의 상흔을 말끔

베를린 올림픽 개막식

히 씻어내고 전후 복구를 마무리했으니 전 세계인들에게 우리의 당당한 모습을 보여주고 싶다"며 국가 차원의 총력 준비를 약속했다. 모든 게 순조로워 보였으나 엉뚱한 곳에서 암초를 만났다. 1933년 1월 집권한 히틀러가 유대인과 집시 등의 참가를 배제하는 등 올림픽 경기를 인종주의와 국수주의의 선전장으로 만들려는 음모를 꾸몄기 때문이다.

히틀러의 명령에 따라 그동안 두각을 나타내던 유대계 독일인 선수들이 독일스포츠협회에서 제명되었다. 여자 높이뛰기 독일 기록 보유자인 그레텔 베르크만, 여자 펜싱 선수 헬레네 마이어도 예외가 아니었다. 베르크만은 제명된 후 영국으로 건너가 1934년 영국 대회에서 높이뛰기 1.55m 기록으로 우승을 차지했다.

그러자 히틀러의 강제수용소 설치, 반유대주의 정책 등을 문제 삼아 대회를 보이콧하자는 목소리가 각국에서 고개를 들었다. 그중에서도 미국의 움직임이 가장 활발했다. 각국의 유대인 선수들도 올림픽 불참을 선언했다. 일부에서는 베를린 올림픽을 대체하는 다른 대회를 열자는 움직임도 있었다.

국제적으로 올림픽 보이콧 움직임이 서서히 확산될 조짐을 보이자 히틀러는 "유대인을 비롯한 모든 인종의 올림픽 참가를 환영한다"는 성명을 발표했다. 그러면서 유대인 선수도 다른 올림픽 출전 후보자들과 똑같이 대우하겠다며 귀국을 유도했다. 그래도 베르크만이 독일로 돌아오지 않자 가족을 동원해 귀국을 강요했다.

결국 베르크만은 독일로 돌아왔고 그를 포함해 여러 명의 유대인이 올림픽 대표팀 선발전에 참가했다. 하지만 심리적인 위축과 불공평한 분위기 등으로 베르크만을 제외하고 모두 선발전을 통과하지 못했다. 베르크만은 올림픽이 열리기 한 달 전인 1936년 6월 말 높이뛰기에서 1.60m을 기록해 독일 최고 기록을 세웠다.

독일은 미국에 거주하고 있는 유대계 독일인이자 1928년 올림픽 펜싱 종목 우승자 헬레네 마이어에게는 별도의 선발전을 치르지 않고 올림픽 출전권을 보장하겠다고 약속했다. 마이어는 올림픽에 참가하겠다고 화답했다. 미국의 올림픽위원회도 1935년 12월 에이버리 브런디지 위원장의 주도로 진행된 표결에서 과반수의 찬성으로 올림픽 참가를 결정했다. 결국 다른 나라들이 동참하면서 보이콧 운동은 실패로 돌아갔다.

독일인 얼굴에 벅찬 감동이 넘쳐흘러

각국의 선수단이 배와 기차로 독일을 향해 이동하고 있을 때 그들을 분노하게 하는 일이 또 다시 벌어졌다. 올림픽이 열리기 2주 전, 베르크만의 기록이 굴곡이 심하다는 이유를 들어 독일 올림픽위원회가 출전 선수 명단에서 제외한 것이다. 독일 스포츠협회는 베르크만 대신 도라 라트엔을 출전시켰다. 라트엔은 올림픽 여자 높이뛰기에서 4위에 오르는 부진한 성적을 거뒀으나 1938년 유럽선수권대회에서는 세계신기록을 세웠다. 하지만 20년 뒤 “나는 남성인데도 나치의 강요에 의해 여장을 하고 올림픽에 출전했다”고 밝혀 충격을 주었다.

올림픽 출전 꿈이 좌절된 베르크만은 미국으로 이민을 떠나 1937년과 1938년 미국 육상선수권대회에서 우승, 독일 체육계의 결정이 얼마나 엉터리인지를 증명해 보였다. 마이어는 베를린 올림픽 여자 펜싱 개인전에서 은메달을 차지한 후 미국으로 돌아갔다.

제11회 베를린 올림픽은 이런 우여곡절을 거쳐 1936년 8월 1일 오후 4시 개막했다. 49개국 3,963명이 참가한 대회에서 독일 선수단은 348명으로 최대 규모였다. 미국은 18명의 흑인을 포함해 312명, 일본은 217명의 선수단을 파견했다. 개막식은 10만 명의 군중이 하켄크로이츠 휘장으로 뒤덮인 세계 최대의 베를린 경기장에 운집한 가운데 조직위원장의 환영사와 히틀러의 개회사 선언 후 축포가 울리고 2만 마리의 비둘기가 하늘로 날아오르면서 절정에 달했다. 뒤이어 당대의 거장 리하르트 슈트라우스가 작곡·지휘한 '올림픽 찬가'에 맞춰 1,000여 명의 합창단이 큰 목소리로 합창을 하고 나치 돌격대 수천 명이 베를린 경기장 안을 거위걸음으로 행진했다.

성화는 올림픽 발상지 그리스 올림피아에서 근대 올림픽 사상 처음으로 고대 그리스 방식 그대로 태양과 오목 거울을 이용해 채화되어 불가리아, 유고슬라비아, 헝가리, 오스트리아 등 7개국 3,075km를 달려 제1회 아테네 올림픽(1896) 마라톤 우승자 루이스에 의해 점화되었다. 성화가 처음 등장한 것은 1928년 7월 암스테르담 올림픽 때였으나 그리스에서 채화되어 릴레이를 거쳐 올림픽 스타디움으로 이어지는 성화 봉송은 베를린 올림픽이 처음이었다. 성화는 1948년 런던 올림픽 때까지 '올림픽의 불'로 불리다가 1950년 '성화'로 바뀌어 지금에 이르고 있다.

올림픽을 맞는 독일인들의 얼굴에는 올림픽이 자국에서 열린다는 자부심 이상의 벅찬 감동이 넘쳐흘렀다. 20년 전인 1916년 베를린에서 치러질 예정이던 올림픽이 1차대전의 발발로 불발에 그치고 1920년(벨기에 안트베르펜)과 1924년(프랑스 파리) 올림픽에는 1차대전에 대한 책임으로 참가 자체가 원천 봉쇄되었기 때문이다.

올림픽과의 악연은 베를린 올림픽 이후의 일본도 비슷했다. 1940년 도쿄에서 올림픽이 열릴 예정이었으나 2차대전 발발로 무산되고 1944년 올림픽은 전쟁으로 올림픽이 열리지 않았다. 1948년의 런던 올림픽에는 역시 전범 국가인 독일, 이탈리아와 함께 초청을 받지 못했다. 1964년이 되어서야 실로 24년 만에 도쿄 올림픽을 개최했다.

올림픽 성공 히틀러 지지로 이어져

개막식이 한창일 때 한쪽에서는 레니 리펜슈탈이 올림픽 기록영화 '올림피아'를 찍느라 분주하게 움직였다. 리펜슈탈은 아리안족의 우수성을 만천하에 알리고 파시즘의 도도한 흐름을 전파하기 위해 16일간의 대회 모습을 완벽하게 재현했다. 대회는 올림픽 사상 처음 TV로 중계되었다. 베를린 시내 곳곳에 설치된 대형 스크린을 통해 일반 시민들이 경기 장면을 볼 수 있었던 것도 베를린 올림픽이 처음이었다.

각국 선수들은 8월 16일 폐막 때까지 19개 종목에서 열띤 경쟁을 벌였다. 농구, 카누, 핸드볼이 처음 종목으로 채택되고 폴로가 이 대회를 마지막으로 올림픽에서 사라졌다. 히틀러는 아리안 민족의 우월성을 선전하기 위해 대회를 개최했지만 열등한 인종이어야 할 미국의 흑인 선수 제시 오언스가 육상 부문 4관왕에 올라 히틀러의 심기를 불편하게 했다.

그러나 독일 선수들은 히틀러의 기대를 저버리지 않았다. 89개의 메달(금메달 33개)을 목에 걸어 56개의 메달(금메달 24개)을 딴 미국을 제치고 사상 처음 1위에 오른 것이다. 일본 선수단 중에는 마라톤 2명, 농구 3명, 축구 1명, 복싱 1명 등 7명의 한국 선수도 있었다. 일본은 손기정(금메달)과 남승룡(동메달)을 포함해 18개(금메달 6개) 메달로 8위에 올라 군국주의를 강화하는 데 활용했다.

베를린 올림픽은 숱한 논란에도 불구하고 경기 운영과 시설·장비면에서 역대 어느 대회보다 혁신적인 대회로 평가받았다. 독일 경제도 살아났다. 스타디움, 야외극장, 체육관, 숙박 시설 등 주요 시설들의 건설을 시작으로 도로, 철도, 고속도로(아우토반) 등의 대공사가 본격화하면서 1933

년 600만 명이던 실업자는 1936년 100만 명으로 줄어들었다. 올림픽의 경제 효과는 그대로 히틀러 지지로 이어졌다.

제시 오언스 제시 오언스(1913~1980)는 미국 앨라배마주에서 해방 노예의 손자로 태어나 남부의 극심한 인종차별 속에서 성장했다. 9살 때 가족이 오하이오주 클리블랜드로 이사한 것은 이런 인종차별이 싫어서였다. 오언스는 그곳에서 달리기의 구세주를 만났다. 초등학교 때 만난 백인 체육 교사 찰스 라일리였다.

오언스는 그의 지도를 받아 일취월장했다. 고등학교에 진학하기 전 100야드(91.4m) 경기에서 전국 고교 기록에 근접하는 기록을 세우고 고교 졸업 무렵에는 9초4라는 세계기록과 타이기록을 세웠다. 그러자 28개 대학에서 장학금을 지급하겠다며 스카우트 제의가 들어와 오하이오주립대에 입학했다.

오언스에게 1935년 5월 25일은 잊을 수 없는 날이다. 전국 유명 10개 대학의 '빅 텐' 대회에서 불과 45분 만에 멀리뛰기, 220야드, 220야드 허들 3종목에서 3개의 세계신기록을 세우고 100야드에서 세계 타이기록 1개를 수립해 미 육상계 최고의 유망주로 떠올랐기 때문이다. 이때 세운 멀리뛰기 기록은 그 후 25년간 깨지지 않았다. 이후 오언스는 '검은 탄환'으로 불리며 1936년 베를린 올림픽을 준비했다.

오언스는 베를린 올림픽에서 100m 10초3(8.3), 멀리뛰기 8m 6cm(8.4), 200m 20초7(8.5)로 3개의 금메달을 목에 걸어 전 세계를 놀라게 했다. 그런데도 성이 차지 않아 8월 9일 400m 계주에서도 우승을 차지해 올림픽 역사상 육상 부문 최초의 4관왕에 올랐다. 이 기록은 1984년 칼 루이스가 LA 올림픽에서 4관왕에 오를 때까지 48년간 깨지지 않았다. 우승도 우승이지만 예선과 결승을 포함한 4종목 12회 레이스에서 올림픽신기록 9개,

세계신기록 및 타이기록 4개를 수립해 오언스가 얼마나 대단한 선수인가를 입증해 보였다.

제시 오언스

오언스는 세계적으로 반인종주의의 상징이자 영웅으로 부상했다. 히틀러가 오언스와의 악수를 피했다는 소문이 퍼진 것은 그 무렵이었다. 훗날 사실이 아닌 것으로 밝혀진 소문의 사연은 이랬다. 대회 첫날인 8월 2일, 히틀러는 독일의 육상 금메달리스트를 비롯한 몇몇 우승자를 VIP 석으로 초대해 악수를 나눈 뒤 다른 스케줄 때문에 스타디움을 떠났다. 그 날 미국의 흑인 선수 코넬리우스 존스도 높이뛰기 정상에 올랐으나 늦게 경기를 펼쳐 이미 자리를 떠난 히틀러의 축하를 받지 못했다. 그러자 미 언론은 "히틀러가 흑인인 존스와 악수하기 싫어 자리를 떴다"는 기사를 전송했다. 히틀러는 "올림픽 정신에 위배된다"는 올림픽위원회의 지적을 받고서 8월 3일부터는 더 이상 금메달리스트들을 불러 악수를 청하지 않았다.

그런데도 히틀러가 오언스와의 악수를 거절했다는 소문이 또다시 돌았다. 훗날 오언스가 자서전에서 "자신이 VIP석 앞을 지날 때 히틀러가 일어나 자신을 향해 웃으며 손을 흔들어 자신도 히틀러를 향해 손을 흔들었다"고 밝혔음에도 소문은 계속 사실인 양 돌아다녔다. 오언스는 "미국 언론이 히틀러를 비난하기 위해 일부러 꾸며낸 얘기"라며 소문을 일축했다. 오언스는 베를린에서 시민들의 열렬한 환영을 받았다.

올림픽 폐막 후 영웅을 맞은 것은 여전한 인종차별

정작 문제는 그의 조국 미국이었다. 올림픽 폐막 후 영웅을 맞은 것은 여전한 인종차별이었다. 축하 퍼레이드를 마치고 호텔 환영식장에 올라갈 때는 화물 엘리베이터를 타야 했고 루스벨트 대통령은 개선한 영웅에게 백악관에 초청하기는커녕 축하의 말조차 건네지 않았다. 미 육상연맹도 매년 가장 뛰어난 선수에게 주는 설리번상을 1935, 1936년 연속 오언스가 아닌 다른 선수에게 수여했다. 영웅은 학비가 없어 학업도 일시 중단해야 했다.

어렵게 대학을 졸업한 후 운동 교사로 근무하던 어느 날 한 백인에게서 제안이 들어왔다. 흑인들 간의 야구 리그를 시작할 예정인데 경기 전 경주용 말과 달리기 시합을 하면 거액을 주겠다는 제안이었다. 오언스는 처음에는 거절했다가 제안을 받아들였다. 이후 그는 말은 물론 개, 오토바이 등과도 달리기 경주를 하며 돈을 벌었다.

덕분에 경제적으로는 나아졌으나 훗날 자서전에서 당시를 이렇게 후회했다. "나는 나 자신을 새로운 노예로 팔아먹게 되었다. 이미 나는 자랑스러운 올림픽의 영웅이 아니라 짐승과 경쟁을 해서 그것도 부정한 방법으로 돈을 버는 곡마단의 어릿광대, 아니 난쟁이가 되고 만 것이다." 오언스는 '제시 오언스 세탁소'에도 이름을 빌려주어 한동안 큰돈을 벌기도 했으나 업자가 파산하고 잠적해 5년 동안 꼬박 빚을 갚기도 했다.

다행히 육상 공로를 인정받아 미국 올림픽 팀의 자문위원으로 추대되고 미국 올림픽위원회 위원으로 활약했다. 책도 4권 출판했다. 베를린 올림픽에서 딴 금메달 중 1개는 2013년 역대 올림픽 기념물 최고가인 146만 7,000달러(약 15억 5,000만 원)에 낙찰되어 화제가 되기도 했다.

스탈린의 대숙청 광기

대숙청 때 잃은 장교의 공백을 메우지 못해 소련은 2차대전 때 고전을 면치 못했다.

이오시프 스탈린(1879~1953)은 편집광적인 권력욕, 그 권력욕을 충족하기 위한 무자비한 공포정치, 거짓과 속임수의 정치 조작을 일

삼은 희대의 살인마다. 이런 스탈린의 개인 면모를 말해주는 일화가 있다.

이오시프 스탈린

1923년 여름, 한 공산당 동지가 스탈린에게 “그동안 살아오면서 가장 좋았던 것이 무엇이냐”고 물었을 때 “완벽한 준비 후 적을 철저히 복수한 다음 잠자리에 드는 것이 가장 큰 기쁨이다”라고 말했다는 일화다. 소련 공산당원 사이에 ‘달콤한 복수 이론’으로 알려진 이 유명한 일화는 1930년대 무수히 많은 사람을 죽음으로 몰고 간 대학살의 암시였다.

스탈린의 집권 후 비밀경찰의 체포와 구금, 재판과 처형은 일상이었다. 비밀경찰 체카는 스탈린의 의중을 파악하고 실천한 사실상의 주구였다. 스탈린 집권 초기에는 혁명이 완전히 자리를 잡기 전이어서 주로 반혁명분자들이 처형 대상이었다. 그러다가 1928년 11월 스탈린이 모든 반대파를 제거하고 1인 독재를 시작하면서 대상이 확대되었다.

스탈린이 먼저 표적으로 삼은 것은 기술자와 산업전문가들이었다. 이들 가운데 트로츠키주의자, 서방 세력과 연계된 반동분자들이 많다고 생각했기 때문이다. 대표적 사건이 일어난 곳은 남부 러시아 돈 강 유역의 샤흐티 광산지구였다. 샤흐티 광산지구의 석탄 채굴량이 지속적으로 감소하자 이를 사보타주로 간주해 1928년 봄 비밀경찰이 53명의 엔지니어들을 체포한 것이 그 시작이었다.

고문 끝에 소련을 전복하려 한 서방의 스파이라고 자백하자 소련 정부는 공개재판을 열어 5명을 처형했다. 이는 앞으로 숱하게 보게 될 스탈린식 재판의 본보기였다. 1929년 7월에는 역사가 세르게이 프라토노프 등이, 1930년 11월에는 과학기술자들이 존재하지도 않은 단체를 조직한 혐의로 유죄판결을 받고 처형되었다. 다수 혁명동지들도 비슷한 재판을 받고 처형되었다.

그런 가운데 제17차 소련 공산당대회가 한창 진행 중이던 1934년 1월, 시중에 이상한 소문이 돌았다. 대의원들이 레닌그라드(현 상트페테르부르크) 서기장인 세르게이 키로프 주변으로 몰려들고, 키로프의 연설이 스탈린보다 더 환영을 받고있다는 소문이었다. 심지어 키로프가 스탈린의 후계자나 대항마라는 이야기까지 돌았다.

당시는 농업정책의 실패와 급격한 산업화에 따른 부작용으로 스탈린의 인기가 곤두박질칠 때였다.

스탈린은 키로프가 자신의 권력에 도전할지 모른다는 불안감에 시달렸으나 그렇다고 대중적 인기가 높고 당 정책도 훌륭하게 수행하는 키로프를 상대로 불편한 심기를 드러낼 수는 없었다.

"적을 철저히 복수한 다음 잠자리에 드는 것이 가장 큰 기쁨"

그러던 중 1934년 12월 1일 키로프가 의문의 죽음을 당하는 사건이 일어났다. 스탈린은 충격을 받은 것처럼 표정을 관리하면서 공산당 내의 파시스트들과 연결되어 있는 제5열의 소행으로 규정한 뒤 암살범 체포와 재판, 그리고 처형을 신속하게 진행할 것을 지시했다. 장례식도 국가 영웅에 준하는 규모로 치러주고 직접 영구를 들어 슬퍼하는 자신의 모습이 대외에 알려지도록 했다.

비밀경찰은 암살범을 체포한 뒤 범인이 스탈린의 정적 트로츠키를 따르던 학생이라고 발표했다. 암살 2주일 후에는 과거 최고위급 인사였다가 스탈린에게 숙청당한 그리고리 지노비예프와 레프 카메네프를 체포해 키로프 암살의 '도덕적 공범'임을 자백받았다.

이처럼 공식적으로는 스탈린의 반대파가 키로프를 암살한 것으로 발표되었지만 스탈린 사후 흐루쇼프는 "스탈린의 지시에 의한 것이라고 믿는다”고 언급했다. 이 말이 사실이라면 스탈린이 잠재적인 경쟁자를 암살하고 외형상으로는 충격을 받은 것처럼 꾸며 그것을 구실로 반대파들을 숙청했을 가능성이 높다. 하지만 구체적인 증거는 밝혀지지 않고 있다.

키로프 암살 후 대대적이고 조직적인 숙청이나 처형은 없었다. 하지만 상대적으로 평온했던 18개월이 지나자 피비린내가 또다시 진동했다. 1936년 8월 키로프 암살범을 비롯해 13명이 공범이라는 이유로 처형된 것을 신호탄으로 지노비예프와 카메네프 등 주요 당 지도부 인사들이 키로프를 암살하고 스탈린의 암살을 획책했다는 죄목으로 사형선고를 받고 8월 25일 처형되면서 학살의 그림자가 소련 전역을 뒤덮었다.

스탈린의 광기는 머지않아 ‘피에 굶주린 난쟁이’란 별명을 얻게 될 니콜라이 예조프가 1936년 9월 비밀경찰 NKVD(KGB 전신) 책임자로 임명되면서 본격화했다. 예조프는 먼저 자신의 전임자로 스탈린의 수족 역할을 해온 겐리흐 야고다가 키로프의 암살에 개입했다며 1937년 3월 체포했다. 뒤이어 1937년 8월 스탈린이 서명한 NKVD 비밀명령 00447호를 발동했다. 이 비밀 명령은 정치인, 쿨라크(부농), 군인, 지식인, 일반 대중에 대한 대량 학살 허가장이었다. 러시아에서는 이 날을 본격적인 대숙청의 시작으로 본다.

대숙청은 소련 정부 기관지 ‘이즈베스티야’ 편집장인 니콜라이 부하린, 전직 총리 알렉세이 리코프, 전 NKVD 위원장 겐리흐 야고다 등 13명이 처형된 1938년 3월 절정에 달했다. 이후 반혁명분자로 고발되거나 NKVD의 의심을 사면 누구든 살아남지 못했다. 훗날 비밀 해제된 구소련의 기록에 따르면 1937년에서 1938년 사이 150만 명이 비밀경찰에 체포되어 절반은 총살되고 나머지는 강제노동수용소로 끌려갔는데 그 중 나중에 풀려난 사람은 2만 2,000여 명에 불과했다.

대숙청을 진행하면서 스탈린은 예조프가 일을 주도하도록 하고 자신은 숙청과 아무 상관이 없는 척했다. 예조프는 스탈린의 기대대로 반대파와 그 추종자들을 거리낌 없이 체포했다. 사실 이들 대부분은 소련 공산당 창당의 주역이거나 볼셰비키 혁명사의 빛나는 별들이었다.

공포정치 성공 후 전략은 토사구팽

스탈린이 겨냥한 다음 표적은 군부였다. 소련 사회에서 비교적 독립성을 지닌 유일한 세력이던 군부는 스탈린에게 잠재적인 위협 존재였다. 결국 5명의 원수 중 3명, 군사령관 15명 중 13명, 군단장급 85명 중 62명, 사단장급 195명 중 110명이 '반혁명 분자' 혹은 '독일의 첩자'라는 죄목으로 숙청되었다. 이 중 20~30%가 처형되고 나머지는 강제노동 수용소로 보내져 그곳에서 또 많은 수가 죽임을 당했다. 결국 장교 50%, 연대장 이상의 장성급 80%가 2년도 안 되어 사라졌다. 이때 잃은 장교의 공백을 메우지 못해 소련은 2차대전 때 고전을 면치 못했다.

스탈린은 비밀 명령 00439호도 발령했다. 독일인과 사이에 태어난 혼혈이나 독일에서 온 소련인들을 숙청하라는 비밀 명령이었다. 5만 5,000여 명이 유죄판결을 받아 이 가운데 4만 2,000여 명이 처형되었다. 폴란드인, 라트비아인, 한국인, 그리스인 등도 시베리아나 중앙아시아의 오지로 추방되고 이 과정에서 많은 사람이 죽어갔다.

자신의 뜻대로 공포정치에 성공한 스탈린의 다음 전략은 토사구팽이었다. 야고다를 처형한 예조프를 1938년 11월 실각시켜 라브렌티 베리야에게 NKVD 위원장 자리를 넘겨주었고 베리야는 1939년 4월 예조프를 체포해 1940년 2월 처형했다. 대숙청은 1940년 8월 레온 트로츠키가 피살되면서 대단원의 막을 내렸다.

대숙청 결과 1934년 제17차 당대회에 참석했던 139명의 중앙위원 중 110명이 처형되거나 자살 또는 의문사한 것으로 알려졌다. 대의원도

1,966명 중 1,108명이 체포되고 그중 반 이상이 처형되었다. 1939년 3월 제18차 당대회가 열렸을 때 참석한 2,059명의 대의원 중 5년 전 17차 대회에 참석했던 인물은 54명뿐이었다. 대숙청 후 소비에트는 만신창이가 되었고 군대는 오합지졸의 집합체가 되었다. 반면 스탈린은 역사상 어느 독재자도 누리지 못한 완벽한 독재를 누렸다.

스탈린이 무슨 이유로 이렇게 많은 사람을 죽였는지는 밝혀지지 않고 있다. 정확한 동기나 피해자 규모도 베일에 가려져있다. 스탈린이 관련 기록을 전혀 남겨놓지 않았기 때문이다. 워낙 많은 사람이 마구잡이로 희생되다 보니 통계도 정확하지 않은 측면이 있다.

냉전 시절에는 2,000만 명이 체포되어 1,800만 명이 강제수용소로 보내지고 그 중 450만~1,000만 명이 처형되었다는 주장에 힘이 실렸다. 이와 달리 최소 170만 명이 NKVD에 체포되어 이 중 144만 명이 감옥에 갇히거나 강제수용소로 보내져 72만 명이 처형되었다는 기록도 있다. 수감 상태에서 사망한 사람과 강제 노역에서 풀려난 직후 후유증으로 죽음을 맞은 사람을 포함해 사망자를 95만 명에서 120만 명으로 추정하기도 한다.

이시이 시로 731부대 설립

악마들은 실험이 끝나면 마루타들을 실험실 내부에서 소각하거나 한꺼번에 구덩이에 파묻었다.

1932년 8월 중국의 만주를 점령하고 있는 일본의 관동군이 흑룡강성의 하얼빈에서 남쪽으로 70km 떨어진 베이윈허(北運河)에 들이닥쳤다. 곧이어 주민을 불러모아 마을을 떠나라며 겁박했다. 주민이 떠난 자리에서는 곧바로 비밀 기지 공사가 시작되었다. 수십 채의 건물이 지어지고 건물 주변에는 높은 담장과 철조망이 처졌다. 이렇게 완성된 베이윈허 기지의 운영 책임자로 이시이 시로(1892~1959) 소령이 임명되었다.

이시이는 1920년 3월 교토제국대 의학부를 졸업했다. 도쿄의 제일육군병원에서 군의관으로 복무하다가 1924년 교토제국대로 돌아가 세균학, 위생학, 병리학을 연구한 끝에 1927년 6월 박사학위를 취득했다. 1928년 4월부터 2년간 세균학이 발달한 유럽을 보고 돌아와 1931년 1월 도쿄의 육군군의학교 교관(소령)으로 부임했다. 1932년 4월에는 육군군의학교 지하실에 방역연구실을 만들어 세균전을 연구했다. 군 고위 간부와 동료 과학자들에게는 "세균전이야말로 일본의 차세대 무기이고 일본의 번영을 보장하는 필수 요소"라고 틈틈이 강조했다.

문제는 실험 장소였다. 세균전 무기가 실전에서 제대로 효력을 발휘하는지를 살펴보려면 사람을 대상으로 실험해야 하는데 검증도 안 되고 위험하기 짝이 없는 실험을 일본에서 진행할 수는 없었다. 이시이가 주목한 곳은 1931년 일본의 식민지로 편입된 만주였다. 그곳이야말로 자신의 실험을 수행할 수 있는 가장 이상적인 장소라고 생각한 그는 만주 파견을 자청했다. 1932년 8월 만주로 출장을 떠나 적당한 곳을 물색한 끝에 발견한 장소가 소련 국경과 멀지 않은 베이윈허였다.

이시이는 1933년 가을 완성된 비밀 기지에서 탄저열, 비저, 페스트 등을 연구했다. 당시 지인에게 "전쟁이 끝난 후 내 업적이 특허를 받는다면 200개는 족히 넘을 것"이라고 말할 정도로 연구 범위가 광범위했다. 이시이는 생체 실험도 마다하지 않았다. 그럴 때마다 많은 중국인이 산 채로 죽어갔다.

베이윈허 기지는 최소한 1,000명 이상을 죽음으로 몰아넣고 1937년 말 폐쇄되었다. 그 사이 이시이는 중령으로 진급하고 비밀 기지는 1936년 6월 정식 부대로 승격해 '관동군 방역부'라는 이름의 부대로 편성되었다. 이시이는 여전히 부대 책임자였다.

살아 있는 민간인을 대상으로 30여 가지 생체 실험 자행

본격적으로 생체 실험을 목적으로 설립한 '관동군 방역부'는 하얼빈 시내에서 20㎞ 남짓 떨어진 핑팡(平房)에 세워졌다. 공사는 1936년 시작되어 80여 채의 건물을 짓고 1939년 끝났다. 이시이는 대령으로 진급한 1938년 생체 실험을 시작했다. '관동군 방역부'는 1940년 7월 '관동군 방역급수부'로 개칭되었다.

핑팡에 위치한 방역급수부 본부는 731부대로 불렸다. 주변 지역에는 제재소로 알려졌기 때문에 생체 실험 대상으로 끌려온 사람들은 '마루타'(통나무)로 통했다. 마루타 대부분은 중국인과 몽골인이었지만 때로는 조선인과 소련군 포로도 끌려왔다. 731부대는 흑룡강성에 속한 하이린(海林), 쑨우(孫吳), 린커우(林口)와 내몽고자치구의 하이라얼(海拉爾) 등지에도 지부를 두었다.

731부대의 연구 핵심은 병원균 생체 실험이었다. 핑팡 기지에서 개발한 세균무기는 하얼빈 인근의 안다(安達)에서 성능을 실험했다. 731부대는 계속 확장되어 1942년에는 부대원 총수가 3,000여 명으로 늘어났다. 731부대에서는 살아 있는 민간인을 대상으로 전염병 실험, 동상 실험 등 30여 가지 생체 실험이 자행되었다. 그것은 악마의 광기였다.

항공기로 마을에 페스트균을 뿌리고 진행 결과를 조사하는 페스트균 실험, 우물에 콜레라균을 뿌리고 진행 과정을 살피는 콜레라균 실험, 세균의 전이 과정을 추적하고 세균폭탄을 만들기 위한 세균전 실험, 신체 부위가 견딜 수 있는 압력을 체크하는 압력 실험, 한겨울에 옷을 벗고 얼마나 견디는지를 살피는 동상 실험, 총알이 뇌에 박혔을 때 나타나는 현상을 연구

이시이 시로

하는 탄환 실험 등이 간단없이 진행되었다.

마취를 하지 않은 상태에서 뇌, 폐, 간 등 장기를 적출하고 출혈 연구를 위해 팔다리를 절단한 뒤 잘라낸 것을 다른 쪽에 붙여보는 실험, 온도와 화상의 관계를 알아보기 위해 불이나 뜨거운 물에 넣어보고 강제로 얼린 손발을 도끼로 때려 뼈를 부러뜨리는 실험도 다반사였다. 원심분리기에 넣어 죽을 때까지 돌리기도 하고 큰 유리 상자 속에 사람을 가두고 밖에서 공기를 빼내 완전 진공 상태를 만든 뒤 인간의 생존 시간을 체크하기도 했다.

악마들은 실험이 끝나면 마루타들을 실험실 내부에서 소각하거나 한꺼번에 구덩이에 파묻었다. 이렇게 죽어간 마루타들은 731부대에서만 최소 3,000여 명인 것으로 알려졌다. 아우슈비츠 수용소가 양적인 면에서 인간의 잔인함을 보여주었다면 731부대는 질적인 면에서 인간이 얼마나 잔혹할 수 있는가를 보여주었다. 이시이는 1942년 8월 새로운 근무지 남경에서도 생체 실험을 계속 이어갔다.

"전쟁 후 내 실험 업적이 특허를 받는다면 200개는 족히 넘을 것"

이시이의 731부대 후임자는 도쿄제국대 의과대 출신의 기타노 마사지 소장이었다. 그는 1932년 만주로 부임할 때 이시이와 같은 소령이었다가 1945년 일본이 패망하기 전 중장으로 초고속 승진한 이시이의 경쟁자였다. 기타노는 1942년 8월부터 1945년 2월까지 방역급수부장으로 활동하다가 물러났고 그해 3월 중장으로 진급한 이시이가 다시 부장으로 부임해 1945년 8월까지 생체 실험을 확대했다.

731부대에 이어 대규모 생체 실험장이 세워진 곳은 만주국의 수도 장춘이었다. 핑팡의 생체 실험장과 같은 해에 공사를 시작한 장춘 부대는 대외적으로 가축병 예방 부대라고 공표했으나 사실은 세균전 실험을 은폐하기 위한 위장 부대였다. 장춘 부대는 100부대로 불리며 중국 전역에 퍼져 있는 전략적 요충지에 분대를 두고 주로 야외 실험에 치중했다. 731부대와 별개로 세워진 100부대는 대량의 세균 배양과 실험을 위해 쥐, 파리, 모기, 빈대, 이 등 전염병을 옮기는 여러 곤충을 번식시키고 생체 실험용 혈액 재료를 얻기 위해 말, 소, 낙타, 원숭이 등을 사육했다.

731부대는 핑팡, 장춘에 이어 세 번째로 규모가 큰 기지를 1939년 4월 남경에 건설했다. 공식 부대명은 전염병 예방 및 수질 공급 부대였으나 1644부대로 더 많이 알려졌다. 이 부대 말고도 북경에 1855부대, 광주에 8604부대, 싱가포르에 9420부대가 세워졌다.

중국에서 생산된 세균무기는 미 본토 공격에도 사용되었다. 1944년 일본이 미 본토에 날려 보낸 200여 개의 대형 세균 풍선 중 몇 개가 서부 지역에 도달, 몬태나주와 오리건주에서 모두 7명이 사망한 것으로 알려졌다. 일본은 다음 작전으로 1945년 여름 가미카제 조종사들이 미 본토에 접근한 뒤 남부 캘리포니아 일대에 페스트에 감염된 벼룩을 뿌린다는 계획을 세웠다. 그러나 작전을 시작하기 전 일본의 항복으로 무산되었다.

일본은 본토에서도 미군 포로를 상대로 생체 해부 실험을 했다. 일본의 패전 3개월 전 일본군에 격추된 미군 B29 폭격기 승무원 8명을 규슈대 의대로 비밀리에 끌고 가 산 채로 해부한 것이다. 일본 군부가 "미군이 일본 본토에 상륙하는 상황에 대비해야 한다"면서 "바닷물은 인체와 성분이 비슷하니 바닷물을 이용한 혈액 대체제를 만들어보라"고 일본 의료계에 압력을 가한 결과였다. 규슈대 의료진은 산 채로 미군 포로들의 폐를 적출하거나 혈관에 바닷물을 주입하는 식으로 생체 실험을 했다. 미군은 모두 죽었다.

1945년 8월 9일 소련군이 일·소 중립조약을 파기하고 만주 지역으로 남하했다. 이시이는 소련군이 731부대를 송두리째 접수할 것을 우려해 일본이 항복을 선언한 8월 15일까지 6일 동안 죽음의 공장을 파괴했다.

수백 명의 마루타는 독가스로 살해한 후 불을 지르거나 마대에 담아 송화강에 버렸다. 이 때문에 전쟁이 끝나서도 한동안 송화강 부근에는 세균이 퍼졌고 인근 주민들은 이유도 모른 채 죽어갔다.

이시이는 부대원들에게 비밀 엄수를 지시한 뒤 군용기를 타고 대련을 거쳐 일본으로 도주했다. 다량의 물품과 장비, 세균전 자료 등은 부산을 거쳐 일본으로 가져가 극비 장소에 보관했다. 가장 중요한 문서들은 자신의 집에 숨겼다. 지인들에게는 자신의 부고 기사를 신문에 내도록 해 죽은 것으로 꾸몄다. 하지만 미군 사령부에 의해 곧 소재지가 파악되어 조사를 피하진 못했다.

당시 언론사에는 생체 실험과 관련된 각종 제보가 잇따랐다. 그런데도 미군 사령부의 통제로 세균전 관련 기사는 신문에 한 줄도 실리지 않았다. 도쿄 국제군사재판에서도 세균전 사실은 거의 언급되지 않았다.

전범 재판에 회부되지 않는다는 조건으로 실험 자료 미군에 넘겨

미군 조사관은 이시이에게 "사실대로 말하지 않으면 소련으로 넘기겠다"고 협박해 진술을 받아냈다. 이시이는 자신과 동료들이 전범 재판에 회부되지 않고 자유를 보장받는다는 조건으로 자신과 동료들이 알고 있는 사실과 자료를 미군에 넘겼다. 맥아더 사령관은 전범재판이 한창이던 1947년 5월 "생체 실험, 세균병기 정보를 얻기 위해 면책이 필요하다"고 워싱턴에 요구했다. 이시이는 형식적으로 마련된 도쿄 국제군사법정에서 "마루타는 총 3,850명이었고 이 가운데 중국인은 3,034명, 러시아인은 562명, 한국인은 254명"이라고 밝혔다.

세균전 자료가 궁금한 것은 소련도 마찬가지였다. 하지만 미국이 소련의 접근을 가로막아 구체적인 정보는 얻지 못했다. 소련 역시 하얼빈, 장춘 등 생체 실험 기지에 접근하고 싶어하는 미군의 요청을 허락하지 않았다. 미군 사령부는 1947년 12월 생체 실험과 표본 자료를 근거로 작성한 보고서를 완성했다. 그리고 1948년 4월 "모든 정보를 얻었다. 결과는 만족스럽다"고 워싱턴에 보고했다.

소련은 세균전 무기를 사용하려 했다는 혐의로 1949년 12월 12명의 일본군을 기소했다. 마지막 관동군 사령관 야마다 오토조 대장을 비롯해 군의부장, 731부대 지부장 등 12명 중 장교에게는 12~25년 형을, 일반 병사에게는 2~3년의 형을 선고했다. 이들 역시 세균전 정보를 소련에 제공한 대가로 감형되어 1956년 모두 본국으로 돌아갔다.

이시이 시로는 6·25 전쟁 때 한국을 두 차례 극비 방문하기도 했다. 강원도 철의 삼각지에 주둔한 미군 병사들이 1951년 여름 유행성출혈열에 걸려 치료 방법을 찾지 못하자 미군이 731부대 출신들에게 도움을 청해 이뤄진 방한이었다. 당시 미군은 수년 동안 총 2,000여 명이 유행성출혈열에 감염되어 800여 명이 목숨을 잃었다. 이시이는 은둔 생활을 하며 67세까지 살다가 1959년 10월 후두암으로 사망했다.

규슈대 미군 생체 해부 사건의 단죄도 용두사미로 끝났다. 일본의 패전 후 연합군 군사 법정이 사건의 진상을 조사한 뒤 의료진 23명에게 유죄 판결을 내렸다. 그 중 5명은 사형을 선고했다. 하지만 이후 6·25가 터지고 미국이 일본을 병참기지로 활용하면서 일본 항복 직후 가했던 각종 정치·경제적 통제를 크게 완화했다. 생체 해부의 주범들도 옥중 자살한 1명만 빼고 전원이 사면받았다.

오늘날 중국은 흑룡강성, 호남성, 강서성, 절강성, 운남성 등에서 벌인 일본의 세균전으로 30여만 명의 양민이 학살되었다고 주장한다. 일본의 사법부는 731부대 등이 세균전을 벌여 사망자가 나온 사실은 인정하고 있다. 그런데도 일본 정부는 옛 일본군이 세균무기를 사용했다는 사실에 대해 침묵하고 있다.

일본 2·26 쿠데타 불발

이처럼 힘이 세진 군부에 두 개의 파벌이 서로 대립하고 있었으니 충돌이 불가피했다.

1930년대 들어 일본의 군부가 득세하면서 군부 내 '통제파'와 '황도파' 간의 알력이 더욱 심화했다. 황도파는 주로 농촌 출신의 위관급 청년 장교들이 주축을 이룬 파벌로, '쇼와 유신'이라는 기치 아래 정당과 의회를 무력화해 천황의 친정(親政)과 급진적 군국화를 도모했다.

그들은 '천황', '황국', '황군' 등으로 상징되는 정신주의적 편향을 기본으로 삼아 국가의 전면 개조와 군사정부 수립을 추구했다. 정치인들의 부패, 재벌의 횡포, 농촌의 황폐화 등으로 일본이 망하고 있다고 분개하며 정계와 군부를 비롯한 일본 사회 전체를 개조해야 한다고 주장했다. 황도파에 큰 영향을 준 국가사회주의자 기타 잇키는 '일본 개조법안 대강'(1919) 등의 저서를 통해 무력에 의한 국가 전복과 재벌·관료 등 특권계급의 타도를 주창했다.

통제파는 주로 참모본부, 육군성 등 중앙의 참모장교 등을 중심으로 구성된 파벌로, 재벌·정계와 연합해 고도국방국가를 수립하고 합법적으로 일본을 군국화해야 한다고 주장했다. 그들은 무력으로 권력의 전복을 꾀하는 황도파와 달리 합법적으로 정부에 압력을 넣어 군부의 입지를 강화하려 했다. 두 파벌은 상대를 '이단', '군벌'로 부르며 적대시하긴 했어도 군부가 일본을 통치해야 한다는 점에서는 별 차이가 없었다.

이런 상황에서 1930년대 일본을 강타한 공황과 농촌의 비참한 현실은 농촌 출신이 다수인 황도파에게 극단적인 행동을 부추기는 환경을 조성했다. 1932년 발생한 5·15 사건 주모자들에 대한 가벼운 처벌도 황도파가 오판하는 데 작용했다. 5·15 사건은 1932년 5월 15일, 해군 청년 장교가 이누카이 쓰요시 총리 관저에 난입해 총리를 암살한 사건이다. 그런데도 재판에 회부된 주모자들은 전국적인 구명 운동에 힘입어 사면되었다. 바로 이런 점이 황도파 장교들을 쿠데타 유혹에 빠지게 한 것이다.

경시청을 점거한 반란군

5·15 사건 후 사이토 마코토, 오카다 게이스케 등 군부 출신의 군사내각이 성립했다. 이로써 1924년 이래 8년 동안 지속된 정당내각이 붕괴했다. 이후 군부의 정계 진출이 잦아지고 재벌이 군부를 지원하기 시작하면서 군국주의적 경향이 더욱 강화되었다.

군부의 파벌 대립이 쿠데타 원인

1935년에는 '천황기관설'을 둘러싼 논쟁으로 정국이 어수선해졌다. 천황기관설은 메이지 유신 말기 이래 공인되고 있는 '천황주권설'과는 달리 천황은 국가 통치권의 주체가 아니라 국가에 속하는 최고기관 자격으로 통치권을 행사하는 것이라는 학설로 미노베 다쓰키치가 1912년 주창했다. 그런데 새삼스럽게 1935년 2월 한 의원이 "천황기관설은 명백한 반역"이라면서 이 학설을 처음 주장한 미노베 당시 귀족원 의원을 향해 "학비(學匪)", "완만한 모반자"라고 비난한 것이다.

미노베는 귀족원 회의에서 자신에 대한 비난이 중상에 불과하다는 것을 논리정연하게 설명했다. 육·해군 대신도 용어는 불쾌하지만 학문상의 문제이고 군에 악영향을 주는 것은 아니라고 반응했다. 그러나 군부와 우익은 미노베 학설이 '반국체적'이라며 천황기관설을 방치하고 있는 오카다 게이스케 내각을 격렬히 공격했다.

오카다 내각은 결국 천황기관설에 찬동하지 않는다는 입장을 표명해야 했고 한걸음 더 나아가 '천황은 통치권의 주체'라는 의미의 '국체명징' 성명까지 발표했다. 일본 중의원도 국제명징 의결안을 전원 일치로 가결했다. 이것은 정당이 의회정치를 스스로 부정하는 것이었다. 또한 천황과 국체를 방패로 삼으면 어떠한 비합리적인 말이라도 활개를 치며 다닐 수 있고 그것이 여론을 선동해 폭력적인 위력을 발휘한다는 것을 생생히 증명하는 것이다. 더불어 군부의 입김도 더욱 강해졌다.

이처럼 힘이 세진 군부에 두 개의 파벌이 서로 대립하고 있었으니 충돌이 불가피했다. 이런 가운데 1935년 8월 황도파의 수장이 육군성 교육총감에서 파면되고 통제파가 교육총감에 임명되었다. 그러자 이를 통제파의 음모로 간주한 황도파 장교가 1935년 8월 12일 육군성을 찾아가 군무국장을 군도로 살해했다. 황도파는 여기서 그치지 않고 아예 쿠데타를 도모했다.

그리고 1936년 2월 26일 새벽, 20여 명의 황도파 청년 장교가 1,480여 명의 무장 군인을 이끌고 육군성, 참모본부, 국회의사당, 총리 관저 등 정부 주요 건물을 포위했다. 이른바 '2·26 사건'이었다. 반란군은 곧바로 내무상 사이토 마코토, 대장상 다카하시 고레키요, 육군 교육총감 와타나베 조타로 대장 등을 살해하고 시종상 스즈키 간타로에게 중상을 입혔다. 사이토는 3·1 운동 직후 두 차례나 조선 총독을 지내고 총리를 역임한 인물이다.

오카다 게이스케 총리는 가정부 장롱 속에 숨어 있다가 반란군이 그와 닮은 비서관을 총리로 잘못 알고 살해한 틈을 이용해 몰래 현장에서 빠져나와 목숨을 부지했다. 황도파는 육군대신을 통해 자신들의 요구를 전달했다. 궐기 취지를 천황에게 전달할 것, 황군의 상쟁을 피할 것, 통제파의 간부를 체포·파면할 것 등이었다.

기세등등해진 군부, 국가를 전쟁 준비 체제로 전환

그러나 반란군의 기세는 오래가지 못했다. 거사 이튿날인 2월 27일 새벽 계엄령이 내려지고 2월 28일 새벽 6시 "쿠데타군은 무조건 원대 복귀하라"는 천황의 명령이 하달되었기 때문이다. 2만 4,000여 명의 진압군이 2월 29일 오전 9시를 기해 반란군을 공격하기로 했으나 공격은 일어나지 않았다. 거사가 실패한 것을 인정한 주동 장교들이 사병들을 원대 복귀시켰기 때문이다.

주모자인 2명의 대위는 자결하고 군법회의에 회부된 20명의 장교 중 15명은 1936년 7월 총살되었다. 반란에 가담하지는 않았지만 황도파에 쇼와 유신의 이념을 제공한 극우파 사상가 기타 잇키와 그의 제자 니시다 미쓰기 등 4명의 민간인은 1937년 8월 교수형에 처해졌다.

쿠데타 실패는 일본 군부 안에서 황도파의 몰락만 불렀을 뿐 통제파를 중심으로 한 일본 군부의 힘은 더욱 기세등등해졌다. 히로타 고키 전 외상이 육군의 동의를 얻어 총리가 되고 대신들도 군부 입맛에 맞는 사람들로 채워졌다. 1913년 다이쇼 데모크라시 때 폐지된 '군부대신 현역 무관제'도 부활했다. 군부대신 즉 육·해군대신은 현역의 대장이나 중장에 한하고 육군과 해군에서 대신을 파견하지 않으면 내각도 구성할 수 없다는 이 제도는 결국 군부가 내각의 사활권을 쥐는 것을 의미했다.

이후 총리, 외무, 대장, 육군, 해군의 다섯 대신이 참석하는 5상회의에서 국가의 주요 국책이 결정되었다. 또한 군부(통제파)는 숙군과 질서 회복을 명분으로 군부와 각료의 연립내각을 구성하고 대규모 예산을 편성해, 전투기와 전함 등의 건조에 박차를 가하며 국가를 전쟁 준비 체제로 전환했다. 1937년 7월의 중일전쟁은 이런 배경의 연장선에서 일어났다.

에드워드 8세, 사랑 위해 왕위 포기

"나는 나 자신과 내 후손의 왕위를 포기한다는 취소할 수 없는 결정을 내렸다"

"사랑하는 여인의 도움과 지지 없이는 왕으로서의 막중한 책임과 의무를 다할 수 없음을 깨달았습니다." 1936년 12월 11일 밤 10시, 영국왕 에드워드 8세(1894~1972)가 BBC 라디오를 통해 국민과 작별 인사를 나눴다. 사랑하는 여인과 결혼하기 위해 국왕 자리에서 물러나겠다는 것이었다. 전날 하원의장이 대독한 칙어를 통해 "나는 나 자신과 내 후손의 왕위를 포기한다는 취소할 수 없는 결정을 내렸다"고 이미 밝힌 바 있어 국민의 충격은 덜했지만 이 작별 인사로 에드워드 8세는 영국 역사상 스스로 왕위에서 물러난 최초의 인물이 되었다.

11개월 전인 1936년 1월 20일 부왕 조지 5세의 죽음으로 보위에 오른 에드워드 8세가 즉위 1년도 안 되어 왕위를 포기하겠다고 선언한 것은 한 여인과 헤어질 수 없다는 절박함 때문이었다. 그가 사랑한 월리스 심프슨(1896~1986)이라는 미국 여성과의 결혼이 왕실과 국민의 반대로 무산될 것 같자 기꺼이 왕위를 포기하고 사랑을 선택한 것이다.

에드워드 8세가 심프슨을 처음 만난 것은 왕세자 시절이던 1930년 런던의 한 사교 모임에서였다. 당시 왕세자는 미혼이었고 심프슨은 한 번의 이혼을 겪은 유부녀였다. 그녀는 뼈가 앙상하고 각이 져 미인은 아니었지만 남자들의 시선을 끌기에 충분한 매력을 갖고 있었다.

심프슨은 미국 펜실베이니아에서 태어나 20살이던 1916년 해군 조종사와 결혼했으나 주정뱅이 남편을 피해 1924년부터 2년간 중국에서 머물다 돌아와 1927년 이혼했다. 그 후 선박 중개인이면서 유부남이던 영국인 사업가 어니스트 심프슨과 눈이 맞아 1928년 영국에서 결혼하고 런던 사교계를 드나들었다. 오래지 않아 심프슨은 파티에서 쾌활한 웃음소리와 솔직한 태도를 지닌 특이한 인물로 알려졌고 사교계의 떠오르는 별이 되었다.

1930년 11월 어느 날, 심프슨은 한 사교 모임에서 왕세자를 만나 단숨에 그의 마음을 사로잡았다. 왕세자는 1931년 6월 심프슨을 부왕 조지 5세에게 소개했다. 그것은 신분 상승을 꿈꿔오던 심프슨이 런던 상류 사교계의 중심에 진입했다는 것을 의미했다.

에드워드 8세와 심프슨 부인

1933년 들어 둘 사이의 애정 소문이 런던 사교계의 단골 화젯거리에 오르면서 소문 공장은 심프슨의 과거를 들춰내기 시작했다. 심지어 심프슨이 중국의 매춘굴에서 남성의 발기부전과 조루 현상을 말끔하게 고쳐주는 고대 중국의 방중술을 배웠다는 소문까지 돌았다. 많은 사람이 이 소문을 진실이라고 믿는 가운데 심프슨은 남편을 뒷전으로 제쳐놓은 채 종종 왕세자의 사저를 방문해 안주인 노릇을 했다. 1935년 왕세자와 심프슨의 사랑은 더욱 깊어졌고 전 세계 신문들은 왕세자와 심프슨의 기사와 사진을 쏟아냈다. 하지만 영국의 신문들만은 일제히 담합해 이 불미스러운 이야기를 보도하지 않았다.

영국 역사상 스스로 왕위에서 물러난 최초의 인물

그러던 중 1936년 1월 조지 5세가 서거하고 왕세자가 에드워드 8세로 왕위에 올랐다. 즉위 후에도 에드워드 8세가 유부녀 심프슨과의 결혼을 포기하지 않자 영국 언론은 그제서야 이 스캔들을 경쟁적으로 보도했다. 볼드윈 총리, 성공회 대주교, 에드워드 8세의 모후인 메리 왕비까지 "그 여자는 요부"라며 반대했지만 무엇보다 크게 실망한 것은 국민이었다. 왕세자 시절 세계 45개국을 순방하며 대영제국의 영광을 드높이는 데 헌신하고 대공황기에는 임금노동자 클럽을 방문하거나 실업자 구제 계획을 구상하는 등 국민으로부터 인기를 한 몸에 받은 그였기에 더욱 그랬다.

국민은 심프슨이 공식적으로 영국의 왕비가 되어 영국을 대표하는 것을 참을 수 없는 치욕으로 생각했다. 그런데도 1936년 10월 27일 심프슨이 마침내 이혼을 감행하면서 두 사람의 결혼이 기정사실로 굳어졌다. 볼드윈 총리는 내각 총사퇴로 배수진을 치며 결혼에 반대했다. 국민의 반대 목소리가 더욱 커지자 심프슨은 자신에게 퍼부어진 적개심의 깊이와 강도에 충격을 받고 12월 3일 프랑스로 피신했다. 에드워드 8세도 1주일 뒤인 12월 11일 왕위 포기를 선언하고 호주로 날아갔다.

왕위는 엘리자베스 2세 여왕의 아버지이자 에드워드 8세의 동생인 조지 6세가 물려받았다. 호주에서 윈저공 작위를 받은 에드워드 8세는 국민의 격앙된 감정이 차분해질 때까지 기다렸다가 1937년 6월 3일 프랑스에서 결혼식을 올렸다. 하객은 16명뿐인 쓸쓸한 결혼식이었다. 영국 왕실에서는 단 한 사람의 하객도 참석하지 않았다.

두 사람은 조국을 등진 채 전 세계를 떠돌아다녔다. 윈저공은 1937년 9월 독일을 방문한 자리에서 히틀러를 치켜세워 또 한 번 국민에게 실망을 안겨 주었다. 2차대전이 발발했을 때는 한동안 프랑스에 머물다 프랑스가 독일에 점령되자 중립국인 스페인으로 거처를 옮겼다가 그의 유일한 지지자 윈스턴 처칠 총리의 도움으로 1940년 8월부터 5년간 바하마 총독으로 재임했다. 전쟁이 끝난 후에는 미국으로 거처를 옮겨 동생 조지 6세의 장례식(1952)과 어머니의 장례식(1953) 때 등 몇 차례만 홀로 귀국했다. 그러다가 1967년 심프슨 부인과 함께 공식적으로 초대를 받아 조국을 방문했다. 윈저공과 심프슨은 각각 1972년과 1986년에 죽어 영국 윈저성에 함께 묻혔다.

헨리 루스 '라이프'지 창간과 마거릿 버크화이트

사진만으로 하나의 스토리를 만들어내는 포토저널리즘의 범위를 확장하는 기폭제가 되었다.

1936년 11월 23일, 사진주간지 'LIFE(라이프)'가 고고의 성을 울리며 세상에 모습을 드러냈다. 표지는 뉴딜 정책의 하나로 미국 몬태나주에 건설 중인 포트펙 댐 사진으로 장식하고 1면은 '라이프는 시작되었다'라는 제목과 함께 제왕절개로 탄생한 아기 사진을 실어 창간을 자축하는 면으로 꾸몄다.

표지 사진을 찍은 주인공은 여성의 몸으로 무거운 사진기를 둘러메고 격동의 현장을 기록한 마거릿 버크화이트(1904~1971)였다. 그가 촬영한 댐 건설 노동자와 마을 주민들의 모습도 9쪽짜리 커버스토리로 실려 '포토스토리'의 전형을 제시했다는 평가를 받았다. 자칫 딱딱하게 보이기 십상인 댐 건설 현장을 사람들이 사는 곳으로 표현한 포토스토리 방식은 이후 라이프지의 편집 철학으로 자리를 잡았다.

라이프지의 등장은 여러 장의 사진이 서로 엮이고 편집되어 사진만으로도 스토리를 만들어내는 '포토저널리즘'의 범위를 확장하는 기폭제가 되었다. 그전까지 글의 보조 역할에 불과했던 사진이 화려하게 주역으로 부상한 것도 라이프 창간이 끼친 공로였다. 포토저널리즘은 단순히 현장 기록의 차원에 그치지 않고 사진으로 기사의 관점을 나타내는 방식이다.

라이프지 창간호(1936.11.23)

라이프는 초판 38만 부가 하루 만에 모두 동이 나 부랴부랴 재판에 들어갔다. 그렇게 팔린 부수가 47만 부나 되었다. 이후 창간 3개월 만에 100만 부, 창간 3년 만에 200만 부를 넘어서고 1970년에는 850만 부라는 경이적인 부수를 기록했다.

라이프지를 창간한 산파는 헨리 루스(1898~1967)였다. 그는 선교사인 아버지가 활동하던 중국에서 태어나 예일대 재학 중 동급생인 브리튼 해든과 의기투합해 25살 때인 1923년 3월 3일 시사주간지 '타임'을 창간했다. 루스와 해든은 싸구려 일간지들이 마구 뿌려대는 엉터리 정보 대신 지속적이고 깊이 있는 정보를 원하는 독자들의 욕구에 주목했다. 그들은 "우리는 얼마나 많은 것을 담느냐에 관심을 갖고 있지 않고 얼마나 많은 페이지를 독자의 마음에 심느냐에 관심을 갖고 있다", "세계에서 벌어지는 일에 조금이라도 관심을 갖고 있는 미국의 남녀에게 어필해야 한다"고 역설했다.

포토스토리 방식, 라이프지 편집 철학으로 자리 잡아

타임은 이후 시사주간지의 영역을 개척하며 숱한 아류 경쟁지의 등장에도 불구하고 시사주간지의 대명사로 자리를 굳혔다. 타임의 영원한 경쟁지 '뉴스위크'는 1933년 타임의 외신 담당 편집장이던 토머스 마틴이 타임을 벤치마킹해 창간한 것이고, 독일의 대표적 시사주간지 '슈피겔' 역시 타임을 본떠 만든 것이다. 타임의 창간자들이 시도한 '얘기하는 듯한 기사체'와 '인물 중심의 기사 전개'는 이후 시사주간지의 정형이 되었다.

루스는 공동 창립자인 해든이 1929년 병으로 요절하자 홀로 타임지를 이끌며 경제주간지 '포천'(1930.2), 사진잡지 '라이프'(1936.11)를 창간하며 영역을 넓혀나갔다. 1954년에는 장차 스포츠 잡지의 대명사가 될 '스포츠 일러스트레이티드'까지 창간해 타임사를 '잡지 제국'으로 확장하고 자신은 잡지왕으로 군림했다. 1974년에는 타임의 피플면을 확대한 '피플'지를 창간, 타임사 잡지 중 가장 수익성이 높은 잡지로 성장시켰다.

버크화이트가 라이프를 안착시킨 주역 가운데 한 사람이라면 종군기자로 유명한 로버트 카파는 라이프의 전성기를 견인한 공신이었다. 1938년 스페인 내전 때 카파가 찍은 '병사의 죽음' 사진은 라이프의 지명도를 높여주었다. 1944년 초점이 심하게 흔들린 카파의 노르망디 상륙작전 사진에 라이프가 붙인 '그때 카파의 손은 떨리고 있었다'라는 제목은 사진사(史)에 명제목으로 기록되었다. 2차대전 종전 후에는 알프레드 아이젠슈타트가 촬영한 '수병의 팔에 안긴 간호사' 사진이 라이프지의 성가를 높여주었다. 최고의 보도사진 작가 가운데 한 사람으로 꼽히는 윌리엄 유진 스미스도 라이프의 전성시대를 이끌었다.

포토저널리즘의 전성기를 구가하며 승승장구하던 라이프가 쇠락의 길을 걷기 시작한 것은 TV가 대량으로 보급되면서였다. 광고 수입의 급감에 따른 경영 악화로 라이프는 결국 1972년 12월 29일자로 자진 폐간했다. 그 후 특별호 형태로 간간이 출판되다 1978년 10월 월간지로 복간되었으나 2000년 5월호 발행 후 다시 휴간되었다. 2004년부터는 60개 신문 일요판 부록으로 끼워지는 신세로 명맥을 유지하다 2007년 4월 20일자를 끝으로 완전히 역사 속으로 사라졌다.

사진을 위해서라면 어디든 달려가

라이프지 창간호 표지 사진을 장식한 버크화이트는 미국 뉴욕에서 폴란드계 유대인으로 태어났다. 1922년 컬럼비아대에 입학했으나 부친의 갑작스러운 죽음으로 학비를 벌기 위해 사진을 찍어 학생들에게 팔았다. 이후 미시간대를 거쳐 1927년 코넬대에서 학업을 마쳤다. 버크화이트는 대학을 졸업한 후 특기를 살려 클리블랜드에 스튜디오를 개설했다.

그는 스케일이 크고 각도가 대담한 사진 촬영을 선호했다. 그러다 보니 사진을 찍는 장소 거의가 여성이 접근하기 힘들거나 위험한 곳이었다. 이

마거릿 버크화이트

런 그가 1927년 프로 사진작가로 처음 카메라 렌즈를 들이댄 곳은 시뻘건 쇳물이 쏟아지는 클리블랜드의 오티스 제철소였다. 그는 증기와 불꽃 속을 누비며 거대한 기계와 구조물의 조형미를 추구했다.

그가 본격적으로 보도사진에 뛰어든 것은 1930년 2월 창간된 '포천'지의 전문 사진가 겸 부편집장을 맡으면서였다. 그는 포천이 창간된 그해 소련의 제1차 경제개발 5개년 계획을 촬영하기 위해 소련을 방문, 산업 사진들을 찍어 포천에 연재함으로써 소련의 산업 현장을 찍은 최초의 외국 기자로 명성을 얻었다. 그때 찍은 사진 중 40장은 1931년 '러시아 견문'이라는 사진집으로 출간되었다.

버크화이트는 1933년 포천을 그만두고 미국 전역을 돌아다니며 토목공사 현장이나 대형 구조물을 필름에 담았다. 그는 이런 소재가 아니면 사진이 아니라고 말할 만큼 극단적인 산업 사진 예찬론자가 되었다. 사진을 찍기 위해서라면 그곳이 어디든 달려갔다. 뉴욕의 스카이라인을 찍는다며 61층 창밖으로 기어 나가 낙숫물받이용 돌출부 위로 올라가는가 하면 강풍으로 휘청거리는 공장의 높은 철탑에 오르는 것도 주저하지 않았다. 그러던 중 1936년 라이프를 창간한 헨리 루스가 다시 버크화이트를 불러들였다. 창간호 표지에 이어 버크화이트가 라이프지에 잇달아 발표하는 10여 쪽짜리 포토 에세이들은 그때마다 화제를 불러일으켰다.

주로 기계와 산업 현장을 찍던 그가 차츰 현장에서 발견되는 인간의 표정을 담기 시작한 데는 두 번째 남편이 될 진보적인 작가 어스킨 콜드웰의 영향이 컸다. 버크화이트는 대공황으로 인한 사회적 불평등, 남부 지역의 뿌리 깊은 인종차별 등을 카메라에 담아 1937년 콜드웰과 함께 사진집 '당신은 그들의 얼굴을 보았다'를 출간했다.

두 사람은 1939년 결혼한 뒤에도 '다뉴브강의 북쪽'(1939), '이것이 미국인가'(1941) 등의 사진집을 냈다. 버크화이트가 사회적 약자를 위한 활동에 열심이고 때로는 미 공산당과 관련된 행사에도 모습을 드러내자 미 FBI가 그녀를 감시했다. 이 때문에 1950년대 초 매카시 광풍이 불어닥쳤을 때는 비미활동조사위의 표적이 되기도 했다.

산업사회 문명을 기록하고 전쟁의 참혹상 고발

2차대전 발발 후에는 여성 최초로 미 공군 전속 사진기자가 되어 활약했다. 그는 사진을 위해서라면 공습에 나선 폭격기 편대에 동승하는 것도 해군의 헬리콥터 줄에 매달리는 것도 두려워하지 않았다. 1941년 6월 독일 공군이 소련 모스크바에 맹폭을 가할 때도 현장에서 서방 기자 최초로 폭격 현장을 담아냈다. 그 와중에 싸늘하면서도 야릇한 스탈린의 미소를 포착한 사진을 찍어 세계적인 특종을 터뜨렸다.

1942년 11월 북아프리카의 군사작전을 촬영하고 1943년 1월 튀니스를 폭격하는 미 공군기 B-17기에 동행했으며 이탈리아 전선에 종군했다. 전쟁 말기인 1945년 봄 독일 본토로 진격하는 미군을 따라가 부헨발트 강제수용소에 갇혀 있는 유대인들의 참혹한 모습을 찍어 1945년 4월 세계에 알렸다.

2차대전이 끝난 후에는 약소국, 인종차별, 종교 분쟁 등으로 관심의 영역을 넓혔다. 특히 그가 주목한 것은 2차대전 후 영국의 식민지를 벗어난 인도의 혼란상과 인도를 이끌던 마하트마 간디였다. 그는 간디의 모습을 찍는 데만 급급해하지 않고 간디의 정신세계까지 담아내고자 했다. 1946년 '물레 옆에 앉은 간디' 사진은 간디의 정신세계를 완벽하게 표현해냈다는 평가를 받았다.

1952년 6·25 전쟁이 한창이던 한국도 방문해 지리산 격전지에서 흐느끼는 여인들의 표정, 빨치산의 목을 자르고 묘한 웃음을 짓는 장면들을 찍어 전쟁이 인간에게 주는 고통을 사진으로 웅변했다. 그러나 6·25 전쟁 때 얻은 뇌염이 1953년 파킨슨병으로 발전해 두 차례나 두개골 절개수술을 받는 등 50대의 한창 때를 병마와 싸우면서 지내야 했다. 달 사진을 찍겠다는 희망을 간직하며 살다가 1969년 라이프지 부사장에서 은퇴하고 1971년 8월 27일 세상을 떠났다.

1937년

조선 여성 군위안부 강제 동원

_ *수요집회*

김일성의 보천보 전투

_ *민생단 사건*

수양동우회·흥업구락부 사건

_ *서북파·기호파의 지역감정*

최현배 '우리 말본' 간행

박시춘 작곡 '애수의 소야곡' 발표

변관식, 금강산 등 전국 유랑

한성준 '조선음악무용연구소' 설립

한인 20만 명 중앙아시아로 강제 이주

노구교 사건과 중일전쟁

남경 대학살과 욘 라베

게르니카 폭격과 피카소의 '게르니카'

_ *바스크 분리 독립운동*

어밀리아 에어하트 남태평양에서 실종

에드거 스노 '중국의 붉은 별' 출간

조선 여성 군위안부 강제 동원

일본의 패전 후에는 현지에서 질병과 굶주림으로 죽거나 비참하게 죽임을 당하는 여성들도 있었다.

일본군 위안소의 존재가 처음 확인된 것은 1932년 1월 일본이 제1차 상해사변을 일으켰을 때 일본의 상해 총영사관에서 발행한 문서를 통해서였다. 그 후 위안소는 1937년 12월 자행된 일본군의 남경대학살 후 본격적으로 설치되었다. 그러나 남경대학살 때 저지른 일본군 병사들의 강간 만행으로 중국인들의 반일 감정이 극도로 험악해지고, 일본에서도 위안부 대량 모집이 사회문제로 비화하자 군부와 민간업자들이 식민지 조선으로 눈을 돌린 것이 조선 여성 위안부 강제 동원의 시작이었다.

초기의 위안부 모집은 주로 유곽 주인이나 업자에게 의존했다. 하지만 일본군의 전선이 점차 확대되어 업자를 통한 모집 방식만으로는 위안부 수요를 충당할 수 없게 되자 일본 경찰을 비롯해 총독부 산하 일선 행정 관리가 나서 조선 여성을 강제 동원했다.

일제가 조선 여성들을 위안부로 끌고 가는 데 동원한 초기 수법은 '정신대 모집'이었다. '정신대'는 일제가 군수공장 등에 일본과 조선의 여성 인력을 동원하기 위한 목적으로 도입한 '여자근로정신대'를 가리키는 말로, '몸을 바쳐 일하는 대원'이란 뜻에서 알 수 있듯 명칭의 본래 취지는 위안부가 아니었다. 일제는 정신대를 모집하면서 강제적으로 동원하기보다 "공장에 취업시켜 주겠다", "좋은 돈벌이를 시켜 주겠다"는 등의 감언이설로 조선 처녀들을 꼬드기는 수법을 사용했다.

문제는 이렇게 끌려간 여성들이 탄광, 공장 등에 투입되기도 했지만 일부 여성이 일본군과 총독부 관리들의 사기, 납치, 유괴 등에 의해 군 위

태평양전쟁 말기 버마와 중국의 국경 지대에서 발견되어 연합군의 보호를 받고 있는 위안부들.

안부로 넘겨졌다는 것이다. 위안부들은 중국과 동남아시아 등 일본군 주둔 지역으로 수송되어 일본군이 관리·운영하는 위안소에 배치되었다. 이 과정에서 총독부는 여행증명서를 발급해 주고 일본군은 수송 수단을 제공했다. 이렇게 끌려간 위안부 여성들은 사실상 성노예 취급을 받았다. 거부할 수도 외출할 수도 없었다.

위안부로 끌려간 여성들은 1945년 8월 일제가 패망한 후에도 고통과 질곡의 삶을 살았다. 일본의 패전 후 현지에 버려져 질병과 굶주림으로 죽거나 일본군 위안부라는 이유로 현지 주민들에게 비참하게 죽임을 당하는 여성들도 있었다. 살아남은 경우도 우리 사회의 순결 집착증 때문에 '몸을 망친 여자'라는 죄인 아닌 죄인이 되어 고향에 돌아오지 못하고 타향을 전전했다. 고향에 와서도 자신의 고통을 숨긴 채 홀몸으로 사는 경우가 대부분이었다.

형식적으로는 민간 업자가 경영했지만 일본군이 직접 관리·통제

이렇게 끌려간 위안부는 조선 여성을 포함해 얼마나 될까. 위안부 연구의 1인자로 평가받는 일본의 요시미 요시아키 전 주오대 교수는 위안부 피해자를 최소 5만 명에서 많게는 20만 명으로 추정한다. 이 가운데 조선 여성의 비중이 어느 정도인지는 확실치 않다. 정확한 수치나 실체를 파악하지 못하는 이유는 일제가 패전 후 자신들의 죄상을 은폐하기 위해 관련 기록을 모두 소각·파기했기 때문이라는 게 학계의 정설이다. 사정이 이렇다 보니 군 위안부 문제는 일제의 패망 후에도 오랫동안 사회문제로 확대되지 않았다.

위안부 문제가 사회적으로 공감대를 형성한 것은 국내 여성단체들이 정신대 진상 규명 필요성을 제기한 1988년경부터다. 위안부 실체는 정부가 피해자 신고를 접수하고 1991년 8월 14일 김학순 할머니가 위안부 피해자임을 당당하게 공개하면서 공론화되었다. 이후 다수의 위안부 피해자들이 신고했다.

1993년 12월까지 보건복지부에 신고한 175명의 위안부 피해자를 조사한 결과 연행 형태는 민간인, 경찰, 군인, 관리 등이 행한 취업 사기(82명), 협박 및 폭력(62명), 인신매매(4명), 유괴 납치(5명), 근로정신대(8명) 등으로 확인되었다. 신고가 적은 것은 가부장적 사회 분위기와 피해자들의 죄책감 또는 수치심 때문인 것으로 분석되고 있다.

위안부의 강제동원에 일본군, 경찰, 총독부 관리들의 개입이 이처럼 분명한데도 일본 정부는 이 사실을 좀처럼 인정하지 않고 있다. 그들은 "민간 업자들이 위안부 여성을 강제 연행했는지는 모르지만 국가의 의지로 여성을 강제 납치하거나 인신매매한 증거는 없다"며 "강제동원은 한국인들이 꾸며낸 이야기"라고 강변한다.

일본 정부가 이렇게 손바닥으로 하늘을 가리는 인면수심의 행태를 보이는 것은 일본 정부나 군이 강제적으로 위안부를 동원하라고 지시했다는 직접적이고 구체적인 문서가 발견되지 않기 때문이다. 군 위안부의 전체 규모, 국적, 연행, 정책 수행의 명령 계통 등을 명확히 나타내는 자료 역시 발견되지 않고 있다. 앞서 기술했듯 이것은 일제가 자신들의 죄상을 은폐하기 위해 관련 기록을 소각·파기했기 때문이다.

공문서가 대량 소각된 사실은 일본 측 증언에서 확인된다. 1965년 발간된 '대동아전쟁 전사(全史)'엔 이렇게 기록되어 있다. '모든 육군 부대에 대해 서류 소각 통첩이 내려졌다. 서류를 태우는 검은 연기가 8월 14일 오후부터 16일까지 계속되었다.' 패전 당시 내무성 문서를 담당한 한 사무관은 이렇게 회상했다. "문서를 전부 소각하라는 명령이 내려왔다. 내무성 뒤뜰에서 사흘 밤낮으로 활활 밤하늘을 그을리며 태웠다." 수많은 전쟁범죄와 인권유린 사실은 이렇게 연기 속으로 사라졌다.

강제 동원 입증하는 제3자 조사와 일본인 증언 많아

하지만 강제동원을 입증하는 제3자의 조사와 일부 일본인의 증언은 많다. 그중 대표적인 기록이 2002년 미국 연방정부 기록보존소에서 발견된 문서다. 1945년 종전 때 미군이 작성한 이 문서에는 "중국 곤명에서 생포된 한국인 여성 23명이 모두 위안부였으며, 이들은 모두 강제와 사기로 위안부가 되었다"고 기록되어 있다.

네덜란드령 동인도(인도네시아) 보르네오에서 일본군이 점령 기간 중 강제 매음 행위를 한 데 대해 1946년 7월 네덜란드 검찰이 극동국제군사재판소에 낸 자료도 명백히 이런 사실을 뒷받침하고 있다. 문서에는 "(일본) 해군 특별 경찰이 성 위안소에 위안부를 끊임없이 보충하도록 명령받았다. 이를 위해 특경대원은 거리에서 부녀자를 잡아 강제적으로 의사의 진찰을 받게 한 후 성 위안소에 넣었다"고 기록되어 있다. 이는 일본군이 태평양전쟁 당시 여성을 강제로 납치해 위안부로 삼았다는 명백한 증거다. 이 재판소에 제출된 각국 검찰 자료에는 중국 계림, 베트남, 동티모르에서도 비슷한 유형의 위안부 강제 동원이 있었다는 사실이 기록되어 있다.

일본의 민간단체가 개설한 전화에 신고한 전 일본군들도 남아시아, 남양군도, 필리핀 등 오지의 위안부가 거의 대부분 조선인이었다고 증언하고 있다. 요시미 요시아키 교수는 일본군이 위안부를 모집할 때 유괴와 비슷한 방법을 사용했다는 내용이 담긴 1938년 일본 육군성 작성 '군 위안소 종업부 등 모집에 관한 건'이라는 문서를 1992년 공개했다. 1998년에는 관동군 사단장을 지낸 전직 중장이 "연대장 시절인 1941년 부관에게 위안소 설치를 명령, 중국인과 조선인 부녀자 20명을 유괴해 위안부로 강제 종사시켰다"고 증언한 사실이 공개되었다.

파푸아뉴기니 전선에 참전한 한 일본인은 자신의 저서 '아, 해군 바보 이야기'(1989)에서 "위안소가 3개 있었는데 본인 의지와는 상관없이 완전히 강제적으로 조선에서 젊은 여성들을 배에 태워 끌고 왔다"고 증언했다. 전쟁 말 중국 화북 전선에 참전했던 전직 일본인 군인은 일본군의 '부녀자 사냥'을 증언했다.

고노 담화는 강제성을 공식 인정했다는 점에서 큰 진전

일본인의 증언 중에는 요시다 세이지의 증언도 있다. 그는 1943년부터 1945년 패전 때까지 시모노세키에서 일제의 노동자 징발 기구인 노무보국회(국민총동원령 집행) 동원부장을 지내며 수많은 조선인을 강제 연행해 전쟁터로 보냈다고 증언했다. 그때의 만행을 참회한다며 쓴 책이 '조선인 위안부와 일본인'(1977), '나와 전쟁범죄-조선인 강제 연행'(1983)이다. 그는 책에서 "6,000명의 조선인을 강제징용했는데 이 중 950명은 여자였고 이들 대부분은 일본군의 위안부로 사할린과 동남아시아 지역으로 보내졌다"고 실토했다.

문제는 요시다의 증언이 신빙성이 떨어진다는 점이었다. 그래도 당시는 증언이 허구임을 입증할 수 없어 요시다의 증언은 일본의 만행을 입증하는 결정적인 증거로 국내 언론과 아사히신문에 자주 보도되었다. 우리나라 여성단체도 1992년 1월부터 매주 '수요집회'를 열어 조직적으로 일본 정부의 사과와 반성을 촉구했다.

사정이 이렇게 일본 정부에 불리하게 돌아가자 일본 정부는 1991년 12월부터 경찰청·방위청 등 정부 부처의 일본군 위안부 강제 동원 관여 실태를 조사하고 구 일본군, 조선총독부 관계자, 위안소 경영자, 위안소 부근 거주자 등의 증언을 청취했다. 한국에서도 일본군 위안부 증언을 청취했다.

그래서 나온 결과가 1993년 8월 4일 발표한 이른바 '고노 담화'다. 당시 정부 대변인인 고노 요헤이 관방장관은 군 위안부 문제에 대한 '소위 종군 위안부 문제에 관하여' 담화를 통해 "위안부 모집은 군의 요청을 받은 업자가 주로 행했으며, 관헌 등이 직접 가담한 일도 있음이 밝혀졌다"고 말하고, "전지에 이송된 위안부 출신지에 관해서는 한반도가 커다란 비중을 차지하고 있으며 그 모집, 이송, 관리 등도 감언·강압에 의하는 등 본인의 의사에 반해 행해졌다"고 발표했다.

세계가 인정하는 데도 일본 정부만 오불관언

고노 담화는 군 위안부 모집의 강제성과 일본 관리의 직·간접 관여를 일본 정부가 처음 공식적으로 인정했다는 점에서 큰 진전이었다. 문제는 조선인 위안부를 강제로 연행했는지 여부였다. 일본 정부는 "강제성을 입증하는 공식 문서가 없다"며 강제성을 부인했다. 게다가 과거 강제 연행 사실을 증언했던 요시다 세이지도 자신의 자백이 모두 허구였다고 말을 바꿨다. 아사히신문의 조사에서도 진위 여부를 확인할 수 없었다. 이처럼 증언의 신빙성이 한국과 일본에서 문제되자 아사히신문은 1997년 "요시다 증언의 진위를 확인할 수 없다"고 밝혔다.

일본의 우익이 고노 담화를 뒤집기 위해 아사히신문을 맹공격하던 2014년 8월에는 요시다 관련 1982년 기사를 취소한다고 발표했다. 다만 "위안부 강제 동원을 보여주는 정부 기록과 재판 기록, 증언은 수없이 많다"며 "위안부 문제의 핵심은 바뀌지 않았다"고 일본의 우익을 향해 강하게 반박했다.

일본 최고재판소는 한국인 위안부 여성 3명과 강제 노동 피해자 7명이 1992년 12월 일본 정부를 상대로 공식 사죄 및 배상을 요구한 것에 대해, 일본 정부에 배상을 명령한 1심 판결과 달리 2003년 3월 원고 패소 판결을 내려 법적인 해결 가능성을 차단했다.

그러나 인류의 양심은 살아 있었다. 1996년과 2003년 유엔인권이사회 여성폭력특별보고관 보고서는 "일본은 위안부 문제에 대한 법적 책임을 인정하고 배상하는 동시에 공식 사과하라"고 촉구했다. 1998년 게이 맥두걸 유엔 인권소위 특별보고관의 보고서 역시 일본 정부에 책임 인정, 피해자에 대한 사과 및 배상을 권고했다.

유엔 여성차별철폐위원회는 수차례에 걸쳐 같은 내용을 촉구했다. 미국 하원도 2007년 7월 "일본군이 위안부를 강제 동원한 사실을 일본 정부가 공식 인정하고 사과할 것"을 요구하는 결의안을 만장일치로 채택했다. 유럽 의회 역시 2007년 12월 일본 정부의 공식적인 사과와 보상을 촉구하는 결의안을 채택함으로써 일제의 야만성과 비겁함을 전 세계에 고발했다.

그런데도 일본 정부만 "1965년 한일 국교 정상화 때의 청구권 협상 체결로 위안부의 배상 청구권 문제 등은 법적으로 최종 해결이 끝났다"며 오불관언의 자세로 일관하고 있다. 더 심각한 문제는 정부에 등록된 위안부 피해자들이 일본의 사과나 배상을 받지 못하고 고령으로 점차 세상을 떠나고 있다는 점이다. 등록된 위안부 피해자 238명(2014년 8월에 신고한 1명 포함) 중 2015년 6월 현재 생존자는 50명뿐이다.

수요집회 36개 여성단체로 구성된 한국정신대문제대책협의회(정대협) 등 여성단체 회원 30여 명이 주한 일본 대사관 앞에 모인 것은 미야자와 기이치 일본 총리의 방한을 1주일 앞둔 1992년 1월 8일

(수요일)이었다. 이들은 정신대 실태 조사와 공개, 피해 배상을 촉구하는 항의 시위를 벌였다. 이른바 '수요집회'가 시작되면서 위안부 할머니들은 스스로를 '말 못하는 피해자'에서 여성 인권 운동의 당당한 주체로 목소리를 내기 시작했다.

정부는 수요집회가 시작되고 한 달 정도 지난 1992년 1월 24일 '정신대 문제 실무대책반'을 만들어 관련 증거 자료를 조사하고 '정신대 피해자 신고'를 받았다. 이후 신고한 피해자는 모두 234명이었다. 한국을 비롯해 아시아 각국에서 위안부로 끌려간 여성이 5만~20만 명으로 추산되는 상황에서 234명은 아주 적은 숫자지만 일본의 죄상을 폭로하기에는 충분했다.

한국 정부는 1993년 5월 피해자들을 위한 특별법을 제정해 피해자들의 기초 생활을 돌보게 했다. 초기 한 달에 3, 4번씩 비정기적으로 열리던 집회는 1993년 2월 25일부터 매주 수요일 낮 12시에 열렸다. 피해 할머니들도 직접 집회 현장에 나와 생생하게 증언했다.

수요집회는 1995년 8월 일본 고베 대지진 때 집회를 취소했던 것과 2011년 3월 일본의 대지진 때 추모 집회로 대신했던 것을 제외하곤 중단된 적이 없다. 정대협은 1차 수요집회 때부터 줄곧 ▲일본군 위안부 범죄 인정 ▲진상 규명 ▲일본 국회 결의를 통한 사죄 ▲법적 배상 ▲역사 교과서 기록 ▲위령탑과 사료관 건립 ▲책임자 처벌의 7가지 사항을 일관되게 요구하고 있다.

2002년 3월 13일 열린 500회 수요집회는 세계에서 유례가 없는 단일 주제로 세계 기네스북에 등재되었다. 수요집회 1,000회를 맞은 2011년 12월 14일에는 일본 대사관 앞길에 치마저고리 차림으로 의자에 앉은 130cm 높이 소녀상을 세웠다. 위안부 피해 할머니들이 일본군에 끌려갔던 14~16세 때를 재현한 것이다. 최근까지 5만 명 이상이 수요집회에 참석했다.

김일성의 보천보 전투

일본군이 조선인 빨치산에 번번이 당하자 일본의 대대적인 보복전이 전개되었다.

중국 만주에서 전개된 항일무장투쟁은 1930년대 중반까지는 민족주의 진영 중심으로 전개되다가 점차 세력이 약화되면서 공산주의 진영이 주도권을 잡았다. 만주의 공산주의 진영은 독자적인 유격대를 조직하는 식으로 세를 확장하면서도 1928년 코민테른의 '1국 1당 노선'에 따라 중국 공산당 만주성위원회 휘하에 들어갔기 때문에 단독으로 작전을 펴기보다는 주로 중국 공산주의자들과 연대해 싸웠다.

그러던 중 1930년대 초중반 공산주의 진영의 항일 투쟁 의지를 무참하게 꺾어버리는 '민생단 사건'이 일어났다. 민생단 사건은 중국 공산당 만주성위원회 주도로 1932년 10월부터 1936년 초까지 500여 명의 조선인을 살해한 사건이다. 그 와중에 살아난 조선인 간부 중에는 김일성도 있었다. 김일성은 민생단 사건 때 일시 수감되긴 했으나 다행히 위기에서 벗어나 목숨을 부지했다.

한편 민생단 사건이 한창이던 1934년 중국 공산당 만주성위원회가 만주 내 모든 반일 유격대를 모아 '동북인민혁명군'으로 개편했다. 동북인민혁명군은 1935년 말 코민테른의 결정으로 민생단 사건이 공식적으로 종료되자 1936년 3월 '동북항일연군'으로 개칭되었다. 동북항일연군은 몇 차례의 조직 개편 끝에 총 3로군으로 재편되었다. 활동 지역에 따라 제1로군(동남 만주 지역), 제2로군(길림성 동쪽 지역), 제3로군(북만주 지

東亞日報 外號

咸南普天堡를襲擊

郵便所、面所에衝火

昨夜 二百餘名이突然來襲

普校、消防署에도放火

咸南警察部에서出動

金一成一派 로判明

보천보 전투 사실을 보도한 동아일보 호외(1937.6.5)

역)으로 구분되었다.

조선인이 가장 많이 살고 있는 두만강 건너편 동남 만주 지역(간도 지방)은 제1로군으로 편제되었다. 조선인 중에는 제1로군 제2군장 주진, 제1로군 제2군 제6사(師) 사장 김일성, 제2군 제1사장 안봉학, 제2군 제4사 1단장 최현이 간부로 이름을 올렸다. 제2로군에서는 이학만(제7군장)과 최용건(제7군 정위)이, 제3로군에서는 김책(제3군 정위)이 간부로 활동했다.

1937년 3월 길림성 무송현 서강 양목정자에서 동북항일연군 제1로군 예하 사장들이 모여 간부회의를 열었다. 이 자리에는 2사장 조아범(중국인), 4사장 주수동(중국인), 6사장 김일성이 참석했다. 훗날 북한의 인민무력부장이 될 최현도 4사 1단장 자격으로 참석했다.

회의에서 결정된 내용은 이랬다. ▲조선 국내로 진출한다 ▲2사는 장백현(압록강 연안)으로 가 후비대로 활동하고 4사는 무송–안도–화룡으로 돌아 무산을 공격한다. 6사는 장백에서 보천보를 공격한다. ▲각 사는 작전을 마치고 장백현 간삼봉에서 합류한다. 결정에 따라 김일성 부대(6사)에는 보천보를 공격하는 임무가 주어졌고 최현이 속한 부대(4사)에는 무산 지구 습격 임무가 부여되었다.

동아일보 호외로 전투 소식 상세히 알려져

먼저 행동을 개시한 4사는 함북 무산으로 진출하는 도중에 길림성 안도현에서 일·만군 토벌대를 만나 전투를 벌였다. 이 과정에서 주수동 사장이 전사하자 최현이 지휘를 맡아 토벌대를 격퇴했다. 4사는 1937년 5월 15일 함북 무산군의 한 마을을 습격해 경찰지서를 파괴하는 등 일본군 국경경비대를 긴장시켰다. 5월 20일에는 무산군 상흥경수에서 일본인 목재작업소를 습격해 거액의 금품을 약탈하고 수 명을 납치했다. 당시 최현의 활동은 짧지만 조선일보에 4차례나 보도되었다.

김일성 부대의 보천보 습격은 1937년 6월 3일 늦은 밤, 6사 소속 유격대 90여 명이 압록강을 건너 보천보 뒷산 곤장덕 숲에 은신하면서 시작되었다. 보천보는 백두산맥 남서쪽 끝자락에 위치한 곳으로 해방 이전에는 함남 갑산군에 속했다가 지금은 양강도 삼지연군에 속해 있는 곳이다. 당시 보천보에는 일본인 50명(26가구), 조선인 1,323명(280가구), 중국인 10명(2가구) 등 총 308가구에 1,383명이 거주했다. 경찰 주재소에는 5명의 경찰과 소수의 임시 보조원이 근무했다.

6사 부대는 보천보 뒷산에서 날이 샌 뒤에도 기회를 엿보다가 6월 4일 밤 10시쯤 박달·박금철이 지휘하는 인근 지역 조국광복회원 80여 명과 합세해 보천보를 급습, 2시간 동안 경찰 주재소, 면사무소, 우체국 등을 파괴·방화하고 경기관총 1자루, 소총 6자루, 권총 2자루, 탄약 수백발을 탈취했다. 이 과정에서 경찰 자녀 1명과 일본인 요릿집 주인 1명이 살해되었다. 6사 대원은 단 1명도 희생되지 않았다.

전투 소식은 6월 5일 저녁 두 번이나 발행된 동아일보 호외를 통해 국내에 상세히 소개되었다. 호외 1호는 '함남 보천보 습격 / 200여 명 돌연 내습'이란 제목으로 "4일 오후 11시 30분경 함남 국경 보천보에 200여 명이 내습해 우편소를 방화하고 면사무소, 보통학교, 소방사무소를 습격·방화했다"고 보도했다.

호외 2호는 '보천보 습격 속보–추격 경관과 충돌 / 양방 사상 70명'이란 제목으로 "5일 오후 1시경 압록강 건너 13km 지점, 23도구에서 오카와 부대 30여 명 경관과 김일성 일파 200여 명이 충돌했는데 경관 측에서는 즉사 4명, 부상 12명, 김일성 부대에서는 즉사 25명, 부상 30명을 내고 격전 중"이라고 보도했다. 이 기사로 미루어 김일성 부대도 보천보 전투 후 철수하는 과정에서 일본군 추격 부대와 전투를 벌여 큰 피해를 본 것을 알 수 있다.

혜산사건은 민족해방운동 관점에서 큰 사건

동아일보 기사는 조선인 빨치산 부대를 가리켜 '비적' 등으로 표현했지만 당시 '비적'이 무엇을 말하는지 잘 알고 있는 조선 민중은 동아일보의 대대적인 호외를 보면서 흥분하고 환호했다. 1931년 만주사변 이래 독립운동이 침체 분위기에 빠져 있었는데 우리 독립군이 마침내 국내 진공에 성공하고 추격하는 일본군을 물리쳤다는 흥분된 소식에 조선인의 피가 끓은 것은 당연한 반응이었다. 이후 김일성은 전설적인 영웅으로 부각되었다.

일제는 100명 남짓한 군경 추격대를 급파해 제6사를 추격했으나 되레 20여 명의 사상자를 내고 후퇴했다. 김일성 부대는 장백현의 밀영을 거쳐 2사, 4사와 합류한 뒤 당초 계획대로 길림성 장백현 십삼도구 간삼봉에 도착했다. 총병력은 400여 명이었다. 일본군은 한국인 소좌 김인욱이 지휘하는 함흥 주재 제74연대 혜산진 수비대대 150여 명을 출동시켜 김일성 부대를 토벌하도록 했다.

일본군 부대가 6월 29일 압록강을 건너 장백현에 침입했을 때 장백현에 주둔하고 있던 만주국 군경 350여 명도 합세했다. 간삼봉에서 벌어진 전투는 1937년 6월 30일 아침부터 저녁까지 치열하게 전개되었다. 이 전투에서 제1로군은 만주국 군경 50여 명과 일본군 수십 명을 섬멸했다. 김일성은 간삼봉 전투에 참가하지 않았지만 최현은 대단한 활약상을 보였다.

이렇듯 일본군이 조선인 빨치산에 번번이 당하자 일본의 집요하고 가혹한 대규모 보복전이 전개되었다. 그중에서도 대표적인 탄압이 이른바 '혜산 사건'이다. 일제는 보천보 전투 후 조국광복회에 대한 수사에 착수, 1938년 말까지 함남 북부 지방과 압록강 건너편인 중국 장백 지방에서 활동하는 조국광복회 회원 739명의 회원을 체포하는 '혜산 사건'을 일으켜 국경 지대 항일운동을 대대적으로 탄압했다.

혜산 사건은 김일성의 항일 유격대가 깊이 개입된 사건이라 그동안 남한의 주목을 끌지는 못했으나 민족해방운동 관점에서는 큰 사건이었다. 일제의 함흥지방법원이 1941년 8월, 2명의 옥사자를 제외한 188명을 기소하고 이 가운데 6명에게 사형, 5명에게 무기징역, 38명에게 10년 이상 중형을 선고할 정도로 대규모였다. 혜산 사건은 1945년 3월 12일 서대문 형무소에서 6명에 대한 사형이 집행됨으로써 막을 내렸다.

"대포도 비행기도 땅크도 없이 진행한 자그마한 싸움이었다"

조국광복회에 참여했다가 살아남은 공산주의자들은 해방 후 북한 지도부의 일원이 되었다. 북한에서 '갑산파'로 불린 이들 조국광복회 출신들은 북한의 국가 형성 과정에서 시종일관 김일성을 지지하는 중요한 옹위 세력이 되었다. 그러나 1967년 김일성 개인숭배가 노골화하고 1인 절대권력 체제가 확립되는 일대 소용돌이 속에서 모두 숙청되었다.

일제는 1939년 겨울 동북항일연군에 대한 토벌작전을 전개했다. 관동군 1개 사단을 중심으로 만주군, 만주경찰, 자위단 등 대규모 병력을 총동원했다. 중국 공산당은 동북항일연군으로 가야 할 보급이 차단되고 상황이 불리해지자 1940년 동북항일연군의 만주 철수를 지시했다. 한국인 부대는 소부대로 나눠 철수하면서도 일제 토벌군과 도처에서 전투를 벌였다.

김일성이 직접 지휘한 제1로군 제2방면군은 1940년 3월 안도현 대마록구 전투에서 일본군 120명을 섬멸하는 대전과를 올렸다. 김일성은 1940년 10월 23일 소련·만주 국경을 넘어 소련의 하바롭스크로 들어가 소련군 산하 조·중 연합부대인 88특별여단에 소속되었다. 88특별여단에 소속된 1,000여 명(1944.9 기준) 가운데 중국인은 370여 명, 한국인은 100여 명 정도로 추산되고 있다.

오늘날 북한은 보천보 전투를 가장 상징적인 사건으로 홍보한다. '보천보'라는 이름이 붙여진다는 것은 그만큼 중요성을 인정받는다는 뜻이다. '휘파람'이라는 히트곡과 전혜영이라는 대중 스타를 배출한 악단도 '보천보 전자악단'이고, 북한에서 가장 큰 기념탑도 '보천보 전투 기념탑'이다. 다만 전투가 크지 않아서인지 구체적인 전과는 소개하지 않고 있다. 김일성도 자신의 회고록 '세기와 더불어'에서 "보천보 전투는 대포도 비행기도 땅크도 없이 진행한 자그마한 싸움이었다. 사상자도 많지 않았다"고 기록했다.

민생단 사건

민생단은 만주의 일본 영사관과 조선총독부의 지원을 받아 만주 내 한국인이 1932년 2월 길림성 연변구에 설립한 친일 반공단체였다. 발기인이 모두 공개된 단체였기 때문에 비밀결사나 지하 단체와는 거리가 멀었다. 민족주의 운동이나 공산주의 운동을 하다가 친일로 전향한 사람들도 단원으로 가입했으나 활동 기간은 오래가지 못했다. 1932년 3월 괴뢰정부 만주국이 수립되자 만주국이 표방한 5족(만주족·한족·몽고족·일본인·조선인) 협화에 장애가 된다는 일본의 압력으로 7월 중순 자진 해체했기 때문이다. 그래도 중국 공산당 동만특위(東滿特委) 수뇌부들의 머릿속에서는 민생단의 음영이 지워지지 않았다.

그러던 중 1932년 8월 중국 공산당 연길현 비서 송노톨이 일본 헌병대에 체포되었다가 1주일 만에 탈출하는 사건이 일어났다. 송노톨은 탈옥 과정을 의심받아 비서직에서 해임되고 감시를 받았다. 당시는 일본 군경에 잡혀간 사람이 아무 탈 없이 풀려나면 일단 의심부터 하는 게 공산당의 원칙이었다. '아리랑'의 주인공 김산도 1931년과 1933년 두 차례 체포되었다가 풀려난 후 공산당 당적을 발탁당했다.

1932년 10월 연길현 항일 유격대가 일본군을 돕는 조선족 통역을 생포해 심문하니 "일본 헌병이 송노톨에게 민생단을 조직하라는 명령을 내리고 석방했다"고 실토했다. 송노톨을 다시 불러와 고문을 가하며 심문한 결과 "나는 일본 헌병대의 밀정이고 연길현당 책임비서 등 20명도 민생단"이라는 자백을 받아냈다. 곧 20명의 간부와 열성 당원이 잡혀와 처형되었고 자백으로 파악된 민생단원 수는 눈덩이처럼 불어났다. 이때까지만 해도 민생단 사건은 당내 정풍운동으로 그치는 정도였다.

하지만 1933년 5월 중국 공산당 동만특위가 반민생단 투쟁을 전개하도록 지시하면서 연길현, 화룡현, 왕청현, 훈춘현 등 동만주 전역에서는 피바람이 불었다. 일제의 첩자라는 물증도 없이 온갖 고문을 가해 얻은 자백을 토대로 처형이 잇따랐다. 과거의 민족주의자, 조선공산당 각파의 파쟁 분자는 모두 민생단으로 규정되어 사라졌다. 민생단이라는 말을 처음 들어본 사람도 많았다. 집회에서 기침 한 번 했다가 민생단원에게 암호를 보낸다고 총살당하는가 하면 어제의 사형 집행자가 오늘은 민생단원으로 둔갑해 형장으로 끌려갔다.

이렇게 처단된 조선인 항일 투사들은 명단이 밝혀진 것만 500여 명이나 되고 실제로는 1,000여 명에 달한다는 증언도 많다. 민생단 사건으로 전체 항일 유격지가 공포에 떨고, 처형되지 않은 조선인 간부들이 잇따라 탈출하면서 항일 유격대는 전투다운 전투를 할 수 없었다. 민생단 사건은 사태의 심각성을 알게 된 코민테른이 1935년 말 민생단 학살 중지를 결정하고 1936년 1월 동만특위가 더 이상 민생단 투쟁을 하지 않겠다고 선언하면서 공식적으로 종결되었다.

수양동우회·흥업구락부 사건

두 사건은 부르주아 민족주의자들이 대대적으로 전향하는 계기가 되었다.

'수양동우회'는 안창호가 1913년 미국에서 결성한 흥사단의 한국지부 격으로 1922년 설립되었다. 안창호가 1919년 4월 상해 임시정부의 내무총장이 된 후 상해에서 만난 이광수 등에게 조선에 흥사단 한국지부를 결성하라는 지시가 설립의 단초였다. 이광수는 1921년 3월 귀국 후 김종덕, 김윤경, 홍사용 등을 규합해 1922년 2월 청년 남녀의 수양기관을 표방하며 수양동맹회를 서울에 발족했다.

그해 7월 평양에서도 김동원, 김성업 등이 흥사단계 규약을 따르는 '동우구락부'를 결성해 흥사단의 국내 지부는 두 곳이 되었다. 같은 흥사단 계열이면서도 활동을 달리하던 두 지부는 1926년 1월 수양동맹회를 주축으로 '수양동우회'로 통합해 힘을 결집했다.

이에 앞서 1925년 3월 흥사단과 계열을 달리하는 '흥업구락부'도 신흥우의 주도로 서울에서 조직되었다. 신흥우는 1924년 5월 미국에서 열린 기독교 북감리파 총회에 조선 대표로 참석했다가 이승만에게서 안창호의 흥사단 세력에 맞서는 국내 단체를 조직할 것을 지시받았다. 귀국 후 신흥우가 윤치호, 유억겸, 안재홍 등과 뜻을 합쳐 실업단체로 위장한 조직이 흥업구락부였는데 이 단체는 1921년 이승만이 호놀룰루에서 결성한 '동지회'의 국내 지부 격이었다.

수양동우회와 흥업구락부의 구성원은 주로 변호사, 의사, 교육자, 목사, 저술가, 상공인 등의 직업을 가진 지도층 인사로 이를테면 부르주아 민족주의자들이었다. 일제와 일정하게 손을 잡아야 하는 지주·자본가라는 점에서 혁명적 항일 투쟁이나 정치적 독립운동은 전개할 수 없었다. 따라서 그들은 일제의 방임하에 비정치적인 활동 공간 마련, 민족성 개조, 민족의식 함양, 실력 양성 등을 내세워 먼 장래의 독립운동을 목표로 삼았다. 문제는 일제가 이것마저 허용하지 않을 때는 설 자리가 없다는 점이었다.

우려는 현실로 나타났다. 1931년 만주사변과 더불어 전시 체제로 전환한 일제가 합법단체까지도 자진 해산을 권고하고 이를 이행하지 않을 경우 항일 단체로 규정하겠다고 엄포를 놓은 것이다. 이 때문에 두 단체 활동은 흐지부지되다가 1935년 이후부터는 사실상 중단되었다. 그런데도 일제는 아예 싹을 뿌리 뽑겠다는 심산으로 수양동우회 사건과 흥업구락부 사건을 연이어 터뜨렸다.

부르주아 민족운동의 한계와 결말 보여줘

중일전쟁을 2개월 앞둔 1937년 5월 기독교청년회(YMCA) 간부들이 금주운동을 한다며 수양동우회 산하 35개 지부에 발송한 인쇄물이 발단이었다. 내용이 불온하다고 판단한 일경은 곧 인쇄물 제작 관련자들을 체포했다. 그리고 이들을 통해 조선 독립을 최종 목적으로 하는 실력 양성 기관인 수양동우회가 배후에 있고 수양동우회는 흥사단의 한국지부라는 자백을 받아냈다.

일경은 회원들이 주로 사회적인 명망가라는 점을 의식했다. 이들을 일시에 검거하면 조선인들이 반발할 것을 우려해 조심스럽게 접근했다. 초기에는 수양동우회와 관련된 보도 일체를 금지하는 식으로 진행했으나 각종 유언비어(일경의 표현)로 민심이 동요하는 등 오히려 역효과를 내자 공개적으로 수양동우회 관련자들을 검거했다. 1937년 5~6월 서울지회 55명, 11월 평양·선천지회 93명, 1938년 3월 안악지회 33명 등 총 181명을 체포·구금했다. 이 가운데 49명이 기소되고 57명이 기소유예, 75명이 기소중지 처분을 받았다.

기소된 49명 가운데 42명이 재판에 회부되었으나 안창호의 사망(1938.3)으로 41명만이 재판에 회부되었다. 1939년 12월, 경성지법의 전원 무죄 선고로 무리한 수사임이 드러났으나 1940년 8월 2심 판결에서는 대부분 유죄가 선고되었다. 경성복심법원은 이광수(징역 5년), 김종덕 등 4명(4년), 김동원 등 4명(3년), 조병옥(2년 6개월), 오봉빈 등 7명(2년)에게 징역형을 선고하고 나머지에게는 징역 2년에 집행유예 3년을 각각 선고했다.

그러나 역시 무리한 재판이라고 판단한 경성고법의 상고심(1941.11)에 따라 전원 무죄가 확정되었다. 이 과정에서 가해진 혹독한 고문으로 최윤세, 이기윤이 옥사하고 김성업은 불구가 되었다. 이윤재는 그로부터 10개월 후에 터진 '조선어학회 사건' 때 또다시 구속되어 옥사하는 고통스러운 죽음을 맞았다.

흥업구락부 사건은 서대문경찰서가 1938년 2월 검거한 연희전문의 '경제연구회 사건'에서 비롯되었다. 경찰이 관계자들을 취조하던 중 유억겸 집에서 이승만의 '동지회' 지도자들과 접선을 증명하는 문서를 입수한 것이 흥업구락부 사건으로 발전했다. 1938년 5월 흥업구락부가 동지회의 국내 지부 격으로 활동했음이 밝혀지고 뒤이어 YMCA 총무 집에서 흥업구락부의 명부와 운동 개황을 기록한 일지가 발견되어 흥업구락부 관계자 54명이 검거되었다.

두 사건은 이미 민족운동을 포기하거나 중단한 부르주아 민족주의자들이 대대적으로 전향하는 계기가 되었다. 수양동우회 관련자 중 이광수 등 28명은 1937년 11월 황궁 요배와 조선신궁 참배 등을 한 후 사상 전향 합의서를 재판장에 제출했고 작가 주요한과 전영택, 작곡가 현제명과 홍난파 등 18명은 전향서 발표와 함께 1938년 6월 친일 단체인 대동민우회 가입을 선언했다. 흥업구락부 관련자들 상당수도 연명으로 사상 전향 성명서를 제출하고 그동안 운동자금으로 모아놓은 거금을 국방헌금으로 기탁

했다. 두 사건은 부르주아 민족운동의 한계와 결말을 보여주었다는 점에서 중요한 역사적 의의를 지닌다.

서북파·기호파의 지역감정

수양동우회와 흥업구락부는 계급적 기반이 같고 민족주의 부르주아 운동을 펼쳤다는 점에서는 비슷한 점이 많다. 하지만 지역적, 종교적, 정치적 기반에서는 크게 달랐다. 수양동우회원들은 주로 평안·황해 등 서북 지역 출신에 장로교 신자가 많았던 반면 흥업구락부 회원들은 서울·경기 등 기호 지방 출신에 감리교인이 많았다. 같은 노선을 추구하면서도 지역적·종교적 요인에 의해 서로 다른 단체로 갈라진 것은 조선 말기부터 쌓여온 서북파와 기호파의 지역감정에 그 원인이 있다.

골이 얼마나 깊은지를 알려주는 대표적인 기록이 독립협회장과 대한자강회장을 역임한 윤치호의 일기다. 물론 일기에는 윤치호 개인의 입장이나 주관이 많이 개입되어 있어 객관적인 실상이라고 단정할 수는 없다. 그렇더라도 당시 한창 만연한 지역감정의 일단을 이해하는 데는 이만한 자료가 없다. 굳이 윤치호의 일기를 인용하지 않더라도 일제 시기 지식인들의 지역 갈등 구도가 서북 지방과 기호 지방을 중심으로 극명하게 갈라진 것은 엄연한 사실이다.

평안도는 조선 중기부터 성리학적 기준에 의해 '학문도 없고 예의도 모르는' 지역으로 인식되어 중앙으로부터 정치적인 차별 대우를 받았다. 이 때문에 평안도 출신의 과거 급제자들은 고위 관직에 오르지 못했다. 따라서 향촌의 지배 질서도 비교적 느슨했고 신분적 질곡도 상대적으로 약했다.

이런 상황에서 평안도는 중국과의 국제 교역과 상업 발달에 힘입어 조선 후기 무렵 전국에서 상업이 가장 번성한 지역으로 부상했다. 이런 과정을 거치면서 평안도는 정치적 소외, 성리학적 질서 이완, 경제 발전이라는 특질이 중첩된 지역으로 바뀌었고 이는 평안도가 반정부적 성향이 강하고 반봉건 근대화에 앞장선 지역이 되는 주요 원인이 되었다.

1890년대부터 평안도에 급속하게 보급된 기독교 역시 평안도를 다른 지역과 구분짓는 데 크게 작용했다. 당시 미국의 북장로교 교단 소속의 선교사들은 선교 사업을 벌이는 데 가장 알맞은 지역으로 자립적 중산층이 상대적으로 많고 중앙정부나 성리학적 질서에 대한 반감이 높은 평안도를 선호했다.

그 결과, 서북 지방에는 기독교인들 특히 장로교인들 수가 급격히 늘어나 '근대화=미국화=기독교화'라는 등식이 성립되었다. 1932년의 한 통계에 따르면 서북 지역의 기독교인은 한국 전체 장로교인의 55%, 감리교인의 33%나 될 정도로 한국 기독교(특히 장로교)의 구심점 역할을 했다.

일제하 지식인들, 서북과 기호 지방으로 극명하게 갈려

더구나 평안도를 본거지로 한 미국 북장로교단 신학은 정교분리 원칙하에 순수 영적 신앙을 강조하는 근본주의 신학으로 보수적 성향이 강한 반면 다른 지역의 기독교는 사회문제나 민족문제에 깊은 관심을 갖는 사회복음주의적 성향이 강했다. 이에 따라 '기독교 주류=평안도 지방=근본주의=친선교사', '기독교 비주류=기호 지방=사회복음주의=반선교사'라는 등식이 성립되었다. 이러한 양상은 1920~1930년대 기독교계 지식인들의 지역감정을 더욱 부채질하는 데 작용했다.

게다가 다른 지역보다 많이 미국·일본을 경험하고 돌아온 서북 지역의 유학생들이 학계, 종교계, 문화·예술계에서 중요한 몫을 하고 이런 평안도 세력의 성장에 전통적으로 권력과 부를 독점해온 기호 세력의 반감이 충돌하면서 두 지역의 갈등 구조는 더욱 첨예해졌다. 안창호가 "일본인들은 최근의 적이지만 기호파는 500년간의 적이기에 먼저 기호파를 박멸하고 독립해야 한다"고 말한 것이나 여운형 등이 "서북파의 음모를 분쇄하기 위한 기호파의 비밀결사를 만들자"고 한 것이나 모두 두 지역의 대립과 갈등이 얼마나 심각했는지를 보여주는 대목이다.

상해 임시정부가 약화한 것도 운동 노선이나 이념적 갈등 못지않게 기호 세력과 서북 세력 사이의 갈등이 작용했다는 주장도 있다. 문단에서도 김동인, 주요한, 전영택, 오천석, 이광수, 김억, 김소월 등 평안도 출신 문인들은 '창조'와 '영대'를 중심으로 활동하는 등 지역색이 뚜렷했다.

1920년대에 기호 출신의 이승만과 서북을 대표하는 안창호라는 숙명의 라이벌이 있었던 것도 두 지역의 갈등을 증폭시키는 주요 원인이 되었다. 그런 점에서 해외의 이승만·안창호를 대신해 국내에서 일종의 대리전을 펼친 것이 이광수의 수양동우회와 신흥우의 흥업구락부였다.

훗날 수양동우회 사건이 터졌을 때 핵심 인물로 지목된 41명의 회원 가운데 평안도와 황해도 출신이 36명이나 되고 나머지 5명 가운데 4명도 이 지역과 일정한 연고가 있었던 것만 보더라도 수양동우회가 서북 지역 출신 인사들의 정치결사였음을 알 수 있다. 반면 흥업구락부는 35명의 회원 가운데 기호지역 출신이 29명이나 된 반면 서북 지역 출신은 단 1명에 불과했다.

두 지역의 갈등이 해소된 것은 해방 후 미군정 관료는 물론 재계·학계·문화계·종교계 등에 포진한 평안도 세력과 호남 중심의 한민당이 이승만의 단정 노선을 중심으로 우익 진영을 형성한 것이 계기가 되었다. 당시는 좌익과의 더 큰 대립에 직면한 데다 서북 지역을 대표하는 안창호가 이미 세상을 떠나고 조만식은 소련군정 치하에 발이 묶이는 등 서북 세력이 구심점을 잃었기 때문에 서북을 대표하는 인사가 없었던 것도 화해를 부른 원인이었다.

최현배 '우리 말본' 간행

"나라의 성쇠는 언어의 성쇠에 있고, 나라의 있고 없음도 나랏말의 있고 없음에 달려 있다"

1932년 어느 날, 최현배(1894~1970)는 한 음식점 방명록에 '한글이 목숨'이라는 휘호를 남겼다. 그 날의 휘호처럼 최현배는 암울했던 일제하에서 언어 민족주의에 입각해 맞춤법을 통일하고 표준말을 제정하는 데 모든 것을 바쳤다. 최현배는 "나라의 성쇠는 언어의 성쇠에 있고, 나라의 있고 없음도 나랏말의 있고 없음에 달려 있다"고 믿었다. 그의 아호 '외솔'은 '이 몸이 죽어 가서…봉래산 제일봉에 낙락장송 되었다가…독야청청하리라'라는 성삼문의 충절 시조에 뿌리가 닿아 있고, 실제로 그의 생애는 시조가 그리는 그런 삶을 살았다.

최현배는 경남 울산에서 태어나 1910년 4월 관립한성고에 입학했다. 관립한성고는 1900년 '관립중학교'로 출범해 관립한성고(1906), 경성고보(1911), 경성제일고(1921) 등의 이름으로 불렸던 오늘날 경기고의 전신이다. 최현배가 관립한성고에 입학하고 몇 개월 뒤 경술국치로 나라가 망했다. 이런 상황에서 최현배가 마음을 둔 곳은 1907년 주시경이 남대문시장 부근 상동교회에 설치한 '조선어강습소'였다. 최현배는 1911년부터 주시경이 보성중학교 안에 설립한 조선어강습원에 일요일마다 나가 초등과(1912.3)와 고등과(1913.3)를 수료했다.

이후 경성고보 사범과(1915)와 일본의 히로시마 고등사범학교(1919)를 졸업하고 경남 동래고보에서 교사(1920.1~1921.12)로 활동했다. 그러다가 좀 더 배워야겠다는 일념으로 1922년 1월 다시 일본으로 건너가 교토제국대 문학부 철학과(1922.4~1925.3)와 교토제국대 대학원(1925.4~1926.3)을 마쳤다.

당시 일본에서 쓴 것이 독일 피히테의 '독일 민족에 고함'을 연상시키는 '조선 민족 갱생의 도'다. 이 글은 그가 1926년 4월 연희전문 교수로 부임한 뒤 동아일보에 9월 25일부터 65회 연재되어 큰 반향을 일으켰다. 연희전문 시절, 최현배는 1921년 발족한 조선어연구회(1931년 조선어학회로 개편)에서 신명균, 장지영, 이병기 등과 함께 철자법 제정을 비롯한 언어 정책 사업에서 주도적인 역할을 맡았다. 개인적으로는 국어문법서 '우리 말본' 저술에 심혈을 기울였다. 당시 최현배는 학교로 강의를 나갈 때마다 부인에게 "불이 나면 이 원고부터 옮기라"고 하다가 그것조차 안심이 안되었는지 나중엔 아예 마당에 독을 묻고 그 속에 넣고 다녔다.

최현배

우리말의 총결산서이자 기념비적인 저서

이런 각고의 노력 끝에 1937년 3월 1일, 20세기 전반기 우리나라의 문법 연구를 집대성한 '우리 말본'이 연희전문 출판부에서 출간되었다. 현재도 수십 종의 말본 저서가 있지만 그 근원은 모두 '우리 말본'에서 따왔다고 해도 과언이 아닐 정도로 '우리 말본'은 우리말의 총결산서이자 기념비적인 저서다. '우리 말본'이 나오기 전 최현배는 1929년 '소리갈'(음성학)을 먼저 간행했는데, 이 '소리갈'에 '씨갈'(품사론), '월갈'(문장론)을 추가한 것이 '우리 말본'이다.

최현배는 1938년 9월 흥업구락부 사건에 연루되어 3개월 동안 혹독한 고문을 당하고 연희전문에서 강제 퇴직당하는 아픔을 겪었다. 그런데도 연구에서 손을 떼지 않고 1940년 한글 역사와 이론을 정리한 '한글갈'을 펴냈다. 1941년 5월 복직하긴 했지만 그에게 주어진 자리는 교수가 아니라 도서관의 촉탁 사원이었다. 그러던 중 1942년 10월 조선어학회 사건으로 또다시 체포되어 4년형을 선고받고 차가운 철창 안에 갇혀 지냈다.

최현배는 1945년 8월 해방 후 풀려나 미 군정청 문교부 편수국장(1945.9~1948.9)으로 활동하며 우리말과 글을 복원하는 데 모든 노력을 기울였다. 6·25가 한창이던 1951년 1월부터 1953년 12월까지 다시 문교부 편수국장으로 활동하며 한글이 이 땅에 뿌리내리는 데 핵심 역할을 했다.

최현배는 대쪽 같은 성품의 소유자였다. 편수국장으로 공직 생활을 하는 동안 들고 다닌 가방 속에는 사사롭게 쓸 봉투와 종이가 따로 들어 있었다. 서울대에 강사로 나갈 때도 "정부의 녹을 받는 공무원이 공무 시간에 나가 보수를 두 군데서 받을 수 없다"며 강의료를 거절한 일화는 유명하다. 무엇보다 1953년 4월 이승만 대통령의 한글 간소화안이 국무총리 훈령으로 통과되자 "공무원으로 반대 투쟁을 할 수 없지 않느냐"며 그해 12월 편수국장 자리를 내놓고 연희전문으로 돌아가 정부에 맞섰다. 최현배는 본격적으로 반대 투쟁을 전개했고 결국 1955년 9월 이승만의 고집도 꺾였다.

훗날 이희승이 1970년 5월호 '신동아' 잡지에 "이승만은 그 요지부동의 고집을 두 번이나 스스로 꺾은 일이 있다. 4·19 때와 한글 간소화 파동 때이다. 하지만 최현배는 한 번도 굽힌 적이 없다"고 회고할 정도로 최현배는 자신이 옳다고 믿는 것에는 좀처럼 고집을 꺾지 않았다.

오늘날 최현배의 흔적들은 우리의 일상생활 곳곳에 남아있다. 얼, 도시락, 반올림표(음악), 더하기, 나누기, 곱하기, 사다리꼴, 톱니바퀴, 튀김, 차림표, 셋방, 가락국수 등이 최현배가 만들어낸 말들이다. 해방 후 죽는 날까지 최현배는 한글학회의 얼굴이었다. 특히 한글 전용이나 국어순화 운동 추진 과정에서 투철한 언어 민족주의자로서의 모습을 보여주었고 이는 현재의 한글문화 운동으로 이어지고 있다. 그가 고집스러운 생을 마친 것은 1970년 3월 23일이었다.

박시춘 작곡 '애수의 소야곡' 발표

박시춘의 걸작 중 상당수는 6·25 전쟁의 와중에서 나왔다.

박시춘(1913~1996)은 한국 가요계의 큰 별이자 격변기마다 대중의 가슴을 정감 있고 구슬픈 노래로 달래준 대작곡가였다. 그가 작곡한 3,000여 곡은 근대 한국 대중가요의 초석이자 근간이 되었으며 민초들에게는 힘을 북돋아주는 응원가로 전해졌다.

박시춘(본명 박순동)은 경남 밀양에서 태어나 권번(가무를 가르쳐 기생을 양성하는 곳)을 운영하는 아버지 덕에 풍족한 생활을 하며 어린 시절을 보냈다. 그러나 10대 시절 부친의 작고로 초등학교만 졸업하고 이동 악극단을 따라 전국을 돌아다녀야 했다. 20살 때는 일본으로 건너가 오사카의 중앙음악학원에서 체계적으로 음악을 공부했다. 귀국 후 서울의 시에론레코드사에 입사하고 1935년 8월 '희망의 노래'를 발표함으로써 작곡가의 길을 걸었다. '희망의 노래' 작사가인 홍개명은 훗날 '언제나 봄'이기를 바란다는 뜻으로 박시춘이라는 예명을 지어주었다.

박시춘에게 비로소 명성을 안겨준 곡은 남인수가 불러 유명해진 '애수의 소야곡'이다. 이 곡을 완성하기 전, 박시춘은 자신이 작곡한 '눈물의 해협'을 시에론레코드사 소속의 남인수에게 가르쳐 1936년 7월 음반을 취입했으나 대중의 반응은 싸늘했다. 박시춘은 '눈물의 해협'이 실패하자 작곡에서 손을 떼고 '낭랑좌극단'의 밴드 마스터로 전국을 유랑했다. 그러던 어느 날 OK레코드로부터 전속계약을 맺자는 연락이 왔다. 소속을 옮긴 박시춘은 '눈물의 해협'에 미련을 버리지 못해 곡은 그대로 살리되 가사는 이부풍이 좀 더 구슬픈 내용으로 다시 쓰게 해 '애수의 소야곡'을 완성했다. '운다고 옛사랑이 오리오만은…'으로 시작하는 '애수의 소야곡'은 1937년 12월 다시 남인수의 목소리에 실려 발표되었고 공전의 대히트를

박시춘

쳤다.

이후 남인수는 이난영 등과 함께 가요계 최고 스타로 부상하고 박시춘과 남인수는 일제강점기 한국 가요사의 명콤비가 되었다. 1938년에는 "비단이 장사 왕서방 명월이한테 반해서…"로 시작하는 '왕서방 연서'를 작곡해 노래를 부른 김정구를 일약 스타덤에 올려놓았다. 이처럼 그는 대중을 웃기고 울린 대중의 벗이었으나 일제 말기에 '감격시대'(1939), '결사대의 아내'(1941), '아들의 혈서'(1942) 등 친일 가요를 작곡해 오점을 남겼다. '감격시대'는 친일 가요였는데도 해방 후 오랫동안 광복의 기쁨을 노래한 것으로 잘못 알려져 광복절 때마다 방송국이 '감격시대'를 방송하는 해프닝을 빚었다.

해방 후 박시춘은 분단의 비극을 노래한 첫 작품으로 평가되는 '가거라 38선'(1946)을 발표하고 작사가 유호와 콤비를 이뤘다. 박시춘이 서울중앙방송국 초대 경음악단장으로 활동하고 유호가 같은 방송국에서 라디오 드라마를 쓰면서 시작된 인연은 1946년 건전 가요 '목장의 노래', '하이킹의 노래' 등에서 첫 결실을 보았다.

현인이 불러 유명해진 '신라의 달밤'도 두 콤비의 첫 대표작이었다. 현인은 1947년 초, 영화 '자유 만세'가 상영되는 명동 국제극장(1947.12 시공관으로 개칭)에서 영화를 상영하기 전 '신라의 달밤'을 처음 불렀다. 독특한 바이브레이션 창법, 회고조의 가사, 이국 취미를 자극하는 가락으로 그날 하루에만 9번이나 앙코르 요청을 받을 정도로 삽시간에 대중을 사로잡았다. 사실 '신라의 달밤'은 일제강점기 때 만들어진 노래로 원곡의 제목은 '인도의 달밤'이었다. 무대에서만 불리던 노래가 광복 후 작사가 유호를 통해 제목과 노랫말을 바꾼 뒤 신라를 배경으로 새롭게 태어난 것이다. '신라의 달밤'을 발표할 즈음 박시춘은 직접 럭키레코드를 설립했다. 그후 럭키레코드는 박시춘·유호 콤비가 작곡·작사한 '비나리는 고모령', '럭키 서울', '낭랑 18세' 등을 잇달아 히트시켰다.

대중의 가슴을 정감 있고 구슬픈 노래로 달래준 대작곡가

박시춘의 걸작 중 상당수는 6·25 전쟁 와중에서 나왔다. 국방부 정훈 장교로 종군하면서 예술혼을 불태운 박시춘의 눈에 비친 동족상잔의 비극과 전쟁의 시름은 고스란히 오선지 위에 옮겨졌다. 그중 대표곡이 서울 수복 후인 1950년 10월 어느 날 박시춘·유호 콤비가 밤새 통음하면서 만든 진중가요 '전우여 잘 자라'다. 이후에도 두 사람은 육군 제1훈련소가를 비롯해 1·4 후퇴 때 군인들의 사기 앙양을 위해 만들어진 '전선야곡'(1951), 1·4 후퇴의 비극을 그린 '굳세어라 금순아'(1951), 부산을 떠나면서 작곡한 '이별의 부산 정거장'(1954) 등을 통해 대중의 심금을 울렸다.

박시춘은 1953년 작곡한 '봄날은 간다'(손로원 작사)로도 백설희를 스타덤에 올려놓았다. 백설희는 이후 박시춘이 작곡한 '물새 우는 강 언덕', '아메리카 차이나타운', '청포도 피는 밤' 등 발표하는 곡마다 히트시키며 1950년대 최고의 여가수로 자리잡았다. 이처럼 박시춘은 남인수, 김정구, 현인, 백설희 등 기라성 같은 가수를 길러낸 가요계의 아버지였으면서도 "나는 일생 동안 선생도 없고 제자도 없다"며 제자들을 마다한 일은 유명한 일화로 남아 있다.

박시춘은 1958년 오향영화사를 설립해 '딸 칠형제'를 감독하고 '가는 봄 오는 봄', '청춘 쌍곡선', '오부자' 등의 영화를 직접 제작하는 등 영화에도 관심을 쏟았다. 특히 오향영화사는 제작하는 영화마다 주제가를 삽입해 영화음악의 또 다른 전기를 마련했다는 평가를 듣고 있다. 박시춘은 1963년 10월 창립된 연예협회 초대 이사장, 한국가요작가동지회장 등 음악 활동 외에도 연예계의 권익을 위해 다양한 활동을 펼쳤다. 1970년대에는 본격적으로 음악저작권협회와 한국가요작가협회 등을 이끌며 대중음악인들의 권익 보호 활동에 앞장섰다. 1982년 10월 대중가요 작곡가로는 처음으로 문화훈장을 받았다.

그의 노래들은 1990년대까지 한국인이 좋아하는 '한국인의 애창 가요'를 뽑을 때마다 여러 곡이 포함될 정도로 한국인의 폭넓은 사랑을 받았다. KBS TV '가요무대'가 800회 기념으로 펴낸 '가요무대 100선집'에는 그의 노래가 15곡이나 수록되었고 1980년대에 MBC가 조사한 '한국인이 가장 좋아하는 노래 20선'에도 6곡이 포함되었다.

'비 내리는 고모령(1991, 대구)', '서귀포 칠십리(1997, 서귀포)', '신라의 달밤(2000, 경주)', '고향초(2000, 경남 고성)', '애수의 소야곡(2001, 경남 진주)', '굳세어라 금순아(2003, 부산 영도)', '임 계신 전선(2007, 인천 강화)' 등 노래비도 전국 각지에 건립되고 2002년에는 경남 밀양에 생가가 복원되어 대중가요에 끼친 그의 공적을 기리고 있다.

변관식, 금강산 등 전국 유랑

아름답고 편안한 이상범의 그림에 가려 생전에 크게 주목받지 못했다.

변관식(1899~1976)은 겸재 정선의 맥을 잇는 '진경산수화'의 대가로 불린다. 정선은 동양화의 양대 기법인 '필법'과 '묵법'을 한 화면에 이상적으로 조화시켜 '진경산수화법'을 창안한 18세기의 대화가다.

변관식은 황해도 옹진에서 한의사의 아들로 태어나 11살 때 조선 말 대화가이던 외할아버지 조석진의 서울 외가로 올라왔다. 보통학교의 일본인 교장과 담임이 그림 재주를 칭찬하며 일본 유학을 권할 정도로 그림에 재능이 있었으나 조석진은 손자가 화가가 되는 것을 반대했다. 그림만으로 먹고 사는 게 힘들다는 것을 누구보다 잘 알고 있었기 때문이다. 그런데도 손자가 말을 듣지 않자 회초리로 때리기까지 하며 그림 그리는 것을 만류했다.

변관식

그러나 변관식은 화업을 포기할 수 없어 외할아버지를 끈질기게 설득한 끝에 조석진이 촉탁으로 있는 조선총독부 공업전습소 도기과에 들어가 2년의 과정을 마쳤다. 그 후 조석진과 안중식 등이 1916년부터 서화를 가르치고 있는 서화미술회 강습소에 연구생 자격으로 드나들면서 당시 그곳에서 그림을 배우던 김은호, 이상범, 노수현 등과 교유했다. 이런 과정을 거치면서 조석진의 그림을 대신 그릴 정도로 실력을 인정받았다.

변관식은 1921년 시작된 순수 우리 미술가들의 전람회인 '서화협회전(협전)'에 첫해부터 입선하면서 화단에 등단했다. 하지만 1921년은 개인적으로 매우 힘든 시기였다. 아버지(1915)와 조석진(1920)을 이미 여읜 상태에서 어머니와 부인이 세 살 난 딸을 두고 그해 세상을 등졌기 때문이다. 변관식은 이후 술, 산천, 그림에 빠져들었다. 유랑벽이 생긴 것도 그 무렵이었다.

그런 중에도 일제 총독부가 1922년 6월 개최한 '조선미술전람회(선전)'에 첫해부터 출품, 1회(1922) 때 입선을 하고 4회(1925) 때 4등상을 받아 가능성을 인정받았다. 1923년 3월에는 이상범, 노수현, 이용우와 함께 우리나라 최초의 한국화 동인회 '동연사'를 결성, 고루한 형식의 동양화에서 벗어나 새로운 기운을 모색할 것을 결의했다. 변관식은 1925년 김은호와 함께 일본으로 유학을 떠나 도쿄미술학교의 청강생으로 적을 두고 고무로 스이운의 문하에서 그림을 배우며 5년여의 기간을 보냈다.

틈틈이 선전에도 출품, 6회(1927)와 7회(1928) 때 입선했으나 1929년 가을 귀국 후에는 선전 출품을 중단하고 협전에만 출품함으로써 선전을 중심으로 형성된 주류 화단과 거리를 두었다.

선전에서 좋은 성적을 내지 못한 것이 직접적인 이유로 추정되지만 자신을 알아주지 않는 주류 화단에 대한 실망과 염증도 영향을 미쳤다.

변관식은 1936년 일제의 압력으로 중단된 마지막 협전(15회)에 출품한 것을 마지막으로 더 이상 미술전시회에는 응모하지 않고 1937년부터 금강산 등 팔도강산을 유랑하며 자연 승경에 탐닉했다. 그 시기에 그는 특히 금강산 산세, 바위 모양, 나무 형태 등을 관찰하고 밑그림을 그렸다. 그러다가 1939년 재혼을 계기로 첫 부인의 상처 후 지속된 유랑 생활에서 벗어나 경남 진주와 전북 전주 등에 정착, 작품 활동에 몰두했다. 그 결과 1939년과 1942년 개인전을 열고 1940년 선전 주최 '10 명가 산수·풍경화전'에 출품할 수 있었다.

정선 이후 금강산을 가장 잘 소화한 화가

1945년 해방 후에는 서울 화단의 중심으로 불려나왔는데, 이는 해방 후 친일 청산 문제가 미술계에도 제기되면서 일제 문화정책의 산물인 선전 스타 작가들이 친일 혐의를 받아 활동이 축소된 것과 달리 선전 출품을 의도적으로 거부한 변관식에게 반일의 이미지가 입혀진 덕분이었다. 변관식은 서울에서 조선미술건설본부 동양화부 위원으로 선출되고 1949년 처음 개최된 대한민국미술전람회(국전) 창립전에 동양화부 심사위원을 맡아 활동을 본격화했다.

1930년대 후반부터 해방 때까지 틈틈이 관찰한 금강산 그림은 1950년대 중반부터 집중적으로 화폭에 담겨졌다. '외금강 옥류전'(1958), '외금강 삼선암 추색'(1959), '내금강 진주담'(1960) 등이 그 무렵의 그림들이다. 이후 변관식의 미술은 "금강산과 따로 떼놓고 생각하기 어렵다"는 평과 함께 "정선 이후 금강산을 가장 잘 소화한 화가"라는 찬사를 들었다.

1950년대 중반에는 우리 농촌을 복숭아꽃 흐드러진 무릉도원이나 이상향으로 그려내는 데도 심혈을 기울였다. 그의 무릉도원은 현실과 단절된 모습이 아니라 한국의 실경을 토대로 삼았다는 점에서 여느 한국 화가와는 달랐다. 그렇기에 그의 그림은 금강산의 한 자락이나 우리 산천 어딘가에서 보았을 법한 평범한 들판이거나 시골 마을이다. 흔히 '변관식 양식'의 독자적인 기법으로 '적묵법(積默法)'과 '파선법(破線法)'을 꼽는다. 이 기법은 엷은 먹에서 점차 진한 먹을 덮어가는 '적묵'으로 선획을 완성하고 이 선획의 속(俗)됨을 제거하기 위해 일정한 점을 찍어 스스로 선을 파괴(파선)하는 것이다.

변관식은 오늘날 이상범과 함께 근대 한국 산수화의 양대 산맥으로 평가받고 있지만 주류 화단과 결연하고 유랑을 통해 화업을 완성해온 특성 때문에 아름답고 편안한 이상범의 그림에 가려 생전에는 크게 주목받지 못했다. 현실에 순응하지 않는 외골수 성격도 이런 결과를 낳는 데 영향을 미쳤다.

그의 성격은 1956년 당시 화단에서 유명했던 '놋대접 사건'에서도 확연히 드러난다. 해방 후 동양화단은 '국전파'가 좌지우지하는 가운데 이상범과 김은호의 각 계파가 경쟁하는 양상으로 전개되고 있었다. 누구도 그 아성에 도전한다는 것은 쉽지 않았다. 자칫 화가로서의 활동에도 영향을 미칠 수 있었다.

하지만 '시대의 야인' 변관식은 그런 현실을 참지 못했다. 1956년 국전 심사장에서 수상자 선정을 두고 변관식과 노수현 사이에 한바탕 싸움이 붙었고 논쟁은 점심 자리에까지 이어졌다. 그러다가 결국 분을 참지 못한 변관식이 냉면 놋대접을 집어던져 노수현의 눈두덩이가 찢어지는 사고가 일어났다. 그러나 이것은 시작이었다. 1957년 10월 연합신문에 파벌로 얼룩진 국전 심사 비리를 폭로하는 '공정 잃은 심사'를 투고해 일대 파란을 일으켰다. 이후 변관식은 두 번 다시 국전 심사위원을 맡지 않은 것은 물론 관변 단체와의 관계를 거부하면서 서라벌예술대와 수도여자사범대 등에서 후진을 지도하며 독자적으로 활동했다.

'변관식 양식'이 화단에서 본격적으로 조명을 받기 시작한 것은 생애 말년인 1970년대에 이르러서였다. 박정희 대통령의 제3공화국이 한국학 진흥정책을 국가적으로 전개하면서 한국화 붐이 일고 미술사에서도 조선후기 진경산수의 재조명이 활발히 일어난 덕분이었다. 변관식은 진경산수화의 전통을 계승해 당대적 형식으로 재창조해낸 대표적 작가로 주목받았다.

한성준 '조선음악무용연구소' 설립

한국 춤 창작의 수원지였고 삶 자체가 춤이었으며 우리 춤의 아버지였다.

일제 치하에서 전국 방방곡곡을 찾아다니며 우리의 전통 춤을 발굴·섭렵하고 집대성한 사람이 있었다. 명고(名鼓)에 명무(名舞)인 한성준(1874~1941)이다. 그는 한국 전통 무용계의 거대한 뿌리이자 웅대한 산맥이었다. 한국 춤 창작의 수원지였으며 삶 자체가 춤인 진정한 춤꾼이었다. 무엇보다 가장 큰 업적은 자칫 사라질 위기에 놓여 있던 전통 춤을 사실상 혼자 몸으로 집대성하고 재구성해 근대식 무대에 올려질 수 있도록 양식화한 것이다. 그래서 붙은 수식어가 '근대 전통 춤의 아버지'이다. 또한 후진에게 자신의 춤을 전수함으로써 오늘날까지 전통 춤이 면면히 살아 숨쉬게 했다.

한성준은 충남 홍성에서 태어나 7살 때 민속무용과 줄타기로 명성이 자자한 외조부 백운채에게서 춤과 장단을 배웠다. 남들 앞에서 춤을 잘 춰 어려서부터 '어릿광대'로 불리던 그는 10살 무렵부터 홍성, 서산, 태안 일대의 크고 작은 연회에 참가하고 그곳에서 줄타기와 각종 민속예능을 익혀 만능 엔터테이너로서의 기초를 다졌다.

한성준

20대 중반 돌림병으로 아내와 사별하자 수덕사로 들어가 독학으로 춤과 장단을 집중적으로 연마했다. 그 과정에서 "소리에는 장단이 생명일진대 장단을 낳는 춤은 모든 가락의 어머니"라는 귀중한 춤의 원리를 터득했다. 1928년 두 번째 아내마저 아들 하나를 낳고 세상을 떠났을 때는 실의에 빠져 전국 유랑길에 올랐다. 놀이패의 일원으로 전국을 떠돌며 각종 민속 연회판에 참가하고 평양, 청진, 해주, 진남포, 남원, 정읍 등 권번이 번성했던 도시를 순회하며 자신의 재주를 마음껏 풀어내 보였다. 권번에서는 각종 민속 춤을 기생들에게 가르치고 그들로부터는 궁중정재(궁중무용)와 기방 춤을 배웠다.

한성준이 유랑 생활을 청산하고 서울 무대에 등장한 것은 30대이던 1900년대 중반이었다. 그 무렵 서울에는 최초의 서구식 극장 무대인 협률사(원각사의 전신)를 비롯해 광무대, 장안사, 단성사 등이 연이어 생겨나고 전국에서 모여든 명인·명창들로 성황을 이뤘다. 한성준은 원각사, 광무대 등에 정기적으로 출연해 당대 명창들의 북장단을 도맡아 치면서 명고수의 입지를 굳혀 나갔다. 고종으로부터는 참봉 벼슬을 하사받아 궁중 어전에 나가 기예를 선보일 수 있는 자격을 부여받는 등 신분적 특권을 누리기도 했다. 특히 명고수로 이름이 널리 알려지면서 경성방송국에 자주 출연하고 판소리 명창들의 음반 취입에도 참여했다.

1930년 서울에서 조직한 조선음률협회(1934년 5월 창립된 조선성악연구회의 전신)에도 적극 참여해 창극 운동을 전개하고 후배를 양성했다. 한성준은 이처럼 후진 양성에 힘쓰는 한편 전국을 유랑하며 몸소 수집한 각종 전통 춤들을 토대로 우리 춤을 재구성하거나 집대성했다. 1938년 1월 19일자 동아일보에는 한성준이 궁중을 중심으로 전습되던 정재와 민간에서 추어져 오던 민속 춤을 바탕으로 새롭게 창작한 전통 춤이 무려 100여 가지에 달한다면서 왕의춤, 도련님춤, 승전무, 학무, 서울무당춤 등 37가지의 춤 종류를 일일이 열거하고 있다.

"3,000마디의 뼈가 움직여서 춤이 되느니라"

한성준은 1935년 여름 첫 춤 발표회를 부민관에서 열었다. 자신이 집대성한 승무, 태평무, 한량무, 학춤, 신선무, 살풀이춤, 검무 등 다양한 종류의 춤을 선보였으나 호평을 받지는 못했다. 그럼에도 전통 춤으로는 최초의 독자적인 개인 공연이라는 점에서 무용사적으로는 중요한 의미를 갖는다.

한성준이 후진 양성을 목적으로 근대 전통 춤 교육의 산실인 '조선음악무용연구소'를 설립한 것은 1937년 12월 28일이었다. 서울 종로구 경운동의 2층 한옥에 설립한 연구소 1층은 살림집과 제자들의 숙소로, 25평 규모의 2층은 연습실로 꾸며졌다. 한성준은 승무를 완전히 터득해야 비로소 다른 춤들을 소화할 수 있다며 처음 입소한 제자들에게는 승무만을 집중적으로 연마하도록 했다. 그리고 1년에 한 번씩 치르는 시험 제도를 통과해야 자신이 보유한 검무, 학춤, 살풀이춤, 태평무, 무당춤 등을 익힐 수 있는 자격을 주었다.

조선음악무용연구소는 훗날 전통 춤계의 대들보가 될 여러 춤꾼을 배출했다. 직계 제자로는 승무 인간문화재 한영숙과 태평무 인간문화재 강선영이 있으며 궁중정재의 대가 김천흥도 한성준 문하에서 승무를 익혔다. 최승희와 조택원은 신무용을 하면서도 짧게나마 한성준에게 전통 춤을 배워 자신의 춤 세계에 영양분을 더했다. 최승희는 한성준에게서 배운 전통춤을 기초로 승무, 검무, 양산춤, 초립동, 장고춤 등을 안무했고 그의 최고 출세작으로 꼽히는 '에헤야 노아라'를 창작했다.

한성준이 창안한 100여 가지의 춤들은 오늘날 최고 전통 춤으로 꼽힌다. 이 가운데 승무(중요무형문화재 제27호), 태평무(중요무형문화재 제92호), 살풀이춤(중요무형문화재 제97호)은 국가지정문화재로 보존되고 있다. 한성준은 1940년 새로운 춤들을 재구성 안무해 부민관에서 두 번째 공연을 열었다. 일본 도쿄에서도 첫 해외 공연을 펼쳤다.

1941년 5월에는 조선 춤을 집대성한 업적으로 마해송이 일본에서 발행하는 월간 잡지 '모던 일본'이 시상하는 조선예술상을 받았다. 그러나 수상 3개월 후 신병이 악화되어 1941년 7월 삶을 마감했다. 숨을 거두기 전 태평무 의상으로 수의를 해 달라고 유언을 남겼고 후손들은 그대로 따랐다. 우리의 전통 몸짓을 이 시대에 되살려낸 한성준이 평소 가졌던 춤에 대한 지론은 이랬다. "3,000마디의 뼈가 움직여서 춤이 되느니라."

한인 20만 명 중앙아시아로 강제 이주

러시아 극동 지역은 만주 지역과 함께 항일 독립운동의 근거지가 되었다.

한인들이 러시아 극동 지역으로 처음 이주한 정확한 시기는 기록상 밝혀진 바 없다. 다만 러시아 극동 연해주의 국경 감시 책임자가 연해주 군 총독에게 보낸 1863년 9월 21일자 보고서로 미루어 최소한 1863년이나 그 이전에 이주했다는 사실은 유추할 수 있다. 보고서는 빈곤과 굶주림, 착취를 피해 우수리스크 포시예트 지역의 지신허(地新墟·치진헤)에서 비밀리에 농사를 짓고 있는 한인 13가구가 그곳에 정착할 수 있도록 허락을 구한다는 내용이다.

1864년 9월 26일 연해주 주둔 러시아군 검열관이 연해주의 고위 관리에게 보낸 보고서에는 "65명으로 구성된 한인 14가구가 올 1월 조선에서 연아무르주(당시 연해주 명칭)로 이주해 성공적으로 농사를 짓고 있다"고 기록되어 있다. 1869년 조선 북부 지방에 대홍수가 발생하고 대흉년이 들어 함경도 농민 6,500여 명이 6월부터 12월까지 대거 이주했다는 기록도 있다.

1905년 을사조약으로 국권이 침탈되고 1910년 일제의 강제 합병을 전후한 시기에는 항일 독립운동가들이 대거 이주해 연해주는 만주와 함께 항일 독립운동의 근거지로 부상했다. 간도관리사 이범윤은 러일전쟁 직후 이곳에서 의병을 이끌었고, 안중근 의사는 연해주에서 국내 진공 작전을 도모했다. 연해주 항일운동의 대부 최재형, 신흥학교 설립자 이동녕, 항일무장투쟁의 영웅 홍범도, 국사학자 신채호 등 연해주에서 활약한 독립운동가는 이루 헤아릴 수 없이 많다.

한인 사회의 움직임이 분주해진 것은 1917년 10월 러시아 혁명 후였다. 하바롭스크에 한족중앙총회, 우수리스크에 전로한족중앙총회 등이 설립

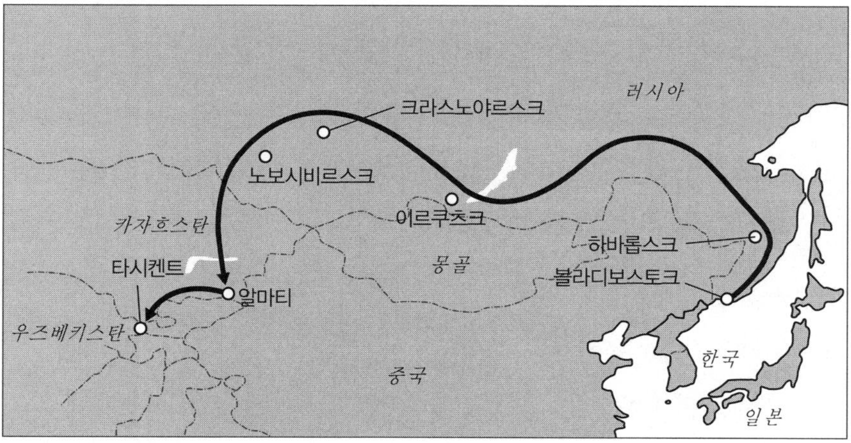

한인 강제 이주 경로

되고 1918년 5월 사회주의 정당인 한인사회당이 창립되었다. 특히 전로 한족중앙총회는 1919년 2월 대한국민의회로 확대 개편해 3·1 운동 후 최초로 해외 임시정부를 선포했다.

1918년 4월 일본이 러시아혁명을 방해하기 위해 러시아 내 자국민 보호를 구실로 블라디보스토크에 군대를 대거 상륙시켰을 때는 한인 무장 빨치산이 러시아의 볼셰비키 적군과 힘을 합쳐 러시아 혁명에 반대하는 백군과 일본군을 상대로 빨치산 투쟁을 전개했다. 1920년 3월에는 조선 독립군 부대와 볼셰비키 적군이 연합, 니콜라옙스크에 주둔하고 있는 일본군대에 총공격을 가해 일본군 수백 명을 사살하는 이른바 '이항사건'을 감행했다.

이 사건은 곧바로 일본 군대의 보복 행위로 이어졌다. 1920년 4월 4일 일본군이 야간을 틈타 블라디보스토크, 니콜스크, 우수리스크, 스파스크 등지에서 극동공화국 부대를 공격하고 4월 5일 새벽 블라디보스토크의 신한촌을 급습, 한인 300여 명을 학살하고 방화와 파괴를 자행했다. 이 '4월 참변'으로 한인촌은 아비규환의 피바다가 되고, 최재형·김이직 등 한인 지도자들이 처형되었다.

강제 이송 과정에서 1만여 명 목숨 잃어

1922년 10월 일본군이 철수함으로써 러시아 극동 지역은 안정되고 평화가 찾아왔다. 이주 한인은 더욱 증가해 1930년대 중반 무렵에는 최소한 20만 명이 거주하는 것으로 추산되었다. 당시 한인들은 연해주는 물론 남부 시베리아 등까지 광범위하게 분포했다. 한인들이 거주하는 곳에는 한글 신문과 잡지가 발행되고 한인 극장도 있었다. 한국어로 교육하는 초중등학교도 수십 개나 되고 한인 교사들을 가르치는 사범대까지 있었다.

러시아 극동 지역에 터를 잡고 그럭저럭 살고 있던 한인들에게 또다시 엄청난 비극이 찾아온 것은 1937년 8월 21일이었다. 소련 공산당 중앙위 서기장 스탈린과 인민위원회 의장 몰로토프가 '극동 지방 국경 부근 구역에서 한인 거주민을 이주시키는 문제에 관하여'라는 '극비명령서'에 서명한 것이다. 한인들의 중앙아시아 강제 이주를 명령한 이 극비문서로 한인들의 운명은 헌신짝처럼 내팽개쳐졌다.

스탈린이 강제 이주를 지시한 이유는 외교문서나 관련 공문서 등 실증적 자료가 없어 구체적으로는 알려져 있지 않고 단지 추측성 연구만 진행되고 있다. 그중에는 극동 지역에서 전개되고 있는 중국·일본·소련 간의 갈등 관계가 소련에게 안보상의 위협을 가중시켰기 때문이라는 분석이 폭넓은 지지를 받고 있다. 당시 일본은 한인 거주지를 독립운동 단체의 전초기지로 인식하고 있었고, 소련은 독일과 일본의 공동방위조약(1936)으로 유럽과 극동 양 지역에서 동시에 전선을 벌여야 하는 상황 전개를 불안해했다.

1937년 7월 중일전쟁이 발발하자 소련의 강박 증세는 더욱 심해졌다. 소련은 일본과의 전쟁이 발발하면 그곳은 일본에 가까운 소련의 극동 지역이 될 것이고 극동에서 소련과 일본이 전쟁을 벌인다면 그곳의 한인들은 일본 편을 들 것이라고 생각했다. 전쟁에 대한 소련의 불안감은 다른 민족의 강제 이주에서도 드러났다. 볼가강 유역의 독일인, 크림반도의 타타르인, 발트해 국가와 우크라이나 서쪽의 폴란드인 등 많은 소수민족을 카자흐스탄 등의 중앙아시아와 시베리아 등지로 강제 이주시킨 것이다.

한인의 강제 이주에 앞서 소련 정부는 한인 지도자급 인사 2,500여 명에게 간첩 혐의를 씌워 처형함으로써 고려인 사회를 공포로 몰아넣었다. 강제 이주는 1937년 9월 1일부터 급박하게 진행되었다. 한인들은 불과 수일 전에 통보를 받고 블라디보스토크, 하바롭스크 등 집결지로 모여 어디로 가는지 영문도 모른 채 시베리아 화물열차 속에 짐짝처럼 부려졌다.

평생 모은 재산도 제대로 챙기지 못하고 가슴속에 통한을 안은 채 떠나야 했다. 가축과 곡물, 석탄 등을 운반하던 화물 기차를 개조한 열차에는 화장실, 수도 등 어떠한 위생 시설도 갖춰져 있지 않았다. 한인들은 열차 속에서 밥을 짓고 용변을 보는 등 각종 악취와 굶주림, 그리고 추위에 시달리며 한 달간을 달리는 열차 안에서 보냈다.

카레이스키, 피눈물 흘린 끝에 재기하는 데 성공

죽음의 행진 과정에서 추위와 굶주림으로 노약자와 어린이 등 1만 1,000여 명이 목숨을 잃었다. 유아 사망률은 60%를 상회했고 사고도 잦았다. 1937년 11월 초에는 하바롭스크 인근의 베리노역을 통과하던 열차가 전복해 21명이 죽고 50여 명이 다치는 사고도 있었다. 가족들은 기차가 서면 시체를 담요에 둘둘 말아 철로변 모래땅에 파묻고 길을 떠났다.

당시 운송 책임자가 1937년 10월 25일 몰로토프에게 보고한 기록에 따르면 2개월 동안 총 124대의 수송 열차로 3만 6,442가구 17만 1,781명을 강제 이주시켰다. 이렇게 실려간 한인 중 1만 6,272가구 7만 6,525명은 연해주에서 8,000km 떨어진 우즈베키스탄에, 2만 170가구 9만 5,256명은 카자흐스탄에 내던져졌다. 수송은 계속되어 1937년 12월 말 실무진이 작성한 보고서에 따르면 이주 인원은 총 22만 5,500여 명이나 되었다.

당시 중앙아시아에는 스탈린의 강제적인 집단화 과정에서 기근과 전염병 등의 재앙으로 수백만 명의 사상자가 발생하고 수십만 명이 국외로 떠나 텅 비어 있었다. 소련 정부는 집과 살림살이, 논밭까지 버리고 온 한인들에게 보상은커녕 지원도 하지 않았다. 더구나 한인들을 적성 민족으로 낙인찍었다. 한인들은 특별주민으로 분류되어 지정된 구역 이외에는 거주 이전의 자유가 없었고, 국가 안전기관과 내무 기관원들의 엄격한 감시를 받았다. 현지인들은 한인들을 '카레이스키(고려인)'라고 불렀다.

허허벌판에 버려진 고려인들은 그해 긴 겨울은 토굴을 파고 갈대로 지붕을 올려서 급한 대로 바람과 눈을 피해 견뎌냈다. 이듬해 봄에는 시베리아 황무지를 논밭으로 바꾸는 작업에 팔을 걷어붙였다. 농기구도 제대로 없어 맨손이나 마찬가지였지만 물길을 내고 농토를 만들었다. 한인들은 이를 악물고 피눈물을 흘리며 몸부림쳤다. 점차 농사에만 그치지 않고 학자, 교사, 의사, 건축가, 엔지니어, 법률가, 공무원 등 각종 전문 직종에도 진출했다. 그 결과 다수의 노동 영웅은 물론 2차대전 중에는 독일전에 참전한 걸출한 전쟁 영웅도 배출했다.

소련의 한인 차별 정책은 1953년 스탈린이 죽고서야 중단되었다. 1993년 4월에는 러시아 정부가 '한인의 명예 회복에 관한 법'을 채택, 한인의 강제 이주를 정치적인 탄압에 의한 불법적인 조치로 인정해 강제 이주의 아픔에 대한 최소한의 예를 표했다. 2013년 외교부 집계에 따르면 고려인은 러시아에 17만 1,000명, 우즈베키스탄 17만 1,000명, 카자흐스탄에 10만 5,000명, 키르기스스탄에 1만 7,000명, 우크라이나 1만 2,000명 등이 거주하고 있다.

노구교 사건과 중일전쟁

일본의 정전협정은 중국과 전면전을 벌이기 위한 시간 벌기용 계략의 산물이었다.

노구교는 중국의 북경 서남쪽을 흐르는 영정강 위에 놓여 있는 다리로 1192년 완공되었다. 일찍이 마르코 폴로가 '동방견문록'에서 '세계에서 가장 아름다운 다리'라고 예찬할 만큼 멋진 곳이다. 그런데 이 다리가 1930년대 들어 중국·일본 간에 일촉즉발의 전운이 감돌면서 새로운 군사적 거점으로 급부상했다.

중국으로서는 노구교 위를 지나는 철도가 북경과 화북 지역을 잇는 유일한 교통로이고 북경의 3면이 사실상 일본에 포위된 상태라는 점에서 반드시 지켜야 할 곳이었다. 일본 역시 이 철도를 확보하면 화북 지역으로 군대를 이동할 수 있어 중국 북서부로의 진출이 용이해지고 장차 있을 중일전쟁을 유리하게 끌고 갈 수 있다는 점에서 반드시 확보해야 할 곳이었다. 화북은 북경을 포함해 하북성·산서성·산동성·하남성 4개 성을 포괄하는 곳으로 예로부터 농산물과 각종 자원이 풍부한 전략적 요충지다.

이런 상황에서 일본군 1개 중대가 노구교 부근에서 훈련을 하고 있던 1937년 7월 7일 밤 10시쯤, 갑자기 10여 발의 총성이 울려퍼졌다. 일본군 부대가 즉각 훈련을 중단하고 점호를 실시해보니 신병 1명의 행방이 묘연했다. 일본군 중대장은 이를 중국 측의 소행으로 단정하고 상부에 보고했다.

상부에서는 "단호히 대처하라"는 지시가 내려왔다. 그런데 보이지 않던 신병이 20분 후 돌아와 용변을 보다가 늦었다고 사정을 설명했다. 그런데도 신병의 귀대 사실은 상부에 보고되지 않았다. 그날의 총격이 일본군의 자작극인지 중국의 항일 세력에 의한 것인지는 지금까지도 확실히 밝혀지지 않고 있다.

일본군은 이튿날 새벽 중국군과 첫 교전을 벌였다. 하지만 현지 군사력이 충분치 않다고 판단한 중국군 지도부가 "양보를 통해 국부적으로 해결하라"고 지시해 전면전으로는 발전하지 않았다. 양군은 사태가 확산하는 것을 피해 7월 11일 정전협정을 체결했다. 노구교 인도, 대표자 사과, 책임자 처벌, 항일단체 단속 등 일본 측의 무리한 요구를 중국 측이 수용한 결과였다.

하지만 정전협정이 체결된 그날 일본 정부는 사건을 '중국 측의 계획적 무력 항일'로 단정하고 일본 본토 3개 사단, 조선 주둔 1개 사단, 만주 2개 여단 파견을 결정했다. 며칠 후에는 수십만 명에 달하는 증원군의 파병도 승인했다. 결국 일본의 정전협정은 중국과 전면전을 벌이기 위한 시간 벌기용 계략의 산물이었다.

사상자 수 3,500만 명이 중국 정부의 공식 견해

당시 일본의 정계, 군부, 언론은 만주를 쉽게 점령했던 수년 전 경험에 마취되어 중국과 전면전을 벌이면 어렵지 않게 중국 전역을 점령할 수 있다는 환상에 빠져 있었다. 군사력도 상당해 30만 명 이상의 일본군, 15만 명 이상의 만주·몽골군, 200만 명에 가까운 예비군에 세계 3위를 자랑하는 강력한 해군력과 항공대를 보유하고 있었다. 중국 국민당군은 400만 명이 넘는 것으로 추산되는 병력이 있었으나 현대식 무장을 갖춘 부대는 장개석의 직속부대 10만 명에 불과했다. 항공력도 사실상 전무했다.

일본군은 '속전속결로 전쟁을 끝낸다'는 전략하에 본토와 만주에서 온 증원군과 함께 총공세에 나서 7월 30일 북경과 천진을 점령하고 8월 13일 상해를 기습했다. 장개석은 그동안 '공산당을 먼저 섬멸한 후 외부의 적과 싸우겠다'는 이른바 선내양외(先內攘外)를 고수했으나 일본군의 총공세가 시작된 상황에서 선내양외만을 고집할 수는 없었다. 결국 사태의 심각성을 깨닫고 7월 17일 "피할 수 없으면 항전만이 있을 뿐"이라고 선언했다.

공산당은 장개석의 국민당 정부에 ▲내전을 중단하고 국력을 모아 외세와 싸우자 ▲언론·집회·결사의 자유를 인정하고 모든 정치범을 석방한다 ▲각당·각파·각계·각군 대표회의를 소집해 공동 구국에 나서자 등을 요구했다. 결국 장개석의 국민당 정부는 명분 싸움에 밀려 9월 22일 제2차 국공합작에 서명했다. ▲공산당 정부는 중화민국 특구정부로 개칭하고 ▲화북 지역의 홍군은 국민혁명군의 8로군으로, 화중 지역의 홍군은 국민혁명군 신사군으로 개편해 국민당 정부의 지시를 받고 ▲공산당은 지주들의 토지 몰수 정책을 중지하고 ▲항일 민족통일전선에 나선다는 내용이었다.

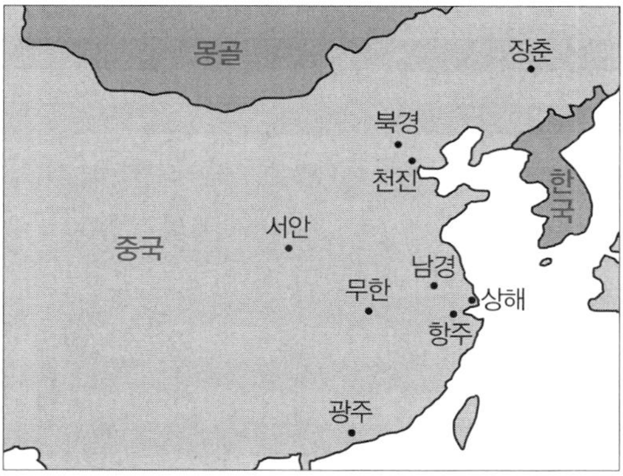

중국의 주요 도시

장개석은 9월 23일, 모택동은 9월 29일 국공합작을 승인했다. 이로써 중국 공산당은 국민당 정부의 토벌로 존폐 위기에 내몰렸다가 기사회생한 것은 물론 전 중국을 장악할 수 있는 토대를 구축하게 되었다.

일본군은 11월 12일 상해를 점령한 뒤 상부에서 진격 명령이 떨어지지 않았는데도 국민당 정부의 수도인 남경으로 진격했다. 일본 본토의 참모본부는 부랴부랴 현지 일본군을 중지나 방면군으로 칭하고 남경 진격을 사후 승인하는 것으로 체면을 지키는 데 급급했다. 일본군은 항공기까지 동원한 총공세 끝에 12월 13일 남경을 점령하고 2개월 동안 남경 대학살을 자행했다. 당시 일본이 파병한 규모는 16개 사단에 50만 명이었다.

항일전 계속될수록 공산군 입지 넓어져

국민당군은 1938년 5월 일본군 1만 명을 사살하는 '태아장 전투'에서 최초의 승전고를 울리긴 했으나 전체적으로는 패전의 연속이었다. 일본군은 남경을 함락한 후 한동안 소강상태를 유지하다가 다시 공세를 취해 1938년 11월까지 동남쪽의 무한과 광주를 점령하는 등 중국 영토의 3분의 2, 주요 산업 시설 대부분, 항구 전부를 차지했다. 하지만 일본군의 점령지는 도시와 철도 연변의 점과 선을 확보한 것에 불과했기 때문에 전쟁 양상은 장기간에 걸친 소모전으로 바뀌었다.

그 사이 청년과 학생들은 공산당의 중심지 연안으로 몰려들었고 공산당은 북서부 지역에서 화북과 화중으로 근거지를 확대했다. 국공합작 초기 3만 명 정도이던 팔로군은 1940년 40만 명으로 급증하고 신사군은 2만 명에서 10만 명으로 늘어났다. 기세가 오른 팔로군은 1940년 8월 화북의 5개 성에서 대대적인 공격을 감행하는 백단 전투를 벌여 일본군 2만 5,000여 명을 사살하고 480km에 이르는 철도선을 파괴하며 승전가를 불렀다.

그러자 장개석은 불안한 마음을 참지 못하고 일본군을 향하던 총부리를 공산당 쪽으로 겨눴다. 1941년 10월 이른바 '환남 사변'을 일으켜 7일 동안 9,000여 명의 신사군을 사살했다. 항일 전쟁 중 일어난 최대 규모의 국공 무력 충돌이었다. 결국 '환남 사변'으로 국민당군과 공산군 모두 중일전쟁과 국공 내전을 동시에 치러야 하는 상황에 내몰렸다. 그렇다고 일본의 사정이 좋은 것도 아니었다. 전쟁의 장기화로 전략 자원이 부족해졌기 때문이다.

결국 일본은 동남아로 남진 정책을 바꿔야 했고 이 과정에서 미국과 일전을 벌여야 했다. 일본은 1941년 12월 태평양전쟁을 일으켜 전선을 동남아 전역으로 확대했다. 미국은 전쟁의 당사자가 되자 국민당 정부에 다량의 무기를 지원하면서 전쟁을 독려했다. 그러나 장개석은 미국이 제공한 무기들을 항일전에 모두 쏟아붓기보다 종전 후 예상되는 공산군과의 싸움에 대비해 비축했다. 이 때문에 일본군의 남방 작전에 적절히 대처하지 못해 하남·호남·광서·광동성 등 남북 10개 성과 100여 개 주요 도시를 또다시 빼앗겼다.

일본 역시 점령 지역을 사수하려면 대병력이 필요했기 때문에 국민당군과 공산군의 지속적인 항전은 일본 육군의 60% 이상과 해군 및 항공력을 중국 전장에 묶어두는 효과가 있었다. 실제로 전쟁이 끝났을 때 중국에서 항복한 일본군은 128만 명이나 되었다. 1931년 만주사변부터 1945년 종전까지 양국의 사망자 수는 정확하지 않다. 다만 그 기간 일본군은

45만 명 정도가 죽은 것으로 알려졌고 중국의 민·군 사상자 수는 3,500만 명이라는 것이 중국 정부의 공식 견해다.

남경 대학살과 욘 라베

패잔병과 민간인 가리지 않고 '빼앗고 죽이고 불태우는' 이른바 '3광(搶光·殺光·燒光) 작전'을 전개했다.

히틀러의 나치조차도 '야수의 행위'라고 비난했던 남경 대학살이 처음 자행된 것은 1937년 12월 13일이었다. 이후 6주 동안 양자강 남안의 도시 남경은 아비규환 그 자체였다. 일본군은 1937년 7월 일어난 '노구교 사건'을 빌미로 중일전쟁을 일으킨 뒤 7월 30일 파죽지세로 천진과 북경을 점령하고 8월 남쪽의 항주와 상해로 진격했다. 하지만 중국군의 완강한 저항으로 11월까지 4만 명 이상의 사상자가 났다.

눈에 핏발이 선 일본군은 저항하면 끔찍한 대가를 치른다는 것을 중국인에게 알려줄 희생양이 필요하다며 국민당 정부의 수도 남경을 표적으로 삼았다. 당시 일본군 참모본부는 중일전쟁을 만주사변의 재판 정도로 착각해 남경만 점령하면 전쟁이 끝날 것이라는 장밋빛 환상에 빠져 있었다. 전선의 군인들도 인간임을 포기할 정도로 흉포한 상태였다.

東京日日新聞
百人斬り'超記錄'
向井106－105野田
兩少尉さらに延長戰
【紫金山麓にて十二日浅海、鈴木両特派員発】
'百人斬り競爭'の兩將校

중국인 참수 시합에 참가해 106명과 105명을 참수한 두 소위의 사진과 찬양 기사를 실은 도쿄일일신문 (1936.12.13)

일본군은 11월 항주만(灣)에 대병력을 상륙시켜 항주와 상해를 점령했다. 뒤이어 마쓰이 이와네가 이끄는 상해 파견군과 제10군이 상부의 진격 명령서도 없이 단독으로 작전 한계선을 넘어 남경으로 진격했다. 일본 본토의 참모본부는 부랴부랴 중지나 방면군이란 명칭을 새로 부여해 마쓰이를 사령관으로 임명하고 남경 점령을 재가했다. 9만여 명의 일본군이 3개 방면군으로 나뉘어 남경으로 진격하자 결사항전을 외치던 장개석은 중경으로 탈출했다.

일본군은 공군기 폭격까지 수반한 대공세 끝에 12월 7일 남경 외곽의 저지선을 돌파하고 12월 9일 남경을 포위했다. 그리고 총공격을 개시해 12월 13일 새벽 0시 10분, 남경 19개 성문 중 제일 견고한 중화문을 점령하고 얼마 지나지 않아 남경 전체를 함락했다. 6주 동안 이어질 야만의 광기가 마침내 터를 잡은 것이다.

일본군은 중국군 패잔병과 민간인을 가리지 않고 '빼앗고 죽이고 불태우는' 이른바 '3광(搶光·殺光·燒光)작전'을 전개했다. "배를 가르고 내장을 들어내거나 산 채로 벽에 못을 박아 걸었다. 산 사람을 불태우고 혀에 쇠갈고리를 걸어 매달아놓았다"('남경 대학살' 저자 아이리스 장), "부두에는 시커멓게 탄 시체가 산더미처럼 쌓여 있었다. 넓은 강 위엔 온통 시체였다. 강변에도 시체가 높이 쌓여 끝이 보이지 않았다"(아사히신문 기자), "남편이나 형제가 강간을 말리려고 하면 그 자리에서 사살되었다"(욘 라베). 중국군 포로는 물론이고 젊은 남성들은 굴비 엮이듯 묶여 도시 외곽으로 끌려가 기관총 세례를 받았다.

무차별 사격, 생매장, 휘발유를 뿌려 불태워 죽이기 등 잔인하다는 학살 방법은 모두 동원되었다. 여자들은 소녀, 노파 할 것 없이 무차별로 강간을 당한 뒤 살해되어 성기에 병이나 나무막대가 꽂혔고, 젊은 남자들은 총검술 훈련용으로 베어져 죽어갔다. 12월 13일자 도쿄일일신문에는 중국인 참수 시합에 참가해 106명과 105명을 참수한 두 소위의 사진과 찬양 기사가 실릴 정도였다.

한 생존자는 "마치 하늘에서 피가 쏟아져 내린 듯했다"며 몸서리를 쳤다. 남경 대학살에 참가한 한 일본군은 일기에 "심심하던 중 중국인을 죽이는 것으로 무료함을 달랬다. 죄 없는 중국인을 산 채로 매장하거나 장작불에 밀어넣어 몽둥이로 때리는 식의 잔인한 방법으로 죽였다"고 적었다.

"마치 하늘에서 피가 쏟아져 내린 듯했다"

남경국제적십자위원장이던 미국 성공회의 존 머기 신부는 일본 사령부의 지시를 어기고 필사적으로 일본의 만행을 16mm 무비카메라에 담았다. 그는 남경 대학살을 두고 "단테의 '신곡'에 묘사된 연옥이 남경시가 함락당한 그날의 모습이며, 침략자 일본군은 피에 굶주린 지옥의 아수라 떼였다"고 증언했다. 당시 70만 명의 남경 시민 중 이렇게 죽어간 사람이 얼마인지는 아무도 모른다. 많게는 35만 명, 적게는 수만 명에 이르기까지 증언마다 다르다.

피해자들이 나무만 보았지 숲을 볼 수 없는 허점을 이용해 일본의 우익 정치인들은 지금까지도 '날조된 허구', '중국의 반일 모략', '20세기 최대의 거짓말'이라며 잡아떼기에 급급하고 있다. 희생자 숫자를 두고 논쟁하는 것은 무의미하다. 일본군의 천인공노할 만행을 두고 자칫 5만 명은 적고 35만 명은 많다는 식으로 본질이 오도될 가능성이 높기 때문이다. 중지나 방면군 사령관 마쓰이 이와네는 전후 도쿄 극동군사재판에서 'A급 전범'으로 처형되었으나 일본인들은 그를 도조 히데키 등과 함께 '순국 칠사'로 추앙하고 있으니 남경 대학살은 여전히 두 나라 역사 투쟁의 최전선에 있는 셈이다.

독일 사업가 오스카 신들러가 1,000여 명의 유대인을 나치의 학살로부터 구해낸 것처럼 당시 남경에도 일본군의 만행으로부터 중국인 20여만 명의 목숨을 건진 독일인이 있었다. 주인공은 '중국판 오스카 신들러'로 불리는 독일 국적의 욘 라베(1882~1950)였다. 그는 독일 함부르크에서 태어나 1908년 지멘스에 입사한 후 대부분의 기간을 지멘스 차이나에서 근무했다. 마지막 10년간은 지멘스의 남경지사장으로 활동하며 나치당에도 가입(1934)했다. 중일전쟁 당시의 라베는 아내와 자녀가 있는 50대 중반의 나이에 당뇨병을 가진 큰 키의 대머리 모습이었다.

일본군이 남경으로 진격해올 때 그 역시 남경을 탈출하려다가 포기했다. 집 앞 도로를 가득 메운 중국의 피란민들이 살려 달라고 그에게 매달렸기 때문이다. 라베가 남경에 남기로 한 이유는 또 있었다. 자신의 재산과 지멘스의 이익을 지켜야 한다는 일말의 도덕적 의무감 때문이었다. 그는 일기에 이렇게 썼다. "회사 물건이나 내 재산을 지키기 위해 목숨을 위태롭게 할 생각은 눈곱만치도 없다. 그렇지만 나는 신용 있는 함부르크 상인으로 항상 중시해온 도덕적 문제를 무시할 수 없었다."

결국 탈출을 포기한 그는 자기 집의 넓은 정원에 650여 명의 중국인 피란민을 받아들였다. 일본군이 남경 부근까지 접근했을 때는 직접 사람들을 구하기로 작정하고 1937년 11월 24일 남경 주재 각국 외교관, 사업가 등과 함께 국제위원회를 조직했다. 그들은 위원회 명칭을 '남경 안전구 국제위원회'로 정하고 라베를 위원장으로 선출했다.

라베가 먼저 추진한 일은 중립적인 안전구를 보장받기 위해 중국과 일본으로부터 동의를 받아내는 일이었다. 히틀러에게도 일본의 허락을 받을 수 있도록 도움을 청원하는 전보를 쳤다. 당시 일본과 독일은 동맹 관계였다. 하지만 히틀러는 답장을 보내지 않았고 일본도 확실한 입장을 밝히지 않았다. 장개석은 중립지대에 관한 계획을 승인하면서 라베에게 10만 달러를 지원하겠다고 약속했다.

욘 라베, 남경 주민에게 "살아 있는 부처"로 불려

일본군은 1937년 12월 13일 새벽 남경으로 진입했다. 장개석과 중국군은 이미 철수한 뒤였다. 라베는 1,000여 명의 중국인 남자가 일본군에게 총살당하는 것을 목격했다. 당시 상황을 기록한 일기는 종전 후 도쿄 전범재판에 제출되어 일본군의 잔인성에 대한 부인할 수 없는 증거로 채택되었다.

욘 라베

라베는 일본으로부터 확답을 받지 못했으나 집 주변 약 1평방마일의 시가지와 외국 대사관 부지를 '남경 안전지대'로 설정하고 피란 온 중국인들에게 숙식을 제공했다. 건물 벽은 적십자 깃발이 그려진 침대 시트로 둘러싸고 마당에는 하늘에서 잘 보이도록 나치의 상징인 갈고리 십자가 깃발을 걸어 두었다. 라베는 일본과 독일의 동맹관계를 이용해 일본군에게 자신의 나치당원 증명서를 내보이고 나치 완장을 흔들어 보임으로써 위기를 모면하곤 했다. '남경 안전지대'를 알리는 푯말에는 '이 지역에 운집한 약 25만 명의 사람이 국제위원회(위원장 욘 라베)에 콜레라와 기아로부터 보호해줄 것을 요청했다'라고 적어놓았다.

그런데도 일부 일본군은 약탈과 강간을 위해 안전구로 난입했다. 그럴 때마다 라베는 일본군의 이름과 소속 부대를 명기했다가 일본 대사관에 제출했다. 하지만 일본 대사관은 군부를 자극할까 두려워 대책을 세우지 않았다. 라베와 위원회는 일본군이 비무장한 중국인에게 국제법에 위배되는 행위를 하고 있다며 끊임없이 항의했다. 그러자 놀랍게도 일본군이 안전지대에 대한 직접 공격을 자제했다. 이렇게 라베와 몇몇 미국인 잔류 선교사 및 민간 외국인들로 구성된 '국제위원회'는 20만 명의 생명을 구할 수 있었다. 1938년 2월 그가 남경을 떠날 때 수천 명의 중국군이 다가와 고마움을 표시했다. 라베는 그 후 남경 주민들에게 "살아 있는 부처"로 불렸다.

라베는 1938년 6월 독일로 돌아가 학살 장면이 담긴 사진들을 공개하고 히틀러에게 일본의 만행을 멈추도록 영향력을 행사해줄 것을 요청했다. 하지만 돌아온 것은 비밀경찰의 소환과 침묵의 강요였다. 종전 후 라베는 나치당 전력 때문에 연합군에 붙잡혀 고초를 겪다가 1946년 풀려났다. 하지만 반복되는 심문과 재판으로 기력을 잃어 1950년 베를린에서 가난 속에 생을 마감했다.

이 같은 영웅적 행동에도 불구하고 라베는 중국인들의 기억 속에서 잊혔다. 중국 공산당이 당시 라이벌 관계이던 국민당이 주도한 항일운동을 알리고 싶지 않았기 때문이다. 또한 남경 대학살 자체를 국치로 여겼기 때문에 오랫동안 이를 거론하지 않았다. 중국 정부는 최근에서야 '라베 살리기'에 적극 나서고 있다. 일본의 중국 침략 부인 등 역사 왜곡에 반박하고 젊은 세대의 애국심을 고취하기 위해서다.

기록 습관이 있던 라베는 1937년 9월부터 1938년 2월까지 일어난 일들을 깨알같이 일기에 적어놓았다. 일기 모음집은 한동안 소재가 밝혀지지 않고 있다가 1996년 12월 미국 예일신학대 도서관에서 발견되었다. 1997년 라베를 추모하는 비석이 베를린에서 남경으로 옮겨져 남경 학살 기념지에 안장되었다. 학살 기간 남긴 일기로 펴낸 영문 책이 1997년에 출간된 '욘 라베, 난징의 좋은 독일인'이다.

게르니카 폭격과 피카소의 '게르니카'

진상이 밝혀지기 시작한 것은 프랑코가 사망한 1975년 이후부터였다.

이베리아 반도의 원주민 가운데 가장 오래된 민족은 바스크인이다. 이들은 스페인과 프랑스를 가로지르는 피레네 산맥 지역에 터를 잡고 오랫동안 중앙정부와 별 마찰 없이 자치활동을 벌이며 살아왔다. 하지만 1936년 7월 프란시스코 프랑코가 스페인 내전을 일으켰을 때 반프랑코 인민전선 편에 선 것이 화를 불렀다.

독일군의 폭격으로 폐허가 된 게르니카

당시 바스크 자치정부에는 반프랑코 세력인 공화파, 사회당, 공산당은 물론 프랑코 편에 속해야 당연한 가톨릭 교회와 부르주아 정당(바스크 민족당)까지 참여했다. 프랑코는 가톨릭 교회까지 인민전선 정부군에 가담한 바스크인들의 굳건한 단결을 무너뜨리려면 본때를 보여주어야 한다고 생각했다. 1937년 봄 프랑코가 전략적으로 중요한 마드리드 전투를 일시 중단하고 바스크의 성지로 꼽히는 게르니카를 표적으로 삼은 것도 이 때문이었다.

1937년 4월 26일 오후 4시 30분, 독일 공군의 콘도르 비행단이 게르니카를 무차별로 폭격했다. 프랑코의 요청에 따라 이뤄진 이른바 '게르니카의 비극'이었다. 비극을 제일 먼저 보도한 것은 4월 27일자 런던의 석간신문들이었다. 4월 28일자 '더 타임스'는 '게르니카의 비극! 공습으로 파괴된 마을! 목격자는 보고한다'라는 큼지막한 제목을 달아 보도했다. 내용은 이랬다.

"게르니카! 바스크에서 가장 오래되고 문화적 전통의 중심인 이 마을은 반란군의 비행기에 의해 완전히 파괴되었다.… 이 무방비 마을은 3시간 15분 동안 독일의 하인켈 폭격기와 융커스 폭격기, 그리고 하인켈 전투기 등으로 편성된 독일 공군의 공습을 받았다.… 폭격기는 500kg에 달하는 폭탄과 1kg의 소이탄 3,000발을 비가 내리듯 떨어뜨렸다. 달아나는 사람들에게는 전투기로부터 기총소사가 퍼부어졌다.… 폭격 목적은 바스크 사람들의 사기를 죽이고 바스크 민족의 요람지를 파괴하는 데 있었다.… 공격 날짜도 선택된 것이었다. 월요일은 장이 서는 날로 이 지방 농민이 모여드는 날이었다. 오후 4시 30분 성당의 종(鐘)이 비행기의 접근을 알리자 사람들은 너도나도 지하실과 방공호로 대피했다.… 5분 후 독일 폭격기 1대가 나타나 6발의 폭탄을 투하했다.… 5분 후 두 번째 폭격기가 나타나 마을 중심가에 폭탄을 떨어뜨렸다. 15분이 지났다. 이번에는 3대의 융커스 편대가 날아와 파괴를 계속했다. 7시45분까지 그들은 파상적으로 공격했다. 인구 7,000여 명에 3,000여 명의 피란민이 있던 마을은 서서히 그리고 계획적으로 파괴되었다.… 독일 공군의 폭격은 새로운 전술을 연구하는 사람들의 흥미를 끌 만한 것이었다.… 비행기는 마을의 전 지역을 구역으로 나누어 이 잡듯이 폭탄을 투하했다.… 바스크 사람들이 유일하게 한 일은 기도하는 것뿐이었다.….”

“이 잡듯이 마을에 폭탄을 투하했다”

‘게르니카의 비극’이 유럽에 알려지자 제네바에서 긴급 국제회의가 소집되었다. 그 자리에서 게르니카의 비극을 국제적으로 조사하자는 의견이 제기되었다. 프랑코는 “바스크인들이 후퇴하면서 스스로 폭파하고 방화한 것”이라고 강변했다. 이미 자신들의 영웅적 행위를 자랑하고 있던 콘도르 비행단의 조종사들에게도 출격 사실을 입 밖에 내지 말도록 독일에 요청했다.

프랑코군이 외국 특파원들을 게르니카로 안내한 것은 5월 1일이었다. 사전 조작을 마친 터라 마을 주민들의 인터뷰는 인민전선 측을 비난하는 내용 일색이었다. “빨갱이들이 월요일 오후부터 그와 같은 악랄한 짓을 하기 시작했다"는 주민들의 증언은 프랑스의 우익계 신문들에 실렸다. 이처럼 정부군과 프랑코군의 상반된 정보와 조작이 뒤범벅이 되어 서방 세계에 전해지고, 프랑코의 내전 승리 후 침묵이 강요되면서 '게르니카의 비극'은 오랫동안 베일에 가려졌다.

진상이 밝혀지기 시작한 것은 프랑코가 사망한 1975년 이후부터였다. 1978년 스페인과 서독 정부가 게르니카 폭격에 관한 비밀문서를 해금하기로 협정을 맺음으로써 자료들이 하나둘 공개되었다. 독일 측 자료에 따르면 폭격에 참가한 콘도르 비행단의 전투기와 폭격기는 모두 42대였다. 50t의 고성능 폭탄과 소이탄이 투하되었다. 독일군이 개발한 비밀 무기를 실험하고 실전 경험을 쌓는 실험장으로 이용했다는 사실도 밝혀졌다. 미국의 한 역사학자의 조사에 따르면 3시간여에 걸친 사상 최초의 융단폭격으로 마을의 70%가 쑥대밭이 되어 1,654명이 죽고 889명이 다쳤다.

"전쟁과 폭력을 고발한 20세기 묵시록적 작품"

당시 스페인의 공화파 정부로부터 파리 만국박람회의 스페인관에 걸릴 대형 벽화를 의뢰받아 고민하고 있던 피카소에게 '게르니카의 비극'이 알려진 것은 폭격 후 이틀이 지난 뒤였다. 조국 스페인을 떠나 파리에 머무르던 피카소는 주체할 수 없는 분노에 몸을 떨고 깊은 슬픔에 잠겼다. 피카소는 그동안 구상해온 활동을 모두 중단하고 게르니카의 참상을 벽화에 담기로 했다.

피카소는 먼저 황소, 말, 여인 등 60여 점의 크로키와 데생을 그린 뒤 화폭으로 옮겨 넣었다. 이렇게 완성된 '게르니카'는 6월 4일 파리 만국박람회 스페인관으로 옮겨졌다. 검은색 바탕의 대형 캔버스(7.82m x 3.51m)에는 고통과 분노, 절규와 죽음이 가득했다. 화려한 색채를 즐겨 사용한

다른 작품과 달리 피카소는 흑백을 주조로 한 단순 배색과 기하학적 구도로 전쟁의 비극을 더욱 강하게 부각했다. 전등의 빛은 히틀러군의 폭격을, 황소는 무자비한 독일군을 암시했다. 그 옆에서 몸을 뒤틀며 울부짖는 말은 공포에 질려 죽어가는 희생자들이었다.

"전쟁과 폭력을 고발한 20세기 묵시록적 작품", "학정에 대한 저항과 화해의 상징"이라는 찬사가 쏟아졌으나 정작 벽화를 의뢰한 파리 주재 스페인 대사는 "그림이 인상적이지 않고 볼품없다"며 전시관에서 치우도록 했다. 혹평하는 비평가도 있었다.

'게르니카'는 1938년 10월 파리를 떠나 세계 주요 도시를 여행했다. 샌프란시스코 미술관에서 전시되고 있을 때 2차대전이 터져 게르니카는 미국에 발이 묶였다. 피카소의 요청에 따라 뉴욕 현대미술관에서 전시되던 '게르니카'는 "스페인에 민주주의가 찾아왔을 때 돌려주라"는 피카소의 유언에 따라 프랑코 사후인 1981년 9월 10일 스페인으로 돌아왔다. 언론들은 긴 망명 생활을 끝내고 돌아온 '게르니카'를 '고국 땅을 밟은 최후의 망명자'라며 반겨 맞았다

바스크 분리 독립운동

바스크족은 기원전 2세기부터 차례로 이베리아 반도를 정복한 로마군과 서고트군 그리고 이슬람군에도 굴하지 않고 자신들의 문화와 언어와 전통을 꿋꿋이 지켜온 자부심이 강한 민족이다. 민족 자체가 일반 스페인 사람들과 다른 데다 언어까지 판이하게 달라 스페인 주류 사회와 일정하게 거리를 유지하며 살아왔다.

'에우스카라'라는 고유의 언어는 인도·유럽어족인 스페인어나 프랑스어와 완전히 달라 언어학자들은 유럽에서 인도·유럽어가 퍼지기 전에 쓰이던 언어가 살아남은 것이라고 추측만 할 뿐 아직까지 형성 기원을 찾지

못하고 있다. 200만 명 정도로 추산되는 순수 바스크인의 약 85%가 Rh− 혈액형이라는 점도 '바스크 신화'로 불리며 연구 대상이 되고 있다. 길게 뻗은 코, 두터운 눈썹, 강한 턱뼈를 특징으로 하는 얼굴 형태도 스페인 지역 사람들과 확연히 구분되고 키도 평균 3cm 정도 크다. 이런 이유로 바스크인들은 오래전부터 스페인 중앙과 별개의 자치 사회를 만들어 운영해왔다.

사정이 이런데도 스페인 내전 후 프랑코가 바스크 자치정부를 중앙정부에 강제 합병하고 바스크 고유 언어까지 사용을 금지하는 등 탄압을 가하자 바스크인들은 중앙으로부터 독립하려는 움직임을 보였다. 게다가 19세기 후반, 스페인에서 산업혁명이 일어났을 때 바스크 지방의 빌바오에서 제철업을 중심으로 공업화가 빠르게 진전되고 그 영향으로 대표적인 공업지대를 이룬 덕에 다른 지방보다 부유해진 것도 독립을 부추기는 요인이 되었다. 프랑코의 탄압은 바스크 분리주의자들을 더욱 결속시키는 결과를 가져왔다.

독립운동은 강경과 온건 노선으로 갈라졌다. 온건파이면서 다수파인 바스크 국민당은 합법적 수단을 통한 자치 확대와 독립을 추구한 반면 1959년 창설된 좌익 무장세력 'ETA(바스크 조국과 자유)'는 즉각적이고 완전한 독립을 주장하며 무장투쟁을 벌였다. ETA는 1968년 첫 암살 테러를 시작으로 납치, 폭탄 테러, 암살 등으로 프랑코 정부에 대항했다. ETA는 경찰, 정치인, 언론인은 물론 조직원들에게 불리한 판결을 내리는 법조인 등 대상을 가리지 않고 무자비하게 테러를 자행했다.

1975년 프랑코 사후 1978년 신헌법이 제정되고 1980년 자치주 의회 선거를 실시, 카탈루냐 지방과 함께 자치권을 회복해 활동이 잠시 주춤하는 듯했으나 1990년대 들어 다시 테러 활동을 강화해 스페인 중앙정부에 골칫거리를 안겨주고 있다. 40여 년간 829명이 숨질 정도로 ETA의 테러는 집요하고 대상이 다양하다.

그러나 상당수 바스크인이 ETA의 무장 테러에 싫증을 내고 고향을 떠나는 일이 많아지자 ETA는 2011년 10월 무기를 내려놓겠다고 공식 선언하고 2014년 2월 실제로 무장해제를 시작하면서 바스크의 분리 독립은 새로운 양상을 띠고 있다.

어밀리아 에어하트 남태평양에서 실종

'여성 최초' 말고도 '대서양 최단시간 횡단'이라는 기록까지 세웠다.

어밀리아 에어하트(1897~1937)는 23살 때인 1920년 12월 28일을 잊지 못한다. 캘리포니아의 롱비치 비행장에서 생애 처음 비행기를 타보는 짜릿한 경험을 했기 때문이다. 단지 동승만 한 것인데도 그 10분의 비행은 에어하트의 인생을 송두리째 바꿔놓았다.

에어하트는 미국 캔자스주 애치슨의 외가에서 태어났다. 여학교를 졸업하고 잠시 필라델피아 근교의 대학을 다니던 중 1차대전이 발발하자 육군병원에서 간호사로 근무했다. 종전 후 의과대를 목표로 공부했으나 1920년 우연히 첫 비행을 경험하면서 인생의 진로가 바뀌게 되었다. 1921년 1월부터 비행 교습을 받아 그해 말 비행 면허를 따고 1922년 10월 여성 최초로 고도 1만 4,000피트(4,267m)를 비행하는 데 성공했다. 1923년

5월에는 국제항공연합이 발급하는 비행사 자격증을 여성으로는 세계에서 16번째로 취득했다.

1924년 컬럼비아 의과대에 입학했으나 등록금이 없어 1년 만에 그만두고 1925년 보스턴의 사회복지관에 취업했다. 주말 비행을 즐기는 사회복지사로 생을 마쳤을 지도 모를 그에게 운명의 전화가 걸려온 것은 1928년 4월 어느 날이었다. 출판업자 조지 퍼트넘이 "2명의 남자 조종사와 기관사가 대서양을 횡단할 계획인데 당신이 비행에 동행하면 좋겠다"는 제안이었다.

어밀리아 에어하트

출판업자는 찰스 린드버그의 대서양 횡단, 리처드 버드의 남극 탐사 등을 지원하고 그 체험담을 책으로 출판해 베스트셀러로 만든 사람이었다. 그때의 경험을 살려 새로운 여성 스타를 발굴하고 그가 쓴 책을 베스트셀러로 만들기 위해 에어하트에게 손짓을 한 것이다. 1919년 6월 영국의 존 올콕과 아서 브라운이 논스톱으로 대서양 바다 위를 건너고 1927년 5월 린드버그가 대서양 논스톱 단독 비행에 성공했다고는 하나 대서양 비행은 여전히 목숨을 걸어야 하는 위험한 모험이었다.

미국은 열광하고 세계는 환호해

2명의 조종사와 기관사 그리고 에어하트를 태운 비행기가 캐나다의 뉴펀들랜드를 이륙한 것은 1928년 6월 17일이었다. 비행기는 20시간 40분 후 영국의 웨일스에 도착했다. 단지 동승만 한 것인데도 '여성 최초'라는 사실 하나만으로 에어하트는 일약 스타가 되었다. "나는 짐에 불과했다"며 다른 2명의 남성 조종사들에게 공을 돌려도 언론은 그만 조명했다. 더구나 린드버그와 놀랄 만큼 닮은 외모 덕분에 그는 '레이디 린디'로 불리며 신문과 잡지 지면을 장식했다. 출판업자의 기획대로 에어하트가 쓴 '20시간 40분' 제목의 책은 베스트셀러가 되었다.

그러나 에어하트는 그 영광이 왠지 자기 것이 아닌 것만 같았다. 남이 조종하는 비행기에서 겨우 보조 역할을 했는데도 스포트라이트를 받는 게 부담스러웠다. 에어하트는 언젠가 본인이 직접 대서양을 횡단해야겠다며 의지를 불태웠다. 그날이 오기 전까지 에어하트는 각종 비행 기록을 갈아 치웠다. 1928년 9월 뉴욕~로스앤젤레스~뉴욕을 오가는 최초의 미 대륙 왕복횡단 비행 기록을 세우고 1931년 여성 비행 경주에서 100km 코스 속도 기록의 주인공이 되었다.

에어하트는 이혼 경력이 있는 출판업자 조지 퍼트넘의 끈질긴 구혼을 받아들여 1931년 결혼했다. 둘의 결혼은 상대의 자유를 구속하지 않는다는 조건하에 사랑보다는 공동 이익에 기초한 다분히 사업적인 동반 관계였다. 에어하트는 결혼을 하고도 자신의 명성을 유지하기 위해 남편 성을 따르지 않고 자신의 성을 그대로 썼다.

에어하트가 '록히드 베가호'를 타고 그토록 오래 소망해온 대서양 단독 비행에 도전한 것은 1932년 5월 20일이었다. 캐나다의 뉴펀들랜드를 이륙하고 얼마 되지 않아 거센 바람이 기체를 흔들어대고 날개에 얼음이 얼어붙어 고도가 1,000m나 떨어졌다. 연료 탱크마저 새는 어려움 속에서도 에어하트는 14시간 56분 만에 3,241km 떨어진 북아일랜드에 도착했다. 여성의 세계 최초 대서양 횡단 단독 비행이었다.

에어하트는 '여성 최초' 말고도 '대서양 최단시간 횡단'이라는 기록까지 세웠다. 대공황기에 미국은 열광하고 세계는 환호했다. 언론은 '창공의 여왕', '하늘의 퍼스트레이디' 등 수많은 애칭을 선물했다. 모든 것을 다 이룬 듯했지만 에어하트는 거기서 멈추지 않았다. 1935년 1월 세계 최초로 하와이에서 캘리포니아까지 태평양을 가로지르는 비행에 성공한 것이다.

"연료가 떨어져 가는데 육지가 보이지 않는다"

에어하트는 더 극적인 계획에 착수했다. 어머니와 형제에게 경제적 도움을 주는 동시에 대중적 스타로서의 인기를 유지하기 위해서도 새로운 모험이 필요했다. 그것은 비행기로 지구를 한 바퀴 도는 것이었다. 지구의 최장 둘레인 적도를 따라 2만 9,000마일(4만 6,670km)을 나는 대모험이었다. 단독 비행은 사실상 불가능했기 때문에 항법사 프레드 누넌이 동행했다.

두 사람이 마이애미에서 록히드의 은빛 엘렉트라 쌍발기에 몸을 실은 것은 1937년 6월 1일 오전 10시였다. 비행기는 먼저 카리브해 푸에르토리코로 남하한 뒤 곧 동쪽으로 방향을 틀어 아프리카와 홍해를 거쳐 파키스탄의 카라치에 도착했다. 두 사람은 그곳에서 다시 인도와 동남아시아를 거쳐 2만 2,000마일(3만 5,406km)의 비행에 성공한 뒤 1937년 6월 29일 뉴기니 섬의 라에시(市)에 도착했다. 남은 거리는 7,000마일(1만 1,265km) 정도였다.

엘렉트라호가 뉴기니를 출발한 것은 7월 2일 0시였다. 다음 기착지는 2,556마일(4,113km) 떨어진 북태평양의 산호섬 하울랜드였다. 날짜변경선 부근의 조그만 섬 하울랜드는 찾기가 쉽지 않아 미국 해안경비대 경비선이 배치되어 착륙에 필요한 신호를 보내 안내하기로 했다. 그런데 아침 7시 41분경 에어하트로부터 "연료가 떨어져 가는데 육지가 보이지 않는다"는 긴급 소식이 경비선에 전해졌다. 그리고 8시 45분경 "우리는 157 337 상공을 날고 있다(We are on the line 157 337)"는 교신을 마지막으로 연락이 두절되었다. 그것으로 끝이었다.

실종 소식은 전 세계에 커다란 충격을 안겨주었다. 9척의 미 군함과 66대의 비행기가 7월 19일까지 이 일대를 샅샅이 뒤졌으나 조종사 유체는 물론 기체 파편도 발견되지 않았다. 이렇게 그녀는 전설이 되었다.

에드거 스노 '중국의 붉은 별' 출간

스노는 모택동과 며칠 밤을 함께 지내며 그가 걸어온 길 등 많은 것을 묻고 또 물었다.

에드거 스노(1905~1972)가 운명의 땅 중국과 처음 대면한 것은 23살이던 1928년이었다. 당시 그는 미주리대 언론학부를 졸업하고 대공황 직전의 호황 속에서 증권에 투자해 벌어들인 돈으로 1년간 여정으로 세계 여행을 하고 있었다. 스노가 6주 정도 머문다는 생각으로 중국 상해에 도착한 것은 1928년 7월 6일이었다.

하지만 그의 계획은 중국의 혁명과 반혁명의 소용돌이 속에서 처참하게 죽어가는 중국 인민들의 삶을 목격하면서 틀어졌다. 중국인의 비참한 삶은 스노의 내면에 잠복해 있던 휴머니즘을 부추겼고 그를 역사의 중심부로 끌어들였다. 사실 그만 몰랐지 운명은 스노에게 격동기 중국의 생생한 현장을 전 세계에 알리도록 예정되어 있었다.

운명이 스노에게 처음 부여한 역할은 미국계 신문 '차이나 위클리 리뷰'지 기자였다. 결국 6주로 예정된 체류 기간은 기약 없이 늘어났다. 1929년 4월 국민당 정부가 중국의 수려한 풍경을 해외에 알려 관광객을 유치하기 위해 스노에게 철도 여행을 주선했다. 그러나 스노의 눈에 들어온 것은 가는 곳마다 눈에 띄는 죽은 시체들이었다. 고비사막 남쪽 도시에 4년간 비가 내리지 않아 500만 명이 기근으로 죽었다는 소문도 거짓이 아니었다.

스노는 타고난 방랑벽과 미지의 세계에 대한 지적 호기심으로 가득 찬 인물답게 중국은 물론 대만, 인도차이나, 인도 등을 둘러본 뒤 그들의 가슴속에 꿈틀대고 있는 독립과 자존의 몸부림을 확인하고 중국으로 돌아왔다. 스노는 더 이상 낭만적 동경과 낙천적 기대로 가득 찬 젊은이가 아니었다.

스노의 존재감이 크게 부각된 것은 1932년 1월 일본군이 일으킨 상해사변 때였다. 그가 현장에서 목격하고 쓴 기사는 거의 매일 미국 언론의 1면을 장식했다. 1932년 12월 25일에는 중국에서 알게 된 상해 주재 미국 영사관 직원 헬렌 포스터와 결혼, 중국과의 인연을 더욱 확장했다. 두 사람은 중국에서 머무는 8년 동안 부부이자 동료로 지냈다.

에드거 스노

1935년 무렵 세계의 시선은 대장정을 끝내고 연안에 자리 잡은 중국의 홍군을 향하고 있었다. 홍군이 고사 직전인 것으로 추정할 뿐 어떤 사람들로 구성되었는지 그들이 진짜 공산주의자인지를 누구도 정확히 알지 못했다. 당시 홍군은 1만 2,500km의 대장정으로 기력을 상실한 데다 장개석의 국민당군에 의해 점점 포위망이 좁혀지고 있었다. 그런 상황에서 모택동은 하고 싶은 말이 많았다. 자신과 전우들이 걸어온 길을 외부에 알리고 후세에 남기고 싶었다. 그러나 중국의 작가나 기자들은 모택동의 요구를 들어주지 못했다. 비적들을 옹호했다간 귀신도 모르게 사라지기 때문이다.

격동기 중국의 생생한 현장을 전 세계에 알려

모택동은 홍군의 진면목을 대외에 알릴 외국인 기자를 손문의 부인 송경령에게 요청했다. 그때 송경령의 눈에 들어온 인물이 에드거 스노였다. 스노 역시 몇 년 전 공산 토비들을 만나겠다며 강서 소비에트 문턱까지 갔다가 쫓겨난 적이 있어 개인적 호기심과 취재욕이 발동했다. 얼마 후 한 중국인이 스노에게 접근, 홍군과의 접선 방법을 알려주었다.

스노가 관광객으로 가장해 연안에 도착한 것은 1936년 6월 말이었다.

연안 대부분은 아직 국민당군이 지배하고 있었는데 그곳의 책임자는 장개석의 지휘를 받으면서도 홍군과 항일 전선을 모색하고 있는 장학량이었다. 그는 1931년 일본이 만주사변을 일으켰을 때 일본군과 대적하지 말라는 장개석의 명령 때문에 고스란히 만주를 일본에 내주고 쫓겨나야 했던 몇 년 전의 아픈 기억으로 장개석에게 불만이 많았다.

스노는 장학량의 협조를 받아 7월 9일 산서성 북쪽에 위치한 홍군의 수도 보안으로 들어갔고 1주일 뒤 모택동의 동굴 집으로 초대되어 인터뷰를 시작했다. 스노는 모택동과 며칠 밤을 함께 지내며 그가 걸어온 길 등을 묻고 또 물었다. 주덕, 팽덕회 등 다른 지도자들도 만나 대장정에 얽힌 얘기를 들었다. 스노를 특히 감동시킨 것은 국민당 정부의 통치 구역에서는 볼 수 없는 주민들의 생활 모습이었다. 그들은 모두가 형제자매였고 동지였다.

스노는 10월 중순 북경에 도착했다. 그가 작성한 기사는 미국과 영국의 주요 신문에 대대적으로 보도되었다. 스노의 기록은 1937년 10월 영국의 출판사에서 '중국의 붉은 별'이라는 제목으로 먼저 출판되고 미국에서는 1938년 1월 출판되었다. 상해의 공산당 비밀당원들은 이것을 중국어로 번역한 해적판을 만들어 공산주의 선전에 활용했다.

정확하고 객관적인 보도로 명성이 높은 미국 기자가 그것도 제 발로 홍군의 근거지를 찾아가 4개월간 현장을 누빈 기록은 중국은 물론 전 세계에 충격을 던져주었다. 중국의 청소년들과 지식인들은 책을 통해 모택동, 주덕, 팽덕회, 주은래 등 현상 수배자들과 홍군의 진면목을 알고 연안행 열차에 몸을 실었다. 반응은 해외에서도 왔다. 캐나다 의사 노먼 베순을 비롯해 외국의 의사와 기자, 작가들이 연안으로 몰려들었다.

'중국의 붉은 별', 미국에서 격렬한 논쟁 불러일으켜

'중국의 붉은 별'은 중국 공산당의 내밀한 부분을 최초로 외부 세계에 알렸다는 점에서도 의미가 컸지만 중국 공산당에 대한 서방 세계의 부정적 인식을 부분적으로나마 바꾸게 했다는 점에서도 큰 의미가 있었다. 스노는 책에서 "홍비라 불리는 공산 세력이 종국에는 최후의 승리를 거두게 될 것"이라고 조심스럽게 점쳤는데 이는 훗날 현실이 되었다.

'중국의 붉은 별'은 수년 뒤 미국에서 격렬한 논쟁을 불러일으켰다. 스노가 중국 공산당을 명백한 공산주의자 집단으로 규정하지 않고 '농촌 개혁가들', '평등주의적 농민운동가들'이라고 소개해 미 정부가 중국 공산당을 오도하고 제2차 국공합작을 추진토록 했다는 것이다. 책이 그런 느낌을 준 것은 사실이나 객관적인 사실, 정확한 수치, 중국 인민들의 목소리에 입각해 종국에는 중국 공산당이 공산혁명 이론을 결코 포기하지 않을 것이라는 점을 분명히 지적했다는 점에서 그것은 스노의 잘못된 기록이라기보다 미 정부가 오판한 결과였다.

스노는 중국 체류 13년 만인 1941년 2월 미국으로 돌아갔다. 이후 2차 대전이 끝날 때까지 아프리카와 인도를 거쳐 소련 모스크바에서 대부분의 시간을 보냈다. 조선인 혁명가 김산의 삶을 '아리랑의 노래'(1941)에 기록해 님 웨일스로 알려진 부인과는 1949년 이혼했다. 재혼한 부인과의 사이에서 난 딸의 이름을 '시안'으로 짓는 것으로 중국에 대한 여전한 애정을 과시했다. 1950년대 미국에 매카시 광풍이 불었을 때는 하원의 비미행위조사위원회에 불려가 조사를 받았으나 비미국적 인사로는 단죄되지 않았다.

스노에게 중국과 관련된 마지막 역할이 주어진 것은 1970년이었다. 중국이 문화대혁명의 광란을 끝내고 미국과의 관계 개선을 서두르던 1970년 여름 중국 정부의 초청을 받아 모택동과 주은래를 만났다. 그해 10월 1일 중화인민공화국 건국기념일 행사에도 초청되어 모택동과 함께 천안문에 나란히 서는 영예를 누렸다. 닉슨은 1972년 2월 21일 미국 대통령으로는 처음으로 중국을 공식 방문했다. 하지만 스노는 이미 이 세상 사람이 아니었다. 닉슨이 미국을 떠나기 수일 전인 2월 15일 스위스 제네바에서 눈을 감았기 때문이다.

1938년

김원봉과 조선의용대 활약

_ *윤세주*

_ *김학철*

_ *김무정*

김산 처형과 헬렌 스노 '아리랑 노래' 출간

안익태, 애국가 수록된 '한국환상곡' 초연

_ *애국가 작사자 논쟁*

일제의 신사참배 강요

조선사편수회 '조선사' 전 35책 완간

전형필 간송미술관 건립

김정구 '눈물 젖은 두만강' 발표

뮌헨 협정 체결

나치의 유대인 탄압과 '수정의 밤'

오토 한과 리제 마이트너, 우라늄의 핵분열 발견

스웨덴 '살트셰바덴 협약'과 발렌베리 가문

_ *라울 발렌베리*

월리스 캐러더스, 나일론 개발

_ *이승기와 비날론*

체스터 칼슨 건식 복사기 발명

레니 리펜슈탈 연출 '올림피아' 공개

'살아 있는 화석' 실러캔스 발견

조 루이스와 막스 슈멜링의 재대결

김원봉과 조선의용대 활약

의열단의 투쟁은 1920년대 내내 일제의 간담을 서늘하게 했다.

1910년 망국 후 조선의 무장 독립군이 주로 활약한 곳은 만주의 동북 3성이다. 하지만 1931년 만주사변 후 일제가 만주를 점령하면서 만주는 더 이상 독립군들의 활동 무대가 될 수 없었다. 그래도 독립군은 만주에서 일본군과 만주국군을 상대로 항일 투쟁을 벌여 대전자령 전투 등에서 큰 전과를 거뒀다. 하지만 결국에는 힘에 부쳐 만주를 떠나 중국 본토로 이동해야 했다. 중국 본토에서 창건한 최초의 독립군 부대는 1938년 10월 창건한 조선의용대다. 임시정부 산하 광복군이 출범(1940.9)하기 2년 전이었다.

조선의용대 결성의 일등 공신은 김원봉(1898~1958)이다. 일제 하에서 수많은 독립운동가들이 임시정부를 구심점으로 삼아 독립운동을 펼칠 때 김원봉은 "임시정부 몇 개를 세우면 뭐하나"라며 당장의 투쟁을 우선하는 불같은 태도를 보였다. 그에게 독립운동은 피로 쟁취하는 것이었다.

김원봉은 경남 밀양에서 태어나 서울의 중앙고를 거쳐 1916년 독일인이 운영하는 중국 천진의 덕화학당에 입학했다. 1차대전 발발로 학교가 폐쇄되자 1918년 금릉대(남경), 1919년 신흥무관학교(길림성 유하현)에서 실력을 배양했다. 그러던 중 1919년 3·1 운동 소식을 듣고 "마침내 싸울 때가 되었다"며 무장투쟁을 준비했다. 그래서 1919년 결성한 비밀 결사체가 '대한의열단'이다. 의열단 투쟁은 1920년대 내내 일제의 간담을 서늘하게 했다.

김원봉이 개별적인 암살·파괴에서 조직적이고 통일적인 항일 군대를 조직하는 것으로 의열단의 투쟁 노선을 변경한 것은 1920년대 중반이었

김원봉

다. 1926년 3월 의열단 단원 26명과 함께 중국의 황포군관학교 제4기생으로 입교하고 6개월 동안 군사교육을 받아 항일 군대를 조직하기 위한 첫 걸음을 뗐다.

이후 중국 장개석의 도움을 받아 '조선혁명 군사정치 간부학교'를 남경에 세웠다. 이 학교는 1932년 10월 20일 입교한 제1기생을 비롯해 1935년 4월 입교한 제3기생까지 장차 항일 독립운동의 핵심 인력으로 활약할 125명의 독립전사를 길러냈다. 독립운동가이자 민족 시인으로 유명한 이육사와 '중국해방 인민군가'를 작곡한 정율성도 이 학교를 졸업했다. 의열단(김원봉), 신한독립당(지청천), 한국독립당(조소앙), 조선혁명당(최동오), 대한독립당(김규식) 등 9개 단체가 힘을 합쳐 1935년 7월 남경에서 '조선민족혁명당'을 결성할 때는 서기부장(총서기)을 맡아 핵심적인 역할을 했다.

김구를 중심으로 한 임시정부 세력은 민족혁명당에 참여하지 않았다. 창당의 핵심 세력이 좌파 색채가 짙고 창당 세력의 일부가 임시정부의 해체를 주장했기 때문이다. 결국 민족혁명당은 임시정부 계열의 비협조와 질시, 김원봉의 독주와 전횡에 불만을 품은 지청천 계열의 이탈 등으로 출범 본래의 뜻을 펼치지 못하고 소멸되었다. 하지만 김구의 한국국민당과 대립하면서 중국 관내 항일 독립운동 진영의 지도자로 우뚝 서게 된 것은 김원봉이 의도하지 않은 성과물이었다.

김원봉은 '항일 무장투쟁의 별'

1937년 7월 중일전쟁이 발발하자 통일전선운동이 남경을 중심으로 또다시 전개되었다. 민족주의자 그룹은 김구의 한국국민당을 중심으로 조소앙의 한국독립당, 지청천이 새로 창당한 조선혁명당이 세를 규합해 1937년 8월 '한국광복운동단체연합회'(광선)를 결성하고 임시정부 재건에 착수했다. 사회주의자 그룹은 김원봉의 조선민족혁명당을 중심으로 조선민족해방자동맹(김성숙), 조선혁명자연맹(유자명), 조선청년전위동맹(최창익) 등이 힘을 합쳐 1937년 12월 '조선민족전선연맹'(민선)을 결성했다.

민선은 장개석 정부와 협의해 83명의 조선인 청년을 1937년 12월 강서성 성자현 소재 중국군관학교 성자분교 특별반에 입교시켰다. 민선은 이 청년들을 근간으로 삼아 1938년 7월 장개석 정부에 조선의용대 창설 계획안을 제출했다.

100여 명으로 구성된 조선의용대 발대식은 1938년 10월 10일 한구에서 열렸다. 본부대와 2개 구대로 편성한 조선의용대 대장은 김원봉, 제1구대장은 박효삼, 제2구대장은 이익성이 맡았다. 1940년 5월에는 2개 구대를 3개 지대로 개편해 제1지대(지대장 박효삼), 제2지대(이익성), 제3지대(김세일)로 편성했다.

조선의용대가 창설되고 20일도 안되어 중국 내륙의 거점도시인 한구, 한양, 무창 이른바 무한 3진이 일본군에 함락되었다. 중국 정부가 중경으로 천도하자 조선의용대 본부도 광서성 계림으로 근거지를 옮겼다. 제1구대는 중국군 호남성의 제9전구, 제2구대는 호북성 제5전구 최전방으로 이동했다. 대원들 가운데 최창익·허정숙 등 18명은 조선의용대를 이탈해 중국 공산당의 활동 지역인 섬서성 연안으로 이동했다.

최창익계의 연안 이동은 수년 전부터 최창익이 제기해온 동북 노선의 연장선이었다. 중경이나 계림 등에는 조선인이 거의 없어 조선의용대가 고립될 수밖에 없는데 이런 상황을 탈피하려면 조선인이 많은 중국의 동북 지방 즉 만주로 이동해 그곳에서 조선인 항일 부대와 합세해 독립운동을 펼쳐야 한다는 주장이다.

이처럼 의용대원들이 중국 각지로 흩어지고 김구를 중심으로 한 민족주의자들이 1940년 9월 임시정부 산하에 광복군을 설치하자 좌파가 다수를 차지하는 조선의용대 역시 새로운 진로를 모색했다. 목표지는 중국 팔로군과 일본군이 대치하고 있는 화북 지방이었다. 화북 지방은 중국 북쪽의 하북성, 하남성, 산서성 지역을 일컫는 말로 이곳에 살고 있는 우리 동포는 수만 명이나 되었다. 화북 지역으로 이동하게 되면 더 많은 대원을 확보할 수 있고 나아가 조국과 만주 지방과도 연락을 취할 수 있다는 판단 아래 1940년 11월 의용대 주력이 화북 이동을 결정했다.

중국 공산당도 조선의용대가 한·중·일어에 능통하고 반일 의식이 강한 용맹한 병사들이라는 사실을 알고 자기들 세력권으로 끌어들이기 위해 이런저런 공작을 추진했다. 당시 중국 공산당의 본거지인 연안에는 최창익을 비롯해 조선인 수십 명이 있었다. 이들은 조선의용대의 화북 이동을 추진하는 한편 1941년 1월 '화북조선청년연합회'(조청)를 결성했다. 낙양과 중경에도 사람을 보내 조선의용대원의 북상을 유도했다.

조선의용대는 중국 본토에서 창건한 최초의 독립군 부대

이런 과정을 거쳐 1940년 말 김원봉 등의 본부 인원 100여 명 정도만 남고 박효삼, 윤세주 등 김원봉의 최측근을 포함해 100여 명이 각 전선을 떠나 화북행 집결지인 낙양에 모였다.

조선의용대원들은 먼저 낙양에 집결했다가 1941년 3월 낙양에서 30km 떨어진 맹진 나루터에서 황하강 도강 작전을 시작해 1941년 6월 하북성과 산서성의 경계에 있는 태항산에 도착했다. 그리고 대오를 새로 정비하기 위해 1941년 7월 10일 '조선의용대 화북지대'를 결성했다. 지도부는 박효삼 지대장, 제1대장 이익성, 제2대장 김세광, 제3대장 왕자인으로 구성했다. 당시 제2대에 속했던 김학철이 훗날 자전적 소설에서 2대원 숫자가 29명이었다고 회고한 것으로 미루어 모두 100명 정도로 추산된다. 대원은 점차 147명으로 늘어났다. 화북지대는 중국인을 상대로 한 군중집회, 일본군에 대한 선전 등 주로 무장선전대 역할을 했다.

김원봉은 1940년 3월 본부 대원들을 이끌고 계림을 떠나 중경으로 이동해 1942년 5월 임시정부에 참여했다. 이는 김구 중심의 우파 민족주의 세력과 김원봉 중심의 좌파 민족주의 세력 간의 대통합을 의미했다. 김원봉과 조선의용대가 1942년 5월 18일 광복군 제1지대로 편입된 가운데 김원봉은 1942년 10월 임시정부 임시의정원 의원으로 선출되고 12월 광복군 부사령관에 취임했다. 1944년에는 임시정부 국무위원과 군무부장을 맡아 임시정부 군사 방면의 최고 책임자가 되었다. 하지만 개인적으로는 항일 투쟁의 동지이자 부인인 박차정(1910~1944)을 전투 중 입은 부상의 후유증으로 1944년 5월 떠나보내야 하는 아픔을 겪었다.

박차정은 경남 동래(현 부산광역시)에서 태어나 항일의 기운이 넘치는 가정환경 속에서 성장했다. 항일 의식은 1925년 동래일신여학교 고등과에 입학하고부터 더욱 단단해졌다. 당시 일신여학교에서는 동맹휴학이 자주 일어났는데 모두 박차정이 주모했다. 문학적으로도 뛰어나 항일 의식과 시대 인식을 나타내는 단편소설, 시, 수필 등이 교지에 실렸다. 1930년 1월 광주학생운동의 연장선에서 이뤄진 서울 지역 11개 여학교의 시위 투쟁인 이른바 '근우회 사건'도 배후에서 지도했다가 검거되어 혹독한 조사를 받고 석방되었다.

그 무렵 의열단에서 활동하고 있는 작은오빠 박문호가 사람을 보내 중국으로 불러들였다. 박차정은 1930년 봄 중국으로 건너가 의열단에 가입하고 김원봉과는 조국 해방운동이라는 공통적인 목표와 문학이라는 공통의 관심사를 통해 동지적 관계를 유지하다가 1931년 3월 결혼했다.

1932년 김원봉과 함께 남경으로 거주지를 옮겨 조선혁명 군사정치 간부학교와 조선의용대의 교관으로 항일 전사들을 교육하고 대원들의 사기 진작과 선전 활동에 매진했다. 그러던 중 1939년 2월 강서성 곤륜산 전투에서 중상을 당해 앓다가 1944년 5월 27일 눈을 감았다. 유골은 해방 후 김원봉이 가져와 자신의 고향인 경남 밀양 뒷산에 안장했다.

호가장 전투와 반소탕전 성과 커

조선의용대 화북지대는 1년 동안 험준하기 이를 데 없는 태항산 일대를 비롯해 화북 각지에서 선전에 열중하면서도 호가장 전투 등 크고 작은 전투를 수십 차례 치렀다. 1941년 12월 호가장 전투에서 4명, 1942년 6월의 반소탕전에서 2명의 전사자를 낸 것에서 알 수 있듯 전투마다 치열했다.

호가장 전투는 조선의용대 화북지대의 제2대 29명이 태항산 자락의 원씨현 호가장 마을에서 선전대회를 마치고 하룻밤을 보낸 1941년 12월 12일 새벽, 300여 명의 일본군이 호가장 마을을 포위하면서 시작되었다. 29명 대 300명이라는 절대적으로 불리한 상황에서도 조선의용대 전사들은 동틀 무렵부터 시작된 포위 돌파 전투에서 일본군과 치열하게 전투를 벌여 몇 배나 강한 적의 화력을 뚫고 대부분 탈출하는 데 성공했다. 그러나 손일봉 분대장 등 4명이 전사하고 김세광 대장과 김학철 2명이 부상하는 등 피해도 적지 않았다. 김학철은 포로가 되어 일본으로 끌려갔고 김세광 대장은 부상한 팔을 잘라낸 뒤 외팔 장군으로 용맹을 떨쳤다.

중국 공산당은 기관지 해방일보에 '추도 조선의용군 희생 동지 특간'이라는 제목으로 추도 특집을 싣고 팔로군의 근거지에 있는 초등학교 교과서에 수록하도록 했다. 호가장 전투 후 보름 만인 12월 26일 이번에는 호가장에서 멀지 않은 형대에서 전투가 벌어졌다. 왕자인의 제3지대 대원 3

명이 이 전투에서 전사할 정도로 형대 전투 역시 치열했으나 전투 상보는 알려지지 않고 있다.

호가장 전투는 중상을 입고 체포되어 일본 형무소에 수감되었다가 해방 후 풀려난 김학철의 문학에 생생하게 기록되었다. 지금까지도 호가장에는 당시 조선인의 영웅적 전투를 기념해 '조선을 사랑한다'는 뜻의 '애조(愛朝)', '조선을 좋아한다'는 뜻의 '희조(喜朝)'라는 이름을 사용하는 중국인들이 있다. 조선의용대는 호가장 전투 다음으로 큰 전투인 1942년 5월의 '반소탕전'에서도 맹활약했다. 이 포위 돌파전에서 팔로군에서는 사령부 참모장이 전사하고 조선의용대에서는 진광화, 윤세주 2명이 전사했다.

조선의용대가 호가장 전투와 반소탕전에서 얻어낸 성과는 컸다. 무엇보다 조선인의 대일 항전 의지를 중국 전역에 과시하는 계기가 되고 중국 내 조선인의 영향력이 강화되었다. 조선의용대 수천 수만 명이 활동한다는 과장된 소문이 동포 사회에 전해졌고 이 덕분에 동포들 사이에 민족적 자각이 고양되었다. 윤봉길의 '상해 홍구공원 의거'가 민족주의 세력인 김구·한국독립당의 정치적 자산이 되었듯이 두 전투는 사회주의 세력이 조선 대중에게 가장 자신 있게 내세울 수 있는 정치적 자산이 되었다.

그러나 거듭되는 일본군의 소탕전으로 조선의용대 화북지대의 근거지가 위태롭게 되고 1942년 5월 김원봉의 조선의용대 본부가 임시정부의 광복군 제1지대로 편입되어 졸지에 본부 없는 지대가 되자 조선의용대 화북지대는 팔로군의 정규 편제로 편입되었다. 이에 따라 1942년 7월 '조선의용대 화북지대'를 '조선의용군 화북지대'로 개칭하고 화북조선청년연합회를 정당 조직인 '화북조선독립동맹'으로 재편했다. 조선의용군 화북지대 총사령은 중국 공산당의 대리인 격인 무정, 부사령은 박효삼과 박일우가 맡았다. 화북조선독립동맹은 김두봉을 주석, 최창익과 한빈을 부주석으로 추대했다. 조선의용군은 1943년 12월부터 1944년 3월까지 중국 공산당이 지배하는 섬서성 연안으로 이동했다.

김원봉의 죽음 후 숙청설, 은퇴설, 자살설 등 무성해

1945년 일제의 패망 후 팔로군의 동북 정진군이 만주로 이동할 때 조선의용군도 연안을 떠나 압록강변으로 이동했다. 당시 연안과 화북 일대에서 활동하다가 남만주 지역으로 집결한 조선의용군은 1,500여 명이었다. 이 중 상당수는 김두봉과 무정을 따라 압록강을 건넜으나 입국 즉시 소련군에 의해 무장해제되는 수모를 겪었다. 북한에서 '연안파'로 불린 그들은 조선독립동맹의 김두봉과 한빈 등을 중심으로 조선신민당을 결성, 정치 활동에 들어갔다. 그러나 허정숙 등 몇몇을 제외하고 김두봉, 최창익, 무정 등은 6·25 전쟁 중 혹은 6·25가 끝난 후 김일성에게 숙청을 당해 비극적으로 생을 마감했다.

김원봉은 1945년 12월 2일 북한으로 가지 않고 남쪽으로 귀국했다. 귀국 후 한동안 임시정부의 군무부장과 의정원 의원으로 활동하다가 1946년 2월 좌익 중심의 통일전선체로 결성된 민주주의민족전선에 참여했다. 1947년 6월에는 조선민족혁명당을 조선인민공화당으로 당명을 바꿔 당수를 맡았다. 그러던 중 1947년 3월 22일 군정포고령 위반으로 친일 경찰 출신의 노덕술에게 붙잡혀 조사를 받게 되자 해방이 되었는데도 독립운동가가 악질 친일 경찰의 조사를 받아야 하는 현실에 분을 참지 못하고 꼬박 3일간 통곡했다.

해방 공간에서 한반도 문제가 유엔으로 이관되고 단독선거가 구체화하자 김원봉은 단독선거와 단독정부에 반대하는 '전조선 정당·사회단체 대표자연석회의' 참석을 위해 1948년 4월 9일 평양을 방문했다. 연석회의가 끝난 후 김원봉은 그곳에 눌러앉아 초대 국가검열상에 임명되었다.

그의 월북은 가족에 씻을 수 없는 상처를 남겼다. 6·25 전쟁 때 형제 4명과 사촌동생 5명이 북한에 동조할 우려가 크다는 이유로 밀양의 산골짜기에서 총살을 당했기 때문이다. 김원봉은 북한에서 노동상(1954), 최고인민회의 상임위 부위원장(1957) 자리에까지 올랐으나 1958년 9월 이후 모든 공식석상에서 사라졌다. 숙청설, 은퇴설, 자살설 등 여러 설이 무성하지만 정확한 사실은 아직 밝혀지지 않고 있다. 다만 평양 애국열사릉에 묻혀 있지 않은 것으로 미루어 숙청설이 유력하다.

김원봉의 독립운동 공적은 남한에서도 인정받지 못하고 있다. 부인 박차정이 일제하에서 근우회 핵심 간부와 조선의용대 부녀단장으로 활동한 공로를 인정받아 1995년 뒤늦게 건국훈장을 받은 것과 달리 김원봉은 대한민국을 등진 자발적 월북자이고 북한에서 '상'급 이상의 고위직을 지냈기 때문에 훈장을 줄 수 없다는 게 우리 정부 설명이다.

윤세주

윤세주(1901~1942)는 생애 대부분을 김원봉과 함께한 동지이자 후배였다. 두 사람은 동향(경남 밀양)에 초중학교 선후배 사이였고 의열단의 창단 멤버였으며 무장투쟁을 목표로 한 조선의용대 창설의 산파였다.

두 사람의 첫 거사는 윤세주가 10살, 김원봉이 13살 때 이뤄졌다. 1911년 4월 29일 밀양공립보통학교에서 천황의 생일을 축하하는 천장절 행사가 거행될 때 두 사람은 학교 측이 축하 행사를 위해 준비한 일장기를 화장실에 처박아 버리는 생애 최초의 항일운동을 벌였다. 결국 두 사람 모두 학교에서 쫓겨나 동화중학에 입학했으나 이번에는 학교 안에 '연무단'이라는 비밀 조직을 결성하고 금지된 개천절 기념행사를 공개적으로 벌여 학교가 폐쇄되는 원인을 제공했다.

동화중학이 폐쇄되자 윤세주는 서울의 오성학교로 편입하고 김원봉은

윤세주

서울 중앙고를 거쳐 중국으로 망명했다. 윤세주는 서울에서 1919년 3·1 운동에 참가한 후 고향으로 내려가 3월 13일 만세 운동을 주도했다가 일본 경찰의 수배를 받게 되자 만주로 망명했다. 일제는 4월 14일 궐석재판을 열어 징역 1년 6월을 선고했다.

윤세주는 김원봉이 있는 만주 길림성 유하현의 신흥무관학교에 입교, 평소 숙원이던 군사학을 배워 1919년 11월 9일 김원봉이 결성한 의열단의 창단 멤버로 참가하고 의열단의 첫 의거에 동참했다. 윤세주는 비밀리에 국내로 들어와 조선총독부를 폭파하고 조선 총독을 암살하기 위한 비밀 회합을 1920년 6월 16일 서울에서 했다가 10여 명의 다른 대원과 함께 체포되었다. 결국 1921년 6월 7년의 중형을 선고받아 5년 4개월간 감옥 생활을 한 뒤 1927년 2월 출옥했다. 고향에서 신간회 밀양지회 총무간사, 밀양청년회 집행위원장 등으로 활동하다가 신간회가 해체되자 1932년 봄 김원봉이 있는 중국 남경으로 망명했다.

1932년 10월 조선민족혁명간부학교 1기생으로 입교해 6개월 동안 훈련을 받고 1935년 7월 창당된 조선민족혁명당의 중앙집행위원으로 선출되었다. 1937년 7월 중일전쟁 발발 후에는 상해로 들어가 라디오 방송을 통한 선전 활동과 청년을 모집해 남경으로 보내는 일을 병행했다. 1938년 10월 10일 창설된 조선의용대에서는 훈련 주임과 기관지 주간을 맡았다. 1941년 조선의용대가 태항산으로 이동할 때 김원봉과 작별을 고하고 화북행에 동참했다. 화북 도착 후 재편된 조선의용대 화북지대는 팔로군과 협력해 1941년 7월부터 1942년 8월까지 수십 차례 전투를 벌였다. 그 중에서 가장 치열한 전투가 하북성의 호가장 전투와 산서성의 반소탕전이었다.

'반소탕전'에서 총 맞고 전사

윤세주가 참여한 전투는 1942년 5월 전개된 반소탕전이었다. 일본군은 1942년 들어 중공군 근거지에 대한 소탕전을 대대적으로 전개했다. 1942년 2~3월 벌인 1차 소탕전에 투입한 병력만 4만여 명에 달했다. 5월에도 전차와 비행기까지 동원한 대규모 2차 소탕전을 전개했다. 일본군은 5월 중순 태항산 근거지 소탕전을 시작해 5월 하순 무렵에 이르자 조선의용대 화북지대 본부를 대포 사격권으로 둘 만큼 접근했다.

그러던 중 팔로군과 민병들은 전선으로 나가고 팔로군의 가족과 화북조선청년연합회원 등 비전투 인원들이 산서성 마전에서 5월 28일 일본군에 포위되는 위기상황이 발생했다. 싸울 수 있는 전투 병력이라곤 팔로군 일부와 조선의용대 화북지대원 등 100여 명뿐이었다.

팔로군 총사령부는 조선의용대에 2개 고지를 점령할 것과 포위된 사람들이 고지 사이로 탈출할 때까지 고지 사수를 명령했다. 조선의용대는 박효삼 지대장의 지휘로 5시간 동안 일본군과 치열하게 접전을 벌여 두 고지를 점령했다. 비전투원들은 두 고지 사이로 무사히 빠져나왔다. 이 포위 돌파전 속에서 팔로군 측에서는 사령부 참모장 좌권이 전사했다.

조선의용대원들은 화옥산으로 이동했으나 적의 포위망이 점점 좁혀와 4개 분대로 갈라져 행동했다. 윤세주는 진광화, 김두봉과 한 조가 되어 포위망 탈출을 시도했다. 이 과정에서 진광화는 총상을 입고 벼랑으로 떨어져 즉사하고 윤세주는 허벅지에 총을 맞고 쓰러져 있다가 3일 뒤 발견되었으나 산속 움집에서 치료를 받던 중 6월 3일 전사했다. 희생된 자리에 묻혀 있던 유해는 그해 10월 10일 뒷산 묘소로 이장되었다가 1950년 10월 중국 하북성 한단시에 세워진 중국 최초의 국립묘지 '진기로 혁명열사릉원'으로 재이장되었다. 대한민국 정부는 1982년 건국훈장 독립장을 추서하고 1993년 6월 이달의 독립운동가로 선정했다.

김학철 김학철(1916~2001)은 일제하에서는 광활한 중국 대지에서 총칼을 들고 일제와 싸운 항일 투사였고 해방 후에는 북한·중국의 불의·부조리와 글로 맞서 싸우면서도 한·중·일 현대사의 일부를 복원한 시대의 기록자였다. 다리가 잘리고 14년간 투옥되었는데도 기어코 살아남아 총이 아닌 붓으로 독립투사들의 목숨 건 투쟁을 증언하고 모택동 시대의 개인숭배사를 당당하게 고발했다.

김학철은 함남 원산에서 태어나 서울의 보성고보에 재학 중이던 1935년 임시정부를 찾아 중국 상해로 건너갔다. 1936년 남경으로 가 조선민족혁명당에 가입하고 상해로 되돌아와 조선민족혁명당 행동대로 대일 테러 활동에 참가했다. 1937년 7월 노구교 사건을 계기로 중일전쟁이 발발한 뒤에는 무장 대원이 갖춰야 할 각종 군사훈련을 받으며 일본군과의 싸움에 대비했다. 1937년 9월 중국 정부가 설립한 강서성 성자현의 중앙군관학교 성자분교에서도 10개월간 훈련을 받았다.

1938년 10월 10일 한구에서 결성된 조선의용대 창립 멤버로 참가해 1939년 상반기에는 호남성 북부 일대에서 항일 무장선전 활동을 전개하고 하반기에는 호북성 일대에서 일본군과 대치했다. 1940년 8월 중국 공산당에 가입하고 1941년 6월 중국 공산당 팔로군 본부가 있는 화북의 태항산으로 옮겨 신문을 편집하고 극본을 쓰는 등 문화선전 활동과 전투를 병행했다.

김학철은 1941년 12월 12일 벌어진 호가장 전투에서 대퇴골 관통상을 입고 일본군에 생포되었다. 치안유지법 위반죄로 10년형을 선고받고 1942년 5월 일본으로 끌려가 나가사키 형무소에 수감되었다. 총상을 입은 다리에서 피고름이 흐르고 상처에서는 구더기가 수도 없이 생겨났지만 일제는 김학철이 전향서에 서명을 하지 않는다는 이유로 3년 2개월 동안 제대로 된 치료를 해주지 않았다. 결국 김학철의 왼쪽 다리는 1945년

2월 감옥에서 잘려나갔다.

1945년 8월 일제가 패망하고 10월 석방되었을 때 그는 고향이 있는 북한으로 가지 않고 남한으로 와 조선독립동맹 서울시위원으로 활동하는 등 좌익 활동을 하다가 1946년 12월 조직에서 파견한 간호사와 함께 월북했다. 간호사와는 이듬해 북한에서 결혼했다. 월북하기 전까지 1945년 12월 처녀작 '그네'를 비롯해 '담배국', '균열' 등 10편의 단편소설을 발표했다. 평양에서는 노동신문 논평기자로 일할 때 비판적 기사를 썼다가 6개월 만인 1947년 5월 밀려났고 이후 외금강휴게소 소장, 인민군 전신인 민족군대 신문 주필로 일하면서 단편소설과 중편소설을 신문과 잡지에 연재했다.

김학철

총상 입은 다리에서 피고름 흐르고 상처에서는 구더기 생겨

6·25 전쟁 발발 후에는 1950년 10월 중국으로 돌아가 중국작가협회 격인 중화전국문학공작자협회 연구원으로 활동하면서 중국어로 쓴 여러 편의 단편소설을 발표해 중국 문단에서 두각을 나타냈다. 그러던 중 1952년 9월 연변조선족자치주가 수립되자 연길로 옮겨 1953년 6월 전업 작가로 활동했다. 투쟁 경력 덕에 연변 문단의 존경과 선망의 눈길을 받으며 단편소설집 '새집 드는 날(1953), 장편소설 '해란강아, 말하라'(1954), 중편소설 '번영'(1957) 등을 의욕적으로 발표했다.

당시 그의 소설은 사회주의 사상과 이념을 전파하는 메가폰 역할을 했다. 훗날 김학철은 1950년대 초반 북간도를 중심으로 벌어진 우리 민족의 항일 투쟁을 그린 '해란강아…'는 당의 지시를 받고 써 문학성이 결여된 부끄러운 작품이라고 실토했다. 그럼에도 불구하고 '해란강아…'가 우리 민족의 항일 투쟁사를 3부작 장편으로 처음 형상화했다는 점에서 또한 중국 조선민족문학의 첫 장편소설이라는 점에서 문학사적 가치가 크다는 평가다.

김학철은 점차 자신의 작품을 반성하고 그동안 걸어온 창작의 길에 회의를 느끼게 되자 새로운 눈으로 인간 심리의 기형화를 고발하고 풍자했다. 결국 1957년 모택동의 정풍운동·반우파투쟁에 휘말려 이른바 '반당-반사회주의적 우파분자'라는 죄명을 쓰고 강제노동수용소로 끌려갔다. 작품들은 독초로 비판을 받고 창작 권리는 박탈당했다.

그러나 가중되는 정치적 압박과 극단적인 궁핍은 김학철의 반발심을 불러일으켰다. 그러던 중 1958년 시작된 대약진운동의 광란으로 수천만 명이 굶어죽는데도 "위대한 모택동 만세"가 울려 퍼지는 것을 보고 마침내 개인숭배의 미몽에서 깨어났다. 그리고 1인 독재의 해악을 낱낱이 폭로하겠다며 정의와 진실의 붓을 들었다.

당시 그는 감시와 탄압을 받고 있을 때여서 비밀리에 작품을 썼다. 1964년 초부터 밤 시간을 최대한으로 이용해 신들린 듯 집필에 매달린 끝에 1965년 3월 개인숭배와 극좌 교조주의를 비판한 장편 '20세기의 신화'를 탈고했다. 소설에서 그는 반우파 투쟁에서 문화대혁명 전야까지 극좌 노선이 판치던 중국 사회를 배경으로 지도자의 개인숭배와 독재, 그리고 그로 인해 민주주의 원칙이 여지없이 파괴되고 인권이 무참히 짓밟히는 사회의 어두운 면을 폭로하고 비판했다. 소설은 소련 작가 솔제니친의 '이반 데니소비치의 하루'(1962), '암 병동'(1968), '수용소 군도'(1973)와 맥을 같이하지만 솔제니친이 죽은 독재자를 비판한 반면 김학철은 시퍼렇게 살아 있는 현재 진행형 독재자를 비판했다는 점에서 더 용기가 있다는 평가다.

총이 아닌 붓으로 독립투사들의 목숨 건 투쟁 증언

1966년 문화대혁명의 광란이 중국 전역을 뒤덮으면서 김학철에게도 광기의 파고가 밀려왔다. 홍위병들은 1967년 12월 19일 밤 김학철을 끌고 갔다. '20세기의 신화' 원고도 함께 압수했다. 김학철은 재판도 없이 미결수 상태로 유치장 독감방에서 기약도 없이 갇혀 지냈다. 그렇게 7년 4개월이 지나서야 1975년 4월 3일 재판을 받았다. 결국 반동죄 명목으로 징역 10년형을 선고받아 1977년 12월 19일까지 2년 8개월을 더 감옥에서 지내야 했다.

석방된 후에도 3년간 반혁명 전과자 취급을 받아 아무 일도 하지 못하다가 1980년 12월 무죄판결을 받아 복권되고 1983년 중국 국적을 취득하고서야 창작에 매진할 수 있었다. 김학철은 잃어버린 시간을 벌충이라도 하듯 전력으로 질주했다. 어느덧 나이는 60대 후반으로 접어들었다.

항일 회상기 '항전별곡'(1983), '김학철 단편소설집'(1985), 장편소설 '격정시대'(1986), 중편소설 '밀고제도'(1987) 등을 연이어 출판함으로써 중국 조선족 문단의 대표적인 작가로 자리매김했다. '항전별곡'에서는 조선의용군의 태항산 항일투쟁을 전기문학으로 재현하고 '격정시대'에서는 청소년 시절의 경력과 그의 사상 의식 발전 과정을 예술적으로 형상화했다. '밀고제도'에서는 옥중 체험을 집대성했다.

김학철의 작품이 한국에서 각광을 받기 시작한 것은 1980년대 후반 월북 문인들에 대한 해금 조치가 취해지면서였다. 1988년 4월 '격정시대'(3권)와 '해란강아…'(2권)가 국내에서 출판된 것을 비롯해 '최후의 분대장'(1995), 31년 전에 썼던 장편소설 '20세기의 신화'(1996.12)도 출판되었다. 그러다가 육신의 운명이 다 한 것을 깨닫고 가족의 고통을 줄기 위해, 더는 연연하지 않고 깨끗이 떠나가기 위해 21일간 단식 끝에 2001년 9월 25일 세상을 떠났다.

김무정

흔히 무정 장군으로 불리는 김무정(1904~1951)은 함북 경성에서 태어나 1923년 서울 중앙고보를 중퇴하고 그해 3월 중국으로 건너갔다. 1924년 하북 보정에 있는 보정군관학교 포병과를 졸업하고 국민당 부대에서 포병 장교로 활동하다가 1925년 중국 공산당에 입당했다. 1927년 4월 장개석의 상해 반공 쿠데타 후 지하활동을 전개하다가 1929년 공산당의 상해 폭동 때 영국 경찰에 체포되어 2개월 동안 수감 생활을 했다.

출옥 후 1930년 6월 중공 소비에트 지역으로 이동해 팽덕회가 이끄는 홍군 제3군단 포병연장으로 풍찬노숙하며 대륙을 누비는 남정북전(南征北戰)에 참가했다. 1930년 7월 홍군 제3군단이 동정호의 악주성을 공략하자 동정호에 정박 중이던 미·영·일 열강의 군함이 악주성의 홍군을 향해 대대적으로 포탄을 퍼부었다. 그때 김무정은 야전포로 군함을 포격해 10여 척을 명중시키는 신기에 가까운 포병술을 선보였다. 이후 무정의 이름과 함께 조선인의 명성이 홍군 내에 널리 알려졌다.

김무정은 1934년 10월 시작된 죽음과 고난의 '대장정'에도 참가했다. 1937년 8월 연안에서 노·농 홍군이 국민혁명군 팔로군으로 재편될 때는 팔로군 작전과장으로 임명되었고 1938년 1월 28일 팔로군 최초로 창건된 포병단 단장이 되어 본격적으로 지휘력을 발휘했다. 모택동이 "중국군 몇백 명보다 무정 한 사람이 더 귀하다"고 말할 정도로 그는 군인으로 뛰어난 능력을 인정받았다. 팔로군이 1940년 8월부터 12월까지 일본군에 대공세를 퍼부은 '백단대전'에서도 명성을 떨쳤다.

북한 애국열사릉에 묻혀있는 김무정의 묘

백단대전이 끝난 후 무정은 당 중앙의 지시에

따라 포병단을 떠나 관내 조선인 항일 단체를 통일하고 연합하는 조직 사업에 나섰다. 1941년 1월 화북의 태항산에서 결성된 화북조선청년연합회 회장이 되고 화북조선청년학교(1941.9)와 화북조선혁명군정학교(1942.1) 교장을 맡아 화북 지역 20만 조선 동포를 결집하는 데 심혈을 기울였다. 1942년 7월에는 조선의용대 화북지대를 개편한 조선의용군 화북지대 총사령에 임명되었다.

"중국군 몇백 명보다 무정 한 사람이 더 귀하다"

일제 패망 후에는 북한으로 입국하기 위해 조선의용군을 이끌고 압록강변에 이르렀으나 집단 입국을 불허하는 소련군의 반대로 무장해제당한 채 개인 자격으로 입국했다. 김구와 대한광복군이 개인 자격으로 남한에 입국한 것과 같은 상황이었다. 일제하에서 중국 공산당 본부가 있던 연안을 중심으로 항일 투쟁을 벌였기 때문에 무정을 비롯해 김두봉, 최창익, 허정숙, 박효삼 등은 해방 후 북한에서 '연안파'로 불렸다. 연안파의 리더는 한글학자이면서도 연안에서 활동한 김두봉이었다. 연안파는 조선신민당을 결성했다가 1946년 8월 북조선로동당에 통합되었다. 조선독립동맹 주석 김두봉이 북로당의 위원장을 맡기는 했으나 실제로는 연안파가 김일성의 갑산파에 사실상 흡수 통합된 것에 지나지 않았다.

무정은 팔로군에서 무공을 날렸기 때문에 해방 정국에서 명성을 떨쳤다. 이 때문에 오히려 김일성의 견제를 받아 권력 핵심에 진입하지 못하고 북조선임시인민위원회 중앙위원(1946.2), 포병 담당 부사령관(1946.7), 조선노동당 중앙위원(1948.3) 등 한직을 맴돌았다. 1950년 6·25 전쟁 때는 제2군단장으로 출전하고 9월 총퇴각 때는 수도(평양)방위사령관에 임명되었으나 전쟁이 한창이던 1950년 12월 말 압록강변 만포 별오리에서 열린 노동당 중앙위원회 회의에서 김일성으로부터 군벌주의자, 도피주의자, 살인자라는 비판을 받고 군직을 박탈당하고 숙청되었다.

숙청의 직접적인 원인은 낙동강 전선까지 진출했다가 후퇴하는 과정에서 지휘 계통을 수시로 무시한 점, 인천상륙작전 이후 평양 사수 명령을 제대로 수행하지 못한 점, 압록강 건너 만주까지 후퇴한 점, 감정에 치우쳐 야전병원 의사를 자의로 사살했다는 점 등이었지만 그 이면에는 정치적인 변수도 작용했다. 입북 이후 남다른 정치적 야심을 불태우며 같은 연안파 거두인 김두봉이나 최창익과는 달리 독자적으로 정치적 활로를 모색했던 행동이 새로운 지도자로 부상하고 있던 김일성의 심기를 자극했던 것이다.

한동안 잊혔던 김무정은 김일성이 죽기 3개월 전인 1994년 4월 김일성에 의해 정치적으로 명예가 회복되었다. 김일성은 사후인 1998년 평양에서 발간된 자신의 회고록 '세기와 더불어'에서 "무정은 해방된 조국에 돌아와서도 무력 건설에 참가하여 공로도 세웠지만 워낙 군벌 관료기가 심한 사람이어서 조국 해방전쟁 때에 비판을 받고 군직을 다 내놓았다"고 비판하면서도 "나는 그가 세상을 떠났을 때 그의 공로를 평가하여 장례식을 잘해주었다"며 적절한 대우를 해준 것으로 자평했다. 한동안 언제 어디서 죽었는지 알려지지 않고 있다가 최근에야 알게 된 북한의 애국열사릉을 통해 1951년 8월 9일 숨진 것으로 확인되었다.

김산 처형과 헬렌 스노 '아리랑 노래' 출간

다른 혁명 동지들처럼 역사 뒤편에 묻혔을 김산이 화려하게 등장하는 순간이었다.

1937년 5월 미국의 자유기고가 헬렌 포스터 스노가 모택동의 홍군이 장악하고 있는 중국 연안에 도착했다. 20여 명의 홍군 지도자를 만나 얘깃거리를 찾던 어느 날 흥미로운 사실을 알게 되었다. 노신도서관에 소장된 책의 거의 절반에 가까운 대출카드에 장명이라는 한 사람의 이름이 기록되어 있는 것을 발견한 것이다. 더구나 장명이 조선인이라는 얘기에 호기심이 발동했다. 그렇지 않아도 1년 전 여름 조선을 둘러보고 금강산도 구경한 터였다. 스노는 수소문 끝에 1937년 6월 18일 장명을 만났고 이후 2개월간 22차례 만나 그가 살아온 행적을 묻고 듣고 기록했다. 분량은 노트로 7권이나 되었다.

김산

마지막 만남에서 스노가 "당신은 10개 이상의 가명을 쓰고 있는데 장차 나올 책에 어떤 이름을 쓰는 게 좋겠냐"고 묻자 그는 "김산이 좋겠다"며 "김은 조선인 중 가장 많은 성씨이다. 요즘 산처럼 동요하지 않고 살겠다는 생각을 갖고 있고, 당신이 가봤다는 금강산에서 한 글자를 뺀 것이기도 하다"며 이유를 설명했다. 자칫 무수한 다른 혁명 동지들처럼 역사 뒤편에 묻혔을 김산이 화려하게 등장하는 순간이었다.

헬렌 포스터 스노는 미국에서 대학을 졸업하고 상해 주재 미국 영사관 직원으로 중국에 왔다가 1932년 12월 에드거 스노와 결혼한 뒤 자유기고가로 활동 중이었다. 에드거 스노는 1936년 서방 기자 최초로 모택동을 인터뷰하고 서방에는 한 번도 공개되지 않고 있던 홍군을 취재해 '중국의 붉은 별'을 출판(1937.10)함으로써 장차 세계적으로 유명해질 미국의 언론인이었다. 헬렌 포스터에게 '님 웨일스'라는 필명을 제안한 것도 스노였다.

님 웨일스는 스노가 1936년 7월부터 4개월간 모택동과 홍군을 취재하는 사이 만주와 조선을 여행하고 돌아왔다. 남편의 세계적인 인터뷰에 자

헬렌 스노(님 웨일스)

극을 받아 웨일스 역시 극적인 삶을 사는 혁명가를 찾아 중국 공산당의 새 근거지 연안으로 갔다. 그때 만난 인물이 김산이다.

스노는 소설 '대지'의 작가 펄 벅이 운영하는 뉴욕의 출판사에서 자신과 김산을 공저자로 한 '아리랑의 노래'(부제 : 한 조선인 혁명가의 이야기)를 1941년 출간했다. 웨일스는 김산의 어린 시절, 중국에서 만난 혁명가들을 통해 사상적으로 변해가는 과정, 중국 공산당원으로 맹활약한 이야기 등을 책에서 파노라마로 펼쳐 보였다. 다만 김산의 정체가 드러나면 위험에 처할 수 있다는 것을 우려해 몇몇 사실은 일부러 틀리게 소개했다.

일본의 간첩으로 몰려 처형된 비운의 공산주의자

김산(1905~1938)의 본명은 장지락으로 평북 용천에서 태어났다. 1918년 평양의 숭실중학에 입학하고 1919년 3·1 운동에 참가했다가 퇴학을 당했다. 그해 여름 건너간 일본에서 마르크스 레닌 사상을 접하고 몇 개월 뒤 고향으로 돌아와 러시아행을 준비했다. 1919년 12월 중국 안동과 봉천을 거쳐 러시아와 가까운 하얼빈행 기차를 탔으나 일본군에 가로막혀 하얼빈행이 좌절되었다. 결국 700리 길을 걸어서 서간도의 신흥무관학교를 찾아가 3개월간의 단기 코스를 마친 후 좀 더 넓은 곳에서 혁명 활동에 투신할 생각으로 1920년 12월 임시정부가 있는 중국 상해로 갔다.

김산은 임시정부 기관지 독립신문의 문선 식자공으로 일하면서 이동휘, 안창호, 이광수 등 말로만 들어온 민족 지도자들을 만났다. 1921년 1월에는 평생의 동지가 될 테러리스트 오성륜을 만나고 그를 통해 김원봉의 비밀결사 의열단에 입단했다. 1921년 10월에는 천진의 남개대학에 입학했으나 곧 그만두고 1922년 초 의과대학인 북경협화의학원에 입학했다. 1923년 봄 북경에서 승려 출신의 김성숙을 알게 되고 그해 말 김성숙과 함께 중국 공산청년동맹에 가입함으로써 공산당원이 되었다.

김산은 1925년 광동성으로 가 김원봉, 김성숙 등과 함께 1926년 봄 조선혁명청년동맹을 창립했다. 곧 국립광동대학(1926년 중산대학으로 개칭) 의학과 본과 2학년에 편입했다가 가을에 법학으로 전공을 바꿨다. 1926년 여름 기관지 '혁명행동'의 부주필로 활약하고 1927년 4월 조선혁명청년동맹 중앙위원 겸 선전부장으로 임명되었다.

그가 광동에서 활동하는 동안 1927년 4월 장개석이 상해 공산주의자들을 무참하게 학살하는 반공 쿠데타를 일으킴으로써 1924년 1월부터 유지되어온 국공합작은 끝이 났다. 공산당은 이에 맞서 1927년 8월 1일 강서성 남창에서 봉기를 일으켰으나 실패했다. 남창 봉기에는 김원봉을 비롯한 조선인 투사들도 다수 참가했다.

1927년 11월에는 광동성 해풍현과 육풍현에서 공산당 봉기가 일어나 중국 최초의 해륙풍 소비에트가 구성되었다. 광주에서도 12월 11일 봉기가 일어났다. 김산도 김성숙·오성륜과 함께 광주 봉기에 참가했다. 하지만 광주 봉기는 3일 천하로 끝나고 말았다. 무려 1,000여 명이 살해된 광주 봉기에서 조선인도 200~300명 희생되었다. 김산은 광주 봉기 실패 후 1928년 1월 해륙풍 소비에트로 피신했으나 국민당군이 해륙풍을 점령하고 백색테러가 난무하자 다시 해륙풍을 탈출해 홍콩을 거쳐 1928년 9월 상해로 돌아왔다.

김산은 1929년 초 북경으로 이동해 본격적인 지하투쟁을 전개하면서 북경대 등 각 대학의 비밀 학습 그룹을 지도했다. 1929년 10월에는 조선공산당 당원의 중국 공산당 가입 문제를 해결하라는 임무를 받고 만주로 파견되어 조선인의 항일 전선 조직을 강화하는 공작을 펼쳤다. 1930년 1

월 북경으로 돌아와 중국공산당 북경시위원회 조직부장으로 활동하는 한편 3월에는 '염광'이라는 필명으로 오성륜의 투쟁을 사실적으로 그린 단편소설 '기묘한 무기'를 신동방 잡지에 발표했다.

"중국 공산당이 용서받을 수 없는 죄악을 저질렀다"

그러던 중 1930년 11월 20일 북경에서 국민당의 비밀경찰에 체포되었다. 중국 국적이 아니어서 천진의 일본 영사관으로 넘겨져 40여 일간 각종 고문을 받았다. 하지만 조직을 끝내 밝히지 않아 1931년 2월 조선의 신의주 형무소로 옮겨졌다가 증거 불충분으로 1931년 4월 1일 풀려났다. 김산은 가혹한 고문으로 폐결핵에 걸려 신음하면서도 1931년 6월 북경으로 되돌아갔다.

그러나 북경의 공산당 조직은 김산이 풀려난 것을 의심해 당적을 박탈했다. 불행히도 1933년 5월 또다시 북경에서 국민당 비밀 조직인 남의사 특무대에 체포되어 일본 경찰로 넘겨졌다. 또다시 고국으로 압송되어 고향에서 몸을 추스르다가 1934년 1월 북경으로 돌아갔다. 그를 바라보는 불신의 시선은 더욱 따가워졌다.

김산은 1934년 봄 과거 제자이자 동지였던 중국인 여성 조아평과 결혼하고 1936년 1월 상해에서 김성숙 등과 조선민족해방동맹을 결성, 중앙위원으로 이름을 올렸다. 그러다가 1936년 8월 중국공산당 중앙과 홍군 지휘부가 있는 산서성 북쪽의 연안으로 떠났다. 1936년 12월 연안에 도착하고 1937년 1월 항일군정대학에서 일본 경제사, 화학, 물리 등을 강의했다.

웨일스와의 인터뷰가 끝난 1937년 11월 당중앙 조직부장 강생이 소련에서 돌아와 1938년 1월 공산당 기관지에 대숙청을 예고하는 글을 기고했다. 1938년 4월에는 모택동의 정적 장국도가 연안을 탈출해 국민당 쪽으로 전향함으로써 대숙청의 조짐이 더욱 커졌다. 이런 상황에서 1938년

10월 초 김산은 연안에서 200km 떨어져 있는 섬감녕변구 전선으로 가라는 명령을 받았다. 그가 떠난 후 10월 8일 강생이 "김산은 간첩"이라며 처형하라는 명령서에 서명했다. 결국 이 사실을 모른 채 전선으로 이동하던 중 10월 19일 비밀리에 처형되었다. 일본, 만주, 중국 대륙을 전전하던 김산은 이렇게 33세의 젊은 나이로 이역에서 생을 마감했다.

님 웨일스는 남편 스노와 1949년 이혼한 뒤 미국 코네티컷 주 매디슨에 머물며 중국에서의 경험을 책으로 펴내는 작업에 매진했다. 김산의 죽음을 전혀 모르고 있다가 1987년 이 사실을 알고 "중국 공산당이 용서받을 수 없는 죄악을 저질렀다"며 분개했다. '아리랑의 노래'는 해방 후인 1946년 국내 잡지 '신천지'에 일부가 번역·연재되었으나 곧 잊혔다가 1984년 비로소 완역본이 출판되었다. 김산은 1983년 1월 27일 중국 공산당 당적을 회복하고 2005년 우리 정부로부터 건국훈장 애국장을 추서받았다.

안익태, 애국가 수록된 '한국환상곡' 초연

1940년 12월 임시정부가 애국가를 국가로 채택했다.

안익태(1906~1965)는 평양에서 태어나 1918년 평양 숭실중학에 입학했다. 첼로를 사 준 형과, 선교사로 내한해 숭실중학 교장으로 있던 모리(Mowry E.M.) 박사가 그의 음악적 재능을 알아주면서 첼로에 푹 빠졌다. 그러나 평양에는 마땅한 스승이 없어 방학을 이용해 서울의 캐나다 선교사에게 첼로를 배웠다. 1919년 3·1 운동은 인생의 전환점이 되었다. 수감자 구출 운동에 가담했다가 퇴학 처분을 받아 이후 평생 해외로 떠돌았기 때문이다.

안익태

퇴학을 안타깝게 여긴 모리 교장의 도움을 받아 일본으로 건너갔으나 일본에서도 요주의 인물이라는 딱지가 붙어 한동안 사설강습소를 전전하다가 도쿄 세이소쿠중학(1921~1926)과 도쿄고등음악학교(1926~1930)에서 첼로를 공부했다. 1930년 귀국, 평양에서 첼로 독주회를 열려 했으나 일본 경찰의 방해로 수포로 돌아가자 "조국이 독립하기 전에는 돌아오지 않겠다"며 미국으로 떠났다. 이후 죽는 날까지 사실상 디아스포라의 삶을 살았다.

미국에 도착한 안익태가 먼저 찾아간 곳은 샌프란시스코 한인교회였다. 그곳에서 동포들이 부르는 애국가를 들으며 "언젠가는 우리의 애국가를 작곡하겠다"고 굳게 결심을 했다. 당시 동포들이 부른 애국가는 스코틀랜드 민요 '올드 랭 사인'에 윤치호가 쓴 것으로 추정되는 노랫말을 붙여 만든 곡이었다. 한인교회 목사는 애국가의 4절까지 적어주면서 꼭 가사에 곡을 만들라고 격려했다.

안익태는 1930년 입학한 신시내티 음악원에서 음악 공부를 하는 한편 1931년 신시내티 시립교향악단에 동양인 최초의 첼로 연주자로 입단해 연주 활동을 병행했다. 그러나 첼로로 대성하는 게 어렵다고 판단해 1932년부터 필라델피아의 커티스 음악원과 템플대 음악대학원에서 작곡과 지휘를 공부했다. 우리가 안익태의 필라델피아 시절을 기억해야 하는 이유는 현재의 애국가가 수록된 '한국환상곡'을 1935년 11월 작곡했기 때문이다.

안익태는 1937년 6월 템플대에서 음악학 석사학위를 받고 그해 11월 유럽으로 건너갔다. 안익태의 음악적 재능은 유럽에서 꽃을 피웠다. 무엇보다 감격적인 순간은 아일랜드 방송교향악단을 지휘하면서 한국환상곡을 초연한 1938년 2월 20일이었다.

3·1 운동 후 죽는 날까지 디아스포라의 삶 살아

안익태는 한국환상곡에서 애국가 악보를 떼내, 윤치호의 노랫말을 붙여 샌프란시스코의 대한인국민회에 보냈다. 재미 동포 단체들은 '대한국 애국가'라는 제목을 달아 중국의 중경 임시정부에 애국가로 제정해줄 것을 요청했다. 애국가는 1940년 12월 임시정부에 의해 국가로 채택되었다. 대한민국 임시정부 공보 제69호에는 "북미 대한인회가 안익태 작곡 '애국가' 신곡보의 사용 허가를 요구하였으므로 1940년 12월 20일 국무회의에서 그 사용을 허가하기로 의결한다"라고 되어 있다.

이후 임시정부와 미국 동포들은 애국가를 부르며 나라 잃은 설움과 떠나온 고향에 대한 그리움을 달랬다. 임시정부 김구 주석은 애국가 악보를 국내외에 널리 보급하기 위해 한국어, 영어, 중국어로 된 '한국 애국가' 악보집을 1945년 11월 12일 중국에서 발간했다.

안익태는 1938년 한국환상곡을 초연한 후 독일로 건너가 당시 세계 최고 작곡가인 리하르트 슈트라우스의 문하에 들어갔다. 슈트라우스는 자신이 해야 할 객원지휘 중 일부를 안익태에게 맡길 정도로 안익태를 신뢰했다. 안익태는 스승 덕에 1939년 헝가리 부다페스트 국립교향악단을 처음 지휘했다. 이후에도 슈트라우스의 후원으로 독일, 이탈리아, 영국, 프랑스, 스페인 등지를 순회하며 1940년부터 1944년까지 60여 개의 세계적인 교향악단을 지휘했다. 한국환상곡도 10차례 이상 지휘했다.

그러나 당시 연주한 한국환상곡 악보는 전해지지 않는다. 다만 친필이 적힌 1944년판, 1950년판, 1953년판, 1954년판, 연도 미상판이 전해지고 있다. 안익태 자신이 생전에 연주할 때마다 계속 악보를 고쳤기 때문에 이 가운데 어느 것이 결정판이라고 내세울 수는 없다. 한국환상곡의 초기곡은 한국의 민족음악을 토대로 한 서정적인 부분(1부), 일제의 압제하에서 신음하는 조국의 암담한 모습(2부), 광복의 기쁨을 맛보는 애국가의 합창 부분(3부)으로 나뉜다. 이후 1950년대 중반쯤 한국전쟁이라는 민족적인 비극(4부) 부분이 추가되었다.

해방 후 안익태는 고국으로 돌아오지 않고 1946년 스페인 지중해에 있는 마요르카에 안착했다. 그곳에서 스페인 여성과 결혼하고 막 창단한 마요르카 교향악단의 창단 및 상임지휘자로 활동했다. 안익태의 애국가는 1946년부터 일부에서 불리다가 1948년 8월 15일 대한민국 정부 수립식 때 공식적으로 사용되었다.

임시정부, 안익태 작곡 애국가를 국가로 공식 채택

안익태는 해방 후에도 외국에서 순회연주를 하다가 고국을 떠난 지 25년 만에 이승만 대통령의 80회 생일 축하 연주를 위해 1955년 3월 귀국했다. 이후 매년 한 차례 방한했으나 국내 음악계 인사들의 배타적인 태도와 안익태 자신의 고집스러운 행동이 충돌해 결국 국내에 안착하지 못하고 주로 마요르카에 머물다가 1965년 9월 16일 59세 나이로 그곳에서 생을 마감했다. 유해는 1977년 7월 국내로 봉환되어 국립묘지 묘역에 안장되었다.

안익태를 둘러싼 친일 논쟁은 2006년부터 본격적으로 전개되었다. 친일 행위자로 분류된 근거는 1938년 '에텐라쿠'라는 천황 찬양 음악을 작곡하고 독일에서 일독회(日獨會)라는 친나치 단체에 가입했으며 1942년 베를린 필하모니홀에서 열린 만주국 창설 10주년 기념 음악회에서 안익태가 작곡한 '만주국 축전곡'을 지휘했다는 것이다.

이 가운데 대형 일장기가 무대 중앙에 걸려 있는 곳에서 만주국 창설을 기념하는 음악회 공연을 지휘한 것은 공연 필름이 발견되어 부인할 수 없는 사실로 확인되었다. 다만 '에텐라쿠'가 천황을 찬양하는 음악이라는 주장은 '에텐라쿠'가 조선 아악을 주제로 만든 '강천성악'의 일본식 발음이기 때문에 오해라는 반론도 있다.

또한 안익태가 친일 작곡가이기 때문에 애국가를 새로 만들어야 한다는 일각의 주장에 대해서도 반박의 목소리가 크다. 애국가는 안익태가 작곡했지만 애국가를 대한민국의 국가로 만든 것은 미국 동포, 독립군, 임시정부 그리고 애국가를 부르며 나라를 되찾고 감격을 나누던 대한민국 모든 국민이기 때문에 인정할 수 없다는 것이다.

현재 애국가는 1984년 제정된 '대한민국 국기에 관한 규정'과 2007년 제정된 '대한민국 국기법 시행령' 등에서 국가로서의 법적 근거와 지위를 부여받고 있다. 물론 '국가는 애국가'라고 명시한 법률 조항은 없다. 저작권은 2005년 2월 유족 측이 대한민국 정부에 저작권을 양도해 현재는 우리 정부가 저작권을 갖고 있다.

참고로 북한의 국가 명칭도 애국가이지만 우리나라의 애국가와는 전혀 다르다. 북한에서도 새 애국가가 제정되기 전까지는 우리나라 애국가와 같은 노랫말에 '올드 랭 사인' 곡에 따라 애국가를 불렀다. 그러다가 김일성의 지시로 1947년 애국가가 새로 만들어지고 1948년 9월부터 공식적으로 불리고 있다. 월북 시인 박세영이 작사했고 광산 노동자 출신 음악가 김원균이 작곡했다.

애국가 작사자 논쟁

국가(國歌) 제정의 움직임이 본격화한 것은 19세기 말 각국과의 외교적 교섭이 활발해지고 서양 음악에 대한 이해가 고조되어 필요성을 실감한 대한제국 정부가 '애국가 제정위원회'를 발족하면서였다. 독립신문도 1896년 4월부터 각종 애국가류를 소개하면서 1896년 9월 22일자 논설을 통해 국가 제정과 보급 운동을 공식적으로 제기했다.

독립신문을 통해 확산된 애국가 부르기 운동은 황성신문, 대한매일신보, 공립신보 등의 신문과 각종 학회지 등에도 영향을 미쳐 많은 애국가류 노래가 '애국가', '국민가', '독립가', '찬미가', '대한가' 등의 이름으로 소개되었다. 이처럼 민간에서 애국가 부르기와 국가 제정 움직임이 활발한 가운데 대한제국 정부가 애국가를 제정한 것은 대한제국 정부의 초청으로 내한해 황실 군악대를 조직한 독일 출신의 프란츠 에케르트가 '대한제국 애국가'를 만든 1901년이었다.

대한제국 애국가가 초연된 것은 고종의 50주년 탄신일인 1901년 9월 7일이었다. 당시 에케르트가 지휘하는 서양식 군악대는 고종과 각부 대신, 각국 외교사절 앞에서 첫 연주회를 열면서 대한제국 애국가도 연주했다. 대한제국 애국가는 1902년 1월 황실의 신년 하례식 때와 1902년 3월 17일 황태자(순종) 탄생일을 기념하는 축하 연주회 때도 연주되었다. 1902년 7월 1일에는 독일에서 인쇄한 500부의 악보가 주한 외국 공사에 배포되었다.

1902년 8월 15일 관보에 실려 대한제국의 공식 국가로 선포된 '대한제국 애국가'의 가사는 이렇다. "상뎨여 우리 황뎨를 도으소셔/ 셩슈 무강하사/ 해옥듀를 산 갓치 싸으시고/ 위권이 환영에 떨치샤/ 오천만셰에 복록이 무궁케 하소셔/ 상뎨는 우리 황뎨를 도우소셔."

대한제국 애국가는 1910년 대한제국이 일본에 강제 병합된 후 금지곡으로 묶여 이 땅에서 사라졌다. 그러자 새로운 애국가류가 민간에서 애용되었다. 그 중에서도 가장 널리 알려진 것은 스코틀랜드 민요 '올드 랭 사인' 곡에 1907년경 윤치호가 쓴 것으로 추정되는 가사를 붙여 만든 애국가였다. 이후 1935년 안익태가 작곡한 곡을 대한민국 임시정부가 1940년 12월 애국가로 공식 인정하고 1948년 8월 대한민국 정부 수립 기념식에서 공식적으로 부를 때까지 '올드 랭 사인' 곡이 우리의 애국가 역할을 했다.

결정적 근거·사료 없어 '미상(未詳)'으로 전해져

대한민국 정부 수립 후 안익태 작곡 애국가가 공식적으로 우리의 애국가로 지정되자 가사를 누가 썼는지가 논쟁의 대상이 되었다. 정부가 주관하고 학계와 관련 전문가들이 참여하는 '애국가 작사자 조사위원회'가 구성되어 1955년 4월 4일부터 5월 23일까지 조사를 벌였다.

위원회는 윤치호·안창호·최병헌·김인식·민영화 등 단독 작사자설과 합작설, 개작설 등 여러 주장을 면밀히 검토했으나 결국 밝히지 못해 표결에 부쳤다. 결과는 윤치호 11명, 안창호 2명으로 갈라져 결국 '작자 미상'이라는 결론을 내렸다. 윤치호가 가장 유력하지만 결정적인 근거가 없어 만장일치를 끌어내지 못한 것이다.

이후 각종 근거 자료가 발견되어 논쟁에 불을 지폈다. 윤치호설 옹호론자들은 한 소책자를 근거로 "윤치호가 1907년 애국가를 작사했고 1908년 발행한 찬미가를 통해 보급했다"고 주장한다. 1908년 6월 25일 광익서포가 발간한 찬미가는 '윤치호 역술(譯述)'이라고 적혀 있는 16쪽짜리 소책자다. 찬미가는 윤치호가 한영서원 학생들에게 찬송가를 가르치기 위해 펴낸 노래집으로 15곡의 찬송가가 수록되어 있다.

그 중 뒷부분에 현재의 애국가 가사와 동일한 '애국적 찬송가'가 실려 있는데 전체 15곡 중 12곡은 번역 가사이고 애국가 등 3곡은 윤치호의 창작이다. 애국적 찬송가에는 '올드 랭 사인'에 맞춰 부르라고 명시되어 있다. 다만 애국가 가사 중 일부가 독립신문 1899년 6월 29일자 배재학당 방학 예식 기사에 실린 무궁과 4절(무궁화 삼천리 화려강산/ 죠션 사름 죠션으로 기리 보죤하게)과 같다는 점에서 완전 창작이라고는 할 수 없다.

윤치호설을 뒷받침하는 자료 중에는 미주 지역의 신한민보 1910년 9월 21일자에 실린 '국민가'라는 4절 노래도 있다. 가사는 '동해물과…'로 시작되는 현재의 애국가와 같다. 곡명 밑에는 '윤티호'라고 작사자를 밝혀놓고 있다. 당시 신한민보는 안창호가 이끄는 국민회가 발행했기 때문에 애국가 작사자가 안창호라면 신한민보가 윤치호를 거명할 까닭이 없다는 것이다. 윤치호 자신도 1945년 12월 사망 직전 자필 '가사지' 말미에 작사 연대를 1907년이라고 밝히고 있다. 1954년 11월 한국태평양출판사 이름으로 미국에서 발간된 '한국 입문'에도 애국가 악보에 작곡자를 안익태, 작사자를 윤치호로 기록하고 있다.

반면 안창호설 옹호론자들은 "1907년 3월 안창호가 평양에서 애국가를 작사했으며 안창호가 평양에 설립한 대성학교에서 앞장서 보급했다"고 주장한다. 안창호가 설립한 흥사단은 안창호가 '의무균명학교 학생들에게 조회 때마다 국기에 경례하고 애국가를 부르게 했다'는 내용의 대한매일신보 1907년 3월 20일자 기사를 근거로 제시한다.

또 상해 임시정부 시절 3년간 안창호의 비서를 맡았던 구익균이 "당시 애국가 작사자에 대해 안창호에게 묻자 '(내가)맞다'는 답변을 들었다"고 증언한 것도 증거로 내세운다. 현재로서는 윤치호설에 무게가 실리긴 하지만 결정적인 근거나 사료가 없어 여전히 '미상(未詳)'으로 전해지고 있다.

일제의 신사참배 강요

"신사참배는 예배 행위가 아니고 조상에 대한 경의를 표하는 것"이라며 회유하고 협박했다.

일제가 신사참배를 본격적으로 강요한 것은 1935년이었다. 평안남도 지사 야스다케 다다오가 11월 14일 평양에서 공사립학교 교장회의를 소집, 평양신사에 참배할 것을 요구한 것이 시발이었다. 하지만 숭실중 교장 윤산온(조지 매큔), 숭의여중 교장 선우리(V. L. 스누크), 순안 의명중 교장 이희만은 "기독교 교리에 반하는 신사참배를 할 수 없다"고 거부했다. 이에 도지사는 세 교장에게 "앞으로 참배를 거부할 때에는 단호한 조치를 취하겠다"며 "60일 내에 신사참배 여부를 회답하라"는 공문을 보냈다. 사태가 급박하게 돌아가자 미국의 북장로교 선교부 실행위원회가 1935년 12월 13일 밤 윤산온 선교사 집에 모여 오랜 토론 끝에 신사참배를 거부키로 재차 확인했다.

신사참배 모습

그러자 조선총독부가 전국 지사 및 경찰서장 회의를 소집, 신사참배에 강경한 원칙을 정했다. 신사참배에 불응하는 학교 책임자는 교체하고 그래도 계속 불응할 때는 학교를 폐쇄한다고 결정한 것이다. 다만 아직은 때가 이르다고 판단했는지 교회의 신사참배 문제는 일정 기간 이해를 촉구하되 강요하지는 말도록 했다.

그래도 북장로교 선교부는 신사참배 거부 원칙을 고수했다. 하지만 일부에서는 현실론적 입장을 취해야 한다는 목소리도 있었다. "신사참배는 우상숭배이고 신앙의 양심에 위배되므로 절대로 응할 수 없다"는 게 원칙론의 입장이라면 현실론은 "신사참배에 비록 종교적 요소가 있다 할지라도 일제가 이것이 애국적 행위에 불과하다고 주장하므로 학교를 살리고 기독교 교육을 계속하기 위해 이에 응할 수밖에 없다"며 현실과 타협하는 태도를 보였다.

전자의 대표적인 예가 숭실중 교장 윤산온이고 후자의 대표적인 예가 연희전문학교 교장인 원한경(호러스 언더우드)이었다. 조선총독부는 1936년 1월 강경파인 윤산온을 교장직에서 파면하고 미국으로 강제 추방하면서 신사참배를 거부하는 학교는 폐교하겠다고 으름장을 놓았다.

전국 기독교 학교 대부분 자진 폐교 선택

그래도 호남 지방을 중심으로 선교해온 미국 남장로교 선교부는 신사참배에 강경한 태도를 취하며 일본에서 활동하는 선교부 총무 풀턴 목사를 한국에 파견, 신사참배에 대응토록 했다. 1937년 2월 내한한 풀턴은 전북 전주에서 열린 남장로교 선교회 총회에서 "모든 기독교 학교가 폐교되고 심지어 한국 선교지에서 철수하는 한이 있더라도 신사에 참배할 수 없다"는 이른바 '풀턴 성명' 결의를 유도했다.

그러자 전라도 지사가 9월 6일 광주 숭일중과 수피아여중, 목포 영흥중과 정명여중 등 네 학교에 폐교 명령을 내려 학교들을 폐쇄했다. 순천 매산학교, 전주 신흥학교와 기전여학교, 군산 영명학교는 폐교 명령이 내리기 전 자진 폐교했다.

북장로교 역시 원칙론을 고수하다가 1938년 평양의 숭실중학과 숭의여중, 서울의 경신학교와 정신학교, 대구의 계성학교와 신명학교, 재령의 명신학교, 선천의 신성중과 보성학교, 강계의 영실학교 등이 차례로 폐교되었다. 경상남도 지방을 중심으로 선교하던 호주장로교 선교부도 약간의 이견이 없진 않았으나 신사참배를 거부하고 폐교를 선택했다.

일제의 다음 표적은 교회였다. 교회에 대한 신사참배 강요는 1936년 8월 제7대 조선 총독으로 부임한 미나미 지로가 주도했다. 그는 1937년 7월 중일전쟁이 발발하자 10월 황국신민서사를 제정한 데 이어 12월 천황의 사진을 학교·기관에 배부하고 궁성요배를 강요했다. 특히 '일면일신사(一面一神社)' 정책을 수립, 전국에 신사를 건립했다. 1938년 2월에는 징병제를 도입하고 3월에는 조선교육령을 개정, 조선어 사용을 금지했다.

교회 탄압은 이런 일련의 강압 통치 과정에서 진행되었다. 천주교는

1936년 5월 이미 신사참배에 굴복한 상태였다. 천주교는 "신사참배는 종교적 행사가 아니고 국가적 행사이므로 참배를 허용한다"는 1936년 5월 26일의 교황 비오 11세의 훈령에 따라 신사참배를 받아들였다. 이로써 천주교는 신사참배는 물론 조상 제사도 아무런 문제의식 없이 수용했다. 감리교는 1938년 9월 감리교 총리사 양주삼의 이름으로 성명서를 발표하고 신사참배를 수용했다. 구세군, 성결교, 안식교, 성공회에 소속된 교회들도 뒤를 따랐다.

이런 상황에서도 장로교가 끝까지 저항하자 일제는 장로교를 굴복시키기 위해 교회, 노회, 총회에서 신사참배를 결의하도록 유무형의 압력을 가했다. 결국 전국에서 가장 교세가 큰 장로교 평북노회가 1938년 2월 9일 신사참배를 결의한 것을 시작으로 1938년 9월까지 23개 노회 중 17개 노회가 찬성으로 기울었다.

200여 개 교회 폐쇄되고 50여 명 순교

장로교는 신사참배 여부를 최종적으로 매듭짓기 위해 1938년 9월 9일 평양의 서문밖교회에서 제27회 총회를 열었다. 일제는 총회에서 신사참배안이 가결되도록 은밀한 계획을 수립했다. 미리 참석자들을 불러 신사참배 쪽으로 투표하거나 침묵하라고 압력을 가했다. 그게 어려우면 아예 총회에 참석하지 말 것을 강요했다. 신사참배를 적극 반대할 것으로 예상되는 주기철, 채정민, 이기선 목사 등은 아예 참석하지 못하도록 막았다. 친일 목회자들에게는 신사참배를 제안·동의·제청하도록 했다.

총회는 193명의 총대가 참석한 가운데 일제 경찰들의 삼엄한 감시 속에서 진행되었다. 총회 이틀째인 9월 10일 한 총대가 사전 각본대로 신사참배를 국민의례로 인정하자고 제창하고, 총회장이 반대의견을 묻지 않은 채 황급히 가결을 선포함으로써 장로교회의 신사참배가 불법적으로 결의되었다.

불법적이라고 한 이유는 총회장 홍택기 목사가 신사참배를 할 것인지에 대해 가(可)는 물었으나 부(否)는 묻지 않는 채 가결을 선포했기 때문이다. 일부 선교사가 불법적인 가결에 항의했으나 역부족이었다. 신사참배 가결 후 23명의 총대가 평양신사에 참배함으로써 모든 교회의 신사참배는 현실이 되었다. 감리교 역시 10월 서울 감리교신학교에서 열린 총회에서 신사참배를 결의하고 뒤이어 감리교가 운영하는 7,000여 명의 학생들을 인솔해 조선신궁을 참배토록 했다.

그러나 장로교의 평양신학교 학생은 총회 결정을 거부하고 신사참배 반대 운동을 집단적으로 벌여 9월 20일 무기휴교 처분을 받았다. 1940년 2월에는 각 지역의 참배 반대 운동가들이 신사참배 불참 운동자연합회를 결성, 적극적으로 투쟁을 전개했다. 저항 과정에서 신앙의 절개를 비친 주기철(평남), 이기선(평북), 한상동(경남), 손양원(전남), 이계실(함남) 목사 등은 순교하거나 모진 고난을 당했다. 일제 치하에서 신사참배 거부로 200여 교회가 폐쇄되고 2,000여 명이 투옥되었으며 50여 명이 순교했다.

천황제 이데올로기 전파가 목적

일본의 신사가 조선에 처음 세워진 곳은 임진왜란 직후 두모포(부산 동구 수정동)의 왜관이었다. 신사는 1876년 개항 후 일본인이 대거 몰려오면서 점차 늘어났다. 이렇게 지어진 신사는 1910년 강제합병 당시 40여 개에 이르렀다. 이때까지만 해도 신사는 일본 거류민들의 단결용이었지 조선인과는 아무런 관련이 없었다. 그러나 일제는 한일합방 후 조선인들이 일본 황실의 조상과 전몰 장병을 참배하도록 하는 정책을 추진했다. 그 첫 단계로 1912년 '조선신궁' 설립을 위한 조사를 시작하고 1920년 서울 남산의 20만 평 부지에서 공사를 시작해 1925년 완공했다.

조선신궁 본전이 세워진 곳은 지금은 철거된 남산 분수대와 남산식물원 부근이다. 2014년에는 남산 분수대 일대에서 조선신궁 건물 중 가장 큰 '배전(절을 하는 건물)'의 콘크리트 기초와 기둥 자리가 발견되었다. 조선신궁 조금 위에 위치한, 태조 이성계가 한양의 수호신사로 지었던 국사당은 인왕산으로 옮겨졌다.

일제는 한반도 전역에 있는 일본 신사들의 우두머리격인 조선신궁의 제신(祭神)으로 천황가의 조상신이자 일본 개국신화에서 시조로 등장하는 태양신 아마테라스 오미카미와 메이지 천황을 내세웠다. 조선신궁 입구에서 본전까지 능선에는 384개에 이르는 돌계단을 놓았다. 조선신궁의 원래 명칭은 '조선신사'였으나 1925년 6월 '조선신궁'으로 개칭한 후 10월 15일 조선신궁 진좌제를 열었다. 조선총독부는 이후 민간 신사도 인가를 받도록 해 신사참배와 제사 의식을 통한 천황제 이데올로기 전파를 강화했다.

1945년 패망 후 일제는 조선신궁에 신물(神物)로 두었던 어영대(거울)를 비행기에 실어 일본으로 옮겨가고 조선신궁은 불태웠다. 해방 당시 전국적으로 1,100여 개나 되던 일본 신사는 해방 후 대부분 우리 국민에 의해 파괴되거나 불태워져 지금은 흔적이 거의 남아 있지 않다. 조선신궁 터에는 1956년 이승만 대통령의 동상이 세워졌다가 1960년 4·19 의거 때 파괴되었다.

조선사편수회 '조선사' 전 35책 완간

고구려와 백제, 통일 전의 신라와 발해가 실리지 않아 우리 민족과 역사의 뿌리가 잘려 나갔다.

조선총독부 중추원 산하에 '조선반도사 편찬위원회'가 발족된 것은 1916년 1월이었다. 일제가 우리 역사를 조작·왜곡·말살하기 위한 '조선사 편찬 사업'에 마침내 시동을 건 것이다. 이완용, 박영효, 권중현 등 3인의 친일파가 위원회 고문으로 임명되고 도쿄제국대의 구로이타 가쓰미, 교토제국대의 미우라 히로유키와 이마니시 류 등 일본의 어용 사학자들이 편찬 실무자로 위촉되었다.

그러던 중 1919년 3·1 운동으로 항일 독립의 기운이 폭발하자 일제는 조선사 편찬을 서두르기 위해 1922년 12월 4일 '조선사편찬위원회 설립안'을 공포했다. 총독부 정무총감이 위원장을 맡고 이완용, 박영효, 권중현 등이 그대로 들러리 고문으로 임명되었다. 대부분이 일본인 어용 사학자들로 구성된 편찬위원회에는 어윤적, 정만조, 이능화, 윤영구 등 소수 한국인도 눈에 띄었다.

일제는 일선 군청과 경찰을 동원해 서울 종로 일대의 서점상은 물론 전국의 향교, 서원, 고가, 권문세가 등을 뒤져 고서적들을 강제 압수하며 편찬에 속도를 냈다. 그러나 1923년 9월 일어난 관동대지진으로 편찬 업무가 다시 무기한 연기되었다. 조선총독부가 천황 칙령 218호로 기존의 조선사편찬위원회보다 더 큰 조직인 '조선사편수회 관제'를 공포한 것은 1925년 6월 6일이었다. 조선총독부에서 독립 관청으로 승격해 한국사 연구의 총본산으로 삼기 위한 조치였다.

회장이나 고문 등은 조선사편찬위원회 구성 때와 별 차이가 없었으나 일본인 실무 편찬진은 이마니시 류, 이나바 이와키치, 스에마쓰 야스카즈 등 20명으로 늘어나고 격이 높아졌다. 이병도, 신석호, 홍희, 구찬서, 조한직, 이능화 등 다수 한국인 학자도 참여했다.

1925년 10월 8일 개최된 제1차 위원회 결정에 따라 또다시 전국적인 사료 수집이 시작되었다. 초기에는 강제 수색과 압수로 이뤄지다가 수장자들이 서적을 감추는 등 조직적으로 저항하자 대여 형식으로 빌려가 사료들을 필사하거나 영인본으로 제작한 후 돌려주는 방식으로 진행되었다.

규장각 도서의 상당 부분이 이때 모아졌으며 일본과 만주, 중국 자료까지 총망라되었다.

이병도, 이능화, 신석호, 최남선 등도 조선사편수에 참가

조선사 편찬을 관통하는 일관된 흐름은 식민사관이었다. 식민사관은 크게 한국사의 주체적 발전 가능성을 부인하는 '타율성', 한국사가 오랫동안 진보 없이 답보 상태로 있다는 '정체성', 그리고 '당파성' 등으로 대별된다. 편찬에 가장 핵심적인 인물은 구로이타 가쓰미와 이마니시 류였다. 도쿄제국대 교수로 일본 사학계의 거두이던 구로이타는 조선사편수회를 기획·입안한 장본인으로 식민사관의 논리를 개발하는 데 선봉에 선 인물이다.

이마니시는 교토제국대 조교수로 근무하던 1922년 단군신화설을 다룬 '단군고' 논문으로 교토제국대에서 박사학위를 받고 1926년부터 해방 전까지 경성제국대에서 한국 고대사를 가르쳐 해방 후까지 한국 사학계에 지대한 영향을 미친 인물이다. 그는 실증주의에 입각해 우리 고대사 현장 발굴에 열심이었고 실증주의를 앞세워 백제와 신라 초기 400년 가까운 역사를 지워버렸다.

조선사편수에 참가한 한국인 중 대표적인 인물은 이병도, 이능화, 신석호, 최남선을 들 수 있다. 이병도는 와세다대에서 실증사학의 기초를 다진 후 1925년 8월 조선사편수회 촉탁으로 임명되었다. 신석호는 경성제국대 사학과를 졸업한 뒤 1929년 조선사편수회 촉탁으로 들어갔고 이능화는 일제 초기까지 민족 계몽과 학술 연구 활동에 전념하다가 1922년부터 조선사편찬위원회와 조선사편수회 위원으로 활동했다.

최남선은 덕망 있는 조선 학자를 참여시키기 위한 조선총독부의 온갖 위협과 포섭에 넘어간 대표적 사례로, 1928년 12월 조선사편수회에 참가했다. 이 소식을 전해 들은 정인보는 "최남선이 변절하여 죽었다"는 조문을 쓰고 절교했으며 그 외 많은 사학자는 굴건 제복 차림으로 제사상을 차려놓고 방성대곡하면서 장례를 치렀다.

역사 왜곡의 극대화를 노린 고도로 계산된 전략

조선사편수회 회의록을 보면 한국 고대사의 부정·말살에 초점이 맞춰져 있음을 알 수 있다. 일본 측 위원들은 연대가 부정확한 사료와 사화(史話)는 조선사 편찬에서 제외하고 정확한 기록만을 편년체로 서술한다고 기준을 정했다. 이 방침에 강력히 반발한 이가 최남선이다. 1930년 8월 22일 제5차 회의에 참석한 최남선에게 주어진 회의 자료에는 당초 7편으로 계획된 조선사가 6편으로 축소되어 있었고, 단군조선을 비롯해 통일신라 이전의 조선 고대사는 아예 사라지고 없었다. 이를 본 최남선이 이의를 제기하자 이마니시 류는 사료(史料)와 사설(私說)은 구분해야 한다며 자신의 주장을 굽히지 않았다.

이처럼 논란이 분분한데도 조선사편수회는 단군조선 등 조선 고대사 부분을 삭제한 채 조선사 1편(삼국 이전)과 2편(통일신라)을 1932년 3월 먼저 출간했다. 최남선의 재차 항의에도 일본 측 위원들은 "단군을 수록하지 않은 것은 기본 사료인 삼국사기에 없기 때문이며 기자조선은 중국 사료에 포함시켰다"고 발뺌했다.

조선사는 결국 조선총독부의 의도가 반영된 채 1938년 3월 전 35책 2만 4,000쪽 분량으로 완간되었다. 우려한 대로 고조선은 물론 고구려, 백제, 통일 전의 신라와 발해가 실리지 않아 우리 민족과 역사의 뿌리가 잘려 나갔다. 통일신라 이후의 조선사도 멋대로 해석해 부정적인 사례와 수난사만 확대되었다.

'조선사'는 연대순으로 방대한 사료를 수집하고 사건마다 연관된 자료를 첨부하는 식으로 만들어졌기 때문에 '통사'라기보다는 '사료집'에 가까웠다. 일제가 방대한 양의 일본·중국의 사료를 조선사에 인용한 것은 역사 왜곡의 극대화를 노린 고도로 계산된 전략이었다. 즉 자기들의 입맛에 맞는 사료를 추출해 이 사료로 하여금 역사를 간접 설명하도록 해 '조선사'를 읽는 사람들이 "기록들이 그렇게 되어 있구나" 하고 믿게끔 하는 간교한 방식이었다.

전형필 간송미술관 건립

민족미술에 눈뜨게 해준 고희동, 학문적 고증이 치밀한 오세창이 있었다.

전형필(1906~1962)이 젊은 나이에 해마다 10만 석을 수확하는 조선 최대 지주의 한 사람이 되고, 그래서 우리 문화재의 해외 유출을 막을 수 있었던 것은 하늘이 그나마 우리 민족에 내려준 선물이다. 전형필의 이런 활동이 가능할 수 있었던 것은 전적으로 전형필의 증조부 전계훈의 부(富) 덕분이었다. 증조부는 배우개장(지금의 동대문시장)의 상권을 거의 장악하고 전국 곳곳에도 수만 석 농지를 보유하고 있던 당대 최고 부자군에 속했다.

전계훈에겐 창엽과 창열 두 아들이 있었다. 그런데 차남 창열에게 후사가 없어 장남 창엽의 아들 영기와 명기 중 둘째 명기가 창열의 양자로 들어갔다. 그런데 공교롭게 전명기도 후사가 없어 전영기의 두 아들 형설과 형필 중 형필이 작은아버지 전명기의 양자로 입적했다. 운명은 그렇게 시작되었다. 1915년 조부 전창엽의 죽음을 시작으로, 1919년 양부 전명기, 같은 해 생가의 계승자인 전형설이 죽더니 1929년 전형설의 생부 전영기마저 눈을 감아 전형필은 졸지에 생가와 양가 합쳐 유일한 적

전형필

손이 되었다.

전형필은 서울 종로4가에서 태어나 1926년 휘문고보를 졸업했다. 고교 시절에는 야구선수로 활약하면서도 미술 교사이던 한국 최초의 서양화가 고희동에게서 미술에 대한 소양과 안목을 키웠다. 10만 석의 대지주가 된 운명의 1929년, 전형필은 와세다대 법과를 졸업하고 귀국했다. 이후 3·1 운동의 33인 민족 지도자 가운데 한 명이자 고미술 전문가인 오세창과 교유하며 1930년부터 본격적으로 문화재를 수집했다.

당시의 한국은 문화재나 골동품에 대한 개념이 없어 일본인 골동품상들이 돈 몇 푼을 주면 집에 있는 백자나 항아리 등을 헐값에 파는 일이 다반사였다. 전형필의 문화재 수집은 그런 시기에 시작되었다. 다행히 전형필은 각종 문화재를 사들일 수 있는 주요 조건을 갖추고 있었다. 먼저 민족미술에 눈뜨게 해준 스승 고희동, 학문적 고증이 치밀하고 예술적 감식이 탁월해 이 방면에서는 당대 제1인자로 꼽히던 오세창이 있었다.

정직하고 틀림없는 한국인 거간 이순황과 일본인 골동품상 신보 기조의 도움도 컸다. 이순황은 전형필이 1932년 사들인 서울 관철동의 한남서림을 중개지로 삼아 문화재를 사들였다. 신보 기조는 일본인이면서도 전형필의 인품과 열성에 감복, 최상품 문화재가 전형필 손에 들어갈 수 있도록 매사에 최선을 다했다. 전형필은 신보 기조에게는 조선과 일본의 각 경매장에서 최고품을 경매로 구입하도록 하고 이순황에게는 구가(舊家)에서 시장으로 흘러나오는 일급 문화재들을 사들이도록 했다. 이런 전형필의 문화재 수집열은 취미나 투자가 아닌 민족의 정체성을 지키고자 한 또 하나의 애국 활동이었다.

우리 문화재의 해외 유출을 막을 수 있었던 것은 하늘의 뜻

1936년 11월 22일 우리나라 최초의 미술품 경매장인 서울 경성미술구락부 경매장에서 이뤄진 경매는 지금도 유명한 일화로 남아 있다. 그날 경매에는 '청화백자철사진사국화문병'(국보 294호)이 나왔는데 가격이 5,000~6,000원 정도로 예상되었다. 그런데 일본의 세계적 고미술 상인과 경합을 벌이는 과정에서 가격이 천정부지로 치솟았다. 그래도 전형필은 일본인이 손을 들 때까지 가격을 높여 마침내 예상가의 3배 가까운 가격에 낙찰받았다. 서울의 큰 기와집 한 채가 1,000원 정도 할 때였다.

1937년 초, 일본에서 활동 중인 존 개츠비라는 영국 변호사가 일본에서 수십 년 동안 수집한 최고급 고려청자들을 일괄 처분한다는 소문이 들려왔다. 당대 최고의 수장가 중 한 사람이던 개츠비는 일제가 팽창 야욕으로 장차 영국이나 미국과 일전을 벌이다 패망할 것으로 예견하고는 자신의 수장품을 현금화해 영국으로 떠날 생각이었다.

전형필은 사람을 시켜 개츠비의 진의를 파악한 뒤 충남 공주에 있는 5,000석지기 전답을 판 돈을 갖고 1937년 2월 일본으로 건너가 개츠비의 수장품 전부를 사들였다. 인수 금액은 당시 웬만한 기와집 50채는 살 수 있는 거금이었다. 개츠비로부터 사들인 고려자기 중 상당수는 나중에 국보나 보물로 지정되었다.

일본에 밀반출되어 오사카에서 경매에 부쳐진 고려시대 3층석탑을 되찾아올 때도 당시 일본의 한 재벌과 끝까지 경합을 벌여 기필코 3층석탑을 사들인 일화도 유명하다. 1940년 8월 경북 안동에서 발견된 훈민정음 해례본(국보 70호)을 1만 원에 구입할 때는 거간꾼에게 수고비로 1,000원이나 줄 정도로 공을 들였다. 이렇게 사들인 문화재들은 1934년 부래상이라는 프랑스 석유상에게서 구입한, 오세창이 '북단장'이라고 이름을 지은 서울 성북동의 1만 평짜리 산장에 수장되었다.

1938년 윤7월에는 북단장 안에 서양식 2층 양옥의 사립 박물관을 지어 '보화각'이라고 명명했다. 보화각은 서울 종로의 옛 화신백화점을 설계한 한국인 최초의 건축가 박길용의 작품으로, 이탈리아제 대리석으로 계단을 만들고 2층에 원형 공간을 꾸미는 등 당시로서는 세련되고 모던한 분위기의 최고급 건물로 유명했다.

문화재 수집은 민족의 정체성을 지키고자 한 또 하나의 애국 활동

북단장의 뜰과 보화각 건물 안에 차곡차곡 쌓여가던, 일제 때도 온전하던 문화재가 일대 수난을 당한 것은 1950년의 6·25 때였다. 서울에 진주한 인민군이 유물을 징발하다가 전세가 불리해지자 북으로 철수하면서 주요 문화재를 가져가기 위해 큰 나무통 속에 마구 포개고 못질을 가하는 만행을 저지른 것이다.

다행히 포장이 채 끝나기도 전에 이뤄진 9·28 서울 수복으로 문화재는 온전할 수 있었다. 그러나 1·4 후퇴 때 또다시 문제가 생겼다. 이번에는 미국 헌병의 호송을 받아 무사히 부산으로 옮겨갔으나 그 난리 북새통에 겨우 포장해 갖고 간 문화재만 온전할 뿐 보화각에 그대로 남겨둔 문화재들은 참화를 면하지 못했다. 이 때문에 전쟁이 끝난 후 전형필은 시장에 나와 있는 자신의 문화재들을 다시 사들여야 했다.

전형필은 1940년 6월 보성고보를 인수했다. 3·1 운동 때 기미독립선언서를 찍어낸 인쇄소가 있고 독립운동의 산실인 보성고가 경영난으로 폐교 위기에 놓이자 민족학교로 키우기 위한 결단이었다. 해방 후 전형필은 문화재보존위원으로 경향 각지로 고적 조사를 다니며 1960년 고미술동인회를 발족시키고 고고미술 잡지를 발간하다가 1962년 1월 26일 56세를 일기로 눈을 감았다. 그가 떠난 후 보화각은 1966년 4월 설립된 한국민족미술연구소의 부설 '간송미술관'으로 개칭되었다.

김정구 '눈물 젖은 두만강' 발표

'조선인을 자극하는 민족성이 강한 노래'라는 이유로 1943년 발매 및 가창 금지 조치를 당했다.

김정구(1916~1998)는 겨레의 애환과 서민의 아픔을 노래하면서 가요 반세기를 지켜온 대표적인 '국민 가수'였다. 일제 때는 만요풍의 코믹한 노래로 인기를 끈 스타 가수였으나 해방 후에는 주로 '눈물 젖은 두만강'의 가수로 기억되었다.

김정구는 함남 원산에서 태어나 음악적 재능이 뛰어난 형제 사이에서 성장했다. 맏형 김용환은 작사·작곡·연주·노래 실력을 겸비한 국내 최초의 싱어송라이터였고 김용환의 아내 정재덕은 '님이여'를 부른 인기 가수였다. 도쿄음악학교를 졸업한 누나 김안라 역시 '이별의 포구', '달빛 어린 바다' 등 수많은 곡을 히트시킨 인기 가수였으며 동생 김정현은 일본에서 피아노를 전공한 음악도였다.

김정구는 원산 광명보통학교를 졸업하고 YMCA가 운영하는 원산 기독교청년학원을 수료했다. 이후 양치기, 물지게꾼, 신문 배달원 등 온갖 궂은 일을 하다가 16살 때 극장에서 무성영화 음악을 대타로 연주할 기회를 얻어 음악을 업으로 삼게 되었다. 곧 서울로 올라와 뉴코리아 레코드사의 오디션을 통과하고 1933년 17살 때 형 김용환이 작곡한 '어머니의 품으로' 등 2곡을 취입해 가수로 데뷔했다. 이후 남인수·장세정 등과 함께 OK레코드사에 스카우트되어 1937년 '항구의 선술집'(박영호 작사, 박시춘 작곡)을 발표해 크게 히트시켰다.

김정구는 노래를 부를 때 코믹한 제스처를 잘 취해 관객으로부터 열렬한 호응을 받았다. 대부분의 가수가 어두운 노래만을 부르던 때에 춤과 코믹한 몸 동작을 곁들인 김정구의 만담식 노래와 무대는 파격이었다. 이런 그를 국민가수로 만들어준 것은 1938년 발표한 '눈물 젖은 두만강'

김정구

이었다.

1936년 여름, 무명 작곡가 이시우가 악극단 예원좌의 일원으로 전국 순회공연차 만주 국경지대의 한 여관에 머물렀다. 어느 날 밤 한 여인이 복받치는 울음을 참으며 밤새워 훌쩍거리는 소리가 옆방에서 들려왔다. 날이 밝은 뒤 여관 주인에게 사연을 물으니, 여인은 국내에서 항일 투쟁을 하다 만주로 도피한 남편을 찾아 만주에 건너왔는데 남편이 만주에서 독립운동을 벌이던 중 체포·압송되어 10여 년 전 서대문형무소에서 사형된 사실을 알고서 한밤중에 울음을 터뜨렸다는 것이다.

가요 반세기를 지켜온 '국민 가수'

이시우는 그 길로 두만강변으로 가서 여인의 사연을 오선지에 옮기고 그곳 문학청년 한명천에게 가사를 쓰게 해 '눈물 젖은 두만강'을 완성했다. 그리고 예원좌 소속의 소녀 가수 장성월에게 가르쳐 그날 밤부터 무대 막간에서 부르게 했다.

그 후 순회공연을 마치고 서울로 돌아와 김용호에게 2절·3절 가사를 덧붙이도록 하고 자신은 선율을 다시 손봐 OK레코드사 소속의 김정구에게 노래를 취입하도록 했다. '눈물 젖은 두만강'은 이런 과정을 거쳐 1938년 1월 음반으로 발표되었다. 하지만 발매 당시에는 큰 관심을 끌지 못했다. 대신 김정구는 1개월 뒤인 1938년 2월 발표한 만요풍의 노래 '왕 서방 연서'(박시춘 작곡, 김진문 작사)로 대히트를 쳤다. "비단이 장사 왕 서방 명월이한테 반해서…"로 시작하는 '왕 서방 연서'는 김정구를 일약 스타덤에 올려놓았다.

당시 만요를 즐겨 부른 가수로는 김정구의 형 김용환과 김해송, 박향림 등도 있었지만 역시 최고는 김정구였다. 그는 '왕 서방 연서' 말고도 '총각 진정서', '월급날 정보', '세상은 요지경' 등 여러 곡의 만요를 불렀는데 이들 노래 대부분은 박시춘이 작곡하고 조명암이 작사했다.

해학과 풍자를 곁들인 익살스러운 웃음의 묘사를 특징으로 하는 만요가 일제강점기에 유행한 데는 강압적인 시대 분위기와 맞물려 있다고 전문가들은 진단한다. 억압적 환경 때문에 대중의 집단적 감정이 순조롭게 여과되지 못하고 냉소와 풍자, 뒤틀림, 정상적 논리의 전복 등의 방식으로 나타난다는 것이다.

김정구는 대표적인 만요 가수였는데도 조선총독부는 '눈물 젖은 두만강'이 '조선인을 자극하는 민족성이 강한 노래'라는 이유로 1943년 발매 및 가창 금지 조치를 내렸다. 김정구가 1942년 발표한 조명암 작사, 김해송 작곡의 '낙화삼천' 역시 민족 감정을 일깨운다는 이유로 금지곡으로 묶였다. 김정구의 '눈물 젖은 두만강'이 다시 대중의 입에 오르내린 것은 해방 후 한국전쟁 무렵이었다. 부산 피란시절 '눈물 젖은 두만강'은 분단과 더불어 북에서 월남해 내려온 실향민들의 향수를 자극하는 노래로 그들의 심금을 울렸다.

'눈물젖은 두만강'이 특히 대중적으로 조명을 받기 시작한 것은 1963년 7월 개봉한 민경식이 감독하고 이민자·신성일이 출연한 동명의 영화 덕분이었다. 김정구도 영화에 특별 출연했다. 특히 1964년 4월 시작된 KBS 라디오의 인기 드라마 '김삿갓 북한 방랑기'의 주제가로 흘러나오고 전국적인 국민가요가 되었다. 1980년 대중가수 최초로 문화훈장 보관장을 받고 1985년 남북예술단 평양 공연에서 이 노래를 불러 객석을 눈물바다로 만들었다.

뮌헨 협정 체결

잠시의 평화를 위해 히틀러가 무장을 강화할 수 있는 시간과 자원을 제공해준 꼴이 되었다.

1930년대의 체코슬로바키아는 인구 중 절반가량은 체코인이고 4분의 1 정도는 독일인이었다. 독일인들은 주로 체코슬로바키아 서부 지역을 통칭하는 수데텐란트에 거주했다. 체코인 80만 명을 포함해 360만 명 정도가 거주하던 수데텐란트는 300여년 동안 오스트리아·헝가리 제국의 지배를 받다가 1차대전 후 베르사유 조약과 생제르맹 조약에 따라 체코령이 되었다. 히틀러가 정권을 잡은 1933년을 전후한 시점에 수데텐란트에 거주하는 독일인들이 분리 운동을 벌인 것은 이런 역사적 배경 때문이었다.

체코슬로바키아는 독일과 갈등 관계에 있는 프랑스·소련과 동맹을 맺어 장차 있을지 모를 독일의 수데텐란트 침공에 대비했다. 따라서 히틀러가 침공하면 프랑스는 조약에 따라 자동적으로 참전하게 되고 영국은 서유럽의 안정과 균형을 위해 프랑스와 동조하는 상황으로 치달을 가능성이 높았다. 그런데도 히틀러는 수데텐란트에 대한 야욕을 포기하지 않았다.

뮌헨 협정의 네 당사자. 왼쪽부터 네빌 체임벌린(영국), 에두아르 달라디에(프랑스), 아돌프 히틀러(독일), 베니토 무솔리니(이탈리아)

당시 영국 총리는 1937년 5월 68세의 나이로 취임한 네빌 체임벌린이었다. 그는 1차대전에 이어 또다시 영국과 유럽을 전쟁으로 몰고 가고 싶지 않았다. 어떤 대가를 치르더라도 평화를 지키고 싶어했다. 히틀러가 베르사유 조약에서 금지한 오스트리아 병합을 1938년 3월 감행했을 때도 외교적 항의만 했을 뿐 행동은 전혀 취하지 않았다. 이런 식으로 '말만 할 뿐 행동이 따르지 않는 정책(only talk, no action)'은 영국의 군사 개입을 두려워하던 히틀러의 야욕을 키워주는 결과를 낳았다.

1938년 5월 독일 군대가 체코슬로바키아로 이동하고 수데텐란트에서 체코인과 독일인 간에 충돌 사고가 일어났다는 소문이 퍼지면서 전쟁이 임박했다는 공포가 체코 전역에 엄습했다. 다행히 결정적인 충돌은 없었으나 영국에는 독일 공군의 실상이 크게 과장되어 런던 공습 공포가 전염병처럼 번졌다. 하지만 1938년 당시 나치 폭격기들은 독일에서 런던까지 직접 날아갈 정도로 성능이 뛰어나지는 않았다.

히틀러의 야욕만 키워준 회담

이런 상황에서 1938년 9월 히틀러가 "수데텐란트에 완전한 자결권이 보장되지 않을 경우 전쟁을 불사하겠다"며 으름장을 놓았다. 이에 고무된 수데텐란트 독일인들이 폭동을 일으키자 체코 정부는 계엄령 선포로 폭동을 진압했다. 체임벌린이 히틀러의 별장이 있는 알프스의 베르히테스가덴으로 날아가 히틀러를 만난 1938년 9월 15일은 이처럼 전쟁의 기운이 독일과 체코 국경에 감돌고 있을 때였다.

히틀러를 만날 때 체임벌린의 목표는 숭고했으나 문제는 그가 협상의 아마추어라는 점이었다. 체코 문제가 핵심 쟁점인데도 실상을 정확하게 파악하지 못했고 외교 전문가들의 도움도 받지 않았다. 반면 속임수와 심리전, 신경전에 능한 히틀러는 60대 후반의 노인에게 거짓말로 선수를 쳤다. "지금 300명의 수데텐란트 독일인이 사살됐다"는 거짓 정보로 협상의 주도권을 잡고, 단도직입적으로 수데텐란트 지역을 독일제국에 할양하도록 요구했다.

이처럼 중차대한 문제가 논의되는데도 체임벌린은 영국인 통역을 데려가지 않아 독일인 통역의 도움을 받아야 했다. 결국 대화록도 영국 쪽에서 대화를 기록하지 못해 며칠 뒤 겨우 받았다. 체임벌린은 이처럼 준비가 소홀한 상황에서 "다시 회담할 때까지 군사행동을 취하지 않겠다"는 약속만 받아내고 돌아왔다.

체임벌린은 영국으로 돌아와 "히틀러는 한번 약속하면 믿을 수 있는 사나이라는 인상을 받았다"고 지인에게 토로했다. 체임벌린은 평화안을 구체화하기 위해 9월 22일 본 근처의 휴양지인 고데스베르크로 또다시 날아가 히틀러를 만났다. 그런데 이번에는 히틀러가 "수데텐란트를 10월 1일까지 넘기라"는 전보다 더 강경한 조건을 제시해 체임벌린을 당혹케 했다. 영국은 이 문제를 프랑스와 협의했으나 결론을 내지 못했다.

체코는 더 이상 기댈 곳이 없다고 판단해 "10월 1일 시한을 거부한다"며 9월 23일 국가총동원령을 내렸다. 그러자 히틀러도 수데텐란트 침공부대가 9월 30일까지 집결하도록 명령해 일촉즉발의 상황이 전개되었다. 영국은 해군 동원령을, 프랑스는 예비군 소집령을 내려 진짜 전쟁이 일어날지 모른다는 공포가 유럽 하늘을 뒤덮었다. 베를린과 뮌헨 시민들도 침울했다. 히틀러는 총동원령 발표를 앞두고 영국의 체임벌린, 이탈리아의 베니토 무솔리니, 프랑스의 에두아르 달라디에에게 회담을 열자고 제안했다. 체임벌린은 마지막 기대감을 품고 히틀러와 무솔리니를 만나기 위해 달라디에 프랑스 총리와 함께 9월 29일 독일 뮌헨으로 날아갔다.

체임벌린의 목표 숭고했으나 협상의 아마추어라는 게 문제

낮 12시 45분에 시작된 회담은 9월 30일 새벽 1시가 조금 지나서야 끝났다. 결과는 "수데텐란트를 독일에 양도한다"는 '뮌헨 협정'으로 나타났다. 당사국인 체코는 협상에 초대받지도 못한 채 강대국끼리 자국을 해체하는 걸 눈뜨고 지켜봐야만 했다. 사소한 몇 가지를 제외하고 히틀러의 요구를 거의 원안대로 수락하는 협정에 따라 독일군은 수데텐란트에 무혈입성했다.

체임벌린이 뮌헨 회담을 마치고 런던의 헤스턴 공항에 도착한 9월 30일, 공항에는 비가 억수같이 쏟아졌다. 그런데도 몰려든 군중은 "전쟁을 막고 평화를 지켰다"며 열렬히 환영했다. 총리 관저로 이어지는 길가에도 많은 인파가 도열했다. 체임벌린은 총리 관저로 돌아와 "독일에서 명예로운 평화를 들고 돌아왔습니다. 나는 이것이 우리 시대의 평화라고 믿습니다"라고 말했다. 이 장면은 BBC방송을 통해 영국 전역에 중계되었다.

몇몇 신문은 그가 이번 공로로 총리 재임 중 기사 작위를 받는 영국 역사상 두 번째 인물이 될 것이라고 전망했다. 노벨 평화상을 받아야 한다고 주장한 언론도 있었다. 국왕 조지 6세는 "평화를 위한 용기 있는 행동은 결코 헛되지 않을 것"이라고 치하했다. 반면 처칠은 10월 5일 하원에서 "어떻게 해 볼 수 없는 완전한 실패작"이라고 혹평했다.

결과적으로 전쟁의 규모만 더 키운 셈

전반적인 호평에도 불구하고 '위장된 평화'는 얼마 가지 못했다. 히틀러가 1939년 3월 체코슬로바키아의 나머지 영토까지 점령해 협정문을 휴지조각으로 만들고 1939년 9월 폴란드를 침공해 2차대전의 불을 댕겼기 때문이다. 결국 뮌헨 협정은 1933년부터 1939년까지 영국과 프랑스가 추구해온 유화정책의 비극적인 결말로 귀결되었다. 체코슬로바키아를 나치의 이리 떼에게 던져줌으로써 서방은 기껏 세계대전에 대비할 수 있는 약간의 시간만 벌었을 뿐이다.

2차대전에서 살아남은 히틀러의 측근들은 한결같이 뮌헨 협정이 성립되지 않았다면 히틀러가 10월 1일 체코를 침공했을 것이고 그래서 2차대전이 발발했다면 독일이 오래 버티지 못했을 것이라는 데 의견을 같이 한다. 결국 잠시의 평화를 위해 무장을 강화할 수 있는 시간과 자원을 히틀러에게 제공해준 꼴이 된 것이다.

반면 영국이 뮌헨 협정을 맺지 않고 군사적으로 개입했다면 전쟁을 유리한 국면으로 끌고 갈 수 있었겠느냐는 반론도 있다. 즉 1930년대 영국의 국력이 상대적으로 하강 국면에 있었기 때문에 정면 승부를 피한 유화정책을 무조건 비난해서는 안 된다는 것이다. 실제로 영국의 역사학자 E.H. 카는 1930년대의 영국을 이렇게 기록했다. "해가 이미 저물었다는 사실을 자각하지 못한 채, 남은 빛이 잔광뿐임을 깨닫지 못한 채 여전히 과거의 황혼에서 살고 있었다." 물론 독일 역시 세계대전을 치를 정도로 국방력이 충분치는 않았다.

결국 뮌헨 협상은 전쟁을 1년 정도만 연기했을 뿐 근본적으로 막지는 못했다. 그 기간 영국은 연안의 레이더망을 완성하고 전투기의 실전 배치를 마쳤다. 히틀러도 전쟁 태세를 정비해 결과적으로 전쟁의 규모만 더 키운 셈이 되었다.

오늘날 뮌헨 협정은 체임벌린의 리더십 실패로 평가받고 있다. 또한 체임벌린의 유화정책은 "대가를 얻지 못하고 핵심 이익을 포기하면서 일방적으로 양보하는 것을 의미하는 무능한 외교"의 대명사가 되었다. 하지만 당시 체임벌린의 지지율은 계속 상승했다. 1939년 9월 개전 선언 당시 지지율이 55%를 기록하고 그해 12월에는 68%까지 올라갔다. 물론 이것은 전쟁 시기에 국민의 단합심과 애국심, 지도자에 대한 충성심을 보여준 것일 뿐이라는 해석도 많다.

2차대전 개전 후 체임벌린이 전시 내각을 구성하려 했으나 야당인 노동당과 자유당은 참여를 거부했다. 그의 리더십으로는 전쟁을 치를 수 없다고 판단했기 때문이다. 결국 체임벌린은 1940년 5월 총리 자리에서 물러나고 처칠이 후임 총리로 취임해 전쟁을 승리로 이끌었다.

나치의 유대인 탄압과 '수정의 밤'

유대인 가게와 교회에서 깨져나온 유리 조각들이 수정처럼 빛났다고 해서 붙은 이름이다.

히틀러가 정권을 장악한 1933년, 독일에는 대략 50만 명(0.76%) 정도의 유대인이 살고 있었다. 이들은 상업, 금융업, 의사, 변호사 등에서 두각을 나타냈다. 1919년 시작된 바이마르 공화국 때부터 독일에는 막연히 '세계 유대인 음모' 소문이 퍼져 있었다. 음모론은 소시민층과 궁핍한 중산층을 파고들었다. 1923년의 엄청난 인플레이션도 '유대인 음모'를 적용하면 그럴듯해 보였다. 음모론은 히틀러가 집권하면서 더욱 활개를 치고 유대인 탄압은 전방위로 확산했다.

1933년 4월 1일 나치 정부가 발표한 유대인 상점과 기업에 대한 보이콧은 이후 십수 년 동안 나치가 유대인에게 가할 탄압사의 서막이었다. 그해 4월 교육기관에서 유대인 비율이 제한되고 10월에는 유대인이 언론사에서 쫓겨났다. 1935년 9월에는 이른바 '뉘른베르크법'으로 통칭되는 '독일제국 시민법'과 '독일 혈통 및 명예 보존법'에 의해 독일인과의 결혼은 물론 성행위가 금지되었다. 선거권과 공직 취임권 등 시민권도 박탈

'수정의 밤' 때 약탈당한 유대인 상점

되고 상업 활동도 금지되었다.

1936년 10월에는 유대인 교사들이 비유대인을 상대로 하는 개인 교습이, 1937년 4월에는 유대인의 박사학위 취득이 금지되었다. 1938년 4월 모든 유대인은 사유재산을 신고하도록 강요받았고 7월에는 유대인을 구분하기 위하 특별 식별카드가 도입되었다. 8월에는 유대인 이름에 '이스라엘'(남자), '사라'(여자)를 강제 추가하는 법령이 발표되었다. 10월 말에는 통행증에 'J'(Jude·유대인)라는 붉은 글자의 낙인이 유대인의 여권에 찍히고 11월 중순부터는 유대인 어린이들의 공립학교 출입이 금지되었다.

이른바 '수정(水晶)의 밤' 사건은 이처럼 유대인에 대한 직·간접적 탄압이 강도를 높여갈 때 일어났다. 1938년 프랑스 파리에 헤르셸 그린츠판이라는 17세 유대인 소년이 불법체류하고 있었다. 11월 3일 폴란드에 사는 누나가 "아버지가 독일에서 쫓겨났으나 폴란드가 받아주질 않아 무국적자로 수용소에 강제 수감되었다"는 내용의 편지를 소년에게 보내왔다.

화가 난 소년은 11월 7일 파리 주재 독일 대사를 살해하기 위해 독일 대사관에 들어갔다가 3등 서기관을 총으로 살해했다. 죽은 외교관이 평소 반나치 운동으로 게슈타포에게 감시당하고 반유대 사상을 한 번도 품지 않았다는 점에서 그 외교관을 살해한 것은 소년의 실수였다. 이 사건이 아니더라도 히틀러는 어차피 예정된 수순을 밟았겠지만 어쨌든 이 사건은 '포그롬'의 촉발제가 되었다.

'포그롬'은 1881년 러시아 황제 알렉산드르 2세의 죽음을 둘러싸고 유대인 음모론이 대두하면서 러시아에서 일어난 유대인에 대한 박해 사건을 지칭했던 말로 유대인의 언어로 '대학살'이라는 뜻이다. 이후 유대인의 박해 사건을 지칭하는 용어로 사용되었다.

대학살을 뜻하는 '포그롬'의 촉발제

파리 주재 외교관의 피살 소식은 1938년 11월 9일 밤, 히틀러를 비롯한 집회 참석자들에게 전해졌다. 15년 전인 1923년 히틀러가 뮌헨에서 일으킨 비어홀 폭동을 기념하는 그 집회에서 나치 선전부장 괴벨스는 피살 소식을 전해 듣고 유대인에 대한 복수와 보복을 다짐하는 연설을 했다. 괴벨스는 그 날 밤 '자연발생적 데모'를 실행하라고 친위대 2인자 라인하르트 하이드리히에게 명령을 내렸다.

하이드리히는 11월 10일 새벽 나치 돌격대(SA)와 보안부대(SD) 지부에 긴급 지령을 내렸다. 유대인들을 모욕하고 조롱하고 학대하고 약탈하라는 지령이었다. 이후 7,500여 개의 유대인 상점과 거의 모든 유대교회가 불에 타거나 파괴되었다. 이틀 동안 36명이 죽고 36명이 다친 것으로 발표되었지만 실제로는 이보다 몇 배 더 많은 유대인이 죽거나 다쳤다. 강제수용소에 수감된 유대인 남성은 모두 3만 명에 달했다.

11월 9일 밤을 경계로 히틀러의 제3제국은 돌이킬 수 없는 야만의 세계로 빠져들었다. 이전에도 수많은 유대인이 죽음과 고문을 당하고 약탈을 당했지만 대부분은 갈색 셔츠 망나니들이 자신들의 사디즘과 탐욕을 만족시키기 위해 자행한 것들이었다. 정부는 그저 방관하거나 모른 척했다. 그러나 이제는 나치 정부 스스로 대규모 유대인 박해를 조직하고 실행했다는 점에서 전과는 차원이 달랐다. 국가기관이 만행을 저지른 것이다.

야만 행위는 독일제국에 반대하는 '세계 유대인 음모'에 대한 정당성으로 홍보되었고 모든 사회·경제 분야에서 독일 유대인을 궁극적으로 축출하는 서곡으로 이용되었다. 독일의 유대인을 공포로 몰아넣은 이 사건에는 '수정의 밤'이라는 우아한 이름이 붙었다. 유대인 가게와 교회에서 깨져나온 유리 조각들이 수정처럼 빛났다고 해서 붙은 이름이다.

이 사건을 계기로 나치는 유대인들을 경제활동에서 완전히 축출했다.

유대인 소유 기업들은 아리안족 소유로 바뀌었고 유대인 노동자들은 직장에서 해고되었다. 유대인에 대한 차별과 학대는 1939년 9월 2차대전이 발발하고 독일이 국가비상전시상태에 돌입하면서 더욱 험악해졌다. 유대인들은 모든 공공시설을 사용할 수 없게 되었고 1941년 9월에는 유대인 식별 표지에 관한 법령 제정으로 죽음의 표지인 '다윗의 별' 배지를 달고 살아야 했다. 종국에는 거주 이전의 자유도 빼앗겨 '게토'로 불리는 특정 지역 안에서 살다가 절멸수용소로 옮겨져 죽음의 날을 기다려야 했다.

오토 한과 리제 마이트너, 우라늄의 핵분열 발견

한-마이트너팀은 화학자와 물리학자로 구성된 학제 간 연구팀이었다는 점에서 유리했다.

1932년 영국의 물리학자 제임스 채드윅의 중성자 발견 후 많은 과학자가 이 중성자를 원자에 충돌시켜 핵변환을 일으키는 실험을 했다. 이탈리아의 엔리코 페르미도 그중 한 명이었다. 페르미는 중성자를 원자핵 속으로 침투시키기 위해 강한 힘으로 중성자를 발사하는 다른 과학자들과 달리, 중성자를 느린 속도로 움직여야 중성자가 원자 내부를 통과하는 시간이 길어져 원자핵과 충돌할 가능성이 높다는 사실을 1934년 밝혀냈다.

페르미는 또한 중성자를 원자들과 충돌시키는 실험을 통해 50여 종의 인공방사능 동위원소를 발견하는 놀라운 과학적 성취도 이뤄냈다. 그러나 페르미는 중성자를 우라늄에 충돌시켰을 때 방사능이 방출되는 사실을 관찰하고도 이것이 우라늄 핵분열의 산물이라는 사실은 알지 못했다.

페르미의 이런 연구에 주목한 과학자들 가운데는 오스트리아의 여성 물리학자 리제 마이트너(1878~1968)와 독일의 화학자 오토 한(1879~1968)

도 있었다. 오토 한은 1904년 영국에 있을 때 방사토륨을, 1905년 캐나다에 있을 때 방사악티늄을 발견한 방사화학 분야의 선구자였다. 1906년 베를린대의 에밀 피셔 교수 연구실에서도 메조토륨을 분리해내는 등 연이어 뛰어난 업적을 냈다. 오토 한이 30년간 그의 연구 파트너가 될 여성 물리학자 리제 마이트너를 만난 것은 1907년 베를린대에서였다.

오토 한(왼쪽)과 리제 마이트너

마이트너는 오스트리아 빈에서 태어난 유대인이었다. 대학에서 과학과 수학을 전공하고 싶어했으나 아버지의 반대로 대학에는 진학하지 못하고 3년간의 공부 끝에 프랑스어 자격증을 땄다. 이를 가상히 여긴 아버지가 뒤늦게 그녀의 대학 입학시험을 지원해줘 1901년 23살의 나이로 입학한 오스트리아 빈대에서 물리학을 전공했다. 1906년 박사학위를 취득하고 1907년 물리학 연구의 메카 베를린대로 가 물리학의 거장 막스 플랑크의 문하로 들어갔다. 오토 한을 만난 것은 그 무렵이었다.

화학자와 물리학자로 구성된 학제 간 연구팀이라는 점에서 유리

오토 한은 새로운 원소를 찾기 위한 방사 실험을 도와줄 물리학자 파트너로 마이트너를 선택했으나 베를린대의 화학연구소는 여성의 건물 출입을 허락하지 않았다. 결국 마이트너는 대학 내 지하실의 목재 작업장에서 방사 실험을 하겠다는 조건을 받아들이고서야 1907년 11월 오토 한의 연구팀에 합류했다.

오토 한은 1910년 베를린대 화학과 교수를 거쳐 1912년 카이저 빌헬름 연구소(현재 막스 플랑크 연구소)의 방사화학팀장으로 임명되었다. 마이트너도 1912년 같은 연구소의 화학 분과팀에 자리를 잡았다. 1914년 1차대전이 발발하자 오토 한은 같은 연구소 소속 프리츠 하버와 함께 독가스에 관한 연구를 했다. 마이트너는 1918년 종전 후 연구소 내에 설립된 방사능물리학 분과의 책임자가 되었다. 한과 마이트너는 1918년 우라늄 광석에서 원자번호 91의 희귀한 방사능 원소를 추출하는데 성공해 '프로트악티늄'이라고 명명했다.

마이트너는 1926년 어렵게 베를린대 교수로 승진했으나 히틀러가 집권한 1933년 9월 유대인이라는 이유로 교수 자격을 박탈당했다. 다행히 국적이 오스트리아였기 때문에 직접적인 박해는 피할 수 있었다. 바로 그 무렵 페르미의 연구 결과가 과학전문지를 통해 발표되었다. 마이트너는 오토 한에게 중성자를 이용한 우라늄 변환 실험을 제안했다. 두 사람은 핵변환 과정에서 생성되는 새로운 원소를 분석할 전문적인 분석화학자로 박사과정 중에 있는 프리츠 슈트라스만을 합류시켰다.

그 무렵 베를린팀 말고도 마리 퀴리의 딸인 이렌 졸리오 퀴리 부부팀과 페르미 연구팀도 비슷한 연구에 몰두했다. 다른 팀이 주로 물리학자들로만 구성된 것과 달리 베를린팀은 화학자와 물리학자로 구성된 학제 간 연구팀이었다는 점에서 유리했다. 그러나 1938년 3월 독일군의 오스트리아 침공과 함께 베를린팀에 위기가 닥쳤다. 오스트리아가 독일에 합병되면서 졸지에 오스트리아인에서 독일인으로 국적이 바뀐 마이트너의 신상에 불길한 그림자가 드리운 것이다. 결국 마이트너는 1938년 7월 스웨덴 스톡홀름으로 피신했다.

1938년 9월 우라늄을 중성자로 때리자 원자번호 57번 원소인 란탄이 나온 것 같다는 이렌 졸리오 퀴리의 발표가 전해졌다. 오토 한은 졸리오 퀴리의 방식대로 실험을 해보았으나 실마리가 풀리지 않자 1938년 11월 중립 지역인 코펜하겐에서 마이트너를 만나 도움을 청했다. 마이트너는 우라늄에서 시작되어 연속적으로 일어나는 일련의 폭발 과정 중에 혹시 라듐의 변형체가 생성되는지 주의 깊게 관찰하라고 조언했다.

2000년 동안 '더 이상 쪼개질 수 없다'고 여겨온 원자가 쪼개져

한은 마이트너의 제안대로 실험을 하다가 1938년 12월 17일 놀라운 사실을 발견했다. 중성자와 충돌한 우라늄이 완전히 다른 두 개의 원소로 갈라졌는데 원소의 성질이 원자번호 56번인 바륨과 같았던 것이다. 그러나 오토 한은 이 현상을 이해할 수 없었다. 그래서 훗날 유명해진 "당신이라면 이 현상에 대해 타당한 설명을 해줄 수 있을 것으로 생각합니다"라는 내용의 편지를 마이트너에게 보냈다.

마이트너는 크리스마스인 1938년 12월 25일 조카 오토 프리슈와 산책 도중 불현듯 새로운 생각이 떠올랐다. 둘은 나무 옆에 주저앉아 종이쪽지에 계산을 시작했다. 마이트너가 계산해보니 우라늄 핵은 1937년 닐스 보어가 "핵은 딱딱한 고체가 아니라 말랑말랑하게 방울진 액체처럼 되어 있다"고 제안한 것처럼 불안정한 물방울이어서 중성자와 부딪치기만 해도 두 부분으로 쪼개질 수 있었다. 종이 조각 위에 쓰인 계산은 무려 2,000년 동안이나 '더 이상 쪼개질 수 없다'고 여겨졌던 원자가 쪼개질 수 있다는 결과를 분명하게 확인시켜 주었다.

이 현상을 '핵분열'이라고 명명한 그녀는 중성자 한 개가 우라늄 핵을 쪼개면 여기에서 2~3개의 중성자가 튀어나와 다른 우라늄 원자들을 또 분열시키는 매우 빠른 속도의 연쇄반응이 일어나 아인슈타인의 질량 에너지 등가원리($E=mc^2$)에 따라 엄청난 양의 에너지가 방출된다는 사실을 알아냈다.

오토 한은 1939년 1월 6일 이 사실을 논문으로 발표했다. 프리슈는 미국에서 열리는 물리학회 참석차 떠날 준비를 하고 있던 덴마크의 닐스 보어에게 알렸다. 1939년 1월 보어를 통해 이 사실을 전해 들은 미국 내 과학자들은 흥분을 감추지 못했다. 오토 한은 우라늄의 핵분열 발견으로 1944년 노벨 화학상을 받았으나 수상 소감에서 마이트너의 이름을 거론하지 않아 비난을 샀다.

마이트너는 이후 세 번이나 노벨상 후보로 올랐어도 끝내 노벨상을 수상하지 못하고 1966년 한, 슈트라스만과 함께 여성 최초로 엔리코 페르미상을 받았다. 1992년 과학자들이 109번째 원소에 그의 이름을 따 '마이트너륨'이라고 명명해주어 사후에서나마 업적을 인정받았다.

스웨덴 '살트셰바덴 협약'과 발렌베리 가문

수년간의 산통 끝에 체결된 것이 독점자본과 복지국가의 공존을 가능케 한 '살트셰바덴 협약'이다.

발렌베리 가문이 오늘날 스웨덴 경제에서 차지하는 비중은 절대적이다. 2014년 기준 스웨덴 GDP의 30%, 스웨덴 상장기업 전체 시가총액의 3분의 1이 발렌베리 가문에서 나오기 때문이다. 구체적으로는 스웨덴의 대표은행 SEB, 유럽 최대 가전업체 일렉트로룩스, 세계 최대 통신장비 업체 에릭슨, 항공방위산업체 SAAB, 중전기·산업장비 업체 ABB, 세계 3대 트럭회사 스카니아 등 20여 개나 되는 세계 수준의 알짜 기업이 직·간접적으로 발렌베리 가문에 속해 있다.

그런데 이들 계열 기업들은 발렌베리 그룹 소속이면서도 계열사라는 동질감은 갖고 있지 않다. 기업 이름에 '발렌베리'라고 쓰지도 않고 로고도 각기 다르다. 현안이 있을 때만 주요 경영자가 모여 정보를 나누며 유대감을 갖는 정도다.

발렌베리 가문의 주식 소유 구조는 독특하다. 개별 기업의 주식은 '인베스터AB'라는 지주회사에 속해 있는데 인베스터AB는 발렌베리 가문이 직접 소유하지 않고 발렌베리 가문이 설립한 공익재단 소유로 되어 있다. 따라서 개별 기업의 이익은 배당 형태로 인베스터AB를 경유해 공익재단으로 귀속된다. 이렇게 벌어들인 재단의 돈은 주로 대학 교육이나 연구 개발비 등 사회적으로 의미 있는 곳에 기부된다.

발렌베리 가문을 창업한 오스카 발렌베리

공익재단들이 발렌베리 가문의 영향력 아래 있긴 하지만 재단은 독자적인 재단법의 규정대로 운용되기 때문에 발렌베리 사람들이라고 재단을 어쩌지 못한다. 이런 제도는 기업 소유권을 사회에 돌려준 대신 경영권 세습을 인정받은 스웨덴식 타협의 산물이다.

발렌베리 가문의 신화는 앙드레 오스카 발렌베리(1816~1886)로 거슬러 올라간다. 그는 루터교 목사의 아들로 태어나 해군사관학교를 졸업하고 1856년 스톡홀름 엔스킬다은행(SEB)을 설립함으로써 발렌베리 가문의 초석이 되었다.

1대 발렌베리가 그룹의 주춧돌을 놓았다면 2·3세대는 그룹의 기둥과 대들보를 세워 골격을 갖췄다. 기업의 흥망에서 가장 중요한 요소가 훌륭한 리더라는 의미로 "선장이 우선, 그 다음이 배"라는 가문의 원칙이 확립된 것도, 그룹 운영의 책무를 두 사람에게 맡기는 '투 톱 경영의 룰'이 정착된 것도 2세대 때부터였다. 3세대는 그룹의 확장을 주도하고 4세대는 발렌베리 가문의 가치를 정착시켰다.

발렌베리 가문의 후계자가 되려면 해군사관학교를 졸업해야 하고 세계 명문대에서 MBA 코스를 거쳐야 한다. 뉴욕, 런던, 파리 등지의 국제금융

회사에서도 근무한 경험이 있어야 하며 리더십, 애국심, 도덕성도 갖춰야 한다.

스웨덴을 고도경제성장·복지국가로 탄생케 한 기폭제

발렌베리 그룹에 도약의 발판을 마련해 준 것은 1911년 개정된 스웨덴 은행법이었다. 은행들로 하여금 일반 기업에 대한 주식 소유와 경영 참여를 허용한 개정 은행법 덕에 스톡홀름 엔스킬다은행(SEB)도 휘하에 여러 제조기업을 거느렸다. 그러나 1916년 은행이 제조업체 주식을 장기간 보유하는 것을 억제하는 기업법이 채택됨에 따라 SEB는 투자회사 '인베스터AB'를 설립해 지주회사의 기능을 맡도록 했다.

그런 가운데 1932년 좌파 정당인 사회민주당이 정권을 장악했다. 사회민주당은 대기업을 국유화하는 대신 그들의 기득권을 인정해주고 국민경제를 위한 상호 공존을 택했다. 사회민주당이 1936년에도 좌우 연정을 통해 재집권하자 대기업은 정부 정책에 적극 협력하지 않을 수 없었다. 이런 상황에서 극심한 노사분규가 시작되자 사민당 정부는 노사정 3자 협약을 중재했다. 그래서 수년간의 산통 끝에 체결된 것이 독점자본과 복지국가의 공존을 가능케 한 '살트셰바덴 협약'이다.

오늘날 '상생 정신'으로 상징되는 살트셰바덴 협약은 1938년 12월 20일 스웨덴경영자연합회(SAF)와 스웨덴 중앙노동조합(LO) 간에 체결되었다. 협상이 진행된 휴양지 지명을 따서 살트셰바덴 협약으로 명명된 협약의 핵심은 오너 일가가 지배권을 인정받는 대신 회사 이익금의 85%를 법인세로 납부하는 것이다.

또한 일자리를 제공하고 기업의 사회 공헌 등을 의무화했다. 노조는 파업을 자제하고 노조 차원에서 임금 상승을 막아 기득권을 포기했다. 정부는 노조에는 무료에 가까운 의료와 교육 서비스 지원을 약속하고, 기업에는 지주회사를 통한 피라미드 소유 구조와 차등의결권을 허용함으로써 발렌베리 같은 대기업들이 지배주주 체제를 유지할 수 있도록 도왔다.

스웨덴 경영자연합회 대표와 중앙노동조합 대표가 살트셰바덴 합의문에 서명하고 있다(1938.12.20).

차등의결권이란 안정적인 경영 활동을 보장하기 위해 기업의 주식을 100% 의결권이 있는 주식과 의결권이 일부만 보장된 주식으로 구분해 기업이 의결권이 있는 주식을 통해 지배주주 체제를 유지할 수 있도록 한 제도다. 소위 '황금주'로 불리는 이 차등의결권 보장으로 오늘날 발렌베리 오너 일가는 지주회사의 지분을 5.3%만 갖고 있으면서도 21.5%의 의결권을 행사하고 있다.

살트셰바덴 협약은 이후 사용자와 노동자 관계를 신뢰 관계로 발전시키고 산업화를 가속화함으로써 스웨덴 국민의 생활수준을 향상시켰다. 스웨덴을 갈등사회에서 고도경제성장·복지국가로 탄생케 한 기폭제 역할을 했다. 또한 노동조합을 지지 기반으로 장기 집권해온 사민당과, 대를 물리며 전략산업에서 기업 활동을 해온 발렌베리 가문이 안정된 공조 체제를 이루도록 연결 고리 역할을 했다.

'존재하지만 드러나지 않는다'

살트셰바덴 협약은 북유럽 전체로 확산되어 오늘날 북유럽에는 발렌베리 그룹과 유사하게 기업을 경영하는 회사가 많다. 2014년 현재 스웨덴 상장기업의 55%, 핀란드 상장회사의 36%, 덴마크 상장 주식회사의 33%

가 이런 방식으로 유지되고 있다.

발렌베리 가문은 2차대전의 격랑에서 스웨덴이 중립을 지켜 전화를 피하는 데도 중요한 역할을 했다. 전쟁 중 가문의 3세대인 야콥 발렌베리 1세는 영국을 맡고, 그의 동생인 마르쿠스 발렌베리 2세는 나치 독일을 맡아 사업 관계로 맺어진 커넥션을 이용해 스웨덴을 전쟁에 휘말리지 않게 한 것이다.

발렌베리 가문은 독일과의 커넥션을 이용해 중요한 정보를 연합군에 제공하기도 했지만 독일의 자동차 부품업체 보쉬의 미국 내 자산 동결을 편법으로 막아주어 종전 후 나치 독일에 협조했다는 오명을 피하지 못했다. 중립을 위한 스웨덴의 이런 이중성으로 주변 스칸디나비아 국가들로부터 맹공을 받기도 했다.

승승장구하던 발렌베리 가문에 위기가 찾아온 것은 1960년대 후반이었다. 이른바 68혁명으로 대표되는 급진적 좌파 운동이 전 유럽을 휩쓸면서 발렌베리 가문에도 집중포화를 가한 것이다. 젊은이들이 날마다 SEB 본사 앞에 모여들어 반발렌베리 시위를 벌였으나 발렌베리는 기업 본분에 집중하고 가문의 사회적 기여도를 확대하는 방법으로 위기를 돌파했다. 이때 '존재하지만 드러나지 않는다'는 발렌베리 가문의 또 다른 원칙이 뿌리를 내렸다.

발렌베리 가문은 현재 5대째 내려오는 세습 경영을 하고 있는데도 스웨덴 국민의 폭넓은 존경과 사랑을 받고 있다. 국가경제에 기여하고 사회에 봉사하는 '노블레스 오블리주'를 실천하고 있기 때문이다.

라울 발렌베리

'스웨덴판 쉰들러' 라울 발렌베리(1912~1947)의 이야기는 감동적이나 가슴이 아프다. 그는 발렌베리 가문 3세대의 공동 리더인 야콥 발렌베리 1세와 마르쿠스 발렌베리 2세의 5촌

조카다. 2차대전이 발발하기 전, 발렌베리는 미국 미시간대에서 건축학을 공부하고 남아공의 무역회사를 거쳐 팔레스타인의 하이파에 있는 네덜란드 은행에서 은행 업무를 익힌 전도유망한 청년이었다.

라울 발렌베리

그는 팔레스타인 근무 때 유럽에서 쏟아져 들어오는 유대인 난민을 처음 접했다. 스웨덴으로 귀국해서는 헝가리 출신 유대인이 운영하는 수출입회사에 다녔는데 헝가리 출장이 많아 헝가리의 말과 문화를 배우고 헝가리 내 유대인을 많이 알게 되었다. 업무 특성상 나치 치하의 독일은 물론 나치에 점령된 프랑스 고객들을 직접 방문할 일도 많았다. 그때마다 독일에서 벌어지는 잔혹 행위들이 생생하게 들려왔다.

헝가리 내 유대인들이 비극으로 내몰린 것은 독일군이 헝가리에 진주한 1944년 3월이었다. 유대인 사회는 극심한 혼란에 빠졌다. 유대인을 구하기 위해 헝가리 주재 스웨덴 대사관이 적극적으로 '보호여권'을 발급했지만 72만 명의 헝가리 유대인 가운데 60% 이상이 3개월 만에 아우슈비츠 수용소로 끌려갔다. 1944년 4월 7일부터 7월 8일까지 강제 이송된 유대인 수는 44만 명에 달했다. 헝가리 정부 수반 호르티는 당초 독일의 유대인 강제 이송에 소극적이었으나 나치의 압력을 견디지 못하고 결국 유대인들의 아우슈비츠 강제 이송을 지원했다.

수많은 유대인이 아우슈비츠로 끌려가자 스웨덴 내 세계유대인총회 대표자들과 미국에 거주하는 유대인들이 미국 정부에 해결을 요청했다. 미 정부가 헝가리 유대인을 구해낼 외교관을 추천해 달라고 중립국 스웨덴에 요청하자 스웨덴 정부는 6개국 언어에 능통하고 유대인에 대해 이해가 깊은 라울 발렌베리를 천거했다. 발렌베리가 죽음의 위험을 무릅쓰고

1944년 7월 9일 전권대사 자격으로 헝가리 부다페스트에 도착했을 때 그곳에는 '마지막 해결사' 아돌프 아이히만이 유대인 사냥을 진두지휘하고 있었다.

유대인 구출하는 데 혼신의 노력 다해

발렌베리는 스웨덴에 친척이나 사업상 파트너가 있는 유대인들에게 먼저 '보호여권'을 발급해주었다. 뒤이어 교황청을 비롯해 스위스, 포르투갈, 스페인 대사관도 자국 여권을 발급해주었다. 아이히만은 발렌베리를 눈엣가시처럼 여겼으나 중립국인 스웨덴과의 우호 관계를 중시하는 본국 정부의 지시 때문에 지켜보는 수밖에 없었다. 아이히만은 가능한 한 많은 유대인을 잡아들여 분한 마음을 달래려 했고, 발렌베리는 그에 맞서 유대인을 구출하는 데 혼신의 노력을 다했다.

발렌베리는 부다페스트 안에 '스웨덴의 집' 30곳을 설립해 그해 겨울이 되기까지 스웨덴 비자를 발급해 유대인 2만 명을 피신시켰다. 헝가리 포로수용소에서 풀려난 사람 1만 3,000여 명은 부다페스트 근처 은신처에서 보호했다.

1944년 10월 16일 나치 독일과 긴장 관계에 있던 호르티 정부가 독일이 지원하는 '화살십자가당' 민병대장 살라시의 공격을 받고 붕괴했지만 발렌베리는 활동을 중단하지 않았다. 그는 헝가리 공무원들에게 전쟁이 끝난 뒤 여권을 발급해 주겠다고 약속하거나 뇌물을 주는 방법으로 협조를 얻어냈다. 이런 식으로 그가 구해낸 사람만 최소 5만 명이나 되었다.

1945년 1월 부다페스트의 항복이 임박하자 나치 친위대는 그때까지 살아 있는 도시 안의 모든 유대인을 처형할 계획을 세웠다. 그러자 발렌베리는 현지 독일군 사령관을 찾아가 "집단 처형을 감행한다면 나는 무슨 일이 있어도 당신을 소련군에 고발할 것이며 당신이 처형되는 모습을 반드시 지켜보겠다"고 협박했다. 결국 독일군 사령관은 굴복했고 이 마지막 영웅 행위 덕에 또다시 수많은 사람이 목숨을 구했다.

소련군이 마침내 헝가리를 점령한 것은 1945년 1월이었다. 이로써 유대인의 악몽은 끝이 났으나 발렌베리 개인에게는 비극의 시작이었다. 발렌베리를 미국의 첩자로 오인한 소련 KGB가 1945년 1월 17일 그를 붙잡아 모스크바로 끌고 간 것이다. 이후 55년간 소문만 무성한 채 종적이 묘연했다. 1957년 2월 소련은 발렌베리가 1947년 7월 17일 교도소에서 심장마비를 일으켜 사망했다는 짤막한 성명을 발표했다. 1989년에는 발렌베리의 유품을 스웨덴의 가족에게 돌려보냈다.

정확한 진실은, 소련이 몰락한 후인 1990년 영국으로 망명한 KGB 요원에 의해 밝혀졌다. 그에 따르면 라울 발렌베리는 소련으로 끌려가 회유와 협박 그리고 무차별 고문을 당하다가 1947년 7월 17일 독약이 든 약물을 먹고 35세의 나이로 숨졌다는 것이다. 물론 이를 뒷받침할 증거가 없으므로 확실한 사인은 여전히 불분명하다.

월리스 캐러더스, 나일론 개발

'거미줄보다 가늘고 강철보다 강하다'는 선전 문구와 함께 뉴욕 등 전국의 대도시에서 팔려 나갔다.

나일론의 등장은 20세기 의류 혁명의 신호탄이었다. 혁명은 시대를 앞선 듀폰사의 안목과 투자의 산물이었지만 혁명의 봉화를 지핀 주인공은 월리스 흄 캐러더스(1896~1937)였다. 그는 미국 아이오와주 디모인에서 태어나 타키오대를 졸업하고 일리노이대에서 화학박사 학위(1924)를 받았다. 이후 하버드대 강사를 거쳐 1928년 2월 세계 최대 종합화학회사인 듀폰 중앙연구소 기초과학연구부장으로 입사했다.

윌리스 캐러더스

듀폰은 1929년 미국을 강타한 대공황으로 연구에 차질이 빚어질 수도 있는 상황이었으나 기초연구와 신기술 제품 개발만은 포기하지 않았다. 덕분에 캐러더스는 듀폰에서 계속 연구에 매달릴 수 있었다. 1930년 4월 천연고무보다 우수한 물성을 지닌 인공 합성고무 '네오프렌'을 개발하고 1934년 5월 최초의 폴리아마이드 섬유 합성에 성공했다. 1935년 2월 28일에는 20세기 섬유 혁명의 기관차가 될 최초의 인공 합성섬유 '폴리아마이드 66' 개발에도 성공했다. 그러나 당시 캐러더스는 자신이 합성한 인공섬유가 얼마나 유용한 것인지를 알지 못했다.

그러던 어느 날 캐러더스 연구팀의 한 연구원이 시험관에 달라붙은 인공 합성섬유를 유리막대로 긁어내다가 유리막대 끝에서 실크처럼 영롱하고 가느다란 실이 끝없이 나오는 걸 발견했다. 나일론이 세상에 모습을 드러내는 순간이었다. 하지만 캐러더스는 나일론이 상품화되는 것을 보지 못하고 1937년 4월 28일 청산가리를 레몬주스와 섞어 마시고 세상과 작별했다. 그는 평생 우울증에 시달렸고 그로 인해 늘 자살 충동을 느끼곤 했다.

나일론이라는 이름이 등장하기 전에 듀폰이 먼저 상품화한 것은 1938년 2월 24일 시판한 나일론 칫솔이었다. 1938년 9월 20일 특허를 받고 1938년 10월 27일 뉴욕 박람회장에 '나일론(Nylon)'을 출품해 '나일론'이 '석탄과 물과 공기로 만드는 섬유'라고 선전했다.

나일론은 실크보다 질기고 면보다 가볍고 신축성까지 있어 여성용 스타킹 소재로는 적격이었다. 나일론 스타킹은 1939년 10월 24일 듀폰사가 소재한 델라웨어주 윌밍턴에서 처음 판매되었다. 1940년 5월 15일부터는

'거미줄보다 가늘고 강철보다 강하다'는 선전 문구와 함께 뉴욕 등 전국 대도시에서 팔려 나갔다. 켤레당 1.15~1.35달러나 받아 실크 스타킹보다 2배가량 비쌌지만 백화점과 속옷 가게 앞에는 스타킹을 사려는 여자 손님들로 북새통을 이뤘다. 스타킹은 발매 당일에만 전국적으로 500만 켤레가 팔리고 첫 한 해 동안 6,400만 켤레가 팔렸다. 나일론 시대의 화려한 개막이었다.

나일론은 미국이 2차대전에 참전하면서 잠시 소비자들의 곁을 떠나야 했다. 전시생산위원회가 모든 나일론을 군수용으로만 쓸 것을 명령했기 때문이다. 전쟁 중 나일론은 타이어, 텐트, 로프, 판초 등 각종 군수품 원료로 쓰였다. 값비싼 아시아산 실크로 만들던 낙하산의 새 원료로도 환영 받았다.

나일론은 전쟁 후 본격적인 전성기를 누렸다. 스타킹은 물론 속옷, 블라우스 등 나일론으로 만든 첨단 패션 제품들이 쏟아져 나왔다. 그러나 1953년, 20세기 화학섬유의 대명사로 일컬어지는 '폴리에스테르'가 개발되면서 합성섬유의 왕좌에서 물러나야 했다. 그래도 여전히 잘 팔리긴 했으나 20세기 후반, "인체에 해롭다", "환경을 파괴한다"는 등 각종 비난의 대상이 되면서 결국에는 천덕꾸러기 신세로 전락했다.

나일론의 등장은 20세기 의류 혁명의 신호탄

나일론이 우리나라에 처음 소개된 것은 1953년 여름이었다. 당시 일본에서 나일론을 수입한 삼경물산이 의류 제조업자들에게 "여러분 중에 깁지 않은 양말을 신고 있는 사람이 몇 명이나 되느냐"며 "이제 주부들이 바느질에서 해방되었다"고 했던 제품 설명회가 나일론 등장의 시작이었다.

그러나 초기의 반응은 냉담했다. 양모, 견사, 면사에 익숙해 있던 사람들은 '석탄과 공기와 물을 이용해 천을 뽑아낸다', '강철보다 강하고 거미줄보다 가늘다'는 선전 문구를 믿지 않았다. 하지만 그것도 잠시 뿐 나일론 양말은 불티나게 팔렸다. 그도 그럴 것이 종전의 면 양말은 쉽게 구멍이 나 틈만 나면 깁는 것이 일이었는데 나일론 양말은 잘 해지지 않는 데다 빨아도 금방 마르고 원형으로 되돌아와 그렇게 편할 수 없었다.

나일론 양말 덕에 돈방석에 앉은 삼경물산은 1957년 4월 '한국나이롱'이라는 회사를 설립하고 1958년 10월 원사를 수입해 가공하는 스트레치 공장을 대구에 세웠다. 사업은 승승장구했다. 한국나이롱은 1963년 8월 국내 최초로 '코리아'와 '나일론'의 합성어인 '코오롱(KORLON)'이라는 이름의 나일론 원사를 생산했다. 이 상품명은 1968년 4월 'KOLON(코오롱)'으로 바뀌어 오늘날 코오롱기업의 모태가 되었다.

나일론으로 만들어진 옷은 고급 사치품으로 인정받았다. 치마, 적삼은 물론 양말에 장갑에 와이셔츠, 러닝셔츠와 속옷까지 나일론만 들어가면 선망의 대상이었다. 심지어 나일론이 한 올도 들어가지 않은 상품 이름에도 '최고' 의미의 '나일론'을 갖다 붙였다. 1950년대 후반의 화장품들 이름이 그랬다. 오드리 헵번, 폴 뉴먼 등 톱스타 사진을 광고에 도배하며 최고임을 내세운 화장 크림의 이름은 '나이론 바니싱 크림'이었고 '근대과학이 낳은 야심작'이라는 포마드 이름도 '나이론 포마드'였다. 고급 오이, 커피, 두부 이름에까지 '나이롱'을 접두어처럼 붙였다. 재래종 참외를 개량한, 달고 아삭한 참외는 '나이롱 참외'로 불렸다.

그러나 나일론의 인기는 폴리에스테르의 대량생산과 함께 서서히 사양길로 접어들더니 겉만 그럴싸한 가짜나 싸구려 제품 취급을 받았다. 한때 공부 안 하는 대학생을 '나이롱 대학생', 돈을 노리고 거짓으로 입원한 환자를 '나이롱 환자', 건성건성하는 박수를 '나이롱 박수'라고 불렀던 것처럼 '가짜', '싸구려'의 대명사로 인식되었다.

이승기와 비날론 1938년 미국의 듀폰사가 나일론을 개발했다는 소식이 전해지자 일본의 견사업계에 비상이 걸렸다. 당시 일본의 견사 생산이 전 세계 생산량의 80%나 되고 대미 수출도 수억 달러에 달했기 때문이다. 일본의 과학계와 산업계는 합성섬유를 개발하고 있던 교토제국대의 화학연구소에 기대를 걸었다.

연구원 중에는 서울에서 중앙고보를 마치고 일본의 교토제국대 화학공업과를 졸업한 이승기(1905~1996)도 있었다. 그는 1938년 교토대 화학연구소에 자리를 잡고 1939년 1월 공학박사 학위를 취득한 조선 과학계의 기대주였다. 1939년 10월 4일 교토대 측이 '합성 1호'로 명명한 새 합성섬유를 개발했다고 발표했을 때 이승기의 이름도 함께 거명되었다.

발표에 앞서 발행된 조선일보는 1939년 9월 29일자 기사에서 "교토대 연구소에서는 양모 수입 난 극복을 위하여 1938년 4월부터 히다 소장과 사쿠라다 박사의 지도하에 교토대 조교수 이승기 박사가 중심이 되어 연구를 거듭하던 중 새로운 합성섬유인 '합성 1호'를 완성했는데 이 사실을 10월 4일 공개 보고할 예정"이라고 크게 보도했다.

훗날 '비날론'으로 불릴 '합성 1호' 발명 후 이승기는 2호, 3호 개발을 위해 연구에 매진했으나 태평양전쟁이 막바지이던 1945년 7월 군국주의에 협력하지 않았다는 이유로 오사카 헌병대 유치장에 갇혀 각종 신문을 받았다. 다행히 다음달 일본의 패망으로 그해 12월 고국으로 돌아와 경성대 이공학부 응용화학과 교수가 되었다. 1946년 8월 국대안(국립서울종합대학안) 발표로 대학이 어수선해져

이승기(오른쪽)와 김일성

고향인 전남 담양으로 내려갔으나 머릿속은 늘 비날론의 생산과정을 공업화해야 한다는 일념뿐이었다.

비날론은 석탄과 석회석으로 카바이트를 만드는 데서 출발한다. 카바이트에서 아세트산 비닐을 합성해 폴리아세트산 비닐을 만들고 이를 메탄올에 녹여 폴리비닐 알코올을 얻는다. 이것을 섬유 형태로 만든 것이 비날론이다. 1938년에 나온 나일론과, 1953년에 나올 폴리에스테르보다는 질이 많이 떨어졌으나 당시만 해도 이승기는 비날론에 희망을 걸었고 어떻게든지 생산에 성공하고 싶었다. 그러나 열악한 국내 연구 환경 때문에 자신의 연구 결과가 실용화되지 못하고 사라져 버릴지 모른다는 불안감을 떨치지 못했다. 그러던 중 고향까지 찾아온 제자들의 간청으로 이미 개교한 서울공대 화학공학과 교수로 복귀하고 곧 2대 공대 학장이 되었다.

민족의 주체섬유라며 비날론을 적극 선전

연구 시설 부족으로 비날론의 공업화를 실행에 옮기지 못하고 있을 무렵 발발한 6·25는 이승기의 인생 행로를 180도 바꿔놓았다. 1950년 7월 말 피난하지 않고 서울에 있던 이승기에게 "흥남화학공장에서 일해 달라"는 북한의 정중한 요청이 있자 이승기는 흥남공장이 비날론과 관련된 카바이트 공장이라는 사실을 알고 북한행을 결정했다.

이승기가 공산주의자라거나 이념에 따라 북한으로 갔다는 증언이나 증거는 없다. 남한에서는 연구에 대한 물질적인 지원과 배려가 없어서 늘 연구하지 못하는 과학자로서 날개 잃은 새처럼 고통을 느끼고 있을 때 북한이 내민 손길에 넘어갔다고 보는 것이 타당할 것 같다.

김일성의 각별한 배려 덕에 이승기의 연구는 순조로웠다. 1956년 비날론 시제품이 생산되었고, 1961년 5월 연산 5만t 규모의 2·8 비날론 공장이 함흥에 완공되어 본격적인 양산 체제를 갖췄다. 비날론이 처음 생산된 날 공장을 찾은 김일성은 입는 문제가 해결되었다며 기쁨을 감추지 못했다. 이승기는 인민의 의복 문제를 해결한 과학자로 입지가 더욱 공고해졌다. 1962년 공산권의 노벨상으로 불리는 레닌상을 수상했다.

북한은 비날론이 "생산비가 적게 들면서도 자연섬유나 인조섬유보다 질이 좋으며 용도가 다양한 경제적 섬유"라고 주장했지만 사실은 문제점이 한두 가지가 아니었다. 염색 처리가 어렵고 세탁 시 형태가 줄어들고 잘 닳는다는 결정적인 약점이 있었다. 더욱이 촉감이 거칠고 투박해 북한 고위층이나 부유층은 거들떠보지도 않고 군복, 작업복, 운동화, 밧줄, 이불솜 등에만 사용되었다. 세계적으로도 비날론을 사용하는 나라는 북한이 거의 유일했다.

북한은 이런 사실을 알고도 비날론은 민족의 주체섬유라며 적극적으로 선전했다. 이승기는 1967년 초대 영변원자력연구소 소장이 되어 북한 핵개발의 기본전략을 수립하고 북한 핵개발의 대부로 있다가 1996년 사망한 뒤 북한의 영웅들이 안치된 애국열사릉에 안장되었다.

오늘날 이승기 박사의 화려한 성공이 오히려 북한을 후진 상태로 몰아넣은 원인이라는 주장이 제기되고 있다. 나일론이나 폴리에스테르 등의 화학섬유는 모두 석유화학에서 나오는 것과 달리 비날론은 북한이 수입하지 않아도 되는 석탄을 이용했다는 점에서 당대에는 큰 성과를 거뒀는지 몰라도 전 세계가 모두 석유화학의 길을 갈 때 북한만 석탄화학을 고집한 것이 세계의 흐름과 정반대의 길을 가게 되어 결과적으로 북한의 기술을 낙후시켰다는 것이다.

체스터 칼슨 건식 복사기 발명

내로라 하는 대기업들을 찾아다니며 합작을 제의했으나 그 어떤 기업도 눈길조차 주지 않았다.

대량 복제는 20세기를 설명하는 대표 키워드다. 대량 복제가 어떻게 가능한지를 실증해 보인 첫 사례를 꼽으라면 복사기를 들 수 있다. '구텐베르크 인쇄기 이후 최고의 사무기기 혁명'으로 일컫는 건식 복사기를 발명한 사람은 미국의 체스터 칼슨(1906~1968)이다. 그는 집안이 너무 가난해 12살 때부터 학교와 일터를 오가는 고된 생활 속에서도 공부만은 포기하지 않아 2년제 칼리지에서 화학을 전공하고 다시 편입한 캘리포니아 공과대(칼텍)에서 물리학을 전공했다.

졸업 후에는 뉴욕시 소재 벨연구소의 특허 부서에서 일했으나 곧 불어닥친 대공황으로 입사 3년 만에 해고되어 1934년 뉴욕의 전자회사 맬러리사로 자리를 옮겼다. 그는 예의 성실한 자세로 낮에는 회사에서 일하고 밤에는 야간 로스쿨을 다니며 변호사 자격증을 따낸 덕에 회사 내 특허부 관리자로 승진했다.

그는 업무 특성상 방대한 양의 문서를 복사할 때가 많았다. 당시는 카본 종이를 사용했는데 문서와 손에 검댕이가 묻는 것은 물론 시간이 많이 걸렸다. 그래서 좀 더 간편한 복사기를 개발하기 위해 퇴근 후 밤마다 뉴욕시립도서관에서 그래픽에 관한 문서를 조사했다. 그러던 어느 날 헝가리의 과학자 폴 셀레니가 사물에 빛을 쬐면 전도성이 증가한다는 사실에 착안해 정전기로 사진을 복사하는 데 성공했다는 논문을 읽게 되었다.

칼슨은 정전기를 이용한 복사기 개발에 매달렸다. 그리고 마침내 1938년 10월 22일 뉴욕 퀸스거리 아스토리아의 허름한 작업실에서 세계 최초로 건식 복사기 실험에 성공했다. 처음 복사된 내용은 '10-22-38 Astoria'였다. 칼슨은 1940년 11월 '전자사진(electrophotography)' 기술에 관한 특허를 냈고 1942년 10월부터 특허권 보호를 받았다. 그렇다고 해서 바로 상품 개발로 이어지지는 않았다. GE, IBM, 코닥 등 내로라 하는 20여개 회사를 찾아다니며 복사기 상품화를 위한 합작을 제의했으나 그 어떤 기업도 눈길조차 주지 않았다. 기존의 카본 종이로도 얼마든지 복사할 수 있는데 구태여 새로운 복사기를 누가 구입하겠느냐는 이유에서였다.

체스터 칼슨

상품화가 늦어져 자금이 떨어지고 아내마저 그의 곁을 떠난 상황에서 그에게 남은 것이라곤 복사기 청사진과 아무도 알아주지 않는 특허권뿐이었다. 다행히 1944년, 칼슨의 복사기로 얻어질 수 있는 모든 로열티의 60%를 갖는다는 조건으로 비영리 연구기관인 바텔연구소가 지원을 약속했다. 바텔연구소는 복사기를 그리스어로 '말려서 쓴다'는 의미의 '제로그라피(xerography)'로 명명했다.

대량복제와 사무자동화의 혁명을 예고하는 신호탄

그 무렵 할로이드사도 칼슨의 복사기에 관심을 보였다. 할로이드사는 대형 사진 관련 기업들에 인화지 등의 사진용품을 공급하는 중소기업이었다. 할로이드사는 바텔연구소와 칼슨으로부터 특허권을 사들여 복사기 개발에 사운을 걸었다. 1948년 10월 22일 시제품을 생산하고 1950년 '할로이드 제록스 복사기 A'를 세상에 내놓았지만 시장의 반응은 냉담했다. 한 장을 복사하는 데 3분이나 걸리고 사람이 기계에 붙어서서 일일이 손을 봐야 하는 게 문제였다. 이런 식으로 복사할 바에야 차라리 카본 종이를 사용하는 것이 낫다는 의견이 지배적이었다.

할로이드사는 다시 엄청난 개발비를 들여 연구를 계속했다. 하지만 좀처럼 성과가 나타나지 않았다. 7,500만 달러나 되는 막대한 돈이 들어간 복사기 개발은 중소기업이 감당하기에는 누가 보아도 도박이었다. 자금이 달려 한때는 복사기의 권리를 사가라고 IBM에 요청하기까지 했다. 그러나 IBM은 시장성이 없다며 고개를 저었다. IBM으로서는 칼슨의 첫 접촉에 이어 할로이드사의 접촉까지 두 번의 기회를 모두 놓친 셈이 되었다.

할로이드사는 1958년 4월 사명을 할로이드 제록스사로 개명했다가 1961년 6월 다시 제록스로 바꾸었다. 할로이드사의 야심작 '제록스 914'가 모습을 드러낸 것은 1959년이었다. '914'는 사이즈가 9x14인치까지 다양한 문서를 복사할 수 있다고 해서 붙여진 이름이다. 높이가 1m, 무게가 300kg인 '제록스 914'의 가격은 2만 9,500달러나 되었다.

'비즈니스 위크'지가 '914'의 사진을 표지에 싣고 '914'가 미래의 사무 환경을 혁신적으로 바꿔줄 혁명적인 기계라고 극찬하긴 했으나 판매는 여전히 답보 상태에 머물렀다. 그러나 1960년 들어 조작이 간단하고 다른 대기업의 조악한 복사기가 특수용지를 사용하는 것과 달리 보통용지를 사용한다는 점, 또한 분당 7장이나 복사된다는 사실이 서서히 알려지면서 '제록스 914'는 폭발적인 인기를 끌었다. 대당 원가가 2,400달러에 불과한 복사기를 10배가 넘는 가격인 2만 9,500달러에 팔아도 물건이 없어 못 팔 정도였다. 복사 전문점이 등장한 것도 이때부터였다.

덕분에 1960년 1만 달러이던 제록스의 주가는 1972년 무려 100만 달러로 치솟고 칼슨은 특허권 사용료와 제록스사의 주식으로 갑부가 되었다. 그는 죽을 때까지 벌어들인 1억 5,000만 달러 중 1억 달러를 자선사업에 쏟아부은 뒤 1968년 9월 62세로 뉴욕에서 숨졌다.

레니 리펜슈탈 연출 '올림피아' 공개

"히틀러를 찬미하지 않았다"고 강변했지만 한번 찍힌 낙인은 좀처럼 지워지지 않았다.

히틀러의 49번째 생일이던 1938년 4월 20일, 장차 '20세기 최고의 기록영화'로 꼽히게 될 레니 리펜슈탈(1902~2003)의 '올림피아'가 히틀러가 지켜보는 가운데 베를린 극장에서 처음 공개되었다. 1936년 8월 열린 베를린 올림픽의 전 과정을 400km의 필름에 담아 6km의 길이로 편집한 '올림피아'는 베를린 올림픽을 통해 독일 민족의 우월성을 과시하고 나치즘을 선전하려 한 히틀러의 의중을 적극 반영했다. 리펜슈탈은 16명의 조감독, 44명의 카메라맨을 이끌며 히틀러가 기대한 대로 혼신의 힘을 다해 '올림피아'를 촬영하고 18개월 동안 편집한 끝에 대작을 완성했다.

'민족의 제전'(1부)과 '미의 제전'(2부)으로 구분해 공개된 '올림피아'는 슬로모션, 줌인 등 당시로서는 파격적인 영상 기법에 힘입어 "다큐멘터리를 예술로 승화시킨 작품"이라는 찬사를 받으며 1938년 베니스 영화제에서 최우수작품상을 수상했다.

그러나 베를린 올림픽을 통해 권력 기반을 공고히 하고 독일 민족의 위대함을 전 세계에 선전하고자 했던 히틀러의 전폭적인 지원을 받았다는 점에서, 또한 히틀러 숭배를 통해 공동체의 재탄생을 찬양하는 '파시즘의 우상화'와 '파시스트의 미학'을 꾀했다는 점에서 "나치의 선전 영화"라는 비판에서 자유롭지 못했다. 이 때문에 리펜슈탈은 천재적인 재능과 화려한 연출 능력에도 불구하고 '나치의 협력자'란 꼬리표를 평생 달고 살았다.

리펜슈탈은 독일 베를린의 유복한 가정에서 태어나 남부러울 것 없는 환경에서 성장했다. 1923년 21살 때 첫 발표회를 시작으로 유럽을 순회하며 독무 공연을 펼칠 정도로 장래가 촉망되는 무용가였으나 공연 도중 당한 무릎 부상이 운명을 다른 길로 인도했다. 실의에 빠져 있던 그에게 새

레니 리펜슈탈

로운 길이 있음을 가르쳐준 것은 2년 전 감명 깊게 본 영화 '운명의 신'이었다.

그는 영화를 감독한 아르놀트 팡크의 사무실을 찾아갔고 18개월 후 팡크 감독의 '성스러운 산'(1926)의 여주인공 역을 통해 영화배우로 데뷔했다. 이후 '위대한 도약'(1927), '몽블랑의 폭풍우'(1930) 등 여러 편의 영화에 출연하면서 독일 바이마르 공화국 시대의 최고 여배우로 각광을 받았다. 리펜슈탈은 이에 만족하지 않고 프로덕션을 차려 직접 메가폰을 잡는 두 번째 변신을 시도했다. 첫 영화 '푸른 빛'(1932.3 개봉)의 각본과 주연을 겸한 영화감독으로 데뷔해 영화계의 주목을 받았다. 영화는 촬영과 편집의 다양한 기법들을 인정받아 베니스 영화제 은상을 차지했다.

오늘날 TV 중계에서 활용되는 촬영 기법 대부분 그 때 시작돼

1933년은 리펜슈탈 인생의 일대 전환점이었다. '푸른빛'을 본 선전장관 괴벨스가 나치 전당대회를 다큐멘터리로 찍어줄 것을 주문하자, 과거 히틀러의 연설을 듣고 "전기 충격을 받은 듯 묵시록적 비전을 발견"한 그가 자연스럽게 히틀러의 역장 안으로 빨려 들어간 것이다.

리펜슈탈은 1934년 9월 뉘른베르크 나치 전당대회를 꼼꼼히 촬영해 기록영화 '의지의 승리'를 완성했다. 1935년 3월 열린 시사회에서 '의지의 승리'는 "혁신적 기법으로 다큐멘터리의 신세기를 개척했다"는 평가를 받으며 리펜슈탈을 최고 영화감독 반열에 올려놓았다. 영화는 히틀러가 나치 전당대회에 참가하기 위해 비행기를 타고 오는 장면에서 시작한다. 히틀러가 신과도 같은 존재이며 히틀러의 도착은 신의 강림과도 같다는 느낌을 주기 위한 연출이었다.

히틀러를 영웅으로 그리는 카메라 구도와 연출, 히틀러에 열광하는 군중의 모습, 바그너의 음악, 히틀러의 카리스마 넘치는 연설 등으로 영화는 최고의 선전 영화로 자리매김했다. 이로서 풋내기였던 여류 감독은 제3제국 영화계에서 가장 중요한 인물로 부상하고 히틀러로부터 '아리안 족을 대표하는 여성'이라는 찬사를 들었다. '의지의 승리'는 1936년 베니스 영화제에서 다큐멘터리 금상, 1937년 파리 국제예술제에서 논란 끝에 금상을 수상했다.

'올림피아'(1938)에서는 스포츠 제전을 사실적이면서도 웅장하게 표현하기 위해 과감한 몽타주 편집과 다양한 테크닉을 동원했다. 수중 촬영과 공중 촬영을 시도하고 장대높이뛰기의 극적인 효과를 위해 땅을 파 그 속에서 촬영하기도 했다. 다이빙 장면을 하늘로 비상하는 것처럼 보여주기 위해 필름을 부분적으로 거꾸로 돌려 편집하는가 하면 단거리 육상 선수들이 달리는 방향으로 트랙을 설치해 이동촬영을 선보였다. 오늘날 TV 중계에서 활용되고 있는 중요한 촬영 기법의 대부분이 이미 그 때 활용된 것이다.

흑인 육상선수 제시 오언스의 조각 같은 육체미와 손기정 선수의 인간 한계에 도전하는 모습 등을 통해서도 인간의 몸이 얼마나 힘이 넘치고 아름다운지를 독창적으로 보여줬다는 평가를 받았다. 특히 결승선으로 들어오는 손기정의 힘찬 모습은 리펜슈탈의 손을 통해 세계 스포츠사에 길이 남은 명장면으로 기록되었다. 리펜슈탈은 손기정의 역주 장면을 '민족의 제전'에 가장 많이 삽입해 손기정의 골인 모습을 최고의 명장면으로 승화시켰다. 리펜슈탈은 손기정의 골인 모습에 강한 인상을 받았는지 3일 후 자신의 대저택으로 손기정을 초대했다. 손기정은 훗날 그의 대저택이 "덕수궁처럼 큰 규모였다"고 회고했다.

리펜슈탈의 영광, 나치 독일의 패망과 함께 종지부 찍어

그러나 리펜슈탈의 영광은 1945년 독일의 패망과 함께 종지부를 찍었다. 전범재판소에 수시로 불려갔고 재산과 영화필름은 몰수당했다. 영화 상영도 금지되었다. 전범 재판에서는 히틀러를 믿는다고 절규하면서도 때로는 잘못을 호소하고 변명하고 후회했다. 결국 증거 불충분으로 1949년 봄 무죄판결을 받았으나 평생 나치의 멍에를 짊어진 채 살아야 했다.

악소문도 끊이지 않았다. 그를 히틀러와 치정 관계로 묘사한 에바 브라운의 회고록이 날조된 것으로 판명되어도, 강제수용소를 찍은 필름 가운데 그가 등장하는 뉴스 필름이 사실은 짜깁기된 필름이라는 사실이 밝혀져도 악소문은 수그러들지 않았다. 리펜슈탈이 오명을 벗기 위해 벌인 소송만 50여 건이나 되었다. 1952년 재편집된 '올림피아'가 다시 상영되고 1954년 기록영화 '낮은 땅'을 통해 영화계 복귀를 시도했지만 결국 주목을 끌지 못해 칩거해야 했다.

그러나 70대가 되어도 분출하는 열정을 잠재우지 못해 1972년 영국 신문 '더 타임스'의 주문을 받아 뮌헨 올림픽 기록사진을 찍고, 1973년 아프리카 수단의 조각품 같은 누바족의 몸을 10여 년간 촬영한 사진집 '마지막 종족 누바'를 출간하는 등 지칠 줄 모르는 창작욕을 불태웠다. 도이치 아트 디렉터 클럽은 이런 리펜슈탈을 '최고 사진작가'로 선정했다.

'마지막 종족 누바'가 출간된 1973년 리펜슈탈은 71살이라는 나이에도 스쿠버 다이버 면허를 땄다. 5년 뒤에는 '산호 정원'이라는 제목의 수중촬영 사진집을 선보였다. 1982년에는 '나의 아프리카', 1987년에는 회고록을 써서 글 솜씨까지 발휘했다. 2,000여 회의 수중촬영을 할 만큼 왕성한 건강을 과시하고 100살 생일에도 그동안 바닷속에서 찍은 동영상을 모아 극장용 기록영화 '해저의 인상'을 발표할 정도로 뜨거운 예술혼을 자랑했다. 말년에는 "유대주의적 발언을 입에 올린 적이 없고 나치 당원도 아니었다. 결코 히틀러를 찬미하지 않았다"고 강변했지만 한번 찍힌 낙인은 2003년 101세로 죽을 때까지 좀처럼 지워지지 않았다.

'살아 있는 화석' 실러캔스 발견

경골어류가 돌연 20세기에 발견되면서 세계 고생물학계를 깜짝 놀라게 했다.

3억 7,500만 년 전, 물속에는 경골어류라는 딱딱한 뼈를 가진 물고기가 살고 있었다. 이들 중 일부가 물을 떠나 육지로 올라가면서 지구상에는 새로운 동물들이 등장한다. 오랜 세월을 거쳐 육지 생활이 가능하도록 진화한 것이 오늘날의 양서류이고, 물속에서 알을 낳는 불편을 피하기 위해 육지에서 알을 낳는 또 다른 진화의 결과가 파충류이다.

그 후 파충류는 조류와 포유류로 진화하고 마침내 인간까지 탄생시켰다. 따라서 경골어류야말로 모든 육상 척추동물의 조상인 셈이다. 하지만 환경에 적응하지 못해 오래전 지구상에서 자취를 감춘 것으로 학계는 추정했다. 그런데 이 경골어류가 돌연 20세기에 발견되면서 세계 고생물학계를 깜짝 놀라게 했다.

1938년 12월 22일, 남아공의 항구도시 이스트런던 해안가에 연해 있는 칼룸나강 어귀 수심 70m 지점에서 길이 150cm, 무게 57.5kg의 정체를 알 수 없는 괴상한 물고기가 발견되었다. 푸르스름한 빛깔에 마치 팔뚝처럼 보이는 지느러미들까지 있어 물고기라기보다는 도마뱀처럼 보였다. 마침 이스트런던 자연사박물관 학예사인 마저리 코트니-래티머가 이 사실을 알게 되었다. 그녀는 이 물고기가 박물관에 소장할 가치가 있다고 판단해 참고문헌을 뒤졌다. 그 결과 화석으로만 남아 있는 오래전 멸종한 물고기와 비슷하게 생겼다는 사실을 알게 되었다.

스미스 교수와 실러캔스(1952)

흥분한 래티머는 이미 죽어버린 물고기를 스케치해 인근의 로즈대 어류학자 제임스 스미스 교수에게 우편으로 보냈다. 스미스는 마치 다리처럼 살집이 있는 지느러미에 크고 푸른 눈을 가진 150cm 크기의 물고기 스케치를 보고 문득 3억 7,500만 년 전 고생대 데본기 후기에 나타났다가 중생대 백악기 후기인 6,500만 년 전에 사라진 원시 물고기 '실러캔스'라는 생각이 들었다. 원시 물고기는 지느러미가 8개였다. 특이한 형태의 꼬리지느러미(1개)와 살집이 통통한 가슴지느러미 한 쌍(2개), 배지느러미 한 쌍(2개)이 특히 눈길을 끌었다. 나머지는 등지느러미 2개와 뒷지느러미 1개다.

어류와 양서류 사이의 '잃어버린 고리' 찾았다고 대서특필

스미스는 1939년 2월 직접 박물관을 찾아가 박제된 물고기를 실물로 보고 실러캔스임을 확신했다. '살아 있는 화석'이 마침내 발견된 것이다. '살아 있는 화석'은 찰스 다윈이 처음 사용한 용어로, 다윈은 은행나무를 예로 들면서 지질시대에 나타났으나 절멸하지 않고 현존하는 생물을 '살아 있는 화석'이라고 칭했다. '살아 있는 화석'의 대표적인 것으로는 은행나무, 바퀴벌레 등이 있다.

실러캔스란 이름은 1836년 스위스의 고생물학자 루이 아가시가 영국의 뉴캐슬 부근에 분포해 있는 고생대 페름기 지층에서 나온 화석 물고기를, 등지느러미의 가시 속이 비어 있다는 뜻의 '실러캔더스(Coelacanthus)'라고 이름을 붙인 데서 연유한다. '실(coel)'은 그리스어의 비어 있다는 뜻이고 '아캔더스(acanthus)'는 가시라는 의미다.

스미스는 실러캔스를 처음 발견한 사람과 장소를 기념해 학명을 '라티메리아 칼룸나'라고 명명했다. 이 사실이 1939년 3월 18일자 '네이처'지에 발표되면서 래티머와 스미스는 세계적인 유명 인사가 되었다. 세계 유수 언론들은 어류와 양서류 사이의 '잃어버린 고리'를 마침내 찾았다고 대서특필했다. 그러나 스미스는 뼈와 비늘만으로 실러캔스라고 단정할 수 없어 실러캔스를 잡아오는 사람에게 주겠다며 현상금을 걸었다.

1952년 12월 21일 아프리카 동해안의 코모로 제도에서 실러캔스로 추정되는 물고기가 발견되었다. 스미스는 그곳으로 달려가 물고기를 면밀하게 살폈다. 그리고 1953년 봄 "실러캔스는 물·뭍동물의 후손으로 조상들은 물에서 육지로 올라갔다가 완전한 등뼈동물이 되기 전에 사라졌고 실러캔스는 다시 물로 돌아가 완전한 물고기가 되기 위해 지금도 진화 중"이라는 연구 결과를 발표했다.

화석 어류가 실존하는 것으로 밝혀지자 학자들 간에 어떻게 번식하느냐가 관심거리로 부상했다. 학자들은 처음엔 실러캔스가 '태생'인 것으로 알았다가 1975년 미국 자연사박물관에서 26번째로 잡힌 실러캔스를 해부하는 과정에서 다 자란 새끼 5마리가 발견되자 '난태생'으로 결론을 내렸다. 참고로 동물의 발생 방식은 난생, 난태생, 태생 등으로 분류한다. 난생은 알을 낳는 것이고 난태생은 살무사나 상어처럼 알이 생식관에서 성장한 뒤 새끼 상태로 암컷 몸 밖으로 나온다. 태생은 포유류처럼 새끼를 낳는다.

원시적 물고기가 아니라 현대적 물고기라는 주장도 있어

학자들은 실러캔스가 수심 180~360m(때로는 700m)에서 생활하는데 몸

길이는 2m까지 자라고 최대 몸무게는 120kg 정도 되며 수명은 약 100년 정도로 추정했다. 물 위로 올라오는 순간 갑자기 낮아진 외부 압력을 견디지 못해 결국 몇 시간밖에 살지 못하기 때문에 학자들은 살아있는 실러캔스를 볼 수 없었다.

그러다가 1986년 일본의 연구팀이 실러캔스를 산 채로 잡아 바다 살림망에 도로 넣어서 헤엄치는 모습을 VTR로 담는 데 성공하고, 1987년과 1991년 독일 연구팀이 잠수정을 타고 코모로섬 부근의 수심 100~200m에까지 들어가 자연 상태에서 살고 있는 실러캔스를 낱낱이 촬영하는데 성공함으로써 실러캔스가 후진도 하고 뒤집혀서 헤엄친다는 사실을 알게 되었다.

실러캔스는 1997년 또 한 번 세상을 놀라게 했다. 처음 발견된 서식지에서 1만km 정도 떨어진 인도네시아의 셀레베스 섬 근해에서 실러캔스의 새로운 종이 발견되었기 때문이다. '라티메리아 메나도엔시스'라고 명명된 이 종은 이후 '인도네시아 실러캔스'라고 부르고 남아공의 종은 '서인도양 실러캔스'라고 부른다.

학자들은 이들이 멸종하지 않은 이유로 거의 움직이지 않고 물의 흐름에 몸을 맡겨 생활하기 때문에 에너지를 거의 사용하지 않고 산소도 아주 적게 소비하며 먹이가 적은 곳에서도 살 수 있기 때문인 것으로 추정했다. 또한 실러캔스의 8개 지느러미 중 육질로 된 가슴지느러미 2개와 배지느러미 2개는 짝을 지어 움직이는데 이 4개의 지느러미가 4족수(네 발 달린 동물)의 네 발과 비슷한 모습을 하고 있어 뭍에서 물속으로 돌아와 현재도 완전한 물고기가 되기 위해 진화하고 있다고 추정했다. 즉 지느러미였다가 발이 된 것이 다시 지느러미로 돌아가는 진화 단계에 있다는 것이다.

그런데 20세기에 발견되는 살아 있는 실러캔스와, 화석으로 발견되는 실러캔스가 다른 생물체라는 주장도 있다. "변화가 느렸을 뿐 진화가 멈췄던 적은 없다"며 지금의 실러캔스는 고대의 원시적 물고기가 아니라 현대적인 물고기라는 주장이다. 즉 발견된 종인 '라티메리아 칼룸나'가 화석으로서는 발견되지 않았기 때문에, 살아 있는 실러캔스는 엄밀히 말하면 살아 있는 화석이 아니라는 것이다.

실제로 학계는 살아 있는 실러캔스와 화석 실러캔스를 다르게 분류하고 있다. 실러캔스 표본은 우리나라에도 있다. 1985년 4월 코모로 공화국 대통령이 우리나라에 기증한 것으로 현재 63빌딩의 '씨월드'에 전시되어 있다.

조 루이스와 막스 슈멜링의 재대결

루이스는 백인의 비위를 건드렸던 잭 존슨을 반면교사로 삼아 최대한 조심스럽게 행동했다.

1936년, 흑인 복서 조 루이스(1914~1981)는 천하무적이었다. 1934년 데뷔 이래 27전승(23KO승)을 구가하는 그의 앞을 가로막을 자는 아무도 없어 보였다. 목표는 당연히 세계권투협회(WBA)의 세계 헤비급 챔피언이었다. 이 거침없는 루이스와 독일 복서 막스 슈멜링(1905~2005)의 논타이틀전이 성사된 것은 1936년 6월 19일이었다.

루이스보다 9살이 더 많은 슈멜링은 1924년 데뷔 이래 유럽 권투계를 평정하고 1930년 미국의 잭 샤키를 쓰러뜨려 세계 헤비급 챔피언 자리에 오른 독일의 영웅이었다. 1932년 잭 샤키와의 재대결에서 패해 비록 챔피언 벨트를 빼앗기긴 했지만 슈멜링은 여전히 히틀러가 총애하는 독일인의 우상이었다.

루이스와 슈멜링의 논타이틀전은 뉴욕 양키스 스타디움에서 이뤄졌다.

조 루이스(오른쪽)와 막스 슈멜링(1938)

4만 2,000여 명의 관중이 지켜보는 가운데 벌어진 경기에서 루이스는 4라운드에 한 차례 다운되더니 결국 12라운드에서 KO패로 무릎을 꿇었다.

루이스는 복수의 칼을 갈았다. 1937년 6월 22일 제임스 브래덕을 8회 KO승으로 물리치고 그토록 바라던 세계 헤비급 챔피언에 올랐으나 크게 기뻐하지 않았다. 1년 전 연전연승하던 자신에게 통한의 1패를 안긴 슈멜링을 쓰러뜨리지 않고서는 진정한 챔피언이 아니라고 생각했기 때문이다. 이후 수차례의 타이틀 방어전에 성공한 루이스가 슈멜링의 도전을 받아들여 뉴욕 양키스 스타디움에서 재격돌한 것은 1938년 6월 22일이었다.

나치 vs 미국, 흑인 vs 백인의 대결

2차대전의 전운이 감돌고 있을 때여서 그들의 대결은 단순한 복싱시합이 아니었다. 그것은 나치 대 미국의 자존심 경쟁이었고 선과 악의 싸움이었으며 백인과 흑인의 인종 대결이었다. 히틀러는 경기 당일 가급적 많은 독일인이 라디오 중계를 듣도록 유도하기 위해 극장의 모든 문을 닫으라고 지시했다. 슈멜링에게는 "미국 검둥이를 때려눕혀 게르만 민족의 우수성을 만방에 알리라"고 메시지를 보냈다.

미국인들은 심각한 인종차별 속에서도 한마음으로 루이스를 응원했다. 루스벨트 대통령은 경기 며칠 전 루이스를 백악관으로 초청해 "당신의 두 팔에 미국이 달려 있다"고 격려했다. 슈멜링은 대단히 신사적이고 스포츠

맨십을 중시하는 복서였으나 미국인들의 눈에 비친 그의 모습은 한낱 나치의 꼭두각시일 뿐이었다.

경기는 많은 사람의 관심을 반영해 영어, 독일어, 포르투갈어, 스페인어 4개 언어로 생중계되었다. 경기 전 과정은 이처럼 호들갑스러웠으나 결과는 예상외로 싱거웠다. 7만 5,000여 명의 절대적인 응원 속에서 루이스는 1회 2분 4초 만에 슈멜링을 링 바닥에 고꾸라뜨렸다.

미국인들은 환호하고 열광했다. 1908년 전설적인 흑인 복서 잭 존슨이 캐나다 출신의 백인 복서 토미 번스를 물리치고 흑인 최초의 세계 헤비급 챔피언에 올랐을 때와는 정반대 분위기였다. 30년 전 존슨이 승리했을 때는 전 미국이 경악과 허탈감에 빠졌다. 1936년 제시 오언스가 베를린 올림픽에서 금메달 4개를 따내며 히틀러의 코를 납작하게 했을 때도 루이스처럼 환영을 받지는 못했다.

이런 환호성이 있기까지에는 루이스의 태도도 크게 작용했다. 루이스는 백인의 비위를 건드렸던 잭 존슨을 반면교사로 삼아 최대한 조심스럽게 행동했다. 잭 존슨의 악몽에 몸서리치던 미국 백인 사회는 30년 만에 나타난 전혀 다른 흑인 챔피언 조 루이스를 보고 안도의 한숨을 내쉬었다. 인종차별이 뿌리 깊은 남부에서도 "착한 검둥이"라며 받아들였다.

루이스, 12년 동안 세계 헤비급 사상 최장수 챔피언으로 군림

1939년 2차대전 때는 루이스와 슈멜링 모두 총을 들었다. 슈멜링은 독일의 낙하산병으로 참전하고 루이스는 챔피언 타이틀을 보유한 채 군에 입대해 시범 경기를 벌이며 미군들의 사기를 북돋워주었다.

루이스는 제대 후에도 연전연승을 달렸다. 지금까지 깨지지 않는 25차례의 방어전을 11년 8개월 동안 성공해 '갈색 폭격기'로 불리며 세계 헤비급 사상 최장수 챔피언으로 군림했다. 그러나 더 이상 적수가 나타나지 않자 1949년 3월 1일 스스로 챔피언 벨트를 반납하고 물러났다. 그 후 재기를 시도하며 두 차례 경기에 나섰으나 두 번 모두 실패하자 세인의 관심 밖으로 멀어졌다. 1951년 로키 마르시아노에게 패배할 때까지 그가 남긴 기록은 71전 68승(54KO승) 3패였다.

화려했던 선수 시절과 달리 말년은 불운했다. 은퇴 후 재산 관리 실패로 인한 빚을 갚기 위해 레슬링을 하고 라스베이거스 도박장에서 도어맨까지 하다가 마약중독자가 되었다. 반면 슈멜링은 인도주의를 몸소 실천하고 사업가로 성공했다. 나치의 거듭된 종용에도 불구하고 유대인 매니저와 결별하지 않았으며 1938년 나치의 유대인 대학살 때는 위험을 무릅쓰고 유대인 어린이 2명을 자신의 집에 숨겨주었다.

슈멜링은 1948년 43세의 나이로 은퇴할 때까지 70전 56승(40KO승) 4무 10패의 프로 전적을 기록했다. 전적은 화려하지 않았지만 그는 세계 헤비급 챔피언에 오른 최초의 유럽 출신이자 지금까지 유일무이한 독일 출신으로 기록되고 있다. 은퇴 후 사업가로 성공한 슈멜링은 알코올 중독과 마약 복용으로 불우한 시절을 보내던 루이스를 도와주기도 했다. 1987년 독일 스포츠 담당 기자 등의 투표에서 "전 시대를 통틀어 가장 위대한 독일의 운동선수"로 선정된 것에서 알 수 있듯 그는 독일인들의 무한 사랑을 받고 있다.

1939년

일제, 국민징용령 공포
석주명 '조선산 접류 총목록' 탈고
이병기 '가람시조집' 발간
김내성 추리소설 '마인' 조선일보 연재
_ *김성종*
반야월 가수·작사가 데뷔
정율성 중국인민해방군가 작곡
히틀러의 폴란드 침공과 2차대전 발발
일본·소련의 노몬한 전투
마거릿 미첼 원작 '바람과 함께 사라지다' 개봉
존 스타인벡 '분노의 포도' 출간
앨프리드 히치콕 할리우드 진출
프랭크 로이드 라이트 '낙수장' 완공
메리언 앤더슨 링컨기념관 앞 야외 연주회
빌리 홀리데이 '이상한 과일' 노래 발표

일제, 국민징용령 공포

강제적인 국민징용령을 실시해 한반도 전역을 준전시 상태로 내몬 것은 1944년 9월부터였다.

1937년 7월에 발발한 중일전쟁이 더욱 확대되면서 일본에 가장 시급한 것은 노동력과 물자의 대량 공급이었다. 일제는 이를 위해 일본 국내의 모든 물자를 동원할 수 있도록 하는 '국가총동원법'을 1938년 4월 1일 공포했다. '국가총동원'은 일본에만 국한하지 않고 조선을 비롯해 대만과 사할린 등 식민지 전역에 적용되었다. 이후 일제는 국가총동원법에 의거해 국민징용령, 가격통제령, 조선징병령, 식량관리령, 농지관리령 등을 잇따라 발표했다.

국가총동원법은 모든 법률에 우선했다. 위반 시 형벌로 처벌할 수 있는 규정까지 두어 조선인들에겐 사상범 탄압용인 '치안유지법'과 함께 가장 두려운 법이었다. 그래서 국내 역사학계와 우리 정부는 조선인 강제동원 시점을 국가총동원법이 제정된 1938년으로 삼는다.

일제는 국민징용을 실시하기에 앞서 노동력의 양과 질, 소재 등의 실태를 파악하기 위해 1939년 6월 1일부터 각종 직업능력 조사를 실시했다. 그 다음 단계로 노동력 통제, 자금 통제, 사업 통제, 문화 통제에 관한 관련 법령을 제정·공포했다.

일제가 16~49세의 노동력을 동원하는 '국민징용령'을 공포한 것은 1939년 7월 8일이었다. 일본에서는 7월 15일, 조선에서는 10월 1일부터 시행되었다. 국민징용령에 따라 조선인 동원은 단계별로 '모집'(1939.10~1942.1), '관(官) 알선'(1942.2~1944.8), '강제징용'(1944.9~1945.8)으로 나뉘어 진행되었다.

일본 홋카이도 샤쿠베쓰 탄광 입구에 모여 있는 조선인 징용자들

초기 형식은 '모집'이었으나 일본 정부가 필요한 노동력을 조선총독부에 요구하면 총독부는 행정력과 경찰력을 동원해 지역별로 할당된 인력을 모집했다는 점에서 1944년 본격적으로 시작될 강제징용과 별반 차이가 없었다.

더욱이 고용조건에 '직업 이동의 자유'를 제한하고 직업소개소의 명령에 복종할 것을 명기하는 등 강제 조항을 포함시켜 조선인 노동자들을 옴짝달싹하지 못하게 했다. 광범한 노동력 동원 체제를 갖추고 시작된 '관알선'은 서울, 부산, 대구, 평양, 신의주, 함흥 등 6개소에 관영 직업소개소가 설치되면서 본격화했다.

국가총동원법과 치안유지법은 조선인에게 가장 두려운 법

1940년 10월부터는 '국민총력운동'을 펼쳐 강제징용에 대비했다. 국민총력운동에 따라 위로는 총독부로부터 아래로는 마을 단위까지 포괄하는 각급 행정 및 직장 단위의 '총동원연맹'이 만들어지고 말단 조직인 각 마을의 부락연맹에는 10개 가구를 하나로 묶은 애국반이 설치되었다. 1943년 당시 한반도의 전국 가구 수가 487만여 호였을 때 국민총동원연맹에 소속된 대표와 애국반원이 457만여 호(92.8%)가 될 정도로 국가총력운동은 광범하게 진행되었다.

조선에서 강제적인 국민징용령을 실시해 한반도 전역을 준전시 상태로 내몬 것은 1944년 9월부터였다. 일제는 길거리에서 청장년이 눈에 띄면 잡아가거나 불시에 마을을 뒤져 연행해갔다. 연행을 거부하면 국가총동원법에 의해 징역을 살거나 벌금을 물어야 했다. 1939년부터 1945년까지 탄광이나 항만, 활주로 건설 등에 징용된 노무자는 일본 외무성 자료에 따르면 72만 명에 이른다. 우리 연구진의 조사에 따르면 120만~150만 명에 달한다. 물론 이 수치는 국외로 징용된 경우다.

조선인 노무자들은 가혹한 노동조건과 비인간적 대우, 목숨까지 위태롭게 하는 위험한 작업에 치를 떨었다. 임금도 일본인의 절반밖에 안 되는 데다 그나마 강제로 저축을 들게 하고 통장은 노무 직원이 관리한다면서 국채 등을 구입해 일본 패망 때는 사실상 손에 쥐는 임금이 거의 없었다. 일본 사업주는 도망을 막기 위해 기숙사 창에는 격자를 달고 담에는 철망을 설치하고 감시견을 배치했다.

일본이 패전할 당시 일본에 남아 있는 조선인은 36만 명이었다. 탈주자와 귀향자의 비율을 감안하더라도 다수의 사망자가 발생했음을 알 수 있다. 1995년 한국정신문화연구원(현 한국학중앙연구원)의 연구 결과는 강제연행 기간에 사망한 조선인 노동자가 30만 명 이상일 것으로 추정했다.

조선인 노무자, 가혹한 노동조건과 위험한 작업에 치 떨어

일제는 군 노무자 즉 '군속'이라는 명목으로도 조선인을 동원해 군수공장과 전선에 배치했다. 처음에는 모집 형식을 통해 군속을 채용했으나 전쟁이 장기화하자 특수징용 또는 관 알선의 형태로 군속을 충원했다. 1941년 12월의 태평양전쟁으로 전선이 남방 각지로 확대되었을 때는 군수물자의 원활한 생산과 수송을 위해 철도와 항만, 비행장 건설 등에 필요한 군속을 선발해 남방 각지로 끌고 갔다.

이들의 기구한 사연은 전후에까지 계속되었다. 군속으로 연합군 포로감시 업무를 수행하다가 전후 연합군의 전범재판소에서 유죄 판결을 받아 옥살이를 하거나 사형에 처해진 경우가 부지기수였다. 특히 사할린 징용 조선인들은 전후 시작된 냉전으로 인해 한동안 고국으로 돌아올 수도 없었다. 이마저도 살아남은 사람들의 경우이며 죽은 자들은 지금도 타국 땅에서 고혼으로 떠돌고 있다.

일본 정부가 공식적으로 발표한 군속 동원 수는 육군 7만여 명, 해군 8만 4,000여 명 등 총 15만 4,000여 명이지만 우리 학계와 조사단체에서는 1939년부터 1945년까지 36만여 명의 군속이 동원되고 이 가운데 7만 명 이상이 사망한 것으로 추정하고 있다.

1965년 한일협정 체결 당시 한국 정부는 일제하 노동자·군인·군속 등으로 강제동원된 한국인 피해자는 103만 명이라고 주장했다. 이에 대해 일본 측은 배상 대상자인 사망자 숫자 2만 1,919명(군인 6,178명, 군속 1만 5,741명)만 밝혔을 뿐 전체 강제동원 숫자와 명부는 공개하지 않았다.

석주명 '조선산 접류 총목록' 탈고

우리말에 대한 그의 관심과 재능은 해방 후 나비 이름을 짓는 데서도 발휘되었다.

석주명(1908~1950)은 일제 치하에서 조선의 나비들에게 이름(학명)과 주소(분포도)를 찾아주는 데 헌신한 '나비 박사'다. 전국의 산하 구석구석에 정통한 지리학자였으며 제주도 방언집과 에스페란토 교재를 발간한 준언어학자였다.

석주명은 평양에서 태어나 1921년 평양의 숭실고보에 입학했다가 조류학자 원홍구가 박물학 교사로 재직하고 있는 개성의 송도고보 2학년으로 전학했다. 고보를 졸업한 후에는 일본의 가고시마 농림전문학교(1926.4~1929.3)에서 수학했다. 졸업을 앞둔 어느 날, 평소 석주명의 성실성과 연구 태도를 주목해온 일본인 스승이 "조선의 나비를 연구하면 큰 성과가 있을 것"이라고 조언했다. 스승의 이 한마디는 석주명의 인생을 나비 연구로 안내하는 나침반이 되었다.

석주명

석주명은 1929년 3월 고국으로 돌아와 함흥의 영생고보 교사로 2년간 근무하다가 원홍구의 천거로 1931년 2월 모교인 송도고보 교사로 부임했다. 이후 학생들을 가르치면서 휴일이나 방학이 되면 나비 채집을 위해 전국의 산과 들을 누비고 다녔다. 학생들에게도 나비를 채집하도록 숙제를 냈다. 얼마 전까지 초등학생의 단골 방학 숙제이던 곤충 채집은 이때 생겨난 것이다. 송도고보의 박물관은 점차 온갖 종류의 나비 표본으로 가득 차, 원홍구의 조류 표본과 함께 개성의 명소가 되었다.

나비를 연구할수록 석주명을 혼란스럽게 한 것은 종(種)의 구분이었다. 크기나 모양에 약간의 차이만 있을 뿐 같은 종이라고밖에 볼 수 없는 나비가 제각각 다른 이름을 달고 있어 종을 구분하기가 어려웠던 것이다. 그때까지 한국의 나비를 연구한 학자는 모두가 일본인이었다. 그들은 몇몇의 나비 개체만을 관찰하다가 조금만 다른 형태가 발견되면 무조건 신아종이나 신변종을 발견했다며 자기 이름을 딴 새 학명을 붙이는 식으로 연구 업적을 과대 포장했다. 석주명은 학계의 이런 풍토를 받아들일 수 없었다.

석주명은 나비의 개체변이 현상이 대단히 중요하다는 사실을 깨닫고 그것을 연구 목표로 삼았다. 개체변이란 생물이 성장하는 환경의 차이에 따라 조금씩 다른 변이를 나타내는 것을 말한다. 일본 학자들의 잘못된 연구 업적을 바로잡고 개체변이를 제대로 이해하려면 더 많은 나비 개체가 필요했다. 그래서 학생들과 함께 전국을 누비고 다닌 것이다. 이렇게 채집한 나비 표본이 75만 개나 되었다.

일일이 자로 잰 배추흰나비 개체 수만 16만 7,000여 종

나비들을 통계 처리해보니 기존에 등록된 종이나 아종 나비가 단순한 개체변이에 불과하다는 것을 알 수 있었다. 석주명은 종마다 개체변이의 범위를 밝혀내 잘못된 학명을 하나둘 제거했다. 개체변이 범위를 규명한 '변이 곡선' 이론을 뒷받침하는 데 석주명이 주로 사용한 것은 배추흰나비였다.

'배추흰나비의 변이 연구' 논문(1936)을 쓰기 위해 앞날개 길이를 일일이 자로 잰 배추흰나비 개체 수만 16만 7,000여 종에 달했다. 연구 결과, 그동안 몸집 크기, 날개 형태, 무늬 양상에 따라 이종, 아종, 아형으로 보고된 20여 개의 학명이 하나의 배추흰나비로 정리되었다. 이런 식으로 동종이명 844개를 퇴출시키고 나니 한국 나비는 248종으로 분류되었다. 이 과정에서 도시처녀나비, 수노랑나비 등 조선산 신아종 나비 5종을 처음 발견해 학명을 붙이고 이름을 지었다.

연구 성과가 국내외 학계에 널리 알려지자 영국 왕립협회의 아시아지부가 조선산 나비 총목록의 집필을 의뢰했다. 석주명은 1937년 5월 논문을 완성했으나 아시아지부가 "논문 내용과 분량이 학회지에 한 번 발표하기에는 아까우니 책으로 내자"며 보완을 요청해 학회지에는 실리지 않았다.

석주명은 일본으로 건너가 수개월 동안 관련 논문과 책을 뒤졌다. 그리고 1939년 3월 마침내 '조선산 접류(나비) 총목록'을 탈고하고 1940년 미국 뉴욕의 출판사를 통해 단행본으로 펴냈다. 책에서 석주명은 50년 넘도록 외국 학자들이 제멋대로 분류한 학명들을 고치거나 빼고 자신이 발견한 신아종이나 조선산 미기록종들을 추가해 조선산 나비를 255종으로 분류했다.

영문으로 된 430쪽 분량의 책은 '한국산 나비 연구의 결정판'이라는 찬사를 받으며 국내는 물론 일본과 미국 등 해외에서도 수백 부가 판매되었다. 이를 계기로 석주명은 세계적인 학자 반열에 올랐다. 국내 학자가 쓴 책이 영국 왕립도서관은 물론 세계의 유명 도서관과 박물관에 소장된 것은 그의 책이 처음이었다.

석주명은 1942년 4월 송도고보를 사직하고 개성에 있는 경성제대 부속 생약연구소 촉탁 연구원으로 전직했다. 학교를 떠나기에 앞서 그동안 채집한 나비 표본 60만 개를 학교 마당에서 화장하고 위령제를 지냈다. 송도고보 교사로 재직한 11년 동안 석주명은 79편의 논문을 발표했다. 평생 발표한 논문은 128편이었다.

1943년 4월 경성제대 생약연구소 제주도시험장 파견을 자원한 그는 제주도에 머무는 2년 동안 나비 연구는 물론 제주도 방언 연구에도 힘을 쏟았다. 그 결과 1947년 '제주도 방언집', '제주도의 생명조사서', '제주도 문헌집'을 출판했다. 사후에도 '제주도 수필'(1968), '제주도 곤충상'(1970), '제주도 자료집'(1971)이 출간되어 총 6권의 '제주도 총서'가 완성되었다. 이밖에도 입으로만 전해오던 제주도 민요 '오돌똑'을 악보로 옮겨 보급했다.

나비들에게 이름과 주소 찾아주는 데 헌신한 '나비 박사'

우리말에 대한 그의 관심과 재능은 나비 이름을 짓는 데서도 발휘되었다. 조선 시대까지 우리나라에는 범나비, 흰나비, 노랑나비라는 일반적인 명칭 외에 우리말 나비 이름이 없었다. 일제 시대에는 학계나 곤충도감에서 쓰인 나비 이름이 모두 일본말이었다. 석주명은 조선산 나비 대부분에 우리말 이름을 붙여주었다. '굴뚝나비'는 굴뚝처럼 까맣다고 해서, '봄처녀나비'는 봄에 나왔다가 금방 사라지는 게 처녀처럼 수줍음을 타는 것

같다고 해서 붙여졌다. 각시멧노랑나비, 떠들썩팔랑나비, 무늬박이제비나비, 번개오색나비, 수풀알락팔랑나비, 청띠신선나비, 풀흰나비, 팔랑나비, 모시나비 등 우리말 나비 이름의 70% 이상이 석주명의 머리에서 나왔다.

석주명은 제주도에서 2년 1개월을 보낸 뒤 1945년 4월 생약연구소로 돌아왔다가 다시 경성제국대 농사시험장의 병리곤충학부장으로 부임했다. 해방 후인 1946년 9월에는 국립과학박물관 동물학부장으로 자리를 옮겼다. 석주명은 국제 공용어인 에스페란토에도 조예가 깊어 나비 논문 요약문을 에스페란토로 발표하고 외국과 논문 교류도 에스페란토로 했다. 에스페란토를 가르치기 위해 '국제어 에스페란토 교과서, 부록 소사전'(1947.4)도 직접 만들었다. 죽기 하루 전까지 쓴 탁상일기도 에스페란토로 쓸 정도로 그는 에스페란토의 대가였다.

1950년의 6·25 전쟁은 민족적으로도 참극이었지만 석주명 개인에게도 비극이었다. 전쟁이 터졌을 때 석주명은 남산 언덕의 국립과학박물관 동물학부장으로 재직하며 연구실을 지켰으나 연구실은 9·28 서울 수복 때 포탄을 맞고 불에 탔다. 출판 준비 중인 나비에 관한 원고, 분신이나 다름없는 15만 마리의 나비 표본도 한 줌의 재로 변했다.

더 큰 비극은 그의 죽음이었다. 10월 6일 오후 3시 쯤 폐허가 된 박물관 재건 회의를 위해 집을 나섰다가 개울에서 술을 마시던 일단의 청년들이 그를 인민군으로 오인해 쏜 총을 맞고 세상을 떠난 것이다.

일본인 학자들은 그의 죽음을 애석히 여겨 1955년 흑백알락나비 아종의 학명을 'Hestina japonica seoki'로, 홍줄나비의 학명을 'Seokia pratti'로 명명해 그의 죽음을 기렸다. 또 다른 일본인 학자는 네발나비과에 'Seokia'라는 새로운 '속(屬)'을 설정했다. 이렇게 그의 이름은 죽어서도 '석(seoki, seokia)'자가 붙은 나비와 함께 날아다니고 있다.

이병기 '가람시조집' 발간

시조를 부흥 · 발전시킨 시조의 중흥조로 더 큰 공적을 남겼다

이병기(1891~1968)는 초창기 국문학 연구의 초석을 놓은 학자이자 한글 발전에 크게 기여한 한글 운동가다. 하지만 "시조 하면 이병기를 연상하게 되고 이병기 하면 시조가 앞서게 된다"는 이희승의 말처럼 쇠퇴 일로에 있던 우리 시조를 부흥·발전시킨 시조의 중흥조로 더 큰 공적을 남겼다.

시조문학의 현대화와 창작 활동에 온 생애를 바친 이병기는 전북 익산에서 태어나 할아버지 밑에서 한학을 공부하다 18살의 늦은 나이에 전주공립보통학교에 입학했다. 뒤늦게 시작한 공부였지만 우수한 성적으로 졸업한 뒤 서울로 올라와 1910년 4월 한성사범학교에 입학했다. 사범학교 재학 중 1911년 9월 주시경이 인근 보성중학교에 조선어강습원을 세웠다는 소식을 듣고 일요일마다 최현배, 이규영, 권덕규, 신명균 등과 함께 그곳을 찾아가 주시경의 강의를 들으며 우리 글과 말의 중요성을 깨우쳤다.

한성사범학교를 졸업한 1913년 4월부터 전주의 보통학교 교사로 근무하던 중 1919년 3·1 운동이 일어나자 학교를 그만두고 1919년 8월과 9월 두 차례 만주를 방문하고 돌아와 동광학교를 거쳐 휘문고보(1924~1938)에서 학생들을 가르치며 우리말과 글을 연구하는 데 몰두했다.

1921년 12월 조선어연구회가 발족했을 때는 간사를 맡아 핵심 역할을 하고 1927년 2월 최현배, 정열모, 신명균 등과 함께 동인지 '한글' 제1호를 발행했다. 한글맞춤법통일안 제정, 조선어표준어 사정, 조선어사전 편찬에도 참여했다. 한글 발전에 대한 이런 노력에도 불구하고 오늘날 이병기는 20세기 시조 부흥 운동의 선구자로 기억되고 있다.

이병기가 본격적으로 시조를 창작한 것은 1922년부터다. 50년 동안 쓴

이병기

'가람일기'의 1922년 3월 1일자에 '탑골공원을 지나다가 시조를 지었다'고 기록된 것으로 미루어 그때부터 시조에 깊은 관심을 보인 것으로 짐작된다. 이후 그의 일기에는 그날그날 지은 시조시가 드물지 않게 등장한다.

그가 시조시인으로 등단한 것은 1925년 '조선문단'에 '한강을 지나며'를 발표하고부터였다. 이병기는 시조 창작뿐 아니라 시조시론의 정립에도 굵은 궤적을 남겼다. 1926년 '시조란 무엇인가'로부터 1942년 '고금시조의 행태'에 이르기까지 중요 논문만 10편이나 된다. 그중 1932년 동아일보에 연재된 '시조는 혁신하자'라는 논문은 오늘날까지도 시조 창작의 지침서 역할을 하고 있다.

이병기는 시조회(1927), 가요연구회(1928)를 조직, 시조시뿐 아니라 우리의 고전 시가 전반으로 연구 영역을 넓혔다. 1939년 2월 창간된 '문장'지의 신인 추천위원 자격으로 그가 추천한 김상옥, 조남령, 장응두, 이호우 등이 해방 후 우리의 시조시단을 이끈 핵심 인물로 성장했다는 점에서도 그의 공로는 크다.

이병기의 첫 시조집 '가람시조집'이 1939년 8월 15일 문장사에서 발간되었을 때, 시인 정지용은 발문에서 "이병기에 이르러서 시조가 시인을 만났다"며 "가람 이전에 가람이 없고 가람 이후에도 가람이 없다"고 극찬했다. 시조시인 조남령도 "뭇 시인의 경전이 되어 마땅하다"는 찬사를 보냈다.

이병기는 고전문학 연구에서도 일가를 이뤘다. 당시 이병기는 고전문학 연구를 위해 박봉을 쪼개 각종 전적을 수집했는데 이렇게 수집한 책이 몇천 권이나 되어 1963년 5월 서울대 '가람문고'에 소장되었다. 이병기의 전적은 서지 연구에도 활용되어 당시 그를 능가할 서지 연구자가 없을 정도였다. 1940년 10월 '문장'에 발표한 '조선어문학 명저 해제'는 오늘날까지도 흔들림 없는 우리 고전에 대한 평가·해설서 역할을 하고 있다는 평가를 받고 있다.

이병기를 특징짓는 또 하나는 화초에 대한 사랑이다. 1924년 서울 계동에 처음 집을 마련했을 때 당호를 '매화옥'이라고 하고 장서인을 '매화옥주인'이라 할 정도로 난초와 매화에 대한 그의 사랑은 지극정성이었다. 매화·난초와 호흡을 같이하며 향기 높은 지조를 알았기에 일제시대에 바르게 살 수 있었고 학자로서도 지조를 지킬 수 있었다.

"가람 이전에 가람 없고 가람 이후에 가람 없다"

일제 말기, 친일문화단체에 가입하라는 조선총독부의 강압을 이겨내고 창씨개명 역시 거부하며 그 암울했던 시대를 꿋꿋히 버틴 것도 후학들의 귀감이 되고 있다. 친일문학 평론가 임종국이 "일제시대에 쓴 가람의 시와 수필의 어느 한 편에서도 친일 문장을 남기지 않은 영광된 얼굴"이라고 말했듯이 정말 한 점 부끄럼 없이 시대의 풍랑을 이겨냈다. 그런 이병기였기에 일제는 조선어학회 사건에 그를 연루시켜 1942년 10월부터 1943년 9월까지 근 1년간 옥살이를 시키며 혹독한 고문을 가했다.

이병기는 1944년 고향으로 돌아갔다가 1945년 8월 해방 후 서울로 올라와 그해 10월 미군정청 학무국 편수관에 임명되어 국어 교과서 편찬에 혼신의 힘을 쏟았다. 한성사범학교가 학력의 전부였는데도 1946년 9월 서울대 문리대 전임교수로 임명되고 6·25 발발 후인 1952년에는 전북대의 전신인 명륜대로 자리를 옮겨 1956년 3월 정년 퇴임까지 재직했다. 국문학자로서는 '한중록'의 주해를 시작으로 '의유당일기'와 '근조내간집'을 역주하고 1957년 백철과 함께 '국문학 전사'를 발간했으며 '국문학 개설'(1961)을 남겼다. 1968년 11월 28일, 평소 그가 그토록 자랑했던 제자, 난초, 술을 일컫는 '3복'을 뒤로한 채, 자신의 생가에서 일생을 마쳤다.

김내성 추리소설 '마인' 조선일보 연재

순수문학을 중시하는 문단이 작품성을 인정하지 않아 문학적 조명은 거의 받지 못했다.

세계 최초의 추리소설은 미국의 에드거 앨런 포가 '그레이엄 매거진' 1841년 4월호에 발표한 '모르그 가의 살인'이다. 이후 추리소설은 유럽의 모리스 르블랑, 코넌 도일, 애거서 크리스티에 의해 화려하게 꽃을 피웠다.

우리나라 첫 추리소설은 1908년 이해조가 '정탐소설'이라는 이름으로 발표한 '쌍옥적'이다. 제국신문에 49회(1908.12.4~1909.2.12) 연재되고 단행본으로 출판되었다. '쌍옥적'이 한국 최초의 추리소설로 불리는 이유는 초자연적인 방식이 아니라 이성적인 사고를 이용해 근대적 경찰의 전신인 순검이 사건을 수사한다는 추리소설적인 구성을 갖추고 '정탐소설'이라는 분명한 장르 의식을 기반으로 쓰였기 때문이다. 다만 근대 계몽기의 다른 신소설들처럼 우연의 남발과 권선징악이라는 전근대적 요소의 흔적이 뚜렷해 완전한 추리소설로 분류하기에는 다소 아쉬운 점이 있다.

추리소설이 조금씩 등장한 것은 1920년대 중반부터다. 아동 문학의 선구자인 방정환이 북극성이란 필명으로 '동생을 찾으러'(1925)와 '칠칠단의 비밀'(1926)을 발표하고 박병호가 1926년 '혈가사'를 발표했다. 1931년에는 최독견이 신민일보에 '사형수'를, 1934년에는 채만식이 서동산이라는 필명으로 조선일보에 '염마'를 선보였다.

하지만 문학평론가들은 우리나라 최초의 본격 추리소설가로 김내성

(1909-1957)을 꼽는다. 김내성은 1930년대부터 1974년 김성종이 '최후의 증인'을 발표할 때까지 우리 문단에서 독보적인 추리작가로 인정받은 "한국 추리소설의 아버지"이다.

김내성

김내성은 평남 대동에서 태어나 평양고보를 졸업한 뒤 일본으로 유학을 떠났다. 1931년 4월 와세다대 부속 제2고등학원 문과를 거쳐 와세다대 독문학과에 입학했다가 1933년 독법학과로 전공을 바꿨다. 하지만 법학보다는 문학에 심취해 서구의 고전 명작을 두루 섭렵했다. 특히 범죄를 저지르는 인간의 심리 탐구에 관심이 많아 추리소설 전문지를 탐독했다. 일본의 유명 탐정소설가 에도가와 란포의 격려와 후원도 그를 고무했다. 에도가와는 에드거 앨런 포를 존경해 그의 이름을 빌려 필명으로 사용한 일본 추리소설의 개척자다.

독보적인 추리작가로 인정 받은 "한국 추리소설의 아버지"

김내성은 일본의 추리소설 전문지 '프로필'에 '타원형의 거울'을 투고해 1935년 3월 가작에 당선되는 기쁨을 누렸다. 같은 잡지에 투고한 '탐정소설가의 살인'과 대중잡지인 '모던 일본'에 투고한 '연문기담'도 잇달아 당선되어 추리소설계의 신진 작가로 떠올랐다. 당시 김내성은 '유불란'이란 필명을 썼다. '괴도 뤼팽' 시리즈로 유명한 프랑스의 추리소설가 모리스 르블랑의 이름에서 딴 것이다.

유불란은 이후 작품 속 주인공의 이름으로도 사용되어 한국 최초의 명탐정 캐릭터로 널리 알려졌다. '타원형의 거울'은 추리적 완성도를 갖췄다는 점에서 한국 추리소설의 효시로 꼽히지만 일본의 추리소설 전문지 공모에 당선되고 일본어로 된 작품이라는 결함 때문에 우리나라 추리소설의 시원으로 보기 어렵다는 반론도 있다.

김내성은 1936년 3월 대학 졸업 후 귀국하고 일본에서 당선된 '탐정소설가의 살인'을 '가상범인'이라는 제목의 한국어로 번역해 조선일보에 투고했다. '가상범인'이 조선일보에 연재(1937.2.13~3.21)된 후 김내성은 한국 문단 최초의 추리소설 전문 작가로 인식되었다. 1937년 6월부터 1938년 5월까지는 조선일보 자매지인 '소년'지에 어린이들을 위한 장편 추리소설 '백가면'을 연재하고 1938년 6월 단행본으로 출간했다.

'백가면'은 한국 추리소설 사상 처음으로 명탐정의 캐릭터인 유불란을 처음 등장시켰다는 점에서 추리문학사적 의미가 있다. 유불란은 이후에도 장편 추리소설 '마인'과 후속작인 '태풍'에도 등장해 활약을 펼쳤다. 일본어로 발표된 '타원형의 얼굴'은 1938년 3월부터 5월까지 조선일보 자매 월간지인 '조광'지에 '살인예술가'란 제목으로 연재되었다.

김내성은 조선일보에 탐정소설을 연재한 것을 계기로 1938년 12월 조선일보에 입사했다. 이후 낮에는 조선일보 자매지인 '조광'을 편집하고 밤에는 탐정소설을 집필했다. 그렇게 완성된 소설이 김내성을 독보적인 탐정소설가로 자리잡게 해준 장편 추리소설 '마인'이다. 김내성의 대표작이자 한국 추리소설의 본격적인 출발점으로 인정받는 '마인'은 독자의 열렬한 성원을 받으며 조선일보에 171회(1939.2.14~10.11) 연재되었다. 단행본은 1939년 12월 출간되어 해방될 때까지 5년 동안 18쇄를 돌파했다.

김내성은 1940년 8월 조선일보가 폐간되자 화신백화점에 입사했다. 여전히 낮에는 일을 하고 밤에는 장편 추리소설 '태풍'(1942)을 썼다. 그러다가 건강이 악화하자 1945년 처가가 있는 함경남도 안변에서 요양하며 일제 말기 청춘 남녀의 애정과 독립 투쟁을 그린 새 장편소설 '청춘극장'을 구상했다. 김내성이 200자 원고지 300장 분량의 초반부를 집필했을 때 일본이 패망했다.

순수문학이 지배하는 문단에서 문학적 조명 거의 받지 못해

해방이 되자 김내성은 탐정소설에서 벗어나 대중소설을 집필하고 라디오 드라마 작가로 활동하면서 새로운 전성기를 구가했다. 1946년 7월부터 방송된 한국 최초의 어린이 드라마이자 장편 라디오 연속극의 효시라고 할 수 있는 '똘똘이의 모험'의 기획·극본을 맡았다. '똘똘이의 모험'은 치솟는 인기에 힘입어 1946년 9월 영화로도 제작되어 2주일 동안 15만 명을 극장으로 끌어들이고 1946년 11월 단행본으로 출간되었다.

일제 때 쓰기 시작한 '청춘극장'은 1949년 '태양신문'에 연재되고 1949년 12월, 1부(청춘의 전설)가 단행본으로 출간되었다. 치솟는 인기 덕에 1950년 2월과 4월에도 각각 2부(사랑의 생리)와 3부(민족의 비극)를 단행본으로 펴냈다. 4부를 연재하고 있던 1950년 6월 6·25 전쟁이 터져 연재가 중단되었다.

김내성은 피란지 부산에서 '청춘극장' 연재를 계속 이어갔다. 1951년 9월, 4부(폭풍의 역사)를 출간하고 1952년 3월 연재를 완성함으로써 7년에 걸친 대단원의 막을 내렸다. 마지막 5부(대지의 심판) 완간에 맞추어 1952년 4월 부산 국제구락부에서 성대한 출판기념회를 열었다. 김내성은 '청춘극장'을 연재하면서도 장편소설 '인생화보'를 1951년 평화신문에 연재하기 시작해 1953년 전 3부로 된 단행본을 출간했다.

1954년에도 3편의 장편소설 '백조의 곡', '사상의 장미', '애인'을 동시에 연재함으로써 추리소설의 영역에서 완전히 벗어나 대중적인 신문 연재소설 작가로 변신하는 데 성공했다. '사상의 장미'는 1936년 일본 유학 시절에 일본어로 쓴 첫 장편소설이었으나 출간이 무산되어 오랫동안 빛을 보지 못하다가 18년이 지나 한국어로 연재되고 그 후 다시 60년이 지나 2014년 일본에서 일본어로 출간되는 기이한 운명의 소설이다.

김내성은 1956년 6월부터 '실락원의 별'을 경향신문에 연재해 큰 인기를 끌었으나 1957년 2월 19일 뇌일혈로 갑자기 세상을 떠나 중단되었다. 완성하지 못한 후반부는 당시 이화여대 피아노과에 재학 중이던 장녀가 아버지의 창작 노트를 바탕으로 완성해 1957년 7월 전 2권으로 출간되었다.

김내성의 소설은 발표되는 대로 영화나 드라마로 제작되었다. 그의 작품 중 영화로 제작된 것은 18편, 라디오와 텔레비전 연속극으로 제작된 것은 12편이나 된다. 영화나 드라마로 제작된 작품은 '똘똘이의 모험'(1946), '애인'(1956), '마인'(1957), '실락원의 별'(1957), '인생 화보'(1957), '청춘극장'(1959), '진주탑'(1960), '쌍무지개 뜨는 언덕'(1965), '암굴왕'(1968) 등이 있다. 이 중 '청춘극장'은 영화로 3번, TV 드라마로 2번 제작되었으며 '인생 화보'는 영화로 2번, TV 드라마로 3번 제작되었다. 그런데도 문학적 조명은 거의 받지 못했다. 대중문학으로 분류되다 보니 순수문학이라는 아성이 지배하는 우리 문단이 작품성을 인정하지 않았기 때문이다.

1958년 경향신문이 주관하는 '내성문학상'이 제정되어 소설가 정한숙(1958), 유호(1959), 박경리(1960)가 수상자로 발표되었으나 아쉽게도 3회를 끝으로 중단되었다. 김내성의 이름을 건 문학상이 다시 부활한 것은 1990년대에 들어서다. 계간지 '추리문학'이 장편소설을 대상으로 '김내성 추리문학상'을 제정·공모했지만 이 문학상 역시 3회로 그쳐 아쉬움을 더해주고 있다.

김성종 한국의 추리문학은 김내성이 활동한 1930년대에 잠시 꽃을 피우다가 1940년대 중반 김내성이 침잠하면서 열기가 사그라들었다. 해방 후에는 좌우 대립과 분단, 전쟁 등 격변기를 지나며 명맥만 유지한 채 긴 침체기에 빠졌다. 여기에 1957년 김내성의 작고와 여가를 즐길 만큼 여유가 없던 사회적 분위기도 한몫했다. 간헐적으로 순수 문학 작가들이 추리소설을 발표했으나 관심을 끌지는 못했다.

그러던 중 오랜 침묵을 깨고 세련된 추리문학을 개척한 작가가 있었으니 그가 바로 김성종(1941~)이다. 그는 '광복 전 김내성, 광복 후 김성종'이라는 말이 있을 정도로 한국 추리소설 역사에 한 획을 그은 추리소설의 중흥조다. 1974년 김성종이 '최후의 증인'을 발표하면서 한국의 추리소설은 다시 만개하고 김성종 시대가 문을 활짝 열어젖혔다.

김성종

김성동은 중국 산동성 제남에서 태어나 해방 후 부모 고향인 전남 구례에서 성장했다. 구례농고를 거쳐 연세대 정외과를 졸업한 1969년 조선일보 신춘문예에 소설 '경찰관'이 당선되어 등단했다. 이후 몇 군데 잡지사를 전전하면서 1971년 현대문학 추천을 받았다. 청소년 시절부터 추리소설에 관심이 많아 애거서 크리스티, 코넌 도일 등 고전 추리물을 탐독했지만 성에 차지 않았다. 홈스나 뤼팽이 슈퍼맨처럼 알아서 척척 사건을 해결해 긴장감이 떨어졌기 때문이다. 이런 그를 매료시킨 것은 영국의 추리소설 작가 프레더릭 포사이스가 쓴 '자칼의 날'(1971)이다. 김성종은 '자칼의 날'을 접하고 피가 역류하는 경험을 했다.

김성종을 한국 추리소설계 최고 작가로 우뚝 서게 한 출발점은 '최후의 증인'이다. '최후의 증인'은 1974년 1월 한국일보 창간 20주년을 기념한 200만 원 고료 장편소설 공모에서 김성종에게 대상을 안겨주었다. 당시 심사위원이던 김동리는 "추리적 기법으로 그려낸 한국전쟁의 비애"라고 치켜세웠다. 추리소설 공모에서 거액의 상을 타고 나니 문단과 대중의 시각이 바뀌었다. 이후 그에게 추리소설 연재 요청이 쇄도했다. '최후의 증인'은 1980년 이두용 감독이 영화로 만들고 2001년 배창호 감독이 '흑수선'이라는 제목으로 리메이크했다.

김성종은 '최후의 증인'에 만족하지 않았다. 더 큰 스케일의 이야기가 필요했다. 그래서 구상한 것이 '여명의 눈동자'다. '여명의 눈동자'는 처음에 위안부 문제만을 소재로 삼아 쓰려고 계획했다. 하지만 위안부 문제를 파고들수록 그것만으로는 이야기를 마무리할 수 없다는 것을 깨달았다. 결국 위안부 이야기는 자연스럽게 일제, 해방, 6·25의 수순으로 이어졌다. 그것은 통한의 한국 현대사를 관통하는 장대한 스케일의 드라마였다.

한국 추리소설 역사에 한 획 그은 추리소설의 중흥조

그렇게 시작한 '여명의 눈동자'는 1975년부터 1981년까지 장장 6년 동안 '일간스포츠'지에 연재되었다. 일제강점기에서 6·25 전쟁, 빨치산 토벌에 이르는 격동의 시대를 관통하며 위안부와 학병으로 끌려가는 최대치, 윤여옥, 장하림이 주인공이다. 연재와 함께 10권으로 묶인 책은 100만 부가 넘게 팔리는 공전의 히트를 기록했다. 총 36부작으로 제작된 드라마도 1991년 10월부터 1992년 2월까지 MBC TV로 방영되어 폭발적인 인기를 끌었다.

김성종은 '여명의 눈동자'를 연재하면서 같은 일간스포츠에 '추정'이란 가명으로 '제5열'도 동시에 연재했다. '제5열' 역시 이후 발표한 '백색미로', '어느 창녀의 죽음' 등과 함께 드라마와 영화로 제작되었다. 김성종은 이처럼 '여명의 눈동자', '제5열' 등으로 한국 추리소설의 황금기를 이끌며 30년 가까이 한국 추리소설계 최고의 작가로 활동했다. 김성종의 활약에 힘입어 한국의 추리소설은 1980년대 들어 전성기를 맞았다. 1983년 창립된 추리작가협회는 체계적 활동의 기반을 마련했다. 매년 단편집을 발간하고 추리문학대상을 제정했다. 스포츠신문에도 추리소설 신춘문예가 생기고 잡지 창간과 신문 연재도 봇물을 이뤘다.

김성동은 1980년 부산으로 이주했다. 부산일보에 소설을 연재해 부산에 자주 내려가다가 아예 부산에 정착한 것이다. 이후 부산에서 서점과 출판사를 운영하면서 계간 '추리문학'을 발행했으나 판매가 시원치 않아 곧 중단했다. 그러다가 1992년 3월 22일 부산 달맞이언덕에 사재를 털어 국내 최초이자 유일한 '추리문학관'을 세웠다. 6층짜리 문학관은 부산 지역의 문학적 자산이 되고 희소성 덕에 금방 명소가 되었다. 3만 권으로 시작한 장서는 5만 권으로 늘어났다.

김성종은 지금까지 50여 편 100여 권의 소설을 발표했다. 이 중 중국에서 10편, 일본에서 2편의 소설이 출간되었다. 프랑스어판 '최후의 증인'은 2014년 6월 출간되었다. 현재 김성종은 한국 추리소설의 대부로 불리고 한국 추리소설 분야의 새 장을 연 선구자로 평가받고 있다. 하지만 현재 우리의 추리소설 문학계는 고사 직전의 위기에 놓여 있다. 이유는 복합적이다. 1990년대 중반을 거치면서 무분별한 출간에 따른 작품 수준의 저하, 선정성 시비가 발목을 잡았다. 여기에 1997년 외환 위기까지 겹쳐 출판 시장이 위축되면서 급격한 내리막을 걸었다. 장편 공모와 신춘문예가 사라지자 작가 수혈이 어렵게 되고, 이는 곧바로 작품의 질 하락이라는 악순환을 가져왔다. 작가 개개인의 역량을 장르 전체에 대한 성장으로 연결시키지 못하고 한국적 스타일을 확립하는 데 실패한 것도 한 원인으로 꼽힌다.

반야월 가수·작사가 데뷔

특히 영화 주제가 작사는 그가 거의 독식하다시피 했다.

반야월(1917~2012)은 우리 가요사를 통틀어 가장 많은 노랫말을 짓고 가장 많은 히트곡 가사를 쓰고 가장 오랫동안 현역으로 활동한 우리 가요사 그 자체다. 그의 노래를 기념하는 노래비가 전국에 10개 이

반야월

상 세워진 것만 보더라도 그의 노랫말이 얼마나 많은 사랑을 받았는지 알 수 있다.

본명이 박창오인 반야월은 경남 마산에서 태어나 진해농산학교를 중퇴하고 1937년 늦은 봄, 충북 청주에서 양복 일을 배웠다. 재단사 보조로 일하던 그에게 기회가 찾아온 것은 1939년 어느 날이었다. 조선일보 김천지국과 태평레코드사가 공동 주최하는 '전국가요콩쿠르대회'가 경북 김천에서 열린 것이다. 대회는 예선과 결선으로 치러졌는데 결선 진출자는 자유곡과 지정곡 2곡을 불렀다. 반야월은 지정곡 '북국 5천km'와 자유곡 '춘몽'을 불러 1등을 차지했다.

일제강점기에 가수가 되는 길은 콩쿠르 대회에 나가 입상하는 게 사실상 유일했다. 1930년대 말 국내 5대 레코드사 전속 가수를 다 합쳐봐야 고작 20여 명에 지나지 않았기 때문에 일단 가수만 되면 최소한의 성공은 보장되었다. 당시 국내에는 태평레코드, OK레코드, 콜롬비아레코드, 빅터레코드, 폴리도르레코드 5개가 있었다. 그중 태평과 OK는 일본인 회사였고 다른 3개사는 미국인 소유였다.

반야월은 1등 입상을 계기로 1939년 태평레코드사의 전속 가수가 되었다. 전속 계약 후 '진방남'을 예명으로 삼고 8곡의 노래를 받았다. 그중 먼저 나온 노래가 1939년 12월 발표된 '사막의 애상곡'이다. 진방남은 같은 해 자신이 노랫말을 만들고 이재호가 곡을 붙인 '꽃마차'를 불러 작사가로도 이름을 올렸다. '꽃마차'를 발표할 때 예명은 평생의 이름이 될 반야월이었다. 우리말로 반달을 뜻하는 반야월은 곧 일그러질 보름달보다 점차 완성을 향해 나아간다는 희망이 담겼다. 그는 반야월 말고도 진방남, 추미림, 박남포, 남궁려, 금동선, 옥단춘 등 예명이 다양했다. 작사를 하도 많이 하다 보니까 비슷한 시기에 같은 이름이 너무 많은 것이 민망스러워 다른 예명들을 하나씩 지어 붙이다 보니 이름 부자가 된 것이다.

반야월이 가사를 쓴 노래 5,000곡 넘어

반야월은 1940년 새 노래를 취입하기 위해 일본의 태평레코드사 본사로 갔다. 노래를 취입하려는데 '모친 별세'라는 급전이 왔다. 하늘이 무너지는 심정으로 가슴을 쥐어짜며 노래를 불렀다. "불러봐도 울어봐도 못 오실 어머님…"으로 시작되는 '불효자는 웁니다'는 그렇게 전국에 메아리치며 공전의 대히트를 기록했다.

1941년 12월 초 작곡가 이재호 등과 함께 다시 녹음을 하러 일본으로 건너갔다. 하지만 이틀 뒤 태평양전쟁이 발발하는 바람에 태평레코드 본사에서 예정되어 있던 녹음을 뒤로 미루고 '결전 태평양', '1억 총진군' 등의 노래를 급조해 반야월에게 취입하도록 했다. 못한다고 하면 탄광으로 끌려갈 게 뻔한 상황에서 반야월은 그들의 지시대로 녹음했다. 이것이 문제가 되어 2008년 친일인명사전편찬위원회에 의해 친일 인물로 분류되었다. 반야월은 2010년 6월 대국민 사과를 했다.

반야월은 노래와 작사 말고도 재주가 많았다. 해방 후인 1945년 남대문악극단을 창설해 부초처럼 유랑했는데 뒷날 톱스타로 성장한 김진규, 이민자, 이예춘 등이 모두 그가 이끌던 유랑극단 단원이었다. 1948년에는 KBS 방송희곡 공모에 '허생원전'이 입선되어 극작가로도 등단했다. 1956년 발표된 '단장의 미아리고개'에는 그의 아픔이 고스란히 묻어 있다. 미아리에 살 때 6·25가 터져 피란을 갔다가 서울 수복 후 서울로 올라왔는데 그사이 네 살배기 딸이 허기를 견디지 못하고 애처롭게 명줄을 놓은 것이다. 그때의 슬픔을 가사로 쓰고 이재호가 곡을 붙인 노래가 '단장의 미아리고개'다.

1957년 가을, 마산국립결핵요양소로 위문 공연을 갔을 때 소복을 입은 채 객석 맨 뒤쪽에서 반야월의 노래를 들으며 흐느끼는 여인이 눈에 띄었다. 반야월은 “아무도 날 찾는 이 없는 외로운 이 산장에…”로 시작하는 노랫말을 지어 이재호에게 곡을 의뢰했다. 폐병을 앓고 있던 이재호는 동병상련의 심경으로 곡을 만들어 권혜경에게 노래를 부르도록 한 것이 ‘산장의 여인’이다. 1950년대 중반 한국영화 붐이 시작되면서 가요 붐도 덩달아 일어났다. 반야월로서는 작사가로서의 전성기가 시작된 것이다. 특히 영화 주제가 작사는 거의 독식하다시피 했다.

반야월 작사, 이재호 작곡의 ‘산에 산에 꽃이 피네 들에 들에 꽃이 피네’로 시작되는 ‘산유화’(1956)는 가수 남인수가 취입할 때 가사 때문에 한동안 목이 메어 울었다는 가요다. 노래가 발표되자 대중가요를 ‘유행가’라고 얕잡아 보던 클래식 음악가들도 입을 다물었다. 반야월이 가사를 쓴 노래는 5,000곡이 넘는다. 한국음악저작권협회에 등록되어 있는 그의 노래만도 900여 편이나 된다. 대표곡을 열거하면 끝도 없다. ‘울고 넘는 박달재’, ‘무너진 사랑탑’, ‘열아홉 순정’, ‘아빠의 청춘’, ‘소양강 처녀’ 등이 모두 그의 손을 거친 노래다.

정율성 중국인민해방군가 작곡

1949년 10월 1일 중화인민공화국이 수립된 북경 천안문 광장에 홍기가 나부낄 때 울려 퍼졌다.

정율성(1918~1976)은 중국의 3대 혁명 음악가의 한 사람으로 꼽힌다. 중국의 한 조사에 따르면 3억 명 이상이 정율성을 알고 있고 10억 명 이상이 그가 작곡한 노래를 최소한 1곡 이상 알고 있는 것으로 알려졌다. 2009년 중국 건국 60주년 기념행사 때는 중국 공산당을 창당한 이대교, 작가 노신, 서안사변을 일으킨 장학량 등과 함께 '신 중국 창건 영웅 100인'에 선정되기도 했다. 2008년 광주광역시 남구 양림동 생가 터 인근 도로에 정율성로가 조성되고 2015년 현재 정율성의 삶을 조명하는 영화가 추진 중이다.

정율성

정율성은 광주에서 태어나 항일 정신이 투철한 가정환경에서 성장했다. 부친은 민족적 절개로 가득 찬 애국자였고 큰형은 두 번이나 옥살이를 한 독립운동가였으며 둘째와 셋째 형은 중국에서 의열단원으로 활동한 독립투사였다. 누이는 1929년 광주학생운동에 참가하고 매형은 의열단원으로 활동하며 상해에서 김산·김성숙 등과 함께 조선민족해방동맹 결성에 주도적으로 참여한 열혈 투사였다.

정율성은 어릴 때부터 서양의 명곡 음반이 많고 유성기를 갖춘 외삼촌 집을 들락거리면서 음악적 소양을 키웠다. 둘째 형이 사준 만돌린은 평생의 친구가 되었다. 전북 전주의 신흥중학교 3학년에 재학 중이던 1931년 아버지를 여의어 경제적으로 곤란해졌을 때 김원봉이 중국 본토에 설치한 '조선혁명군사정치간부학교' 입교생을 모집하러 셋째 형이 국내에 잠입했다.

정율성은 1933년 5월 만돌린과 세계명곡음반을 짊어지고 셋째 형을 따라 중국 상해로 건너갔다. 1933년 9월 조선혁명군사정치간부학교 제2기생으로 입교하고 1934년 4월 졸업했다. 이후 남경에 거주하면서 항일 비밀 임무를 수행했다.

그러던 어느 날 의열단장 김원봉이 그의 음악적 자질을 발견하고 음악 공부를 할 수 있도록 길을 열어주었다. 그 덕에 1주일에 한 번씩 남경에서 상해까지 먼 길을 오가며 러시아 레닌그라드 음대 출신의 저명한 음악가 크리노와 교수에게서 성악, 작곡, 피아노 등을 배웠다. 세계 명곡음악회(상해)에서는 큰 갈채를 받았다. 자신감이 생긴 정율성은 자신의 삶을 아름답고 힘찬 선율을 이뤄 봉사하는 데 쓰리라 결심하고 원래 이름인 정부은 대신 정율성으로 바꿨다.

"인민은 영생불멸한다. 정율성의 노래도 영생불멸할 것이다"

정율성은 1936년 '아리랑'의 주인공인 김산 등이 조직한 공산주의 계열의 '조선민족해방동맹'에 가입했다. 그해 10월에는 남경의 진보 지식인 모임인 '5월 문예사'에 가입해 중국의 진보 진영과 교감을 나눴다. 당시 김원봉은 중국 국민당의 지원을 받아 조선혁명간부학교를 운영했기 때문에 중국 공산당과 동지적 관계인 '조선민족해방동맹'에 정율성이 가입한 것을 못마땅하게 생각해 더 이상의 지원을 중단했다. 결국 정율성의 음악 공부는 1년 6개월 만에 중단되었다.

정율성이 노심초사하고 있을 때 주위에서 연안으로 갈 것을 권유했다. 당시 연안은 중국 공산당 혁명의 근거지로 수만 명이 거주하는 거대한 병영이었고 부글부글 끓어오르는 용광로와 같았다. 정율성은 1937년 10월 연안으로 들어가 팔로군 군인으로 활동하면서 뜨거운 혁명의 열기를 음악의 선율로 담아내는 작업을 병행했다.

1938년에는 '중국의 아리랑'으로 불리는 서정가요 '연안송'(모예·莫耶 작사)을 작곡했다. 그해 봄 모택동까지 참석한 야외 집회에서 정율성이 연안송을 부르자 관중이 폭발적으로 반응했다. 이후 연안송은 공산당 지도부의 극찬을 받으며 중국 대륙 전역으로 퍼져나가 지금도 많은 사람이 즐겨 부르고 있다. 2006년 국영 CCTV4에서 내보낸 중국 혁명 드라마 제목과 주제곡 역시 '연안송'이었다.

노신예술학원 음악학부 교수로 재직하던 1939년 5월 정율성이 중국 시인 공목에게 자신이 구상하고 있는 '팔로군 대합창'의 노랫말을 써 줄 것을 부탁했다. 공목이 자신의 생생한 경험을 녹인 노랫말을 정율성에게 건네자 정율성은 그해 8월 '팔로군 군가', '팔로군 행진곡', '유쾌한 팔로군' 등 모두 8곡으로 구성된 '팔로군 대합창'을 완성했다. 팔로군 대합창은 곧 등사판 소책자로 엮여 1939년 겨울 전후방 가릴 것 없이 전군에 배포되었다. 1940년 초에는 정율성의 지휘 아래 첫 공연이 연안에서 열렸다.

8곡 가운데 '앞으로! 앞으로! 앞으로! 우리의 대오는 태양을 향한다'로 시작하는 '팔로군 행진곡'은 일본군과 싸우는 팔로군의 기백이 돋보이는 대서사시라는 평을 들어 1949년 10월 1일 중화인민공화국이 수립된 북경 천안문 광장에 홍기가 나부낄 때 울려 퍼졌다. 팔로군 행진곡은 곧 중국 인민해방군가로 공식 인정을 받아 중국 군대의 의전 행사 때마다 연주되었다. 1990년 9월 북경 아시안게임 개막식 첫 프로그램에서도 '팔로군 대합창'의 힘찬 연주가 울려 퍼졌다.

중국 3대 혁명 음악가의 한 사람으로 꼽혀

정율성은 훗날 중국 최초의 여성 대사로 활약하게 될 중국 여성 정설송과 1941년 겨울 결혼한 뒤 1942년 8월 연안을 떠나 산서성의 태항산 부근으로 옮겼다. 그곳에서 조선독립동맹과 조선의용군을 조직하고 화북조선혁명군정학교 등을 설치하는 데 참여했다. 해방 후에는 북한으로 들어가 음악전문학교를 창설하고 인민군 협주단을 창단하는 등 바쁜 일정 속에서도 '조선해방 행진곡'과 '조선인민군 행진곡' 등 10여 곡을 작곡했다. 조선인민군 행진곡은 6·25 전쟁 때 조선인민군가로 결정되어 인민군의 남진을 도왔다.

정율성은 6·25가 발발하자 1951년 중국으로 돌아가 중국의 민간 음악 및 소수민족 음악에 깊은 관심을 가졌다. 1952년부터 중국가무단, 중국음악가협회, 중앙악단 등에서 활동하며 조선족이 거주하는 연변은 물론 중국 전역을 돌아다니며 소수민족의 민요와 민간의 음악을 채집했다.

그러던 중 1966년 문화대혁명의 광풍이 중국 전역에 몰아쳤다. 정율성은 폭풍과 정면으로 맞설 생각으로 문화대혁명을 지지하는 음악을 작곡해 달라는 요구를 거부했다. 그러자 비난과 멸시와 박해가 쏟아졌다. 창작과 발표의 자유도 모두 박탈당했다. 그러던 중 문화대혁명의 광풍이 1976년 10월 4인방의 체포와 함께 종식되자 다시 들끓는 열정으로 새로운 창작에 돌입했다. 하지만 제대로 시작하기도 전인 1976년 12월 7일 고혈압으로 유명을 달리했다.

그동안 작곡한 곡은 독창, 합창, 동요, 뮤지컬, 오페라, 영화음악 등 360여 곡이나 되었다. 그가 묻힌 팔보산 혁명열사릉 비문에 이렇게 새겨져 있다. "인민은 영생불멸한다. 정율성의 노래도 영생불멸할 것이다."

히틀러의 폴란드 침공과 2차대전 발발

히틀러는 숨 돌릴 틈 없이 덴마크, 벨기에, 네덜란드, 프랑스를 공격하는 전격전을 전개했다.

히틀러가 1933년 정권을 장악하고 군비 확장에 힘을 쏟고 있을 때 영국과 프랑스는 내심 불안해 하면서도 현실을 외면했다. 히틀러가 오스트리아를 합병(1938.3)할 때는 애써 눈을 감았고 체코슬로바키아의 수데텐란트를 점령(1938.9)할 때는 전쟁 회피를 위해 오히려 거들기까지 했다.

기고만장한 히틀러는 1939년 3월 체코슬로바키아를 침공해 보헤미아 지방의 모라비아는 합병하고 슬로바키아는 독립시켜 보호국으로 삼았다.

보헤미아는 일찍이 비스마르크가 "보헤미아를 지배하는 자가 유럽을 지배한다"고 일컬은 중부 유럽의 중심지로, 병력이 우수하고 스코다 군수공장 등으로 유명한 요충지였다.

독일군을 사열하는 히틀러

체코슬로바키아를 손에 넣은 히틀러의 다음 목표는 폴란드였다. 히틀러가 "1939년 9월 1일까지 '화이트 작전'(폴란드 침공 작전) 준비를 완료하라"고 군 최고사령부에 지시를 내린 것은 1939년 4월이었다. 당시 영국과 프랑스는 폴란드가 공격을 받을 경우에 대비해 상호 원조 조약을 체결하고 있었다.

히틀러 역시 1939년 봄부터 여름까지 독일 주변의 슬로바키아, 리투아니아, 라트비아 등과는 불가침조약을 체결하고 루마니아, 헝가리, 불가리아, 유고 등과는 친선 조약을 맺어 혹시 모를 배후의 위험에 대비했다. 이탈리아의 무솔리니와는 '강철동맹'(1939.5)을 맺어 전쟁 발발 시 상호 지원을 약속했다.

무엇보다 히틀러가 경계한 것은 동쪽의 소련이었다. 다행히 양국의 이해가 맞아떨어져 독·소 불가침조약(1939.8.23)을 체결할 수 있었다. 평소 히틀러가 "공산주의는 짐승과 같은 미치광이의 신조"라고 매도했던 터라 독·소 불가침조약 체결은 소련과 스탈린을 추앙하던 전 세계의 많은 진보 지식인을 충격에 빠뜨렸다.

독·소 양국은 조약과 더불어 폴란드를 양분한다는 비밀의정서까지 체결, 1개월 후 폴란드를 반 토막 내며 서로의 이익을 챙겼다. 독·소 불가침조약으로 동쪽의 불안 요소를 제거한 히틀러는 영국, 프랑스 등 서유럽

측이 폴란드 원조를 단념할 것으로 계산하고 체코슬로바키아 경우처럼 폴란드도 또 다른 '뮌헨 협정'을 통해 양보받을 것으로 기대했다.

6,000만 명이 희생된 20세기판 대살육전

폴란드를 침공하기 전, 히틀러가 내건 구실은 1차대전 패전 후 체결한 베르사유 조약에 따라 빼앗긴 단치히(폴란드어 그단스크)와 폴란드 회랑 회복이었다. 당시 단치히는 자유시가 되어 사실상 폴란드가 관할했다. 우리의 비무장지대와도 같은 폴란드 회랑은 폴란드에 바다(발트해)로 통하는 출입구를 열어준 대신 독일에는 본국과 동프로이센을 갈라놓은 분단의 땅이었다. 독일인들이 이곳을 자기네 영토라고 주장하지만 실은 폴란드인들이 1,000여 년 동안 살다가 150년 전 프로이센(독일)에 빼앗긴 땅이었다. 히틀러는 영토 회복을 꿈꾸는 독일인들의 민족 감정을 부추겼다.

1939년 9월 1일 새벽 4시 45분, 단치히항에 정박 중인 독일 순양함이 일제히 단치히 동쪽 해안을 향해 포문을 열었다. 이것을 신호탄으로 독일군은 전쟁사에 유례를 찾아볼 수 없는 '전격전'으로 폴란드 국경을 무너뜨렸다. 폴란드군은 독일군의 속도와 기세에 눌려 혼란에 빠지고 맥없이 무너졌다. 9월 5일 독일군은 폴란드 회랑을 봉쇄하고 3주 후에는 서부 폴란드 전역을 유린했다.

소련은 독일군의 빠른 진격 속도에 놀라면서도 9월 17일 동쪽에서 폴란드를 침공, 독·소 불가침조약에 따른 그들의 몫을 챙겼다. 소련군과 독일군은 9월 18일 폴란드 브레스트·리토프스크에서 마주쳤고, 양국은 열흘 후 폴란드를 분할했다.

전쟁을 시작하기 전, 히틀러는 미국이 참전하지 않을 것으로 확신했다. 영국과 프랑스도 뮌헨 회담 때 보여준 유화적인 모습에 비추어 쉽게 전쟁에 뛰어들지 않을 것으로 판단했다. 그러나 이틀 후인 9월 3일, 영국과 프랑스가 독일에 선전포고를 함으로써 유럽은 1차대전 종전 후 21년 만에 다시 죽음과 파멸로 내몰렸다.

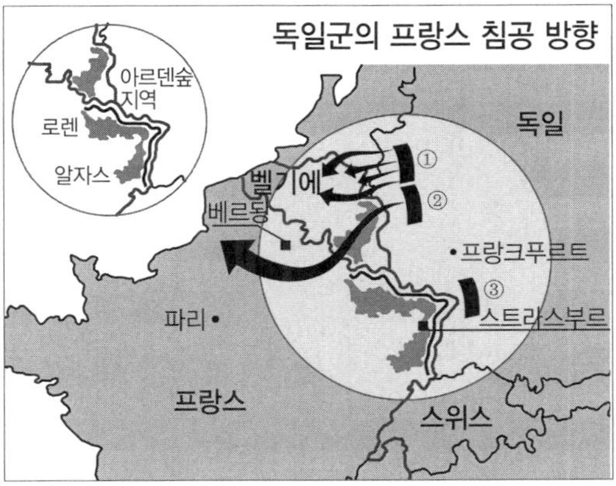

폴란드가 독·소 양군에 점령된 후에도 1940년 4월까지 전투다운 전투 없이 소강상태가 계속되자 언론은 '가짜 전쟁'이라고 보도했다. 하지만 독일군이 1940년 4월 9일 노르웨이로 밀고 들어가고 5월 10일 서유럽을 공격하면서 전쟁은 수년 내 2,000만 명의 군인이 전사하고 4,000만 명의 민간인이 희생된 20세기판 대살육전으로 발전했다.

프랑스 마지노선, 독일의 전격전에 무용지물

히틀러는 숨 돌릴 틈도 없이 덴마크, 벨기에, 네덜란드, 프랑스를 공격하는 전격전을 전개했다. 병력과 장비에서 쌍방은 거의 비슷했으나 사기에서는 폴란드와 노르웨이에서 거둔 혁혁한 전과로 독일군이 훨씬 높았다. 무엇보다 독일군은 영국이나 프랑스와는 달리 탱크로만 이뤄진 기갑사단이 있었다. 기갑사단이 지닌 기동성과 독자성은 상대국을 압도했다. 프랑스가 철옹성으로 믿어왔던 마지노선은 탱크를 앞세운 독일의 전격전에 무용지물이 되고 말았다.

결국 네덜란드는 5월 14일, 벨기에는 5월 28일, 노르웨이는 6월 12일 항복했다. 프랑스 정부와 군 최고사령부도 6월 10일 파리에서 철수했다. 덕분에 독일군은 총 한 방 쏘지 않고 6월 14일 파리에 입성했다. 이로써 한 달 만에 유럽의 군사대국이 독일의 군홧발에 목이 눌린 꼴이 되었다.

히틀러는 마지막으로 영국 점령 계획 '바다사자 작전'을 가동했다. 7월 10일 본격적으로 전투가 시작되고 독일의 공군기가 거의 매일 영국을 공습했지만 영국은 노르웨이나 덴마크가 아니었다. 영국은 독일 공군의 대공습을 참고 버티고 이겨냈다. 결국 히틀러는 9월 중순 '바다사자 작전'을 무기한 연기했다. 히틀러로서는 최초의 후퇴였다.

히틀러의 표적은 동쪽의 소련으로 바뀌었다. 독일군은 공격을 개시하면 다섯 달 안에 소련을 점령할 것으로 기대하고 1941년 6월 22일 소련 국경을 돌파했다. 그러나 그것은 역사상 가장 참혹한 전쟁의 서막이었다. 독일군은 400만 명에 이르는 병력이 180개 보병 사단으로 나뉘어 노도처럼 소련을 향해 진격했다. 불의의 공격을 당한 소련군은 독일군의 장비와 전력에 밀려 연일 후퇴를 거듭했다. 불과 5개월 만에 러시아의 서부 지역 대부분이 히틀러의 수중에 떨어졌다. 11월에는 독일군이 소련의 수도 모스크바 근교까지 진격했다.

하지만 소련 땅은 한꺼번에 먹어치우기에는 너무 컸다. 폭주하던 독일 탱크는 동장군이 들이닥치자 진창에 빠져 헛바퀴만 굴렸다. 소련의 대평원은 곧 '진흙 바다'로 바뀌었다. 소련은 게오르기 주코프 원수의 지휘하에 모스크바 방어전을 성공적으로 치러냈다. 제2도시 레닌그라드(현 상트페테르부르크)는 900일(1941.9~1944.1)간에 걸친 독일군의 포위 공격을 막아냈다. 이 과정에서 소련인 100여만 명이 기아와 질병, 포격으로 사망했다.

스탈린그라드 전투, 전쟁의 향방 바꿔

밀고 밀리는 소모전은 1942년 8월 스탈린그라드 전투에서 사상 최악의 인명 손실을 냈다. 다섯 달이 넘도록 계속된 공방전은 양쪽 지도자의 자존심이 걸린 결정전이 되었다. 1943년 1월 30일 마침내 스탈린그라드의 독일군 본대가 항복함으로써 2차대전은 독일의 패망을 향해 달리는 형국으로 돌아섰다. 한편 아시아의 일본은 1937년 7월 시작된 중일전쟁에서 승세를 굳힌 후 1941년 12월 8일 진주만을 기습 공격함으로써 태평양전쟁을 일으켰다. 이로써 2차대전은 전 지구적인 전쟁으로 확산되었다.

독일군의 바르바로사 작전 루트

독일의 패색은 1944년 6월 미·영 연합군의 노르망디 상륙작전으로 독일군이 막다른 궁지로 몰리면서 굳어졌다. 동쪽에서는 소련군이 동유럽 국가들을 차례로 점령한 후 독일에 마지막 공세를 퍼부었다. 베를린 점령을 위한 총공세는 1945년 4월 중순에 시작되었다. 그리고 4월 30일 독일 국회의사당에 소련의 적기가 펄럭였다. 그날 히틀러는 베를린의 총통 관저 지하에서 연인 에바 브라운과 결혼식을 올린 뒤 에바와 함께 자살했다.

오늘날 서방에선 제2차 세계대전 하면 미·영 연합군과 독일군 사이의 전투를 주로 떠올린다. 나치 독일이 패망한 것도 1944년 6월 연합군의 노르망디 상륙작전이 성공했기 때문이라고 믿는다. 하지만 소련의 생각은 다르다. 2차대전은 무엇보다 나치 독일에 맞선 소련의 전쟁이란 것이다. 승전의 주역도 소련이라고 생각한다. 나치군에 치명상을 입힌 결정적인 전투도 노르망디 상륙작전이 아닌 스탈린그라드 전투라고 여긴다.

실제로 2차대전의 주요 전장은 독일군과 소련군이 1941년부터 맞붙은 동부전선이었다. 전체 전쟁을 통틀어 가장 많은 희생자가 발생한 것도 동부전선이었다. 독일이 패전으로 가는 결정적 타격을 받은 것도 바로 이곳에서였다. 노르망디 상륙작전은 서쪽에 제2전선을 만들어 달라는 소련의 오랜 요청을 뒤늦게 받아들인 연합국이 독일 패망을 1년 정도 앞둔 1944년 6월 실시한 작전이었다. 이 작전의 성공조차 동부전선에서 대규모 공세를 펼친 소련군이 나치군 전력의 상당 부분을 묶어 둔 것이 주효했다는 평가를 받고 있다.

유럽과 소련, 전승기념일 달라

2차대전에서는 모두 6,000만 명 이상이 목숨을 잃었다. 그중 약 2,400만 명이 소련인이었다. 군인 사망자가 최소 870만 명이고 민간인 사망자는 그 두 배인 1,700만 명을 넘었다. 이는 당시 소련 인구의 12%에 해당한다. 미국과 영국(각각 약 400만~450만 명)은 물론이고 패전국인 독일(약 660만 명)과도 비교할 수 없이 피해가 컸다. 소련은 인명뿐 아니라 물질적 피해도 엄청났다. 전체 국부의 약 3분의 1이 파괴되었다.

1945년 5월 7일 독일군 작전참모장 알프레트 요들이 독일군을 대표해 프랑스 랭스의 연합군 사령부에서 "5월 8일 오후 11시(중부 유럽 시간)부터 모든 군사행동을 중단한다"는 내용의 항복문서에 서명했다. 이로써 2차대전도 막을 내렸다.

하지만 스탈린은 이 항복문서를 인정하지 않았다. 그는 "연합군이 아닌 소련군이 제2차 세계대전 승리에 결정적 역할을 했고, 나치의 심장부는 베를린이기 때문에 항복문서는 베를린의 소련군 점령사령부에서 서명되어야 한다"고 주장했다.

이에 따라 5월 8일 오후 10시 43분(중부 유럽 시간) 베를린 근교의 소련군 사령부에서 빌헬름 카이텔 독일군 총사령관이 소련군 총사령관 게오르기 주코프 앞에서 항복문서에 다시 서명했다. 시차 때문에 모스크바 시간으로는 5월 9일 0시 43분이었다. 그 뒤 소련과 사회주의권 국가들은 8

일이 아닌 9일을 전승일로 기념하고 있다. 반면 영국과 프랑스, 노르웨이 등 서방은 8일을 전승 기념일로 본다. 서로 다른 승전 기념일은 전후 수십 년 동안 이어진 소련과 서방 사이의 냉전을 상징하는 것이기도 했다.

일본·소련의 노몬한 전투

관동군은 소련군의 기갑 전력에 '육탄 돌격'과 '총검 백병주의'로 맞섰다가 대패했다.

1930년대 중반부터 계속된 일본과 소련의 군사적 충돌은 몽골과 만주 사이의 불확실한 경계선에 기인한다. 몽골은 러시아의 지원을 받아 청에서 독립(1911)하고 공산 정부를 수립(1921)한 이래 소련의 절대적인 영향하에 놓여 있었고 만주는 만주사변(1931)과 만주국 수립(1932) 후 사실상 일본이 지배했다. 따라서 만주와 몽골 간의 경계는 사실상 소련과 일본 간의 경계였다.

당시 만주에 주둔하고 있는 일본의 관동군은 소련을 제1의 가상적국으로 여겼다. 소련군 역시 러일전쟁(1904) 패배와 러시아의 적·백군 내전(1918)에 무력 개입한 일본의 침략을 잊지 않고 있어 언제든 충돌할 가능성이 있었다. 더 큰 문제는 만주사변이나 중일전쟁에서 보듯 관동군이 본국 참모본부의 명령을 따르지 않고 독자적이고 모험주의적 충돌을 일삼는 데 있었다.

당시 소련과 우호조약을 체결한 몽골과, 일본이 괴뢰국으로 세운 만주국은 4,000㎞에 달하는 국경을 맞대고 있었다. 양국의 크고 작은 무력 충돌은 1935년부터 빈도가 잦아졌다. 양국은 정규 사단, 기계화부대, 공군까지 동원해 본격적인 충돌에 대비했다.

그러던 중 1937년 건차자도에서 대규모 무력 충돌이 벌어졌다. 건차자도는 만주와 소련 국경을 지나는 아무르강(흑룡강) 한가운데에 있는 작은 섬으로 양국은 이곳을 서로 자기 영토라고 주장했다. 그러던 차에 1937년 6월 일본이 건차자도에 만주국 경찰과 중국인 노동자들을 상륙시켰다. 그러자 소련이 병력을 동원해 이들을 쫓아내고 일부는 억류했다. 양측은 추가 병력을 급파해 대치했다.

일본의 참모본부는 별 가치도 없는 작은 섬 하나 때문에 소련과 전면전을 벌여서는 안 된다며 현지 관동군 부대에 확대불가 방침 및 공격 금지 명령을 내렸다. 그런데도 관동군은 본국 참모본부의 명령을 묵살하고 독단적으로 공격 명령을 내려 6월 30일 전투가 벌어졌다. 전투는 7월 초 양측이 병력을 철수하면서 일단락되었다. 그래도 양측은 병력을 증강해 대치를 이어갔다.

노몬한은 쓸모없는 땅인데도 소련·일본 양보할 생각 없어

그로부터 1년이 지나 이번에는 장고봉에서 무력 충돌이 벌어졌다. 장고봉은 한국·중국·소련 3국이 접하고 있는 두만강 하구 북쪽 4km 떨어진 곳에 위치한 해발 149m의 고지로 그곳에 올라서면 함북 나진항이 내려다보였다. 이곳의 경계 역시 모호해 일본과 소련은 서로 자기 영역이라고 주장했다. 다만 병력을 주둔시키거나 진지를 구축하지는 않아 사실상 무주공산이나 다름없었다.

그런데 1938년 7월 소련군이 장고봉을 점령하고 진지를 구축하면서 상황에 변화가 생겼다. 함북 나남에 주둔하면서 두만강 일대를 담당하고 있는 조선군 제19사단은 본국의 외무성이 해결할 일이지 무력을 사용할 일이 아니라고 판단했다. 문제는 여전히 조선군 제19사단에 참전을 요청한 관동군이었다.

조선군 19사단은 병력을 두만강 일대로 집결해 공격 태세를 갖췄다. 이번에도 본국의 참모 본부에서는 작전 중지 명령을 내렸다. 중일전쟁에 병력의 70% 이상을 투입한 상황에서 전략적으로 가치가 없는 작은 고지 하나 때문에 전쟁을 벌이는 것이 성급하다는 판단 때문이었다. 그런데도 19사단은 독단적으로 장고봉에 인접한 장군봉과 사초봉에 병력을 배치한 뒤 전투태세에 돌입했다.

노몬한 위치

결국 7월 29일 장고봉 전투(하산 전투)가 벌어졌다. 소련군은 1차대전 후 크게 발전시킨 탱크를 대거 선보였다. 육탄 돌격으로 표현되는 정신력 대신에 기계력이 전투력을 대치하는 시대가 왔음을 알리는 작은 신호였다. 양측은 5,500여 명의 사상자를 낸 뒤 8월 11일 정전협정을 체결했다. 정전 당시 장고봉은 일본이 점령하고 있었으나 정전협정에 따라 일본군은 장고봉에서 1km 후퇴하고 소련군은 정전 당시 위치를 유지했다. 일본이 장고봉에서 철수하는 것으로 결판이 났으니 전투는 사실상 일본의 패배였다.

최대 규모의 무력 충돌이 벌어진 것은 1939년 5월이었다. 이번에는 몽골과 만주의 경계선 중 한 곳인 할힌골강(하르하강)이 무대였다. 몽골은 과거부터 할힌골강 동쪽 16km 지점에 위치한 노몬한 언덕을 경계선으로 간주해 왔다. 반면 일본은 할힌골강을 경계로 삼아 노몬한을 만주 땅이라고 주장했다. 따라서 언제든 충돌이 예상되었다. 노몬한은 모래와 잡초만으로 이루어진 황량한 벌판으로 몽골과 만주국 모두에게 쓸모없는 땅이었다. 그런데도 소련과 일본은 국제 정세와 감정이 복합적으로 작용해 양보할 생각이 없었다.

그러던 중 1939년 5월 11일 몽골군 기병대 70~80명이 군마의 목초지를 찾아 할힌골강을 건넜다. 관동군은 불법 월경으로 간주해 몽골군을 쫓아냈다. 그러자 몽골과의 상호방위조약에 따라 소련군이 반격에 나섰다. 일본의 참모본부는 전투가 전면전으로 확대되는 것을 경계했다. 이번에도 관동군은 이를 무시하고 대대적으로 공세를 취해 제1차 노몬한 전투를 촉발했다.

승승장구하던 관동군으로서는 최초의 대규모 패배

소련군 1,500여 명과 관동군 2,000여 명이 전투를 벌인 것은 5월 28일이었다. 소련군은 병력에서는 열세였으나 장갑차와 야포 등에서는 우세해 일본에 패배를 안겨주었다. 다만 공중전에서만은 일본군이 강했다. 공군력의 우세는 관동군이 판단 착오를 일으켜 제2차 노몬한 전투를 벌이도록 하는 불씨로 작용했다.

제2차 노몬한 전투는 6월 27일 관동군의 대규모 항공기 부대가 소련의 항공 기지를 급습하면서 전개되었다. 일본 본토의 참모본부는 여전히 공세에 회의적이었다. 그러나 관동군은 늘 그래왔듯 상부의 지시를 기다리지 않고 전투를 감행했다.

소련은 게오르기 주코프를 극동 관할군 총사령관으로 임명했다. 주코프는 장차 전개될 모스크바 전투, 스탈린그라드 전투, 쿠르스크 전투 때처럼 처음에는 방어에 치중하다가 적의 공세가 소진될 때를 기다려 공격으로 전환하는 전술을 썼다.

양측은 수만 명의 보병, 수백 대의 전차와 항공기를 동원해 총력전을 벌였다. 할힌골은 넓고 황량한 평야 지대였기 때문에 근대화된 기계화부대를 갖춘 소련군이 작전을 펼치는데 유리했다. 일본군으로서는 중국군이나 중국의 군벌군처럼 도저히 군대라고 할 수 없는 저수준의 군대를 상대하다가 갑자기 질적으로 우수한 소련 군대를 상대해야 하는 전혀 새로운 상황에 직면했다.

결국 2차 노몬한 전투에서도 관동군은 소련군의 기갑 전력에 '육탄 돌격'과 '총검 백병주의'로 맞섰다가 대패했다. 1937년 중일전쟁 개전 후 승승장구하던 관동군으로서는 최초의 대규모 패배였다. 특히 관동군 23사단의 피해가 컸다. 2만여 명 중 3분의 2 이상이 죽거나 다쳐 사단 자체가 와해되었다. 일본군 전체로는 1만 8,000여 명이 전사하고 몇몇 연대장이 전사하거나 자결했다.

소련군 역시 8,000여 명의 전사자를 내는 등 피해가 커 노몬한에서 진격을 멈추고 일본과 상호 불가침조약을 맺었다. 관동군이 전투를 지속할 여력이 없는 것을 알았지만 전운이 감도는 동유럽에서의 2차대전에 대비해야 했기 때문이다. 실제로 할힌골 전투의 정전협정이 논의되고 있던 9월 1일 독일이 폴란드를 침공해 2차대전이 발발했다.

소련과 일본 간의 정전협정은 9월 15일 체결되었고 이듬해 소련이 원하는 대로 국경선이 그어졌다. 노몬한 전투 후 소련·일본 간의 대규모 국경 분쟁은 더 이상 일어나지 않았다. 1941년 6월 독일이 소련을 침공하는 바르바로사 작전을 전개할 때 독일이 동맹국인 일본에 참전을 요청했는데도 일본이 일소 중립조약(1941.3)을 파기하지 않고 중립을 지킨 것은 노몬한 전투의 패배가 가져다준 충격이 컸기 때문이다.

일본은 이 전투를 '노몬한 사건'이라고 의미를 축소하는 반면 소련은 '할힌골강 전투', 몽골과 중국은 '할힌골강 전쟁'이라고 부르며 의미를 크게 부여하고 있다. 2011년 개봉한 강제규 감독의 영화 '마이웨이'는 노몬한 전투에 투입된 한국인의 이야기를 그리고 있다.

마거릿 미첼 원작 '바람과 함께 사라지다' 개봉

'바람과…'는 지금도 영화 '시민 케인'과 함께 미 영화사상 최고작 1~2위를 다투고 있다.

미국인에게 가장 좋아하는 소설이나 영화가 무엇인지 물으면 지금까지도 대부분 '바람과 함께 사라지다'를 꼽는다. 이 '바람과 함께…'가 미국에서 소설로 출판된 것은 1936년 6월 30일이다. 미국을 분열로 몰고 간 남북전쟁과 그 후의 재건 시대를 배경으로 한 '바람과…'는 1926년부터 10년간 쓰인 1,037쪽의 대작이다. 미국인들은 대공황기에 황량한 마음을 달래주는 '바람과…'에 환호했다.

'바람과…'는 마거릿 미첼(1900~1949)이 두 번째 남편의 독려 속에 10년 동안 집필에 매달린 결과물이었다. 기자이던 남편은 아내의 재능을 믿고 거의 스파르타식에 가까운 성화와 격려로 소설을 쓰게 했다. 소설은 출판사의 대대적인 홍보 덕에 발매와 동시에 큰 인기를 끌었다. 출판사가 내건 선전 문구는 '단돈 3달러로 완벽한 휴가를'이었다.

미첼은 작품 무대인 남부 조지아주 애틀랜타에서 태어나 '애틀랜타 저널'지 기자로 활동했다. 발목을 다쳐 기자직을 그만두게 되자 발목을 치료하면서 소설을 구상했다. 미첼은 애틀랜타시 역사학회 회장을 지낸 아버지의 영향을 받아 어려서부터 역사에 관심이 많은 데다 남북전쟁 당시의 가족사를 듣고 자란 터라 남북전쟁이 자연스럽게 소설의 소재로 떠올랐다.

미첼이 원래 소설에 붙이려 한 제목은 '내일은 또 다른 태양이 떠오른다'였다. 주인공 스칼릿 오하라가 타라 농장에서 불타는 노을을 배경으로 외치는 마지막 대사 "내일 생각하자. 내일은 내일의 태양이 뜰 거야"에서 따왔지만 출판사는 '내일'이란 단어가 들어 있는 소설이 너무 많다며 제목을 '바람과 함께 사라지다'로 바꿔 출판했다. 소설은 6개월 만에 100만 권 이상이 팔리고 어떤 날은 하루에 5만 권이나 팔릴 정도로 초베스트셀러가 되었다.

미 역사상 가장 많이 팔린 책은 1위가 성경, 2위가 소아마비 백신을 개발한 스폭 박사의 육아전서, 그리고 3위가 '바람과…'라는 미국의 한 조사 결과가 있을 정도로 소설은 날개 돋친 듯 팔려 나갔고 미첼에게 1937년 퓰리처상을 안겨주었다. 미첼이 1949년 자동차 사고로 사망할 때까지 '바람과…'는 40여 개국에서 번역되어 총 800만 권이 팔려나갔다. 1991년에는 다른 작가에 의해 출간된 속편 '스칼릿'이 220만 권이나 팔려나가고 2001년에는 원작을 패러디한 소설 '바람은 이미 사라졌다'가 폭발적인 인기를 끌기도 했다.

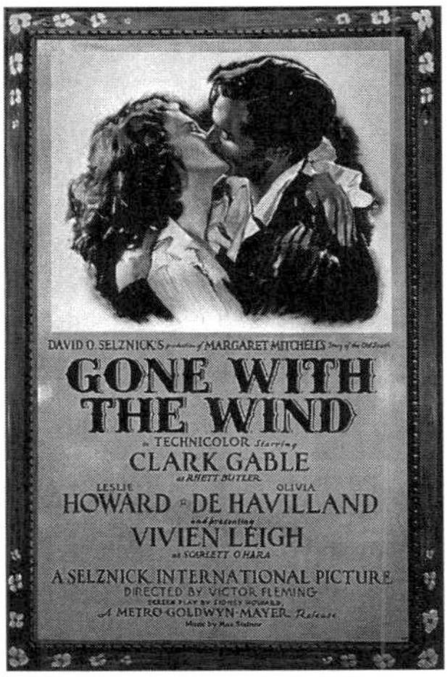

영화 '바람과 함께 사라지다' 개봉 당시 포스터(1939)

개봉 1년만에 관객 2,500만 명 돌파하는 신기록 수립

'바람과 함께…'가 3시간 37분짜리 대작 영화로 완성된 것은 소설 출판 3년 뒤였다. 1939년 12월 15일 애틀랜타에서 개봉된 '바람과…'는 베스트셀러의 힘, 철저한 기획을 바탕으로 한 제작자 데이비드 셀즈닉의 감각, 여기에 소란스러운 '스칼릿 찾기' 행사까지 더해져 개봉 전부터 화제가 무성했다. 촬영을 시작하기 전부터 스칼릿 역에 누가 적역인가를 놓고 신문 1면에서 논쟁이 벌어졌다. 남자 주인공 레트 버틀러 역은 일찌감치 클라크 게이블로 확정되어 별 문제가 없었으나 여자 주인공 스칼릿역은 영화 촬영을 시작할 때까지도 정해지지 않아 수많은 오디션을 열었다.

전국적인 캐스팅에 소비된 필름만 영화사상 최대 규모인 50km나 되었다. 캐서린 햅번, 루실 볼 등도 테스트를 받았지만 스칼렛과는 인연이 없었다. 이처럼 스칼렛 역에 적합한 여배우를 찾지 못했는데도 제작사는 일정에 쫓겨 1938년 말 촬영을 시작했다. 1938년 12월 10일 밤, 실물 크기의 집들이 불타는 장면을 촬영한 뒤 제작자 셀즈닉은 곧바로 파티를 열었다. 그때 셀즈닉 눈에 한 여성이 눈에 들어왔다. 자신의 동생이 파티에 데려온 영국의 신인 배우 비비안 리(1913~1967)였다.

비비안 리는 영국의 식민지 인도에서 태어나 영국에서 배우의 꿈을 키웠다. 19세 때 변호사와 결혼, 아이까지 있었으나 당대 최고의 영국 배우 로런스 올리비에를 만나면서 결혼 생활에 금이 가기 시작했다. 비비안 리가 아직 풋내기 배우였을 때 비비안과 올리비에는 영화와 연극에 함께 출연하며 사랑을 키웠다. 둘 다 가정이 있었으나 사랑이 거부할 수 없는 운명임을 깨닫고 동거에 들어갔다. 올리비에가 영화 '폭풍의 언덕'을 촬영하기 위해 할리우드로 떠나자 비비안도 상대역인 캐시 역을 따내기 위해 그를 따라 함께 미국으로 갔다. 비비안은 캐시 역을 맡지는 못했지만 제작자 셀즈닉의 눈에 띄는 행운을 얻었다.

'바람과…'는 그해 아카데미상 10개 부문을 수상하고 개봉 1년 만에 관객 2,500만 명을 돌파하는 신기록을 수립했다. 이 기록은 1970년대 코폴라 감독의 '대부'에 의해 깨질 때까지 최고 기록이었다. 개봉 50주년인 1989년까지 전 세계 12억 명 이상이 영화를 관람한 것으로 알려졌다. '바람과…'는 지금도 영화 '시민 케인'과 함께 미 영화사상 최고작 1~2위를 다투고 있다.

비비안 리는 '바람과 함께…'로 아카데미 여우주연상을 수상해 최고의 배우로 발돋움했다. 1940년 8월에는 3년간의 동거 생활을 접고 올리비에와 화려한 결혼식을 올렸다. 그 후 몇 년간은 생애에서 가장 행복한 시기였다. 그러나 원래부터 몸이 약한 비비안 리가 무리한 영화 촬영으로 조울증에 빠지고 결핵까지 걸리면서 둘의 관계에도 서서히 금이 가기 시작했다.

1950년대 들어 비비안은 더욱 불안정해지고 폭음까지 일삼았다. 다행히 영화 '욕망이라는 이름의 전차'(1951)로 두 번째 아카데미상을 차지했으나 비비안을 위해 그토록 헌신하던 올리비에가 비비안의 잦은 병치레에 지쳐 30세 연하의 여배우에게 마음을 돌리면서 둘은 1960년 12월 정식으로 갈라섰다. 마지막 연인 잭 메리베일이 실의에 빠진 비비안 리를 보살폈으나 결국 견딜 수 없는 고독과 만성 폐결핵으로 1967년 7월 7일 쓸쓸하게 숨을 거뒀다. 장례식에는 생전에 그가 사랑했던 세 남자가 함께했다.

존 스타인벡 '분노의 포도' 출간

1940년 퓰리처상을 안겨주고 곧 존 포드 감독에 의해 영화로도 만들어졌다.

존 스타인벡(1902~1968)은 미국 캘리포니아주 살리나스에서 독일계인 아버지와 아일랜드계인 어머니 사이에서 태어났다. 가정 형편이 어려워 고교 시절부터 농장 일을 거들며 학교를 다녀야 했던 그는 1919년 어렵게 스탠퍼드대에 진학해서도 목장이나 공사장, 공장 등에서 일을 하며 주경야독했다. 하지만 가난 때문에 결국 대학을 중퇴하고 고단한 문학청년의 길을 걸었다.

1925년 '뉴욕 아메리칸'지의 기자로 입사했으나 기사가 지나치게 주관적이라는 이유로 해고되어 다시 막노동으로 생계를 꾸리며 소설을 썼다. 그 무렵 데뷔작 '황금잔'(1929)을 비롯해 여러 작품을 발표했으나 인정을 받지는 못했다. 다행히 노동쟁의 문제를 다룬 '승산 없는 싸움'(1936)이 베스트셀러가 되고, 이민노동자의 비극을 그린 '생쥐와 인간'(1937)이 희곡으로 각색되어 뉴욕 무대에 올려지면서 작가로서의 입지를 굳혔다.

1936년에는 오클라호마의 이주민 틈에 끼어 서부로 떠나는 고행길을 경

존 스타인벡

험했다. 먹고살기 위해 길 위에서 풍찬노숙하는 가난한 이주민들과의 동행을 통해 그는 미국의 잔혹한 현실을 보았다. 그 경험은 3년 후인 1939년 3월 14일 출간된 '분노의 포도'에 그대로 녹아들었다. '분노의 포도'는 1930년대 대공황과 한발로 농장을 잃은 소작농들이 중부의 오클라호마를 떠나 서부로 이동하면서 겪게 되는 참상을 그린 소설이다. 1933년부터 3년간 미국 중부 지역에는 한발과 모래바람이 덮쳤다. 경작지는 황무지로 변했고 농민들은 은행 이자를 갚지 못해 토지를 몰수당했다. 그런 농민들을 솔깃하게 한 것은 "일손이 필요하다"는 서부 지역의 대대적인 선전이었다.

소설 속 주인공 조드 일가도 고물 자동차에 가재도구를 싣고 기름진 토지를 찾아 캘리포니아로 향했다. 톰 조드를 비롯해 부모와 조부모, 그리고 누이동생 부부와 어린 동생 등 10명으로 구성된 일행의 이동길에는 예수의 인격화로 보이는 짐 케이시도 동행했다. 그는 교회의 허구성을 비판하고 사람들의 고통 속으로 직접 뛰어들어 그들과 함께 행동한 전직 목사였다. 조드 가족이 캘리포니아로 향하는 66번 도로에 도착했을 때 그곳에는 민족대이동을 방불케 하는 이주민들의 인파가 끝없이 이어지고 있었다. 그들에게 캘리포니아는 찬란한 태양이 떠오르고 젖과 꿀이 흐르는 약속의 땅이었다. 그 땅이 착취와 질병과 기아의 땅이라는 사실을 꿈에도 생각하지 못했다.

캘리포니아에 도착했을 때 정말 그곳의 광활한 농장에는 복숭아, 오렌지, 포도 등 과일이 풍성하게 열려 있었다. 그러나 그것은 분노를 일으키는 포도였을 뿐 그들과는 아무 관계가 없었다. 배가 고파 버려진 오렌지를 주울라치면 관리인이 오렌지에 석유를 뿌려 먹지 못하게 하고, 강가에 내다 버린 감자를 건지려고 하면 파수꾼이 몰아냈다. 과일 값 하락을 막기 위해 억지로 썩히거나 버리려는 지주들의 탐욕 때문이었다. 이주민들이 최소한의 임금을 달라고 요구하면 자경단을 동원해 무자비하게 탄압하거나 추방하기 일쑤였고 때로는 적색분자 또는 오클라호마 출신의 인간쓰레기를 뜻하는 '오키'라는 딱지를 붙였다. 결국 100만 명 이상의 이주민이 영양실조와 굶주림에 허덕였다.

찬사와 비판 동시에 받으며 큰 반향 불러 일으켜

평론가들은 '분노의 포도'가 미국 농업노동자의 비참한 삶을 구약성서 '출애굽기'의 구성에 담아 묘사했다고 평했다. 한발, 여행, 캘리포니아라고 하는 3개의 주요 요소 중 한발은 애굽의 박해, 여행은 출애굽, 캘리포니아는 가나안 복지를 상징한다는 것이다. 소설은 찬사와 비판을 동시에 받으며 큰 반향을 불러일으켰다. 농장주들은 "검은 악마적 창조물", "증오를 주제로 한 파괴적인 책"이라며 비난했고 일부 도서관은 정치적이고 외설이란 이유로 금서 목록에 올렸다.

스타인벡은 이주민들의 참상을 증명하는 르포 기사를 사진과 함께 '라이프'지에 실어 반론을 펼쳤다. 극단적인 찬반양론 속에서 '분노의 포도'는 초판이 50만 부나 팔려나가고 정부가 캘리포니아의 철새 노동자들에게 관심을 갖는 계기가 되었다. '분노의 포도'는 스타인벡에게 1940년 퓰리처상을 안겨주었고 존 포드 감독에 의해 영화로도 만들어졌다.

스타인벡은 2차대전이 한창이던 1943년 종군기자로 북아프리카, 영국, 이탈리아 전선 등을 취재하고 1947년 러시아를 여행하고 돌아와 '러시아 기행'을 펴냈다. 1952년 출간된 만년의 대작 '에덴의 동쪽'은 1954년 엘리아 카잔에 의해 동명의 영화로 제작되어 '10대의 우상' 제임스 딘을 탄생시켰다.

1960년 9월 첫째주 월요일, 어느덧 58세가 된 존 스타인벡은 애견 '찰리'와 함께 자신이 설계한 캠핑카 '로시난테'(돈키호테의 애마 이름)에 몸을 싣고 미 대륙을 일주하는 여행을 떠났다. 편한 도로 대신 덜컹거리는 비포장도로를 이용해 그가 찾아다닌 곳은 관광지나 대도시가 아니라 미국의 뒷골목이었다. 4개월간 30여 개 주 총 1만 6,000km의 구석구석을 돌아다닌 경험은 1962년 '찰리와 함께한 여행'이라는 책으로 출간되었다. 책은 1960년대 미국 사회의 한 단면을 있는 그대로 생생하게 보여주어 미국에 대한 스타인벡의 각별한 애정을 담았다는 평을 들었다.

존 스타인벡이 한때 미국 사회의 그늘진 곳을 그리고 사회성 짙은 작품을 냈다고 해서 그를 친사회주의 경향의 작가로 이해하면 오산이다. 1951년 6·25 전쟁 당시 소련의 문학작가동맹위원장이 세균전 반대 호소문을 세계 지성인에게 발표했을 때 스타인벡은 선전성과 허위성을 통박하며 미국의 입장을 옹호했다. 1966년 '뉴스 데이'지 종군기자로 월남에서 활동할 때 소련의 한 시인이 "당신은 왜 미국의 월남전 개입을 반대하지 않느냐"며 그를 비판했을 때는 "당신이 공산주의자들의 월남 침략을 중지시키기 위해 노력한다면 나도 미국의 월남전 철수를 위해 그만큼 노력할 것"이라고 맞받아쳤다. 1962년 노벨 문학상을 수상했다.

앨프리드 히치콕 할리우드 진출

"지난 100년간 미국 영화 중 가장 두근거리게 만든 스릴러"를 뽑았을 때 1위가 히치콕의 '사이코'였다.

앨프리드 히치콕(1899~1980)은 독창적 영상 기법을 활용해 현대인의 불안과 공포 심리를 세련되게 다룬 영상의 마술사다. 2001년 미국영화협회가 "지난 100년간 미국 영화 중 관객의 가슴을 가장 두근거리게 만든 스릴러"를 뽑았을 때 히치콕의 '사이코'(1960)가 1위로 오르고 100

위 안에 히치콕의 작품이 9편이나 포함될 정도로 히치콕은 미 영화사상 최고의 스릴러 감독으로 평가받았다.

앨프리드 히치콕

다만 전성기 시절에는 평론가들에게 흥행 영화를 잘 만드는 감독 정도로만 인식되었을 뿐 뛰어난 감독으로 인정받지는 못했다. 하지만 히치콕을 추앙하는 프랑스의 프랑수아 트뤼포 감독이 히치콕을 수년간 만나 인터뷰하고 그것을 책으로 내면서 평가가 바뀌었다. 트뤼포는 '히치콕과의 대화'(1967)에서 "인류사에는 불안의 예술가들이 존재한다. 카프카, 도스토옙스키, 포 그리고 히치콕"이라며 히치콕을 한껏 치켜세웠다. 이후 평론가들은 "현대의 셰익스피어", "문법 책과 같은 존재"라며 찬사를 아끼지 않았다.

히치콕의 영화 스타일은 프랑스 영화감독 장뤼크 고다르가 "영화 첫 장면만 보아도 단번에 히치콕의 영화임을 알 수 있다"고 할 정도로 독특했다. 실제로 히치콕의 전유물처럼 취급되는 '서스펜스 스릴러' 영화에서 카메오와 맥거핀, 그리고 특유의 촬영 기법이 느껴진다면 히치콕의 영화로 생각해도 무방할 정도다. 여기에 차가우면서도 성적 매력이 있는 금발의 여배우가 주연으로 등장하고 흑인이 거의 보이지 않는다면 그것은 100% 히치콕의 작품이다.

히치콕은 급속도로 발전하는 영화 기술에도 잘 적응했다. 무성영화 감독으로 시작했지만 토키 영화, 컬러 영화, 입체영화가 등장할 때마다 발 빠르게 자기 것으로 소화했다. TV가 안방을 파고들었을 때는 TV시리즈도 제작했다. 무엇보다 이 모든 분야에서 탁월한 성취를 일궈냈다. 이 과정에서 배우들과 스태프들을 쥐락펴락하고 검열 당국을 입맛대로 요리했으며 언론을 효과적으로 이용하는 솜씨 또한 발군이었다.

현대인의 불안과 공포 심리를 세련되게 다뤄온 영상의 마술사

히치콕은 영국 런던 북동부 끝에 있는 레이턴스턴에서 태어났다. 1913년 성 이그나티우스 학교를 졸업하고 그해 가을 런던 시의회가 설립한 항해학교에 입학했으나 1914년 아버지가 숨져 전신회사에 기술자로 입사했다. 곧 판매·홍보 부서로 자리를 옮겨 광고를 기획하고 사보에 삽화를 그리고 글을 썼다. 런던대 분교 골드스미스 칼리지 미술학과에도 입학, 낮에는 회사에서 일을 하고 밤에는 학교에서 미술을 배웠다. 미술 공부는 그에게 연극과 영화에 눈을 뜨게 해 주어 틈날 때마다 영화관을 찾고 영화 관련 잡지를 탐독했다.

그러던 중 1919년 미국의 패러마운트 영화사의 자회사가 런던에 스튜디오를 열어 히치콕의 호기심을 자극했다. 히치콕은 파트타임으로 입사해 무성영화에 자막을 입히는 등 초보적인 일에 종사하다가 점차 능력을 인정받아 1920년 정식 직원으로 채용되었다. 이후 미술감독, 대본 수정 등에 참여하면서 조감독 역할을 하거나 영화 제작 기술을 배웠다.

그러다가 감독할 기회가 주어져 데뷔작 '쾌락의 정원'을 독일(1925.11)과 영국(1927.1)에서 개봉했다. 두 번째 작품 '하숙인'(1927.2)은 서스펜스 테크닉을 사용해 관객을 불안감에 빠뜨려 "지금까지 나온 영국 영화 중 최고봉"이라는 호평을 들었다. '하숙인'은 히치콕이 잠깐 카메오로 출연한 첫 영화이기도 하다.

1926년 12월 같은 영화사에서 편집자 겸 시나리오 감독으로 활동하는 앨마 레빌과 결혼하고 몇 편의 영화를 더 감독했다. 앨마는 이후 오랫동안 영화의 스토리 선택에서부터 최종 편집에 이르기까지 사실상 히치콕 영화의 문지기 역할을 하며 수많은 영화에 관여했다. 촬영이 끝날 때마다 히치콕은 매번 앨마에게 고개를 돌리고 물었다. 앨마가 고개를 끄덕이면 비로소 다음 장면으로 넘어갔다.

그 무렵 영화계는 무성영화 시대가 끝나고 유성영화 시대로 접어들고 있었다. 히치콕 역시 영화에 일부 소리를 넣은 '협박'을 감독해 1929년 12월 개봉했다. 1935년 6월 개봉한 '39계단'은 맥거핀 기법을 처음 사용했다는 점에서 영화사적 의미가 있다. 이후 히치콕의 영화에서는 관객들이 긴장하며 영화의 흐름을 좇아가다가 결국에는 영화 줄거리상 아무것도 아닌 것으로 드러나 헛다리를 짚도록 속임수를 쓰는 맥거핀 기법이 두드러지게 나타난다. '39계단'은 큰 성공을 거둬 히치콕을 영국의 최고 감독으로 끌어올렸다.

영화에서 불안감과 공포감을 느끼게 하는 것은 겁이 많기 때문

이 재능 있고 자신만만한 히치콕을 미 영화계가 가만 놔둘 리 없었다. 히치콕 역시 기다리던 바였다. 히치콕은 1938년 7월 14일, 1년 후 '바람과 함께 사라지다'를 제작할 미국의 천재적인 영화 제작자 데이비드 셀즈닉과 계약을 체결하고 1939년 3월 미국에 첫발을 내디뎠다.

첫 작품은 영국 작가 대프니듀 모리에의 동명소설을 원작으로 한 '레베카'를 선정했다. 로런스 올리비에와 조앤 폰테인이 주연한 '레베카'(1940.3)는 아카데미상 11개 부문에 후보로 올라 1941년 히치콕에게 최초의 아카데미상(최고 작품상)을 안겨주었다. 하지만 감독상만은 이후 5번이나 후보에 올랐는데도 한 번도 타지 못했다.

이후 히치콕은 '오명'(1946), '올가미'(1948), '고백'(1953), '다이얼 M을 돌려라'(1954), '이창'(1954), '현기증'(1958), '북북서로 진로를 돌려라'(1959), '사이코'(1960), '새'(1963) 등 대표작을 잇따라 선보였고 1976년 마지막 영화 '가족 음모'를 촬영할 때까지 총 53편의 영화를 남겼다.

이 가운데 '사이코'(1960.6)는 오늘날 공포 영화의 고전이자 최고의 미국 영화 가운데 하나로 꼽힌다. 다만 개봉 당시의 평단 반응은 별로 호의적이지 않았다. 그래도 36일 만에 만든 이 '저예산 영화'는 미국에서만 제작비의 10배가 넘는 수익을 올리며 스릴러물의 흥행 기록을 깼다. 개봉 직후 '뉴욕타임스'지에 혹평을 게재한 영화평론가가 영화를 몇 번 더 본 후 히치콕에게 사과 편지를 보냈다는 일화는 유명하다.

'사이코'에 등장하는 폭력, 섹스, 심리적인 공포 등의 결합은 이후 수많은 모방 작품을 배출했다. 그의 이름에서 따온 '히치콕키언(Hitchcockian)'이라는 단어는 공포감과 긴장을 자아내는 '서스펜스와 스릴러'의 뉘앙스를 품고 있다. 히치콕은 관객에게 불안감과 공포감을 느끼게 하는 자신의 재능에 대해 겁이 많아 생긴 것이라고 자주 말했다. 5살 때 경찰이 일부러 벌을 준 것 때문에 평생 경찰을 무서워했다. 10대 시절 읽은 미국 작가 에드거 앨런 포의 작품에서 느꼈던 공포도 그가 공포 영화를 만들게 된 계기 중 하나였다고 훗날 술회했다.

히치콕은 잉그리드 버그먼, 그레이스 켈리, 킴 노백 등 차가운 성적 매력을 지닌 금발의 미인들에게 작업상의 관심 이상으로 호감을 품었다. 평론가들 사이에 '오명'(1946)은 "버그먼을 향한 히치콕의 사랑고백"이고 '염소자리 아래서'(1949)는 "순전히 버그먼에 대한 사랑 때문에 만든 영화"라는 얘기가 나돌 정도였다. '다이얼 M을 돌려라'(1954), '이창'(1954)에서 호흡을 맞춘 그레이스 켈리 역시 히치콕이 원한 차가운 금발 미녀의 대표 배우였다.

지적인 외모에 우아한 금발의 여배우를 찾는 이유에 대해 "나는 정말 여인 같은 여자, 그러면서도 침실에만 들어가면 창녀가 되는 그런 여인이 필요하다"고 말했다. 반면 메릴린 먼로처럼 아무 때나 성적 매력을 과시하며 활보하는 스타일의 배우는 경멸했다.

그의 이런 이미지와 달리 가장과 남편으로의 삶은 대체로 평탄했다. 사랑이 넘치는 대가족의 일원으로 가족과 친밀한 관계를 유지했다. 부인도 히치콕 못지않게 재능이 있는 데다 성깔이 있는 인물이어서 공처가를 자처했다.

히치콕은 150kg의 거구이면서도 자신의 영화에 자주 카메오로 출연해 관객에게 영화를 보는 잔재미를 제공했다. 카메오로 자주 출연한 것에 대해 "알다시피 나는 추남이다. 늘어진 턱과 통통한 얼굴, 튀어나온 배는 배우라기보다 코미디언에 가깝다. 내 영화가 아니라면 누가 나를 영화에 출연시켜 주겠는가"라고 이유를 설명했다. 20세기 영화계를 풍미했던 그였지만 세월만은 어쩌지 못해 1980년 4월 29일 타계했다.

프랭크 로이드 라이트 '낙수장' 완공

유럽 건축에 경도된 미국의 건축 문화에 반기를 들었다.

미국 건축가 프랭크 로이드 라이트(1867~1959)는 프랑스의 르코르뷔지에, 독일의 미스 반 데어로에와 함께 '근대건축의 3대 거장'으로 꼽힌다. 전문가들이 '20세기 최고의 건축가'를 꼽을 때도 그의 이름은 빠지지 않는다. 라이트는 전 생애에 걸쳐 1,000여 점의 건물을 설계했다. 이 가운데 400여 점의 건물이 온전하게 남아있고 이 중 3분의 1 이상이 사적(史蹟)으로 등록되어 있다. 라이트와 관련된 논문과 저작이 2,000편이 넘을 정도로 그는 살아 있을 때부터 건축계의 전설이었다.

프랭크 로이드 라이트

라이트는 미국 위스콘신주 리치랜드센터에서 태어났다. 1885년 입학한 위스콘신대에 다니다가 학업을 포기하고 20살이던 1887년 현장에서 직접 배우겠다는 각오로 기회의 땅 시카고로 떠났다. 당시 시카고는 1871년 일어난 대화재로 도시의 70%가 불에 타버려 재건 공사가 한창이었다. 그런 시카고는 라이트에게 도전과 기회의 땅이었다.

시카고에서 그는 몇몇 건축 사무소를 전전하다 1888년 루이스 설리번의 건축 사무소에 들어가 본격적으로 건축 실무를 배웠다. '형태는 기능을 따른다', '아름다움은 기능이나 형태에 내재된 것'이라는 기능주의를 주창한 설리번의 가르침에 '자연'이란 요소를 결합해 자신만의 건축 철학을 정립했다.

이후 독립해 1895년 시카고에 건축 사무실을 열었다. 그는 건축이 자연과 소통하고 융합해야 한다는 '유기적 건축 이론'을 더욱 단단하게 구축하며 역사와 자연과 인간을 건축 공간 속에 통합하는 작업을 진행했다. 그가 말하는 '유기적'이란 "건축이 환경과 혼화되어야 하고 건축이 놓여 있는 대지와 자연이 영감을 주고받아야 한다"는 것을 뜻했다.

그는 "미국의 건축은 미국의 자연과 생활에 적합한 것이어야 한다"며 유럽 건축에 경도된 미국의 건축 문화에 반기를 들었다. 성공적인 건축가가 되기 위한 필수 과정으로 여겨온 유럽 유학도 거부하며 독자적인 유기적 건축 이론을 수립했다. 이런 점에서 그는 유럽 중심의 근대건축 흐름에서 당당하게 자신만의 색깔을 지켜낸 미국 건축의 자존심이었다.

당당하게 자신만의 색깔을 지켜낸 미국 건축의 자존심

뉴욕의 높은 건물들에 대해서도 "철골구조에 그럴듯한 외관을 입혀 놓은 거대한 덩어리", "빌딩의 진정한 목적과 특성을 위배한 것"이라고 비판하며 독자적인 자신만의 건축관을 고집했다. 그는 건물이 주위 환경과 일체를 이뤄야 한다고 믿었다. 수직적인 형태의 구식 건물에서 탈피해 주위 환경과 어울리며 이를 더욱 돋보이게 하는 수평적 형태의 건물이 그가 생각하는 이상적 건물이었다. 담, 화단, 울타리, 정원 등도 낮은 수평을 강조했다.

그는 유기적 건축 이념을 1900~1909년에 선보인 전원주택 시리즈 '초원의 집'과 1930년대에 지어진 교외 주택 '유소니언 하우스' 등에서 실현했다. 특히 '초원의 집' 시리즈는 자연의 흐름을 건축에 담은 초기의 주택 작품들로, 주택들이 시원스럽게 물 흐르듯 설계되어 20세기 주택 설계의 신기원을 이뤄냈다는 평가를 받아 건축가로서 제1 황금기를 구가했다.

반면 개인적으로는 1909년 가족을 버려두고 고객이자 친구의 아내인 체니 부인과 유럽으로 밀월 여행을 떠나면서 지인들로부터 버림받는 존재가 되었다. 그래도 그는 자신의 부정을 정당화했다. "결혼은 인간의 굴레가 아니다. 간통은 세상과 맞서는 진실"이라며 사회의 위선적 태도가 잘못이라고 맞섰다. 그는 결국 체니 부인과 결혼했으나 그가 도제 교육을 위해 위스콘신주 스프링그린에 지은 '탤리에신' 캠프에 1914년 그의 하인이 불을 질러 체니와 2명의 자녀를 잃는 아픔을 겪었다.

라이트는 1915년 일본으로 건너가 1921년까지 머물며 제국호텔 건축에 매달렸다. 그는 일본에 지진이 자주 일어난다는 것을 알고 내진 설계에 각별히 신경을 썼다. 1923년 완공된 제국호텔은 다시 한 번 그의 명성을 드높여 주었다. 일부 신관은 1922년 7월 먼저 개장한 뒤 전관은 1923년 9월 1일 개장할 예정이었으나 하필 그날 관동대지진이 도쿄를 강타해 개장식은 모든 게 엉망이 되었다. 하지만 호텔만은 멀쩡해 많은 사람의 피신처로 제공되어 열렬한 환영을 받았다.

살아 있을 때부터 건축계의 전설

라이트는 1년 전 미국으로 돌아가 지진 순간에는 도쿄에 없었지만 대지진에도 무사했다는 제국호텔의 소문이 알려지면서 찬사가 쏟아졌다. 사

낙수장

람들은 그의 건축 기술에 놀라움을 표시하며 불사조라는 별명을 붙여주었다. 하지만 엄밀하게는 제국호텔 인근의 건물들도 무사한 것으로 미루어 운도 따라준 것으로 보인다.

68세이던 1935년 설계하고 1936년 공사를 시작해 1939년 완공된 펜실베이니아주의 '낙수장'은 제2의 황금기를 알리는 대표작이었다. 조지프 코프먼의 의뢰로 지어졌기 때문에 '코프먼 저택'이라고 불러야 하나 사람들은 폭포와 어우러진 건물이라고 해서 '낙수장(Falling Water)'으로 불렀다. 낙수장은 현대 문명이 잃어버린 인간 공간의 원형을 아름다운 자연과 인공의 공간 형식으로 보여준 20세기 최고의 걸작이라는 극찬을 받았다.

낙수장에서 자연은 건축과 대립되는 공간이 아니라 자연이 자연스럽게 건축 공간이 되고 건축 공간이 자연의 일부가 되는 상호 교감을 보여주었다. 1959년 라이트가 죽고 6개월 후 개관된 뉴욕의 구겐하임 미술관도 그가 혼신의 힘을 다한 작품으로 20세기 문명을 대표하는 하나의 상형문자로 건축사에 기록되었다. 라이트는 이 미술관을 통해 건축사에 길이 남을 위대한 건축물을 탄생시켰고 200년 앞선 예언자로 추앙받았다.

라이트의 파란만장한 일생은 1993년 오페라 '빛나는 이마'와 2000년 공연된 한 편의 연극으로도 세상에 소개되었다. 2000년 미국건축가협회가 '20세기 10대 건축물'을 선정했을 때 그 중 4개가 라이트의 건축물이었다. 낙수장, 구겐하임 미술관, 로비하우스, 존슨 왁스 빌딩이 그것이다.

메리언 앤더슨 링컨기념관 앞 야외 연주회

승승장구의 행로는커녕 인종차별에 맞서야 하는 가시밭길이 그를 기다리고 있었다.

1939년 메리언 앤더슨(1897~1993)이 음악회를 열 생각으로 워싱턴의 콘스티튜션홀 사무국에 대관을 신청했다. 그러나 그 홀을 관장하는 백인 보수파 여성단체 'DAR'(미국 혁명의 딸들)가 공연을 거부하면서 앤더슨은 다시 한 번 흑백차별의 차가운 현실을 실감해야 했다. 다행인 것은 여러 음악가가 DAR의 결정에 항의하는 뜻으로 콘스티튜션홀에서 연주하는 것을 거부하고 루스벨트 대통령의 부인 엘리너 루스벨트가 DAR를 탈퇴했다는 점이었다.

엘리너 루스벨트는 앤더슨에게 새로운 기회를 제안했다. 루스벨트가 앤더슨의 음악회를 주선해준 곳은 워싱턴의 링컨기념관 앞 야외였다. 1939년 4월 9일 링컨기념관 앞에서 열린 앤더슨의 부활절 공연은 7만 5,000여 명의 관중으로 대성황을 이뤘다. 라디오로도 수백만 명이 청취했다. 이것은 2차대전 전의 흑인 인권운동사에서 일대 사건이었다. 수 주일 후에는 루스벨트 대통령의 초청을 받아 미국을 방문한 영국의 국왕 부부와 루스벨트 대통령 내외 앞에서 노래를 부름으로써 백악관에서 노래한 최초의 흑인 가수로도 이름을 올렸다. 같은 해 작곡가 시벨리우스도 앤더슨에게 가곡 '고독'을 헌정하는 방식으로 앤더슨에게 찬사를 보냈다. 콘스티튜션홀의 공연 거부 후 앤더슨은 구호가 아닌 흑인영가 등의 음악을 통해 인종차별에 맞서는 민권운동가로 활동했다.

앤더슨은 미국 필라델피아의 가난한 흑인 부모에게서 태어났다. 10살이 되기도 전에 교회 성가대에 들어가고 흑인 교회들의 연합성가대에서 어린 독창자로 활약할 만큼 음악에 천부적인 재능을 지녔다. 12살 때 아버지가 세상을 떠나 중학교를 졸업한 뒤에는 저녁마다 순회공연을 하면

메리언 앤더슨

서 조금씩 돈을 벌어 살림에 보탰다. 재능을 잘 알고 있는 교회들은 그가 개인 교습을 받고 고등학교에 다니도록 도와주었다.

그의 성부(聲部)는 알토와 비슷한 '콘트랄토'로 분류되지만 소프라노의 고음과 남성 음역인 바리톤의 저음까지 자유자재로 소화해냈다. 실력이 일취월장한 것은 성악가 주세페 보게티의 레슨을 받고부터였다. 앤더슨은 1924년 4월 23일 뉴욕의 타운홀에서 첫 콘서트를 열었으나 청중이 거의 들지 않아 쓰디쓴 좌절을 경험했다.

하지만 1925년 28살이라는 늦은 나이에 뉴욕 필하모닉 오케스트라가 협연자를 찾기 위해 주최한 오디션에서 300여 명의 경쟁자를 물리치고 당당히 1등에 입상함으로써 그해 8월 26일 뉴욕필과 협연하는 일생일대 최고의 순간을 맞았다. 1928년 12월 30일 꿈에 그리던 카네기홀 무대에도 올라 가창력을 인정받았으나 흑인인 그의 인생에 특별히 달라진 건 없었다. 승승장구의 행로는커녕 인종차별에 맞서야 하는 가시밭길이 기다리고 있었다.

1929년 그동안 모은 돈을 다 털어 1년간 영국 유학을 다녀온 후 귀국 독창회를 열었으나 반응이 기대에 미치지 못했다. 그러자 1930년 다시 독일로 유학을 떠나 1935년까지 100여 차례 유럽 순회공연을 하며 세계적인 성악가로 이름을 날렸다. 1935년 잘츠부르크 음악회 때는 그의 노래를 들은 세계적인 지휘자 토스카니니로부터 "100년에 한 명 나오는 목소리"라는 격찬을 들었으며 토스카니니에게서 앤더슨을 소개받은 세계적인 매니저는 앤더슨과 모든 미국 연주의 계약을 맺는 파격적인 대접으로 그를 예우했다.

"100년에 한 명 나오는 목소리"

앤더슨은 유럽에서의 명성에 힘입어 1935년 말 뉴욕의 타운홀과 카네기홀 공연도 성공시켰다. 이로써 그동안 그의 앞을 가로막아온 피부색 장벽이 마침내 허물어지는가 싶었으나 1939년 워싱턴의 콘스티튜션홀 음악회 거부 소동에서 알 수 있듯 인종차별의 장벽은 여전히 두터웠다.

앤더슨은 46살이던 1943년 고교 시절의 첫사랑과 결혼을 했다. 남편은 코네티컷에 넓은 땅을 사들여 '메리언 농장'이라고 이름을 짓고 아내를 위해 자신이 직접 설계한 노래 연습장을 만들어 주었다. 앤더슨은 1953년 6·25 전쟁에 참전한 미군을 위문하기 위해 부산을 찾았으나 피란지에 마땅한 연주회장이 있을 리 없었다. 결국 앤더슨은 세계적인 성악가임에도 불구하고 초등학교 운동장에서 미군과 피란민을 위해 노래를 불렀다. 앤더슨은 1957년에도 한국을 방문했다.

그 무렵 흑인들의 접근을 가로막고 있는 것 중의 하나가 오페라 무대였다. 그러나 이 금기 역시 1955년 1월 7일 앤더슨이 흑인으로는 처음으로 뉴욕 메트로폴리탄 오페라 무대에 섬으로써 보기 좋게 깨졌다. 앤더슨은 58세라는 적지 않은 나이로 인해 베르디의 '가면무도회' 중 단 한 장면만 나오는 마녀 울리카역을 맡고 출연도 5회에 그쳤지만 그가 터놓은 물꼬는 큰 물줄기가 되어 후배 흑인들의 순조로운 여정을 도왔다. 유럽의 오페라 무대에서 활약하다 미국으로 돌아온 마티월다 돕스가 대표적인 수혜자로, 그는 1956년 뉴욕 메트로폴리탄과 정식으로 장기 계약을 체결하고 1956년 11월 리골레토의 질다 역을 맡아 미국의 오페라 무대에 당당히 데뷔하는 기쁨을 누렸다.

1950년대의 앤더슨은 미국 내 소수민족 권익 보호를 위해 활동하는 민권 활동가로 칭송을 받으며 전 세계 음악인의 존경을 받았다. 1958년 유엔 인권위원회의 미국 대표로 활동하고, 이후에도 자유와 인권과 평화의 이름으로 많은 영예로운 상을 받았다. 30곳 이상의 대학도 명예학위를 수여했다.

앤더슨은 1965년 4월 18일 뉴욕 카네기홀에 운집한 2,900여 명의 관객 앞에서 은퇴공연을 할 때까지 50여 차례의 공연에서 고전 가곡, 흑인영가, 미국 민요 등을 가리지 않고 소화해내 20세기 전반기의 가장 뛰어난 여성 성악가로 인정받았다. 1999년 미 ABC방송은 20세기에 발자취를 남긴 분야별 100명의 여성을 발표하면서 앤더슨을 문화·예술 분야의 최고로 꼽았다.

빌리 홀리데이 '이상한 과일' 노래 발표

가난과 학대, 강간, 이혼, 약물중독, 인종차별, 구속 등 숱한 고통들로 점철된 한 많은 인생이었다.

흑인 재즈 여가수 빌리 홀리데이(1915~1959)만큼 기구한 삶을 산 가수도 없다. 44년 짧은 생은 가난과 학대, 강간, 이혼, 약물중독, 인종차별, 구속 등 숱한 고통들로 점철된 한 많은 인생이었다. 그런데도 그는 '재즈 역사상 가장 위대한 여가수'로 한 시대를 풍미했다. 목소리에는 늘 영감이 넘치고 성량의 풍부함은 아무도 넘보지 못했다.

홀리데이가 미국 메릴랜드주 볼티모어에서 태어났을 때 아버지는 16살, 어머니는 13살의 청소년이었다. 결혼도 하지 않고 불장난으로 태어난 아이에게 어머니 성을 딴 엘리너 페이건이라는 이름이 붙었다. 아버지는 그가 태어난 후 1차대전에 참전했다가 종전 후 유랑 극단을 따라 집을 나갔고 어머니는 아이를 친정에 맡긴 채 일자리를 찾아 뉴욕으로 떠났다.

홀로 남겨진 유년기의 상처는 훗날 재즈 가수로 명성을 얻어 대중의 사랑을 받을 때도 혼자 남겨질지 모른다는 강박관념과 사랑 결핍 콤플렉스로 작용했다. 유년기의 첫 충격은 홀리데이의 목을 감싸 안은 채 함께 잠을 자던 할머니의 죽음이었다. 할머니의 굳어버린 팔에서 빠져나오려 바둥거리며 울부짖은 그때의 충격으로 홀리데이는 한 달간 병원 신세를 져야 했다.

빌리 홀리데이

가난은 어린 홀리데이를 돈벌이로 내몰았다. 10살 때는 백인 남자에게 성폭행을 당했으나 오히려 불량소녀로 몰려 2년 동안 소년원 신세를 져야 했다. 그 후에도 흑인 남자에게 또다시 성폭행을 당하는 등 기구함의 연속이었다. 홀리데이는 14살 때 어머니가 있는 뉴욕으로 갔으나 그곳에서도 먹고살 길이 막막해 할렘의 사창가에서 몸을 팔았다. 이 때문에 두 차례나 더 감옥 신세를 졌다.

홀리데이는 대공황이 몰아친 1931년 어느 겨울날, 밀린 방세를 마련하지 못하면 이튿날 쫓겨나야 하는 절박한 상황에서 발길 닿는 대로 거리를 걸었다. 그러다가 할렘가의 어느 나이트클럽에 들러 댄서라고 속이고 일자리를 간청했다. 하지만 댄서라고 했던 거짓말은 즉석 테스트에서 금방 들통 나고 말았다. 지배인이 노발대발하며 그를 내쫓으려 할 때 피아노 연주자가 노래 실력은 어떤지 물었다.

'재즈 역사상 가장 위대한 여가수'

시험 삼아 부른 노래가 홀 안에 울려 퍼지는 순간 시끌벅적하던 실내가 이내 조용해지더니 노래가 끝난 후에도 정적이 한동안 계속되었다. 홀리데이는 그때의 순간을 훗날 이렇게 술회했다. "홀 전체가 숨을 죽이고 있었다. 만약 누가 핀이라도 떨어뜨렸다면 그것은 마치 폭탄이 터지는 소리 같았을 것이다." 홀리데이는 주급 18달러짜리 나이트클럽 가수로 채용되자 예명이 필요했다. 평소 좋아하는 배우 빌리 더브의 이름과 아버지의 성을 따라 '빌리 홀리데이'로 지었다.

머리에 늘 하얀 치자꽃을 달고 온몸으로 노래하는 홀리데이는 단번에 재즈 팬들의 마음을 사로잡았다. 차츰 명성이 높아져 여러 클럽에서 노래를 부르고 있을 때 유명 음악 프로듀서 존 해먼드가 앞에 나타났다. 그는 스윙 재즈의 대가 베니 굿맨과 일류 매니저 조 그레이저를 소개했다. 그 덕에 1933년 11월 18살의 나이로 첫 번째 음반을 취입했다.

하지만 앨범은 성공하지 못했다. 다행히 1935년 두 번째 앨범이 상업적인 성공을 거두고 비평가들로부터 좋은 평가를 받은 덕에 1935년 영화음악 '심포니 인 블랙'의 보컬을 맡고 흑인 연예인이 설 수 있는 거의 유일한 무대인 아폴로극장에서 데뷔 무대를 꾸몄다. 1936년에도 독집 음반 '빌리 홀리데이 스토리'를 내는 등 가수로서의 성가를 높여 나갔다.

이후 몇 년간 가수로서 생애 최고의 행복한 시기를 보냈으나 무대를 내려오거나 백인들과 공연할 때는 여지없이 한 마리 검둥이 취급을 받았다. 가난에서만 벗어났을 뿐 인종차별의 족쇄는 좀처럼 벗겨지지 않았다. 지방 순회공연을 할 때는 정문이 아닌 부엌문으로 출입해야 했고 공연이 끝난 뒤 단원들이 피곤에 지친 몸을 누일 때는 잠잘 곳을 찾아 거리를 헤매야 했다.

솔로로 활동하던 1939년 초, 시인 루이스 앨런이 찾아와 "남부의 나무에는 이상한 과일이 열렸네"로 시작하는 '이상한 과일'이라는 시 한 편을 건네주었다. 시에서 과일은 나무에 거꾸로 매달린 채 눈이 튀어나오고 입이 비뚤어지도록 매질을 당해 온몸이 피로 물든 흑인을 가리켰다. 홀리데이는 '이상한 과일' 속의 흑인과 다를 바 없는 생을 살아온 터라 시에서 자신의 모습을 보았다. 곧 동료에게 곡을 만들게 해 1939년 4월 20일 맨해튼의 한 스튜디오에서 '이상한 과일'을 녹음했다. 음반은 그해 여름 출시되었다.

투쟁의 외침이 아니라 폭력에 체념하는 소리 없는 흐느낌

홀리데이의 삶을 빼다 박은 노래는 투쟁의 외침이 아니라 폭력에 체념하는 소리 없는 흐느낌이었다. 그의 노래에 강렬한 인상을 받은 관객들은 혹시 다른 가수가 이 노래를 부를라치면 노래를 못하게 막았다. 홀리데이가 아니고서는 누구도 소화할 수 없는 영혼을 울리는 노래였기 때문이다. 이런 사실을 모르고 노래를 부르는 가수는 무대에서 끌려 내려왔다.

1940년대 들어 공연 일정은 빡빡해지고 인기도 나날이 높아졌다. 1944년 '에스콰이어 재즈 비평가상', 1946년 '올해의 메트로놈 보컬리스트상'을 받았다. 그러나 개인사는 여전히 굴절된 삶의 연속이었다. 1941년 바람둥이 아편 중독자와의 첫 결혼에 실패한 후 결혼과 이혼을 반복하며 마약에 빠져들었다. 무대에 오를 때 주삿바늘 자국을 가려야 할 정도로 약물중독이 심각했다.

결국 경찰이 작성한 마약 상습 복용자 명단에 이름이 오르게 되었고 1947년 5월 마약법 위반 혐의로 9개월간 복역했다. 출옥 후 카네기홀 컴백 공연에서 열광적인 호응을 받아 재기에 성공했으나 마약 소지 혐의로 또다시 체포되었다. 그래도 1950년 신규 음반을 잇달아 내고 정력적으로 공연에 매달렸다. TV에도 출연하고 서유럽 순회공연도 다녀왔다.

그러나 불행은 좀처럼 그의 곁을 떠나지 않았다. 1957년 마약과 무기 소지 혐의로 남편과 함께 체포되어 5번째 철창 신세를 졌다. 보석금을 내고 풀려나긴 했지만 수년에 걸친 정서 불안과 음주·마약으로 인한 육체적 피폐로 몸은 망가질 대로 망가지고 있었다.

결국 1959년 5월 어느 날 아침 식사 중에 쓰러져 병원으로 실려갔다. 의사와 간호사는 진료카드에 엘리너 페이건으로 기록된 이 초췌한 흑인 여성이 홀리데이라는 사실을 알지 못했다. 그들은 마약으로 몸을 망친 흑인 여자에게 눈곱만치도 동정심을 보이지 않았다. 1959년 7월 17일 병원 독방에서 싸늘한 시체로 발견된 그의 진료 기록판에는 이렇게 쓰여 있었다. '병명 마약중독 말기 증상, 치료 방법 없음.'

찾아보기

ㄴ

ㄷ

ㅅ